ADMINISTRAÇÃO DE MATERIAIS

UMA ABORDAGEM LOGÍSTICA

O GEN | Grupo Editorial Nacional – maior plataforma editorial brasileira no segmento científico, técnico e profissional – publica conteúdos nas áreas de ciências sociais aplicadas, exatas, humanas, jurídicas e da saúde, além de prover serviços direcionados à educação continuada e à preparação para concursos.

As editoras que integram o GEN, das mais respeitadas no mercado editorial, construíram catálogos inigualáveis, com obras decisivas para a formação acadêmica e o aperfeiçoamento de várias gerações de profissionais e estudantes, tendo se tornado sinônimo de qualidade e seriedade.

A missão do GEN e dos núcleos de conteúdo que o compõem é prover a melhor informação científica e distribuí-la de maneira flexível e conveniente, a preços justos, gerando benefícios e servindo a autores, docentes, livreiros, funcionários, colaboradores e acionistas.

Nosso comportamento ético incondicional e nossa responsabilidade social e ambiental são reforçados pela natureza educacional de nossa atividade e dão sustentabilidade ao crescimento contínuo e à rentabilidade do grupo.

Marco Aurélio P. Dias

ADMINISTRAÇÃO DE MATERIAIS

UMA ABORDAGEM LOGÍSTICA

7ª EDIÇÃO

gen | atlas

O autor e a editora empenharam-se para citar adequadamente e dar o devido crédito a todos os detentores dos direitos autorais de qualquer material utilizado neste livro, dispondo-se a possíveis acertos caso, inadvertidamente, a identificação de algum deles tenha sido omitida.

Não é responsabilidade da editora nem do autor a ocorrência de eventuais perdas ou danos a pessoas ou bens que tenham origem no uso desta publicação.

Apesar dos melhores esforços do autor, do editor e dos revisores, é inevitável que surjam erros no texto.
Assim, são bem-vindas as comunicações de usuários sobre correções ou sugestões referentes ao conteúdo ou ao nível pedagógico que auxiliem o aprimoramento de edições futuras.
Os comentários dos leitores podem ser encaminhados à **Editora Atlas Ltda.** pelo e-mail faleconosco@grupogen.com.br.

Direitos exclusivos para a língua portuguesa
Copyright © 2019 by
Editora Atlas Ltda.
Uma editora integrante do GEN | Grupo Editorial Nacional

Reservados todos os direitos. É proibida a duplicação ou reprodução deste volume, no todo ou em parte, sob quaisquer formas ou por quaisquer meios (eletrônico, mecânico, gravação, fotocópia, distribuição na internet ou outros), sem permissão expressa da editora.

Rua Conselheiro Nébias, 1384
Campos Elísios, São Paulo, SP — CEP 01203-904
Tels.: 21-3543-0770/11-5080-0770
faleconosco@grupogen.com.br
www.grupogen.com.br

Designer de capa: Caio Cardoso

Imagem de capa: Thomas Söllner | 123RF

CIP – BRASIL. CATALOGAÇÃO NA PUBLICAÇÃO
SINDICATO NACIONAL DOS EDITORES DE LIVROS, RJ

D533a
Dias, Marco Aurélio P.

Administração de materiais: uma abordagem logística / Marco Aurélio P. Dias. – 7. ed. – São Paulo: Atlas, 2019.

Inclui bibliografia
ISBN 978-85-97-02171-4

1. Administração de material. 2. Logística empresarial. 3. Controle de estoque. I. Título

19-56938				CDU: 658.7

Vanessa Mafra Xavier Salgado – Bibliotecária – CRB-7/6644

Prefácio

Existia uma carência em textos de Administração de Materiais nas Faculdades de Administração e nos cursos de Tecnologia em Logística. Normalmente essas necessidades eram contornadas com livros de Administração da Produção e, via de regra, não eram supridas.

Há alguns anos, as empresas vêm intensificando e preocupando-se com este segmento. O foco da Administração de Materiais mudou, ficou muito mais amplo e abrangente, dando-se mais importância ao transporte, à distribuição física, incluindo toda uma abordagem logística. O conceito e a atuação da Logística englobaram a Administração de Materiais, os Suprimentos e também o *Supply Chain*.

Conscientes da sua importância e do valor para a manutenção e permanência de operações rentáveis, as empresas estão dedicando mais atenção, mais investimentos e mais treinamento em profissionais de Logística para atender sua demanda crescente. Este novo enfoque pode ser percebido até em revistas especializadas de Administração e Negócios, revistas e periódicos de interesse geral que dedicam mais espaços para artigos e entrevistas com profissionais da área, com apresentação de sistemas implantados e bem-sucedidos. Podemos perceber que em toda a mídia escrita e falada nunca o termo e os problemas de Logística foram tão atuais.

A elaboração deste livro teve a intenção de colaborar com o avanço e a importância da Logística dentro da Administração de Materiais, e tentar iniciar o preenchimento de uma lacuna que durante vários anos não foi ocupada. O intuito também não foi a realização de um tratado, e sim de reunir as principais funções logísticas dentro da área de Materiais, dando uma abordagem genérica a essas partes, sem a finalidade de esgotar o assunto ou aprofundar-se excessivamente.

É bastante óbvio que o conteúdo do livro não é inteiramente original. Muitos autores e professores já vêm pesquisando o assunto há anos; este foi o resultado de um trabalho de pesquisa, consultas, análises, críticas de todo material disponível, como revistas, apostilas, artigos, seminários, cursos, livros e experiências pessoais, tanto profissionais quanto acadêmicas. A grande preocupação foi apresentar a Administração de Materiais dentro dos modernos conceitos de Logística Empresarial, que se inicia no planejamento das necessidades de material até a colocação do produto acabado no cliente final. A eliminação de conceitos de PCP e de processo produtivo do conteúdo da obra foi proposital, já que o mercado dispõe de um maior número de textos com autores nacionais renomados, e por pertencer ao segmento da Administração da Produção, sem perda para o leitor.

Alguns capítulos eram apostilas utilizadas no curso de Especialização em Administração de Materiais, das Faculdades Metropolitanas Unidas (FMU); e do Curso de Extensão em Administração de Transportes (CEAT) do Instituto Mauá de Tecnologia da Escola de Engenharia Mauá, que foram adaptadas para este trabalho.

É sabido que, por mais cuidadosas que tenham sido a preparação e a revisão deste livro, ele não está isento de críticas e de falhas que possam ter passado despercebidas. Para que no futuro as falhas sejam corrigidas, o leitor é uma peça fundamental, a fim

Prefácio

de mantermos um canal de comunicação para o melhoramento da obra e refinamento da Logística e da Administração de Materiais como um todo.

Uma citação nominal dos que contribuíram direta ou indiretamente para a preparação deste livro iria nos forçar certamente a incorrer no erro da omissão. No entanto, não podemos nos furtar a agradecer a especial colaboração de colegas, pelo incentivo e pela inestimável ajuda, e isso eu repito desde a 1ª edição:

Prof. Eduardo Mendes Machado, pelo fornecimento de valioso material de sua autoria para o capítulo de Distribuição e Transportes.

Prof. Eng° Neuto Gonçalves dos Reis, pelos diversos artigos da revista *Transporte Moderno* que foram utilizados para consulta e apostilas de sua autoria na área de Transportes, assim como valiosas informações da NTC.

Finalmente, o meu sincero reconhecimento a meus pais, Manoel e Alayde, sem os quais tudo perderia sua significação.

MARCO AURÉLIO P. DIAS

Material Suplementar

Este livro conta com o seguinte material suplementar:

- *Slides* (restritos a docentes).

O acesso ao material suplementar é gratuito. Basta que o leitor se cadastre em nosso *site* (www.grupogen.com.br), faça seu *login* e clique em GEN-IO, no menu superior do lado direito.

É rápido e fácil. Caso haja dificuldade de acesso, entre em contato conosco (gendigital@grupogen.com.br).

genio
GEN | Informação Online

GEN-IO (GEN | Informação Online) é o ambiente virtual de aprendizagem do GEN | Grupo Editorial Nacional, maior conglomerado brasileiro de editoras do ramo científico-técnico-profissional, composto por Guanabara Koogan, Santos, Roca, AC Farmacêutica, Forense, Método, Atlas, LTC, E.P.U. e Forense Universitária. Os materiais suplementares ficam disponíveis para acesso durante a vigência das edições atuais dos livros a que eles correspondem.

Sumário

1	**Introdução**	1
1.1	A abordagem logística	2
1.2	Subsistemas de abordagem logística	2
1.3	Razões do interesse pela logística	3

2	**Dimensionamento e Controle de Estoques**	15
2.1	Objetivos de estoque	16
	2.1.1 Funções	16
	2.1.2 Políticas de estoque	17
	2.1.3 Princípios do controle de estoques	21
2.2	Previsão para os estoques	23
	2.2.1 Introdução	23
	2.2.2 Método do último período	27
	2.2.3 Método da média móvel	28
	2.2.4 Método da média móvel ponderada	29
	2.2.5 Método da média com ponderação exponencial	30
	2.2.6 Método dos mínimos quadrados	33
2.3	Custos de estoque	34
	2.3.1 Introdução	34
	2.3.2 Custo de armazenagem (I)	35
	2.3.3 Custo de pedido (B)	39
	2.3.4 Custo de falta de estoque	41
	2.3.5 Custo total	42
2.4	Níveis de estoque	44
	2.4.1 Curva dente de serra	44
	2.4.2 Tempo de reposição: ponto de pedido	46
	2.4.3 Estoque mínimo	51
	2.4.3.1 Cálculos para o estoque mínimo	54
	2.4.4 Rotatividade	63
2.5	Classificação ABC	64
	2.5.1 Conceituação	64
	2.5.2 Planejamento	65
	2.5.3 Aplicação e montagem	66
	2.5.4 Diferenciação das curvas e comentários	70
Exercícios		71

2.6 Lote econômico	74
2.6.1 Introdução	74
2.6.2 Lote econômico de compra (sem faltas)	75
2.6.3 Lote econômico de produção (sem faltas)	79
2.6.4 Lote econômico de compra (com faltas)	82
2.6.5 Lote econômico de produção (com faltas)	85
2.6.6 Lote econômico com restrição ao investimento	90
2.6.7 Lote econômico com desconto	93
2.6.8 Avaliações da fórmula do lote econômico	96
2.7 Sistemas de controles de estoques	97
2.7.1 Introdução	97
2.7.2 Sistema duas gavetas	98
2.7.3 Sistema dos máximos – mínimos	100
2.7.4 Sistema das revisões periódicas	100
2.7.5 MRP, MRP II	101
2.7.6 *Just in Time* – JIT/Kanban	111
2.8 Avaliação dos estoques	119
2.8.1 Introdução	119
2.8.2 Custo médio	120
2.8.3 Método PEPS (FIFO)	121
2.8.4 Método UEPS (LIFO)	121
2.8.5 Custo de reposição	123
2.8.6 Estudo comparativo	123
Bibliografia – Referências – Recomendações	130
3 Armazenagem de Materiais	**133**
3.1 Introdução	134
3.2 *Layout*	135
3.2.1 Objetivos	135
3.2.2 *Layout* de processo produtivo	137
3.2.3 Estudos de *layout*	140
3.2.4 Análise do processo	141
3.3 Embalagem	147
3.3.1 Objetivos	147
3.3.2 Caixa de papelão	149

	3.3.3	Tambores	155
	3.3.4	Fardos	157
	3.3.5	Recipientes plásticos	158
	3.3.6	Fechamento de embalagens	160
3.4	Princípios de estocagem de materiais	165
	3.4.1	Carga unitária	165
	3.4.2	Paletização	170
	3.4.3	Conservação	175
	3.4.4	Técnicas de estocagem	177
	3.4.5	Análises de sistemas de estocagem	184
3.5	Localização de materiais	190
3.6	Classificação e codificação de materiais	192
3.7	Inventário físico	195
Bibliografia – Referências – Recomendações	199

4 Movimentação de Materiais 201

4.1	Introdução	202
4.2	Equipamentos de movimentação	206
	4.2.1 Introdução	206
	4.2.2 Sistemas de transportadores contínuos	208
	4.2.2.1 Esteiras transportadoras	209
	4.2.2.2 Outros tipos de transportadores	215
	4.2.3 Sistema de manuseio para áreas restritas	225
	4.2.4 Sistemas de manuseio entre pontos sem limites fixos	229
	4.2.5 Operação e segurança	237
4.3	Seleção de equipamentos	246
Bibliografia – Referências – Recomendações	256

5 Administração de Compras 259

5.1	A função compra	260
	5.1.1 Introdução e objetivos	260
	5.1.2 Organização de compras	261
	5.1.3 Qualificação de compradores	267

5.2 Operação do sistema de compras	268
5.2.1 Introdução	268
5.2.2 Solicitação de compras	269
5.2.3 Coleta de preços	273
5.2.4 Pedido de compra	276
5.2.5 Acompanhamento de compras	282
5.3 A compra na qualidade correta	282
5.3.1 Controle de qualidade e inspeção	282
5.3.2 Segurança da qualidade	284
5.4 Preço-custo	285
5.4.1 Custos	285
5.4.2 Redução de custos	287
5.4.3 Análise, controle e reajuste de preços	289
5.5 Condições de compra	291
5.5.1 Prazos	291
5.5.2 Frete	291
5.5.3 Embalagens	292
5.5.4 Condições de pagamento e descontos	292
5.6 A negociação	293
5.6.1 Introdução	293
5.6.2 Características	295
5.7 Fontes de fornecimento	297
5.7.1 Classificação de fornecedores	297
5.7.2 Seleção e avaliação de fornecedores	300
5.7.3 Relacionamento com fornecedores	304
5.8 Análise de valor	306
5.8.1 Conceito e uso	306
5.8.2 Aplicações simples de Engenharia Econômica	309
Bibliografia – Referências – Recomendações	314
6 Transportes	**317**
6.1 Introdução	318
6.2 Características dos transportes	321
6.2.1 Aspectos gerais do transporte rodoviário	321
6.2.2 Aspectos contábeis do transporte rodoviário	325

6.2.3 Despesas administrativas – formas de rateio 335
6.2.4 Controle de custos 344
6.2.5 Manutenção da frota 352
    6.2.5.1 Conceito 352
    6.2.5.2 Manutenção de operação 353
    6.2.5.3 Manutenção preventiva 355
    6.2.5.4 Manutenção corretiva 359
    6.2.5.5 Manutenção de reforma 361
    6.2.5.6 Controle de pneus 363
    6.2.5.7 Análise de consumo de combustíveis 378
    6.2.5.8 Avaliação da transportadora 387
6.2.6 Aspectos do transporte ferroviário 396
6.2.7 Aspectos do transporte aquaviário 407
6.2.8 Aspectos do transporte dutoviário 416
6.2.9 Aspectos do transporte aéreo 420

6.3 Elementos de transporte intermodal 426
6.4 Principais funções do departamento de transporte 428
Bibliografia – Referências – Recomendações 432

7 Distribuição Física 435
7.1 Objetivos e conceitos 436
7.2 Características 444
7.3 Canais de distribuição 449
7.4 Grau de atendimento 454
7.5 Custo da distribuição 459
7.6 Quantidade econômica de despacho 469
7.7 Minimização dos custos de transportes 473
7.8 Modelo para cálculo de rotas 485
7.9 Teoria das filas aplicadas à distribuição física 492
Bibliografia – Referências – Recomendações 498

Introdução

1

1.1 A abordagem logística

A atividade econômica, seja em nível local, regional ou global, atravessa ciclicamente fases de expansão e recessão industrial, e às vezes associadas à alta inflação. Isso permite que as empresas cresçam rápida e intensamente, graças a uma combinação de aumentos de produção e preços elevados. Essa conjuntura, entretanto, em certo estágio do desenvolvimento, leva a uma aproximação dos limites do crescimento econômico, e a indústria e o comércio sentem o aparecimento simultâneo de vários problemas graves, entrando em um período de concentração e declínio econômico.

Tradicionalmente, nesse tipo de cenário, as empresas voltam-se para o Governo, tentando obter apoio e assistência, seja em subsídios tributários, isenções fiscais, empréstimos ou financiamentos subsidiados. Pode-se perguntar, no entanto, se em vez disso não deveriam considerar a possibilidade de uma revisão crítica de seus próprios padrões de operação. Se pudessem eliminar os elementos ineficientes de sua estrutura e concentrar-se na melhoria da qualidade de sua operação, é possível que as políticas adotadas para sobrevivência as levassem ao crescimento ou pelo menos uma melhoria de *performance*.

Para implantar melhoramentos na estrutura da empresa, é necessário incluir e dinamizar e valorizar o sistema logístico, que é um dos fatores importantes no processo de melhoria. A logística engloba o suprimento de materiais e componentes, a movimentação e o controle de produtos e o apoio ao esforço de vendas dos produtos finais, até a colocação do produto acabado para o consumidor.

Os gestores reconhecem a necessidade de se estabelecer um conceito bem definido de logística industrial-empresarial. Todos já concordam com a necessidade de um melhor fluxo contínuo dos materiais, as relações tempo-estoque na produção e na distribuição e os aspectos relativos ao fluxo de caixa no controle de materiais. A verdade é que o enfoque da administração de materiais mudou o tradicional "produza, estoque, venda" para um conceito mais atualizado, que envolve "**definição de mercado, planejamento do produto, apoio logístico**".

Além disso, os administradores perceberam que devem coordenar suprimentos, controle de produção, embalagem, transporte, comercialização e finanças em uma atividade de controle integrada, capaz de apoiar firmemente cada fase do sistema com máxima eficiência e mínimo capital investido.

1.2 Subsistemas de abordagem logística

A logística compõe-se de dois principais subsistemas de atividades: Administração de Materiais e Transporte/Distribuição Física, cada qual envolvendo o controle da movimentação e a coordenação demanda-suprimento.

A Administração de Materiais compreende o agrupamento dos materiais de várias origens, e a coordenação dessa atividade com a demanda de produtos ou serviços da empresa. Desse modo, soma esforços de vários setores, que, naturalmente, apresentam visões diferentes. A Administração de Materiais poderia incluir a maioria ou a totalidade das atividades realizadas dos seguintes departamentos: Compras, Recebimento, Planejamento e Controle da Produção, Expedição, Transportes e Estoques. A movimentação dos produtos acabados ou semiacabados de uma unidade fabril para outra ou da empresa para seu cliente também exige a coordenação entre demanda e suprimento; esta coordenação constitui a distribuição física. Pode ser definido como o transporte eficiente de produtos acabados do final da linha de produção até o consumidor, incluindo em alguns casos também o transporte de matéria-prima da fonte de suprimento ao início da linha de produção. Esse conjunto de atividades engloba o transporte de carga, armazenagem, movimentação física de materiais, embalagem, controle de estoque, seleção de locais para o armazém, processamento de pedidos e atendimento ao cliente.

Assim, podem ser incluídas como atividades logísticas as seguintes:

- Compras.
- Programação de entregas para a fábrica.
- Transportes.
- Controle de estoque de matérias-primas e de componentes.
- Armazenagem de matérias-primas e de componentes.
- Previsão de necessidades de materiais.
- Controle de estoque nos centros de distribuição.
- Processamento de pedidos de clientes.
- Planejamento e administração dos centros de distribuição.
- Planejamento de atendimento aos clientes.

1.3 Razões do interesse pela logística

Existe um crescente interesse pela administração logística, que inclusive atualmente virou um termo cabalístico que define qualquer coisa, tudo virou logística e serve para tudo. Porém esse interesse e talvez até modismo possa ser explicado por seis razões importantes:

1. rápido e elevado crescimento dos custos, particularmente concentrado nos serviços de transporte, armazenagem e infraestrutura;
2. desenvolvimento de técnicas matemáticas, equipamentos e de *software* com sistemas capazes de tratar eficientemente a massa de dados normalmente necessária para a análise de um problema logístico;
3. complexidade crescente, em prazos, fornecedores e custos da administração de materiais e da distribuição física, tornando necessários sistemas mais complexos;
4. disponibilidade de maior gama de serviços e provedores logísticos;

5. mudanças rápidas de mercado e de canais de distribuição, especialmente para bens de consumo;
6. tendência dos varejistas e atacadistas transferirem as responsabilidades de gestão dos estoques para os fabricantes.

Os custos representam parte fundamental no processo de decisão da logística. Variam muito em importância de empresa para empresa, à medida que elas tentam balancear os custos básicos de transporte e de manutenção de estoque, com o objetivo de minimizar os custos totais. A importância desses custos dependerá das características físicas do produto, de como as políticas da empresa consideram a logística, da localização de seus fornecedores e consumidores, dos recursos em relação a suas fontes de suprimento e mercados.

Cada elemento desse sistema adiciona custos ao produto final e influenciam as decisões tomadas pelos outros elementos. Resultam-se com isso diversos conflitos, visto que cada elemento individual pretende minimizar seus próprios custos e reduzir seus riscos, que frequentemente implica em custos maiores para o sistema como um todo. Isto ocorre porque, embora a meta do sistema logístico seja fornecer produtos úteis para o mercado a preços realistas, que cubram os seus custos e garantam um lucro razoável, o objetivo de cada elemento do sistema difere consideravelmente, ou seja:

- Os fornecedores desejam produzir grandes lotes de produtos comuns a diversos clientes.
- O produtor deseja fabricar grandes lotes de um conjunto de produtos com projeto simples e facilidade de montagem, tendo ainda garantia de qualidade de cada produto individual.
- O revendedor deseja qualidade superior e um bom desempenho comercial associado à marca conhecida, com um preço que garanta alta margem de lucro.
- E o consumidor, por sua vez, deseja qualidade superior, design exclusivo, preço baixo e boa marca.

Além disso, em algumas empresas é possível que:

- o setor de Compras deseje minimizar os custos das matérias-primas e reduzir os riscos de faltas de estoque comprando em grandes quantidades à custa de altos níveis de estoque de matérias-primas;
- o setor de fabricação exija maiores lotes de produção a ser atingidos se os níveis de estoque de matérias-primas e material em processo forem altos;
- a eficiência do transporte seja avaliada pelos custos diretos da carga, mas, em geral, quanto menor o valor do frete, mais lento é o transporte, logo, maior o estoque necessário para apoiar o sistema de distribuição;
- os vendedores exijam altos níveis de estoque de produtos acabados para garantir um elevado padrão de atendimento ao cliente;

- os problemas gerados por esses conflitos serão notados pelo volume de materiais necessários em estoque, pelo espaço que ocuparão e pelos custos decorrentes, resumidos na Tabela 1.1.

Tabela 1.1 *Custos incorridos no sistema logístico*

Centro de custo	Localização	Custos incorridos	Os custos são função de	Método de análise
Estoques de matérias-primas	Fornecedor/ Produtor	Valor do estoque Armazenagem Movimentação Obsolescência	Quantidade econômica do pedido Distância do fornecedor Segurança do fornecimento	Técnicas de compra Otimização do transporte
Material em processo	Fornecedor/ Produtor	Valor do estoque Armazenagem Movimentação	Quantidade econômica de produção Capital de giro na fábrica Disponibilidade de mão de obra Velocidade de passagem do produto pela fábrica (programação da produção)	Produção em lotes menores Programação por técnicas apropriadas
Estoque de produtos acabados	Produtor/ Armazéns/ Revendedor	Valor do estoque Armazenagem Obsolescência Danificação	Quantidade econômica de produção Quantidade mínima de pedido Dimensões e peso do produto	Minimização dos pontos de armazenagem
Estoque em trânsito	Para o produtor Para o armazém/ Para o revendedor/ Para o consumidor	Valor do estoque Custo do transporte	Quantidades em trânsito Tempo de transporte Dimensões e peso do produto	Minimização do tempo de transporte em relação ao custo de manutenção do estoque

É muito provável que o custo total de manutenção de estoque ao longo da cadeia logística esteja desproporcional em relação à demanda de produtos no mercado. Em tais circunstâncias, as empresas começarão a apresentar problemas de liquidez, pois o custo do capital investido em estoques afeta as previsões de lucro. Quando o custo de capital é alto, a minimização do nível dos estoques pode ajudar a reduzir os custos totais de operações do sistema e evitar aumentos de preços.

Uma possível solução para esses problemas pode ser a reavaliação do sistema logístico mediante um processo de mudanças que melhorem consideravelmente a qualidade das operações efetuadas para cada elemento do sistema. As mudanças efetivas do sistema logístico serão conseguidas pela melhor utilização do capital, seja minimizando os estoques, seja melhorando a distribuição ou racionalizando os esquemas de revenda. É nesta área que novas técnicas e mudanças no ambiente empresarial oferecem oportunidades para a dinamização do sistema logístico, como mostra a Tabela 1.2.

Tabela 1.2 *Tipo de investimento necessário no sistema logístico*

Elemento principal dos investimentos	Perda de capital	Base do custo	Custo do capital fixo	Custo do capital de giro
Valor do estoque	Preços abaixo do custo/ Danificação/ Roubos/ Obsolescência	Aumento do valor ao longo do sistema		Juros bancários Custo de oportunidade do capital
Armazenagem/ Movimentação interna		Capacidade cúbica e peso do produto	Área ocupada/ construções Sistemas de armazenagem Equipamento de movimentação física de materiais	*Pallets*/Embalagem Mão de obra especializada/não especializada Custos administrativos Custos variáveis de seguro
Transporte		Capacidade cúbica e peso do produto	Veículos, *containers* e equipamentos de transporte	Custo de operação dos veículos Mão de obra especializada/não especializada Custos administrativos Custos de frete e seguro Embalagens especiais

A natureza das mudanças no sistema logístico varia de setor para setor. Assim, no setor de Compras, o principal objetivo de seu gerente será garantir o material necessário, no tempo correto, na qualidade exigida, no local exato, nas quantidades e preços certos. Em geral, essa função é desempenhada colocando-se um pedido, de quantidade específica e produto definido, para determinado fornecedor, designando o local e a data de entrega desejada.

Em alguns casos o gerente de Compras leva em consideração a quantidade econômica de produção dos fornecedores e o estoque físico disponível que eles possuem.

Normalmente, as comunicações entre o gerente de Compras e o fornecedor são extremamente deficientes, considerando cada parte somente suas metas e seus objetivos. O método tradicional de compra, todavia, foi alterado à medida que o preço ou custo do produto sobre os custos de manutenção do estoque passam a ter maior significado.

A melhoria na comunicação e entendimento gerencial entre as empresas leva a uma oportunidade de redução do estoque de segurança de matérias-primas pela certeza do recebimento da quantidade especificada, na data estipulada. As empresas devem encorajar seus gerentes de Compras a visitar regularmente seus fornecedores para discutir problemas de produção e de manutenção de estoques.

A atenção com o produto tem-se voltado, tradicionalmente, para a engenharia de processo, dando-se muito pouca consideração aos problemas de armazenagem e movimentação física, uma vez que isso normalmente não afeta a qualidade ou quantidade do produto.

As técnicas de armazenagem e movimentação estão criando novas informações com relação aos problemas de movimentação na fábrica. A administração da produção sabe da importância do espaço e da movimentação, em uma tentativa de diminuir os estoques de material em processo e de minimizar o capital necessário para o funcionamento da fábrica.

O objetivo do administrador da produção deve ser minimizar o tempo para liberar o pedido. Para isso, pode aumentar a velocidade do processamento do produto. Isto pode ser conseguido pela programação de lotes de produção para cada processo, com quantidades econômicas, pelo aumento da eficiência da mão de obra, pela melhor alocação dos tempos de preparação de máquinas antes e depois das horas normais de operação e durante a parada dos operadores. O efeito dos lotes de produção menores e a redução do material em processo é uma vantagem adicional, pois, produzindo lotes menores de produtos acabados diversos, há um aumento na flexibilidade da produção, que permite, em consequência, a minimização dos estoques de produtos acabados.

Uma vez que o espaço de produção tem um alto valor, a utilização de paletes, *racks* e esteiras devem estender-se às áreas produtivas. Algumas unidades de produção utilizam-se desses dispositivos para armazenagem de matérias-primas e material em processo. Com essa criou-se a necessidade de métodos de movimentação física capazes de transferir o material, de um ponto para outro, de forma rápida e eficiente ao longo do processo produtivo. Assim, a eficiência da fábrica é aumentada pela melhor utilização do espaço.

Os elementos de apoio logístico da empresa foram dominados no passado, pelas atividades de produção e marketing orientadas para o produto. Porém, o custo de mão de obra, o custo financeiro e a alta competitividade forçaram a criação de melhoramentos no transporte, na armazenagem e na movimentação física de materiais, que se tornaram setores de capital altamente intensivo. O custo do espaço de estocagem e do tempo de transporte aumenta cada vez mais, à medida que a própria indústria exige serviços mais rápidos e eficientes. Para atender a essas exigências, tem sido utilizado um capital considerável para aperfeiçoar os recursos e reduzir o tempo de transporte e, dessa forma, diminuir o tempo de expedição dos pedidos.

Além disso, o conceito de armazenagem sofreu modificações consideráveis, passando daquele antigo empilhamento, que exige muita mão de obra para deslocar o produto, para a sofisticação das estruturas de grande altura, com estreitos corredores de movimentação e empilhadeiras de grande elevação. O objetivo dos depósitos é maximizar a utilização da capacidade cúbica e garantir acesso imediato a todos os pontos, para entrada ou saída de itens. Como a armazenagem se tornou atividade de capital mais intensivo, o custo de cada metro cúbico de espaço de estocagem é maior, comparado com os sistemas tradicionais. A meta de utilização dos depósitos é a estocagem de pequenos volumes de produtos que tenham alta rotatividade, e qualquer mudança para grandes volumes de produtos com baixa rotatividade será inevitavelmente mais cara e deve ser evitada.

Uma das maiores razões para a ocorrência de mudanças no sistema logístico vem das indústrias que normalmente passam por crise no fluxo de caixa. Esse tipo de crise as obriga a reduzir seus níveis de estoque e a examinar atentamente as condições econômicas de operação de cada um de seus setores.

Uma vez identificados os setores ineficientes, será necessário que a empresa prepare seus planos e programas para estabelecer um novo sistema logístico que possa adaptar-se ao novo cenário.

Um dos objetivos de um sistema de logística eficiente deve ser a coordenação do movimento de estoques de matéria-prima, para que os níveis de estoque e capital investido sejam reduzidos ao mínimo. O uso eficiente do conceito de logística ajudará a minimizar as flutuações crônicas do volume de produção e desta forma reduzir a possibilidade de problemas no fluxo de caixa.

Considerando que, na maioria das empresas, os investimentos em materiais representam grande parte de seus ativos, uma atenção cada vez maior vem sendo dada aos métodos de controle para essa área. As empresas brasileiras, à medida que vão desenvolvendo sua política gerencial, se preocupam cada vez mais com os estoques, pois conseguem enxergar possibilidades de economias significativas a partir do momento em que novos sistemas de controle vão sendo instalados.

Esses ganhos podem até ser entendidos como verdadeiras fontes de recursos. Com a instabilidade do mercado fornecedor, com "crises e bonanças", e a partir do momento em que a empresa esteja preparada com "pontos de apoio" que ajudem a prever essa instabilidade futura, podemos concluir que o risco de que ocorram problemas pode ser significativamente reduzido. Esses pontos de apoio devem ser abordados sob dois aspectos básicos:

- Treinamento intensivo de seus profissionais.
- Utilização de sistemas de controle coerentes com as características da empresa.

É evidente que os dois fatores se completam, uma vez que desvios significativos, para qualquer dos lados, tornam o sistema de controle incompatível com os profissionais que o utilizam. Uma das implicações críticas do controle é sua relação de interdependência com o meio externo. Isso quer dizer que o ambiente é dinâmico, fazendo com que qualquer sistema de controle, para poder sobreviver, tenha de responder de maneira eficaz às pressões exercidas pelas mudanças contínuas.

Pode-se tentar um resumo do comportamento das principais características de como foi a evolução e o desenvolvimento das empresas manufatureiras. Elas ocorreram no início de suas implantações. Vejamos como podemos imaginar como foi:

- As linhas de produto são expandidas na proporção em que há aumentos nos volumes de venda.
- A complexidade dos produtos vai aumentando, às vezes significativamente; facilidades especiais e modelos opcionais são introduzidos.
- O número de itens vai crescendo e em alguns casos em velocidade superior ao crescimento das vendas. Isso é verdade se considerar a necessidade de manutenção de componentes em estoque mesmo para produtos que talvez tenham que sair de linha.
- O método de fabricação, que no início consistia em montagem de subconjuntos comprados no mercado, passa por um processo de verticalização, isto é, a empresa começa a fabricar os subconjuntos, anteriormente adquiridos de terceiros.
- Com a maior complexidade dos produtos, há também mais itens fabricados, em comparação com os comprados. Existe ainda a tendência do aumento da dificuldade para produzir, normalmente pelo aumento dos "tempos de produção", relacionados sobretudo com a capacidade instalada.

Durante esse processo de evolução (reação ao ambiente), os sistemas de gerenciamento e controle devem seguir o mesmo ritmo, com a exploração dos "pontos de apoio" citados.

Inicialmente, quando tudo começou, a empresa utilizava um almoxarifado dentro do conceito mais tradicional: armazenamento em "quatro paredes", com processamento manual de entrada e saída dos materiais, sem controles mais acurados.

O sistema de produção era bastante simples, com número relativamente pequeno de componentes, de tal modo que o pessoal da área de produção e/ou manutenção conhecia perfeitamente onde cada item se encontrava armazenado. Com essas características, os itens muitas vezes ficavam junto à área de utilização.

Do ponto de vista de controle gerencial, esse tipo de sistema normalmente operava com número limitado de elementos encarregados de manter os registros de entrada e saída, tanto dos itens fabricados como dos comprados. Esses elementos, sem muita especialização, mantinham em seus arquivos pessoais o conhecimento do saldo dos estoques e do estágio de cada uma das ordens de produção ou de compra; além disso, muitas vezes planejavam e programavam a produção.

O crescimento do número de itens torna essa filosofia impraticável. O pessoal diretamente ligado à produção já não conseguia identificar claramente a disposição dos materiais, o espaço tornou-se crítico, os itens já não podiam ser armazenados sempre na mesma área e o processo de fabricação começou a ter problemas em função da localização, dos critérios de programação, com os atrasos das entregas por parte dos fornecedores etc.

Ao chegar a esse estágio, a atitude mais simplista era ir contratando pessoas, mesmo sem treinamento, na tentativa de resolver o problema. E, à medida que esses fatos se vão sucedendo, é óbvio que a empresa vai perdendo, cada vez mais, a oportunidade de ganhar dinheiro com os estoques. O risco de falta ou superdimensionamento do material vai tornando-se cada vez mais presente. A partir do momento em que a companhia toma consciência desse problema, segue-se um passo evolutivo. Inicia-se então nova fase, que é no estabelecimento de um sistema de codificação e armazenamento do material de forma centralizada e sequencial. Cria-se maior formalização dos controles, o almoxarifado assume maior importância e os itens passam a ser armazenados na sequência de seus códigos. Instituem-se controles manuais, e as transações de entrada e saída passam a ser controladas. Dessa forma, o material é enviado à linha de produção ou a outros usuários à medida que vão sendo requisitados. Os registros de controle dos estoques são mantidos manualmente pela utilização de fichas de prateleira ou de Kardex, ou qualquer coisa parecida e semelhante.

Mas, em virtude do constante crescimento da movimentação dos materiais, esse sistema também começa a se mostrar deficiente. Com o acúmulo de registros, os erros de cálculo começam a se tornar frequentes, os lançamentos saem errados (quantidades inexatas, códigos trocados etc.). Esses erros, mais os atrasos de retificação, prejudicam os processos de reposição. Note-se que, apesar da evolução no processo de localização dos itens, e pelo caráter dinâmico da empresa, os volumes tendem a continuar crescendo e torna-se claro que os espaços para os estoques nem sempre são bem usados, uma vez que a localização do material é definida, em geral, em função da média de consumo.

Novos componentes vão tornando-se necessários, e a característica de armazenamento e controle em forma sequencial fica impraticável. A resultante desse tipo de sistema são perdas de dinheiro em materiais a partir do momento em que se armazena o mesmo item em vários locais diferentes do espaço principal já determinado para ele e em que se perde o controle desses locais.

Como é sabido, uma informação muito importante para o controle de materiais é a que traduz a situação "física" do item, somadas as reservas para produção ou os pedidos de compra ou fabricação em andamento. A partir de certa complexidade dentro do processo produtivo ou volume de transações, torna-se inviável o controle de disponibilidades de forma manual. Além disso, esse conjunto de fatores irá colaborar para que ocorra atraso nos fechamentos de outros subsistemas dependentes. A evolução típica desse conceito é a decisão de se utilizar a informática para controle e gerenciamento de estoques, acompanhado de sistema de codificação mais sofisticado, normalmente separando-se os materiais por grupos de características semelhantes.

Quando se inicia o processo de informatização para controlar e gerenciar estoques, os problemas do projeto do sistema nem sempre são considerados com a devida importância. Na verdade, muitas empresas acreditam que a informatização se restringe unicamente à adoção física de *softwares* de pacotes.

Muitas companhias começam a usar os sistemas para auxiliar a gerência e o controle dos materiais por meio de desenvolvimento de aplicativos que controlam, quando muito, o saldo e, eventualmente, guardam nos arquivos o consumo histórico. Essa característica lembra o tradicional "enfoque contábil", isto é, "uma posição de estoque, do ponto de vista contábil, é necessária e suficiente em termos de informação para a empresa". Essa informação se traduz em relatórios semanais ou mensais de entradas e saídas de materiais, às vezes emitidos com atraso e incorreções.

Porém, com a introdução de alguns *softwares*, aos poucos outras informações foram sendo exploradas, como o desenvolvimento do *bill of material* (lista de materiais do produto), técnicas de cálculo de ponto de reposição, lotes econômicos de fabricação e/ou compras, criação de arquivo com informações do processo de manufatura do produto, informações de custos, de mercado etc. Com essa evolução, chegamos ao conceito do *database* (banco de dados) comum, isto é, registros de arquivos que mantêm toda informação necessária para um processamento rápido e econômico.

A diferença de tempo entre o recebimento do material pela empresa, atividade da área de materiais, e o registro da nota fiscal ou fatura do fornecedor em contas a pagar, atividade da área financeira, pode causar impactos significativos em termos de previsão financeira da companhia. Outro exemplo seria a diferença de tempo verificada entre o despacho de produtos aos clientes e o respectivo registro em contas a receber.

Encontrar o inter-relacionamento mais correto entre essas aplicações não é tarefa fácil, pois requer um planejamento bastante eficiente de desenvolvimento dos sistemas de informação da empresa.

O aspecto que se constitui em base para qualquer sistema de gerenciamento de materiais é a precisão dos dados ou a qualidade das informações processadas.

Há uma série de técnicas disponíveis para gerenciar os estoques, cada uma delas aplicável ao estágio em que a empresa se encontre. Mas uma preocupação que deve estar sempre presente em qualquer situação é, sem dúvida, a precisão das informações, as quais podem afetar a operação da companhia em níveis de eficiência adequada. Os maiores problemas relativos à imprecisão podem ser:

1. má localização dos estoques;
2. armazenamento inadequado;
3. erros de cálculo nos relatórios de entrada e saída de materiais;
4. erros gerados no recebimento;
5. esquecimento e atraso na emissão de documentos relativos à entrada e saída de material;
6. procedimentos de contagem física inadequados.

Para cada um desses fatores (e outros, para cada empresa em particular), os critérios para gerenciamento e controle que serão desenvolvidos devem ser levados na devida conta.

Tradicionalmente, era muito comum encontrar o setor de Compras subordinado a um Gerente Geral, ou Diretor Superintendente; o PCP reportava-se ao Gerente de Produção, quebrando o velho conceito de que "quem produz não controla"; e a distribuição prendia-se ao Gerente Comercial, conforme ilustrado na Figura 1.1.

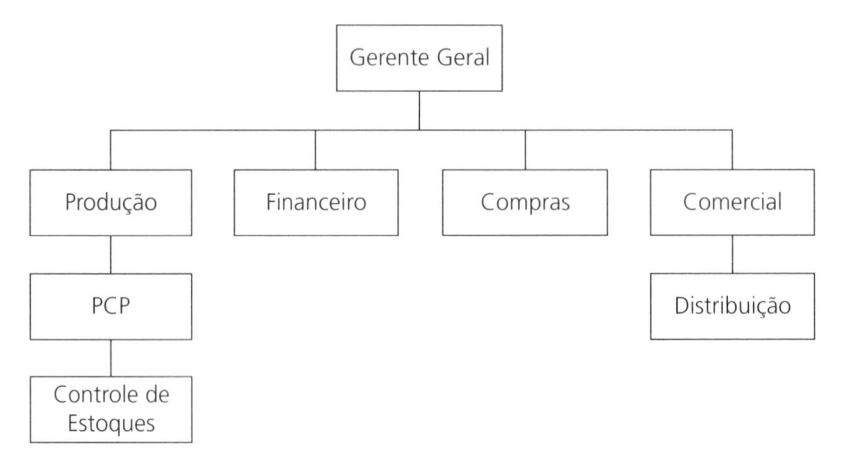

Figura 1.1 *Sistema tradicional de subordinação gerencial.*

As empresas dentro de um moderno enfoque logístico de gerenciamento de materiais podem estar estruturadas de acordo com a Figura 1.2.

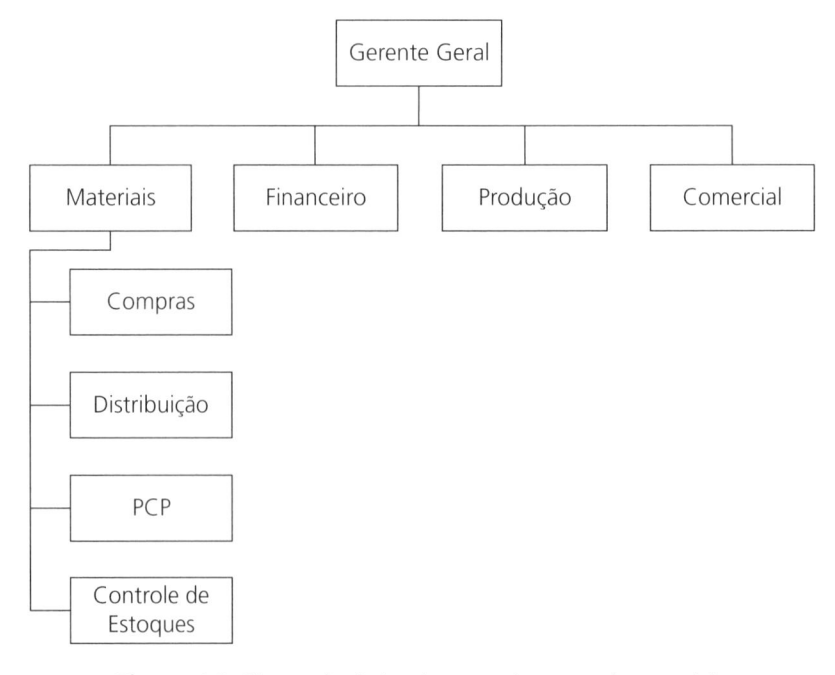

Figura 1.2 *Sistema logístico de gerenciamento de materiais.*

Poderíamos considerar que a estrutura do organograma apresentado é para um gerenciamento integrado. Existem também organizações em que encontraremos uma Gerência de Materiais orientada para o suprimento, para a distribuição ou para a produção. É bastante comum encontrarmos o setor de Controle de Estoques, como responsabilidade e atuação, dentro do PCP.

Dimensionamento e Controle de Estoques

2

2.1 Objetivos de estoque

2.1.1 Funções

A função da Administração de Estoques é maximizar o efeito lubrificante entre vendas e o planejamento e programação da produção. Deve minimizar o capital investido em estoques, pois ele é de alto custo, e aumenta de acordo com o custo financeiro. Sem estoque é impossível uma empresa trabalhar, pois ele é o amortecedor entre os vários estágios da produção até a venda final do produto.

Quanto maior o investimento em estoque, tanto maior será o comprometimento e a responsabilidade de cada departamento. Para a Gerência Financeira, a minimização dos estoques é uma das metas prioritárias. O objetivo, portanto, é otimizar esse investimento, aumentando o uso eficiente dos recursos financeiros, reduzindo as necessidades de capital investido.

Se o Gerente da Produção é também o responsável pelos estoques, como algumas vezes é o caso, então esse estoque será encarado por ele como um meio de apoio para sua meta principal: a produção. Sem dúvida, deve-se pressionar o Gerente da Produção para minimizar o investimento em estoque de matéria-prima, embalagens, produtos em processo. Existe uma situação conflitante entre a disponibilidade de estoque e a vinculação do capital, que pode ser vista no Quadro 2.1. Sob o enfoque de Vendas, deseja-se um estoque elevado para atender aos clientes. Do ponto de vista financeiro, necessita-se de estoques reduzidos para diminuir o capital investido.

Quadro 2.1 *Conflitos interdepartamentais, quanto a estoques*

	Depto. de Compras	Depto. Financeiro
Matéria-prima (Alto-estoque)	Desconto sobre as quantidades a serem compradas	Capital investido Juros perdidos
	Depto. de Produção	**Depto. Financeiro**
Matéria-prima (Alto-estoque)	Nenhum risco de falta de material Grandes lotes de fabricação	Maior risco de perdas e obsolescência Aumento do custo de armazenagem
	Depto. de Vendas	**Depto. Financeiro**
Produto acabado (Alto-estoque)	Entregas rápidas Boa imagem, melhores vendas	Capital investido Maior custo de armazenagem

A Gestão de Estoques deverá conciliar, da melhor maneira, os objetivos dos quatro departamentos, sem prejudicar a operacionalidade da empresa, assim como a definição e a execução da política de estoques.

A responsabilidade dos estoques deve ficar sob um único departamento, e os outros ficam livres para dedicar-se à sua função original.

Uma pergunta ao formular uma Gestão de Estoques é: "Onde se situa a responsabilidade na presente data?" Juntamente com a responsabilidade do estoque de materiais, existe a responsabilidade das decisões a serem tomadas. A pergunta correta a ser formulada será então: "Quem toma as decisões em relação ao estoque?" E a resposta é: "O Departamento de Materiais". Essas decisões com certeza devem estar baseadas na política de estoque da empresa.

Quando as metas dos diferentes departamentos são conflitantes, o departamento que tem maior agressividade é, geralmente, o mais ouvido. O sistema de Gestão de Estoques deve remover esses conflitos entre os departamentos, providenciando o atendimento de todas as necessidades reais e efetivas; exige, também, que todas as atividades envolvidas com estoques sejam integradas e controladas num sistema com quantidades e valores. A Gestão de Estoques não se preocupa somente com o fluxo diário entre vendas e compras, mas também com a relação lógica entre cada integrante deste fluxo, e traz uma mudança na forma tradicional de encarar o estoque nas suas diferentes formas, pois trata de um novo sistema de organização.

As deficiências do controle de estoques normalmente são mostradas por reclamações contra sintomas específicos e não por críticas diretas a todo o sistema. Alguns desses sintomas encontrados normalmente são:

    a. periódicas e grandes dilatações dos prazos de entrega para os produtos acabados e dos tempos de reposição para matéria-prima;
    b. quantidades maiores de estoque, enquanto a produção ou vendas permanecem constantes;
    c. elevação do número de cancelamentos de pedidos ou mesmo devoluções de produtos acabados;
    d. variação excessiva da quantidade a ser produzida;
    e. produção parada frequentemente por falta de material;
    f. falta de espaço para armazenamento;
    g. baixa rotação dos estoques, obsoletismo em demasia.

2.1.2 Políticas de estoque

Dentro de grandes variações de mercado, é necessário que o Gerente de Logística prepare-se de forma adequada, e que fique capacitado a responder às novas exigências com relação às variações dos preços de venda de seus produtos acabados e dos preços das matérias-primas. Dentro da incerteza, uma das formas confiáveis e seguras é a correta implantação da política de estoques.

Aqueles que necessitam repor os estoques em regime inflacionário deparam com problemas complexos, já que o volume de vendas diminui e, certamente, seus preços estão sendo reajustados constantemente. Como consequência, ocorre a redução imediata na margem de lucro, agravada pela irregularidade da demanda na quase totalidade da sua linha de produtos. O ponto central na política de estoques é o custo de reposição. Encontram-se às vezes algumas situações em que o lucro sobre as vendas não supera a reposição do estoque.

A administração deverá determinar ao Departamento de Logística o programa de objetivos a serem atingidos, isto é, estabelecer certos padrões que sirvam de guia aos programadores e controladores e também de critérios para medir o desempenho do departamento. Essas políticas são diretrizes que, de maneira geral, são as seguintes:

   a. metas quanto a tempo de entrega dos produtos ao cliente;
   b. definição do número de depósitos e armazéns e da lista de materiais a serem estocados neles;
   c. até que níveis deverão flutuar os estoques para atender a uma alta ou baixa das vendas ou a uma alteração de consumo;
   d. até que ponto será permitida a especulação com estoques, fazendo compra antecipada com preços mais baixos ou comprando uma quantidade maior para obter desconto;
   e. definição da rotatividade dos estoques.

A definição dessas políticas é muito importante ao bom funcionamento da administração de estoque. Os itens **c** e **e** citados merecem grande atenção, porque é exatamente neles que também vai ser medido o capital investido em estoques.

Existe um grau de atendimento que indica em porcentagem o quanto da parcela de previsão de consumo ou das vendas (matéria-prima e produto acabado) deverá ser fornecido pelo armazém. Por exemplo: se quisermos ter um grau de atendimento de 95% e temos um consumo ou venda mensal de 600 unidades, devemos ter disponíveis para fornecimento 570 unidades, isto é, 600 × 0,95.

A relação entre o capital investido e a previsão de consumo, indicada como grau de atendimento, é representada graficamente pela Figura 2.1.

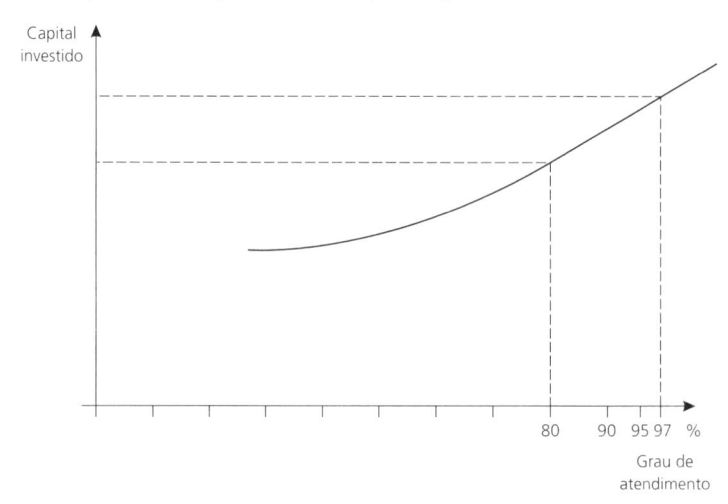

Figura 2.1 *Relação entre capital investido e grau de atendimento.*

O planejamento do dimensionamento de estoques reside na relação entre:

- capital investido;
- disponibilidade de estoques;
- custos incorridos;
- consumo ou demanda.

Analisando a questão de dimensionamento de estoques sob o enfoque financeiro, podemos utilizar um índice de retorno de capital:

$$RC = \frac{Lucro}{Capital}$$

que, multiplicado pelas vendas, pode ser escrito da seguinte forma:

$$RC = \frac{Lucro}{Capital} = \frac{Lucro}{Venda} \times \frac{Venda}{Capital}$$

Para melhor visualizar, veja a Figura 2.2.

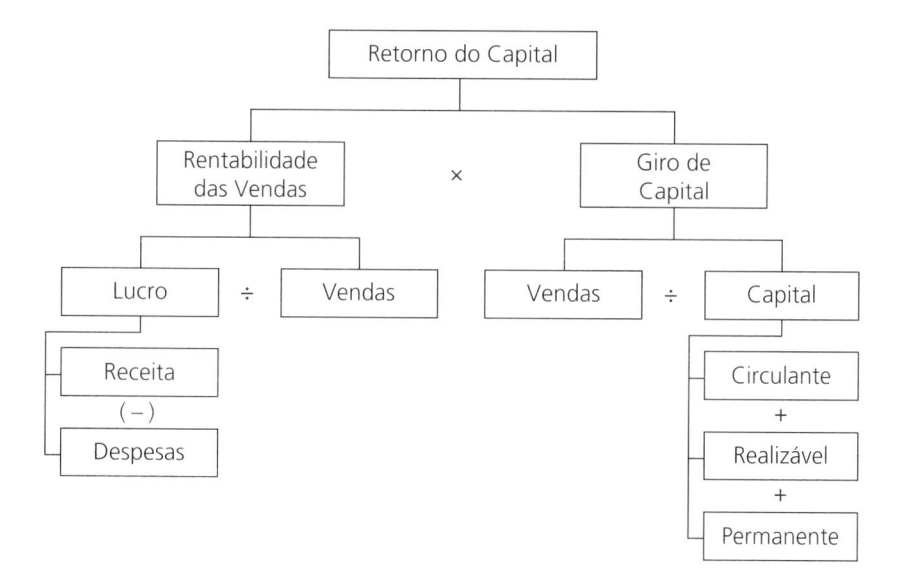

Figura 2.2 *Fluxo de retorno de capital.*

Podemos analisar pela figura que, para aumentar o retorno sobre o capital, é necessário aumentar a relação lucro/venda e/ou giro de capital.

Para a Gestão de Estoques é interessante aumentar o giro do capital e, em consequência, diminuir o ativo, supondo que as vendas permaneçam inalteradas. Diminuindo o capital investido em estoques, diminui-se o ativo; aumentando-se o giro de capital, aumenta então o retorno do capital. O ativo é composto pelo ativo circulante, mais o realizável, mais o ativo permanente. Os estoques fazem parte do ativo circulante, conforme Figura 2.3.

Suponha que o giro do capital seja de 1,8, que as vendas sejam de $ 1.800,00, o capital de $ 1.000,00 e a rentabilidade das vendas, de 10%.

$$\text{Giro do capital} = \frac{1.800}{1.000} = 1,8$$

Uma redução de 20% no capital resulta em $ 1.000,00 – $ 200,00 = $ 800,00.

$$\text{Novo giro do capital} = \frac{1.800}{800} = 2,22$$

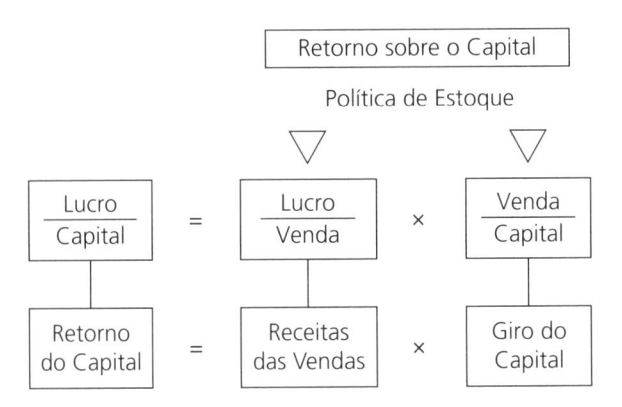

Figura 2.3 *Pontos de atuação da política de estoque no retorno de capital.*

Por giro de capital definimos que para cada $ 1,00 aplicado devem retornar $ 2,22 de venda. Caso sejam aplicados os $ 200,00 em outros ativos, Contas a Receber, por exemplo, que foram liberados ao reduzir-se o estoque, as vendas aumentarão em $ 200,00 × 2,22 = $ 444,00. Isso representa um aumento nas vendas de:

$$\text{Giro do capital} = \frac{R\$\ 440,00}{R\$\ 1.800} = 25\%$$

Rentabilidade das vendas × Giro do capital = Retorno do capital
10% × 1,8 = 18%

1ª hipótese: a liberação do capital em 20% através da redução dos estoques aumenta o giro de capital para 2,22.
Retorno do capital = 10% × 2,22 = 22%

2ª hipótese: a utilização do capital liberado para investimento em ampliações torna possível o aumento das vendas em 23% sem a aplicação de novos recursos.

$$\frac{2,2 - 1,8}{1,8} \times 100 = 23\%$$

2.1.3 Princípios do controle de estoques

Para organizar um setor de Controle de Estoques, inicialmente deveremos descrever seus objetivos principais, que são:

a. determinar "o que" deve permanecer em estoque: **número de itens**;
b. determinar "quando" se devem reabastecer os estoques: **periodicidade**;
c. determinar "quanto" de estoque será necessário para um período predeterminado: **quantidade de compra**;
d. acionar o Departamento de Compras para executar aquisição de estoque: **solicitação de compras**;
e. receber, armazenar e guardar os materiais estocados de acordo com as necessidades;
f. controlar os estoques em termos de quantidade e valor; **fornecer informações sobre a posição do estoque**;
g. manter inventários periódicos para avaliação das quantidades e estados dos materiais estocados;
h. identificar e retirar do estoque os itens obsoletos e danificados.

Existem diversos aspectos que devem ser definidos antes de se montar um sistema de Controle de Estoques. O primeiro deles refere-se aos diferentes tipos de estoque existentes na empresa. Outro diz respeito aos diferentes critérios quanto ao nível adequado de estoque que deve ser mantido para atender às suas necessidades. Um terceiro ponto seria a relação entre o nível do estoque e o capital necessário envolvido.

Os principais tipos de estoque, encontrados em uma empresa industrial, são: matérias-primas, produtos em processo, produtos acabados, peças de manutenção e materiais auxiliares.

MATÉRIAS-PRIMAS

São os materiais básicos e necessários para a produção do produto acabado; seu consumo é proporcional ao volume da produção. Também podemos dizer que matérias-primas são todos os materiais agregados ao produto acabado. Em alguns casos, numa empresa que fabrica produtos complexos com inúmeros componentes o estoque de matérias-primas pode consistir em itens já processados, que foram comprados de outras companhias ou transferidos de outra divisão da mesma empresa.

Todas as indústrias têm um estoque de matérias-primas de algum tipo. O volume de cada matéria-prima depende do tempo de reposição, que é o tempo decorrido para receber os pedidos colocados no fornecedor, da frequência do uso, que é o consumo, do investimento exigido e das características físicas do material.

Outros fatores que afetam o nível das matérias-primas são certas características físicas, como tamanho e durabilidade. Um item barato que requer longo tempo de reposição e é facilmente perecível no estoque não seria requisitado em grandes quantidades, pois, se o fosse, parte do estoque certamente se deterioraria antes de ser usada no processo produtivo. Deve-se dedicar bastante atenção a esses fatores quando se avaliar o nível de estoque. Os consumos de matéria-prima pela produção precisam ser satisfeitos e ao mesmo tempo o investimento em matérias-primas precisa ser mantido num nível mínimo.

PRODUTOS EM PROCESSO

O estoque de produtos em processo são todos os materiais que estão sendo usados no processo de fabricação. Eles são, em geral, produtos parcialmente acabados que estão em algum estágio intermediário de produção. É considerado produto em processo qualquer peça ou componente que já foi de alguma forma processado, mas que adquire outras características no fim do processo produtivo. O nível dos produtos em processo depende em grande parte da extensão e complexidade do processo produtivo. Existe relação direta entre a duração do processo produtivo e seu nível médio de estoque de produtos em processo, ou seja, quanto maior for o ciclo de produção, maior o nível esperado do estoque de produtos em processo.

Um estoque maior acarreta maiores custos, pois o capital estava imobilizado durante um período de tempo mais longo. O ciclo total do estoque, que vai desde a compra da matéria-prima até a venda do produto acabado, deve ser minimizado e ao mesmo tempo as faltas de estoque mantidas ao mínimo possível. Uma administração eficiente da produção necessita reduzir o estoque dos produtos em processo, o que deve acelerar a rotatividade do estoque e reduzir a necessidade de caixa.

PRODUTOS ACABADOS

O estoque de produtos acabados consiste em itens que já foram produzidos, mas ainda não foram vendidos. As indústrias que produzem por encomenda mantêm estoque muito baixo de produtos acabados ou, podemos dizer, de quase zero, pois todos os itens já foram vendidos antes mesmo de serem produzidos. Para as que produzem para estoque ocorre exatamente o contrário: os produtos são fabricados antes da venda. O estoque de produtos acaba sendo determinado pela previsão de vendas, pelo processo produtivo e pelo investimento exigido em produtos acabados.

A programação de produção é feita com o objetivo de colocar disponível uma quantidade suficiente de produtos acabados, para satisfazer à demanda feita pela previsão de vendas, sem criar estoques em excesso, e auxiliar na minimização dos custos totais.

Na realidade, existe uma relação entre o valor investido em produtos acabados e o custo unitário de produção. Em alguns casos, verifica-se que as quantidades mais eficientes de produção, cujo custo unitário de produção é menor, são maiores do que as exigidas do consumo previsto. Isso porque a preparação e a programação das máquinas para os lotes de produção exigem altos custos fixos.

Um fator importante quanto aos produtos acabados é o seu grau de liquidez. Uma empresa que vende um produto de consumo popular pode estar mais segura se mantiver níveis elevados de estoque do que outra que produz produtos relativamente especializados. Quanto mais líquidos e menos sujeitos à obsolescência forem os produtos acabados, maiores serão os níveis de estoque que poderá suportar.

MATERIAIS AUXILIARES E DE MANUTENÇÃO

A mesma importância dada à matéria-prima deverá ser dada a peças de manutenção e aos materiais auxiliares e de apoio. O custo de interrupção da produção é constituído das despesas correspondentes à mão de obra parada, ao equipamento ocioso, ao prazo de entrega adiado e à própria perda ocasional da encomenda, quando não do cliente. Acresce a tudo isso o custo de interrupção da oportunidade perdida de obter rendimento durante o tempo de parada, ou seja, lucro cessante. Podemos ver que o mesmo risco com a falta de matéria-prima pode ocorrer e ter um grande impacto também com as peças de reposição.

2.2 Previsão para os estoques

2.2.1 Introdução

Toda a Gestão de Estoques está pautada na previsão do consumo do material. A previsão de consumo ou da demanda estabelece estimativas futuras dos produtos acabados comercializados e vendidos. Define, portanto, quais produtos, quanto desses produtos e quando serão comprados pelos clientes. A previsão possui algumas características básicas, que são:

- é o ponto de partida de todo planejamento empresarial;
- não é uma meta de vendas; e
- sua precisão deve ser compatível com o custo de obtê-la.

As informações básicas que permitem decidir quais serão as dimensões e a distribuição no tempo da demanda dos produtos acabados podem ser classificadas em duas categorias: quantitativas e qualitativas.

a. Quantitativas

- evolução das vendas no passado;
- variáveis cuja evolução e explicação estão ligadas diretamente às vendas. Por exemplo: criação e vendas de produtos infantis, área licenciada de construções e vendas futuras de materiais de construção;

- variáveis de fácil previsão, relativamente ligadas às vendas (populações, renda, PIB); e
- influência da propaganda.

b. Qualitativas

- opinião dos gerentes;
- opinião dos vendedores;
- opinião dos compradores;
- pesquisas de mercado.

Representamos na Figura 2.4 uma forma esquemática do comportamento dinâmico do processo de previsão.

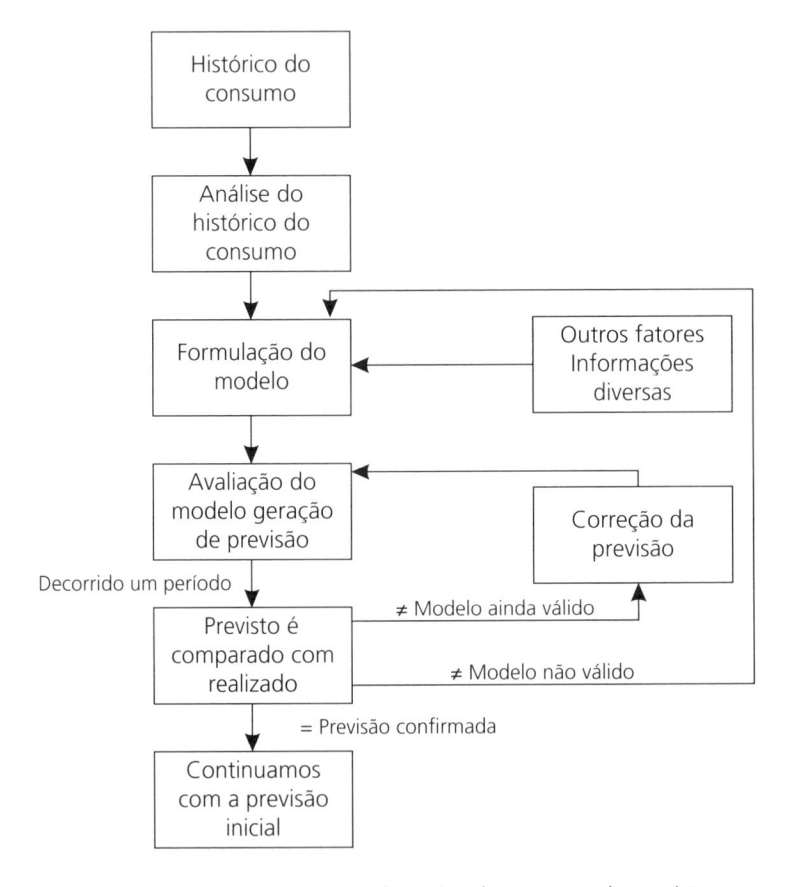

Figura 2.4 *Comportamento dinâmico do processo de previsão.*

As técnicas de previsão do consumo podem ser classificadas em três grupos:

a. Projeção: são aquelas que admitem que o futuro será repetição do passado ou as vendas evoluirão no tempo futuro da mesma forma do que no passado; segundo

a mesma lei observada no passado, este grupo de técnicas é de natureza essencialmente quantitativa.
b. **Explicação:** procuram-se explicar as vendas do passado mediante leis que relacionem as mesmas com outras variáveis cuja evolução é conhecida ou previsível. São basicamente aplicações de técnicas de regressão e correlação.
c. **Predileção:** funcionários experientes e conhecedores de fatores influentes nas vendas e no mercado estabelecem a evolução das vendas futuras.

As formas de evolução de consumo podem ser representadas das seguintes maneiras:

a. Modelo de evolução horizontal de consumo

De tendência constante (nenhuma influência conjuntural), é reconhecido pelo consumo médio horizontal, como mostramos na Figura 2.5.

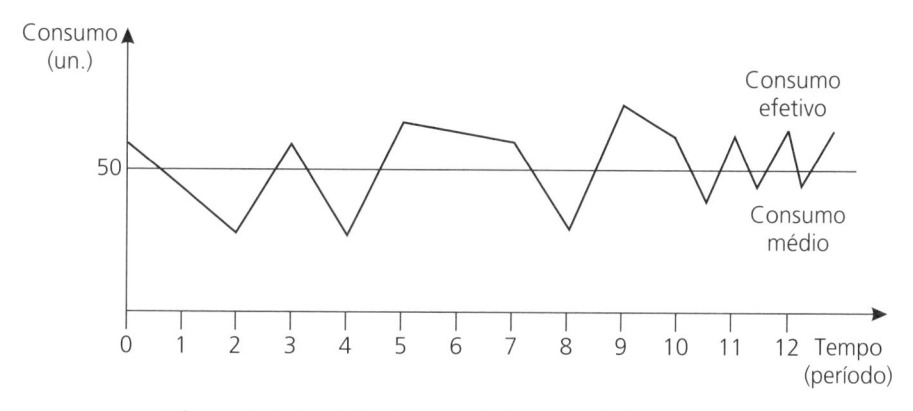

Figura 2.5 *Modelo de evolução horizontal de consumo.*

b. Modelo de evolução de consumo sujeito a tendência

O consumo médio aumenta ou diminui com o decorrer do tempo. Na Figura 2.6, o modelo de consumo é ascendente.

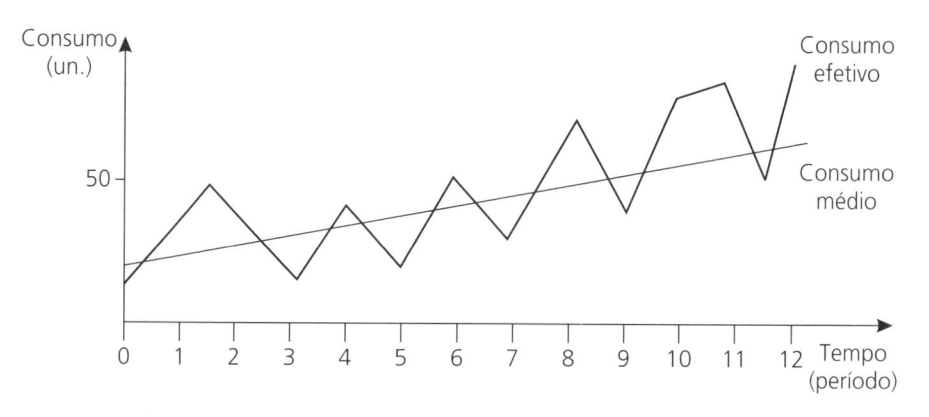

Figura 2.6 *Modelo de evolução de consumo sujeito a tendência.*

c. Modelo de evolução sazonal de consumo

O consumo possui oscilações regulares, que tanto podem ser positivas quanto negativas; ele é sazonal, quando o desvio é no mínimo de 25% do consumo médio e quando aparece condicionado a determinadas causas. Um exemplo encontra-se reproduzido na Figura 2.7.

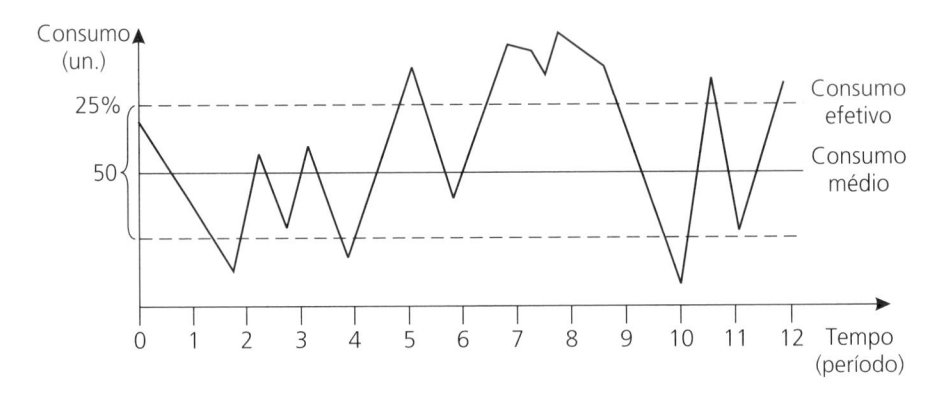

Figura 2.7 *Modelo de evolução sazonal de consumo.*

Na prática, podem ocorrer combinações dos diversos modelos de evolução de consumo. Podemos verificar isso de maneira mais evidente quando acompanhamos a linha de vida de um produto. A Figura 2.8 mostra a evolução da venda de um produto através de 41 períodos.

No decorrer de 12 períodos, esse produto atinge seu nível normal, ou seja, passa da fase de introdução no mercado para a fase normal de consumo. Durante 20 períodos, ele apresenta uma evolução constante, sendo que, no último terço, o consumo aumenta mais uma vez, de maneira sensível, para depois, a partir do 36º período, iniciar a sua fase de retirada da linha de produção. O produto passou então por uma evolução de consumo ascendente, horizontal e descendente.

O conhecimento sobre a evolução do consumo no passado possibilita uma previsão da sua evolução futura. Essa previsão somente estará correta se o comportamento do consumo permanecer inalterável. Os seguintes fatores podem alterar o comportamento do consumo:

- influências políticas, conjunturais ou sazonais;
- alterações no comportamento dos clientes;
- inovações técnicas;
- modelos retirados da linha de produção;
- alteração da produção;
- preços competitivos dos concorrentes.

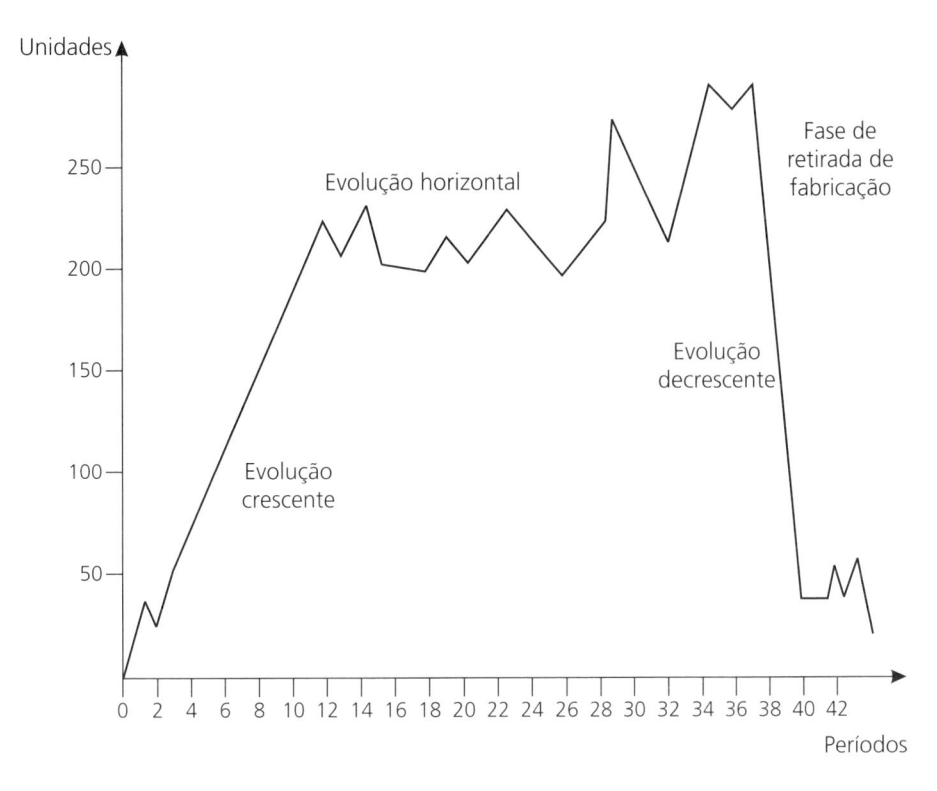

Capítulo 2 • **Dimensionamento e Controle de Estoques**

Figura 2.8 *Combinação dos modelos de evolução de consumo.*

Existem duas maneiras de se apurar o consumo:

1. **Após a entrada do pedido**. Somente possível nos casos em que o prazo de fornecimento (entrega) é suficientemente longo.
2. **Através de métodos estatísticos**. Trata-se do método mais utilizado. Calculam-se as previsões através dos valores do passado, ou seja, de dados obtidos anteriormente.

Apresentamos a seguir algumas técnicas quantitativas usuais para calcular a previsão de consumo.

2.2.2 Método do último período

Este modelo mais simples consiste em utilizar como previsão para o período seguinte o valor ocorrido no período anterior. Se colocarmos em um gráfico os valores ocorridos e as previsões, obteremos duas curvas exatamente iguais, porém deslocadas em um período de tempo.

2.2.3 Método da média móvel

Este método é uma extensão do anterior, em que a previsão para o próximo período é obtida calculando-se a média dos valores de consumo nos **n** períodos anteriores.

A previsão gerada por esse modelo é geralmente menor que os valores ocorridos se o padrão de consumo for crescente. Inversamente, será maior se o padrão de consumo for decrescente. Se **n** for muito grande, a reação da previsão diante dos valores atuais será muito lenta. Inversamente, se **n** for pequeno, a reação será muito rápida. A escolha do valor de **n** é arbitrária e experimental. Para melhor simplificar e entender, vejamos:

$$CM = \frac{C_1 + C_2 + C_3 + ... + C_n}{n}$$

CM = Consumo médio
C = Consumo nos períodos anteriores
n = Número de períodos

Para cálculo do consumo médio variável, tomam-se por base os últimos 12 períodos

$$CM = \frac{\text{consumo de 12 meses}}{12}$$

a cada novo mês, adiciona-se o mesmo à soma e despreza-se o 1º mês utilizado.

Desvantagens do método:

a. as médias móveis podem gerar movimentos cíclicos, ou de outra natureza não existente nos dados originais;
b. as médias móveis são afetadas pelos valores extremos; isso pode ser superado utilizando-se a média móvel ponderada com pesos apropriados (vide 2.2.4);
c. as observações mais antigas têm o mesmo peso que as atuais, isto é, **1/n**;
d. exige a manutenção de um número muito grande de dados.

Vantagens:

a. simplicidade e facilidade de implantação;
b. admite processamento manual.

EXEMPLO DE APLICAÇÃO I

Dados os valores 3, 7, 5, 6, 4, 2, 3, uma média móvel para três períodos, as médias móveis seriam:

$$\frac{3+7+5}{3}, \frac{7+5+6}{3}, \frac{5+6+4}{3}, \frac{6+4+2}{3}, \frac{4+2+3}{3}$$

Média móvel = 5, 6, 5, 4, 3

EXEMPLO DE APLICAÇÃO II

O consumo em quatro anos de uma peça foi de:

2015 – 72
2016 – 60
2017 – 63
2018 – 66

Qual deverá ser o consumo previsto para 2019, utilizando-se o método da média móvel, com um *n* igual a 3?

$$\frac{60 + 63 + 66}{3} = 63.$$

A previsão para 2019 é de 63 unidades.

2.2.4 Método da média móvel ponderada

Este método é uma variação do modelo anterior em que os valores dos períodos mais próximos recebem peso maior que os valores correspondentes aos períodos mais anteriores. O valor $\bar{X}_i$ previsão de consumo será dado por:

$$\bar{X}_i = \frac{\sum_{i=1}^{n} C_i \cdot X_i}{\sum_{i=1}^{n} C_i}$$

onde: C_i = peso dado ao *i*-ésimo valor

$n_\Sigma C_i = n_i = 1$

Os pesos C_i são decrescentes dos valores mais recentes para os mais distantes. Esse método elimina alguns inconvenientes do método anterior.

A determinação dos pesos, ou fatores de importância, deve ser de tal ordem que a soma seja 100%. Para os dados da Tabela 2.1, por exemplo, temos:

$CM = (0,05 \times C_1) + (0,1 \times C_2) + (0,1 \times C_3) + (0,15 \times C_4) + (0,2 \times C_5) + (0,4 \times C_6)$

Tabela 2.1 *Pesos para média móvel ponderada*

Período	Peso ou fator de importância em %			Quantidade
1	5%	de	350 =	17,5
2	10%	de	70 =	7,0
3	10%	de	800 =	80,0
4	15%	de	200 =	30,0
5	20%	de	150 =	30,0
6	40%	de	500 =	200,0
7		100%		364,5 ≅ 365

EXEMPLO DE APLICAÇÃO

No exemplo citado em 2.2.3, determine o consumo previsto para 2019 utilizando o método da média móvel ponderada com os seguintes pesos:

2015 – 50% – 72
2016 – 25% – 60
2017 – 20% – 63
2018 – 5% – 66

$$\frac{(60 \times 1,25) + (63 \times 1,2) + (66 \times 1,05)}{3} = 73,3$$

A previsão para 2019 seria de 73 unidades.

2.2.5 Método da média com ponderação exponencial

Este método elimina muitas desvantagens dos métodos da média móvel e da média móvel ponderada. Além de dar mais valor aos dados mais recentes, apresenta menor manuseio de informações passadas. Apenas três valores são necessários para gerar a previsão para o próximo período:

- a previsão do último período;
- o consumo ocorrido no último período;
- uma constante que determina o valor ou ponderação dada aos valores mais recentes.

Esse modelo procura prever o consumo apenas com a sua tendência geral, eliminando a reação exagerada a valores aleatórios. Ele atribui parte da diferença entre o consumo atual e o previsto a uma mudança de tendência e o restante a causas aleatórias.

Capítulo 2 • Dimensionamento e Controle de Estoques

Vamos supor que para determinado produto havíamos previsto um consumo de 100 unidades. Verificou-se, posteriormente, que o valor real ocorrido foi de 95 unidades. Precisamos prever agora o consumo para o próximo mês. A questão básica é a seguinte: quanto da diferença entre 100 e 95 unidades pode ser atribuído a uma mudança no padrão de consumo e quanto pode ser atribuído a causas puramente aleatórias?

Se a nossa previsão seguinte for de 100 unidades, estaremos assumindo que toda a diferença foi devida a causas aleatórias e que o padrão de consumo não mudou absolutamente nada. Se for de 95 unidades, estaremos assumindo que toda a diferença deve ser atribuída a uma alteração no padrão de consumo (método do último período). Nesse método, apenas parte da variação é considerada como mudança no padrão de consumo.

No exemplo anterior, decidimos que 20% da diferença devem ser atribuídos a alterações no padrão de consumo e que 80% devem ser considerados como variação aleatória. Levando-se em consideração que a previsão era de 100 unidades e ocorreram na realidade 95 e que 20% do erro (100 – 95) é igual a 1, a nova previsão deverá ser de 99 unidades. Resumindo, podemos escrever:

Próxima previsão = Previsão anterior + Constante de amortecimento × Erro de previsão

$$\overline{X}_T = \overline{X}_{T-1} + \alpha (X_T - \overline{X}_{T-1})$$

$$0 \leq \alpha \leq 1$$

A determinação do valor pode ser feita por intermédio de técnicas matemáticas e estatísticas. Nos casos mais comuns, a determinação é verificada empiricamente, os valores mais comumente utilizados estão compreendidos entre 0 e 1, usando-se normalmente de 0,1 a 0,3. Para determinarmos o peso de cada observação, podemos reescrever a equação:

$$\overline{X}_T = \overline{X}_{T-1} + \alpha X_T - \alpha \overline{X}_{T-1}$$

$$\overline{X}_T = \alpha X_T + (1 - \alpha) \overline{X}_{T-1}$$

A média estimada $\overline{X}_T$ é suavizada para descontar os efeitos das variações aleatórias. Por exemplo, estimando-se $\alpha = 0,2$ na equação anterior:

$\overline{X}_T = 0,2X_T + (0,8)\overline{X}_{T-1}$ estabelece que a média estimada $\overline{X}_T$, no período t, é determinada pela adição de 20% do novo consumo $\overline{X}_T$ e 80% da média estimada para o período anterior $\overline{X}_{t-1}$. Assim, 80% das variações aleatórias possíveis incluídas em $\overline{X}_t$ são descontadas.

O método da média com ponderação exponencial não deve ser utilizado quando o padrão de consumo contém somente flutuações aleatórias em torno de uma média constante, ou quando o padrão de consumo possui tendência crescente ou decrescente ou quando o padrão de consumo for cíclico.

Deverá apenas ser utilizado quando o padrão de consumo for variável, com médias variando aleatoriamente em intervalos regulares.

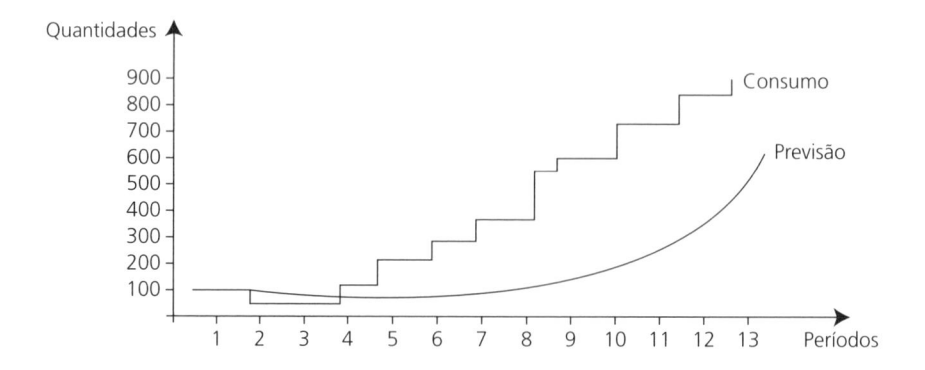

Figura 2.9 Previsão de acordo com os valores médios variáveis.

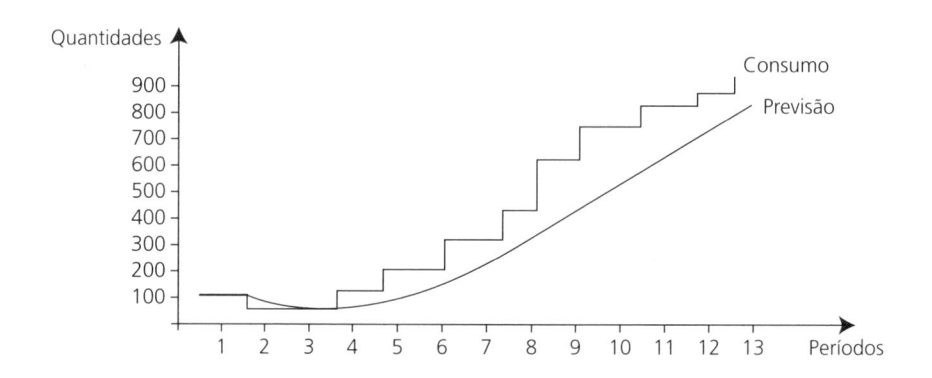

Figura 2.10 Previsão após o nivelamento de expoente com fator a = 0,5.

EXEMPLO DE APLICAÇÃO

O nível de consumo de um item mantém uma oscilação média. A empresa utiliza o cálculo de média ponderada exponencial. Em 2017, a previsão de consumo era de 230 unidades, tendo o ajustamento um coeficiente de 0,10. Em 2018, o consumo foi de 210. Qual é a previsão de consumo para 2019?

$\overline{X}_t = \alpha X_t + (1 - \alpha) \cdot \overline{X}_t - 1$
$X_t = 210$
$\overline{X}_t - 1 = 230$
$\alpha = 0,10$
$\overline{X}_t = 0,10 \cdot 210 + (1 - 0,1) \cdot 230$
$\overline{X}_t = 21 + 207$
$\overline{X}_t = 228$ unid./ano

2.2.6 Método dos mínimos quadrados

Esse método é usado para determinar a melhor linha de ajuste que passa mais perto de todos os dados coletados, ou seja, é a linha de melhor ajuste que minimiza diferenças entre a linha reta e cada ponto de consumo levantado.

$$\sum (Y - Y_p)^2 = \text{mínimo}$$

onde: Y = Valor real
Y_p = Valor dos mínimos quadrados

Uma linha reta está definida pela equação $Y = a + bx$. Nas séries temporais, Y é o valor previsto em um tempo x medido em incrementos, tais como anos, a partir do ano-base. O objetivo é determinar a, o valor de Y, e b, a inclinação da linha.

Usam-se duas equações para determinar a e b. Obtemos a primeira multiplicando-se a equação da linha reta pelo coeficiente a e somando os termos. Sendo o coeficiente a igual a 1 e sabendo-se que N é o número de pontos, a equação se modifica para:

$$\sum Y = N \cdot a + b \sum X$$

A segunda equação é desenvolvida de maneira semelhante. O coeficiente de b é X. Ao multiplicarmos os termos por X e somá-los, teremos:

$$\sum XY = a \sum X + b \sum X^2$$

Essas duas equações são denominadas equações normais. As quatro somas necessárias à resolução das equações ΣY, ΣX, ΣXY e ΣX^2 são obtidas de forma tabular, tendo em vista que X é igual ao número de períodos a partir do ano-base. Depois da obtenção das quatro somas, estas são substituídas nas equações normais, onde os valores de a e b são calculados e substituídos na equação da linha reta para obtenção da fórmula de previsão:

$$Y_p = a + bx$$

Vamos exemplificar: determinada empresa quer calcular qual seria a previsão de vendas de seu produto W para o ano de 2019. As vendas dos cinco anos anteriores foram:

2014 – 108	2016 – 110	2018 – 130
2015 – 119	2017 – 122	

Fazendo a tabulação:

Ano	Y	X	X^2	$X \cdot Y$	
2014	108	0	0	0	Ano-base
2015	119	1	1	119	
2016	110	2	4	220	
2017	122	3	9	366	
2018	130	4	16	520	
	589	10	30	1.225	

De onde resultam as equações normais:

589 = 5a + 10b
1.225 = 10a + 30b

Resolvendo as duas equações simultaneamente, obteremos:

a = 108,4
b = 4,7

A previsão para 2019 está cinco anos à frente de 2014, logo:

$Y_p = 108,4 + 4,7 \cdot X$
$Y_p = 108,4 + 4,7 \cdot (5)$
$Y_p = 131,9 \cong 132$

2.3 Custos de estoque

2.3.1 Introdução

Todo e qualquer armazenamento de material gera determinados custos, que são:

- juros;
- depreciação;
- aluguel;
- equipamentos de movimentação;
- deterioração;
- obsolescência;
- seguros;
- salários;
- conservação.

Todos eles podem ser agrupados nas seguintes modalidades:

- custos de capital (juros, depreciação);
- custos com pessoal (salários, encargos sociais);
- custos com edificação (aluguéis, impostos, luz, conservação);
- custos de manutenção (deterioração, obsolescência, equipamento).

Existem duas variáveis que aumentam esses custos, que são a quantidade em estoque e o tempo de permanência em estoque dessa quantidade. Grandes quantidades em estoque somente poderão ser movimentadas com a utilização de mais pessoal ou, então, com o maior uso de equipamentos, tendo como consequência a elevação destes custos. No caso de um menor volume em estoque, o efeito é exatamente o contrário, com exceção de materiais de grandes dimensões.

Todos esses custos relacionados podem ser chamados de custos de armazenagem. São calculados baseados no estoque médio e geralmente indicados em % do valor em estoque (fator de armazenagem); existem empresas que indicam um valor unitário em R$. É muito importante lembrar-se de que sempre os **custos de armazenagem são proporcionais à quantidade e ao tempo que um material permanece em estoque**.

Determinam-se esses custos por meio de fórmulas e modelos matemáticos, e, uma vez calculado o seu valor, transforma-se o mesmo em percentual com relação ao estoque analisado. Esse passa a ser o Fator de Armazenagem, que veremos adiante.

Vamos agora detalhar como calcular o custo de armazenagem e seus diversos componentes.

2.3.2 Custo de armazenagem (I)

O processo de desenvolvimento industrial, intensificando a concorrência em todas as áreas, faz com que o empresário ataque decididamente a redução de custos. Entre os tipos de custos que afetam de perto a rentabilidade, é o custo decorrente da estocagem e armazenamento dos materiais que, sem dúvida nenhuma, merece muita atenção.

Até alguns anos atrás, poucas eram as empresas que se preocupavam de modo particular com seus estoques. A guarda, a movimentação e a estocagem de materiais eram de responsabilidade exclusiva do Almoxarife, cujo setor de trabalho sempre foi considerado de menor importância, ficando, obviamente, em primeiro lugar a produção e as vendas.

A grande e principal preocupação era minimizar os custos de fabricação através do aumento da produção. Com o aumento da produção, os custos de fabricação baixavam, mas os problemas começaram a surgir na área de estocagem, pois houve também um aumento no consumo dos materiais.

O movimento de entradas e saídas nos almoxarifados e depósitos acelerou-se, provocando confusão no fornecimento de materiais.

O custo de armazenagem, anteriormente, parecia pequeno, ou sem importância, e com pouca possibilidade de avaliação e de redução. Na realidade, esse custo era considerável, tendo-se em vista que representava uma parcela de grande eficácia para diminuir o custo total da empresa, e, consequentemente, era uma arma poderosa para enfrentar a concorrência.

Para calcular o custo de armazenagem de determinado material, podemos utilizar a seguinte expressão:

$$\text{Custo de armazenagem} = Q/2 \times T \times P \times I$$

Onde:
- Q = Quantidade de material em estoque no tempo considerado
- P = Preço unitário do material
- I = Taxa de armazenamento, expressa geralmente em termos de porcentagem do custo unitário[1]
- T = Tempo considerado de armazenagem

Para que essa expressão seja válida, torna-se necessária a verificação de duas hipóteses:

1. O *custo de armazenagem* é proporcional ao estoque médio. Na Figura 2.11, temos uma justificativa da hipótese tomada. Com efeito, no ponto X, ou seja, quando o estoque é máximo, o custo de armazenagem é também máximo.

No ponto Y, quando o estoque é zero, o custo de armazenagem é mínimo (matematicamente, ele seria zero, mas na realidade existem despesas fixas que fazem com que ele seja diferente de zero).

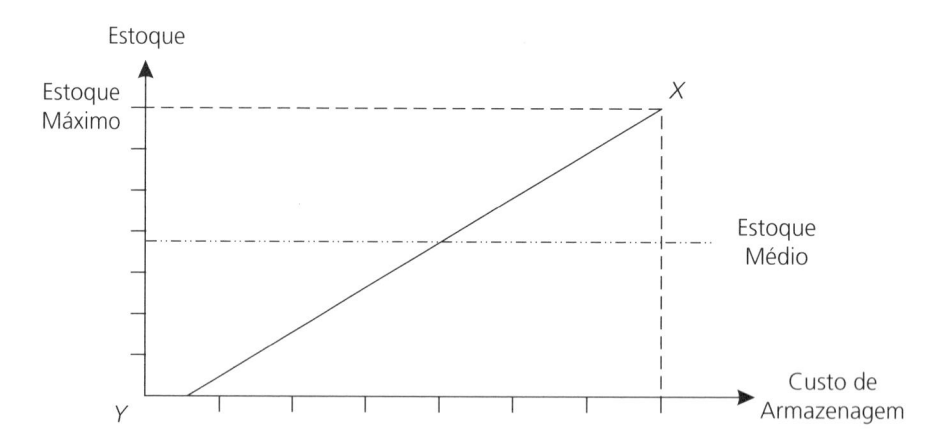

Figura 2.11 *Curva do custo de armazenagem.*

---

[1] Não há impedimento para que *I* seja expresso em valor unitário.

2. O *preço unitário* deve ser considerado constante no período analisado. Se não for, deve ser tomado um valor médio. O valor de *I* – taxa de armazenagem – é obtido através da soma de diversas parcelas. Assim temos:

a. Taxa de retorno de capital

$$I_a = 100 \times \frac{\text{lucro}}{\text{valor estoques}}$$

O capital investido na compra do material armazenado deixa de ter rendimento.

b. Taxa de armazenamento físico

$$I_b = 100 \times \frac{S \times A}{C \times P}$$

onde: S = área ocupada pelo estoque
A = custo anual do m² de armazenamento
C = consumo anual
P = preço unitário

Portanto, CP = valor dos produtos estocados.

c. Taxa de seguro

$$I_c = 100 \times \frac{\text{custo anual do seguro}}{\text{valor do estoque + edifícios}}$$

d. Taxa de movimentação, manuseio e distribuição

$$I_d = 100 \times \frac{\text{depreciação anual do equipamento}}{\text{valor do estoque}}$$

e. Taxa de obsolescência

$$I_e = 100 \times \frac{\text{perdas anuais por obsolescência}}{\text{valor do estoque}}$$

f. Outras taxas
Taxas como: água, luz etc.

$$I_f = 100 \times \frac{\text{despesas anuais}}{\text{valor do estoque}}$$

Conclui-se, então, que a taxa de armazenamento é:
$$I = I_a + I_b + I_c + I_d + I_e + I_f$$

Os valores considerados nestas fórmulas podem ser obtidos na Contabilidade da empresa.

Para a determinação do valor da taxa de armazenagem, devem-se levar em conta os tipos de materiais estocados. Em certas empresas, algumas parcelas de I têm um peso tão grande, que torna desnecessário o cálculo da outra. Assim, por exemplo:

1. Para algumas empresas, a taxa de retorno de capital e a de seguro são as mais importantes, por se referirem a materiais de grande valor; é o caso de joalherias, material eletrônico etc.
2. Para outras, o espaço ocupado é o fator que pesa mais. Por exemplo, as que trabalham com espumas, móveis e eletrodomésticos, papel.
3. Para outras, ainda, é a segurança o mais importante, razão pela qual suas taxas de seguro são altas, caso de empresas que trabalham essencialmente com inflamáveis e explosivos, ou aquelas em que seus produtos estão sujeitos a níveis altos de roubo.

Enfim, é fundamental analisar as peculiaridades de cada empresa para não adotar indiscriminadamente as fórmulas citadas.

O valor da taxa de armazenagem deve ser, para facilidade de cálculos, obtido de maneira global e única para todos os materiais.

Em outras palavras, para a determinação dos custos de armazenagem, o valor de **I** pode ser considerado constante para os diversos materiais. A exceção será para empresas que, eventualmente, utilizam materiais cujas taxas parciais são diferentes, como nos exemplos que acabamos de enunciar.

Analisando a fórmula do custo de armazenagem, deduzimos que este custo nada mais é do que o somatório de:

Custo de armazenagem = $Q/2 \times T \times C \times I$

mas:
$$I = I_a + I_b + I_c + I_d + I_e + I_f$$

portanto, temos que:

Custo de armazenagem $= (Q/2 \times C \times I_a) \cdot T + (Q/2 \times C \times I_b) \cdot T +$
$(Q/2 \times C \times I_c) \cdot T + (Q/2 \times C \times I_d) \cdot T +$
$(Q/2 \times C \times I_e) \cdot T + (Q/2 \times C \times I_f) \cdot T$

ou seja, o custo de armazenagem é a soma de: custos de capital, custos de seguro, custos de transportes, custos de obsolescência, custos de despesas diversas.

Podemos então concluir que o custo de armazenagem é composto de uma parte fixa, isto é, independentemente da quantidade de material em estoque, e de outra variável. Podemos certificar que vários são os fatores que influem no custo de armazenagem e não apenas a otimização do aproveitamento da área ocupada pelos estoques. Eventualmente, esta poderá não ser nem mesmo a parcela que mais pesa sobre o custo de armazenagem.

A preocupação com a melhoria de aproveitamento de áreas ocupadas justifica-se não apenas pelo crescente aumento do valor do metro quadrado nos principais centros industriais do país, como também por dois fatores de fundamental importância: tempo gasto em movimentação e obsolescência dos materiais.

Para as indústrias de produção seriada e mesmo para as empresas de prestação de serviço, o fator tempo tornou-se muito importante. Ou seja, entregar os materiais o mais rápido possível, com garantia de que os mesmos cheguem à frente do concorrente.

O tempo passou a ser de primordial importância; para ele se voltaram todas as empresas objetivando uma melhor organização, através de *layouts* adequados e da utilização de meios de movimentação compatíveis.

2.3.3 Custo de pedido (B)

Chamemos de **B** o custo de um pedido de compra. Para calcularmos o custo anual de todos os pedidos colocados no período de um ano, é necessário multiplicar o custo de cada pedido pelo número de vezes que, em um ano, foi processado.

Se (**N**) for o número de pedidos efetuados durante um ano, o resultado será:

$$\mathbf{B} \times \mathbf{N} = \text{Custo total anual de pedidos (}\mathbf{CTP}\text{)}$$

O total das despesas que compõem o **CTP** é:

a. Mão de obra – para emissão e processamento
b. Material – utilizado na confecção do pedido (formulários, envelopes, impressora)
c. Custos indiretos – despesas ligadas indiretamente com o pedido (telefone, energia, departamento de compra etc.).

Após a apuração anual dessas despesas, teremos o custo total anual dos pedidos. Para calcular o custo unitário é só dividir o **CTP** pelo número total anual de pedidos.

$$B = \frac{\text{Custo total anual dos pedidos (CTP)}}{\text{Número anual de pedidos }(N)} = \text{Custo unitário do pedido}$$

Para o número anual de pedidos deverá ser considerado um item de compra, para cada pedido.

MÉTODO DE CÁLCULO DO CUSTO DE PEDIDO

I –	Mão de obra	R$/ANO
	Salários e encargos para:	
	Gerente de compras	_____
	Compradores	_____
	Diligenciadores	_____
	Secretárias/Assistentes	_____
	Motoristas	_____
	Boy	_____
	Total de mão de obra	_____
Ou seja, devemos relacionar todos os gastos em salários do pessoal do departamento de compras, sem exceção, para o período de um ano.		
II –	Material	R$/ANO
	Formulários	_____
	Material auxiliar	_____
	Total de material	_____
III –	Custos indiretos	R$/ANO
	Telefone	_____
	Energia	_____
	Correios	_____
	Reprodução	_____
	Viagens	_____
	Custos da área ocupada	_____
	Total de Custos Indiretos	_____
	TOTAL GERAL (I + II + III) (CTP)	_____

Determinação do número de pedidos de compras emitidos em um ano (*N*).
Logo:

$$N = \frac{CTP}{B}$$

Como foi dito anteriormente, temos de considerar um item de compra para cada pedido. Se normalmente a empresa utiliza um pedido de compra para vários itens, deve ser calculada a quantidade média de itens por pedido. Na Figura 2.12, representamos a curva do custo de pedido:

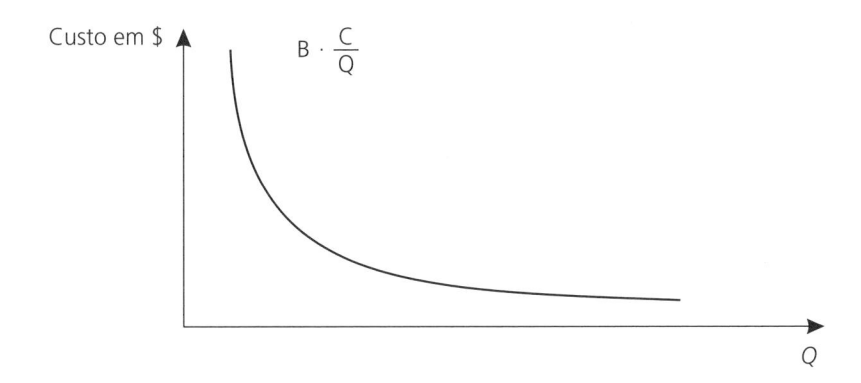

Capítulo 2 • Dimensionamento e Controle de Estoques

Figura 2.12 *Curva do custo de pedido.*

Mesmo quando não ocorram compras, o custo fixo do departamento é considerado, não chegando, então, nunca a zero. Percebe-se também que quanto maior é a quantidade do item de compra, menor é o custo do pedido.

2.3.4 Custo de falta de estoque

Existem certos componentes de custo que não podem ser calculados com grande precisão, mas que ocorrem quando um pedido atrasa ou não pode ser entregue pelo fornecedor. Podemos determinar os custos de falta de estoque ou custo de ruptura das seguintes maneiras:

- por meio de lucros cessantes, devido à incapacidade do fornecimento. Perdas de lucros, com cancelamento de pedidos;
- por meio de custeios adicionais, causados por fornecimentos em substituição com material de terceiros;
- por meio de custeios causados pelo não cumprimento dos prazos contratuais como multas, prejuízos, bloqueio de reajuste;
- por meio de quebra de imagem da empresa, e em consequência beneficiando o concorrente.

Um método bastante prático para se calcular o custo da falta de estoque com um enfoque de lucros cessantes pode ser dado por:

1. Valor do trabalho não realizado pela linha de produção, pelo custo:
   a) Linha parada ....
   b) Homens parados ....
2. Valor das máquinas e linhas de produção paradas subsequentemente, pelo custo de produção:
   a) Das máquinas ....
   b) Das linhas de montagem ou fabricação ....
   c) De homens parados ....
3. Custo adicional do material comprado para não parar:
4. Juros do capital devido à parada:
   a) De materiais ....
   b) De folha de pagamento..
   c) Do lucro da venda ....
   (Calcular pela taxa de lucro e durante o tempo de parada.)
5. Custo do trabalho de mudança de programação:

   TOTAL 1...

Subtraído de:

1. Tempo útil reaproveitado produtivamente da mão de obra: ....
2. Hora máquina produtivamente reprogramada para uso alternado: ....
3. Recuperação de parte de custos de mão de obra: ....

   TOTAL 2...
   Lucro cessante: TOTAL 1 – TOTAL 2 =...

2.3.5 Custo total

Sendo considerado fixo o preço de determinado item, a equação de custo total é:

Custo Total = Custo Total de Armazenagem + Custo Total de Pedido

Logo, o **Custo Total** é o somatório do **Custo de Armazenagem** e do **Custo de Pedido**.

Toda teoria de dimensionamento e controle de estoque baseia-se em minimizar o custo total dado por essa equação.

Capítulo 2 • Dimensionamento e Controle de Estoques

A Figura 2.13 mostra a curva da equação do custo de estoque total. É a soma dos dois fatores de custo, **custo de pedido (B)** e **custo de armazenagem (I)**. Essa equação tem um mínimo, isto é, o custo total é mínimo quando **Q = Q0**.

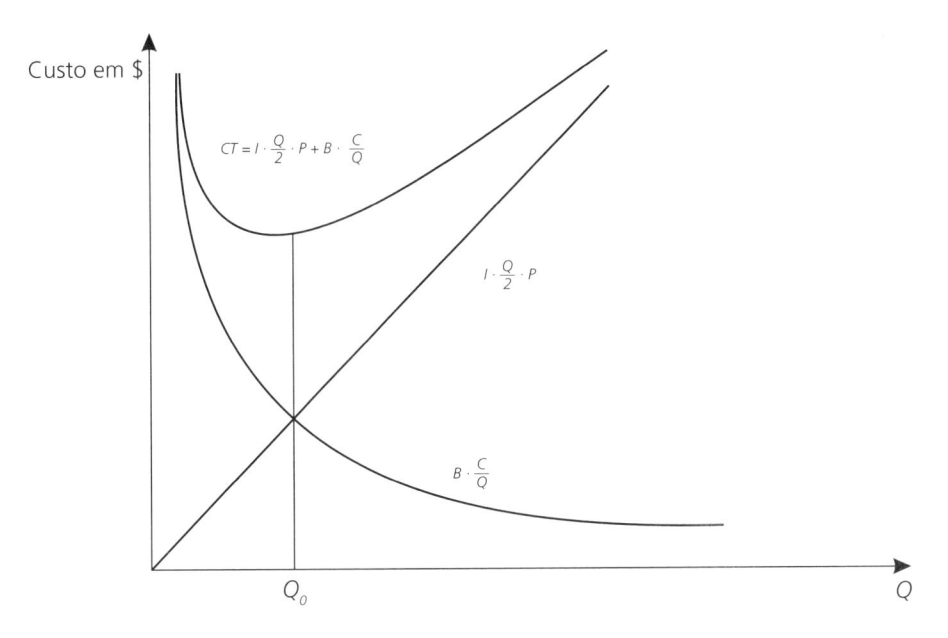

Figura 2.13 *Curva do custo de estoque total.*

Vamos agora detalhar a equação para o custo total:

1. o estoque médio em unidades de uma peça é $Q/2$, onde Q é o número de peças compradas por pedido;
2. o valor do estoque médio é $P \cdot Q/2$, onde P é o preço unitário da peça;
3. o custo total de armazenagem por ano é $(P \cdot Q/2) \cdot I$, onde I é a taxa de armazenagem anual;
4. o número de pedidos colocados no fornecedor por ano é C/Q, onde C é o consumo total anual; e
5. o custo total de pedido por ano (CTP) é $(C/Q)B$, onde B é o custo unitário do pedido.

A fórmula do custo total é:

$$CT = \left(\frac{C}{Q}\right) \cdot B + \left(\frac{P \cdot Q}{2}\right) \cdot I$$

Pode-se minimizar o *CT* de várias formas:

1. calculando a derivada do *CT* em relação a *Q* e fazendo-a igual a zero, isto é, d*CT*/d*Q* = 0, a fim de determinar o ponto no qual a inclinação da curva é zero e ocorrer o *CT* mínimo;
2. usando o método das tentativas, e substituindo na fórmula diferentes valores de *Q*, até se obter o menor *CT*;
3. utilizando um teorema que diz: "O mínimo da soma de duas variáveis cujo produto é constante ocorre para valores iguais de variáveis". Na seção 2.6, quando estudarmos Lote Econômico, vamos analisar esta afirmação e a fórmula de Custo Total.

2.4 Níveis de estoque

2.4.1 Curva dente de serra

A representação da movimentação (entrada e saída) de um item dentro de um sistema de estoque pode ser feita por um gráfico, em que a abscissa é o tempo decorrido (*T*), para o consumo, normalmente em meses, e a ordenada é a quantidade em unidades desta peça em estoque no intervalo do tempo *T*. Esse gráfico é chamado dente de serra, conforme mostra a Figura 2.14.

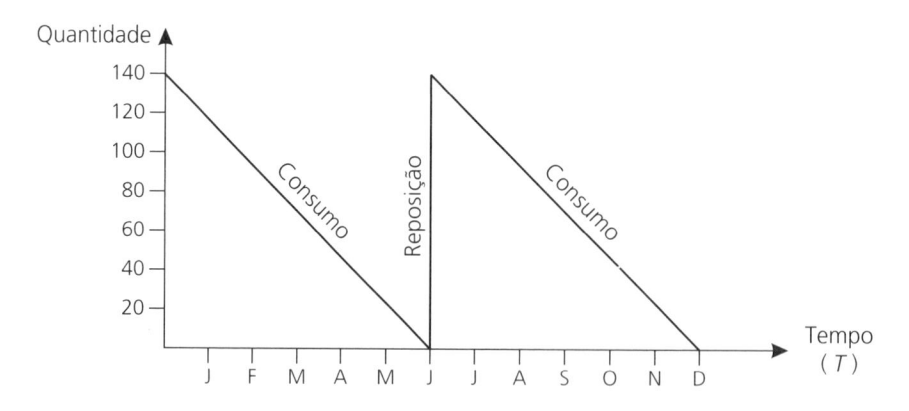

Figura 2.14 *Gráfico dente de serra.*

Como se vê, o estoque iniciou com 140 unidades, foi sendo consumido durante determinado tempo (janeiro a junho) até chegar a "zero" no mês de junho. Estamos supondo que este consumo tenha sido igual e uniforme mensalmente. Imediatamente, quando esse estoque chegou a zero, deu entrada no almoxarifado uma quantidade de

Capítulo 2 • Dimensionamento e Controle de Estoques

140 unidades, fazendo com que ele retornasse à posição anterior. Este ciclo será sempre repetitivo e constante se:

- não existir alteração de consumo durante o tempo *T*;
- não existirem falhas administrativas que provoquem uma falha ao solicitar compra;
- o fornecedor da peça nunca atrasar sua entrega;
- nenhuma entrega do fornecedor for rejeitada pelo controle de qualidade.

Como já sabemos, a prática mostra-nos que essas quatro premissas citadas não ocorrem com frequência. Os consumos de matéria-prima, normalmente, são variáveis e não podemos confiar demais nos prazos de entrega dos fornecedores, pois existem falhas de operação, e sempre existirá um risco de alguma remessa de material ser rejeitada parcial ou totalmente, mas ambas são suficientes para alterar o ciclo. Se estas ocorrências são normais, deve-se criar um sistema que absorva essas eventualidades, para diminuir o risco de ficarmos com o estoque a zero durante algum período. Na Figura 2.15 representamos uma situação desse tipo.

Podemos verificar pela linha pontilhada que, durante os meses de julho, agosto e setembro, o estoque esteve a zero e deixou de atender a uma quantidade de 80 peças que seria consumida durante este período.

Um sistema de gestão de estoque deverá ter como objetivo impedir esta ocorrência e com a solução mais econômica possível. Elevar, simplesmente, as quantidades de estoque não é solução adequada.

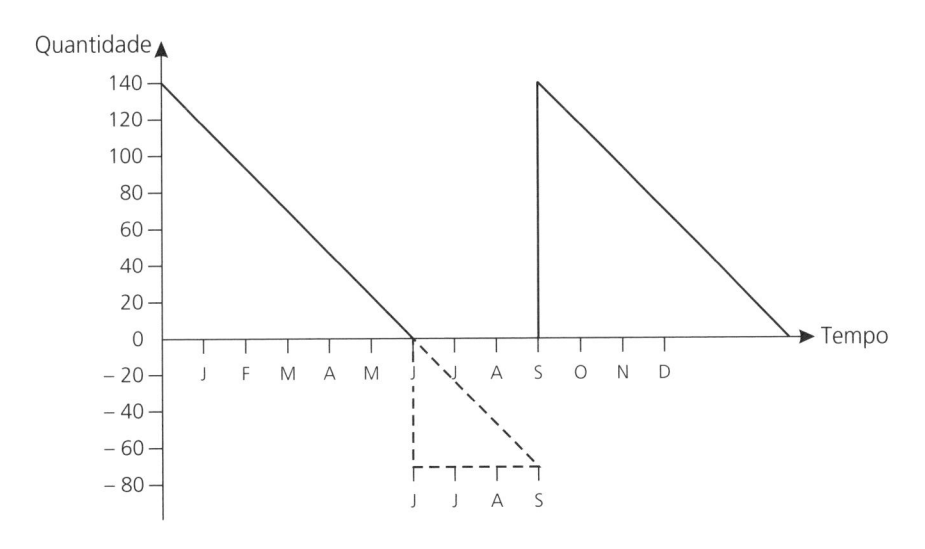

Figura 2.15 *Dente de serra com ruptura.*

Voltando à Figura 2.14 (dente de serra), se determinássemos um ponto e, em consequência, uma quantidade que ficasse de reserva, para suportar os atrasos de entrega, as rejeições na qualidade e as alterações do consumo, a probabilidade de o estoque ir a zero, e assim não atender à produção ou ao requisitante, seria bem menor. Poderíamos representar este ponto como visualizado na Figura 2.16.

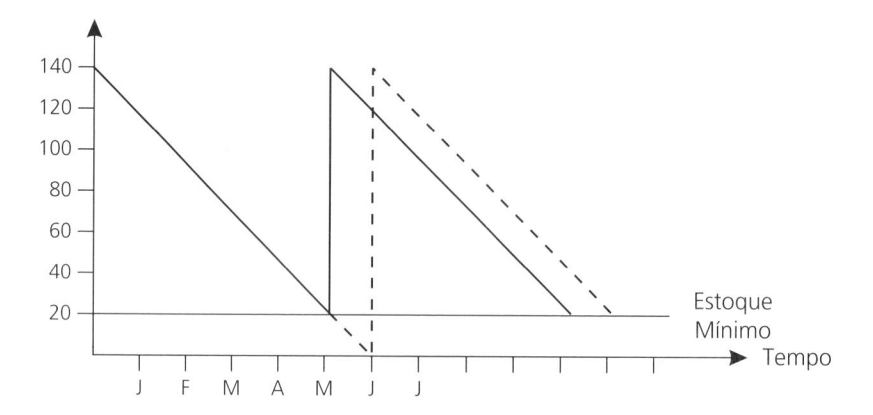

Figura 2.16 *Dente de serra utilizando o estoque mínimo.*

O estoque que se iniciaria com 140 unidades seria consumido e, quando chegasse a 20 unidades, seria reposto em 120 unidades, retornando assim às 140 unidades iniciais. A quantidade de 20 peças serviria como segurança para as eventualidades que porventura acontecessem durante o prazo de entrega do material.

É fácil verificar que este estoque de 20 peças será um estoque morto; ele existirá simplesmente para enfrentar as eventualidades já relacionadas anteriormente. Deve-se ter bastante critério e bom senso ao dimensionar o estoque de segurança, nunca deverá ser esquecido que ele representa capital empatado e inoperante.

2.4.2 Tempo de reposição: ponto de pedido

Uma das informações básicas de que se necessita para calcular o estoque mínimo é o tempo de reposição, isto é, o tempo gasto desde a verificação de que o estoque precisa ser reposto até a chegada efetiva do material no almoxarifado da empresa. Esse tempo pode ser dividido em três partes:

a. emissão do pedido: tempo que leva desde a emissão do pedido de compra até ele chegar ao fornecedor;

b. preparação do pedido: tempo que leva desde o fornecedor fabricar os produtos, separar os produtos, emitir faturamento até deixá-los em condições de serem transportados;

c. transporte: tempo que leva da saída do fornecedor até o recebimento pela empresa dos materiais encomendados.

Graficamente, podemos representar o tempo de reposição como na Figura 2.17.

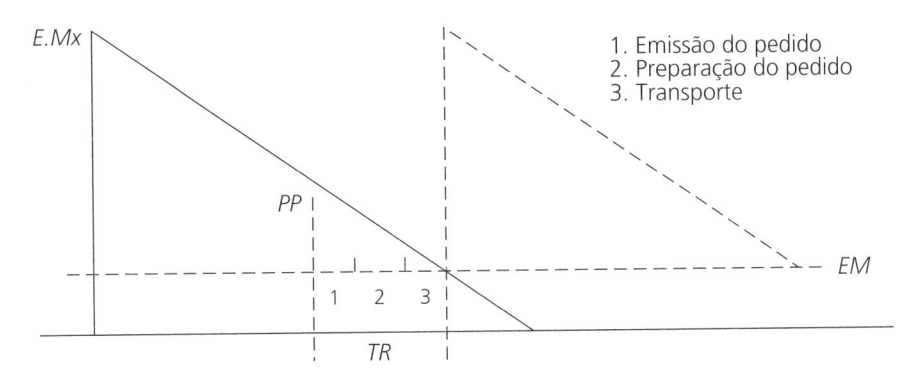

Figura 2.17 *Dente de serra com tempo de reposição; ponto de pedido.*

Em virtude de sua grande importância, este tempo de reposição deve ser determinado de modo mais realista possível, pois as variações ocorridas durante esse tempo podem alterar toda a estrutura do sistema de estoques. Existem determinados materiais e/ou fornecedores cujo tempo de reposição não pode ser determinado com certeza. Para esses casos, existe um critério diferenciado para o cálculo do estoque mínimo, que veremos ao estudarmos o estoque mínimo.

Constata-se que determinado item necessita de um novo suprimento, quando o estoque atingiu o ponto de pedido, ou seja, quando o saldo disponível estiver abaixo ou igual a determinada quantidade chamada ponto de pedido (**PP**).

Para o cálculo de estoque disponível, devemos considerar:

- estoque existente (físico);
- os fornecimentos em atraso;
- os fornecimentos não entregues, mas ainda dentro do prazo.

Na prática, podemos agrupar estes dois últimos itens como saldo de fornecedores. Esse estoque disponível normalmente é chamado estoque virtual, que é:

> Estoque Virtual = Estoque Físico + Saldo de Fornecimento

Algumas empresas que possuem controle de qualidade de recebimento também incluem o estoque em inspeção no estoque virtual, ficando demonstrado assim:

> Estoque Virtual = Estoque Físico + Saldo de Fornecimento + Estoque em Inspeção

Devemos fazer uma nova reposição do estoque, quando o estoque virtual estiver abaixo ou igual à quantidade predeterminada, como adequado que é o ponto de ressuprimento ou ponto de pedido. O ponto de pedido é representado pelo saldo do item em estoque, quantidade de reposição até a entrada de um novo ressuprimento no almoxarifado; pode ser determinado pela seguinte fórmula:

$$PP = C \times TR + E.Mn$$

onde: **PP** = Ponto de Pedido
TR = Tempo de Reposição
C = Consumo Médio Mensal
E.Mn = Estoque Mínimo

Conclui-se, então, que o ponto de pedido é um indicador, e, quando o estoque virtual o alcançar, deverá ser reposto o material, sendo que a quantidade de saldo em estoque suportaria o consumo durante o tempo de reposição **(C × TR)**, como mostra a Figura 2.18.

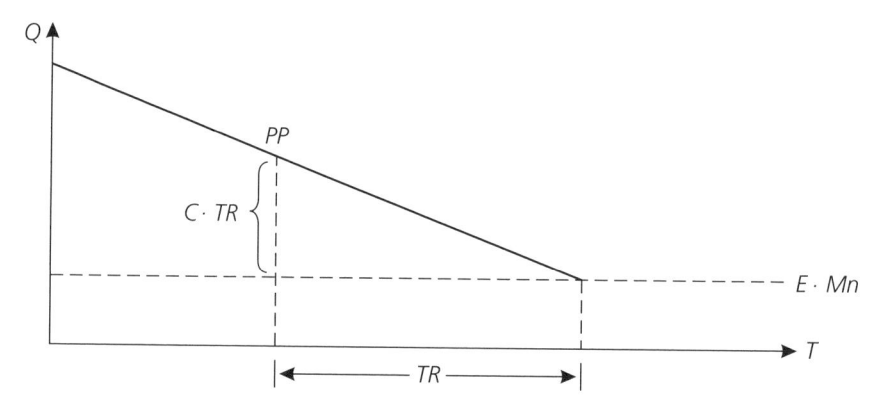

Figura 2.18 *Gráfico demonstrativo do TR.*

Vejamos um exemplo: Uma peça é consumida a uma razão de 30 un. por mês, e seu tempo de reposição é de dois meses. Qual será o ponto de pedido, uma vez que o estoque mínimo deve ser de um mês de consumo?

PP = (*C* · *TR*) + *E.Mn*
PP = (30 · 2) + 30
PP = 90 unidades.

Ou seja, quando o estoque virtual chegar a 90 unidades, deverá ser emitido um pedido de compra da peça, para que, ao fim de 60 dias, chegue ao almoxarifado a quantidade comprada, assim que atingir o estoque mínimo.

Deve-se ter muito cuidado ao comparar o ponto de pedido com o estoque virtual, para não correr o risco de se ter sobreposição de compra. Vejamos a seguinte situação:

- consumo de um item – 20 unidades por mês
- tempo de reposição – 3 meses
- estoque mínimo – 20 unidades
- estoque físico – 81 unidades

Calculando pela fórmula, o ponto de pedido será de 80 unidades. Se existir um pedido colocado no fornecedor e ainda não recebido de 90 unidades, o estoque virtual será de 171 unidades; logo, a peça não necessita de reposição. No caso de não existir pedido pendente, haveria necessidade de ressuprimento.

Antes de continuarmos, é importante dar algumas definições, para a melhor compreensão da teoria de estoques.

Consumo médio mensal: é a quantidade referente à média aritmética das retiradas mensais de estoque. A fim de que haja um grau de confiabilidade razoável, essa média deverá ser obtida pelo consumo dos últimos seis meses.

$$\frac{C_1 + C_2 + C_3 + ... + C_n}{n}$$

em que **C** são os consumos mensais e **n**, o número de meses do período.

O consumo médio mensal é a mola mestra do início do estudo do dimensionamento e controle de estoques. É sabido que se trata de um valor provável de consumo; parte-se do pressuposto de que não existiram flutuações na demanda nem alterações do consumo médio mensal. Não havendo modificação substancial, este valor será válido e expressará a quantidade a ser consumida.

Estoque médio: é o nível médio de estoque em torno do qual as operações de compra e consumo se realizaram. Podemos representar o **E.M** como **Q/2**, sendo **Q** a quantidade que será comprada para ser consumida. Ver, a propósito, a Figura 2.19.

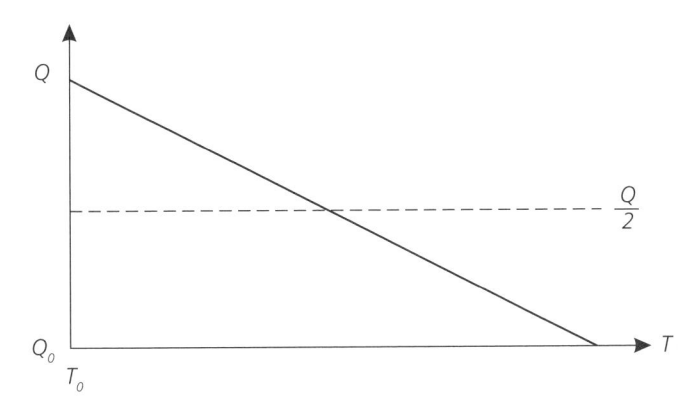

Figura 2.19 *Gráfico do estoque médio.*

No instante T_0, o estoque é igual à quantidade Q_0, que varia de um mínimo zero (0) Q_0 a um máximo **Q**; o valor médio será então 0 + Q/2, ou melhor, Q/2.

Se considerarmos o estoque mínimo ou de segurança agregado ao estoque médio, teremos a seguinte expressão:

$$E.M = E.Mn + \frac{Q}{2}$$

Estoque mínimo: como dito anteriormente, é uma quantidade morta, só sendo consumida em caso de necessidade; logo, ela é uma constante, e o **Q** representado é um estoque produtivo, que oscila entre um mínimo e um máximo, acima do limite do estoque mínimo.

Intervalo de ressuprimento: é o intervalo de tempo entre dois ressuprimentos. Esse intervalo pode ser fixado em qualquer limite, dependendo das quantidades compradas, como se pode ver na Figura 2.20.

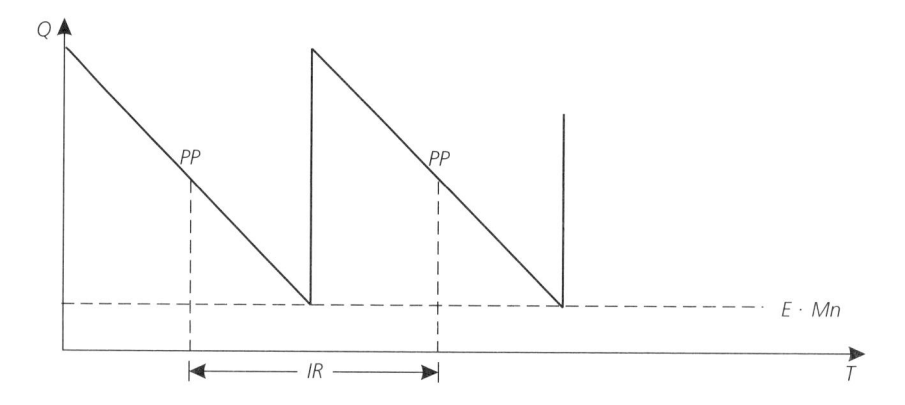

Figura 2.20 *Gráfico do intervalo de ressuprimento.*

Estoque máximo: é igual à soma do estoque mínimo mais o lote de compra.

E.Mx = E.Mn + Lote de Compra

Esse lote de compra pode ser econômico ou não. Nas condições normais de equilíbrio entre a compra e o consumo, o estoque irá variar entre os limites máximos e mínimos. Esses níveis somente serão válidos sob o enfoque produtivo, não se levando em consideração aspectos de ordem financeira nem conjuntural, especulação ou investimento. Ele sofre também influências da capacidade de armazenagem disponível, que deve ser levada em consideração na ocasião do seu dimensionamento.

Ruptura do estoque: é caracterizada quando o estoque chega a zero e não se pode atender a uma necessidade de consumo, uma requisição ou mesmo uma venda.

2.4.3 Estoque mínimo

A determinação do estoque mínimo é também uma das mais importantes informações para a Gestão do Estoque. Essa importância está diretamente ligada ao grau de imobilização financeira da empresa. O estoque mínimo, também chamado de estoque de segurança, por definição, é a quantidade mínima que deve existir em estoque, que se destina a cobrir eventuais atrasos no ressuprimento, objetivando a garantia do funcionamento ininterrupto e eficiente do processo produtivo, sem o risco de faltas.

Entre as causas que ocasionam essas faltas, podemos citar:

- oscilação no consumo;
- oscilação nas épocas de aquisição (atraso no tempo de reposição);
- variação na qualidade, quando o Controle de Qualidade rejeita um lote;
- remessas por parte do fornecedor, divergentes do solicitado;
- diferenças de inventário.

A importância do estoque mínimo é a chave para o adequado estabelecimento do ponto de pedido. De maneira utópica, o estoque mínimo poderia ser tão alto, que jamais haveria, para todas as finalidades práticas, ocasião de falta de material em estoque. Entretanto, desde que, em média, a quantidade de material representada pela margem de segurança não seja usada e, portanto, torne-se permanente no estoque, a armazenagem e os outros custos seriam elevados. E, ao contrário, estabelecer uma margem de segurança demasiado baixa acarretaria custos de ruptura, que são os custos de não se possuir os materiais disponíveis quando necessários, isto é, a perda de vendas, paralisação da produção, despesas para apressar entregas etc.

O estabelecimento de uma margem de segurança ou estoque mínimo é o risco que a companhia está disposta a assumir com relação à ocorrência de falta de estoque.

Pode-se determinar o estoque mínimo através de:

a. fixação de determinada projeção mínima (projeção estimada do consumo);
b. cálculos com base estatística.

Nesses casos, parte-se do pressuposto de que deve ser atendida uma parte do consumo, isto é, que seja alcançado o grau de atendimento adequado e definido. Esse grau de atendimento, o mesmo visto na seção 2.1.2, Políticas de Estoque, nada mais é que a relação entre a quantidade atendida e a quantidade necessitada. Um item do estoque apresenta a seguinte situação:

- consumo necessário: 3.200 unidades
- quantidade atendida: 2.900 unidades
- quantidade não entregue: 300 unidades

O grau de atendimento seria então:

$$G.A. = \frac{2.900}{3.200} \times 100 = 91\%$$

Para determinação e dimensionado do estoque mínimo, esses cálculos deveriam ser de maneira inversa, fixando-se, por meio da política da empresa, o grau de atendimento desejado para cada item, ou para cada classe, ou mesmo para cada grupo de materiais, porque estaríamos, então, delimitando o nível do estoque mínimo, já que ele é tanto maior quanto maior for o grau de atendimento.

A definição do estoque mínimo depende do grau de exatidão da previsão do consumo e do grau de atendimento; dificilmente ambos os casos são determinados com 100% de certeza.

Contudo, o consumo real estará próximo ao previsto, obedecendo a uma curva normal, podendo ocorrer um consumo maior ou menor em relação ao previsto.

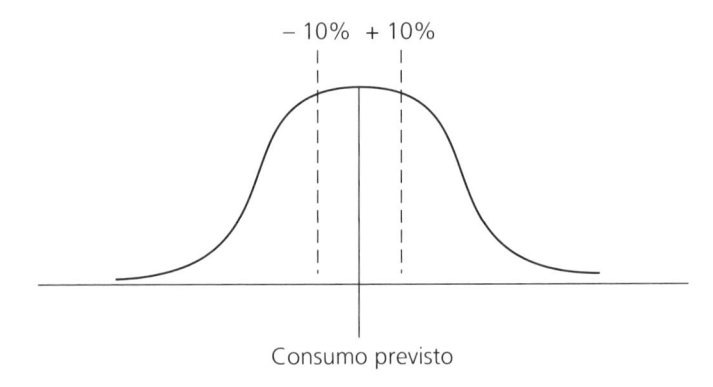

Figura 2.21 *Gráfico para o estoque mínimo.*

Através de análise estatística e pelos consumos anteriores, pode-se determinar a porcentagem da variação em relação ao previsto.

Suponhamos uma peça **X**, com um consumo previsto de 4.000 unidades, com uma variação de 10%. Esta previsão foi feita para os próximos três meses, podendo existir uma correção nas previsões apenas no quarto mês, caso ocorra uma variação excessiva do consumo. Isto significa que, dentro do período de três meses, não são feitas correções da previsão. As diferenças máximas ocorrem, conforme os valores anteriores do consumo, de até 10% para maior. Assim, teríamos um valor acumulado de 30% de diferença entre o real e o previsto após os três meses, ou seja:

a. cada mês, diferenças de 10%
    1º mês – 10%
    2º mês – 20%
    3º mês – 30%

Podemos considerar também erros e variações no tempo de reposição. Vamos supor um atraso no prazo de entrega de 10% em relação ao previsto:

b. cada mês, diferença de 10%
   1º mês – 10%
   2º mês – 20%
   3º mês – 30%

c. Existem ainda riscos de rejeição ou outros problemas com o fornecedor. Para a cobertura desses outros riscos não enquadrados em **a** e **b**, vamos definir uma taxa de 20% do consumo mensal.
A soma de **a** + **b** + **c** = 80%, ou 0,8 do consumo mensal. O estoque mínimo é determinado pelo consumo mensal multiplicado pela taxa total.
$E.Mn = 4.000 \times 0,8$
$E.Mn = 3.200$

Vimos então que, após serem consideradas todas as incertezas, determinam um estoque de segurança e, junto ao estoque médio, obtemos uma quantidade que poderia ser considerada como adequada. Apresentamos na Figura 2.22 um gráfico chamado de quadrante de segurança, que mostra a relação existente entre o nível de estoque mínimo e o risco de atraso no tempo de reposição.

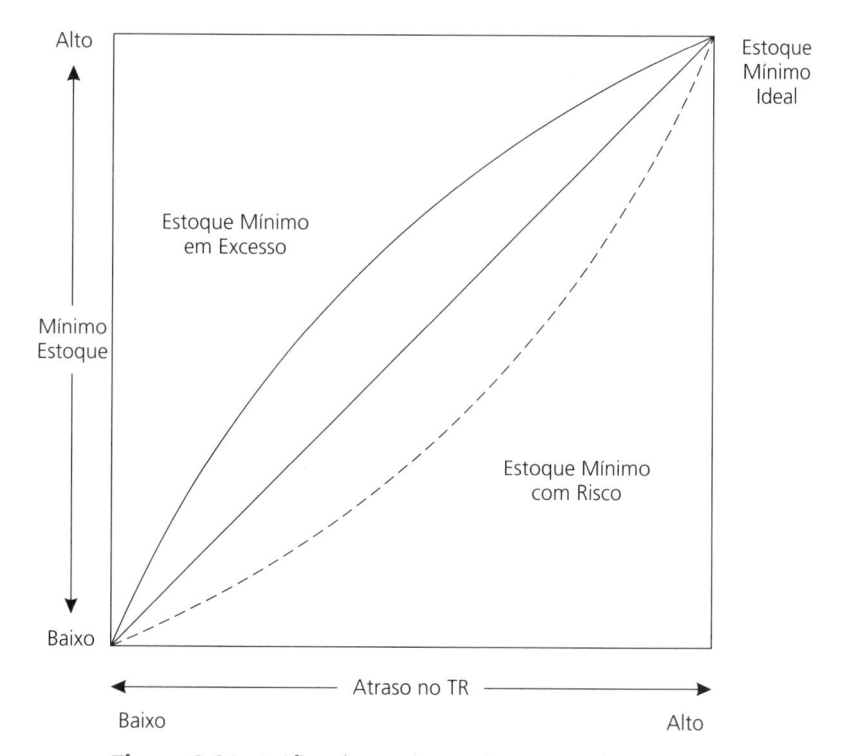

Figura 2.22 *Gráfico de quadrante de estoque de segurança.*

2.4.3.1 Cálculos para o estoque mínimo

A) FÓRMULA SIMPLES
$$E.Mn = C \times K$$
onde: **E.Mn** = estoque mínimo
C = consumo médio mensal
K = fator de segurança arbitrário com o qual se deseja garantia contra um risco de ruptura.

O fator **K**, como foi dito, é arbitrário; ele é proporcional ao grau de atendimento desejado para o item. Por exemplo: se quisermos que determinada peça tenha um grau de atendimento de 90%, ou seja, queremos uma garantia de que somente em 10% das vezes o estoque desta peça esteja a zero, sabendo que o consumo mensal é de 60 unidades, o estoque mínimo será:

E.Mn = 60 × 0,9
E.Mn = 54 unidades
Esta fórmula é muito simplista, não contendo precisões matemáticas.

B) MÉTODO DA RAIZ QUADRADA

Chamamos de tempo de reposição o intervalo de tempo, desde a emissão de um pedido de compra até a chegada do material ao almoxarifado, ou seja, é o prazo de entrega do fornecedor.

Este método considera o tempo de reposição, não variando mais do que a raiz quadrada do seu valor. Porém, ele só deve ser usado se:
o consumo durante o tempo de reposição for pequeno, menor que 20 unidades;
o consumo do material for irregular;
a quantidade requisitada ao almoxarifado for igual a 1.

Usando o mesmo exemplo citado em **a** e com um tempo de reposição (*TR*) de 90 dias, teremos:

$$E.Mn = \sqrt{C \times TR}$$
$$E.Mn = \sqrt{60 \times 90}$$
$$E.Mn = \sqrt{5.400}$$
$$E.Mn = 73 \text{ unidades}$$

C) MÉTODO DA PORCENTAGEM DE CONSUMO

Esse método considera os consumos passados, e são medidos em um gráfico de distribuição acumulativa da seguinte maneira: o consumo diário do ano anterior de determinado material foi de 90, 80, 70, 65, 60, 50, 40, 30, 20 unidades e o número de dias em que ocorreu esse consumo foram: 4, 8, 12, 28, 49, 80, 110, 44, 30, respectivamente. Com esses dados construímos a Tabela 2.2 e, pela Figura 2.23, podemos ver

Capítulo 2 • Dimensionamento e Controle de Estoques

que o consumo médio é de 46 unidades por dia. Um consumo de 70 unidades por dia só ocorrerá em aproximadamente 10% das vezes. Considerando este número de peças como o consumo máximo, o estoque mínimo seria:

$$E.Mn = (C.Max - C.Médio) \times TR$$

Se o **TR** for de 10 dias, o estoque mínimo para este caso será:
 E.Mn = (70 − 55) × 10
 E.Mn = (15 × 10)
 E.Mn = 150

Esse método só poderá ser aplicado quando o **TR** não for variável.

Tabela 2.2 *Valores do método da porcentagem do consumo*

1 Consumo diário	2 Nº de dias em que o consumo ocorreu	3 1 × 2 Produto	4 Acumulado	5 % da acumulação
90	4	360	360	2,12
80	8	640	1.000	5,91
70	12	840	1.840	10,87
65	28	1.820	3.660	21,63
60	49	2.940	6.600	39,00
50	80	4.000	10.600	62,64
40	110	4.400	15.000	88,65
30	44	1.320	16.320	96,45
20	30	600	16.920	100,00
	$\overline{365}$		$\bar{x} = \dfrac{16.920}{365} = 46,36$	

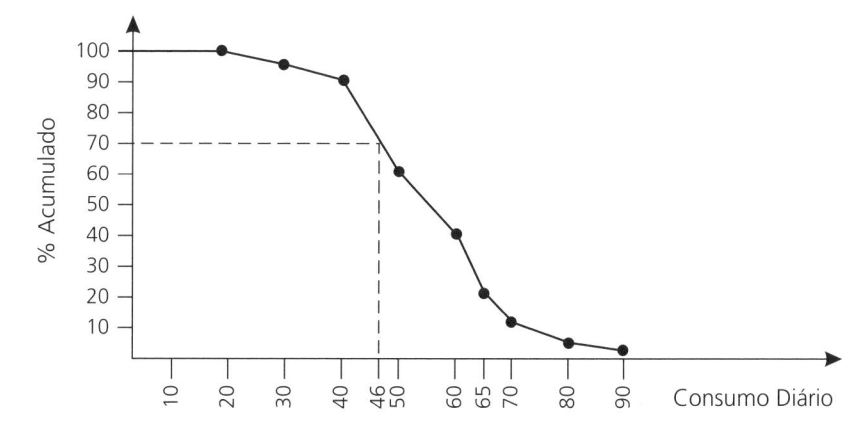

Figura 2.23 *Relação entre % acumulado e consumo diário.*

D) CÁLCULO DO ESTOQUE MÍNIMO COM ALTERAÇÃO DE CONSUMO E TEMPO DE REPOSIÇÃO

Em todos os modelos de cálculos até agora apresentados, não foi considerada qualquer modificação no consumo médio mensal nem variação do tempo de reposição. Se considerarmos a alteração do consumo para maior, e o tempo de reposição também para maior (atrasos na entrega), e colocando-os em um gráfico dente de serra, teremos as seguintes situações:

1. Diferenças de requisições ao Almoxarifado, mas com o mesmo consumo mensal (veja Figura 2.24).

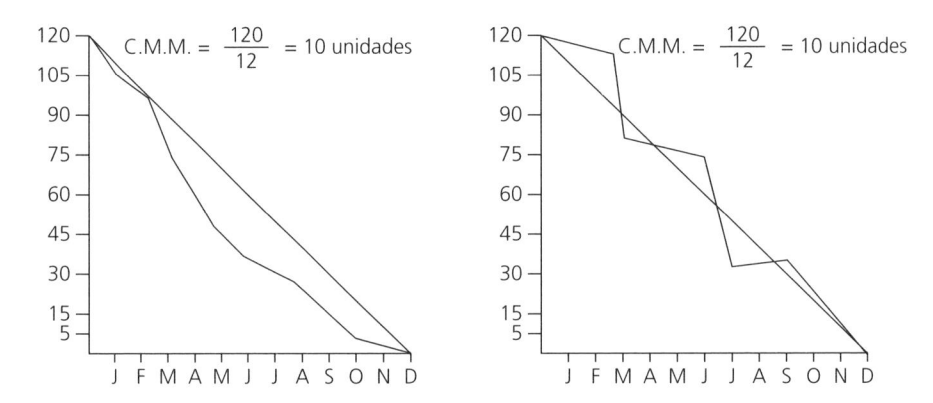

Figura 2.24 *Representação gráfica das diferenças de requisições – mesmo consumo mensal.*

2. Diferenças de consumo médio mensal (Figura 2.25).

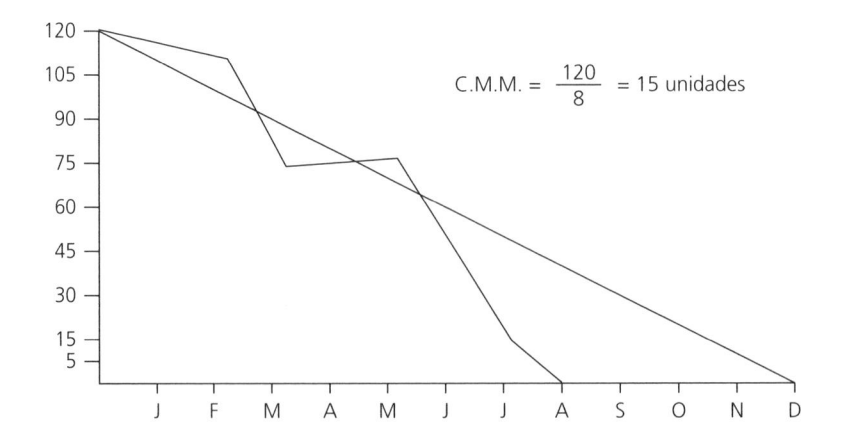

Figura 2.25 *Representação gráfica das diferenças de consumo médio mensal.*

Capítulo 2 • Dimensionamento e Controle de Estoques

Observemos que para a mesma quantidade consumida obtivemos dois valores do **CMM**, ou seja, 10 unidades e 15 unidades; na demonstração dos gráficos no item 1, os **CMM** são iguais, embora com quantidades requisitadas diferentes. Nesse caso 2, as quantidades requisitadas são diferentes e em menor número.

Vamos analisar então a situação vista em 2, que é exatamente quando o **CMM** aumenta. Chamaremos de C_1 o **CMM** do caso 1 e C_2 o **CMM** do caso 2 e teremos o seguinte gráfico num eixo cartesiano (Figura 2.26).

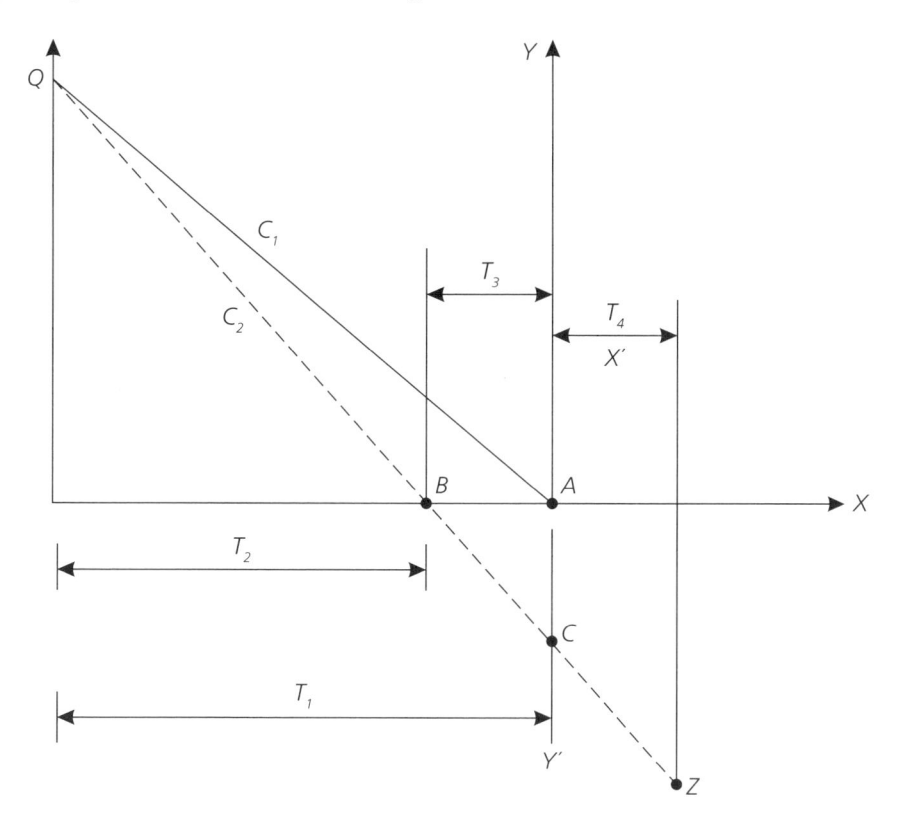

C_1 – Consumo normal mensal
C_2 – consumo mensal maior que o normal
T_1 – tempo para consumo de Q a uma velocidade de consumo C_1
T_2 – tempo para consumo de Q a uma velocidade de consumo C_2
T_3 – tempo que se deixou de consumir por causa da alteração de consumo (C_2)
T_4 – atraso no tempo de reposição
A – instante em que Q chegaria a zero (0)
B – instante em que Q chegaria a zero (0)
C – quantidade de material necessária para suportar uma alteração de consumo, não havendo atraso no tempo de reposição
Z – quantidade de material necessária para suportar uma alteração de consumo, havendo atraso no tempo de reposição

Figura 2.26 *Gráfico com alteração de consumo e tempo de reposição.*

Os pontos A, B, C têm os seguintes parâmetros:

$A = (x = 0), (y = 0)$
$B = (x = -T_3), (y = 0)$
$C = (x_i = 0), (y_2 = -E.Mn)$

Precisamos calcular primeiro o valor de T_3

$$C_1 \cdot T_1 = C_2 \cdot T_2$$

$$\frac{C_1}{C_2} = \frac{T_2}{T_1}$$

$$T_2 = \frac{C_1 \cdot T_1}{C_2}$$

$$\text{mas } T_3 = T_1 - T_2$$

Substituindo temos:

$$T_3 = T_1 - \frac{C_1 \cdot T_1}{C_2}$$

A equação da reta na analítica é:
$$Y - Y' = m(X - X')$$

O que se necessita é calcular a equação da reta que representa o incremento de consumo e tem como coeficiente angular C_2. Fazendo $y = 0$, x será igual a $(-T_3)$ e $x' = T_4$; logo:

$$0 - y' = -C_2(-T_3 - T_4)$$
$$-y' = -C_2(-T_3 - T_4)$$

Substituindo T_3,

$$-y' = -C_2\left(-T_1 + \frac{C_1 \cdot T_1}{C_2} - T_4\right)$$

$$-y' = C_2 \cdot T_1 - \frac{C_2 \cdot C_1 \cdot T_1}{C_2} + C_2 \cdot T_4$$

$$-y' = \frac{C_2^2 \cdot T_1 - C_2 \cdot C_1 \cdot T_1 + C_2^2 \cdot T_4}{C_2}$$

Capítulo 2 • Dimensionamento e Controle de Estoques

Dividindo ambos os membros por C_2

$$-y' = C_2 \cdot T_1 - C_1 \cdot T_1 + C_2 \cdot T_4$$

Sendo $-y' = E.Mn$, concluímos que o $E.Mn$ é:

$$E.Mn = C_2 \cdot T_1 - C_1 \cdot T_1 + C_2 \cdot T_4$$
$$E.Mn = T_1(C_2 - C_1) + C_2 \cdot T_4$$

Esta é a fórmula de cálculo do estoque mínimo quando ocorrer uma previsão de aumento de consumo, ou uma previsão de atraso no tempo de reposição do material. Se o atraso de TR (T_4) não for considerado ou $T_4 = 0$, a fórmula se transformará para

$$E.Mn = T_1 \cdot (C_2 - C_1)$$

EXEMPLO DE APLICAÇÃO

Um produto possui um consumo anual de 55 unidades. Qual deverá ser o estoque mínimo se o consumo aumentar para 60 unidades, considerando que o atraso no tempo de reposição seja de 20 dias?

$$E.Mn = T_1 \cdot (C_2 - C_1) + C_2 \cdot T_4$$
$$E.Mn = 1 \cdot (60 - 55) + 60 \cdot 0{,}67$$
$$E.Mn = 46 \text{ unidades}$$

E) ESTOQUE MÍNIMO COM GRAU DE ATENDIMENTO DEFINIDO

Os modelos apresentados anteriormente determinavam um estoque mínimo para que se suportasse uma alteração de consumo futuro e que impedisse o estoque de chegar a zero, e, em consequência, não atendesse ao usuário. Vamos estudar agora um modelo que admite o estoque zero, e o não atendimento do material ao requisitante. Para conseguirmos isso, temos de determinar a probabilidade de ruptura, ou seja, definir o grau de atendimento desejado.

Consideremos um consumo médio $\overline{C}$ e um consumo máximo $C.Mx$, o estoque mínimo será então:

$$E.Mn = (C.Mx - \overline{C})$$

ou seja, a diferença entre o consumo médio, suficiente para cobrir um consumo até $C.Mx$. Pode-se concluir também que este consumo máximo poderá acontecer durante o tempo de reposição; logo:

$$E.Mn = (C.Mx - \overline{C}) \cdot TR$$

Vejamos então a Figura 2.27, que representa uma distribuição normal, mediante a determinação do desvio-padrão; podemos encontrar os valores dos consumos superiores ao consumo médio conhecendo a probabilidade de ocorrência desse consumo.

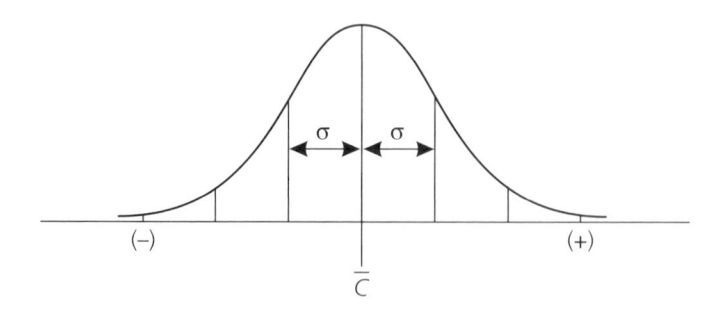

Figura 2.27 *Gráfico de desvio-padrão.*

A distribuição normal, ou curva de Gauss, considera o risco que se pretende assumir usando uma quantidade de estoque a fim de suportar um maior consumo durante o tempo de reposição.

Para fins de cálculo do estoque mínimo, só nos interessa analisar as quantidades de consumo maiores que o consumo médio; as menores não necessitam de segurança alguma. Precisamos conhecer a probabilidade de ocorrência desse consumo.

Primeiramente, temos de analisar a medida de dispersão que nos dá o grau de variação do consumo, ou seja, o desvio-padrão.

$$\sigma = \sqrt{\frac{\sum_{i=1}^{n}(X_i - \bar{X})^2}{n-1}}$$

onde: X_i = consumo-período
$\bar{X}$ = consumo médio mensal
n = número de períodos

Determinada peça tem o consumo mensal durante um período de oito meses e com um grau de atendimento de 95%, demonstrado conforme abaixo:

1º mês – 400
2º mês – 350
3º mês – 620
4º mês – 380
5º mês – 490

Capítulo 2 • Dimensionamento e Controle de Estoques

6º mês – 530
7º mês – 582
8º mês – <u>440</u>
         3.792

$\overline{X}$ = 3.792 ÷ 8 = 474 unidades/mês

Os desvios X_i e os seus quadrados, fazendo $X_i = C_i$ e $\overline{X} = \overline{C}$, são:

Mês	C_1	$(C_1 - \overline{C} = C)$	C2
1º	400	– 74	5.476
2º	350	– 124	15.376
3º	620	+ 146	21.316
4º	380	– 94	8.836
5º	490	+ 16	256
6º	530	+ 56	3.136
7º	582	+ 108	11.664
8º	440	– 34	1.156
			67.216

$$\sigma = \sqrt{\frac{67.216}{7}} = \sqrt{9.602} = 98$$

Então, em virtude das variações de consumo para mais ou para menos, devemos esperar oscilações em um intervalo de 376 a 572, mas o que nos interessa no momento são as variações para maior, ou seja, o intervalo entre 474 e 572. O valor de C.Mx é calculado através do risco que se pretende assumir, a parte hachurada da curva de Gauss da Figura 2.28. A Tabela 2.3 mostra-nos os valores de C.Mx, para os riscos que se deseja assumir:

Tabela 2.3 *Valores de K em função do risco assumido*

K	Risco (%)	K	Risco (%)	K	Risco (%)
3,090	0,001	1,282	0,100	0,385	0,350
2,576	0,005	1,036	0,150	0,253	0,400
2,326	0,010	0,842	0,200	0,126	0,450
1,960	0,025	0,674	0,250	0,000	0,500
1,645	0,050	0,524	0,300		

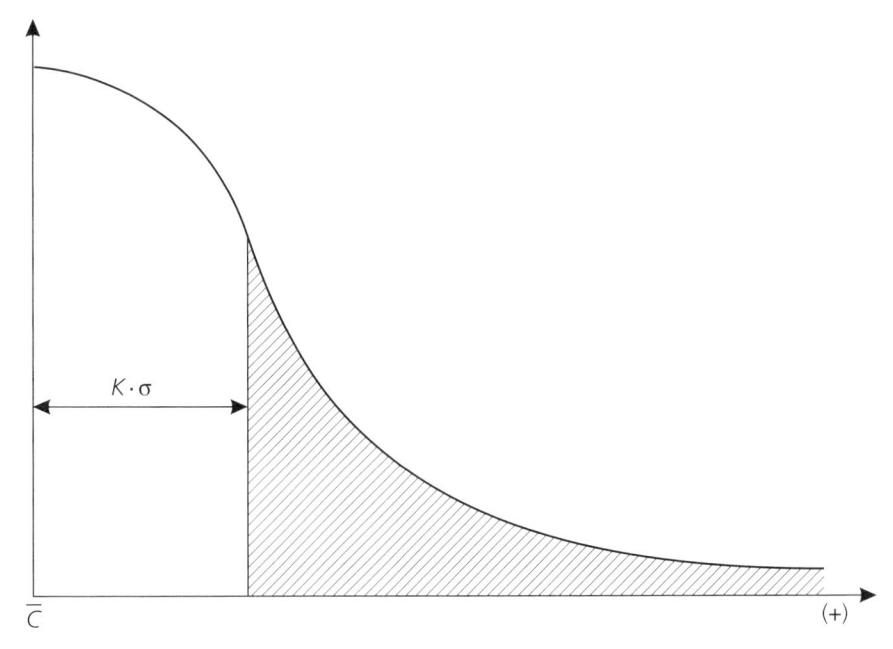

Figura 2.28 *Parte da curva normal utilizada para o E.Mn.*

Logo,
E.Mn = K · σ
C.Mx = C + K · σ

Para um grau de atendimento de 95%, estamos com um risco de:
R = 1 – 0,95
R = 0,05

Transportando esse valor para a Tabela 2.3, encontramos para R = 0,05, K = 1,645; logo, E.Mn será:
E.Mn = 1,645 × 98
E.Mn = 161

O consumo máximo que o estoque mínimo poderá suportar é:
C.Mx = C + K · σ
C.Mx = 474 + 161
C.Mx = 635 unidades

Façamos agora o mesmo exemplo com um grau de atendimento de 90%. Então, teríamos:
R = 1 – 0,90
R = 0,1

Logo, K = 1,282
E.Mn = 1,282 · 98
E.Mn = 126 unidades
C.Mx = 474 + 126
C.Mx = 600 unidades

Podemos demonstrar, com esta comparação, como é importante o estoque mínimo na determinação de níveis de estoque e na imobilização de capital por parte da empresa. Observemos que, com um **G.A.** de 90%, temos um estoque mínimo de 126 unidades e com um **G.A.** de 95% temos um estoque mínimo de 161 unidades. Por causa de 5% a mais na segurança desejada, tivemos de aumentar o estoque mínimo em 28%. Na prática, o mais importante é analisar se o acréscimo de 5% nessa segurança justifica um investimento de 28% a mais no estoque.

2.4.4 Rotatividade

A rotatividade ou giro do estoque é uma relação existente entre o consumo anual e o estoque médio do produto.

$$\text{Rotatividade} = \frac{\text{consumo médio anual}}{\text{estoque médio}}$$

A rotatividade é expressa no inverso de unidades de tempo ou em "vezes", isto é, "vezes" por dia, ou por mês, ou por ano. Por exemplo: o consumo anual de um item foi de 800 unidades e o estoque médio, de 100 unidades. O giro seria:

$$R = \frac{800 \text{ unidades/ano}}{100 \text{ unidades}} = 8 \text{ vezes/ano}$$

O giro do estoque seria de 8 vezes ao ano, ou o estoque girou 8 vezes ao ano. O índice de giro pode também ser obtido através de valores monetários de custo ou de venda. Para as principais classes de estoques, as taxas de rotatividade são obtidas da seguinte maneira:

$$\text{Produto acabado} = \frac{\text{custo das vendas (\$/ano)}}{\text{estoque médio dos produtos acabados (\$)}}$$

$$\text{Matéria-prima} = \frac{\text{custo dos materiais utilizados}}{\text{estoque médio de matérias-primas}}$$

Podemos também utilizar outro índice que deve ser bastante útil para a análise de estoque, ou seja, o antigiro ou taxa de cobertura. Como vimos, a rotatividade indica quantas vezes rodou o estoque no ano; o antigiro indica quantos meses de consumo equivalem ao estoque real ou ao estoque médio.

$$\text{Antigiro} = \frac{\text{estoque médio}}{\text{consumo}}$$

Um item que tem um estoque de 3.000 unidades é consumido a uma taxa de 2.000 unidades por mês. Quantos meses o estoque cobre a taxa de consumo?

$$\text{Antigiro} = \frac{3.000}{2.000} = 1,5 \text{ mês}$$

O grande mérito do índice de rotatividade do estoque é que ele representa um parâmetro fácil para a comparação de estoques, entre empresas do mesmo ramo de atividade e entre classes de material em estoque.

Para fins de controle deve-se determinar a taxa de rotatividade adequada à empresa e então compará-la com a taxa real. É bastante recomendável que, ao determinar o padrão de rotatividade, se estabeleça um índice para cada grupo de materiais que corresponda a uma mesma faixa de preço ou consumo.

O critério de avaliação será determinado pela política de estoques da empresa. Não devemos nos esquecer, porém, de que:

a. a disponibilidade de capital para investir em estoque é que vai determinar a taxa de rotatividade-padrão;
b. não se devem utilizar taxas de rotatividade iguais para materiais de preços diferenciados. Use de preferência a classificação ABC (que veremos mais adiante), indicando cada classe com seu índice; se não for suficiente, subdivida em D, E etc.;
c. baseado na política da empresa, nos programas de produção e na previsão de vendas, determine a rotatividade que atenda às necessidades ao menor custo total;
d. estabeleça uma periodicidade para comparação entre a rotatividade padrão e a rotatividade real.

2.5 Classificação ABC

2.5.1 Conceituação

A curva ABC é um importante instrumento para o administrador; ela permite identificar aqueles itens que justificam atenção e tratamento adequados quanto à sua administração. Obtém-se a curva ABC através da ordenação dos itens conforme a sua importância relativa.

Verifica-se, portanto, que, uma vez obtida a sequência dos itens e sua classificação ABC, disso resulta imediatamente a aplicação preferencial das técnicas de gestão administrativa, conforme a importância dos itens.

A curva ABC tem sido usada na Gestão de Estoques, para a definição de políticas de vendas, para o estabelecimento de prioridades, para a programação da produção e uma série de outros problemas usuais nas empresas.

Após os itens terem sido ordenados pela importância relativa, as classes da curva ABC podem ser definidas das seguintes maneiras:

Classe A: Grupo de itens mais importantes que devem ser tratados com uma atenção bem especial pela administração.

Classe B: Grupo de itens em situação intermediária entre as classes A e C.

Classe C: Grupo de itens menos importantes que justificam pouca atenção por parte da administração.

Exemplo:

O Departamento de Produção apresentava um consumo anual de 9.000 materiais diferentes. Precisa-se fazer um estudo para redefinir a sua política de estoques. Devido ao elevado investimento em estoques, convém identificar os grupos de materiais que deverão ter controles mais rígidos (classe A), intermediários (classe B) e mais simples (classe C).

A curva ABC fornece a ordenação dos materiais pelos respectivos valores de consumo anual. Pelas análises, verifica-se que uma pequena porcentagem de itens da classe A é responsável por grande porcentagem do valor global (investimento anual grande).

Ao contrário, na classe C, poderá haver grande porcentagem de itens responsáveis apenas por pequena porcentagem do valor global (investimento anual pequeno). A classe B estará em situação intermediária.

Dessa maneira, do caso do nosso exemplo resultou:

Classe A: 8% dos itens (720) corresponderão a 70% do valor anual do consumo;

Classe B: 20% dos itens (1.800) corresponderão a 20% do valor anual do consumo;

Classe C: 72% dos itens (6.480) corresponderão a 10% do valor anual do consumo.

Portanto, verifica-se que, para controlar 90% do valor de consumo, basta estabelecer controles sobre 28% dos itens, ou seja, sobre os 2.520 primeiros itens (classes A e B) da curva ABC. A classe C, que se compõe dos 6.480 itens restantes, corresponde a apenas 10% do valor do consumo.

2.5.2 Planejamento

Os diferentes esquemas utilizados nas construções das curvas ABC podem ser resumidos sob a forma de um diagrama de bloco, conforme se vê no Quadro 2.2. Esta apresentação pretende facilitar a confecção da curva ABC, ao mesmo tempo em que todos os aspectos sejam devidamente considerados.

Quadro 2.2 *Modelo para confecção da curva ABC*

1	Necessidade da curva ABC Discussão preliminar Definição dos objetivos
2	Verificação das técnicas para análise Tratamento de dados Cálculo manual ou eletrônico
3	Obtenção da classificação: Classe A Classe B e Classe C sobre a ordenação efetuada Tabelas explicativas e traçado do gráfico ABC
4	Análises e conclusões
5	Providências e decisões

Deverão ser dedicados cuidados especiais aos problemas surgidos na fase de verificação e levantamento dos dados a serem utilizados na confecção da curva ABC. Desse modo, deverão ser providenciados:

1. pessoal treinado e preparado para fazer levantamentos;
2. formulário para a coleta de dados;
3. normas e rotinas para o levantamento.

A uniformidade dos dados coletados é de primordial importância para a consistência das conclusões da curva ABC, principalmente quando estes dados são numerosos. Nesse caso, é interessante fazer uma análise preliminar após o registro de uma amostra de dados para verificar a necessidade de estimativas, arredondamentos e conferências de dados, a fim de padronizar as normas de registro. Em seguida, conforme a disponibilidade de pessoal e de equipamentos, deve ser programada a tarefa de cálculos para obtenção da curva ABC, utilizando-se meios de cálculo manual ou um *software* adequado.

A definição das classes A, B e C obedece apenas a critérios de bom senso e conveniência dos controles a serem estabelecidos. Em geral são colocados, no máximo, 20% dos itens na classe A, 30% na classe B e os 50% restantes na classe C. Conforme já dissemos, essas porcentagens poderão variar de caso para caso, de acordo com as diferentes necessidades de tratamentos administrativos a serem aplicados.

2.5.3 Aplicação e montagem

Para ilustrar as etapas de confecção de uma curva ABC, vamos apresentar um caso simplificado para apenas dez itens. Ressalva-se, porém, que o procedimento é válido para qualquer número de itens. O critério de ordenação é o valor do consumo anual (preço unitário × consumo anual) para cada item (ver Tabela 2.4).

Capítulo 2 • Dimensionamento e Controle de Estoques

Tabela 2.4 *Coleta de dados*

Material	Preço Unitário	Consumo Anual (unidades)	Valor Consumo (Ano)	Grau
A	1	10.000	10.000	8º
B	12	10.200	122.400	2º
C	3	90.000	270.000	1º
D	6	4.500	27.000	4º
E	10	7.000	70.000	3º
F	1.200	20	24.000	6º
G	0,60	42.000	25.200	5º
H	28	800	22.400	7º
I	4	1.800	7.200	10º
J	60	130	7.800	9º

Naturalmente, podem ser usados outros critérios para ordenação, conforme o objetivo particular do estudo. Assim, num problema de transporte, pode-se usar o peso ou o volume do material transportado.

Em seguida, construímos a Tabela 2.5 com base na ordenação dos materiais por ordem decrescente de valor do consumo, conforme a última coluna da Tabela 2.4.

Tabela 2.5 *Ordenação dos dados*

Grau	Material	Valor Consumo	Valor Consumo Acumulado	(%) Porcentagem sobre o Valor do Consumo Total
1º	C	270.000	270.000	46
2º	B	122.400	392.400	67
3º	E	70.000	462.400	79
4º	D	27.000	489.400	83
5º	G	25.200	514.600	88
6º	F	24.000	538.600	92
7º	H	22.400	561.000	95
8º	A	10.000	571.000	97
9º	J	7.800	578.800	98
10º	I	7.200	586.000	100

De posse desses dados, pode-se construir a curva ABC. É traçado um eixo cartesiano em que na abscissa é registrado o número de itens; no eixo das ordenadas, são marcadas as somas relativas aos valores de consumo. Os valores de consumo acumulados e os materiais extraídos da Tabela 2.5 são marcados nos eixos.

Inicia-se à esquerda com o registro do item que acusa o maior valor de consumo acumulado, grau 1º. Segue-se o item de grau 2º à direita do canto superior da primeira coluna. As colunas seguintes são registradas no gráfico de acordo com o mesmo princípio. As linhas de interligação entre a origem e os cantos superiores direitos das colunas representam a curva ABC, como se pode ver na Figura 2.29.

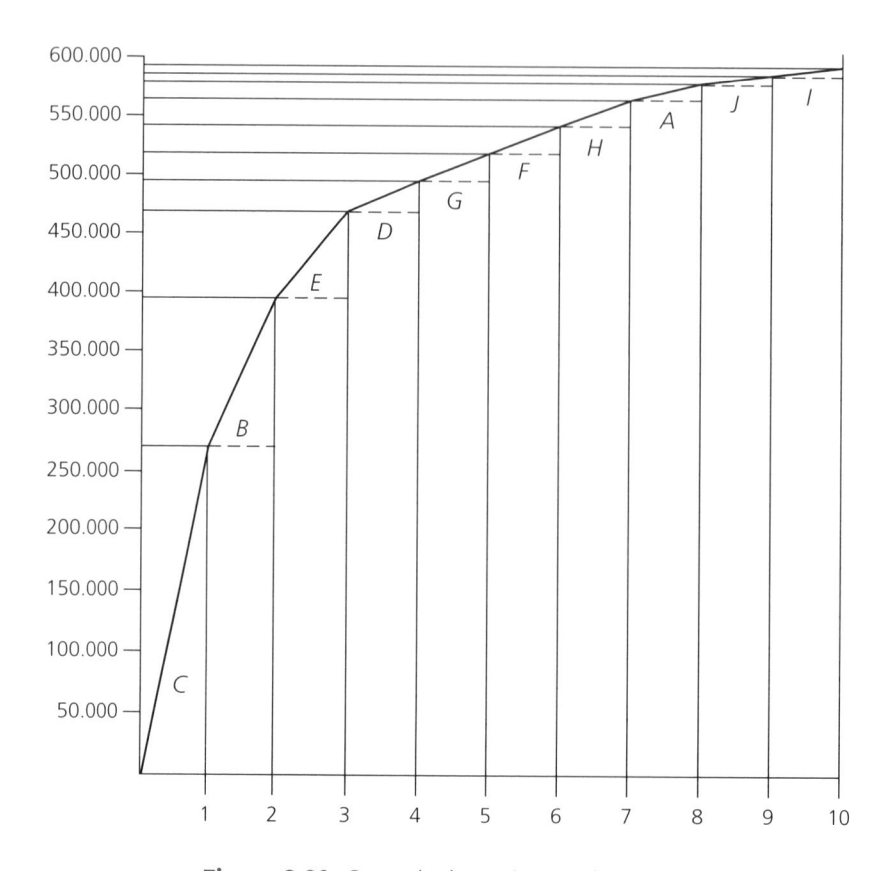

Figura 2.29 *Curva de determinação dos níveis.*

A curva assim encontrada é subdividida em três classes: A, B e C.

Os limites de cada classe estão indicados no eixo horizontal, e no vertical, os percentuais da soma total (valor do consumo total ou número total de itens). Na realidade, são usadas as seguintes faixas-limite. Pode-se ter:

Eixo \ Classe	A	B	C
Ordenadas	67 – 75%	15 – 30%	5 – 10%
Abscissas	10 – 20%	20 – 35%	50 – 70%

De posse desses dados, pode-se construir o gráfico da Figura 2.30, colocando os números de ordem em abscissas e as respectivas porcentagens sobre o valor do consumo total em ordenadas, obtendo-se a curva ABC. Observa-se que esta curva é essencialmente de natureza não decrescente.

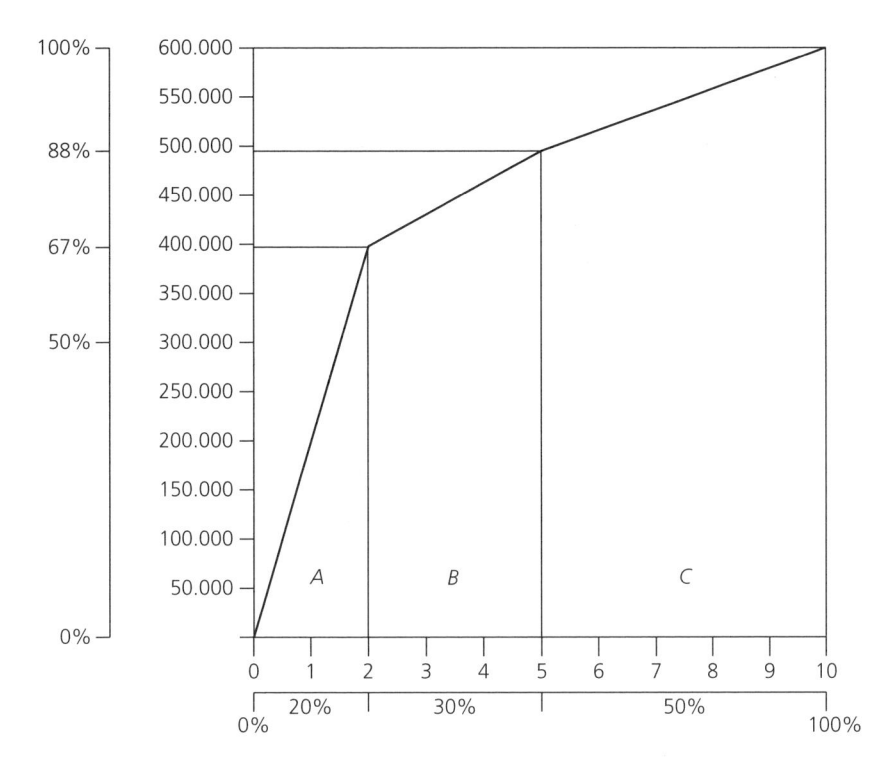

Capítulo 2 • Dimensionamento e Controle de Estoques

Figura 2.30 *Curva ABC.*

Para a definição das classes foi adotado o critério geral enunciado anteriormente. Dessa maneira, resultou:

- Classe A: 20% dos itens correspondentes a 67% do valor
- Classe B: 30% dos itens correspondentes a 21% do valor
- Classe C: 50% dos itens correspondentes a 12% do valor

Portanto, os materiais C e B (classe A) merecem um tratamento administrativo preferencial em face dos demais no que diz respeito à aplicação de políticas de controles de estoques. O custo adicional para um estudo mais minucioso destes itens será amplamente compensado. Os materiais F, H, A, J e I (classe C) devem ser submetidos a tratamentos administrativos mais simples.

O baixo valor relativo desses itens não justifica a introdução de controles precisos e onerosos. Podemos submeter os materiais E, D e G (classe B) a um sistema de controle intermediário entre aqueles das classes A e C.

Desta forma, o estoque e o aprovisionamento dos itens da classe A devem ser rigorosamente controlados, com o menor estoque de segurança possível. O estoque e a encomenda dos itens da classe C devem ter controles simples e estoque de segurança maior, pois esta política traz pouco ônus ao custo total. Os itens da classe B deverão estar em situação intermediária.

Vemos, então, que a curva ABC apresenta uma ampla gama de aplicações. Pode ser usada por empresa de pequeno, médio e grande porte, ou seja, tanto pelo empresário que dispõe de uma organização com sistemas informatizados, como por aquele que faz o próprio planejamento e a programação de suas atividades produtivas.

Por outro lado, a divisão em três classes (A, B e C) é mera questão de conveniência, uso e bom-senso, sendo possível estabelecer tantas classes quantas forem necessárias para os controles a serem estabelecidos.

2.5.4 Diferenciação das curvas e comentários

A curva ABC pode apresentar comportamentos bastante diversos. Ela toma a forma de uma reta, quando todos os itens possuem o mesmo valor e, consequentemente, a mesma participação no valor total (nenhuma concentração). Se os valores mais elevados são distribuídos por poucos itens, existe uma forte concentração. Podemos verificar estes comportamentos na Figura 2.31.

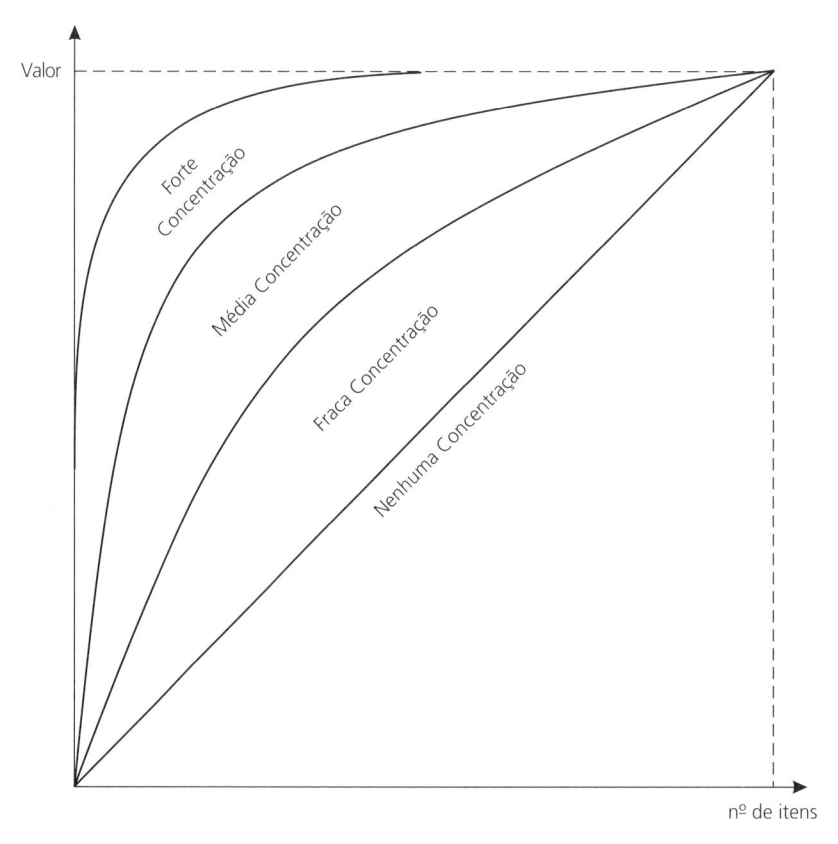

Figura 2.31 *Diferenciação do comportamento das curvas.*

Capítulo 2 • Dimensionamento e Controle de Estoques

Exercícios

O Sr. Ludovico pretende construir uma casa em um terreno que possui há vários anos. Como não pode dispor de muito dinheiro, ele vai coordenar as obras e responsabilizar-se pelo real controle de gastos. Ele tem preparado um orçamento do material a ser utilizado, baseado em informações de seu arquiteto, e possui, inclusive, os nomes dos fornecedores.

Pela escassez de recursos, decidiu que vai negociar com cada fornecedor para conseguir uma redução dos preços. Conversando com o arquiteto, foi de opinião de que não haveria necessidade de negociar com todos, pois isso levaria muito tempo, além de dar bastante trabalho, com valores que não representavam muito; sugeriu então que negociasse os preços dos materiais que, somados, representassem 80% do valor total da construção, uma vez que seriam esses a representar o maior custo total da obra.

Para isso era necessária a construção de uma classificação ABC, partindo da relação de preços da Tabela 2.6.

Tabela 2.6 *Dados básicos para classificação ABC*

Fornecedor	Material	Preço	Grau
Sabiá dos Metais	Instalações sanitárias	8.000	
Romanino	Tijolo, cimento e areia	12.000	
Planta Viva	Jardinagem	1.000	
Klatibim	Azulejos e ladrilhos	2.000	
Desmonte Ltda.	Alvenaria	42.000	
Sóvidro	Vidros	5.000	
Telétrica	Material elétrico	1.000	
Escave	Terraplenagem	98.000	
Pincelimpo	Pintura	1.000	
Romanino	Portas e janelas	3.000	
Olaria Olá	Telhas	20.000	
Sótubos	Canos e tubulações	4.000	
Metalúrgica Tico	Grades e portões	2.000	
Madeira Boa	Assoalho	1.000	
		200.000	

Para determinação do grau e somatória, preencher a seguinte Tabela:

Grau	Fornecedor	Preço	Soma dos preços
1	_____	_____	_____
2	_____	_____	_____
3	_____	_____	_____
4	_____	_____	_____
5	_____	_____	_____
6	_____	_____	_____
7	_____	_____	_____
8	_____	_____	_____
9	_____	_____	_____

Grau	Fornecedor	Preço	Soma dos preços
10	_____	_____	_____
11	_____	_____	_____
12	_____	_____	_____
13	_____	_____	_____
14	_____	_____	_____
Soma	_____	_____	_____

Por fim, coloque na figura abaixo as respectivas somas dos preços. Traçar a curva e determinar as áreas A, B, C.

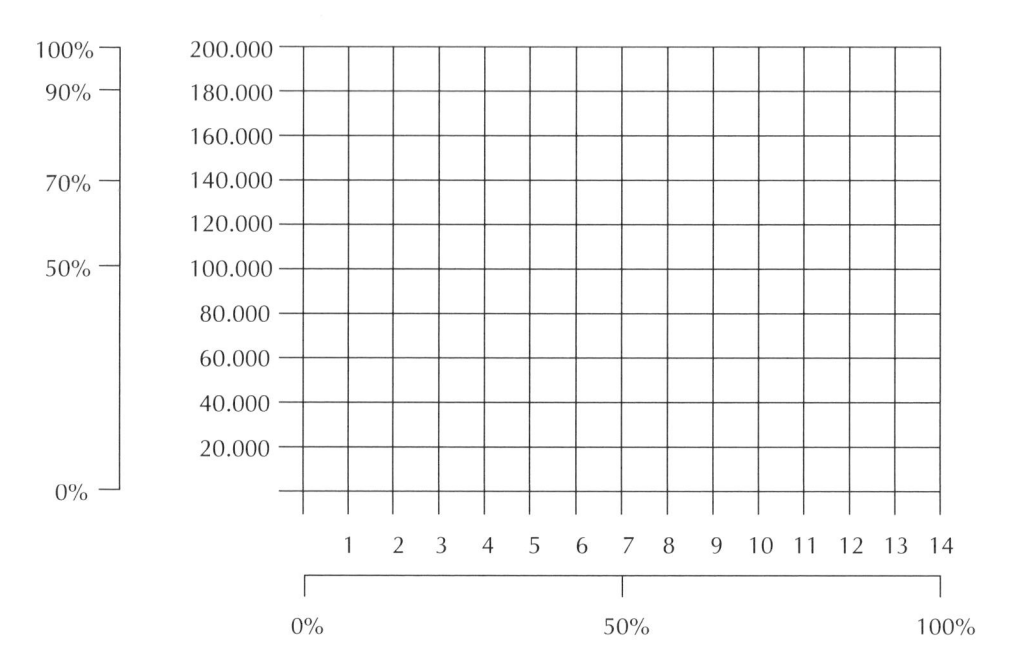

Complete, com referência à curva da área A, a seguinte informação:
_____ preços já perfazem
_____ % do valor da construção

Se a sua resposta estiver correta, então a classificação ABC, do problema, indicará que basta dedicar atenção a três fornecedores, classe A, porque desta forma será possível influir sobre mais de 3/4 do valor da obra.

O princípio da classificação ABC é universal e, desde que seja frequentemente ignorado, existem várias e diversificadas objeções ou simplesmente desculpas para não utilizá-lo em determinadas empresas ou situações especiais. Algumas dessas objeções são:

   a. "Nunca experimentamos fazer, ou utilizar uma classificação ABC, mas achamos que o cliente poderá sentir-se igualmente prejudicado, pela falta de um produto de alto valor de utilização ou muito necessário." Ou então: "A produção poderá ser prejudicada tanto pela falta de uma peça considerada irrelevante e de pequeno valor de utilização, como pela falta de um item de alto valor de utilização".

O problema não é realmente deixar de controlar os itens de classe C ou esquecê--los. A filosofia geral por trás da classificação ABC é manter a maior quantidade de estoque possível dos itens de pequeno valor de utilização. Isto não significa esquecimento, o que resultaria no esgotamento dos estoques dos itens pertencentes a essa classe. A partir do momento em que existam grandes quantidades de itens de pequeno valor em estoque, a concentração de esforços poderá ser dirigida aos itens de grande valor de utilização, classe A, sem que isso signifique, de maneira alguma, deixar faltar os itens de pequeno valor de uso, que seriam os de classe C.

b. "Já tentamos utilizar uma classificação ABC, mas não resultou em redução dos estoques dos itens da classe A, muito embora os estoques dos itens da classe C tenham aumentado de forma significativa."

Mais uma vez, o princípio básico de classificação ABC foi ignorado, ou seja, dedica-se pouca atenção gerencial aos itens de pequeno valor de utilização em benefício dos itens de maior valor. Se a pouca atenção nos itens de classe C não representar uma melhora na atenção dos itens de classe A, o que irá acontecer é exatamente aquilo que foi levantado como objeção: elevação desnecessária dos estoques de uma classe, sem benefício para a empresa.

c. "Já fizemos a classificação ABC e passamos a controlar todos os itens da classe C por meio de um sistema de controle visual de revisão mensal. Após análise, achamos desnecessário revisar com periodicidade mensal, ainda que só visualmente, aqueles itens que somente serão consumidos uma ou outra vez durante o ano."

O princípio da classificação ABC diz que podemos fazer um "controle frouxo" dos itens da classe C, mas não necessariamente do tipo visual, que não exige registros e que deve ser feito com frequência mensal. Os itens de pouca saída devem ser controlados com um sistema de registro, e não com um sistema visual periódico. No que diz respeito a esses itens, eles poderão ter seus parâmetros grosseiramente calculados a fim de reduzir os esforços de controle. Um sistema de controle visual só deverá ser utilizado quando se traduzir em uma real diminuição do esforço total de controle e não implicar prejuízos de outra natureza.

d. "Os nossos itens de maior valor de utilização são produtos a granel. Compramos esses produtos em tambores ou em grandes sacos e por isso não vemos por que um sistema ABC com registros permanentes e diários deve necessariamente resultar em melhor controle."

e. "Classificamos os nossos itens por valores unitários: no nosso negócio a maior parte dos itens possui valores unitários semelhantes e, por esse motivo, não adotamos um sistema ABC."

O valor de utilização do item não é dado somente em função do preço unitário do produto, mas também pelo produto desse preço unitário pelo consumo real efetivo.

Um item pode ter o mesmo preço unitário de outro, mas, a partir do momento em que possua consumos diferentes, as classes também podem mudar.

f. "Fizemos uma classificação ABC e eliminamos todos os itens da classe da linha... Quase falimos."

A classificação ABC não é o único recurso a ser utilizado para decidir tirar produtos de linha ou de estoque. Suponhamos um automóvel e a classificação ABC de seus componentes. Poderíamos considerar o câmbio e o motor como itens da classe A e os parafusos como itens da classe C. Isto significa que poderíamos simplesmente eliminar esses parafusos? É claro que não, pois a classificação ABC nos diz quem é quem, mas não nos diz o que fazer.

2.6 Lote econômico

2.6.1 Introdução

A decisão de estocar ou não um determinado item é básica para o volume de estoque em qualquer momento. Ao tomar tal decisão, há dois fatores a considerar:

1. É econômico estocar o item?
2. É interessante estocar um item indicado como antieconômico a fim de satisfazer a um cliente e, portanto, melhorar as relações com ele?

O primeiro fator pode ser analisado matematicamente. Em geral, obviamente não é econômico estocar um item se isso excede o custo de comprá-lo ou produzi-lo de acordo com as necessidades. Também pode ser demonstrado que não é econômico estocar itens quando as necessidades médias dos clientes, ou a média de consumo da produção, tenham um excesso correspondente à metade da quantidade econômica do pedido.

A questão de saber se devemos estocar um item, embora seja antieconômico fazê-lo, a fim de prestar melhor serviço ao cliente, representa uma decisão mais difícil porque frequentemente é impossível atribuir um exato valor em dinheiro à satisfação do cliente. O problema é que o tempo necessário para comprar e/ou fabricar pode ser maior do que ele deseja esperar. Neste caso, a decisão terá de ser tomada numa base de item por item sobre o custo de fabricação na base de pedido por pedido.

Quanto deve ser comprado ou produzido de cada vez? Como vimos anteriormente, seção 2.3, dois tipos básicos de custo afetam a decisão sobre o quanto deve ser comprado ou produzido de cada vez. Existem custos que aumentam à medida que a quantidade do material pedido aumenta, porque, em média, considerando consumo uniforme, metade da quantidade pedida estará em estoque. Tais custos são aqueles vinculados à armazenagem dos materiais, incluindo espaço, seguro, juros etc. Existem, também, os custos que diminuem à medida que a quantidade de material pedida aumenta, com a distribuição dos custos fixos por quantidades maiores.

Pelo gráfico do custo total de estoque podemos perceber um aumento regular dos custos de armazenagem à medida que a quantidade dos produtos comprados ou produzidos aumenta, devido à maior quantidade que deve ser armazenada. A curva mais baixa indica o custo total para encomendar o material, o qual diminui à medida que aumenta a quantidade de produtos pedidos de uma só vez.

Esta redução se deve ao fato de que poucos pedidos terão de ser emitidos durante determinado espaço de tempo e, como resultado, haverá despesas menores de emissão de pedidos de compra e inspeção, assim como de preparação das máquinas. A curva superior da Figura 2.32 representa o custo total do estoque que é obtido adicionando-se os custos de armazenagem aos custos de pedido.

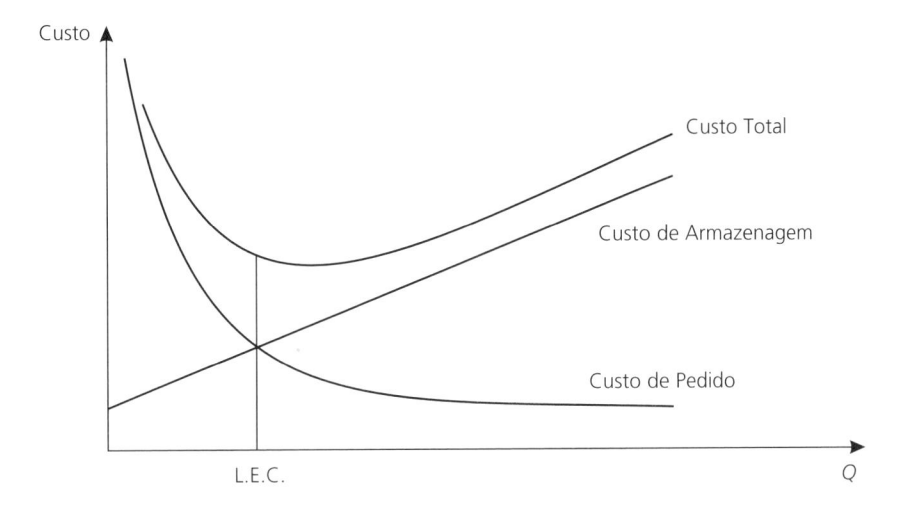

Figura 2.32 *Curva do custo total.*

2.6.2 Lote econômico de compra (sem faltas)

Vamos apresentar um dos modelos mais simples; teremos de partir das seguintes premissas:

a. o consumo mensal é determinístico e com uma taxa constante; e
b. a reposição é instantânea quando os estoques chegam ao nível zero.

Consideremos um período de um ano (T); o custo total seria formado de três componentes:

CT = Custo Unitário do item (ano) + Custo de Pedido (ano) +
 + Custo de Armazenagem (ano)

Pela Figura 2.33 podemos exemplificar este modelo:

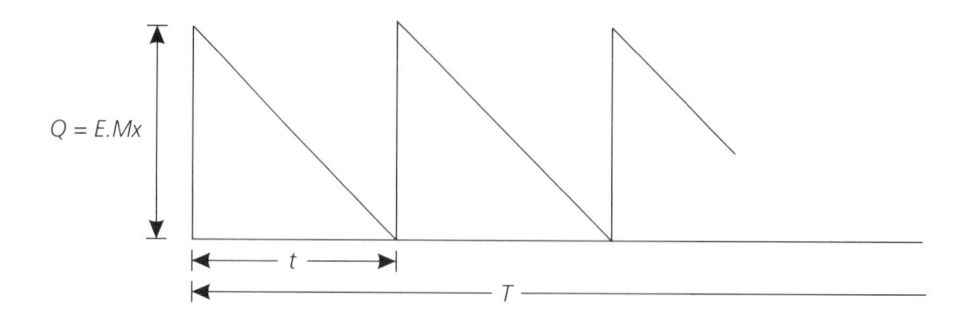

Figura 2.33 *Demonstrativo do estoque máximo.*

O estoque máximo (*E.Mx*) é igual à quantidade a ser comprada; na prática, isso não é verdade. O período *t* é o tempo entre os pedidos ou tempo de consumo. O período de planejamento (*T*) é anual.

O custo total anual pode ser apresentado também da seguinte maneira:

CT = Custo total do período (*t*) × número de períodos (ano)

O custo unitário por período é o custo de compra das *Q* unidades, ou seja:

P × *Q*,

em que *P* é o preço unitário do item.

Em cada período se faz apenas uma compra, o custo de pedido é o custo de se fazer uma compra, isto é, *B*. O estoque médio por período é *Q*/2. Então, o custo de armazenagem por período é:

$$I \cdot t \cdot \frac{Q}{2}$$

sendo: *I* = custo de armazenagem em $/unidades/ano
       t = duração de um período (anos)

Então o custo total por período é:

$$CT = P \cdot Q + B + I \cdot t \cdot \frac{Q}{2}$$

Para um ano, a duração de *Q* em um período é:

$$t = \frac{Q}{C}, \text{ sendo que } C \text{ é o consumo do período } t$$

O número de pedidos por ano é:

Capítulo 2 • Dimensionamento e Controle de Estoques

$$\text{Pedidos} = \frac{C}{Q}$$

Substituindo a equação de custo total pelas duas equações seguintes, temos:

$$CT = P \cdot C + B \times \frac{C}{Q} + I \cdot \frac{Q}{2}$$

onde: P = Preço unitário de compra
C = Consumo do item
B = Custo de pedido
Q = Quantidade do lote
I = Custo de armazenagem

Uma das maneiras de determinar Q mínimo é substituir na equação vários valores de Q até achar CT mínimo. Outro método é derivar a equação em relação a Q e igualar a derivada a 0 (zero). Mas, vejamos, o objetivo é tornar CT o menor possível, o termo (P · C) é uma constante, ele não irá variar em função do valor de Q; logo:

$$CT = B \cdot \frac{C}{Q} + I \cdot \frac{Q}{2}$$

A matemática diz-nos que "o mínimo da soma de duas variáveis, cujo produto é constante, ocorre para valores iguais de variáveis". Então:

$$B \cdot \frac{C}{Q} = I \cdot \frac{Q}{2}$$

$$2BC = I \cdot Q^2$$

$$Q^2 = \frac{2BC}{I}$$

$$Q = \sqrt{\frac{2BC}{I}}$$

Quando vimos o custo de armazenagem, foi dito que o índice I poderia ser indicado de duas maneiras: em percentual ou em valor unitário. Esta fórmula apresentada é para quando I for dado como valor unitário. Para valor percentual, teríamos a seguinte alteração:

$$B \cdot \frac{C}{Q} = I \left(P \cdot \frac{Q}{2} \right)$$

$$2BC = I \cdot Q^2 \cdot P$$

$$Q^2 = \frac{2BC}{I \cdot P}$$

$$Q = \sqrt{\frac{2BC}{I \cdot P}}$$

EXEMPLO DE APLICAÇÃO

O consumo de uma peça é de 20.000 unidades por ano. O custo anual de armazenagem por peça é de $ 1,90 e o custo de pedido é de $ 500,00. O preço unitário de compra é de $ 2,00. Determine:

a. o lote econômico de compra;
b. o custo total anual;
c. o número de pedidos por ano;
d. a duração entre os pedidos.

a. O lote econômico é:

$$Q = \sqrt{\frac{2BC}{I}} = \sqrt{\frac{2 \times 500 \times 20.000}{1,90}} = \sqrt{10.526.315} =$$
$$= 3.245 \text{ peças p/ pedido}$$

b. O custo total anual é:

$$CT = P \cdot C + B \cdot \frac{C}{Q} + I \cdot \frac{Q}{2}$$
$$CT = \$ 2 \times 20.000 + \$ 500 \times \frac{20.000}{3.245} + \$ 1,90 \times \frac{3.245}{2}$$
$$CT = \$ 40.000 + \$ 3.082 + \$ 3.082$$
$$CT = \$ 46.164 \text{ por ano}$$

c. O número de pedidos é:

$$\text{Pedidos} = \frac{C}{Q} = \frac{20.000}{3.245} = 6,2 \text{ pedidos/ano}$$

d. O intervalo entre os pedidos é:

$$t = \frac{Q}{C} = \frac{3.245}{20.000} = 0,162 \text{ ano}$$

2.6.3 Lote econômico de produção (sem faltas)

As hipóteses básicas que devem ser obedecidas neste modelo são as mesmas do lote econômico de compra, com uma única exceção. A quantidade produzida é finita e maior que o consumo, como se vê na Figura 2.34.

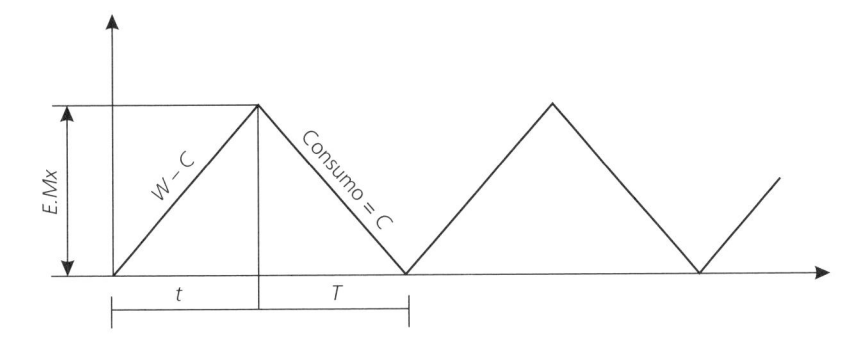

E.Mx = Estoque máximo
W = Taxa de produção
C = Consumo

Figura 2.34 *Lote econômico sem faltas.*

Neste caso, também existe uma diferença em um tipo de custo, que é o custo de preparação (*A*), que substitui o custo de pedido para o lote econômico de compra, e o preço (*P*), que é o custo de fabricação. O custo total neste caso para um período seria:

$$CT = P \cdot Q + A + I(T + t) \cdot \frac{E.Mx}{2}$$

em que *E.Mx*/2 é o estoque médio.

Pelo gráfico podemos ver que a duração entre o tempo de produção (*t*) e o tempo de consumo (*T*), *T* + *t*, é:

$$T + t = \frac{Q}{C} \qquad (1)$$

Verificamos também que à medida que as peças são fabricadas, estão sendo usadas para produção; então o *E.Mx* é o tempo *t*, multiplicado pela quantidade acumulada, em que a quantidade acumulada é a taxa de produção *W* menos o consumo, sendo:

$$E.Mx = t \cdot (W - C) \qquad (2)$$

O tempo de produção é o tempo necessário para fabricar *Q* unidades, ou

$$t = \frac{Q}{W} \qquad (3)$$

substituindo (3) em (2), temos:

$$E.Mx = \frac{Q}{W} \cdot (W - C) = Q \cdot \left(1 - \frac{C}{W}\right)$$

O custo total com as equações (1) e (3) ficaria:

$$CT = P \cdot Q + A + I \cdot \frac{Q}{C} \cdot \frac{Q}{2}\left(1 - \frac{C}{W}\right)$$

Multiplicando por $\frac{C}{Q}$, temos:

$$CT = P \cdot C + A \cdot \frac{C}{Q} + \frac{I \cdot Q}{2}\left(1 - \frac{C}{W}\right)$$

Usando o mesmo princípio do 2.6.2:

$$A \cdot \frac{C}{Q} = \frac{I \cdot Q}{2}\left(1 - \frac{C}{W}\right)$$

$$A \cdot \frac{C}{Q} = \frac{I \cdot Q}{2} - \frac{I \cdot Q \cdot C}{2W}$$

$$2 \cdot A \cdot C \cdot W = I \cdot Q^2 \cdot W - I \cdot Q^2 \cdot C$$

$$2 \cdot A \cdot C \cdot W = Q^2(I \cdot W - I \cdot C)$$

$$Q^2 = \frac{2 \cdot A \cdot C \cdot W}{I \cdot W - I \cdot C}$$

$$Q^2 = \frac{2 \cdot A \cdot C \cdot W}{I(W - C)}$$

Capítulo 2 • Dimensionamento e Controle de Estoques

dividindo por W:

$$Q^2 = \frac{2 \cdot A \cdot C}{\frac{I - I \cdot C}{W}} = \frac{2 \cdot A \cdot C}{I\left(1 - \frac{C}{W}\right)}$$

$$Q = \sqrt{\frac{2 \cdot A \cdot C}{I\left(1 - \frac{C}{W}\right)}}$$

que é o lote econômico de fabricação ao mínimo custo.

EXEMPLO DE APLICAÇÃO

O consumo de uma peça é de 9.000 unidades por ano. A capacidade de produção é de 1.500 unidades por mês. Sendo o custo de preparação de $ 200,00 e o custo de armazenagem por mês de $ 2,00, calcule o lote econômico de produção e o custo total anual, sabendo-se que o custo unitário de produção é de $ 4,00.

$$Q = \sqrt{\frac{2 \cdot 200 \cdot 9.000}{2 \times 12 \left(1 - \frac{9.000}{1.500 \times 12}\right)}}$$

$$Q = \sqrt{\frac{3.600.000}{24 \cdot 0,5}}$$

$$Q = \sqrt{\frac{3.600.000}{12}}$$

$$Q = \sqrt{300.000} = 548 \text{ unidades}$$

O custo total anual é:

$$CT = P \cdot C + A \cdot \frac{C}{Q} + \frac{I \cdot Q}{2}\left(1 - \frac{C}{W}\right)$$

$$CT = 4 \times 9.000 + 200 \times \frac{9.000}{548} + \frac{2 \times 12 \times 548}{2}\left(1 - \frac{9.000}{1.500 \times 12}\right)$$

$$CT = 36.000 + 3.285 + 6.576 \cdot 0,5$$

$$CT = \$ 39.285 + 3.288$$

$$CT = \$ 42.573$$

2.6.4 Lote econômico de compra (com faltas)

Esse modelo tem os mesmos princípios que o 2.6.2; entretanto, existe uma diferença, pois este admite haver ruptura do estoque, ou seja, faltas. Em decorrência desse pressuposto, passamos a acrescentar um novo custo, o custo de falta. A Figura 2.35 nos mostrará essa situação.

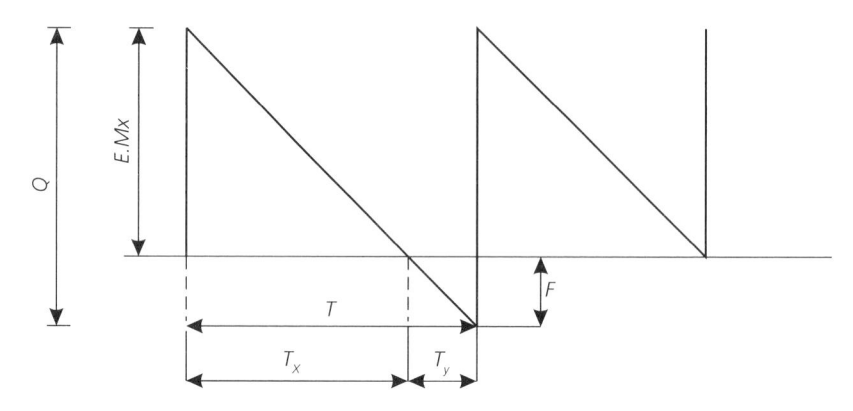

Figura 2.35 *Lote econômico com faltas.*

Com a inclusão do custo de falta, teríamos a seguinte formulação:
CT = preço do item/ano + custo de pedido/ano + custo de armazenagem/ano + custo de falta/ano
com a fórmula de custo total no período de

$$CT = P \cdot Q + B + I \cdot T_x \cdot \frac{E.Mx}{2} + CF \cdot T_y \cdot \frac{F}{2}$$

onde: *CF* = Custo de falta no período
 F = Quantidade faltante
 T_y = Tempo decorrido de falta
 T_x = Tempo do consumo normal

Podemos considerar pelo gráfico que:
$$E.Mx = Q - F$$

Pela semelhança de triângulos, podemos considerar que:

$$T_x = \frac{T \cdot E.Mx}{Q} = \frac{T(Q - F)}{Q}$$

$$T_y = \frac{T \cdot F}{Q}$$

Sendo o tempo de um período T, Q/C, as equações anteriores ficariam:

$$T_x = \frac{Q-F}{Q} \cdot \frac{Q}{C}$$

$$T_y = \frac{F}{Q} \cdot \frac{Q}{C}$$

Substituindo então as equações de T_x e T_y na fórmula CT inicial, teríamos:

$$CT = P \cdot Q + B + I \cdot \frac{Q-F}{Q} \cdot \frac{Q}{C} \cdot \frac{Q-F}{2} + CF \cdot \frac{F}{Q} \cdot \frac{Q}{C} \cdot \frac{F}{2}$$

Multiplicando pelo número de períodos anuais, C/Q ficaria da seguinte forma:

$$T_x = \frac{Q-F}{Q} \cdot \frac{Q}{C} \qquad T_y = \frac{F}{Q} \cdot \frac{Q}{C}$$

Multiplicando pelo número de períodos anuais, C/Q ficaria da seguinte forma:

$$CT = P \cdot C + B \cdot \frac{C}{Q} + \frac{I(Q-F)^2}{2Q} + \frac{CF \cdot F^2}{2Q}$$

Existindo duas variáveis na equação do CT, deveremos agora calcular as derivadas parciais em relação a cada variável e igualar a zero.

$$\frac{dCT}{dQ} = 0 = -B \cdot \frac{C}{Q^2} + \frac{I}{2} - \frac{I \cdot F^2}{2Q^2} - \frac{CF \cdot F^2}{2Q^2}$$

$$= -\frac{B \cdot C}{Q^2} + \frac{I}{2} - \frac{F^2}{2Q^2}(I + CF)$$

$$dCT = 0 = -I + \frac{I \cdot F}{Q} + \frac{CF \cdot F}{Q}$$

resolvendo em função de F, teremos:

$$F = \frac{I}{I + CF} \cdot Q,$$

substituindo na equação da derivada dCT/dQ,

$$0 = -B \cdot \frac{C}{Q^2} + \frac{I}{2} - \frac{I+CF}{2Q^2}\left(\frac{I}{I+CF} \cdot Q\right)^2$$

$$= -B \cdot \frac{C}{Q^2} + \frac{I}{2} - \frac{I^2}{2(I+CF)},$$

resolvendo para Q

$$Q = \sqrt{\frac{2 \cdot B \cdot C}{I}} \cdot \sqrt{\frac{I+CF}{CF}},$$

que é o lote econômico de compra sujeito a faltas.

Pode-se obter outra fórmula, substituindo a equação do lote (Q) na equação resultante em função de F.

$$F = \sqrt{\frac{2 \cdot B \cdot C}{CF}} \cdot \sqrt{\frac{I}{I+CF}}$$

EXEMPLO DE APLICAÇÃO

Usando o mesmo problema do lote econômico de compra sem faltas e admitindo um custo de falta anual de $ 15,00 por unidade/ano, teríamos:

$$Q = \sqrt{\frac{2.500 \cdot 20.000}{1,9}} \cdot \sqrt{\frac{1,9+15}{15}}$$

$$Q = \sqrt{10.526.315} \cdot \sqrt{1,12}$$

$$Q = 3.244 \cdot 1,06$$

$$Q = 3.438 \text{ unidades}$$

Para calcular o valor do CT deve-se inicialmente determinar o número de faltas.

$$F = \frac{I}{I+CF} \cdot Q$$

$$F = \frac{1,9}{1,9+15} \cdot 3.438$$

$$F = 387, \text{ então}$$

$$CT = 2 \cdot 20.000 + 500 \cdot \frac{20.000}{3.438} + \frac{1,90(3.438-387)^2}{2 \cdot 3.438} + \frac{15 \cdot (387)^2}{2 \cdot 3.438}$$

$$CT = 40.000 + 2.908 + 2.572 + 327$$

$$CT = \$ 45.807 \text{ por ano}$$

Capítulo 2 • Dimensionamento e Controle de Estoques

O número de pedidos por ano é:

$$\text{Pedidos} = \frac{40.000}{3.438} = 12$$

O intervalo entre os pedidos é: $\frac{1}{12}$ = 0,08 ano

2.6.5 Lote econômico de produção (com faltas)

Para esse caso, as condições são as mesmas do que para o modelo visto em 2.6.3, com a diferença de que neste as faltas são permitidas. Para ilustrar, vejamos a Figura 2.36.

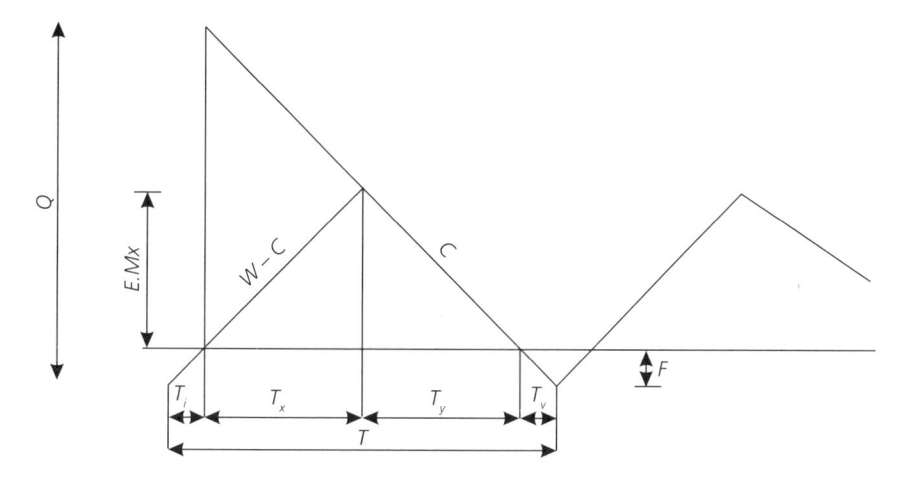

Figura 2.36 *Lote econômico que admite faltas.*

Os parâmetros de custo para esta condição são os mesmos que os apresentados em 2.6.4, considerando também que o custo de pedido é o custo de preparação. O custo total do período é:

$$CT = P \cdot Q + A + I(T_x + T_y) \cdot \frac{E \cdot Mx}{2} + CF(T_v + T_i)\frac{F}{2} \qquad (1)$$

O objetivo é determinar os valores de T_x, T_y, T_v, T_i e $E.Mx$ em função de Q e F. Analisando o gráfico, temos:

$$E.Mx = T_x \cdot (W - C) \tag{2}$$

$$E.Mx = T_y \cdot C \tag{3}$$

Logo:

$$T_x \cdot (W - C) = T_y \cdot C \tag{4}$$

$$F = T_i \cdot (W - C) \tag{5}$$

$$F = T_v \cdot C \tag{6}$$

Logo:

$$T_i \cdot (W - C) = T_v \cdot C \tag{7}$$

Somando (4) e (7), temos:

$$(T_x + T_i)(W - C) = (T_y + T_v)C \tag{8}$$

Do produto da capacidade de produção pelo tempo de produção, temos a quantidade produzida.

$$Q = (T_x + T_i)W; \text{ logo:}$$

$$T_x + T_i = \frac{Q}{W} \tag{9}$$

Logo:

$$E.Mx + F = (T_y + T_v)C \tag{10}$$

ou, usando a equação (8), a equação (10) ficaria:

$$E.Mx + F = (T_x + T_i) \cdot (W - C) \tag{11}$$

Substituindo (10) em (11), temos:

$$E.Mx = \frac{Q}{W}(W - C) - F$$

$$= Q\left(1 - \frac{C}{W}\right) - F \tag{12}$$

Com a equação (12), $T_x + T_y$ seria:

Capítulo 2 • Dimensionamento e Controle de Estoques

$$T_x + T_y = \frac{E.Mx}{W-C} + \frac{E.Mx}{C}$$

substituindo a equação (12), nessa equação, teremos:

$$T_x + T_y \left[Q\left(1 - \frac{C}{W}\right) - F \right] \left(\frac{1}{W-C} + \frac{1}{C} \right) \qquad (13)$$

Desse modo, $T_v + T_i$ é:

$$T_v + T_i = F \left(\frac{1}{W-C} + \frac{1}{C} \right) \qquad (14)$$

Substituindo na equação (1) as equações (12), (13) e (14):

$$CT = P \cdot Q + A\frac{I}{2}\left[Q\left(1 - \frac{C}{W}\right) - F \right]^2 \left(\frac{1}{W-C} + \frac{1}{C} \right) + \frac{CF \cdot F^2}{2}\left(\frac{1}{W-C} + \frac{1}{C} \right) \qquad (15)$$

Multiplicando as equações (15) pelo número de períodos anuais C/Q, e simplificando, temos:

$$CT = P \cdot C + A \cdot \frac{C}{Q} + \frac{I}{2Q}\left[Q\left(1 - \frac{C}{W}\right) - F \right]^2 \frac{1}{1 - \frac{C}{W}} + \frac{CF \cdot F^2}{2Q} \cdot \frac{1}{1 - \frac{C}{W}} \qquad (16)$$

Para acharmos Q, devemos calcular as derivadas parciais em relação a Q e F. Para simplificar, podemos fazer $K = 1 - \frac{C}{W}$ (17), onde K é uma constante. As derivadas parciais são:

$$\frac{dCT}{dQ} = 0 = -A \cdot \frac{C}{Q^2} + \frac{I \cdot K}{2} - \frac{I \cdot F^2}{2Q^2 \cdot K} - \frac{CF \cdot F^2}{2Q^2 \cdot K} \qquad (18)$$

$$\frac{dCT}{dQ} = 0 = -I + \frac{I \cdot F}{K \cdot Q} + \frac{CF \cdot F}{K \cdot Q} \qquad (19)$$

Resolvendo (19) para F:

$$F = \frac{F}{I + CF} \cdot Q \cdot K = \frac{I}{I + CF} \cdot Q\left(1 - \frac{C}{W}\right) \quad (20)$$

e substituindo (20) na equação (18):

$$0 = -A \cdot \frac{C}{Q^2} + \frac{I \cdot K}{2} - \frac{I}{2Q^2 \cdot K}\left(\frac{I}{I + CF}\right)^2 \cdot Q^2 \cdot K^2 - \frac{CF}{2Q^2 \cdot K}\left(\frac{I}{I + CF}\right)^2 \cdot Q^2 K^2$$
$$= -2 \cdot A\frac{C}{Q^2} + I \cdot K\frac{CF}{I + CF} \quad (21)$$

isolando Q e substituindo a equação (17):

$$Q = \sqrt{\frac{2 \cdot A \cdot C}{I\left(1 - \frac{C}{W}\right)}} \cdot \sqrt{\frac{I + CF}{CF}} \quad (22)$$

que é o lote econômico de produção; substituindo (22) em (20), obtemos:

$$F = \sqrt{\frac{2 \cdot A \cdot C}{I}} \cdot \sqrt{1 - \frac{C}{W}} \cdot \sqrt{\frac{I}{I + CF}} \quad (23)$$

EXEMPLO DE APLICAÇÃO

Usando o mesmo exemplo do problema em 2.6.3, mas com um custo de falta por unidade de $ 30,00 por ano, temos:

$$Q = \sqrt{\frac{2 \cdot A \cdot C}{I\left(1 - \frac{C}{W}\right)}} \cdot \sqrt{\frac{I + CF}{CF}}$$

$$Q = \sqrt{\frac{2 \cdot 200 \cdot 9.000}{2 \cdot 12\left(1 - \frac{9.000}{1.500 \cdot 12}\right)}} \cdot \sqrt{\frac{2 \cdot 12 + 30}{30}}$$

$$Q = \sqrt{\frac{3.600.000}{12}} \cdot \sqrt{\frac{54}{30}}$$

$$Q = \sqrt{300.000} \cdot \sqrt{1,8}$$

$$Q = 548 \cdot 1,35$$

$$Q = 740 \text{ peças}$$

Para se achar o custo total anual, precisamos calcular o número de faltas:

$$F = \frac{I}{I + CF} \cdot Q \cdot \left(1 - \frac{C}{W}\right)$$

$$F = \frac{2 \cdot 12}{2 \cdot 12 + 30} \cdot 740 \cdot \left(1 - \frac{9.000}{1.500 \cdot 12}\right)$$

$$F = \frac{24}{54} \cdot 740 \cdot 0,5$$

$$F = 165 \text{ peças}$$

Logo:

$$CT = 4 \cdot 9.000 + 200 \cdot \frac{9.000}{740} + \frac{2 \cdot 12}{2 \cdot 740}\left[740\left(1 - \frac{9.000}{1.500 \cdot 12}\right) - 165\right]^2 \cdot$$

$$\cdot \left(\frac{1}{1 - \frac{9.000}{1.500 \cdot 12}}\right) + \frac{30 \cdot 165^2}{2.740} \cdot \left(\frac{1}{1 - \frac{9.000}{1.500 \cdot 12}}\right)$$

$$CT = 36.000 + 2.432 + 0,02[370 - 165]^2 \cdot 2 + 551 \cdot 2$$

$$CT = 38.432 + 1.681 + 1.102$$

$$CT = \$\ 41.215,00$$

O estoque máximo é:

$$E.Mx = Q\left(1 - \frac{C}{W}\right) - F$$

$$= 740\left(1 - \frac{9.000}{1.500 \cdot 12}\right) - 165$$

$$= 205 \text{ peças}$$

O tempo de produção é:

$$T_x + T_i = \frac{Q}{W} = \frac{740}{1.500 \cdot 12} = 0,04 \text{ ano}$$

A duração entre os processos de produção é:

$$T_x + T_y + T_v + T_i = T = \frac{Q}{C} = \frac{740}{9.000} = 0,08 \text{ ano}$$

2.6.6 Lote econômico com restrição ao investimento

Todos os modelos que vimos até aqui estavam baseados em uma disponibilidade ilimitada de recursos financeiros, ou seja, para qualquer quantidade Q, independentemente do valor total da compra, ela assim mesmo deveria ser efetivada. Em uma situação em que exista limitação de capital, essa restrição financeira deve ser colocada de maneira que o lote econômico fique adequado a esta situação.

Vamos supor a seguinte restrição:

$$\sum_{i=1}^{n} \frac{Q_i \cdot P_i}{2} \leq x$$

Q = quantidade da peça i
P = preço da peça i
x = investimento máximo permitido em estoque para a peça i.

A função de restrição é:

$$\emptyset Q_i = \sum_{i=1}^{n} \frac{Q_i \cdot P_i}{2} - x \leq 0$$

Uma forma de resolução deste modelo de problema é o método dos multiplicadores de Lagrange, em que se deve formular a função sem restrição, onde as novas variáveis serão os multiplicadores de Lagrange (λ).

O multiplicador de Lagrange ajuda nos cálculos da seguinte forma:
$\lambda = 0$ se $\emptyset(Q_i) < 0$ – investimento menor que o capital disponível.
$\lambda > 0$ se $\emptyset(Q_i) = 0$ – investimento igual ao capital disponível.
Logo:

$$\lambda \cdot \emptyset(Q_i) = 0$$

A equação do custo total de estoque é:

$$CT = P \cdot C + B \cdot \frac{C}{Q} + I \frac{Q}{2}$$

Aplicando a função de restrição, vem:

$$CT = \sum_{i=1}^{n} \left[P_i \cdot C + B \frac{C}{Q} + I \frac{Q_i}{2} \right] + \left[\sum_{i=1}^{n} \frac{Q_i \cdot P_i}{2} - x \right] \lambda$$

Capítulo 2 • Dimensionamento e Controle de Estoques

Derivando em relação a cada um dos (n) lotes Q_i, temos para n equações:

$$\frac{-d(CT)}{dQ_i} = -\frac{CB}{Q_i^2} + \frac{I \cdot P_i}{2} + \frac{\lambda P_i}{2} = 0 \quad (1)$$

A derivada parcial de CT em função de λ é para uma equação:

$$\frac{-d(CT)}{d\lambda} = \frac{Q_i \cdot P_i}{2} - x = 0 \quad (2)$$

Por intermédio de (1), temos:

$$\frac{CB}{Q_i^2} = \frac{(I+\lambda)P_i}{2} \therefore Q_i^2 = \frac{2CB}{(I+\lambda)P_i}$$

$$Q_i = \sqrt{\frac{2B}{(I+\lambda)}} \cdot \sqrt{\frac{C}{P_i}} \quad (3)$$

Substituindo (3) em (2), temos:

$$\sum_{i=1}^{n} \frac{P_i}{2} \cdot \sqrt{\frac{2B}{I+\lambda}} \cdot \sqrt{\frac{C}{P}} - x = 0$$

$$\frac{1}{2}\sqrt{\frac{2B}{I+\lambda}} \cdot \sum_{i=1}^{n} \sqrt{C \cdot P} - x = 0 \quad (4)$$

De (4) podemos calcular o valor de λ e, substituindo em (3), calcular os n lotes Q_i.

EXEMPLO DE APLICAÇÃO

Determinar os lotes econômicos de compra, com restrição para x = $ 100.000,00, das peças w, y e z, considerando que o custo de pedido é de $ 500,00, o custo de armazenagem é de 20% do valor estocado e que as peças tenham os seguintes consumos e preços unitários previstos.

Peça	Consumo	Preço Unitário
w	125.000 unidades	R$ 50,00
y	64.000 unidades	R$ 40,00
z	27.000 unidades	R$ 20,00

Resolução:
Façamos a seguinte tabela:

Peça	Consumo	Preço Unitário	C × P	$\sqrt{C \times P}$
w	125.000	$ 50,00	6.250.000	2.500
y	64.000	$ 40,00	2.560.000	1.600
z	27.000	$ 20,00	810.000	900
				$\sum \sqrt{CP}$ = 5.000

Determinamos então o valor de λ

$$1/2 \sqrt{\frac{2 \cdot B}{I + \lambda}} \cdot \sqrt{C \cdot P} - x = 0$$

$$1/2 \sqrt{\frac{2 \cdot 500}{0,2 + \lambda}} \cdot 5.000 = 100.000$$

$$1/2 \sqrt{\frac{1.000}{0,2 + \lambda}} = 20$$

$$0,25 \cdot \frac{1.000}{0,2 + \lambda} = 400$$

$$\frac{250}{0,2 + \lambda} = 400$$

$$250 = 80 + 400\lambda$$

$$250 - 80 = 400\lambda$$

$$\lambda = 0,425$$

$$Q = \sqrt{\frac{2 \cdot 500}{0,2 + 0,425}} \cdot \sqrt{\frac{C}{P}}$$

$$Q = 40 \cdot \sqrt{\frac{C}{P}}$$

Peça	C/P	$\sqrt{C/P}$	Q	Q × P/2
w	2.500	50	2.000	R$ 50.000,00
y	1.600	40	1.600	R$ 32.000,00
z	900	30	1.200	R$ 18.000,00
				R$ 100.000,00

Supondo que determinássemos os lotes de compra sem restrição, estes seriam:
Q_w = 3.535 unidades
Q_y = 2.829 unidades
Q_z = 2.121 unidades
com um investimento médio em estoque de:

$$\frac{Q_w \cdot P_w}{2} = \$\ 88.375,00$$

$$\frac{Q_y \cdot P_y}{2} = \$\ 56.580,00$$

$$\frac{Q_z \cdot P_z}{2} = \$\ 21.210,00$$

o que daria um investimento total de compra de $ 166.165,00.

2.6.7 Lote econômico com desconto

Existem situações no processo de compra em que se podem obter descontos no preço de compra de determinado produto. Pode ocorrer também que o fornecedor ofereça descontos no preço unitário, de acordo com um aumento da quantidade comprada. Devemos então determinar o que é mais econômico para a empresa: adquirir quantidades de produtos maiores que o lote de compra, obtendo com isso uma redução no preço, ou comprar a quantidade determinada pelo lote independente de qualquer nível de desconto.

Seja Q a quantidade comprada pelo lote econômico convencional; D o desconto conseguido ao se comprar uma quantidade igual a $K \cdot Q$, sendo K um percentual de aumento de Q; o novo preço de P para $P(1 - D)$. A fórmula do custo total, como já sabemos, é:

$$CT = P \cdot C + B \cdot \frac{C}{Q} + I \cdot \frac{Q}{2} \cdot P$$

substituindo por $K \cdot Q$ e $P(1 - D)$, teremos:

$$CT_k = P(1 - D) \cdot C + B \cdot \frac{C}{K \cdot Q} + I \cdot \frac{KQ}{2} \cdot P(1 - D)$$

Com isso temos dois custos totais: o primeiro com preço unitário sem descontos e com uma quantidade econômica; o segundo preço unitário diferente, menor que o anterior, e com uma quantidade maior que a quantidade econômica.

Podemos analisar os dois custos totais da seguinte maneira: se o somatório dos custos CT_k, comprados pela quantidade KQ, for menor ou igual ao somatório dos custos CT, comprados pela quantidade Q, deve ser adquirida a nova quantidade; então, podemos fazer a seguinte inequação:

$$P(1-D) \cdot C + B \cdot \frac{C}{K \cdot Q} + I \cdot \frac{K \cdot Q}{2} \cdot P(1-D) \leq P \cdot C + B \cdot \frac{C}{Q} + I \cdot \frac{Q}{2} \cdot P$$

A fórmula do lote econômico é:

$$Q = \sqrt{\frac{2 \cdot B \cdot C}{I \cdot P}}$$

Substituindo na inequação anterior, obteremos:

$$P(1-D) \cdot C + \frac{BC}{K} \cdot \sqrt{\frac{I \cdot P}{2 \cdot B \cdot C}} + \frac{K}{2}\sqrt{\frac{2 \cdot B \cdot C}{I \cdot P}} \cdot I \cdot P(1-D) \leq P \cdot C +$$

$$+ B \cdot C \sqrt{\frac{I \cdot P}{2 \cdot B \cdot C}} + \frac{I \cdot P}{2}\sqrt{\frac{2 \cdot B \cdot C}{I \cdot P}}$$

Colocando os termos nos radicais e simplificando, temos:

$$\left[\frac{1}{k} + k(1-D)\right]\sqrt{\frac{C \cdot B \cdot I \cdot P}{2}} \leq 2\sqrt{\frac{C \cdot B \cdot I \cdot P}{2}} + C \cdot P \cdot D$$

Dividindo ambos os membros da inequação por $CBIP/2$, teremos:

$$\frac{1}{K} + K(1-D) \leq 2 + D\sqrt{\frac{2 \cdot C \cdot P}{I \cdot B}}$$

Podemos representar, para facilidade de cálculo, a expressão $\sqrt{\frac{2 \cdot C \cdot P}{I \cdot B}}$ por L; a inequação anterior transforma-se em:

$$\frac{1}{K} + K(1-D) \leq 2 + D \cdot L$$
$$= 1 + K^2(1-D) - 2K - K \cdot D \cdot L \leq 0$$
$$= K^2(1-D) - K(2 + DL) + 1 \leq 0$$

A expressão acima é uma equação do 2º grau, e a solução é dada pela seguinte maneira:

$$K = \frac{2 + DL + \sqrt{(2+DL)^2 - 4(1-D)}}{2(1-D)}$$

A segunda variação dessa fórmula é negativa, encontrando-se então o ponto mínimo. O que se procura, porém, é um valor de L maior possível, o que nos leva a ignorar o sinal negativo.

$$K = \frac{2 + DL - \sqrt{(2+DL)^2 - 4(1-D)}}{2(1-D)}$$

em que $L = \sqrt{\dfrac{2C \cdot P}{I \cdot B}}$

O valor K nos fornecerá a quantidade KQ, que é o limite máximo do custo total, do preço unitário com o desconto, que será igual ou menor que o do lote econômico de compra sem desconto. Então, se a quantidade comprada com desconto ficar no intervalo entre o lote ótimo Q e a quantidade máxima K.Q, a aquisição será vantajosa.

EXEMPLO DE APLICAÇÃO

Uma empresa compra uma peça de um fornecedor Alfa a um preço unitário de $ 3,00. O consumo anual dessa peça é de 1.200 unidades, o custo de pedido, $ 200,00, o custo de armazenagem, de 20%. O fornecedor comunicou à empresa que, para lotes de compra acima de 1.000 unidades, ele concede 5% do desconto. Qual a condição mais vantajosa para a empresa?

Calculando inicialmente o lote econômico, ele será:

$$Q = \frac{2.200 \cdot 1.200}{0,20 \cdot 3} = 895$$

$$L = \frac{2 \cdot 1.200 \cdot 3}{0,20 \cdot 200} = 13,4$$

$$K = \frac{2 + 0,05 \cdot 13,4\sqrt{(2 + 0,05 \cdot 13,4)^2 - 4(1 - 0,05)}}{2(1 - 0,05)}$$

$$K = \frac{2 + 0,67 + \sqrt{7,13 - 3,8}}{1,9}$$

$$K = 2,368$$

Logo: $KQ = 2.120$; portanto, é vantajoso aceitar o desconto.
Utilizando o lote econômico, teríamos um custo total de:

$$CT = 3,00 \cdot 1.200 + \frac{1.200}{895} \cdot 200 + \frac{895}{2} \cdot 0,20 \cdot 3$$

$$CT = \$\ 4.136,70$$

Utilizando os descontos, teríamos:

$$CT = 2,85 \cdot 1.200 + \frac{1.200}{1.000} \cdot 200 + \frac{1.000}{2} \cdot 0,20 \cdot 2,85$$

$$CT = \$\ 3.945,00$$

O que significa uma economia de $ 191,70, demonstrada simplesmente pela expressão $K \cdot Q$, que define o limite máximo de vantagem dessa peça com desconto de 5%.

2.6.8 Avaliações da fórmula do lote econômico

Devemos ter bastante cuidado e atenção ao trabalhar com as fórmulas do lote econômico de compra, onde uma série de fatores necessita ser observada cuidadosamente. Vamos enumerar alguns desses fatores:

1. Ela procura os custos mínimos, admitindo que os recursos financeiros são ilimitados, o que não ocorre na realidade.
2. A quantidade determinada pelo lote é aquela em que o custo de armazenagem é igual ao custo de pedido. Se considerarmos, no custo de capital, a valorização do estoque, ocorrerão algumas situações em que o custo será nulo ou negativo. A interpretação disso é que se deve estocar ao máximo, ou seja, o lote econômico nessa situação não nos indica uma solução quantitativa, mostrando claramente que a quantidade a comprar, ou a quantidade a estocar, é uma decisão de caráter da política da empresa e que deve envolver outros fatores conjunturais.
3. Podem ocorrer situações práticas em que a quantidade de material determinada pelo lote econômico de compra seja de um tamanho tal que cause problema de espaço físico para armazenamento, ou seja, o lote econômico não leva em consideração espaço disponível de armazenagem.
4. Como em economias inflacionárias, existem variações de preços bastante periódicas; isso significa recalcular todos os lotes, para todos os itens, sempre que houver variação de preço, porque a fórmula se baseia na estabilidade do preço, ou seja, preço fixo.

5. Assim como ocorre com os preços, a fórmula baseia-se numa condição de que o consumo é constante e não varia no período calculado, normalmente para um ano. Essa condição dificilmente encontramos na prática; precisamos, portanto, remediar este problema, dimensionando corretamente o estoque mínimo ou de segurança.
6. Em algumas empresas existem dificuldades no levantamento dos custos necessários para determinação do lote econômico, apesar de os erros, por maiores que sejam, na apuração desses custos, não afetarem de forma significativa o resultado ou a solução final, a menos que sejam muito grosseiros.
7. Por fim, um dos problemas mais comuns é que para o lote econômico a taxa de reabastecimento é instantânea, apesar de poder ser corrigida com a introdução do Ponto do Pedido.

2.7 Sistemas de controles de estoques

2.7.1 Introdução

Dimensionar e controlar os estoques é um tema importante e preocupante. Descobrir fórmulas para reduzir estoques sem afetar o processo produtivo e sem o crescimento dos custos é um dos maiores desafios que os empresários estão encontrando. As fórmulas clássicas, como a do Lote Econômico, já foram satisfatórias e tiveram seus dias de glória. Era uma época em que tudo se definia com duas perguntas básicas: Quanto? Quando? Para o "quanto" foram criadas as fórmulas de lote econômico e foram escritos tantos artigos e tantas dissertações que podemos afirmar que foi um dos assuntos mais explorados em toda a área de Administração de Materiais ao longo de muito tempo. Atualmente, o "quanto", definido por intermédio de LEC, já não é tão importante e é visto de maneira diferente. A primeira falha encontrada é que ele considera os recursos ilimitados e abundantes, e tenta definir os custos mínimos sem considerar o volume de recursos disponíveis. Pode-se demonstrar isso exatamente pela fórmula que considera que o custo de armazenagem é igual ao custo de pedido, resultando daí o tamanho de lote de compra. Se levarmos em consideração o custo do capital e a valorização do estoque, irão ocorrer com certa frequência ocasiões em que teremos este custo sendo zero ou negativo. A conclusão é que deveremos manter sempre um estoque máximo. Então podemos concluir que da fórmula do LEC às vezes não resulta uma solução ótima; devemos é analisar todos os fatores envolvidos, juntamente com a definição da política da empresa, e então definirmos o quanto comprar.

A maioria das empresas não está mais enfatizando o "quanto", e sim o "quando". Possuir em estoque a quantidade correta no tempo incorreto não adianta nem resolve nada, pois a determinação desses prazos é que é importante. Anteriormente, o ponto de pedido era a maneira utilizada para a determinação do "quando" e baseava-se em um consumo previsto, ou estimado durante o tempo de reposição, utilizando-se a fórmula do ponto de pedido. Existem sistemas de controle de estoques que dão, com certo grau de precisão, os volumes a serem comprados para determinado período, como o MRP (*Materials Requirements Planning*). Mas, inicialmente, antes de vermos o MRP, vejamos outros sistemas de controle de estoques, mesmo os de utilização mais simples.

2.7.2 Sistema duas gavetas

Podemos considerar que esse método é o mais simples para controlar os estoques. Por sua simplicidade, é recomendável a utilização para as peças classe C. Tem seu uso bastante difundido em revendedores de autopeças e no comércio varejista de pequeno porte. Imaginemos duas caixas, A e B, conforme Figuras 2.37 e 2.38.

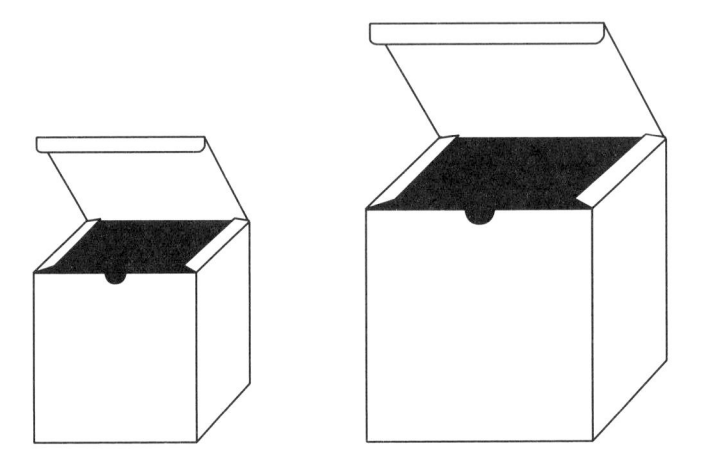

Figura 2.37 *Caixa A.*   **Figura 2.38** *Caixa B.*

O estoque que inicia o processo é armazenado nessas duas caixas ou gavetas. A caixa A tem uma quantidade de material suficiente para atender ao consumo durante o tempo de reposição, mais o estoque de segurança, ou seja:

$$Q = (C \cdot TR) + E \cdot Mn$$

A caixa B possui um estoque equivalente ao consumo previsto no período. As requisições de material que chegam ao almoxarifado são atendidas pelo estoque da caixa B; quando esse estoque chega a 0 (zero) (caixa vazia), conforme Figura 2.40, isso indica que deverá ser providenciada uma reposição de material, pedido de compra. Para não interromper o ciclo de atendimento, passa-se a atender às requisições pelo estoque da caixa A, conforme Figura 2.39.

Capítulo 2 • Dimensionamento e Controle de Estoques

Nesse intervalo, deverá ser recebido o material comprado quando a caixa B foi a "zero"; deve-se então completar o nível de estoque da caixa A, como se vê na Figura 2.41, e o saldo completar a caixa B, da Figura 2.42, voltando-se a consumir o estoque da caixa B.

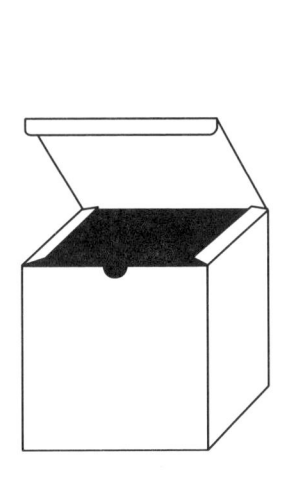

Figura 2.39 *Caixa A – início de utilização.*

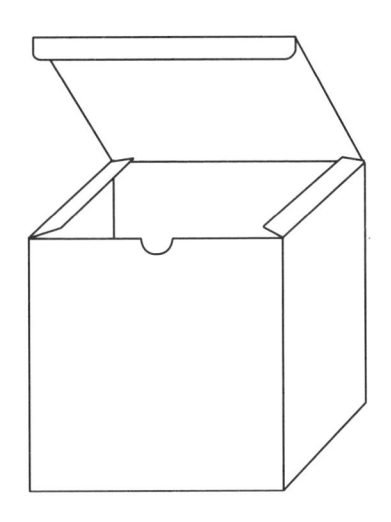

Figura 2.40 *Caixa B – vazia.*

Figura 2.41 *Caixa A com estoque reposto.*

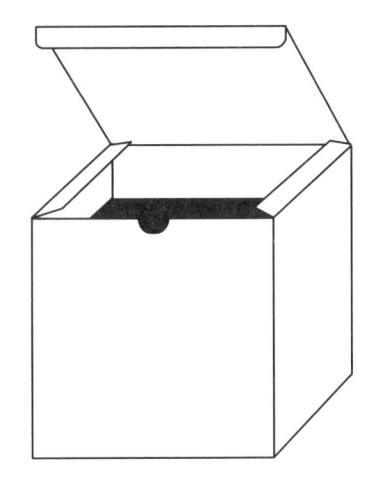

Figura 2.42 *Caixa B com estoque reposto parcialmente.*

A grande vantagem desse método consiste numa substancial redução do processo burocrático de reposição de material.

2.7.3 Sistema dos máximos – mínimos

Se, para a reposição do estoque, soubéssemos o consumo exato do material num período predeterminado, a dificuldade de determinar um ponto de pedido não existiria; como veremos no Capítulo 3, essas condições ideais são utópicas, porque o estoque estaria a "zero" assim que o material comprado fosse recebido.

Pelas dificuldades para determinação do consumo e pelas variações do tempo de reposição é que usamos o sistema de máximos e mínimos, também chamado de sistema de quantidades fixas. Basicamente o sistema consiste em:

a. determinação dos consumos previstos para o item desejado;
b. fixação do período de consumo previsto em a;
c. cálculo do ponto de pedido em função do tempo de reposição do item pelo fornecedor;
d. cálculos dos estoques mínimos e máximos; e
e. cálculo dos lotes de compra.

A principal vantagem desse método é uma razoável automatização do processo de reposição, que estimula o uso do lote econômico, em situações em que ele pode ser usado naturalmente, e abrange os itens das classes A, B e C.

2.7.4 Sistema das revisões periódicas

Por esse sistema, o material é reposto periodicamente em ciclos de tempo iguais, chamados períodos de revisão, conforme Figura 2.43. A quantidade pedida será a necessidade da demanda do próximo período. Considera-se também um estoque mínimo ou de segurança e ele deve ser dimensionado de forma que previna o consumo acima do normal e os atrasos de entrega durante o período de revisão e o tempo de reposição.

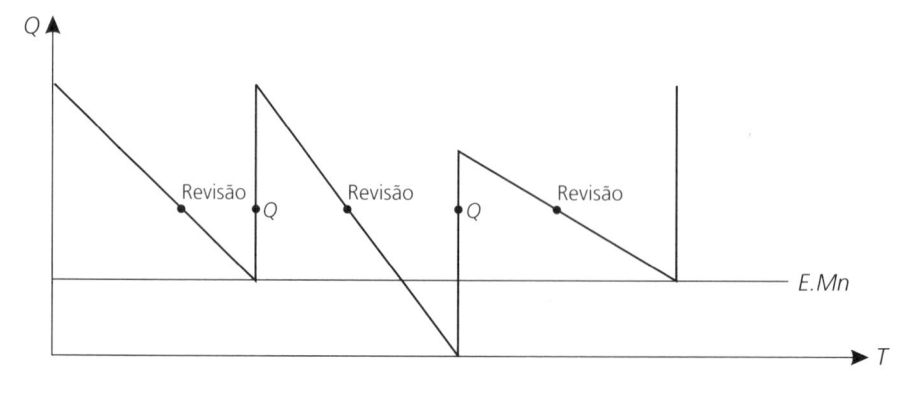

Figura 2.43 *Revisão periódica.*

Nesse sistema, são programadas as datas em que deverão ser realizadas as reposições de material, e os intervalos são iguais. A análise deverá ser feita considerando o estoque físico existente, o consumo no período, o tempo de reposição e o saldo de pedido no fornecedor do item. A dificuldade desse método é a determinação do período entre revisões; diversos aspectos devem ser analisados, sendo que:

- uma periodicidade baixa entre as revisões acarreta um estoque médio alto e como consequência um aumento no custo de estocagem;
- uma periodicidade alta entre as revisões acarreta um baixo estoque médio e como consequência um aumento no custo de pedido e risco de ruptura.

Para minimizar esses riscos devem ser calculadas revisões para cada material estocado ou para cada classe de materiais, de acordo com os objetivos operacionais e financeiros da empresa. A escolha de um calendário para as revisões é também de importância fundamental para:

- definir o volume dos materiais a comprar;
- listar os itens de uso comum para serem processados simultaneamente;
- executar uma compra única;
- efetuar compras e entregas programadas, optando pela determinação das periodicidades mais convenientes das necessidades.

2.7.5 MRP, MRP II

INTRODUÇÃO

A globalização da economia vem produzindo significativas mudanças na forma de condução dos negócios. No cenário atual, clientes exigem um alto nível de serviço, pedidos mais frequentes, e trabalham no sentido de manter os níveis de estoque exatamente na medida de suas necessidades. Os consumidores, por sua vez, querem maior variedade e conformidade nos produtos. Fidelidade a produtos e serviços não se encontra mais presente nos processos de compra.

Essas forças de mercado exercem forte pressão sobre as indústrias. Maior número de produtos com menores ciclos de vida dificultam o planejamento da produção. As pressões de custo e limitações de capacidade produtiva, por sua vez, tornam ainda mais complexos os sistemas de planejamento e controle.

A manutenção das margens de lucro em um ambiente de decisões complexas e, ao mesmo tempo, de respostas rápidas às demandas do mercado, tem sido o grande desafio dos negócios atualmente. Se, por um lado, a manutenção de grandes quantidades de estoque para garantir o alcance do nível de serviço tem sido absolutamente proibitiva, por outro, mudanças de última hora nos programas de produção podem levar a queda na qualidade do produto e significativos aumentos nos custos de produção.

Os sistemas de Planejamento de Materiais preocupam-se basicamente com o dimensionamento correto dos estoques. Reduções de custo ou maximização de lucro, provenientes de uma perfeita adequação dos estoques ao tamanho das necessidades, podem ser alcançadas através da utilização de métodos e sistemas de planejamento e controle especialmente projetados para esta finalidade. Essas técnicas, apoiadas pela evolução da informática e uma ação mais efetiva no chamado "chão de fábrica", têm possibilitado alguns bons resultados.

DEFINIÇÃO DO MRP

Um dos sistemas de planejamento e controle de materiais mais divulgados é o MRP (*Materials Requirements Planning*).

O MRP, mais precisamente definido, é um sistema que estabelece uma série de procedimentos e regras de decisão, de modo a atender às necessidades de produção numa sequência de tempo logicamente determinada para cada item componente do produto final. O sistema MRP é capaz de planejar as necessidades de materiais a cada alteração na programação de produção, registros de inventários ou composição de produtos. Em outras palavras, trata-se de um sistema que se propõe a definir as quantidades necessárias e o tempo exato para utilização dos materiais na fabricação dos produtos finais.

Podemos apresentar os objetivos do MRP como sendo:

- garantir a disponibilidade de materiais, componentes e produtos para atendimento ao planejamento da produção e às entregas dos clientes;
- manter os inventários no nível mais baixo possível;
- planejar atividade de manufatura, de suprimento e de programação de entregas.

ELEMENTOS DO MRP

O processo inicia-se a partir da informação de "quanto" e "quando" o cliente deseja consumir. O MRP, então, "explode" essas informações para cada item componente do produto final. A Figura 2.44 permite-nos visualizar a operação do sistema MRP. Conheceremos agora os elementos que interagem com o MRP propriamente dito.

Programa-mestre de produção: baseado na carteira de pedidos dos clientes e nas previsões de demanda, o programa-mestre de produção, também chamado MPS (*Master Production Schedule*), é quem orienta todo o sistema MRP. O MPS alimenta o MRP com as informações sobre o produto final, ou seja, quais os componentes e quando serão agregados ou transformados no produto final planejado. Seu horizonte de planejamento é normalmente de um ano, dividido em semanas.

Lista de materiais: fazendo uma analogia à preparação de um bolo, podemos dizer que as listas de materiais são a receita que especifica os "ingredientes" para a preparação do MRP. Elas contêm as quantidades exatas de matérias-primas, componentes e sub-rotinas que determinarão a confecção do produto final. Além de especificar, as listas de materiais determinam o momento em que os materiais devem estar disponíveis e identificam suas relações de dependência com outros materiais e com o produto final.

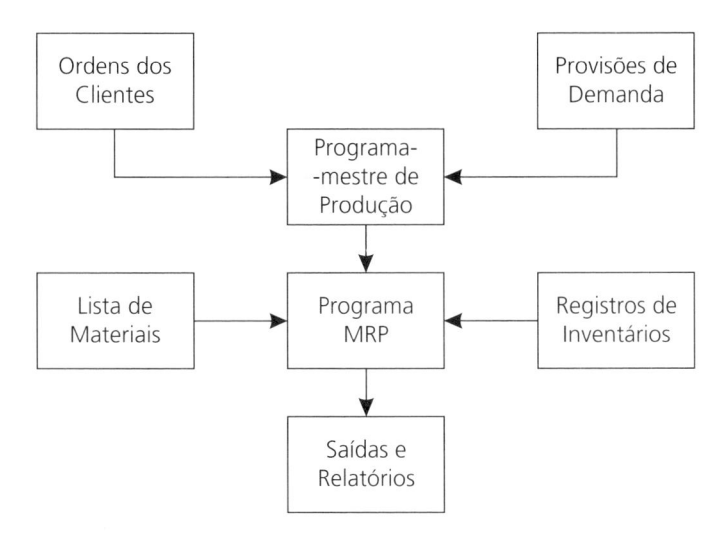

```
┌─────────────┐                    ┌─────────────┐
│ Ordens dos  │                    │ Provisões de│
│  Clientes   │                    │   Demanda   │
└──────┬──────┘                    └──────┬──────┘
       │       ┌─────────────┐            │
       └──────▶│ Programa-   │◀───────────┘
               │ -mestre de  │
               │  Produção   │
               └──────┬──────┘
                      │
┌─────────────┐       ▼           ┌─────────────┐
│  Lista de   │ ┌─────────────┐   │ Registros de│
│  Materiais  │▶│  Programa   │◀──│ Inventários │
│             │ │     MRP     │   │             │
└─────────────┘ └──────┬──────┘   └─────────────┘
                       │
                       ▼
                ┌─────────────┐
                │   Saídas e  │
                │  Relatórios │
                └─────────────┘
```

Figura 2.44 *Sistema MRP.*

Registros de inventário: permitem a identificação, em qualquer momento, das posições de estoque e pedidos em aberto, de modo que se possam obter as necessidades líquidas de materiais. Os registros de inventário também contêm informações sobre estoques de segurança e *lead times*.

Programa MRP: baseado nas necessidades do produto final, especificadas no programa-mestre de produção e nas informações provenientes das listas de materiais. Transforma a demanda do produto final em necessidades brutas para cada item ou componente. A partir das informações constantes nos registros de inventário, são calculadas as necessidades líquidas e liberadas as ordens de compra ou fabricação. As ordens correspondem às necessidades em termos de quantidade e tempo relativos a sua aplicação no produto final.

Relatórios e dados de saída: completado o ciclo do programa MRP, o sistema produz alguns relatórios e informações, úteis no gerenciamento do processo logístico e de manufatura. Por exemplo: planejamento das necessidades de materiais, liberação de ordens e reprogramação de pedidos em aberto, planejamento das necessidades de capacidade, relatórios de desempenho etc.

Um conceito importante na concepção do sistema MRP é o da natureza da demanda, que pode ser chamada de dependente ou independente. A demanda de um item é dita dependente quando este item vai fazer parte ou transformar-se em outro, ou seja, é dependente porque depende dos planos de produção de outro item, que é chamado de pai. Tratar demandas de partes e componentes como dependentes faz sentido apenas quando podemos identificar perfeitamente quais os pais desses itens. A demanda é chamada de independente quando não se identificam claramente os pais daquele item ou quando simplesmente não podemos determiná-la por meio de cálculos, e sim através de previsões, como é o caso dos produtos acabados.

A Figura 2.45 apresenta uma estrutura de produto em que é possível visualizar as várias relações de dependência da demanda. O produto X é formado pelas peças 1, 2 e 3, sendo: peça 1, pelos componentes 4 e 5; peça 2, pelos componentes 6, 7 e 8; e peça 3, pelos componentes 9 e 10. A lista de materiais, conforme vimos anteriormente, deve informar qual a quantidade dos itens 4 e 5 que utilizaremos na fabricação do item 1, e em qual momento necessitaremos desses itens.

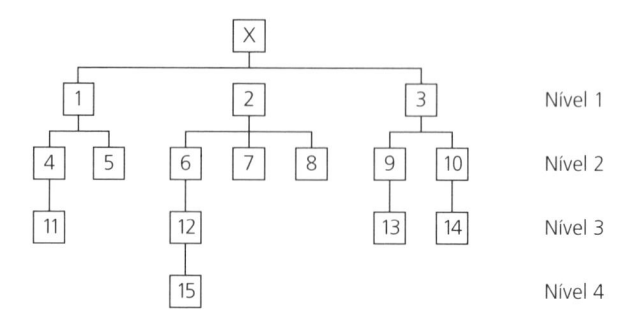

Figura 2.45 *Estrutura de produto.*

Podemos observar, portanto, a relação de dependência entre os itens: a demanda do item 15 depende da demanda do item 12, que depende do item 6, este, do item 2, que, finalmente, depende do produto final X. As demandas por itens iguais, mesmo que estejam em níveis de fabricação diferentes, devem ser consolidadas e solicitadas de forma agregada.

MÉTODOS DE DETERMINAÇÃO DOS LOTES DE COMPRA

Vejamos agora um exemplo de cálculo de necessidades de materiais. Como já sabemos, para efetivação desse cálculo, devemos levar em consideração os seguintes fatores:

  a. estrutura do produto com os níveis de fabricação;
  b. qualidade do lote de compra;
  c. tempo de reposição para cada item componente, seja ele comprado ou fabricado internamente;
  d. necessidades das peças baseadas no programa-mestre;
  e. uso de cada peça, levando em consideração que ela pode ser usada também em outros produtos;
  f. uso de cada peça, levando em consideração que ela pode ser usada no mesmo produto, só que em diversos níveis.

A determinação da quantidade a comprar depende do método a ser escolhido, que pode ser da quantidade fixa, lote econômico, lote a lote ou reposição periódica. Senão, vejamos:

a. Quantidade fixa

É determinada arbitrariamente e usada para peças com tempo e custo de preparação elevado.

Semana	1	2	3	4	5	6	7	8	Total
Necessidade	25	07		30	15		17	20	114
Compra	70			70					140
Saldo	45	38	38	78	63	63	46	26	

b. Lote econômico

Vamos supor uma peça com um custo de pedido de $ 10,00, custo de armazenagem de 20% ao ano, preço de $ 5,00 e consumo previsto de 200 unidades.

$$Q = \sqrt{\frac{2 \times 200 \times 100}{0,20 \times 50}} = \sqrt{4.000} = 64$$

Semana	1	2	3	4	5	6	7	8	Total
Necessidade	25	07		30	15		17	20	114
Compra	64			64					128
Saldo	39	32	32	66	51	51	34	14	

c. Lote a lote

Neste método, a compra é efetuada para uma quantidade igual à necessidade do período, e ocorre uma redução no custo de armazenagem, o que sugere sua utilização para itens de alto valor de compra, quando o consumo for excessivamente variável, considerando, obviamente, a inclusão do estoque de segurança.

Semana	1	2	3	4	5	6	7	8	Total
Necessidade	25	07		30	15		17	20	114
Compra	25	07		30	15		17	20	114
Saldo	0	0		0	0		0	0	

c. Reposição periódica

Calcula-se a quantidade a comprar em função das necessidades reais. Utiliza-se a fórmula do lote econômico para a determinação do número de pedidos e o intervalo de ressuprimento. No exemplo citado em *b*, temos:

$Q = 64$
Número de períodos (meses) = 12
Consumo anual = 200 unidades
Número de pedidos por ano = 200 ÷ 64 = 3,125
Intervalo de ressuprimento = 12 ÷ 3,125 = 3,84 meses

Semana	1	2	3	4	5	6	7	8	Total
Necessidade	25	07		30	15		17	20	114
Compra	62				52				114
Saldo	37	30	30	0	37	37	20	0	

Calcula-se a quantidade a comprar em função das necessidades reais; em função do lote econômico, determinam-se o número e o intervalo de ressuprimento.

APLICAÇÃO DO MRP

Para reforçar o entendimento do MRP, consideremos uma empresa que monta canetas segundo a estrutura a seguir:

Nível 0 – Caneta montada

Nível 1 – Corpo

Nível 2 – Carga

Nível 3 – Rebite plástico

Nível 4 – Tampa

Vamos supor que tenha havido um pedido de 500 canetas com entrega prevista para daqui a 28 semanas. Analisando a posição de estoque físico e o saldo de pedido, encontramos:

	EF	SP	TOTAL
Corpo	10	20	30
Carga	20	30	50
Rebite plástico	50	90	140
Tampa	40	60	100
Corpo com carga	05		
Corpo com rebite	10		

Cálculo

a) Corpos
   Número de canetas necessárias   –   500
   Corpos disponíveis   30 + 15   –   45
   Corpos necessários (bruto)   –   500
   Corpos necessários (líquido)   –   455

b) Cargas
   Número de canetas necessárias – 500
   Cargas disponíveis   50 + 05 – 55
   Cargas necessárias (bruta) – 500
   Cargas necessárias (líquida) – 445

c) Rebites plásticos
   Número de canetas necessárias – 500
   Rebites disponíveis   140 + 10 – 150
   Rebites necessários (bruto) – 500
   Rebites necessários (líquido) – 350

d) Tampas
   Número de canetas necessárias – 500
   Tampas disponíveis – 100
   Tampas necessárias (bruta) – 500
   Tampas necessárias (líquida) – 400

Temos agora de analisar os prazos de entrega de cada item componente:
Corpo – 1 semana
Carga – 2 semanas
Rebite – 4 semanas
Tampa – 5 semanas

Se as canetas precisam ser entregues ao cliente na semana 28, iríamos fazer os seguintes cálculos, considerando os tempos de operação:

Entrega das 500 canetas	– Semana 28
Prazo de entrega do corpo	– 1
Tempo de operação para montagem	– 1
Emitir pedido para o corpo	– Semana 26
Completar a necessidade de carga	– Semana 26
Prazo de entrega da carga	– 2
Emitir pedido para carga	– Semana 24
Completar a necessidade do rebite	– Semana 26
Prazo de entrega do rebite	– 4
Emitir pedido para rebite	– Semana 22
Completar a necessidade de tampa	– Semana 26
Prazo de entrega da tampa	– 5
Emitir pedido para tampa	– Semana 21

VANTAGENS E LIMITAÇÕES DO MRP

O MRP caracteriza-se como um método de "empurrar" estoques, de preferência aplicável a partes e componentes cuja demanda dependa da demanda de outro produto. Outra característica do MRP é responder rapidamente a alterações na demanda do produto final, ou seja, tão logo recebam os *inputs*, partes e componentes são recalculados e o processo é refinado.

Podemos destacar algumas vantagens dos sistemas MRP:

- manutenção de níveis razoáveis de estoques de segurança e minimização ou eliminação de inventários, quando for possível;
- possibilidade de identificação de problemas nos processos;
- programação de produção baseada na demanda real ou previsão de vendas do produto final;
- coordenação das colocações de ordens entre os pontos do sistema logístico da empresa;
- adequação à produção por lotes ou processos de montagens.

As limitações do MRP podem ser resumidas da seguinte forma:
- preços de compra de *softwares* e de treinamento muito altos;
- não avaliação dos custos de colocação de ordens e de transportes que podem crescer na medida da redução dos inventários e tamanhos de lotes de compra;
- sistema não muito sensível às flutuações de curto prazo da demanda;
- em algumas situações, o sistema torna-se muito complexo e não funciona como o esperado, tem-se que pesquisar vários fornecedores.

PLANEJAMENTO DOS RECURSOS DA MANUFATURA (MRP II)

Assim como o MRP, o sistema MRP II (*Manufacturing Resources Planning*) baseia-se na lógica do cálculo de necessidades, cujo objetivo principal é o planejamento da compra e produção de itens componentes para que ocorram nas quantidades e momentos necessários, sem faltas ou excessos. Entretanto, o sistema MRP II estende o conceito do MRP, permitindo a integração do planejamento financeiro com o operacional.

O MRP II caracteriza-se como excelente ferramenta de planejamento estratégico em áreas como logística, manufatura, marketing e finanças. É útil nas análises de cenários e auxilia na definição dos fluxos e estratégias de estocagem dentro do sistema logístico da empresa.

A utilização do MRP II permite o gerenciamento de todos os recursos da empresa. Se dispusermos das quantidades de recursos necessários à fabricação de determinado produto, poderemos calcular o total de recursos, ao longo do tempo, necessários ao atendimento dos pedidos daquele produto.

Suponhamos, por exemplo, que para a fabricação de uma unidade do produto X sejam necessárias quatro horas de mão de obra de montagem e quatro horas de utilização de bancadas. Para cumprirmos uma ordem de 50 unidades dentro da semana prevista, necessitaremos de 50 × 4 = 200 horas de montador e 50 × 40 = 200 horas de bancada de montagem. Considerando a semana de 40 horas, necessitaremos de 200 ÷ 40 = 5 montadores e 5 bancadas.

Sabendo das necessidades de recursos e conhecendo cada valor unitário, que é uma informação cadastral, basta ao sistema multiplicá-los, para obtermos a necessidade de recursos de manufatura para a ordem em questão dentro do período calculado, levando-se em conta os tempos de ressuprimento. Através dessa informação, é possível aos planejadores avaliar a viabilidade dos planos de produção em relação às restrições de recursos da empresa.

No exemplo dado, se não houver disponibilidade de cinco montadores e cinco bancadas, os planejadores poderão tomar decisões a respeito de renegociar prazos de entrega ou providenciar recursos adicionais.

Em relação à base do MRP original, que somente dispunha de informações sobre itens (dados cadastrais e tempos de ressuprimento), estruturas de produtos e posições de estoque ao longo do tempo, foram acrescentadas novas informações relativas aos recursos produtivos e suas participações na produção unitária de cada item.

Para os cálculos das necessidades de outros recursos, foi acrescido ao MRP um módulo denominado planejamento das necessidades de capacidade produtiva ou CRP (*Capacity Requirements Planning*). Outro módulo agregado ao MRP foi o chamado controle de chão de fábrica ou SFC (*Shop Floor Control*).

Através do SFC, as atividades de liberação de ordens são acompanhadas, comparando-se o que foi planejado com o executado na fábrica.

O CRP permite que seja feita uma avaliação inicial do programa-mestre, no sentido de se identificarem inviabilidades em relação aos recursos de produção. Não existindo impedimento, o programa-mestre poderá ser utilizado até seus níveis mais detalhados. Com as informações geradas pelo MRP e utilizando dados sobre roteiros de produção e consumo de recursos produtivos por item, o módulo CRP calcula detalhadamente, período a período, as necessidades de capacidade produtiva, permitindo que se identifique ociosidade ou excesso de capacidade.

O SFC responsabiliza-se ao nível da fábrica, pelo estabelecimento das sequências, de ordens por centro de produção dentro de um período de planejamento. Em geral, a utilização deste módulo implica um apontamento com alto volume de informações. A necessidade de detalhamento e precisão dessas informações, ao nível da fábrica, limita bastante o uso do SFC, até pela existência de ferramentas mais simples, como é o caso do *Kanban*, que veremos adiante.

A filosofia e pressuposto do MRP II são os mesmos do MRP, ou seja: (i) centralização nos processos de decisão; (ii) necessidades de materiais calculadas de trás para frente a partir das datas dos pedidos; (iii) sistema de planejamento "infinito", não leva em conta restrições de capacidade de produção; (iv) tempos de ressuprimento são dados de entrada do sistema e fixos; (v) priorização para minimização de estoque e cumprimento de prazos.

Como vimos anteriormente, o MRP é um sistema em que a colocação de uma ordem de compra, ou de produção de um item de demanda dependente, é determinada pelo momento de sua utilização no respectivo estágio de produção. Quando as decisões ligadas ao MRP envolvem sistemas de planejamento da capacidade ou de controle de chão de fábrica, chamamos a essa ampliação do MRP de MRP de ciclo fechado. No MRP II, funções financeiras são anexadas às funções operacionais, proporcionando uma abordagem mais ampla ao sistema.

No MRP II, o programa-mestre de produção é, da mesma forma que no MRP, explodido em partes e componentes. As ordens de compra ou fabricação, em cada estágio de produção, são convertidas em valores, utilizando-se dados de custos unitários. Além dos pagamentos aos fornecedores, todas as demais saídas relativas à fabricação do item são computadas e alimentam o sistema. As entradas de caixa pela venda das mercadorias também são convertidas em valores.

As necessidades de materiais definidas no MRP para cada estágio de produção são, no MRP II, convertidas em unidades monetárias. Temos, então, para cada categoria de produto, dentro do horizonte planejado, e devidamente valorizados, os inventários, as necessidades de compra, estimativas de mão de obra e orçamentos de cada departamento. Isso permite que as áreas financeira e de produção, em conjunto, tornem os recursos disponíveis apenas na medida das necessidades de fabricação dos produtos finais. O conhecimento prévio das grandes saídas de caixa possibilita também melhores negociações de empréstimos ou de linhas de crédito, quando houver necessidade.

Além da área financeira, o sistema MRP II facilita o entendimento da produção com o marketing. A interface começa ainda no MRP, onde as previsões de venda são entradas do sistema. As decisões sobre alterações de tamanhos de lotes, cancelamentos ou adiamento de ordens são tomadas em conjunto e podem determinar modificações nos programas-mestres de produção. Com o MRP II, a interface é ampliada e, juntas, as áreas de marketing, finanças e produção podem decidir sobre o *mix* de produtos, planos agregados de produção, necessidades financeiras e estratégias de preços.

Outro aspecto interessante do MRP II diz respeito às análises de sensibilidade, que podem, por exemplo, levantar previamente ausência de capacidade produtiva ou de recursos financeiros para atender a uma previsão de vendas estabelecida pela área de marketing.

A proposta do sistema MRP II é, portanto, ser utilizado como ferramenta na coordenação dos esforços de Produção, Finanças, Marketing, Engenharia e Logística, na direção de um planejamento único para o negócio.

PLANEJAMENTO DOS RECURSOS DE DISTRIBUIÇÃO (DRP)

A lógica do DRP é idêntica à do MRP. Os princípios e técnica aplicados ao cálculo das quantidades de peças e componentes para fabricação do produto final são utilizados para definir o fluxo desses produtos finais em direção ao mercado consumidor. Enquanto o MRP, a partir do programa-mestre de produção, calcula as necessidades brutas e líquidas dos materiais, o DRP utiliza as informações sobre a demanda dos clientes e estabelece a quantidade e o momento para colocação das ordens do produto final.

O DRP utiliza previsões de venda apuradas para desenvolver um plano de distribuição de produtos a partir de fábricas e armazéns. O que o DRP faz é disponibilizar o inventário para atender às demandas dos diferentes mercados. Ao comparar a demanda de cliente com as posições de inventário, o DRP, analogamente ao MRP, planeja as necessidades líquidas que vão dimensionar os lotes de embarque.

O DRP é orientado para o gerenciamento do inventário e, nesse sentido, é mais rápido nas respostas às variações da demanda dos clientes. O método de cálculo prevê as necessidades considerando o inventário como um todo, ao contrário de alguns sistemas, que consideram as facilidades isoladamente.

Os programas de carregamento de caminhões agrupam vários produtos por local e objetivam um fluxo uniforme tanto na produção quanto na distribuição a partir da utilização de lotes pequenos e entregas frequentes. A flexibilidade da produção e a frequência de embarques para determinado local são fatores importantes na utilização do DRP.

Várias empresas têm tido muito sucesso na integração do MRP II com o DRP. Para alocação do inventário, o DRP baseia-se na previsão de demanda e no programa-mestre de produção. O MRP II disponibiliza os materiais para a linha de produção ou montagem e o DRP, então, aloca os produtos finais através dos canais de distribuição.

2.7.6 *Just in Time* – JIT/Kanban

INTRODUÇÃO

A ideia do *Just in Time* surgiu no Japão na década de 1970 e foi sendo assimilada pela indústria ocidental, de forma mais efetiva, a partir dos anos 1980. A Toyota Motor Company, sentindo a necessidade de coordenação da produção com as diferentes solicitações da demanda por veículos (modelos, cores etc.), foi quem primeiro aplicou a teoria do JIT a suas linhas de montagem.

De forma geral, o sucesso dos produtos japoneses industrializados deve-se principalmente aos sistemas de manufatura que conseguiram agregar, ao mesmo tempo, alta qualidade e preços competitivos. Esses sistemas, apoiados pelos conceitos do JIT, trabalham com a meta do estoque "zero", que é um dos fundamentos básicos do JIT.

Considerado uma "filosofia" de aplicabilidade universal, o JIT é comumente associado a algumas expressões, como, por exemplo, produção sem estoques, eliminação do desperdício, melhoria contínua de processos etc. Veremos a seguir que a filosofia do JIT envolve, de fato, a utilização de todos esses conceitos.

FILOSOFIA DO JIT

O JIT tem sido apresentado através de muitas definições que evoluem na medida de sua aceitação. Uma das mais comuns refere-se ao JIT como um método de redução de desperdícios nos processos de manufatura.

Ao contrário da abordagem tradicional dos sistemas de produção, que "empurram" os estoques, o JIT caracteriza-se como um sistema de "puxar" a produção ao longo do processo, de acordo com a demanda.

Genericamente falando, um sistema de "puxar" estoques significa que qualquer movimento de produção somente é liberado na medida da necessidade sinalizada pelo usuário da peça ou componente em fabricação, ou seja, os centros de trabalho não estão autorizados a produzir e "empurrar" os lotes apenas para manter ocupados operários e equipamentos.

O JIT também favorece o questionamento das normas estabelecidas, isto é, não convive passivamente com "níveis aceitáveis" de estoque, seja de matérias-primas, produtos em processo ou acabados, de disponibilidade de máquina, de retrabalho, de refugo, de reclamação de clientes etc. Essa característica faz com que o JIT seja considerado um sistema ativo. A utilização dos estoques, como elemento para encobrir determinadas deficiências, é combatida ferozmente pelo JIT, embora saibamos que alterações no perfil da demanda ou falhas nos processos de fabricação ou de compra normalmente justificam a presença de estoques.

Nos processos produtivos, os estoques criam independência entre as fases, ou seja, os problemas que surgem em uma não interferem na outra. Na filosofia JIT, ao contrário, os estoques são *persona non grata* por razões óbvias: primeiro porque ocupam espaços e segundo porque custam dinheiro. Os adeptos do JIT acreditam que, por maior que seja o esforço para eliminar os problemas dos processos, a existência de estoques estará sempre inibindo ações mais efetivas no enfrentamento da questão.

Na administração tradicional, o lote de produção e compra é obtido através do balanceamento dos custos de manutenção dos estoques e dos custos de preparação da ordem de compra ou produção. Neste ponto, não podemos deixar de falar sobre a obtenção do lote econômico. A principal crítica dos seguidores do JIT é exatamente a aceitação dos parâmetros utilizados na equação do cálculo do lote econômico.

O reconhecimento do aspecto motivacional da filosofia JIT é também um ponto importante. A atribuição de responsabilidades ao operário do "chão de fábrica", além de valorizá-lo, faz com que se transforme num fiscal de seu próprio trabalho. Cabe à mão de obra indireta o trabalho de apoio e supervisão nas situações que requerem conhecimento técnico mais sofisticado.

Se, por exemplo, um operário produz uma peça defeituosa e isso é notado pelo colega que a recebe, existe um estímulo do segundo no sentido de comunicar a ocorrência e tentar resolver o problema o mais rápido possível. Isso porque os estoques intermediários são reduzidos, podendo comprometer o seu trabalho, e também porque os operários conhecem a interdependência das operações e têm interesse em que tudo saia certo.

As equipes de manutenção industrial, no ambiente JIT, são substituídas pelos próprios operários das linhas de produção e toda atenção é dada à manutenção preventiva.

O conceito de melhoria contínua nos processos estimula o reconhecimento dos erros e trabalha no sentido de eliminá-los por completo. Dentro da filosofia JIT, falhas são utilizadas como uma proveitosa fonte de informações para evitar sua repetição.

OBJETIVOS DO JIT

Agora que já conhecemos um pouco mais da filosofia JIT, podemos tentar resumir seus objetivos. São eles:

- minimização dos prazos de fabricação dos produtos finais, mantendo-se inventários mínimos;
- redução contínua dos níveis de inventário através do enfrentamento dos problemas da manufatura;
- redução dos tempos de preparação de máquina, a fim de flexibilizar a produção;
- redução ao mínimo do tamanho dos lotes fabricados, buscando sempre o lote igual à unidade;
- liberação para a produção através do conceito de "puxar" estoques, ao invés de "empurrar", em antecipação à demanda;
- flexibilidade da manufatura pela redução dos tamanhos dos lotes, tempos de preparação e tempo de processo.

Esses objetivos podem ser entendidos através de uma expressão: eliminação de desperdício. Aproveitaremos o conceito para utilizar a classificação proposta por Shigeo Shingo, consultor com notório conhecimento a respeito do JIT, que considera sete os tipos de desperdício: superprodução, espera, transporte, processamento, movimento, produção defeituosa e estoques.

O conceito JIT não possui uma metodologia específica no sentido de se alcançarem os objetivos descritos. Entretanto, podemos relacionar alguns elementos importantes:

- Eliminação de defeitos; evitar o retrabalho.
- Aproveitamento máximo nos processos produtivos.
- Retorno imediato de informações e métodos de autocontrole.

- Tamanho de lote igual à unidade.
- Redução dos tempos de preparação.
- Redução da movimentação através de plantas compactas.
- Manufatura celular: métodos de produção por fluxo unitário.
- Manutenção preventiva.
- Diversificação da capacidade: operários polivalentes.
- Envolvimento do operário: atividades de pequenos grupos.
- Desenvolvimento de fornecedores com as mesmas ideias.

Embora o entendimento dos conceitos do JIT seja de fácil absorção, na prática sua aplicação não é tão trivial como possa parecer à primeira vista. A dificuldade da administração em sincronizar a operação e as restrições de capacidade de processamento, confiabilidade e flexibilidade é uma das barreiras na implantação do JIT.

COMPARAÇÃO COM A ABORDAGEM TRADICIONAL

Comparada à abordagem tradicional no gerenciamento de inventários, a filosofia JIT guarda algumas diferenças básicas que podem ser visualizadas de maneira simplificada na Tabela 2.7.

Tabela 2.7 *Comparação entre a filosofia JIT e a abordagem tradicional*

Fator	Tradicional	JIT
1. Inventário	Ativo	Passivo
Estoque de segurança	Sim	Não
2. Ciclos de produção	Longos	Curtos
Tempo de *set-up*	Suavizado	Minimizado
Tamanho dos lotes	Lote econômico	Unidade
3. Filiais	Eliminadas	Necessárias
4. *Lead time*	Aceito	Encurtado
5. Qualidades	Importantes	Imprescindíveis
6. Fornecedores/Clientes	Adversários	Parceiros
Fontes de suprimento	Múltiplas	Únicas
Empregados	Orientados	Envolvidos

Fonte: Adaptada de BOYST JR., William M. *JIT american style.*

Primeiramente, em relação à redução de inventários, devemos observar que o JIT procura a eliminação de estoques em todo o canal de suprimentos, e não simplesmente transferir aos fornecedores os encargos da manutenção dos estoques. As aplicações bem-sucedidas do JIT mostram significativas reduções de inventário, tanto no fornecedor como no fabricante.

A segunda diferença refere-se aos ciclos de produção. Enquanto os sistemas JIT envolvem ciclos curtos de produção e requerem flexibilidade para promover alterações de produtos, a indústria tradicional, ao contrário, sempre se beneficiou das economias de escala garantidas pelos longos ciclos. No JIT, o controle e a minimização dos custos associados às frequentes mudanças de produtos nas linhas é fator crítico para o sucesso no sistema.

Em terceiro lugar, podemos citar a questão da minimização dos tempos de espera das linhas de produção. No JIT, a entrega de peças e componentes acontece exatamente quando a linha respectiva necessita. O processo é trabalhado no sentido de não haver excessos, mas principalmente para não deixar faltar, o que provocaria um aumento dos tempos de espera nas linhas.

O quarto ponto refere-se ao *lead times*. O conceito do JIT considera que os *lead times* devam ser curtos e consistentes com a necessidade de satisfazer à demanda de maneira sincronizada. Esta é a principal razão que leva os fornecedores a planejar suas instalações próximas às fábricas.

O quinto ponto reforça a ideia de que, nos sistemas apoiados pelos conceitos do JIT, a qualidade dos materiais e componentes recebidos contribui decisivamente para a sincronização do processo.

Podemos enfatizar, por último, o conceito de "ganha-ganha" que se aplica inteiramente às relações no ambiente do JIT. O conceito do JIT necessita de um comprometimento mútuo entre compradores e vendedores, no sentido de buscar sempre as decisões que minimizem o inventário ao longo de todo o canal de suprimento ou de distribuição.

EXEMPLOS DE SUCESSOS NO JIT

A implementação de conceitos do JIT tem resultado em algumas histórias de sucesso. Uma delas ocorreu na fábrica da Apple Computer's, em Fremont, Califórnia. A empresa, através das técnicas do JIT, conseguiu atingir seu objetivo de girar 25 vezes no ano seus estoques através de uma redução do tempo de ressuprimento de 10 para 2 semanas, com um retorno de investimento da ordem de US$ 20 milhões em apenas 18 meses. A General Motors também creditou ao JIT o fato de ter aumentado o nível de produção em 100%, contra um aumento de estoque de materiais e produtos finais de apenas 6%, num período de dois anos.

A Figura 2.46 mostra-nos a utilização de uma estratégia de transporte conhecida como "coleta ordenada", que vai ao encontro das necessidades da manufatura. A sincronização das atividades de transporte rodoviário e ferroviário com as necessidades de manufatura possibilita o atendimento aos requerimentos do JIT.

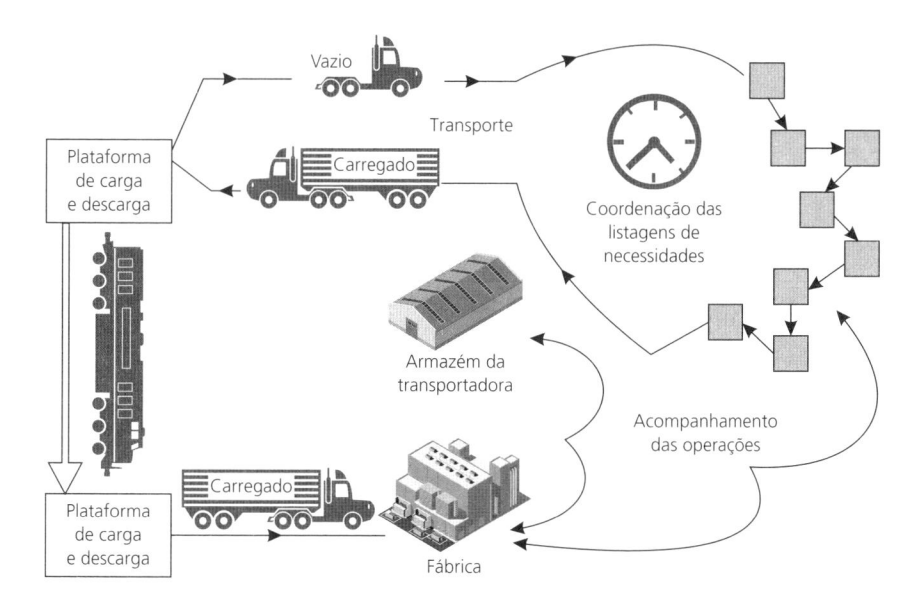

Figura 2.46 *Conceito da coleta ordenada.*

VANTAGENS E LIMITAÇÕES DO JIT

Como já vimos, existem algumas diferenças básicas entre a filosofia do JIT e as abordagens tradicionais. Alguns critérios competitivos, no entanto, reforçam essas diferenças. São eles:

Custo. O envolvimento dos funcionários encarregados da produção contribui, sem dúvida, para a eliminação do desperdício. A busca das reduções dos tempos de preparação de máquinas e movimentação interna e de uma melhor utilização do tempo de produção, com atividades que agreguem efetivamente valor ao produto, cria um ambiente favorável à redução de custos.

A minimização dos estoques, tanto de matérias-primas quanto de produtos acabados, e a redução dos tamanhos dos lotes e consequentemente do *lead times*, também se configuram como agentes de redução de custo.

Qualidade. Mais uma vez se destaca a participação dos operários envolvidos na produção como fundamental para se alcançar a qualidade.

Flexibilidade. A manutenção de estoques baixos favorece as variações no *mix* de produtos sem provocar alto grau de obsolescência. No entanto, é preciso lembrar que o sistema não é muito flexível quando se trata da faixa de produtos oferecidos ao mercado.

Velocidade. A rapidez no ciclo de produção permite entregas em prazos mais curtos, propiciando maior nível de serviço ao cliente.

Confiabilidade. A manutenção preventiva e o ambiente favorável à identificação e resolução de problemas contribuem para aumentar a confiabilidade dos produtos.

As grandes limitações do JIT são, sem dúvida, a restrição à largura da faixa do sistema produtivo e a instabilidade da demanda. Não podemos deixar de destacar que, como se trata de um sistema que pressupõe um processo enxuto e sem sobras, o risco de interrupção na linha de produção pela redução de estoque é muito maior. Este risco também está relacionado à paralisação por quebras de máquinas, empregados em greve etc.

APLICAÇÃO DO JIT – *KANBAN*

O *Kanban* é uma das técnicas usadas para atingir a meta do JIT. Não se trata de um sinônimo. *Kanban* é um instrumento que utiliza como filosofia os conceitos do JIT.

A palavra *Kanban* é de origem japonesa e significa cartão. A orientação da técnica do *Kanban* é no sentido de se reduzirem os tempos de partida de máquina e os tamanhos dos lotes e produzirem apenas as quantidades necessárias à alimentação da demanda.

Alguns defendem a preferência pelo sistema *Kanban* ao MRP, por suas características de simplicidade e custo e por se tratar de um sistema de "puxar estoques". Vamos falar aqui sobre dois tipos de sistema *Kanban*: o sistema Toyota de duplo cartão e o sistema de cartão simples.

O de duplo cartão, menos usado, funciona da seguinte forma: há dois tipos de cartão, o cartão de retirada e o cartão de produção. Enquanto o primeiro sinaliza a necessidade de retirada para o processo seguinte, o segundo informa a quantidade que aquele processo deve produzir. Os cartões *Kanban* podem ser utilizados dentro das próprias fábricas e também nas plantas dos fornecedores. Uma vez que os lotes são produzidos visando apenas a atender à próxima sequência de produção, não há necessidade de uma manutenção complexa de registros de inventários.

O padrão de fluxo de contêineres e cartões entre usuários e áreas de produção obedece à seguinte sequência de eventos:

1. Um usuário com necessidade de peças leva um contêiner vazio e seu cartão de retirada à área de produção.
2. O usuário anexa seu cartão de retirada a um contêiner cheio, destacando o cartão de ordem de produção. O contêiner cheio e o cartão de retirada retornam à área do usuário para uso imediato.
3. O cartão de ordem de produção, destacado do contêiner cheio, vai para dentro de uma caixa chamada caixa de despacho, onde aguardará, por ordem de chegada, a produção de mais um lote. O cartão é então anexado ao novo contêiner cheio.

A área de produção funciona como um centro de trabalho onde são processadas diferentes peças, muito provavelmente para diferentes usuários, da mesma forma que os usuários utilizam peças produzidas por vários centros de trabalho.

O sistema Toyota de duplo cartão obedece rigorosamente a duas regras básicas: (a) nenhum produto é feito sem que haja o cartão de ordem de produção; e (b) a quantidade de peças dos contêineres é exatamente aquela determinada no cartão. A primeira reforça o aspecto da disciplina na área de produção, enquanto a segunda destaca a rigidez em relação ao controle de estoque.

Uma das limitações do *Kanban* é que ele produz apenas aquelas partes cuja demanda é regular e, pelo menos, diária. Outra limitação diz respeito à intensa preparação requerida para implantação do sistema. Sem uma forte disciplina e treinamento, dificilmente obtém-se sucesso com o sistema.

Embora seja conhecido através da Toyota, o sistema *Kanban* de maior utilização é o do cartão simples, iniciado nos EUA pela fábrica de motocicletas da Kawasaki. A diferença básica é que no sistema de cartão simples não há cartão de ordem de produção, mas apenas o cartão de retirada. Embora essa técnica o caracterize como um sistema de "empurrar", na prática existe sempre alguma sinalização por parte dos usuários no sentido de ditar o ritmo de produção.

O sistema, entretanto, mantém algumas das características do sistema Toyota de duplo cartão:

a. Contêineres padronizados.
b. Facilidade no controle de inventário pela exatidão das quantidades dos contêineres.
c. As áreas dos usuários mantêm-se apenas com os contêineres que serão utilizados.
d. A responsabilidade pelo controle de inventário é sempre da área de produção.
e. Quantidades pequenas por contêiner.
f. Produção em pequenos lotes.

O próprio cartão de retirada serve como sinal para a produção de um novo lote. Entretanto, como já falamos, algumas vezes são usadas outras sinalizações para indicar o ritmo da produção.

Reforçando os conceitos do JIT, o sistema *Kanban* aumenta a flexibilidade da manufatura, criando melhores condições de reação à produção variada, respeitando-se a mesma capacidade instalada.

Além disso, estimula o desenvolvimento da automação localizada em pequenos aperfeiçoamentos alcançados a custos baixos. O conceito é o seguinte: esgotar todas as formas de melhoria no processo, tendo como referência o sistema inteiro e não apenas uma parte, ou seja, o processo de automação não deve estar relacionado ao desenvolvimento de equipamentos de alta velocidade que contemplam porém apenas uma parte do todo. Isso significa geração de estoque em processo, contrário, portanto, a toda a filosofia do JIT.

O sistema *Kanban* propicia fluxos de produção mais uniformes e a oportunidade de fazer melhoramentos. Reduz o material em processo até o mínimo absoluto. Além disso, há uma preocupação constante de reduzir o *lead time* e o *set-up* das máquinas.

O número de cartões *Kanban* necessários para iniciar o processo pode ser dado pela equação:

$$K = \frac{D(T_e + T_p) \times (1 + a)}{c}$$

onde:
- K = número total de cartões *Kanban*
- D = índice médio de produção por dia (tirado do programa-mestre)
- T_e = tempo de espera dos cartões *Kanban* (tempo em fila de uma peça em frações decimais de um dia)
- T_p = tempo de processamento (tempo necessário para preparar a máquina e fazer um contenedor de peças em fração decimal de um dia)
- c = capacidade do contenedor-padrão para as peças
- a = variável que propicia concessão de ineficiência do posto que está produzindo a peça

O numerador da equação representa o número de unidades que serão consumidas durante o tempo de fila e de produção para aquela peça no posto de suprimento, mais um acréscimo para a eficiência global do posto de trabalho. O denominador converte o número de unidades no número de cartões *Kanban*.

Cabe observar que o fator de eficiência, função do processo de manufatura, representa um estoque de segurança que, na linguagem do *Kanban*, deve ser evitado ao máximo.

Assim como no MRP, no *Kanban* há necessidade de um suporte de planejamento agregado. Do ponto de vista da adaptação da produção às variações da demanda durante um mês, o *Kanban* e o MRP têm como objetivo produzir um *Just in Time*.

No MRP, destaca-se o conceito de intervalo de tempo, que é a alocação de certa quantidade produzida a determinado período de tempo. A diferença é que, no *Kanban*, esse período é representado por apenas um dia.

O conceito de tempo de fase, utilizado no MRP, requer a fabricação em intervalos de tempo, na sequência em que se despacham peças para um produto. São utilizados os dados de tempo de processamento. O sistema *Kanban* não requer essencialmente o conceito de tempo de fase, já que é baseado na produção nivelada.

Enquanto no MRP se preveem revisões a cada final de intervalo do planejamento da produção e comparações entre a *performance* planejada e a real, no *Kanban* não há solicitação de comparação.

Como já dissemos, o sistema *Kanban* é caracterizado como um sistema de "puxar", enquanto os outros meios de despacho da informação da produção, como um MRP, são caracterizados como de "empurrar", em que o "puxar" vem de um escritório de planejamento central.

Entretanto, o sistema *Kanban* pode ser compatível com o MRP. Após a execução do programa-mestre do MRP, o sistema *Kanban* poderá ser utilizado como ferramenta de despacho da produção dentro de cada intervalo de tempo.

Em suma, o potencial do sistema *Kanban* pode ser medido por sua capacidade de identificar, entender e promover os ajustes com velocidade para não produzir interrupções no fluxo de trabalho.

Não podemos perder de vista que o *Kanban* apenas complementa o sistema de fabricação no ambiente *Just in Time*, do qual fazem parte, também, o planejamento da produção, o programa-mestre, uma lista de material, mudanças no projeto do produto etc.

2.8 Avaliação dos estoques

2.8.1 Introdução

A avaliação adequada dos materiais recebidos e localizados no estoque é uma importante questão para a Contabilidade. A questão é: quais elementos deveriam ser incluídos na avaliação dos materiais? O preço de fatura dos materiais no ponto de embarque do fornecedor, menos os descontos comerciais oferecidos, mais os custos de transporte até o setor de recebimento do comprador podem ser chamados de elementos visíveis do custo, os quais são facilmente reconhecidos nos registros contábeis.

Mas que disposição deveria ser dada para outros itens do custo dos materiais de natureza menos tangível, tais como: recebimento, reembalagem, inspeção, teste, seguros, estocagem, controle e registros de estoque e custos de compras? Inegavelmente, esses custos ocorrem com a finalidade de colocar os materiais em condições de uso, tanto quanto os custos de transporte e o preço pago ao fornecedor. Dessa maneira, todos os custos incorridos para colocar os materiais em condições desejáveis de uso deveriam compor o custo real dos materiais. Todavia, por propósitos práticos, para evitar dificuldades na determinação do custo dos serviços de recebimento, manuseio, compra e estocagem, aplicáveis a cada encomenda recebida de materiais, a maioria das empresas limita-se a computar os custos visíveis, ou seja, preço de fatura dos materiais, menos os descontos comerciais e mais despesas de transporte.

Todas as formas de registro de estoque objetivam controlar a quantidade de materiais em estoque, tanto o volume físico quanto o financeiro. Contudo, a avaliação de estoque anual deverá ser realizada em termos de preço, para proporcionar uma avaliação exata do material e informações financeiras atualizadas.

A avaliação dos estoques inclui o valor das mercadorias e dos produtos em fabricação ou produtos acabados. Para se fazer uma avaliação desse material, tomamos por base o preço de custo ou de mercado, preferindo-se o menor entre os dois. O preço de mercado é aquele pelo qual é comprado o material e consta da nota fiscal do fornecedor. No caso de materiais de fabricação da própria empresa, o preço de custo será aquele da fabricação do produto.

Podemos realizar uma avaliação dos estoques através de quatro métodos.

2.8.2 Custo médio

A avaliação feita através do custo médio é a mais frequente. Tem por base o preço de todas as retiradas, ao preço médio do suprimento total do item em estoque. Esse método age como um estabilizador, pois equilibra as flutuações de preços; e, a longo prazo, reflete os custos reais das compras de material.

Analisando a tabela que segue e com a ajuda do exemplo, vamos compreender melhor uma avaliação do custo médio. Exemplo: no estoque de uma empresa entraram, em 07-08, 500 unidades de uma peça, ao preço de $ 15,00 cada uma, e no dia 23-09 saíram do estoque 150 unidades. Com a aquisição de 500 unidades a $ 15,00 cada uma, totalizando $ 7.500,00, o preço médio é o próprio preço unitário da primeira aquisição. Com a compra de mais 200 unidades a $ 20,00 cada uma, que totalizam $ 4.000,00, ficam 700 unidades em estoque, no valor de $ 11.500,00. Como existiram duas entradas de material no estoque com preços unitários diferentes, o custo médio vai alterar-se, senão vejamos: através da média aritmética obtemos uma medida central (média) do custo das quantidades adquiridas. Como houve a saída de 150 unidades, o preço médio é aquele da última aquisição, ou seja, $ 16,43. Os dados correspondentes encontram-se na Tabela 2.8.

Tabela 2.8 *Movimento de estoques e cálculo do custo médio*

Dia	NF	ENTRADAS			SAÍDAS			SALDOS		
		Qte.	Preço Unit.	Total	Qte.	Preço Unit.	Total	Qte.	Total	Médio
7-8	001	500	15	7.500				500	7.500	15
8-8	002	200	20	4.000				700	11.500	16,43
23-9					150	16,43	2.464,50	550	9.035,50	16,43

Simplificando o que foi dito, vejamos a fórmula a seguir:

$$\overline{X} = \frac{\sum(Y)}{N}$$

$\overline{X}$ = média aritmética (custo médio)
Σ = somatório em reais
N = quantidade de material

Para esse caso, temos:

$$\sum Y = 11.500$$
$$N = 700$$
$$\bar{X} = \frac{11.500}{700} = \$\ 16{,}43$$

2.8.3 Método PEPS (FIFO)

Primeiro a entrar, Primeiro a sair (*First in, First out*). A avaliação por este método é feita pela ordem cronológica das entradas. Sai do armazém/depósito o material que primeiro entrou no estoque, sendo substituído pela mesma ordem cronológica em que foi recebido, devendo seu custo real ser aplicado. Quando o giro dos estoques ocorre de maneira rápida ou quando as oscilações normais nos custos podem ser absorvidas no preço do produto, ou quando se dispõe de material que esteja mantido por longo prazo, esse tipo de avaliação serve também para valorização dos estoques. Consequentemente, os estoques são mantidos em contas do ativo, com valores aproximados dos preços atuais de mercado. Exemplo: numa empresa entraram em estoque, no dia 6-5, 100 unidades, de peça, ao preço de $ 15,00 cada uma; no dia 7-5 entraram mais 150 unidades a $ 20,00 cada uma; no dia 8-5, saíram de estoque 150 unidades.

Tabela 2.9 *Movimento de estoques e cálculo do custo médio pelo método PEPS*

Dia	NF	ENTRADAS			SAÍDAS			SALDOS	
		Qte.	Preço	Total	Qte.	Preço	Total	Qte.	Total
6-5	001	100	15	1.500				100	1.500
7-5	002	150	20	3.000				250	4.500
8-5					100	15	1.500	150	3.000
					50	20	1.000	100	2.000

Através do exemplo, podemos verificar como se lançam na ficha do estoque as quantidades de material e seus respectivos valores. A primeira entrada em 6-5 foi de 100 unidades ao preço unitário de $ 15,00, totalizando um mil e quinhentos reais ($ 1.500,00), o saldo é o mesmo da primeira entrada. Com a entrada do dia 7-5 de mais 150 unidades ao preço unitário de $ 20,00, num total de três mil reais ($ 3.000,00), o saldo foi para 250 unidades, correspondendo a $ 4.500,00. Com a saída do dia 8-5 de 150 unidades, e como só entraram 100 unidades na primeira operação, damos saída a essas 100 unidades ao preço unitário de $ 15,00, e como faltam 50 unidades para completar a requisição das 150 unidades, damos saída a 50 unidades ao preço unitário de $ 20,00, ficando com um saldo de 100 unidades no valor total de $ 2.000,00 no dia 8-5. A Tabela 2.9 sintetiza esse exemplo.

2.8.4 Método UEPS (LIFO)

Último a entrar, Primeiro a sair (*Last in, First out*). Esse método de avaliação considera que devem em primeiro lugar sair as últimas peças que deram entrada no estoque, o que faz com que o saldo seja avaliado ao preço das últimas entradas. É o método mais adequado em períodos inflacionários, pois uniformiza o preço dos produtos em estoque para venda no mercado consumidor. Baseia-se teoricamente na premissa de que o estoque de reserva é o equivalente ao ativo fixo. O emprego desse método por certo período de tempo tende a estabilizar o estoque, enquanto é avaliada a utilização corrente do mesmo, também em função dos preços, a fim de que sejam refletidos os valores e custos do mercado. Pela Tabela 2.10 e com a ajuda desse exemplo, vamos analisar o método UEPS. Exemplo: em uma empresa entraram em estoque, no dia 2-3, 150 unidades de uma peça ao preço unitário de $ 15,00; no dia 3-3, entraram mais 100 unidades a $ 20,00 cada uma, e saíram do estoque, no dia 5-3, 150 unidades.

Tabela 2.10 *Movimento de estoques e cálculo do custo médio pelo método UEPS*

Dia	NF	ENTRADAS			SAÍDAS			SALDOS	
		Qte.	Preço	Total	Qte.	Preço	Total	Qte.	Total
2-3	001	150	15	2.250				150	2.250
3-3	004	100	20	2.000				250	4.250
5-3					100	20	2.000	150	2.250
					50	15	750	100	1.500

Através do exemplo, podemos verificar como se realiza o lançamento de entradas e saídas, considerando que o último material que entra no estoque é o primeiro a sair. Senão, vejamos: em 2-3 tivemos a primeira entrada de material no estoque de 150 unidades a $ 15,00 cada uma, que totalizam $ 2.250,00; logo, o saldo é essa mesma entrada. Em 3-3 houve outra entrada de material de 100 unidades a $ 20 cada uma, totalizando $ 2.000,00; nosso saldo é agora de 250 unidades, num total de $ 4.250,00. Em 5-3 houve uma saída do estoque de 150 unidades. Como a última entrada foi apenas de 100 unidades, damos saída a esta última entrada ao preço unitário de $ 20,00; como ainda faltam 50 unidades, a saída é feita pelo preço unitário da penúltima entrada, ou seja, 50 unidades a $ 15,00 cada uma, num total de $ 750. Ficamos com um saldo, em 5-3, de 100 unidades no valor de um mil e quinhentos reais ($ 1.500,00).

2.8.5 Custo de reposição

A avaliação pelo custo de reposição tem por base a elevação dos custos a curto prazo em relação à inflação. Através de um exemplo prático, vamos demonstrar como esse método é utilizado. Exemplo: uma empresa tem um estoque de 400 unidades ao preço unitário de $ 25,00; contudo, espera-se para os próximos três meses uma alta de preços do mercado de 15%. Logo, para os próximos três meses, será feito um ajuste de $ 3,75 no custo unitário de reposição, passando este para $ 28,75. Equacionando, temos:

$$\text{Custo de Reposição } (CR) = \text{Preço Unitário } (PU) + \text{Acréscimo do Custo de Reposição}.$$

$PU = \$\ 25,00$
$\% = 0,15$

Percentual do custo de reposição (CR)
$\% CR = 25 \times 0,15\%$
$CR = 3,75$
$CR = PU + \% CR$
$CR = \$\ 25,00 + \$\ 3,75$
$CR = \$\ 28,75$, que é o preço unitário de reposição.

2.8.6 Estudo comparativo

Seja qual for o método utilizado, seja ele o PEPS, ou UEPS, ou qualquer outro, seu emprego está condicionado ao tipo de empresa, porque a avaliação do estoque final influi diretamente no custo dos produtos vendidos ou das matérias-primas utilizadas na produção. Qualquer variação no valor do estoque repercute de imediato nos custos operacionais e consequentemente no lucro. Vamos ilustrar e comparar os dois métodos de avaliação normalmente usados e admitidos pela legislação fiscal (custo médio e PEPS) mediante preenchimento de fichas de estoque.

Utilizaremos os mesmos dados para ambos os exemplos, a fim de propiciar melhor comparação dos efeitos da aplicação de ambas as técnicas.

No exemplo da Tabela 2.11, constata-se que em cada entrada no estoque (compra) foi ajustado o custo médio, mediante o cálculo da média ponderada, baseado no saldo físico, no custo médio anterior e na quantidade e preço unitário registrado pela entrada. Para o cálculo da média ponderada, basta que após o ajuste do saldo físico e monetário, mediante a soma da quantidade e valor total da entrada aos respectivos saldos anteriores, e se divida o valor do estoque pelo número de unidades existentes.

No segundo exemplo, reproduzido na Tabela 2.12, para facilitar a compreensão, foram desdobrados os lançamentos (saídas e saldos) baseados em preços unitários diferentes, visto que as saídas devem ser valorizadas pelo preço mais antigo. Em ambos os exemplos, consideramos que a quantidade inventariada "é igual" ao saldo da ficha.

Comparando os dois exemplos, observamos que o mesmo movimento de estoque apresentou a seguinte variação, em função do método aplicado:

Tabela 2.11 Primeiro exemplo: "custo médio"

Data	Histórico	ENTRADAS			SAÍDAS			SALDOS		
		Qte.	Preço Unit. $	Total $	Qte.	Preço Médio $	Total $	Qte.	Preço Médio $	Total $
2-1	Estoque inicial	10	12,00	120,00	–	–	–	10	12,00	120,00
30-1	Venda	–	–	–	5	12,00	60,00	5	12,00	60,00
30-3	Compra	10	15,00	150,00	–	–	–	15	14,00	210,00
30-5	Venda	–	–	–	10	14,00	140,00	5	14,00	70,00
30-6	Compra	20	18,00	360,00	–	–	–	25	17,20	430,00
30-9	Venda	–	–	–	15	17,20	258,00	10	17,20	172,00
30-10	Compra	10	21,00	210,00	–	–	–	20	19,10	382,00
30-11	Venda	–	–	–	15	19,10	286,50	5	19,10	95,50
31-12	Movimento do ano	50	–	840,00	45	–	744,50	5	19,10	95,50

Capítulo 2 • Dimensionamento e Controle de Estoques

Tabela 2.12 *Segundo exemplo: "PEPS ou FIFO"*

Data	Histórico	ENTRADAS			SAÍDAS			SALDOS		
		Qte.	Preço Unit. $	Total $	Qte.	Preço Unit. $	Total $	Qte.	Preço Unit. $	Total $
2-1	Estoque inicial	10	12	120,00	–	–	–	10	12,00	120,00
30-1	Venda	–	–	–	5	12,00	60,00	5	12,00	60,00
30-3	Compra	10	15,00	150,00	–	–	–	5	12,00	60,00
								10	15,00	150,00
30-5	Venda	–	–	–	5	12,00	60,00			
					5	15,00	75,00	5	15,00	75,00
30-6	Compra	20	18,00	360,00	–	–	–	5	15,00	75,00
								20	18,00	360,00
30-9	Venda	–	–	–	5	15,00	75,00			
					10	18,00	180,00	10	18,00	180,00
30-10	Compra	10	21,00	210,00	–	–	–	10	18,00	180,00
								10	21,00	210,00
30-11	Venda	–	–	–	10	18	180,00			
					5	21,00	105,00	5	21,00	105,00
31-12	Movimento do ano	50	–	840,00	45	–	735,00	5	21,00	105,00

	Custo Médio	PEPS
Valor do estoque final	$ 95,50	$ 105,00
Custo dos produtos vendidos	$ 744,50	$ 735,00

Nota-se claramente que o método do custo médio é mais favorável à empresa em relação ao do PEPS, porque enseja um custo operacional maior.

Vejamos agora uma comparação entre os métodos PEPS e UEPS; iremos acrescentar outros valores como custo do produto, preço de venda, a fim de analisar seus efeitos sobre o lucro da empresa.

- estoque em 1º de janeiro – 1 peça a 3,00
- entrada em 15 de janeiro – 1 peça a 3,50
- saída em 25 de janeiro – 1 peça
- saldo em 31 de janeiro – 1 peça

Supondo que a saída de 25 de janeiro foi entregue à produção e vendida a $ 8,00, em 28-1, o efeito sobre o lucro será:

	Custo	Saldo de Estoque	Receita	Margem Lucro
FIFO	3,00	1 × 3,50 = 3,50	8,00	5,00
LIFO	3,00	1 × 3,00 = 3,00	8,00	4,50

Pelo método PEPS, o aumento do custo da peça, causado pelo aumento de preço de $ 0,50, reflete um aumento no saldo final de estoque. Pelo UEPS reflete um aumento de custos dos produtos elaborados e vendidos; logo, com uma redução no lucro.

Os defensores do método UEPS afirmam que ele fornece uma informação de margem de lucro mais realista, e certos empresários alegam que o lucro disponível é de $ 4,50, porque, para seguir operando, custará $ 3,50 para comprar a peça consumida. Se os $ 5,00 de lucro fossem utilizados para outros fins, a empresa teria apenas $ 3,00 para adquirir a peça que já custa $ 3,50. A diferença de $ 0,50, entre os resultados FIFO e LIFO, é denominada "lucro no papel", que não é realmente realizado e, logo, não deveria ser reconhecido como lucro.

Em épocas inflacionárias existe uma pressão de aumento nas taxas de juros, aumentos salariais e uma tentativa de redução nos preços dos produtos acabados a fim de manter um nível de vendas adequado. A redução da taxa de lucro pelo LIFO, comparada com o FIFO, em uma situação inflacionária, significa uma renda tributável mais baixa. O uso do método LIFO pode levar a transferência aos clientes dos custos inflacionários de matéria-prima, quando os preços de venda forem sensíveis aos custos de produção.

É importante notar que, qualquer que seja o método empregado para avaliar os estoques LIFO ou FIFO, o objetivo visado por ambos é o mesmo: resolver o problema do custo de reposição dos estoques, quer numa conjuntura em que os preços estejam em alta, quer noutra em que eles estejam caindo ou estáveis.

A título de exemplo, segue a Tabela 2.13. Considera-se um mercado em que os preços das matérias-primas estão em alta e calcula-se o custo dos estoques tanto pelos métodos LIFO e FIFO quanto por seu custo médio. Nota-se de imediato que, aplicando o método LIFO, o custo dos estoques é mais alto ($ 2.500 no exemplo), justamente porque se atribui ao material que sai do almoxarifado no dia 3-3 (20 unidades) o preço pago pela última compra ($ 125,00 por unidade, em 1-3). Num período inflacionário, esse método seria o mais indicado, não só porque melhora a margem de lucro sobre vendas, já que eleva o preço de vendas do produto, mas principalmente porque o custo dos estoques usados para fabricar o produto ficará mais próximo do custo que será preciso pagar para repor esses estoques.

Aplicando o método FIFO ao mesmo exemplo, o resultado é radicalmente diverso. O custo das mesmas 20 unidades que saem do almoxarifado no dia 3-3 passa a ser de $ 2.000,00, porque é calculado tomando por base o preço pago pelas primeiras unidades que entraram em estoque no dia 2-1 a um custo unitário de $ 100,00. Evidentemente, só é conveniente empregar esse método em épocas de deflação. Caso contrário, incorre-se em graves prejuízos, porque o custo dos estoques usado para calcular o preço de venda do produto estaria, cada vez mais, distanciando-se do custo de reposição.

Finalmente, verifica-se que calcular o custo médio dos estoques, em épocas de inflação, também não é conveniente. No exemplo, o custo médio é $ 108,20, que multiplicado pelas 20 unidades dá um total de $ 2.164,00. Embora o valor encontrado seja superior ao que foi obtido usando o método FIFO, ainda está incorrendo em prejuízo.

Mas não basta empregar um sistema contábil adequado para proteger-se contra as oscilações dos preços das matérias-primas. Numa época de incertezas, é imprescindível acompanhar atentamente a evolução dos estoques em relação à evolução das vendas.

Tabela 2.13 *Proteção dos estoques*

Data	Entrada	Valor Unit. (em $)	Estoque	Saída	Valor Unit. Médio	Valor do Estoque	Custo Médio Unit.	Custo Entrada Saída
31-12	–	–	40	–	–	3.600	90	–
2-1	20	100	60	–	93,3	5.600	93,3	2.000
3-1	–	–	40	20	93,3	3.733	93,3	1.866
1º-2	20	120	60	–	–	6.133	102,2	2.400
3-2	–	–	40	20	102,2	3.989	102,2	2.044
1º-3	20	125	60	–	–	6.489	108,2	2.500
3-3	–	–	40	20	108,2	4.325	108,2	2.164

Como calcular o custo dos estoques que saem do almoxarifado no dia 3-3?

1. Pelo sistema FIFO: $ 2.000,00 (20 unidades que entraram no almoxarifado no dia 2-1 pelo preço unitário de $ 100,00).
2. Pelo sistema LIFO: $ 2.500,00 (20 unidades que entraram no almoxarifado no dia 1-3 pelo preço unitário de $ 125,00).
3. Pelo custo médio: $ 2.164,00 (o custo médio é a média dos preços de compra nos dias 2-1, 1-2 e 1-3).

Existe, ainda, outra medida que pode ajudar a reduzir o impacto da influência negativa da variação dos preços das matérias-primas: a possibilidade de especular, no sentido econômico do termo, com os estoques de matérias-primas. Essa solução, no entanto, só é recomendável para empresas sólidas, com grande capacidade de caixa e que dominem com razoável segurança a técnica do *hedging*. Para exemplificar, tomemos uma empresa que industrialize a soja. Ela poderia comprar antecipadamente certa quantidade de soja a 100 dólares a tonelada, na expectativa de que, na hora da entrega, o preço tivesse subido para 120 dólares, no que estaria ganhando 20 dólares (os contratos de compra que usam o sistema do *hedging* têm preço definido na hora em que são assinados, não importando as variações que venham a ocorrer). Entretanto, se o preço da soja tivesse caído para 80 dólares/t, estariam perdendo 20 dólares. Assim, uma forma de se proteger contra essas oscilações seria comprar algum produto cujos preços oscilassem inversamente aos preços da soja, aproximadamente nas mesmas proporções. Tempos atrás, nos Estados Unidos, era muito comum fazer o *hedging* entre prata e chumbo, pois, como os dois são produzidos a partir do mesmo minério, quando a demanda de chumbo aumentava, a produção de prata aumentava. E os preços desses produtos oscilavam inversamente e aproximadamente nas mesmas proporções.

É bom levar em conta, porém, que a prática do *hedging* como meio de diminuir o impacto das oscilações de preço das matérias-primas nos estoques somente é possível se dispuser de informações rápidas e precisas. Afinal, quando assina um contrato para entrega de mercadoria no futuro, está efetivamente comprando um "futuro" de soja, de prata ou de chumbo. Assim, se dispuser de canais de informação rápidos e seguros, poderá passar determinado contrato adiante, quando for informado de que, por exemplo, a colheita da soja americana, no ano, vai ser muito grande e reduzir, ainda mais, os preços do produto no mercado mundial. Atualmente, existem no mercado operações bancárias com títulos para proteção dessas variações cambiais.

Se a contabilidade segue uma técnica consistente de trabalho, o método mais lógico de avaliação de estoques é o do custo real. As informações para a administração baseiam-se no custo real de departamentos, operações, territórios, produtos, encomendas etc., não incluindo qualquer resultado (originado da adoção de qualquer outro método de avaliação), até a venda do produto. São os seguintes os argumentos dados em favor da avaliação dos inventários pelo custo real:

a. O custo é uma base uniforme que pode ser aplicada para todos os elementos de estoque e usada consistentemente período após período.

b. O fato de haver flutuações nos preços de materiais ou mercadorias não significa necessariamente que os produtos vendidos estejam sujeitos às mesmas reações.

c. Os materiais ou mercadorias são apenas um elemento do custo do produto vendido; em muitas empresas, os custos da mão de obra direta dos gastos gerais de fabricação são muito mais significantes.

d. É difícil determinar preços de mercado para materiais e partes acabadas não comuns (não padronizadas).

e. Quando o método de custeamento usado for o FIFO ou o LIFO, em geral, os últimos custos no primeiro caso (FIFO) e os primeiros custos no segundo caso (LIFO) aproximam-se muito do valor de mercado ou custo de substituição.

f. Quando o custo for usado como base não se admite a apuração de perdas ou lucros antecipados (afetando as operações correntes antes que a venda tenha sido realizada).

g. Os preços de mercado podem ser comparados com custos estatísticos em relatórios e demonstrativos financeiros, sem haver necessidade de alteração dos registros contábeis.

Uma objeção ao custo como base para valorização de estoque relaciona-se com a avaliação do balanço. Se o preço de mercado tem crescido em comparação com os custos reais, torna-se questionável se o estoque estimado na base do custo apresenta-se com o valor correto. Todavia, essa não é uma objeção muito séria, porque, se houver uma importante variação no valor de mercado, o inventário poderá ser avaliado pelo custo e, no rodapé do balanço, ser indicado o valor do mercado, ou, ainda, constituir uma reserva apropriada de reavaliação.

O método de avaliação por custo ou mercado, o que for mais baixo, é baseado na teoria de que, se os preços de mercado são mais baixos do que o custo dos bens ou mercadorias, haverá uma variação correspondente no preço dos produtos vendáveis. As perdas antecipadas são concretizadas por um ajuste do inventário contra o débito na conta de Lucros e Perdas. Esse método tem aplicação muito difícil nas empresas industriais, porque são imensas as dificuldades na determinação do estoque de produtos em processo de fabricação e centenas de itens de materiais diretos. E, como pode ser facilmente percebido, frequentemente há correlação entre as flutuações dos preços de materiais e do produto acabado.

O princípio do custo de substituição reconhece como base mais apropriada para a avaliação o preço de mercado, de estoques e bens disponíveis, ou seja, o preço que seria pago por eles na data do inventário. Nesse caso, também se tem a antecipação do prejuízo ou lucro, conforme as condições do mercado (alta ou baixa).

Este método, como o anterior, não é aceito para fins de Imposto de Renda. O uso do preço de venda como método de avaliação de estoques é aceito apenas em certos casos. Os produtos defeituosos, materiais estragados e produtos em processo, para fins de melhor determinação de custo, podem ser facilmente avaliados pelo preço de mercado.

Bibliografia – Referências – Recomendações

ARNOLD, J. R. T. *Administração de materiais*. São Paulo: Atlas, 1999.

BALLOU, Ronald. *Logística empresarial, transportes, administração de materiais, distribuição física*. São Paulo: Atlas, 2007.

BANZATO, Eduardo. *Tecnologia da informação aplicada a logística*. IMAM.

BATTERSBY, A. *A guide to stock control*. Londres: Pitman, 1962.

BOWEROX, Donald J.; CLOSS, David J.; COOPER, M. Bixby. *Logistical management*: the integrated supply chain process. Nova York: McGraw-Hill, 1996.

BRITO, T. L. *Aplicação de modelos de gestão de estoques para controle de ressuprimento em uma pequena empresa industrial*. Monografia – UFJF, 2010.

BROWN, R. *Statistical forecasting for inventory control*. Londres: McGraw-Hill, 1959.

BSOFT. Disponível em: www.bsoft.com.br. Acesso em: 15 maio 2019.

CARSON, Gordon; BOLZ, Harold; YOUNG, Hewwitt. *Production handbook*. 3. ed. New York: John Wiley, 1972.

CORREA, H. L. *Planejamento, programação e controle da produção*: MRP II/ERP, conceitos, uso e implantação. São Paulo: Atlas, 2000.

CORREA, Joary. *Gerência econômica de estoques e compras*. 2. ed. Rio de Janeiro: FGV, 1974.

COSTA, José de Jesus da Serra. *Tópicos de pesquisa operacional*. 2. ed. Rio de Janeiro: Editora Rio, 1975.

DERVITSIOTIS, Kostas N. *Operations management*. New York: McGraw-Hill, 1981.

FERNANDES, José Carlos de F. *Administração de material*: um enfoque sistêmico. Rio de Janeiro: LTC, 1981.

GODINHO FILHO, M.; FERNANDES, F. C. F. Redução da instabilidade e melhoria de desempenho do sistema MRP. *Revista Produção*, v. 16, n. 1, 2006.

GONÇALVES, Paulo Sérgio; SCHWEMBER. *Administração de estoques*: teoria e prática. Rio de Janeiro: Interciência, 1979.

ILOS – INSTITUTO DE LOGÍSTICA E SUPPLY CHAIN. Disponível em: www.ilos.com.br. Acesso em: 15 maio 2019.

MAGEE, John F. *Planejamento da produção e controle de estoques*. São Paulo: Pioneira, 1967.

MAYNARD, H. B. *Manual de engenharia de produção*. São Paulo: Edgard Blücher, 1970.

MONKS, Joseph G. *Operations management*: theory and problems. New York: McGraw-Hill, 1977.

NADDOR, E. *Inventory sistems*. New York: John Wiley, 1966.

NOTAS de aula do curso de especialização em Administração de Materiais no módulo Dimensionamento e Controle de Estoques.

RIGGS, James L. *Administração da produção*. São Paulo: Atlas, 1976. 2 v.

ROBESON, James F.; COPACINO, William C. (Ed.). *The logistics handbook*. Nova York: The Free Press, 1994.

SÁ MOTTA, Ivan de. A prática do lote econômico. *Revista de Administração de Empresas*, Rio de Janeiro, v. 5, n. 17, 1965.

SAVOYE Logistics. Disponível em: www.savoye.com. Acesso em: 15 maio 2019.

SHAMBLIN, James; STEVENS JR., G. T. *Pesquisa operacional*: uma abordagem básica. São Paulo: Atlas, 1979.

STARR, Martin K.; MILLER, D. W. Inventory control: theory and practice. Englewood Cliffs: Prentice Hall, 1962.

SYTHEX, Tecnologia em Sistemas. Disponível em: www.sythex.com.br. Acesso em: 15 maio 2019.

STORE. Disponível em: www.storeautomacao.com.br. Acesso em: 15 maio 2019.

TECNOVIA Software. Disponível em: www.tecnovia.com.br. Acesso em: 15 maio 2019.

TOTVS S.A. Disponível em: www.totvs.com. Acesso em: 15 maio 2019.

Armazenagem de Materiais

3

3.1 Introdução

O armazém, depósito, ou almoxarifado, está diretamente ligado à movimentação ou transporte interno de cargas, e não se pode separá-lo.

A influência dos equipamentos e sistemas para a armazenagem na produção industrial pode ser observada em todas as suas frentes. Um método adequado para estocar matéria-prima, peças em processamento e produtos acabados permite diminuir os custos de operação, melhorar a qualidade dos produtos e acelerar o ritmo dos trabalhos. Além disso, provoca redução nos acidentes de trabalho, redução no desgaste dos equipamentos de movimentação e menor número de problemas de administração. Ademais, a importância desses fatores cresce em função da acentuada valorização da mão de obra e do acirramento da concorrência nos diferentes setores. Nesse sentido, mede-se o processo de um complexo industrial pelo grau de mecanização das suas diversas unidades, incluindo armazenagem e manutenção do material. O capital imobilizado nesses equipamentos pode ser recuperado em curto prazo pelo melhor aproveitamento da mão de obra e demais maquinarias. No entanto, são as condições do trabalho que determinam as possibilidades reais de melhoria. Elas servem de base na escolha do sistema de armazenagem de cargas e da operação do armazém.

A eficiência de um sistema para estocagem de cargas e o capital necessário dependem da escolha adequada do sistema. Não há, para isso, uma fórmula pré-fabricada: o sistema de almoxarifado deve ser adaptado às condições específicas da armazenagem e da organização. Ao lado de fatores diretos intervêm problemas indiretos que podem modificar radicalmente os sistemas e os métodos possíveis. O desenvolvimento futuro, por exemplo, é um fator que muitas vezes torna proibitivo o uso de certos métodos atualmente aplicados com sucesso. A pequena flexibilidade de certas máquinas, além de impedir a expansão dos programas da produção, pode torná-los antieconômicos no caso de redução das vendas. Da escolha de um equipamento resultam, às vezes, despesas elevadas de operação, manutenção, reparos etc.

Os problemas e as características de um sistema de armazenagem estão relacionados com a natureza do material movimentado e armazenado.

O estado físico tem as seguintes categorias: gases, líquidos e sólidos. Contudo, existem classificações mais pormenorizadas que cobrem diferentes condições. Os gases, por exemplo, são divididos em produtos de baixa e alta pressão e dentro de cada uma dessas categorias são considerados outros fatores, como poder corrosivo, cheiro, cor etc.

Em muitos casos, é necessário modificar o estado físico natural do material para aproveitar um sistema ou equipamento existente que funciona com capacidade ociosa ou está improdutivo por um motivo qualquer. Outras vezes, essa medida visa a aproveitar um equipamento economicamente mais satisfatório mediante baixo investimento inicial ou despesas relativamente reduzidas de manutenção, operações e reparos.

As características físicas e químicas do material desempenham também papel muito importante na escolha dos métodos para manuseio e estocagem. Por exemplo, gases devem ser manipulados em contenedores adequados e resistentes à pressão, quando sua utilização em sistemas contínuos não é satisfatória; líquidos são contidos e transportados em sistemas compatíveis com sua utilização econômica e sólidos são manuseados de maneiras diversas, dependendo do tipo de produção e das vantagens e inconvenientes dos sistemas tradicionais.

Ao considerar-se a quantidade a ser armazenada e transportada, é preciso ter em conta os equipamentos existentes nas outras operações. Não é prático duplicar um método quando um material similar é transportado em condições idênticas. Igualmente, a quantidade manipulada de cada vez nem sempre é um dado importante, pois em certas ocasiões grandes estoques são mantidos imobilizados durante longo tempo, não justificando investimentos em maquinaria especial para armazená-los e transportá-los.

Um sistema correto de armazenagem influi no aproveitamento da matéria-prima e dos meios de movimentação. Além de evitar a rejeição de peças por efeito de batidas e impactos, reduz as perdas de material no manuseio e impede outros extravios. A economia nos custos de material reflete proporcionalmente sobre os produtos acabados ou semiprocessados.

Os custos indiretos estão ligados, sobretudo, à administração. Um sistema que permite diminuir despesas de supervisão, eliminar parte da burocracia e garantir um controle melhor da produção é economicamente satisfatório: pode reduzir diretamente as despesas de operação e aumentar a produção com reflexos no custo por unidade. Ele é alto quando a produção é pequena, diminuindo à medida que ela aumenta, uma vez que as despesas fixas são distribuídas por um maior número de itens.

3.2 *Layout*

3.2.1 Objetivos

A primeira necessidade sentida quanto ao *layout* ocorre quando da implantação de um depósito. Está presente desde a fase inicial do projeto até a etapa da operacionalização, influindo na seleção do local, projeto de construção, localização de equipamentos e estações de trabalho, seleção do equipamento de transporte e movimentação, estocagem, expedição e dezenas de detalhes que vão desde a topografia do terreno até a presença ou não de janelas. O regime de atendimento e os tipos de produtos a serem estocados são os parâmetros em torno dos quais os especialistas em *layout* fazem seus estudos que têm sempre como finalidade cercar o projeto de todas as condições que possibilitem uma operação dentro de um ótimo de economia e rendimento. Este seria o caso ideal; em grande número de casos, porém, diversos fatores podem impedir a adoção, na íntegra, das normas para o estabelecimento de um *layout* perfeito, partindo-se então para estudos de um *layout* de adaptação.

Cada atividade de depósito apresenta um fluxograma típico, o que não quer dizer que permaneça estático através dos anos. Novos procedimentos e novos equipamentos podem tornar obsoleto um arranjo de homem, máquinas e materiais que era perfeitamente adequado para as condições vigentes na época de implantação, por causa da evolução tecnológica de métodos, processos, equipamentos e até, como acontece frequentemente, com respeito a novos produtos que surgem. O *layout* sofre, pois, alterações periódicas que influem profundamente na vida do depósito.

Em alguns casos essas mudanças são até previstas. A indústria alimentícia, devido ao mercado altamente competitivo, lança periodicamente tipos de produtos completamente novos quanto à embalagem e região de atendimento. Isto exige muitas vezes grandes alterações nas operações de depósito: mais equipamentos, mais homens, maior flexibilidade etc.

Assim, não só a instalação inicial como também eventuais ampliações e modificações de adaptação aos produtos mutáveis são englobadas pelo *layout*.

Definido de maneira simples como sendo o arranjo de homens, máquinas e materiais, o *layout* é a integração do fluxo típico de materiais, da operação dos equipamentos de movimentação, combinados com as características que conferem maior produtividade ao elemento humano; isto para que a armazenagem de determinado produto se processe dentro do padrão máximo de economia e rendimento.

A edificação industrial não deve ser excluída dos estudos de *layout*. A geometria, o espaço disponível, as características estruturais e a própria localização podem, muitas vezes, comprometer e cercar a solução ideal que deveria ser adotada. Isto se dá frequentemente em edificações já existentes.

Não existe um critério para se avaliar a adequação de um *layout* a determinada atividade; tudo depende da meta a ser atingida e dos fatores que influem no fluxograma típico para a atividade considerada. Assim, em alguns casos, pode interessar mais a redução máxima da movimentação interna; em outros, o custo mínimo da estocagem ou, ainda, a estocagem máxima independente do custo, para atender a certos picos ou regimes anormais de vendas.

ALTERAÇÕES DE *LAYOUT*

Uma empresa que dispõe de pessoal devidamente treinado pode efetuar independentemente os estudos de *layout*. É o caso de indústrias que, devido a sua atividade, antecipam as mudanças periódicas no processo ou no produto.

Quando se tratar da implantação de um novo depósito, mudanças nas instalações ou necessidade de atualização, a solução reside nos estudos efetuados por firmas especializadas em assessoria industrial e racionalização de trabalho, analisando, entre outras, as seguintes situações que originam uma mudança de *layout*:

A) Modificação do Produto

Mercados altamente competitivos exigem muitas vezes modificações periódicas dos produtos, que afetam os equipamentos, a mão de obra e às vezes a área disponível.

B) Lançamentos de Produto

O desenvolvimento de um novo produto, ou mesmo a interrupção na fabricação de um produto que figurava na linha normal de vendas, envolve modificações na estrutura de armazenagem; o novo *layout* deve ser desenvolvido ao mesmo tempo que o novo produto passa pelo estágio do planejamento do processo de fabricação.

C) Variação na Demanda

Um aumento ou uma redução das vendas ou produção justifica estudos de capacidade ociosa, obsolescência iminente do produto, adequação do equipamento existente, todos perfeitamente enquadrados dentro das finalidades do *layout*.

D) Obsolescência das Instalações

Procedimentos, equipamentos e mesmo a edificação podem tornar-se um entrave na armazenagem de determinado produto. O problema do equipamento é o que menos afeta o *layout* nestes casos; a obsolescência de um processo exige, por outro lado, modificações sensíveis, ao passo que, no caso da edificação, o *layout* pode indicar a conveniência em se ampliarem as instalações, uma construção de novo bloco ou mesmo a mudança completa do depósito.

E) Ambiente de Trabalho Inadequado

O *layout* deve levar em conta as modificações necessárias para atenuar o efeito do ruído, das temperaturas anormais, presença de agentes agressivos, enfim, todos os fatores que podem afetar o rendimento de trabalho do elemento humano. O estudo e a disposição das estações de trabalho, acesso a materiais e ferramental fazem parte deste tópico.

F) Índice Elevado de Acidentes

Fazem parte dos estudos de *layout* a localização de instalações que possam atender em caráter de emergência os operários que entram em contato com produtos químicos altamente corrosivos, o isolamento ou confinamento de certos locais de trabalho. O dimensionamento e a demarcação de corredores, passagens, áreas de tráfego de veículos, obstruções etc., tendo por finalidade não só a proteção como também eventual atendimento de emergência de acidentados.

G) Mudança na Localização do Mercado Consumidor

É um problema que, não tendo influência direta, age como reflexo no *layout*, já que a necessidade na relocação de um depósito envolve novo estudo de *layout*.

H) Redução dos Custos

Um melhor aproveitamento da edificação da mão de obra e dos equipamentos, produtos de um *layout* adequado, traz consigo uma redução nos custos não só de estocagem, como também de manutenção.

3.2.2 *Layout de processo produtivo*

As operações de fabricação podem ser classificadas em contínuas, repetitivas e intermitentes. As operações contínuas são próprias aos regimes contínuos de funcionamento das instalações, como acontece em grande número de indústrias químicas e petroquímicas, indústria do açúcar, cimento etc. São tão especializadas em sua natureza que o *layout* não tem analogia com os *layouts* comuns à grande maioria das atividades industriais.

As operações repetitivas são aquelas que se processam em lotes e o número das operações de fabricação é bastante elevado, passando cada unidade do lote pelos mesmos estágios de fabricação. Em casos de produção muito extensa, que é chamada também de operação contínua, é o processo que se desenvolve em regime de linha de montagem. Esse método é muito encontrado nas indústrias automobilísticas, de motores, eletrodomésticos, componentes eletrônicos etc. Somente um produto ou tipo de produto é fabricado em determinada área da fábrica; a operação repetitiva é própria de um elevado regime de produção, exigindo uma padronização do produto.

Um *layout* para este tipo de operação caracteriza-se pela entrada da matéria-prima em uma das extremidades da linha de produção e pela saída do produto acabado em outro extremo, dentro de uma trajetória que quase representa a menor distância entre os estágios intermediários, conforme Figura 3.1. A estocagem intermediária durante as diversas etapas de fabricação, bem como o manuseio de materiais são reduzidos ao mínimo; este tipo de *layout* é denominado *layout* de produto.

As operações intermitentes são próprias de fabricação de lotes sob encomenda. Justificam-se quando não existe uma padronização na produção; por outro lado, a operação intermitente confere grande flexibilidade à linha de fabricação; todas as operações semelhantes são agrupadas em uma mesma área.

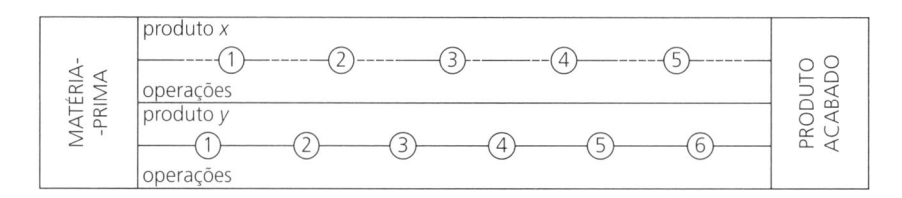

Figura 3.1 Layout *linear ou por produto*.

A estampagem, a soldagem, os banhos eletrolíticos, por exemplo, de todas as peças, quaisquer que sejam as etapas de fabricação, convergem para um mesmo conjunto de máquinas, dando origem a um fluxograma que, à primeira vista, parece constituir-se em uma superposição de trajetórias do material, pouco racional. De fato, a trajetória não é tão curta ou lógica como aquela das operações repetitivas, sendo o preço que deve ser pago para a maior flexibilidade do regime de produção e dos produtos fabricados. Este tipo é denominado *layout* de processo ou funcional (veja Figura 3.2).

Como reflexo da época da produção artesanal, quando a limitação em recursos de ferramentas, equipamentos de transporte e movimentação tornava mais fácil deslocar o homem e a ferramenta em direção ao produto, encontramos, ainda hoje, nas indústrias de aviões, equipamentos pesados, na indústria naval etc., o *layout* de posição fixa.

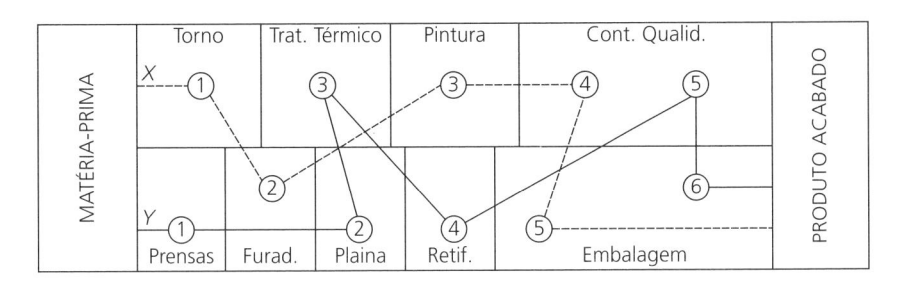

Figura 3.2 Layout *funcional ou de processo.*

Os *layouts* de produto, processo e posição fixa são difíceis de ser identificados na maioria dos casos práticos, já que aparecem combinados em maior ou menor grau. A título de ilustração, relacionamos as características dos *layouts* de produto e processo mais comuns, no Quadro 3.1.

Quadro 3.1 *Características dos* layouts *de produto e de processo*

	Layout **de Produto (Linear)**		*Layout* **de Processo (Funcional)**
1.	Presta-se à fabricação de um só produto ou alguns produtos padronizados.	1.	Ideal para uma produção flexível, vários tipos e estilos ou para atender pedidos especiais.
2.	Para uma produção elevada em lotes, por período relativamente longo.	2.	Para um volume de produção relativamente baixo de itens isolados (a produção total pode, em certos casos, ser elevada).
3.	Faculta estudos acurados tempo-movimento para determinar a razão de produção.	3.	Estudos tempo-movimento são mais difíceis ou mesmo inviáveis.
4.	Possibilidade de equilibrar a mão de obra e o equipamento, cada máquina ou estação de trabalho fabrica ou processa um número determinado de unidades por hora.	4.	O equilíbrio de mão de obra e material é difícil.
5.	As operações se processam com um mínimo de inspeções.	5.	As operações exigem grande número de inspeções.
6.	Exige-se um número menor de equipamentos pesados e instalações especiais para as mesmas.	6.	Exige-se número relativamente elevado de máquinas e equipamentos pesados que, muitas vezes, necessitam de instalação especial.
7.	O transporte e movimentação contínuos por dispositivos mecânicos caracterizam.	7.	As cargas unitárias de grande porte dificultam o problema de transporte e movimentação.
8.	O ferramental não exige muitos ajustes, já que a maquinaria ou estação de trabalho executa quase sempre uma operação típica.	8.	A mesma máquina ou estação de trabalho é utilizada para duas ou mais operações diversas.

Deve-se observar que existem muitas variações e combinações destes dois tipos básicos de arranjo. Por exemplo, um produto pode ser fabricado num arranjo funcional e ser montado num arranjo linear.

Observa-se também que os exemplos dados não são exclusivos, pois uma televisão pode ser montada num arranjo funcional ou posicional, além do linear, da mesma forma que um navio poderia ser montado em linha.

3.2.3 Estudos de *layout*

Quando se procede a um estudo para melhorar a disposição das máquinas e o transporte interno de uma fábrica ou depósito, deve-se levar em conta que o custo de produção, por unidade, com o novo método, precisa ser menor do que o existente, para que haja vantagem econômica na mudança.

Se essa é a base para uma decisão, não se deve esquecer de que, em geral, as alternativas viáveis se reduzem a um pequeno número e devem ser comparadas racionalmente, sem partir de ideias preconcebidas ou de preferências subjetivas.

Tendo isto em mente, é preciso fixar os objetivos pretendidos. No caso de rearranjo de instalações, o importante é reduzir o desperdício de mão de obra em operação de transporte, evitar esforço físico excessivo e acidentes, possibilitar a expansão do volume de produção dentro da área de trabalho disponível, procurando ganhar espaço útil, através de melhor disposição das máquinas ou dos pontos de estocagem.

Por onde começar o estudo? Existe um método lógico para escolha do melhor sistema? Quais as variáveis que influirão na decisão? Estas são algumas das perguntas que poderão ser feitas quando se encontrar diante de problema semelhante.

O objetivo é avaliar alguns princípios de arranjo físico e transporte interno que parecem válidos para o caso de rearranjo de uma instalação existente, tendo em vista as particularidades da indústria.

a. O arranjo físico é a disposição a ser dada às diversas seções da fábrica e às máquinas, dentro de cada seção.
b. A movimentação de materiais refere-se, essencialmente, à escolha do equipamento mais conveniente e econômico para levar o material de uma seção à outra ou de uma máquina à outra.

Podemos enunciar o princípio fundamental de rearranjo de uma instalação em funcionamento: "O custo do método proposto, por unidade produzida, deve ser menor do que o existente, de modo a proporcionar uma economia satisfatória para a empresa, no período mais curto possível, e os produtos devem percorrer a menor distância possível entre duas máquinas e de um ponto de estocagem a outro"

Queremos relembrar algumas sugestões que são de grande valia quando se tem de proceder a um rearranjo físico, no objetivo de melhorar a circulação de materiais e ganhar espaço.

1. Procurar as plantas dos edifícios e das utilidades ou, se não for possível encontrá-las, refazê-las.

2. Traçar os fluxos dos produtos mais importantes.
3. Rever a política de abastecimento de matérias-primas, a fim de tentar reduzir os estoques e ganhar espaço no armazém.
4. Rever a política de armazenamento de produtos acabados, a fim de tentar reduzir estoques destes e ganhar espaço na expedição.
5. Tentar ganhar espaço vertical, principalmente nos depósitos de matérias-primas, materiais auxiliares, produtos semiacabados e acabados, procurando empilhá-los ao máximo.
6. Alugar depósitos auxiliares para estocar matérias-primas e produtos acabados.
7. Enterrar os tanques de óleo combustível, solventes e demais líquidos.
8. Colocar motores, ventiladores, transformadores e outros acessórios sobre estrados sob os quais se deixa área de circulação, especialmente nos corredores entre prédios; colocar os motores debaixo das máquinas quando possível.
9. Colocar escritórios de supervisores e instalações sanitárias em mezaninos, aproveitando-se a área útil por baixo deles. Construir jiraus para estocagem.
10. Remover todo o lixo, material inservível, máquinas obsoletas ou reduzir o espaço ocupado pelo lixo ao mínimo (por exemplo, prensando aparas de papel).
11. Incorporar melhorias que possam ulteriormente ser usadas numa fábrica nova (por exemplo, prateleiras metálicas nos almoxarifados, mais fáceis de desmontar do que as de madeira).

3.2.4 Análise do processo

Existem diversos critérios para fazer um levantamento de dados, incluindo desde medidas diretas até processos estatísticos. A seleção de um ou outro sistema depende da situação específica. Um deles, entretanto, o método do diagrama, pode ser usado com vantagem na grande maioria dos serviços ligados à produção ou à administração. É largamente utilizado também para a localização e o dimensionamento de armazenagem de produtos num processo.

Diagramas são representações diretas simples e precisas de uma tarefa. Mostram, em ordem cronológica, as atividades do homem, máquina ou combinação homem-máquina. Não constituem um fim, mas um meio. São empregados para analisar o processo; estudar a distribuição em planta (*layout*); servir de referência para estudos de tempo; calcular rapidamente o período necessário para produzir um artigo; preparar uma linha de fabricação equilibrada e progressiva; determinar o número de operários necessários. Os diagramas mais usados para levantamento de dados são:

1. Diagrama do processo.
2. Diagrama do fluxo.
3. Diagrama das atividades múltiplas.

A opção por um deles depende da natureza da operação e complexidade do serviço, número de operários, quantidade de máquinas usadas, natureza do transporte. Quem prepara o diagrama deve obter as informações no próprio local de trabalho. O método existente não deve ser registrado por um funcionário do próprio setor. Esse detalhe é fundamental.

Para comprovar essa assertiva é suficiente imaginar uma sequência de atividades particulares, corriqueiras, sem realizá-las concomitantemente. Por exemplo, do levantar até a saída para o serviço; ou apenas a operação de colocar o carro na garagem. Essa experiência geralmente revela a omissão de tarefas importantes: sair de casa sem paletó; mover o carro sem baixar o freio de mão. Falhas dessa natureza, transferidas para uma análise industrial, demonstram com clareza os prejuízos oriundos do levantamento de dados feito fora do local de trabalho.

Na construção de diagramas são empregados símbolos (como se vê na Figura 3.3) representativos das diversas atividades. Os apresentados são padronizados pela A.S.M.E. – *American Society of Mechanical Engineering*:

○ Operação   D Atraso

□ Inspeção   ▽ Estocagem

⇨ Transporte   ▽▽ Estocagem Temporária

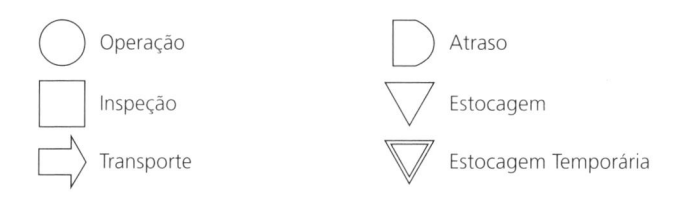

Figura 3.3 *Símbolos representativos das diversas atividades.*

Operação – É indicada por uma circunferência. Caracteriza-se por qualquer mudança das propriedades ou características de um objeto. Exemplos de operação: mudança de forma do material; variação de sua natureza física; o ato de digitar uma carta; de ensinar alguma coisa; de detalhar uma ordem etc.

Inspeção – É representada por um quadrado. Trata-se da verificação da qualidade e/ou quantidade de um objeto. Exemplos: verificação por medição, contagem, pesagem, leitura de um instrumento; exame de um gráfico. Uma operação não deve ser confundida com uma inspeção. No caso de uma pesagem, por exemplo, se o objetivo é separar uma parte, trata-se de uma operação; se o que se pretende é conferir o peso, é executada uma inspeção.

Transporte – É simbolizado por uma flecha. Há transporte quando o resultado predominante da atividade é o deslocamento do objeto. São exemplos de transporte: o movimento de um homem; um material deslocado manualmente ou num transportador; um líquido que escoa por uma tubulação.

Atraso – É indicado por uma letra "D" maiúscula. Ocorre quando existe interrupção na sequência das operações e inspeções. Exemplos: operador esperando material; produto semiacabado aguardando outras operações na linha de produção; um torno com o motor queimado; uma espera da ponte rolante; uma carta pronta que aguarda despacho.

Estocagem – É indicada por um triângulo. Existe estocagem quando o material é deliberadamente imobilizado e não se movimenta sem autorização. Exemplos: matéria-prima e produtos acabados num depósito; material num contenedor.

Estocagem Temporária – É representada por dois triângulos. Nesta atividade o material é movimentado automaticamente, não havendo necessidade de autorização expressa.

DIAGRAMA DO PROCESSO

O diagrama do processo indica graficamente os pontos nos quais se introduzem materiais ou componentes. Representa também a ordem das operações e inspeções executadas. Sua finalidade é dar uma representação total ou parcial do assunto em estudo. A partir dele pode-se decidir sobre a necessidade ou não de um registro mais detalhado.

A folha que contém um diagrama do processo deve trazer informações para a identificação completa do caso particular: título, assunto diagramado, número de identificação do objeto, datas e pontos de início e término do estudo, nome da pessoa que o executa.

Quando duas atividades são executadas simultaneamente, emprega-se um símbolo combinado. Se a operação tiver maior significado que a inspeção, o símbolo de operação (circunferência) circunscreve o da inspeção (quadrado) e vice-versa.

Neste caso, a figura apresenta dois números, e o primeiro refere-se ao símbolo circunscrito. No exemplo da Figura 3.4 aparecem diversas atividades combinadas: na primeira delas – dar acabamento e inspecionar – o número 94 especifica a 9ª operação e 4ª inspeção.

As atividades repetidas são agrupadas e o ramo principal interrompido por duas linhas horizontais. O número de repetições aparece entre essas linhas. Isto é feito para não deixar dúvidas quanto ao número total de vezes que a atividade é executada. Entretanto, não deve ser confundido com o símbolo de uma atividade fora do escopo da tarefa. Neste caso, a convenção é quebrar a linha vertical por duas linhas onduladas.

DIAGRAMA DO FLUXO

O diagrama do fluxo, além das operações e inspeções, representa graficamente os transportes, atrasos e estocagens durante o processo, conforme Figura 3.5. Consiste, portanto, numa ampliação do diagrama do processo visto na Figura 3.4. Nele são adotadas as mesmas convenções para identificação, entrada de materiais ou componentes, numeração das atividades, registro de ações repetidas, montagem e desmontagem. Além disso, contém outras informações de interesse, como atrasos e distância percorrida.

O diagrama pode ser relativo às atividades do homem ou do material, daí, respectivamente, os diagramas tipo "homem" ou do tipo "material". O tipo "material" representa o processo em termos das ações sofridas pelo material, e o tipo "homem" em função das atividades humanas. Ao se descreverem as ações no diagrama-material, deve-se usar a voz passiva. Exemplo: o eixo é inspecionado, furado, alargado, transportado etc. Para o diagrama tipo "homem", emprega-se voz ativa. Exemplo: inspeciona, fura, alarga, tira rebarbas do eixo. O uso do verbo na voz ativa ou passiva é suficiente para indicar se o diagrama é do tipo "homem" ou "material".

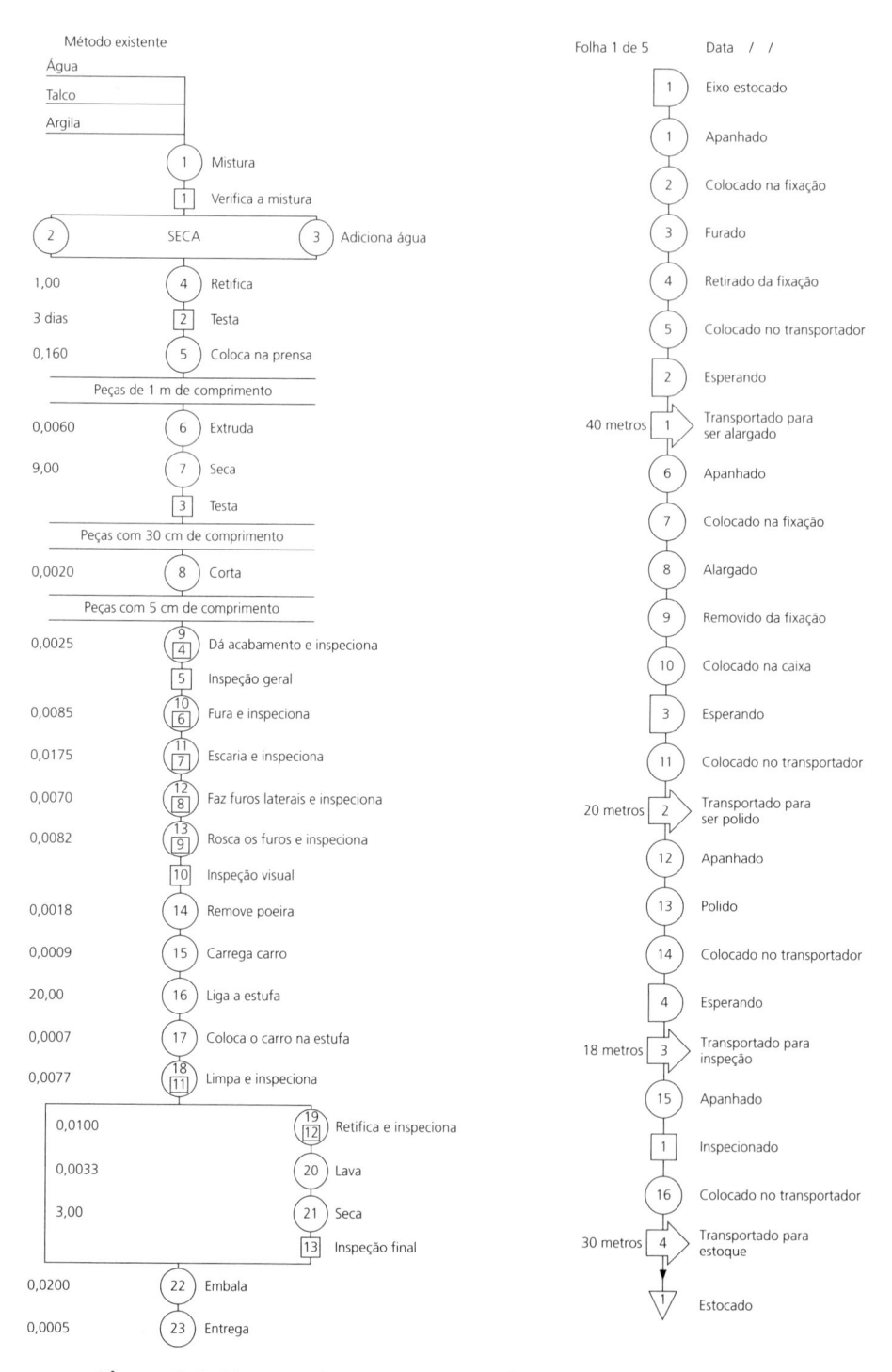

Figura 3.4 — Diagrama de processo (Método existente)

Água
Talco
Argila

Tempo	Op.	Descrição
	(1)	Mistura
	[1]	Verifica a mistura
1,00	(2) SECA (3)	Adiciona água
3 dias	(4)	Retifica
0,160	[2]	Testa
	(5)	Coloca na prensa

Peças de 1 m de comprimento

0,0060	(6)	Extruda
9,00	(7)	Seca
	[3]	Testa

Peças com 30 cm de comprimento

| 0,0020 | (8) | Corta |

Peças com 5 cm de comprimento

0,0025	(9)/[4]	Dá acabamento e inspeciona
	[5]	Inspeção geral
0,0085	(10)/[6]	Fura e inspeciona
0,0175	(11)/[7]	Escaria e inspeciona
0,0070	(12)/[8]	Faz furos laterais e inspeciona
0,0082	(13)/[9]	Rosca os furos e inspeciona
	[10]	Inspeção visual
0,0018	(14)	Remove poeira
0,0009	(15)	Carrega carro
20,00	(16)	Liga a estufa
0,0007	(17)	Coloca o carro na estufa
0,0077	(18)/[11]	Limpa e inspeciona
0,0100	(19)/[12]	Retifica e inspeciona
0,0033	(20)	Lava
3,00	(21)	Seca
	[13]	Inspeção final
0,0200	(22)	Embala
0,0005	(23)	Entrega

Figura 3.4 *Diagrama de processo.*

Figura 3.5 — Diagrama de fluxo

Folha 1 de 5   Data / /

Dist.	Símb.	Descrição
	1 (estoque)	Eixo estocado
	(1)	Apanhado
	(2)	Colocado na fixação
	(3)	Furado
	(4)	Retirado da fixação
	(5)	Colocado no transportador
	[2]	Esperando
40 metros	→1	Transportado para ser alargado
	(6)	Apanhado
	(7)	Colocado na fixação
	(8)	Alargado
	(9)	Removido da fixação
	(10)	Colocado na caixa
	[3]	Esperando
	(11)	Colocado no transportador
20 metros	→2	Transportado para ser polido
	(12)	Apanhado
	(13)	Polido
	(14)	Colocado no transportador
	[4]	Esperando
18 metros	→3	Transportado para inspeção
	(15)	Apanhado
	[1]	Inspecionado
	(16)	Colocado no transportador
30 metros	→4	Transportado para estoque
	1 (estoque)	Estocado

Figura 3.5 *Diagrama de fluxo.*

Capítulo 3 • Armazenagem de Materiais

Quando está envolvido na sequência de operações um só componente ou uma só pessoa, simplifica-se o diagrama, podendo-se utilizar impressos padronizados. Esses, além de mais convenientes, economizam tempo. As Figuras 3.6 e 3.7 apresentam um mesmo processo diagramado em papel especial e padronizado, respectivamente.

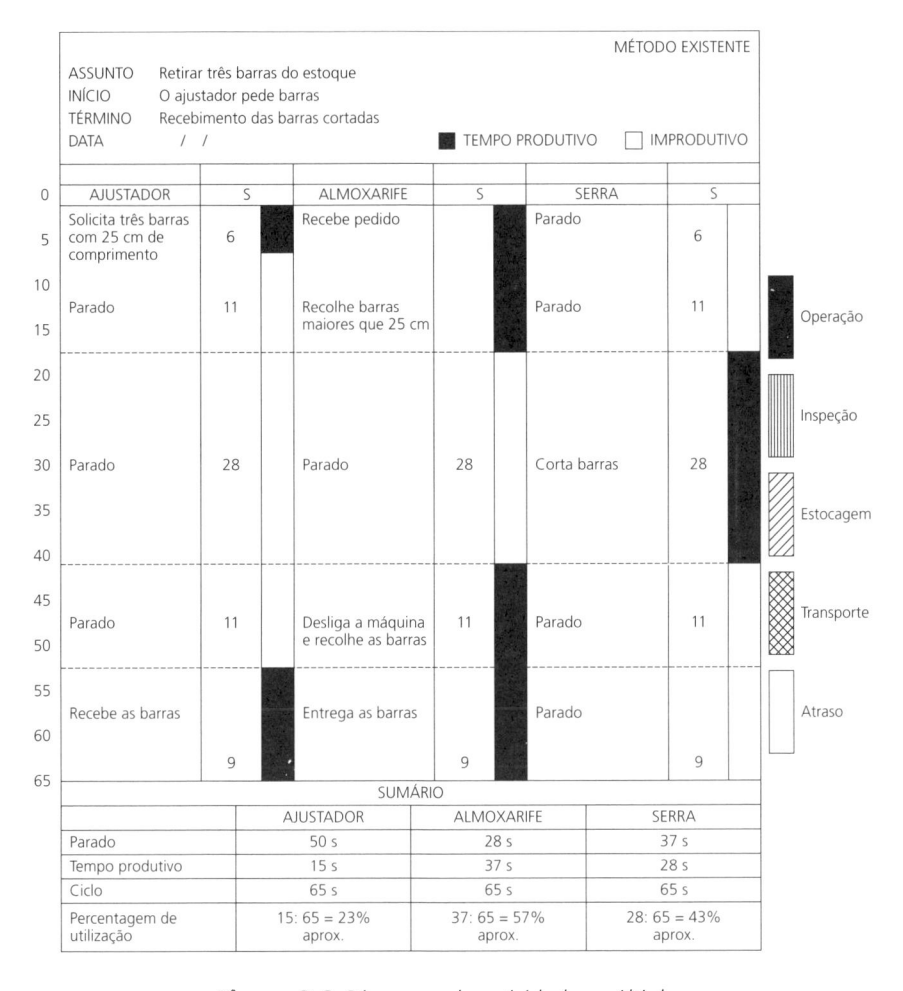

					MÉTODO EXISTENTE		
ASSUNTO	Retirar três barras do estoque						
INÍCIO	O ajustador pede barras						
TÉRMINO	Recebimento das barras cortadas						
DATA	/ /			■ TEMPO PRODUTIVO	□ IMPRODUTIVO		

	AJUSTADOR	S	ALMOXARIFE	S	SERRA	S	
0							
5	Solicita três barras com 25 cm de comprimento	6	Recebe pedido		Parado	6	
10							
15	Parado	11	Recolhe barras maiores que 25 cm		Parado	11	Operação
20							
25							Inspeção
30	Parado	28	Parado	28	Corta barras	28	
35							Estocagem
40							
45	Parado	11	Desliga a máquina e recolhe as barras	11	Parado	11	Transporte
50							
55	Recebe as barras		Entrega as barras		Parado		Atraso
60							
65		9		9		9	

SUMÁRIO			
	AJUSTADOR	ALMOXARIFE	SERRA
Parado	50 s	28 s	37 s
Tempo produtivo	15 s	37 s	28 s
Ciclo	65 s	65 s	65 s
Percentagem de utilização	15: 65 = 23% aprox.	37: 65 = 57% aprox.	28: 65 = 43% aprox.

Figura 3.6 *Diagrama das atividades múltiplas.*

EXISTENTE			DIAGRAMA DE FLUXO							EXISTENTE	
ASSUNTO DIAGRAMADO Usinagem de eixo			DADOS GERAIS			SUMÁRIO			MÉTODO		
DIAGRAMADO POR									Pres.	Prop.	
DIAGRAMA Nº Folha 1 de 5			DIAGRAMA TIPO MATERIAL			Núm. de operações					
DATA / /						Núm. de inspeções					
FÁBRICA 2						Núm. de atrasos					
DEPARTAMENTO A						Núm. de transportes					

Item	Descrição da Atividade		Operação	Inspeção	Transporte	Atraso	Estoc. Temp.	Estocagem	Número das operações	Distância em metros	Tempo em segundos	Homens-hora
1	Eixo estocado	1	○	□	⇨	D	▼	▽				
2	Apanhado	1	○	□	⇨	D	▼	▽				
3	Colocado na fixação	2	○	□	⇨	D	▼	▽				
4	Furado	3	○	□	⇨	D	▼	▽				
5	Removido da fixação	4	○	□	⇨	D	▼	▽				
6	Colocado no transportador	5	○	□	⇨	D	▼	▽				
7	Esperando	2	○	□	⇨	D	▼	▽				
8	Transportado para ser alargado	1	○	□	⇨	D	▼	▽		40		
9	Apanhado	6	○	□	⇨	D	▼	▽				
10	Colocado na fixação	7	○	□	⇨	D	▼	▽				
11	Alargado	8	○	□	⇨	D	▼	▽				
12	Removido da fixação	9	○	□	⇨	D	▼	▽				
13	Colocado na caixa	10	○	□	⇨	D	▼	▽				
14	Esperando	3	○	□	⇨	D	▼	▽				
15	Colocado no transportador	11	○	□	⇨	D	▼	▽		20		
16	Transportado para ser polido	2	○	□	⇨	D	▼	▽				
17	Apanhado	12	○	□	⇨	D	▼	▽				
18	Polido	13	○	□	⇨	D	▼	▽				
19	Colocado no transportador	14	○	□	⇨	D	▼	▽				
20	Esperando	4	○	□	⇨	D	▼	▽				
21	Transportado para inspeção	3	○	□	⇨	D	▼	▽		18		
22	Apanhado	15	○	□	⇨	D	▼	▽				
23	Inspecionado	1	○	□	⇨	D	▼	▽				
24	Colocado no transportador	16	○	□	⇨	D	▼	▽				
25	Transportado para estoque	4	○	□	⇨	D	▼	▽		30		
26	Estocado	1	○	□	⇨	D	▼	▽				
27			○	□	⇨	D	▼	▽				

Figura 3.7 *Diagrama de fluxo.*

DIAGRAMA DE ATIVIDADES MÚLTIPLAS

Os diagramas do processo e do fluxo mostram as atividades do homem ou da máquina; são insuficientes para representar atividades combinadas do(s) homem(s) e da(s) máquina(s). O diagrama das atividades múltiplas supre essa dificuldade. Essencialmente, possui uma escala de tempo na qual os elementos – homens e máquinas – são colocados lado a lado (Figura 3.6). Suas colunas são divididas e cada segmento indica uma ação. Esses aparecem sombreados, quadriculados, riscados, conforme a natureza da atividade. A passagem de uma ação a outra de mesma natureza é indicada por uma quebra do segmento.

O diagrama das atividades múltiplas, como as demais formas de diagramas, deve ser claro e completo na sua apresentação. O cabeçalho não pode deixar dúvidas sobre datas e pontos de início e término do processo, assunto em estudo, departamento etc. É especialmente indicado para coordenar trabalhos conjuntos, pois possibilita visualizar os tempos improdutivos do homem e da máquina. Sugere ainda redistribuição das atividades que podem harmonizar os trabalhos, reduzindo o tempo total de fabricação e, consequentemente, os custos de fabricação. Por exemplo, examinando o diagrama da Figura 3.6, que mostra o trabalho conjunto de duas pessoas – ajustador e almoxarife – mais uma serra, a seguinte situação se apresenta: o tempo total do ciclo é de 65 segundos, o ajustador está 15 segundos ocupado, ou seja, tem 23% de aproveitamento; o almoxarife fica ocupado 28 segundos, ou 27% do tempo total, a serra corta durante 37 segundos com aproveitamento de 43%. Esses dados demonstram as enormes possibilidades de melhoria do trabalho em questão.

3.3 Embalagem

3.3.1 Objetivos

Apesar de todo o rigor americano na confecção de embalagens, estatísticas comprovam que os Estados Unidos perdem anualmente bilhões de dólares em danos de transporte. No Brasil, embora não haja dados, sabe-se que os prejuízos também são grandes. Preocupada com essas perdas, a ABNT – Associação Brasileira de Normas Técnicas – vem criando e aperfeiçoando normas técnicas para embalagens. A mesma preocupação levou o IPT – Instituto de Pesquisas Tecnológicas – a criar o Grupo de Engenharia e Materiais de Embalagem, para estabelecer um centro de treinamento e informação com a finalidade de servir a indústrias de embalagens. Os especialistas do Instituto vêm trabalhando com laboratório de ensaios, pesquisa e desenvolvimento de embalagens e materiais.

Os técnicos, de maneira geral, concordam entre si quanto às principais virtudes que a embalagem precisa ter. Uma fábrica, especializada em projetar e fabricar embalagens, usa todo o rigor técnico, desde a aprovação da matéria-prima até o produto final. O "papelão" passa por testes de arrebentamento (*Mullen test*), de esmagamento (resistência da onda), de coluna (compressão), gramatura, espessura, adesividade e perfuração. Depois, o projeto da embalagem leva em conta o produto (características, fragilidade), seu peso, a quantidade/caixa e o dimensionamento para boa amarração e empilhamento. Pronta a embalagem, são feitos testes de laboratório como o de queda livre, compressão, impacto, tombamento e vibração.

Para projetar uma embalagem, o IPT verifica inicialmente a fragilidade do produto através de equipamentos especiais, calculando seus pontos críticos para determinação do material de acolchoamento. Outro ponto considerado é a finalidade da mercadoria (exportação, meios de transporte) ou os caminhos do produto. Só depois começa o projeto, onde se verifica se o produto já tem uma embalagem primária, volume, peso, se há necessidade de unitização e qual o material mais indicado para a embalagem, com a simulação de testes (vibração, compressão, altura de empilhamento em função da carga). Faz-se o cálculo do custo e escolhe-se o material de acolchoamento (melhor relação custo/benefício). O ideal é que a engenharia de embalagem trabalhe juntamente com a de produtos. Às vezes é preferível mudar o projeto do produto a gastar em uma embalagem onerosa.

Os cuidados básicos para projeto e fabricação de tambores de aço e bombonas para transporte de produtos químicos e alimentícios são:

- **a.** Verificar a resistência química do produto (de embalagem) que deve ser maior na proporção da corrosividade da substância a ser embalada.
- **b.** Verificar o tamanho da embalagem e o volume a ser embalado.
- **c.** Condições de transporte, manuseio e estocagem.
- **d.** Custo relativo do conjunto produto/embalagem.

Embora as fórmulas sejam válidas, generalizar pode sempre induzir a erros. Não é difícil projetar uma embalagem resistente, porém cara. O grande desafio é conceber uma embalagem que, além de proteger convenientemente o produto, tenha também um custo acessível. Mas é impossível uma fórmula capaz de se adaptar a todo produto.

Procurando solucionar o problema, a MTS Systems Corporations, dos Estados Unidos, elaborou, em colaboração com a Escola de Embalagem da Universidade Estadual de Michigan, o manual "5 Step Packaging Development". Como o próprio nome indica, o manual propõe um roteiro em cinco passos, baseado em testes de queda e vibração. Embora outros fatores devam ser considerados (compressão, umidade, temperatura) no desenvolvimento e teste de embalagem, em muitos casos são necessárias apenas modificações ligeiras para compensá-los, desde que o projeto básico para choque e vibrações tenha sido concluído.

Assim, no primeiro passo – definir o ambiente de transporte – é necessário selecionar uma altura de queda e um perfil de aceleração gravidade/frequência. Como os choques que causam maior dano são os resultantes de queda ao solo (docas e plataformas), agravados quando o produto cai de lado em uma superfície horizontal, nada mais natural do que simular estas situações nos testes de queda. A primeira providência, selecionar uma altura de queda, leva em conta o peso da embalagem e a probabilidade de queda de uma altura específica.

Concluído o primeiro passo, o segundo será definir a fragilidade do produto, segundo testes de choque e vibração. Os danos causados por choques resultam da excessiva tensão interna induzida por forças de inércia. Como as forças de inércia são diretamente proporcionais à aceleração, a fragilidade ao choque é caracterizada pelo máximo nível de aceleração tolerado, ou seja, quantos "G" o produto é capaz de suportar. Assim, o objetivo do projetista será assegurar que o nível de aceleração transmitido ao produto pelo acolchoado seja inferior ao nível de aceleração imposto à embalagem.

No terceiro passo – escolha do amortecedor adequado – o segredo está na construção de dois tipos de curvas para cada tipo de material amortecedor. A primeira é a curva da máxima aceleração de choque transmitido em relação à tensão estática (peso do produto embalado dividido pela área do acolchoado).

Os dados de seleção de altura e determinação da fragilidade devem ser os mesmos dos passos 1 e 2.

A seguir, no quarto passo, o projeto e fabricação da embalagem-protótipo são executados com as informações dos passos 1, 2 e 3, considerando o custo do material de embalagem, tipos de proteção que deve oferecer, exigências de transporte, fechos e todos os aspectos envolvidos na confecção de embalagens. Por outro lado, a embalagem-protótipo deve ser o mais semelhante possível à final, para que não haja problemas de não representatividade.

Já no quinto passo, deve-se testar a unidade integral (conjunto produto/embalagem). Esse teste é essencial, uma vez que, para simplificação, o projeto não leva em consideração os efeitos de alguns fatores, como forma do amortecedor, fricção das almofadas laterais e confinamento das almofadas de base, o que poderá, por exemplo, afetar o fluxo de ar do amortecedor. Os testes aplicados são aqueles já conhecidos: choque e vibração.

Com base no apresentado, podemos concluir que o principal objetivo da embalagem é proteger o produto da melhor maneira possível, de acordo com a modalidade de transporte utilizada na distribuição, ao menor custo possível.

Veremos adiante alguns tipos mais comuns de embalagens e um problema muito específico, seu fechamento.

3.3.2 Caixa de papelão

Uma grande redução de custos que a empresa pode realizar na embalagem de seus produtos é a utilização de caixas de papelão ondulado no lugar da madeira, compensado ou embalagem a granel.

O papelão ondulado da Figura 3.8 é definido pela ABNT, na sua Terminologia Brasileira PTB-42, como o resultado da colagem de elementos ondulados de papel miolo a elementos lisos de papel (forros ou capas). A onda pode ser alta (4,7 mm) ou baixa (3,0 mm), conforme a natureza do produto a ser embalado, sendo que a onda alta oferece maior efeito acolchoador.

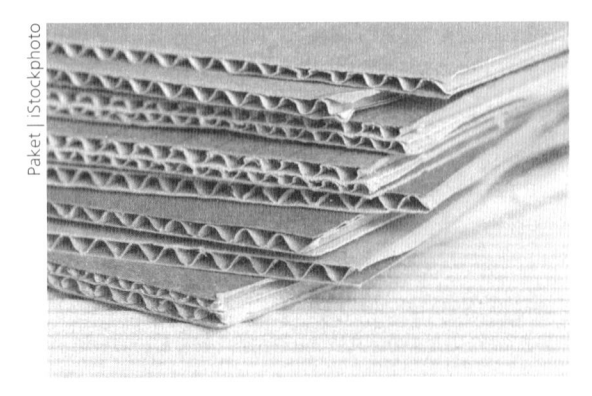

Figura 3.8 *Elementos ondulados.*

O papelão ondulado de parede simples da Figura 3.9 é formado por um elemento ondulado colado entre dois elementos lisos.

Figura 3.9 *Parede simples.*

O papelão ondulado de parede dupla da Figura 3.10 é formado por três elementos lisos colados alternadamente a dois elementos ondulados. As faces externas são lisas.

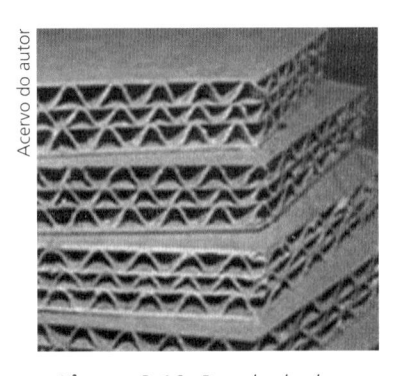

Figura 3.10 *Parede dupla.*

Capítulo 3 • Armazenagem de Materiais

Acessório interno é qualquer peça de papelão destinada a proteger a mercadoria no interior da caixa. A Figura 3.11 mostra um tipo comum de acessório chamado divisão ou colmeia; cada compartimento formado pela divisão denomina-se célula.

Figura 3.11 *Divisão interna de caixa.*

As Figuras 3.11 e 3.13 põem em evidência os elementos constitutivos de uma caixa normal de papelão ondulado, de acordo com a nomenclatura da ABNT, respectivamente para a caixa armada e desarmada.

A ondulação da folha central é obtida amolecendo o papel com vapor de água e corrugando-o sobre um cilindro provido de ranhuras, numa máquina que atinge cem metros de comprimento e dois metros de largura, e na qual o papel passa com velocidade de centenas de metros por minuto. Esta onduladeira, também chamada corrugadeira, realiza as operações de ondulação do miolo, de colagem das capas e de corte da grande fita de papelão, obtida, assim, em chapas de dimensão desejada. As operações seguintes são: formação dos vincos e entalhes; impressão dos dizeres; fechamento das abas laterais com fitas e grampos. As caixas de papelão são então amarradas, como se vê na Figura 3.14, em grupos de vinte e expedidas ao usuário.

Figura 3.12 *Caixa armada.*

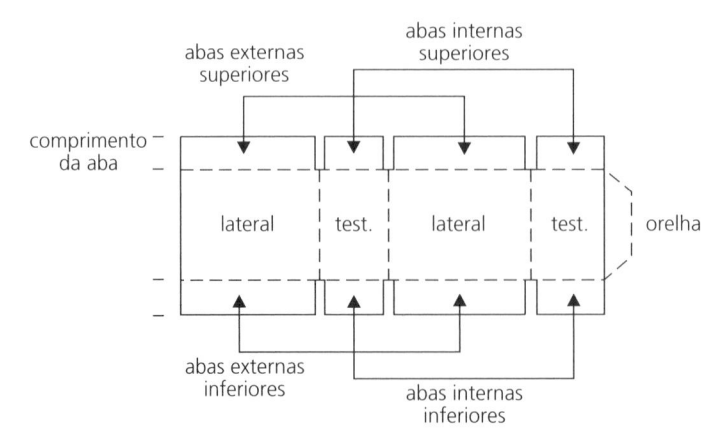

Figura 3.13 *Caixa desarmada.*

Figura 3.14 *Caixa final amarrada.*

As caixas de papelão ondulado possuem numerosas exigências de qualidade: a cor deve ser clara, a impressão dos dizeres bem legível, as abas devem situar-se num esquadro umas em relação às outras, as faces externas não podem apresentar nós nem manchas. As características de qualidade mais importantes dizem respeito, porém, às propriedades físicas. É impossível exprimir a diversidade das características físicas do papelão ondulado por meio de uma única propriedade. Pelo menos três ensaios, correspondendo às três características de maior importância, são indispensáveis para inspecionar uma partida de caixas.

1. **Resistência do papelão ao arrebentamento** – A prova de arrebentamento, comumente executada no "Mullen Test", determina a resistência do papelão à pressão exercida por um diafragma contra uma área determinada do corpo de prova. A pressão exercida no momento do estouro ou rompimento é indicada no

mostrador do aparelho, traduzida em quilogramas por centímetro quadrado. Essa prova é exigida nas especificações de todos os países que possuem regulamentação para controle de embalagem de papelão ondulado para despacho de mercadoria.
2. **Resistência do papelão ao esmagamento (*crush test*)** – O ensaio correspondente consiste em aplicar pressão perpendicular à superfície do papelão, medindo-se a resistência da ondulação ao esmagamento.
3. **Resistência da caixa à compressão** – O ensaio consiste em aplicar-se pressão sobre a caixa armada, vazia e selada. É uma prova decisiva para a determinação da carga que uma caixa poderá suportar no empilhamento, nos depósitos ou nos veículos.

Outros ensaios são do maior interesse para se avaliar qual o tipo e a qualidade de caixa que convém utilizar para determinadas mercadorias e condições de transporte. Os ensaios de impacto (como se vê na Figura 3.15), queda e tombamento são os mais usados.

Figura 3.15 *Ensaio de impacto.*

O ensaio de impacto consiste em colocar a caixa com o conteúdo num carrinho que desce sobre um plano inclinado, chocando-se contra um anteparo fixo e resistente. Essa prova reproduz as consequências das paradas bruscas dos veículos de transporte.

O ensaio de queda livre consiste em deixar cair o conjunto produto/embalagem, de altura e posição predeterminadas, contra um chão de cimento ou placa metálica, avaliando a resistência da caixa e o efeito da queda no conteúdo. Essas quedas são repetidas com várias posições de quina das caixas.

Na prova de tombamento, a caixa com o conteúdo é colocada num tambor giratório com cerca de 2 metros de diâmetro que gira a uma velocidade de 2 metros por minuto. No interior desse tambor há vários ressaltos que fazem com que, ao girar, a caixa seja arremessada aos trancos contra as paredes, reproduzindo dessa forma condições de transporte e manuseio violentos.

De todas as provas de resistência descritas destaca-se a prova de arrebentamento, pois ela exprime o poder de retenção da caixa contra percussões dirigidas de dentro para fora ou de fora para dentro. Simula realmente o efeito de um dedo que tentaria violentar uma caixa; representa também o efeito da pressão que o conteúdo da caixa exerce contra as paredes quando a caixa é sacudida. Para aumentar a resistência do papelão ao arrebentamento, o fabricante deve usar, na composição das capas de papelão, papéis de gramatura (peso em gramas por metro quadrado) maior, de acordo com a especificação do usuário. A qualidade de papelão que o utilizador deseja é expressa em índice "Mullen", isto é, em número de kg/cm^2 que o papelão deve ser capaz de resistir no ensaio de arrebentamento "Mullen".

As vantagens que a caixa de papelão ondulado apresenta sobre a de madeira e outros materiais tradicionais de embalagem são as seguintes:

1. Permite eliminar a mão de obra de carpintaria, bem como o espaço ocupado.
2. Podem ser armazenadas abertas, ocupando pouco espaço.
3. Rápida selagem.
4. Muito mais leve, o que facilita o manuseio, reduz os acidentes e diminui o frete.
5. A violação da caixa de papelão é mais facilmente percebida do que a de madeira.
6. Oferece maior resistência aos choques, devido ao efeito de acolchoamento proporcionado pela onda de papelão.
7. Não estraga as demais caixas do mesmo carregamento.
8. É mais limpa do que a de madeira ou do que a embalagem a granel e permite manter armazéns, porões e equipamentos de transporte mais limpos.
9. Permite imprimir instruções, setas indicativas e propaganda do produto ou empresa.
10. Protege melhor a mercadoria contra o pó.
11. Conforme as regiões, a caixa de papelão é mais barata, posta na fábrica do usuário, do que a caixa de madeira equivalente.

Apesar dos avanços, o papelão ondulado encontra ainda séria resistência. Numa pesquisa junto a empresas de transporte, chegou-se à conclusão de que os principais fatores adversos a uma maior receptividade da caixa de papelão ondulado são os seguintes:

1. As condições de transporte nos diversos pontos do país são muito diversas. Temos, de um lado, estradas pavimentadas; de outro lado, estradas em mau estado, onde a mercadoria tem de estar fortemente amarrada, sendo que o atrito e os solavancos causam a ruptura do papelão.
2. A má qualidade de certas embalagens tem predisposto o transportador contra o papelão ondulado em geral, determinando restrições ao seu uso. É o caso da exigência do ripado de madeira envolvendo a caixa de papelão.
3. A selagem inadequada de boa parte das embalagens de papelão ondulado é outro fator de insucesso em sua utilização, ocasionando vazamento do conteúdo e facilitando o furto.
4. As caixas de papelão têm dificuldades em aguentar despachos seguidos e transbordo na estrada, devido à chuva e aos maus-tratos.

3.3.3 Tambores

A utilização de tambores metálicos como embalagem alcança um número considerável de produtos. Líquidos de todo tipo, produtos sólidos, pastosos, fluidos, semifluidos, em pó, granulados etc. podem ser transportados em tambores de metal com tranquilidade e comodidade. Tudo depende do revestimento que se dê à chapa internamente. Há produtos cuja natureza permite que sejam acondicionados em contato direto com a chapa, pois não se alteram. É o caso dos derivados de petróleo – clientes tradicionais dos fabricantes de tambores metálicos. Outras mercadorias exigem cuidados especiais para evitar que, por qualquer motivo, entrem em contato com o metal. Por exemplo: produtos alimentícios, principalmente suco de laranja.

A facilidade de manipulação, armazenagem, transporte e a absoluta proteção que oferece à mercadoria, seja qual for, são os maiores atrativos que este tipo de embalagem apresenta à indústria e ao comércio em geral.

O que mais tem contribuído para a permanência do tambor metálico como embalagem é a sua insuperável resistência. Os rudes golpes que ele é capaz de suportar, particularmente no transporte marítimo, fazem-no uma embalagem utilíssima. Fato facilmente verificável nos portos de desembarque, onde é grande o número de tambores que chegam amassados. Outro tipo qualquer de embalagem se romperia certamente.

Essa resistência facilita a manipulação. Um operário pode rolar um tambor de 200 litros, mesmo em terreno áspero e pedregoso. Em centenas de pequenas cidades do Brasil, os transportadores não podem contar com nenhum tipo de equipamento de manipulação. A força humana é ainda um grande instrumento de movimentação de materiais. A embalagem, por conseguinte, sofre as consequências desta conjuntura, atestada pelo empirismo com que se processa ainda em algumas cidades – a descarga dos caminhões que transportam tambores de óleo lubrificante ou graxa. O método é mais ou menos o seguinte: coloca-se um pneu velho no chão ou vários deles superpostos, conforme o caso. Rola-se o tambor da carroçaria sobre os pneus, que amortecem o primeiro choque. Mas no segundo, os recipientes batem violentamente no solo, seja asfalto, pedra ou terra. Quando não há pneumáticos disponíveis, o tambor é lançado diretamente ao chão, tendo algum tipo de apoio para reduzir o impacto. Em casos como estes, comuns no Brasil, só os tambores podem suportar.

Tambores metálicos podem ser fabricados sob variadas especificações para os fins mais diversos. Isso torna impossível traçar um quadro completo dos tipos existentes. De modo geral, dividem-se em dois grupos: leves (para uma só viagem) e pesados (para mais de uma viagem). Geralmente, nos catálogos de fábrica encontra-se a sigla "OTS", designando tipos diversos de tambores; ela corresponde a *One Time Shipping*, ou seja, recipiente de apenas uma viagem.

O transporte de óleo combustível ou de lubrificantes constitui o maior campo de aplicação dos tambores. Sua capacidade varia entre 200 e 500 litros; são construídos de chapas pretas, com 2 bujões. Veja a Figura 3.16.

Figura 3.16 *Tambores metálicos.*

Tambor usado não é por certo tambor inutilizado. Desse fato desenvolveu-se um negócio marginal no ramo dos tambores, a sua recuperação, que consiste no restabelecimento de unidades amassadas ou deformadas, bem como na lavagem e secagem para recebimento de novo produto.

Os tambores de segunda linha, isto é, os que já fizeram uma primeira viagem só não são reutilizáveis para produtos alimentícios. Nesse caso, há sempre uma exigência de tambores de primeira linha. Para demais produtos, eles podem ser perfeitamente reutilizados. Um tambor do tipo mais usado (de 180 a 200 litros, de 18 a 23 quilos) suporta em geral três ou quatro viagens, dependendo, obviamente, das circunstâncias.

O processo de recuperação não é muito complicado. No caso de amassamento, o tambor é tratado sob pressão, que lhe restabelece a forma. Quando o amassado é nas bordas, esse processo não dá resultado. Se não for muito grande a deformação, tenta-se recuperá-lo por meio de funilaria especial.

A limpeza é feita com detergentes, desengordurantes ou vários sanitizantes, seguida de secagem a ar comprimido. Há casos em que este trabalho se reduz bastante. Por exemplo, os tambores que transportam estireno, que é um poderoso solvente. Basta deixá-los escorrer bem e depois proceder à lavagem e à secagem.

O equipamento para recuperação é simples. Feita a limpeza sob pressão, segue-se a aspersão de detergente no interior do vasilhame. Há outro método mais demorado: o tambor é colocado em um carrinho de rolagem que o mantém em movimento rotativo; em seu interior é introduzida uma corrente de ferro de elos achatados, junto com o detergente. Rolando o tambor, a corrente vai limpando suas paredes internas. A operação toda leva cerca de vinte minutos. Existem aparelhos tipo *spray ball*, Figura 3.17, que executam este trabalho de maneira quase totalmente automática.

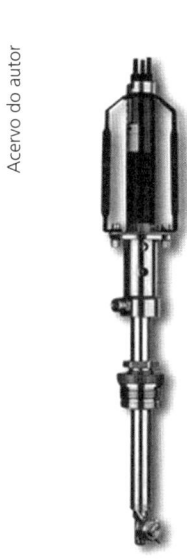

Figura 3.17 Spray-ball.

3.3.4 Fardos

O excessivo volume de certas mercadorias foi o principal motivo que compeliu grande número de empresas a adotarem o enfardamento como sistema de embalagem. Pelos métodos usuais o custo final dessas mercadorias poderia resultar proibitivo, uma vez que os fretes marítimos são cobrados pela cubagem do produto.

Quando enfardado, o algodão, por exemplo, ocupa um espaço várias vezes menor que em pluma; facilita o manuseio, permite, mediante o uso de empilhadeiras, uma arrumação mais fácil nos armazéns e reduz substancialmente os fretes. Essa redução de volume é conseguida com a utilização de prensas, que comprimem a mercadoria – presa com fitas metálicas, geralmente de aço, colocadas ao redor do fardo e amarradas com fivelas. Mediante esse processo, são enfardados alfafa e fumo; fibras vegetais, como algodão, juta, malva, sisal, rami, bucha; produtos de origem animal, como lã, couro, peles e pelos; produtos transformados, como borracha sintética, tecidos e até resmas de papel e retalhos de ferro, além de resíduos de diversos materiais; bagaço de cana, aparas de papel etc.

O Brasil fabrica todos os tipos de prensas para enfardamento, mas há ainda grande número de máquinas estrangeiras importadas e que lentamente vêm sendo substituídas pelas nacionais.

Apesar do grau de aperfeiçoamento atingido pelos projetistas deste equipamento em todo o mundo, o sistema de colocação de fitas metálicas nos fardos, para amarração, continua sendo manual. As tiras são introduzidas através das ranhuras existentes nos pratos superior e inferior das prensas e amarradas com fivelas.

Quase todas as prensas existentes são hidráulicas: uma bomba elétrica movimenta o óleo solúvel do sistema (água e óleo numa proporção de 10:1), até os pistões, que prensam o material. Para fardos com pequena densidade, existem as prensas mecânicas, que consistem numa rosca-sem-fim, acionada por um motor elétrico.

Figura 3.18 *Fardos.*

O transporte e a arrumação destes fardos requerem poucos cuidados, mas é necessário evitar que a umidade, especialmente chuva, atinjam o algodão. Para movimentação interna e elevação os grandes armazéns prescindem de talhas e pontes rolantes; usam, porém, grande quantidade de carrinhos de mão, empilhadeiras elétricas e motorizadas.

3.3.5 Recipientes plásticos

Introduzidos no transporte de líquidos e materiais a granel, os recipientes plásticos para fins industriais estão substituindo, em larga escala, as embalagens convencionais de vidro, madeira e metal. A receptividade desses plásticos decorre da versatilidade do material empregado na sua fabricação: o polietileno. Ele pode adotar formas diversas, com capacidade que oscila entre 5 e 5.000 litros.

O polietileno é uma resina obtida do gás etileno, derivado, por sua vez, do petróleo. Na indústria de recipientes utilizam-se duas variedades de resina: a de alta e a de baixa pressão. A primeira é flexível, a segunda apresenta elevada resistência mecânica e baixa permeabilidade.

São adotados cinco processos na fabricação dessas embalagens:

- **Injeção** – A resina é injetada num molde e esfriada rapidamente. Fabricam-se por esse método embalagens de qualquer tamanho e espessura.

- **Sopro** – Extruda-se num tubo, fecham-se as duas extremidades, em seguida, injeta-se ar para que o polietileno adote a forma do molde. Utilizado para recipientes com tampa, de paredes finas e tamanhos pequenos ou médios.
- **Vácuo** – Uma chapa de resina é colocada sobre um molde móvel e plastificada mediante o uso de calor; inflada, a resina estufa e devido ao vácuo adquire a forma da parte móvel do molde.
- **Termocompressão** – Numa prensa, semelhante às utilizadas na indústria metalúrgica, aquece-se uma lâmina de polietileno que, ao receber o impacto, toma a forma do molde.
- **Termofusão** – A resina é fundida dentro de um molde que lhe dá forma. O sistema permite a fabricação de peças de grandes dimensões.

Os recipientes de polietileno têm peso específico oito vezes inferior ao de chapa e três vezes inferior ao de vidro; resistem à corrosão e à maioria dos ácidos à temperatura ambiente; são fáceis de lavar com vapor de água e detergentes; inquebráveis e dotados de flexibilidade, dispensando, assim, o cuidado exigido pelos recipientes de vidro ou alumínio.

Recomendam-se, porém, certas precauções em sua utilização. Os períodos de armazenamento e transporte de produtos voláteis – álcool, gasolina, essências, substâncias aromáticas etc. – devem ser curtos, devido à permeabilidade do polietileno aos vapores e gases, com exceção do vapor de água. Ao ar livre, os recipientes devem ser pintados de preto, a fim de evitar o ataque dos raios ultravioleta do sol, que os tornam quebradiços, diminuindo consideravelmente sua resistência. Igualmente, o polietileno deve conter em sua massa agentes antiestáticos, que evitam a aderência de poeira. Por outro lado, os recipientes não podem ser colocados em contato com alguns hidrocarbonetos, como o benzol, a mais de 50° C; quando fabricados com resinas de alta pressão, não se deve expô-los a temperaturas superiores a 70° C.

Os recipientes fechados destinam-se ao transporte e armazenagem de líquidos e pós. Os abertos são utilizados para conter produtos em estado sólido. Ambos estão conquistando novos usos em diversas atividades industriais e comerciais.

Figura 3.19 *Contentores plásticos.*

3.3.6 Fechamento de embalagens

FECHAMENTO POR GRAMPOS

Os grampos metálicos são utilizados na montagem e no fechamento de embalagens de madeira, fibra, papelão e até papel. Nas caixas e nos engradados de madeira, os grampos prendem os travessões às ripas e placas de compensado; nas barricas e tambores de madeira compensada e fibra, "costuram" os aros de reforço às partes abauladas; nas embalagens de papelão, unem as várias partes pré-montadas e fecham as abas; nos sacos de papel, juntamente com fitas de tecido ou mesmo de papel, vedam bocas e fundos.

Há, basicamente, dois tipos de máquinas para grampear: as que operam com fios de arame, fabricando os seus próprios grampos e as que trabalham com grampos já prontos. Em ambos os casos, estes são geralmente feitos de aço galvanizado, para resistir à oxidação, podendo apresentar diversos perfis: redondos, ovalados e chatos. Os equipamentos que operam com arame cortam o material no tamanho preestabelecido, formam, cravam e redobram os grampos, em uma só operação. O mecanismo que efetua esse ciclo é o cabeçote de costura, que pode ser montado em máquinas diferentes para realizar diversos tipos de operação, entre as quais grampeamento de caixas cheias, fundos, laterais e ângulos de embalagens etc. Existem, inclusive, máquinas munidas de cabeçotes múltiplos, destinadas a tarefas específicas. Esses equipamentos – montáveis em bancas de serviço ou no solo – podem, para maior eficiência, ser dotados de mesas inclináveis ou giratórias, transportadores de roletes livres, gatilhos elétricos etc. Têm capacidade para pregar até 200 grampos por minuto.

Os equipamentos que funcionam com superfície de apoio podem ser de diversos tipos: desde pequenos modelos de mesa até máquinas complexas de cabeçotes múltiplos, de pedestal. Os modelos menores são os mais utilizados no Brasil, dividindo-se em três categorias: manuais, elétricos e pneumáticos. Os modelos manuais fecham até 400 caixas por dia; os mecanizados, mais de 800.

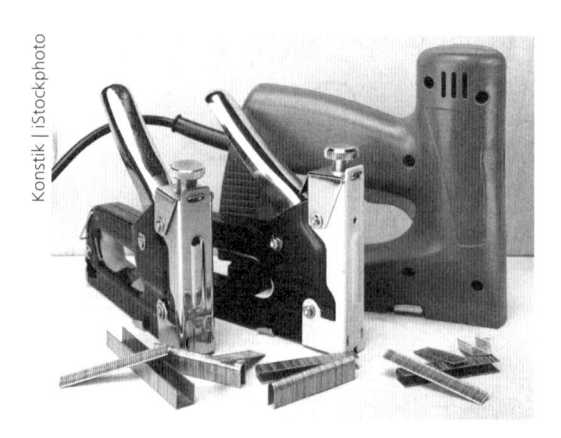

Figura 3.20 *Grampeadores.*

As grampeadoras do tipo "bigorna" retrátil, antes de introduzirem o grampo, perfuram a superfície da embalagem com dois dispositivos (semelhantes a bigornas), que servirão de superfície de apoio, para o dobramento dos grampos. É o princípio de funcionamento das máquinas que efetuam o fechamento de embalagens de papelão cheias. Há modelos manuais e pneumáticos.

Os equipamentos que aplicam grampos sem dobrá-los são de funcionamento simples, podendo ser do tipo martelo ou alavanca. O primeiro funciona desferindo golpes sobre a superfície a ser grampeada. No caso do equipamento de alavanca, um braço móvel provoca a penetração de grampo na embalagem. Esses equipamentos são utilizados, principalmente, na montagem de embalagens de compensado.

As principais vantagens da utilização de grampos no fechamento de embalagens são o seu baixo custo – em comparação às fitas de aço – e aplicação rápida, em embalagens de tamanhos variados. Apesar de não serem afetados por condições de umidade ou outros fatores, os grampos podem danificar a mercadoria durante a aplicação, além de não constituírem barreira contra a infiltração de poeira, umidade etc.

FECHAMENTO POR FITAS METÁLICAS

As fitas ou cintas metálicas são empregadas para reforçar embalagens de madeira ou de papelão. Uma boa fita de aço deve ter: alta resistência, elasticidade adequada, bordas inofensivas, soldas bem feitas, largura e espessura uniformes, além de boa ductilidade. Há três tipos de fitas: planas, redondas e ovaladas. As planas ou chatas têm maior resistência, "aderindo" à embalagem ao criar um rebaixamento nas arestas do material. O "arqueamento" de volumes com fitas redondas (arames) só deve ser feito quando o material da embalagem não correr risco de ser danificado pelo arame. Não obstante, este tipo – comparado com as planas – economiza de 30 a 60 por cento de matéria-prima em sua fabricação. Os arames ovalados, de uso relativamente recente, combinam a economia de material das fitas redondas às características físicas das planas, mediante o aumento da superfície de apoio.

Figura 3.21 *Arqueamento por fitas.*

Há três tipos de equipamentos para "arquear" fitas em volta de embalagens: ferramentas manuais de duas peças, de uma só peça e máquinas automáticas estacionárias. As primeiras consistem em tensor e selador. O tensor "estica" as fitas, juntando-as uma sobre a outra. A operação de selagem é feita separadamente. As ferramentas manuais de uma só peça tensionam e selam as fitas, simultaneamente. Um mecanismo a elas acoplado executa o corte. Utilizam-se três tipos de ferramentas manuais de uma só peça:

a. para arames redondos e ovais;
b. para fitas planas e sem selo;
c. para fitas planas com selo.

O equipamento destinado ao primeiro tipo faz a junção das duas pontas da fita mediante torção, não havendo necessidade de selos. A ferramenta para o segundo tipo – planas, sem selo – funciona como a anterior, devendo ser utilizadas fitas estreitas, de grande ductilidade. As ferramentas para fitas planas, com selo, funcionam da seguinte maneira:

1. a fita é passada em volta da embalagem;
2. aplica-se o selo metálico, juntando as duas partes da fita;
3. o aparelho faz a tensão;
4. selagem da fita tensionada;
5. corte das extremidades.

Há alguns modelos que funcionam à base de ar comprimido. Seu emprego diminui o tempo requerido para fechamento das embalagens, facilitando o trabalho do operador, que passa a despender menos energia, na tensão.

Os equipamentos estacionários podem ser semiautomáticos ou completamente automáticos. Os primeiros exigem operador para envolver o volume com a fita; os completamente automáticos (importados) dispensam essa exigência. Tais máquinas – destinadas a indústrias que despachem milhares de volumes por dia – devem operar em conjugação com transportadores de esteiras ou roletes. São capazes de arquear 50 *pallets* carregados, ou grandes volumes, por hora. Apesar de sua grande resistência, as fitas de aço são de difícil manuseio; se suportam o peso de centenas de quilos, oferecem o risco de danificar as embalagens, principalmente as de papelão.

FECHAMENTO POR FITAS ADESIVAS

As fitas para o fechamento de embalagens classificam-se segundo seu material e tipo de adesivo empregado. Conforme o adesivo, podem ser:

- **Fitas gomadas:** utilizam um adesivo ativo por água ou solvente.
- **Fitas sensíveis à pressão:** usam um adesivo que se fixa através de pressão, não requerendo umedecimento, calor ou solvente para ativação.
- **Fitas ativadas por calor:** empregam calor e pressão, para provocar a aderência.

Os materiais mais comuns para a fabricação de fitas gomadas são: papel, tecido, películas plásticas e materiais laminados. Essas fitas encontram muita aplicação no fechamento de embalagens de papelão, de fibra e em volumes envoltos por papel. Seu largo uso deve-se às seguintes vantagens:

1. apresentam – se convenientemente aplicadas – grande resistência às operações de manipulação e embarque;
2. proporcionam vedamento completo contra poeira e outros agentes, quando aplicadas nas juntas das caixas;
3. propiciam, pela possibilidade de impressão, um meio econômico e eficiente de publicidade e identificação;
4. possibilitam, pela facilidade de abrir, o reaproveitamento das embalagens.

Há vários tipos de fitas gomadas para fins industriais; as principais são: de papel; à prova de água; de tecido; reforçadas ou de filamento. As de papel feitas do mesmo material das caixas de papelão (*kraft*) têm grande capacidade de aderência. Os tipos à prova de água são utilizados principalmente na exportação marítima; sua impermeabilização pode ser obtida pela aplicação de uma película plástica ou asfáltica sobre o papel que a compõe. As fitas reforçadas consistem, geralmente, em uma estrutura de papel laminado com fibras de vidro, náilon ou raiom. Segundo a necessidade de utilização, essas fibras de reforço podem orientar-se em sentido longitudinal, perpendicular ao comprimento, ou em dupla direção.

Figura 3.22 *Fechamento por fitas.*

Os equipamentos para a aplicação de fitas gomadas podem ser manuais, semiautomáticos e automáticos. Os primeiros dispõem de um mecanismo simples (alavanca) que, acionado, faz correr determinado comprimento de fita sobre um umedecedor. A quantidade de fita requerida pode ser determinada por graduações existentes na própria alavanca, variando, de poucos centímetros, até um metro. Os equipamentos semiautomáticos – acionados por motor – cortam e umedecem automaticamente; somente a aplicação da fita é manual. Os equipamentos automáticos umedecem, cortam e aplicam as fitas nas embalagens. Seu maior inconveniente é só poder aplicar a cinta em um sentido.

Os principais tipos de fitas sensíveis à pressão são fabricados a partir de materiais como celofane, tecido, fibra de acetato, papel etc. As mais utilizadas são as de celofane. As fitas de pressão, apesar de mais caras que as gomadas, apresentam sobre estas uma série de vantagens: dispensam ativador, podem ser aplicadas sobre maior número de materiais e têm maior força de adesão. As fitas de pressão de maior adesividade são as denominadas "filamentosas", em cuja composição entram fios de raiom. Os equipamentos para a aplicação dessas cintas pouco diferem dos destinados às fitas gomadas, não possuindo, somente, o dispositivo de umedecimento.

As fitas ativadas por calor evitam a necessidade da aplicação, em seu dorso, de goma ou massa sensível à pressão. A adesão é conseguida ao serem revestidas com um material inerte, ativado quando aquecido. As fitas desse tipo têm grande adesividade e são fáceis de ser arrancadas da embalagem, mediante calor.

FECHAMENTO POR COSTURA

A costura é o método mais seguro para fechar sacos de papel e de tecido. A colagem ou grampeação não asseguram a esse tipo de embalagem a hermeticidade requerida. Há três variedades de costura:

- Costura Simples: a embalagem é fechada com uma costura direta sobre o tecido ou papel. É utilizada quando não há necessidade de vedação contra a umidade. Os orifícios provocados pela agulha podem permitir a saída do material pulverizado ou da pequena granulometria.
- Costura sobre Fita: uma fita de papel *kraft* – liso ou corrugado – colocada na boca do saco, por onde vai ser passada a costura, dá mais resistência ao fechamento.
- Fita sobre Costura: a aplicação de uma fita adesiva sobre a costura impede, praticamente, o escape de qualquer material pelos orifícios produzidos pela agulha. É indicada para produtos pulverizados.

Há vários tipos de "pontos" de costura, sendo o mais eficiente o denominado "cadeia". É formado de um só fio, permitindo que a embalagem seja aberta facilmente, ao puxar-se uma de suas extremidades.

Figura 3.23 *Fechamento por costura.*

Os equipamentos de costura mais utilizados podem ser classificados sob duas denominações, máquinas de costura estacionárias e portáteis. Os equipamentos fixos são destinados a operações de grande velocidade, podendo fazer parte de um sistema integrado de enchimento e fechamento. Há conjuntos de costura equipados com um transportador de correia que desloca a embalagem à medida que esta é fechada. Seu funcionamento é simples: coloca-se o saco a ser costurado numa extremidade do transportador, que entra em funcionamento ao se pressionar levemente o pedal, levando a embalagem ao encontro do cabeçote de costura. A seguir, pressiona-se mais o pedal e o cabeçote para funcioná-la. Terminada a operação, alivia-se o pedal, parando a máquina de costura. O transportador continua a trabalhar até depositar o saco na outra extremidade do equipamento.

Os equipamentos portáteis são indicados para locais em que existam várias linhas de produção distanciadas umas das outras e em que o número de embalagens a ser fechado não for muito grande.

3.4 Princípios de estocagem de materiais

3.4.1 Carga unitária

Um conceito formal de carga unitizada poderia ser "uma carga constituída de embalagens de transporte, arranjadas ou acondicionadas de modo que possibilite o seu manuseio, transporte e armazenagem por meios mecânicos, como uma unidade".

A introdução do conceito de carga unitizada, como vemos na Figura 3.24, no sistema de manuseio de materiais permitiu uma maximização da eficiência dos vários equipamentos de transporte, principalmente da empilhadeira de garfos, que pode tornar-se o mais importante meio de transporte e armazenagem de cargas nos diversos tipos de empresas.

Os dispositivos que permitem a formação da carga unitária são vários, entre eles o mais conhecido é o *pallet*, da Figura 3.25, que consiste num estrado de madeira de dimensões diversas, de acordo com as necessidades de cada empresa ou país. Na Europa convencionou-se uma medida básica de 1.200 mm com a qual se combinam outras (800 mm, 1.000 mm, 1.200 mm, 1.400 mm) conforme a área necessária a cada material.

Figura 3.24 *Carga unitizada.*

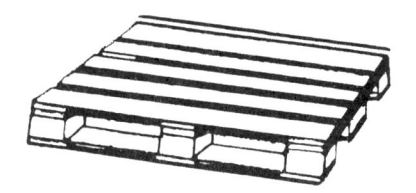

Figura 3.25 Pallet.

Com o aumento das trocas entre países dos vários continentes, foi tornando-se necessário estabelecer normas de medidas para os recipientes de manuseio, formadores de cargas unitárias. Foi então organizada uma comissão internacional para estudar o assunto e conseguir um resultado comum a todos; os mais variados padrões foram colocados num programa de computador, cujo resultado elegeu um *pallet* de 1.100 mm × 1.100 mm, com área mais próxima a todos aqueles colocados no programa. Esse resultado levou em consideração também as medidas dos *containers*, nos quais são utilizadas as cargas para transporte a grande distância. No Brasil também existem normas elaboradas pela ABNT. Pela Associação Brasileira de Supermercados (Abras), surgiu também o PBR, *pallet* padrão brasileiro que mede 1,00 m × 1,20 m.

Existem diversos tipos de *pallets*, mas eles poderiam ser divididos em algumas classes:

Quanto ao número de entradas: *pallets* de duas entradas
                                 pallets de quatro entradas
Quanto ao número de faces: *pallets* de uma face
                                 pallets de duas faces

As razões para cada uma dessas classes são as seguintes:
Pallets de duas entradas (Figura 3.26). Usados quando o sistema de movimentação de materiais não exige "cruzamento" de equipamentos de manuseio.

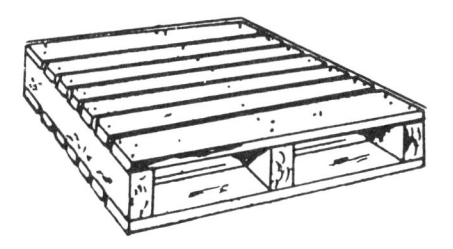

Figura 3.26 Pallet *de duas entradas.*

Pallets de quatro entradas (Figura 3.27). Usados quando é necessário o "cruzamento" de equipamentos de manuseio.

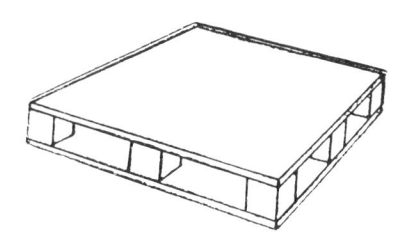

Figura 3.27 Pallet *de quatro entradas.*

Pallets de uma face (veja Figura 3.28). Aplicados quando a operação não exige estocagem, ou quando o *pallet* pode dispensar reforços, em virtude das características do material a ser manuseado.

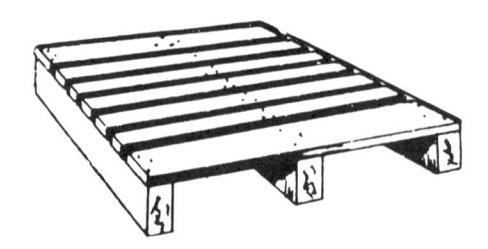

Figura 3.28 Pallet *de uma face, duas entradas.*

***Pallets* de duas faces** (veja Figura 3.29). São os escolhidos quando se precisa de uma unidade mais reforçada, ou quando se quer aproveitar o *pallet* por duas vidas úteis. Os dois conceitos acima exigem *palles* diferentes:

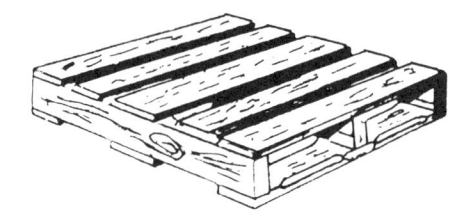

Figura 3.29 Pallet *de duas faces, duas entradas.*

- quando se deseja somente um *pallet* mais reforçado, utiliza-se uma armação com travessas na parte inferior, formando um conjunto mais "estruturado";
- quando se quer um *pallet* que tenha "mais vida útil", utiliza-se o real *pallet* de duas faces, ou seja, tanto a face superior como a inferior podem portar cargas. Este tipo é bastante útil quando se manuseiam materiais que podem vir a atacar a madeira, seja por atrito, abrasão, corrosão etc.

Como as mercadorias que serão acomodadas sobre os *pallets* não têm sempre o mesmo tamanho, para cada uma delas é preciso um estudo detalhado de "arranjo físico" sobre o *pallet*, como ilustra a Figura 3.30. Há toda uma técnica de "estudos de arranjos físicos" para preparar uma carga unitária a partir das caixas, latas ou algum tipo de embalagem primária ou embalagem para venda. Esta técnica envolve a aplicação de algumas fórmulas algébricas ou, então, a utilização de tabelas que mostram exemplos de "arranjos".

Arranjo em bloco vazado   Arranjo em colmeia

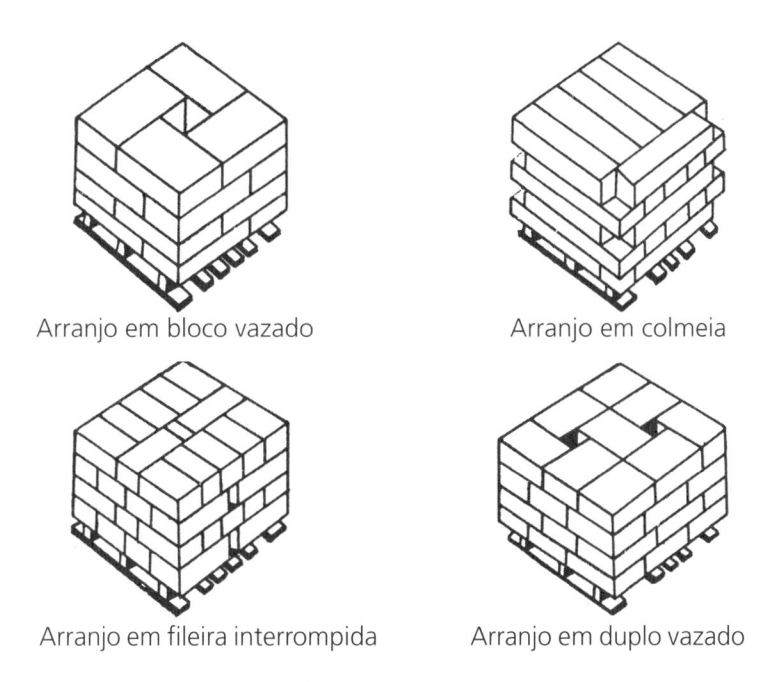

Arranjo em fileira interrompida   Arranjo em duplo vazado

Figura 3.30 *Tipos de arranjo de carga.*

O *pallet*, entretanto, não é a única nem a melhor forma de portar materiais e formar cargas unitárias. Saindo do campo das cargas de formatos regulares, como caixas de madeira ou papelão, existe a necessidade de outros tipos de recipientes. Desse modo, o manuseio correto de peças a granel (parafusos, porcas e arruelas em grande quantidade) demandou recipientes em madeira ou metal, sempre elaborados dentro do conceito inicial do *pallet*, que permite ser apanhado por algum equipamento. Surgiram também os recipientes de coleta da Figura 3.31.

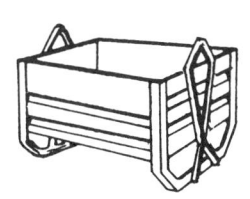

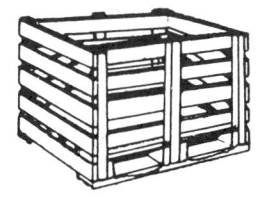

Figura 3.31 *Recipientes de coleta (caçamba).*

Conjuntos montados, como motores, por exemplo, podem ser dispostos em *racks*, que são estruturas metálicas, nas quais os dispositivos especiais montados sobre o tampo da base oferecem fácil acomodação ao conjunto, que, por sua vez, facilita o manuseio.

Peças de grande comprimento (barras, tubos e perfis) tratadas com auxílio de berços, vistas na Figura 3.32 – estruturas metálicas na dimensão das peças –, podem ser apanhadas pelo equipamento de transporte.

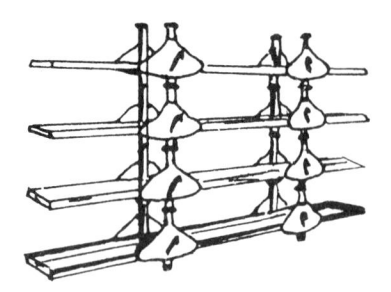

Figura 3.32 *Berço metálico.*

A partir destes recipientes básicos podem-se desenvolver outras adaptações aos materiais de características especiais. Sempre que possível, entretanto, devem-se considerar as medidas básicas 1.100 mm × 1.100 mm, pois, assim, a carga estará dentro dos padrões de medidas de outros meios de transporte e armazenagem.

3.4.2 Paletização

A paletização vem sendo utilizada, com frequência cada vez maior, em indústrias que exigem manipulação rápida e estocagem racional de grandes quantidades de carga. O emprego de empilhadeiras e *pallets* já proporcionou, a muitas empresas, economia de até 80% do capital despendido com o sistema de transporte interno. Um planejamento rigoroso deve ser sempre realizado para determinar a viabilidade ou não do emprego do sistema.

A manipulação em lotes de caixas, sacos, engradados etc. permite que as cargas sejam transportadas e estocadas como uma só unidade. As principais vantagens são: economia de tempo, mão de obra e espaço de armazenagem. Um sistema de paletização bem organizado permite a formação de pilhas altas e seguras; oferece melhor proteção às embalagens, que são manipuladas em conjunto; além de economizar tempo nas operações de carga e descarga de caminhões.

A área de aplicação dos *pallets* tem aumentado muito nos últimos anos. Inicialmente empregados na manipulação interna de armazéns e depósitos, hoje acompanham a carga da linha de produção à estocagem, embarque e distribuição. Para facilitar a utilização dos *pallets*, países como a Inglaterra e EUA padronizaram suas medidas, permitindo, assim, que estes viajassem em caminhões, vagões ferroviários e aviões cargueiros, além de embarcações marítimas.

Há diversos fatores que precisam ser considerados ao se escolher um *pallet* para operar um determinado sistema:

1. peso;
2. resistência;
3. tamanho;
4. necessidade de manutenção;
5. material empregado na sua construção;
6. umidade (para os de madeira);
7. tamanho das entradas para os garfos;
8. custo;
9. tipo de construção;
10. capacidade de carga;
11. tipo de carga que carregará;
12. capacidade de empilhamento;
13. possibilidade de manipulação por transportador;
14. viabilidade para operações de estiva.

A distribuição da carga sobre o *pallet* é de grande importância no planejamento de um sistema de manipulação. Assim, é conveniente determinar um arranjo típico para a padronização das operações. Os elementos destinados a trabalhar com os *pallets* devem ser treinados, a fim de saberem qual a maneira mais correta de carregá-los com volumes de determinados tamanhos. Os tipos mais comuns de arranjos foram mostrados quando vimos carga unitária, item 3.4.1.

O arranjo mais indicado para determinada operação depende de:

- *Tamanho da carga* – As maneiras de paletizar uma carga podem ser diversas, apenas uma ou nenhuma, dependendo do seu tamanho.
- *Peso do material* – O número de camadas está condicionado à resistência do *pallet* e da embalagem.
- *Carga unitária* – O comprimento, a largura e, especialmente, a altura da carga unitária, tomada como um todo, devem ser considerados.
- *Perda de espaço* – Alguns arranjos podem ter muitos vazios entre as suas unidades. Além de perda de espaço, o peso é distribuído desigualmente, possibilitando o desmoronamento das pilhas.
- *Compacidade* – As várias unidades de um arranjo devem "se casar" para que haja o necessário entrelaçamento do conjunto.
- *Métodos de amarração* (veja Figura 3.33) – De acordo com o tipo de fixação das várias unidades de carga em conjunto (colagem, arqueamento com fitas metálicas ou de náilon etc.), estas poderão ser dispostas sobre o *pallet* sem maiores preocu-

pações. Dá-se mais importância ao entrosamento entre as várias unidades, quando as cargas não são amarradas entre si.

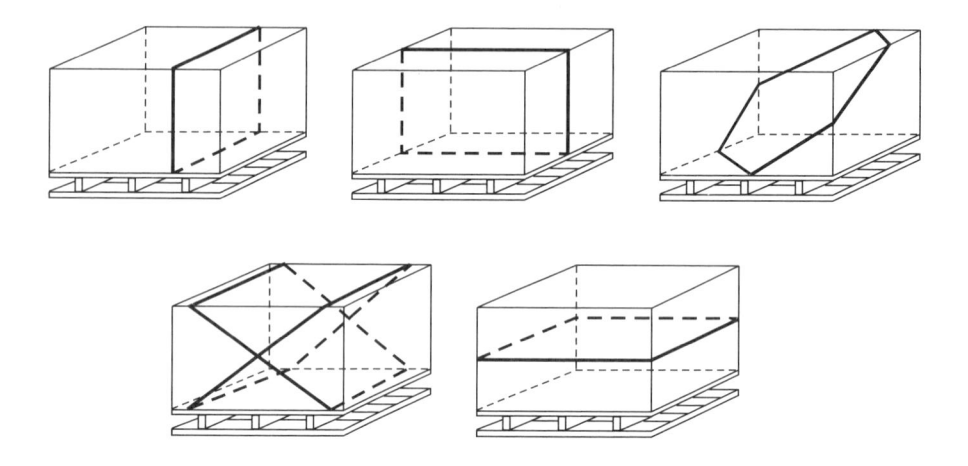

Figura 3.33 *Amarração.*

Para utilizar *pallets* padronizados, as empresas devem adaptar a eles suas embalagens. É antieconômico manter *pallets* de vários tipos e dimensões em um só sistema.

No que se refere às eventuais revisões das embalagens, há algumas recomendações importantes, com relação às caixas de papelão mais comumente empregadas:

1. *Resistência* – As embalagens de papelão devem ser suficientemente fortes para aguentarem o empilhamento, suportando o peso de quatro *pallets* carregados superpostos;
2. *Peso* – Para fins de paletização uma caixa de papelão carregada com 1,5 kg é considerada "ótima". Pesos maiores de 23 kg não são recomendáveis, pois tornam difícil a manipulação individual quando da colocação das caixas sobre os *pallets;*
3. *Cubagem* – Caixas muito grandes ou muito pequenas aumentam o custo do manuseio. A cubagem ideal para a carga ser paletizada é de 0,028 m^3, aproximadamente;
4. *Altura* – Para melhor estabilidade, a altura da embalagem não deve ultrapassar as medidas de comprimento e largura. Recomenda-se que não seja superior a 350 mm e 180 mm, respectivamente, para cada unidade de carregamento total.

Os seguintes tipos de embalagens não são indicados para paletização:

- Embalagem em forma de cubo – dificulta a arrumação sobre o *pallet*, bem como seu empilhamento com segurança.
- Embalagens muito fracas que não permitam o empilhamento.
- Embalagens muito pesadas – alguns volumes devem ser deslocados manualmente.

- Embalagens demasiadamente cheias – suas superfícies laterais ficarão abauladas, dificultando o empilhamento.
- Volumes com formas não usuais – cônicos, cilíndricos, hexagonais etc. – são difíceis de ser paletizados e desperdiçam espaço.
- Embalagens mal identificadas – um volume poderá ser paletizado duas ou três vezes, dependendo do tipo de operação. Identificá-los em suas várias faces poupa tempo.
- Embalagens ou contenedores que possam ser movimentados mecanicamente, sem *pallet*. Refrigeradores e máquinas de lavar são um bom exemplo disso.
- Para movimentar e transportar cargas unitárias torna-se necessário, às vezes, fixá-las sobre o *pallet*. Para isso, os métodos mais comuns são: aplicação de fitas metálicas ou de náilon, cola, fitas adesivas ou cordas. A escolha de determinado tipo de reforço dependerá de fatores como: distância a que será transportado o *pallet*, tipo a ser utilizado, método de manuseio e embarque etc.

A utilização de fitas metálicas é a maneira mais segura de prender cargas aos *pallets*. Pode-se cintar as cargas de várias maneiras. O arqueamento pode ser feito transversalmente às ripas, sistema indicado para os transportes rodoviário e ferroviário devido aos movimentos, na viagem. Fitas metálicas, porém, não devem arquear conjunto de embalagens frágeis, já que podem danificá-las. A amarração de cargas paletizadas só é necessária quando o *pallet* sofrer muita movimentação no transporte.

Não há restrições para as espécies e formas de materiais que podem ser paletizados. O limite prático não depende das formas pouco usuais de algumas cargas, mas do equilíbrio entre o custo da paletização e as vantagens dela oriundas.

Cargas de formas irregulares podem ser paletizadas utilizando-se tipos especiais de *pallets*, encaixando dois ou mais objetos, ou desmontando as várias partes de um todo. Partes pequenas podem ser manipuladas em caçambas empilháveis. Há muitas maneiras de tornar mais eficiente um sistema de paletização, utilizando-se desde simples ripas até acessórios mais complexos.

Pranchas Auxiliares – pedaços de madeira colocados sobre a carga unificada que auxiliam a suportar o peso do *pallet* superior. São necessários quando:

a. o *pallet* só tem uma face;
b. a carga paletizada tem superfície muito irregular.

Esquadrias – como se vê na Figura 3.34, são destinadas a suportar cargas empilhadas de grande peso. Essas armações retangulares servem, igualmente, para impedir que o *pallet* superior descanse diretamente sobre a carga de outro.

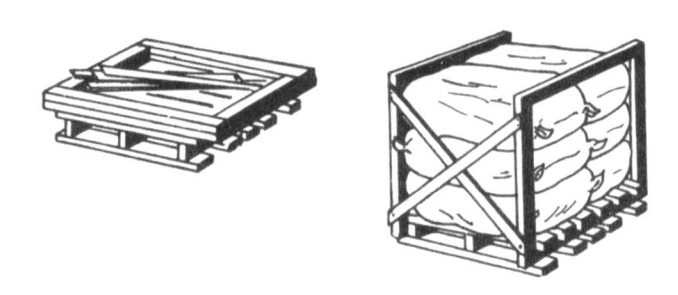

Figura 3.34 *Esquadrias e engradados.*

Ninhos – feitos para fixar determinado material sobre o *pallet*, tendo, para tanto, a forma do objeto a ser paletizado.

Colarinhos – feitos de ripas de madeira reforçados por cantoneiras ou fitas metálicas, indicados, sobretudo, para paletizar cargas como botijões de gás. Além de permitirem o empilhamento, dão mais segurança à carga.

Espaçadores com entalhes – como ilustra a Figura 3.35, são tipos de berço que possuem os contornos dos materiais a serem paletizados. Possibilitam o manuseio agrupado de volumes como tambores de oxigênio, gás etc.

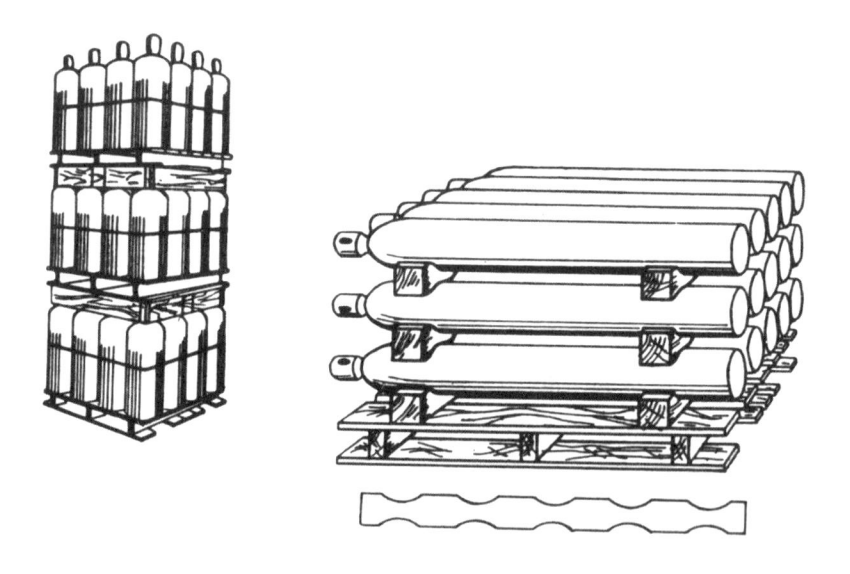

Figura 3.35 *Estocagem de gases.*

Divisores – podem ser feitos com diversos materiais e formatos, para separar desde peças desmontadas até frascos que contêm ácidos, como mostrado na Figura 3.36.

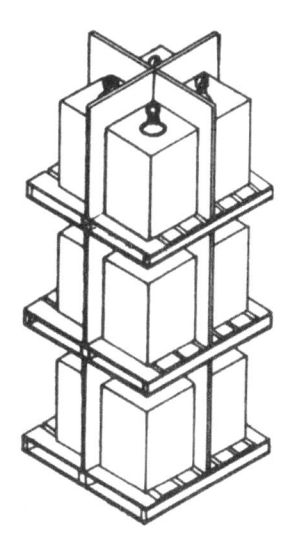

Figura 3.36 *Estocagem de frascos.*

3.4.3 Conservação

Como qualquer tipo de equipamento ou implemento para manipulação de materiais, os estrados de madeira rendem muito mais quando lhes são dispensados cuidados especiais. Se devidamente desenhados e construídos para uso em condições específicas, os *pallets* de madeira oferecem mais vantagens que quaisquer outros tipos confeccionados com outros materiais.

Com base na longa experiência de milhares de compradores, o atendimento dessas regras evita ao máximo o dano dos estrados. Elas devem ser transmitidas aos operadores de empilhadeiras:

- Manejar e colocar cuidadosamente a empilhadeira de frente para a carga, com os garfos introduzidos simultaneamente sob o estrado, em ângulo reto com a frente da carga.

- Conduzir a máquina para frente, até que encoste na carga, sem empurrá-la nem sacudi-la depois de seu levantamento.

- Abrir ao máximo os garfos da empilhadeira, para proporcionar uma distribuição uniforme do peso, assegurando-se de que os garfos estejam igualmente espaçados em relação à largura do estrado.

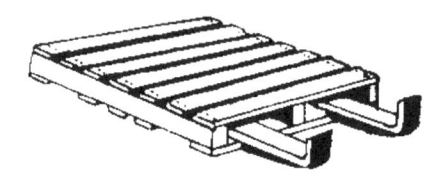

- Ao apanhar um estrado não arrastá-lo pelo chão, mantendo os garfos nivelados; não entrar nem sair das aberturas do *pallet* com os garfos inclinados.

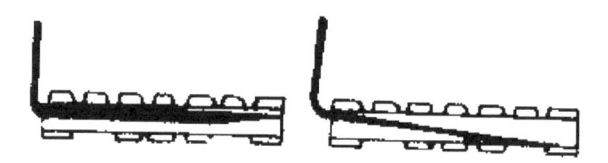

- Ao aproximar-se da carga, evitar choques com as partes laterais do estrado.

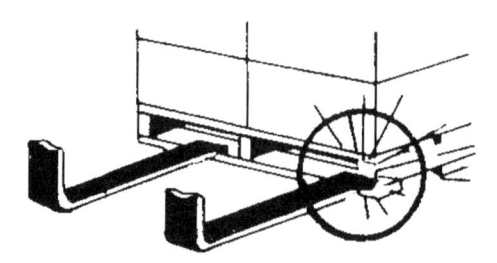

- Não deslocar o estrado com os garfos para alinhá-lo, a fim de poder introduzi-los.

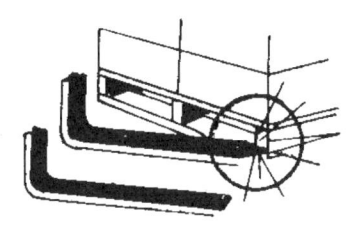

- Não tirar o estrado superior de uma pilha, fazendo-o resvalar e cair no chão, porque tal prática afrouxa as junções.

- Quando embarcar um estrado, não amarrá-lo a objetos que tenham superfície menor que a da sua plataforma, pois isso poderia arrancar os tabuleiros superiores.

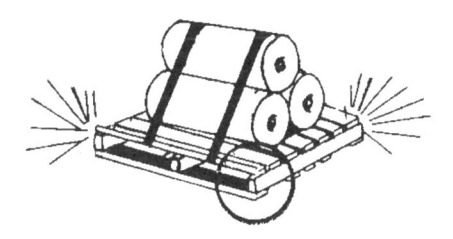

3.4.4 Técnicas de estocagem

A dimensão e as características de materiais e produtos podem exigir desde a instalação de uma simples prateleira até complexos sistemas de armações, caixas e gavetas. As maneiras mais comuns de estocagem de materiais podem ser assim generalizadas:

a. Caixas – são adequadas para itens de pequenas dimensões; construídas pela própria empresa ou adquiridas no mercado em dimensões padronizadas, as caixas encontram grande aplicação em armazenagem também na própria linha de produção.

b. Prateleiras – são fabricadas em madeira ou perfis metálicos, destinando-se a peças maiores ou para o apoio de gavetas ou caixas padronizadas. Utiliza-se a madeira não só por motivos econômicos, mas também por ser mais mole, não danificando os produtos estocados quando de impactos eventuais.

A estrutura metálica da Figura 3.37 tem, por outro lado, a vantagem de ser mais flexível, permitindo modificações na altura e largura das divisões e resistindo melhor aos danos acidentais causados por veículos de movimentação.

Figura 3.37 *Estrutura metálica.*

c. *Racks* – são construídos especialmente para acomodar peças longas e estreitas, como tubos, vergalhões, barras, tiras etc. Podem ser montados sobre rodízios, permitindo seu deslocamento para junto de determinada área de operação. Os *racks* são fabricados em madeira ou aço estrutural.

d. Empilhamento – constitui uma variante na armazenagem de caixas e certos produtos, diminuindo a necessidade de divisões nas prateleiras ou formando uma espécie de prateleira por si só. É o arranjo que permite o aproveitamento máximo do espaço vertical.

Assim, torna-se importante saber o número de "entradas" (que traduz de quantos lados o *pallet* poderá ser manuseado), a configuração (especial para certos produtos), tipo de construção (que define, além da resistência mecânica deste suporte, a proteção que oferece aos produtos do *pallet* inferior quando do empilhamento).

Outra forma de empilhamento é aquela constituída por prateleiras dotadas de seções curtas de **transportadores** de roletes ou rodízios em declive da "entrada para a saída". O material, armazenado em caixas, desliza em direção à armazenagem de saída uma vez depositado sobre os roletes ou rodízios.

Em termos de fabricação, existem três classificações básicas de estocagem próprias à transformação típica de matéria-prima em produto acabado:

Figura 3.38 Racks.

a. **Estocagem de matéria-prima** – Ainda que existam certas matérias-primas que podem ser armazenadas ao tempo, o caso mais comum é o da estocagem interna. A decisão de se criar um único local centralizado para toda a matéria-prima ou armazená-la junto ao ponto de utilização é considerada comparando as vantagens de cada um destes critérios. A armazenagem centralizada facilita o planejamento da produção, facultando o controle de inventário concentrado em um só ponto da fábrica, o armazém; esta centralização também permite um melhor controle sobre as peças ou produtos defeituosos, tornando o ato de rejeição mais simples. A armazenagem descentralizada, por outro lado, possibilita um inventário mais rápido, por meios visuais, e, por estar localizada junto aos pontos de utilização, minimiza os atrasos ocasionados por enganos no envio de materiais a outros locais que não o de utilização. O trabalho de documentação e de fichário é reduzido, o espaço que normalmente não seria utilizado pode ser aproveitado no sistema descentralizado de armazenagem, com melhor uso racional.
Estas opções não existem quando os materiais são armazenados ao tempo, como é o caso típico da madeira na indústria do papel, dos lingotes na laminação do alumínio e do aço e de grande número de indústrias de processamento de produtos químicos.
Estocagem intermediária – Também pode ser centralizada ou descentralizada; aqui, trata-se de estocar os materiais ou produtos que, já transformados, processados ou fabricados, parcial ou totalmente, entram na etapa seguinte da produção. Quando a armazenagem é centralizada, é comum o emprego de transportadores, enquanto a descentralização pode exigir os *pallets*, caixas ou prateleiras, junto ou próximo às estações de trabalho.

c. **Estocagem de produtos acabados** – É aquela feita para atender ao usuário, seja o de entrega imediata, seja o de encomendas sob pedido.
No primeiro caso, o local de armazenagem deve situar-se próximo ao local de expedição, enquanto para o atendimento de pedidos especiais, variáveis de cliente

a cliente, a localização passa a ter importância secundária; isto porque esta modalidade de estocagem quase se funda no processo de montagem final, estando envolvido um número relativamente baixo de componentes.

Quando o produto acabado é constituído por materiais e produtos destinados à manutenção interna da fábrica, equipamento de escritório etc., o sistema centralizado é o preferido. Caso a indústria seja de grande porte, existe ainda a possibilidade de subdivisão do estoque em áreas específicas de influência, ou seja, manutenção elétrica, hidráulica, material de expediente etc.

A escolha do melhor sistema de estocagem de uma empresa é feita em função do espaço disponível, do número de itens estocados, do tipo de embalagem e da velocidade de atendimento necessária. Quando se faz um estudo de implantação ou modificação de um depósito, deve-se efetuar uma comparação entre os custos de armazenagem do novo sistema e as vantagens adquiridas, em termos de tempo e de dinheiro.

Quando se fala em estocagem, o meio mais simples e econômico ainda é a prateleira. Esta deve ser utilizada apenas para peças pequenas e leves, quando o seu volume em estoque não for muito grande. Os materiais colocados nos nichos devem ficar visíveis e perfeitamente identificados.

Para os materiais de peso leve podem ser usadas caixas metálicas, como mostra a Figura 3.39. Para os materiais de peso médio é sugerida a utilização de caixas metálicas e de *pallets*. Estes dois tipos têm como vantagem o aproveitamento do espaço vertical do depósito. Nestes casos não deve ser esquecida a taxa de compressão máxima do piso onde os materiais serão empilhados.

Figura 3.39 *Caixa metálica.*

Devido a uma série de estudos, concluiu-se que o tipo de estocagem que proporciona melhor rendimento é o perpendicular. Procurou-se, então, associar o sistema de empilhamento de caixas ou *pallets* com a prateleira; surgiram então as prateleiras porta-*pallets*, que vieram a dar maior flexibilidade quanto à possibilidade de melhor aproveitamento do espaço vertical dos depósitos.

A grande utilização das estruturas porta-*pallets* trouxe dois problemas: cargas em maiores alturas e necessidade de diminuição dos corredores, para se obter um melhor aproveitamento dos depósitos. Os dois problemas tinham como obstáculo o meio de transporte, que era a empilhadeira tradicional.

Figura 3.40 *Estrutura porta-*pallets.

Estudos foram feitos e hoje existem as empilhadeiras com garfos telescópicos ou que colocam e retiram *pallets* lateralmente e com torres de até 12 m de altura.

O sistema evoluiu de tal maneira que hoje a movimentação dos *pallets* é feita por equipamentos denominados *stacker crane*, uma ponte rolante que se movimenta na vertical, ou seja, a estrutura é guiada por dois trilhos colocados no forro e no piso, e a retirada dos *pallets* é feita por garfos telescópicos lateralmente. Com isto reduziu-se ao máximo a largura dos corredores.

Figura 3.41 Stacker crane.

Mas a evolução em termos de estocagem não parou aí. Com o advento do *stacker crane* o problema de corredores foi resolvido e ao mesmo tempo houve uma liberação quanto à altura de estocagem. Deparou-se então com um conflito entre altura máxima de estocagem e custo de estrutura do depósito.

O processo atual é utilizar a própria estrutura porta-*pallets* como "estrutura do edifício". Em outras palavras, constrói-se a estrutura porta-*pallets* de estocagem e recobre-se lateralmente e no forro com o material que se deseja. Com isto chegou-se a depósitos com 25 a 30 metros de altura.

Vimos sistemas de estocagem que obedecem a um arranjo de tipo do empilhamento perpendicular em fila; para chegarmos a um caso ideal, ou seja, maior aproveitamento de área possível, que seria a justaposição de empilhamentos em blocos e em filas, as estruturas porta-*pallets* roletes foram adaptadas. O *pallet* é colocado no porta-*pallets*, e por gravidade se movimenta internamente; a retirada é feita por outro corredor.

A última evolução ou uma das últimas, quanto a sistemas de estocagem, é o *container* flexível, que são chamados de *big bags* (Figura 3.42). Existem vários tipos de *containers* flexíveis, de acordo com o fabricante, mas, basicamente, nada mais são do que sacos feitos, por exemplo, com um tecido à base de neoprene, cordas de dacron (náilon ou raiom) e borracha vulcanizada. Sua capacidade varia em torno de 500 a 1.000 kg, embora nos Estados Unidos existam *containers* para até 9,5 toneladas. São utilizados para a estocagem e movimentação de sólidos a granel e líquidos. O revestimento interno varia de acordo com o conteúdo. Sua movimentação é feita por empilhadeiras ou guinchos.

Figura 3.42 Big bags.

Ao decidir pelo melhor sistema de movimentação e estocagem de materiais, devem ser consultados os diversos fabricantes de embalagens e equipamentos (empilhadeiras, *pallets*, porta-*pallets*, *containers* flexíveis etc.). Normalmente esses fabricantes se prontificam a executar e apresentar projetos que visam a uma melhor solução, que terá características de acordo com as necessidades da empresa solicitante.

A estocagem não pode ser considerada isoladamente; é uma atividade ligada à produção e às vendas, devendo ser programada em conjunto com esses setores. Suas funções principais são: receber e fornecer materiais, registrando as entradas e saídas; controlar o grau de obsolescência dos produtos; determinar os níveis de estoque adequados. Os custos de estocagem são elevados e a principal forma de reduzi-los está numa programação cuidadosa.

O maior problema que surge durante a programação é determinar o nível correto do estoque, e com essa informação, calcular a área necessária para armazenamento das mercadorias. O nível adequado é aquele que permite atender à demanda dentro do tempo necessário para a reposição, com o menor investimento. Devem ser considerados os estoques de produtos acabados, em processamento, matérias-primas, materiais para embalagem e para manutenção da fábrica.

CORREDORES

Seu número depende da facilidade de acesso desejada. Assim, quando a quantidade de mercadorias em estoque for elevada, podem ser formadas ilhas com várias pilhas; se a quantidade for reduzida, as ilhas deverão ser menores. Mercadorias sobre prateleiras requerem corredores a cada duas filas.

A largura é determinada pelo equipamento utilizado para manuseio. Para empilhadeira a gasolina, de uma tonelada, são necessários corredores de 2,4 m; para empilhadeiras de duas toneladas, corredores de 3 m; e para máquinas de 3 t, corredores de 3,6 m. Os corredores principais e os utilizados para embarque devem permitir o trânsito de duas empilhadeiras ao mesmo tempo. A localização é estabelecida em função das portas de acesso, elevadores, chutes ou arremessos etc. As empilhadeiras elétricas necessitam de menores corredores.

Entre mercadorias e as paredes são necessárias passagens de 60 cm que deem acesso às instalações para combate a incêndios.

PILHAS

O topo das pilhas de mercadorias deve ficar um metro, aproximadamente, abaixo dos *sprinklers* contra incêndios, instalados no teto. A altura máxima recomendada é de cinco pilhas, devido às limitações dos equipamentos de elevação e ao custo de armazéns muito altos.

PORTAS

Devem permitir a passagem de empilhadeiras carregadas. Têm normalmente 2,4 m de altura e igual largura.

PISO

Com excessiva frequência, os pisos são mal dimensionados e não apresentam a resistência necessária. Devem ser construídos em concreto e suportar o peso dos materiais estocados e o trânsito das empilhadeiras carregadas. Para tráfego de empilhadeiras elétricas, a construção do piso deve ser especial.

EMBARQUE

O local destinado a embarque tem normalmente 1,25 m de altura sobre o piso, para facilitar as operações. A fim de determinar o número de lugares para acostamento de veículos, calcula-se quantidade diária de embarques e o tempo de carga e descarga. A demora das operações de carga varia com o equipamento para manuseio. Uma empilhadeira pode carregar um caminhão em 15 minutos, se a mercadoria for paletizada; *manualmente*, a operação requereria de uma hora e meia a três. Próximo à área de embarque é necessário reservar um local para armazenagem temporária, onde são colocadas as mercadorias por praça e cliente.

ESCRITÓRIOS

Costumam estar próximos aos locais de embarque. Seu tamanho varia com as operações do armazém. Algumas empresas possuem instalações centrais onde estão localizados escritórios, controle, manutenção etc.

OUTRAS INSTALAÇÕES

Todo armazém tem de estar equipado com equipamentos para combater incêndios, como extintores, *sprinklers*, sinais de alarme. A iluminação deve ser estudada depois de traçados os corredores: é sobre eles que são instaladas as lâmpadas. Um armazém, dependendo do tipo de mercadorias estocado, precisa de ar-condicionado, controle de umidade, depósitos de combustível para empilhadeiras etc.

3.4.5 Análises de sistemas de estocagem

Inicialmente, a empresa tenta resolver seu problema de armazenagem pela forma mais simples, limitando-se a empilhar manualmente as mercadorias umas sobre as outras, havendo nesse comportamento certa dose de razão. Diz a heurística regra de parcimônia que entre duas soluções é provável que a correta seja a mais simples. Esta pilha, algumas vezes a última palavra em matéria de solução, mas quase sempre instável e danosa para a mercadoria – devido a ação do peso da carga que vem de cima –, recebe o nome de sistema de blocagem.

Com um pouco de imaginação, a empresa descobre que a utilização de *pallets* empilhados torna a carga manobrável por empilhadeira, os corredores mais estreitos e os custos muito menores. Passa a utilizar não mais uma blocagem simples, mas a blocagem com inserção de *pallets*. Todavia, principalmente se o produto for frágil ou de difícil paletização, a pilha continuará instável e a empresa perderá altura de armazenagem.

Entra em cena então a prateleira porta-*pallet*, montada com cantoneiras perfuradas, presas entre si por encaixe ou parafusos, o que dá uma característica modular ao sistema. Como cada *pallet* já não recebe cargas dos de cima e está apoiado em uma estrutura resistente, estabilidade e aproveitamento do pé-direito deixam de ser problema. A vantagem do sistema evidencia-se principalmente quando o produto a ser empilhado não pode suportar peso e quando é necessária uma estocagem seletiva. Isto é, quando se estoca um número muito variado de itens, cada um deles em pequenas quantidades.

Mais um pouco de imaginação e pode-se ganhar mais espaço com o sistema porta--pallet, ao dispor as prateleiras em ângulo de 45° com os corredores, o que permite que elas fiquem 42% mais compridas; normalmente, nesse caso serão usados módulos cuja largura comporta apenas um *pallet*. E na hora de colocar ou retirar a carga, a empilhadeira já não precisa girar 90° para assumir a posição frontal, mas apenas 45°.

Quem já usa o sistema convencional e quer aumentar a capacidade de estocagem sem mudar pode armazenar em dois andares. É o sistema patamar, que consiste na construção de um piso sobre as instalações existentes, apoiado em novas colunas e não nas antigas. Sobre esse piso serão erguidas novas prateleiras e os diferentes pisos são interligados por escadas, para uso dos funcionários, e por monta-cargas, para elevação das mercadorias.

Para ganhar ainda mais espaço, existe o *drive-in*, que elimina os corredores transversais. O sistema é semelhante, na aparência, ao convencional, só que as longarinas horizontais são eliminadas. No seu lugar ficam apenas ombreiras, que servem de apoio para os *pallets*. O resultado é um autêntico corredor por onde a empilhadeira pode penetrar de frente, com o garfo elevado até a altura do plano de carga ou descarga. Colocado ou apanhado o *pallet*, a saída é feita de ré; para baratear a estrutura, o sistema é construído com um dos lados encostados na parede. O preenchimento de um túnel (corredor útil) completo é feito formando-se uma chaminé (coluna) completa de *pallets* na mesma profundidade (em relação ao corredor). Só então a empilhadeira começa a preencher outro túnel depois que o anterior está completamente cheio. No caso mais geral, o método não permite a aplicação do sistema FIFO – primeiro a entrar, primeiro a sair. Mas isso não chega a ser desvantagem. O forte do *drive-in* são as situações nas quais existe pequeno número de itens, estocados em grandes quantidades. A saída também se processa em grandes quantidades.

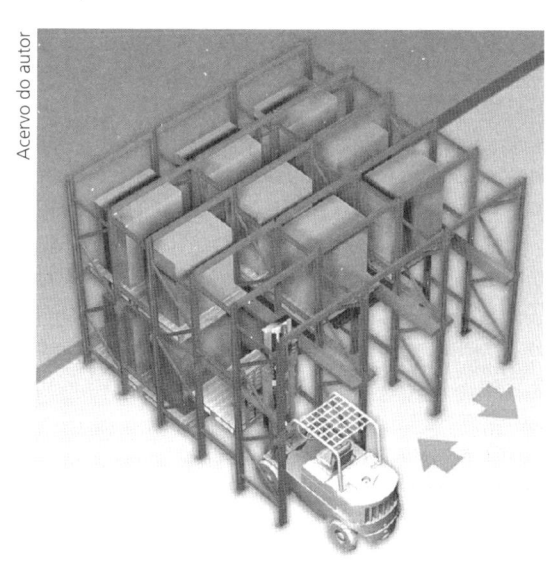

Figura 3.43 *Estrutura* drive-through.

Quase sempre, todo um túnel será retirado de uma só vez. E como é possível esvaziar primeiro o que foi preenchido há mais tempo, isso equivale ao sistema FIFO. Mas para aqueles que precisam estocar itens paletizados em pequenas quantidades pelo sistema FIFO, a solução é desencostar o *drive-in* da parede. Surge assim o sistema *drive-through*, no qual a empilhadeira entra numa face (de carga) e sai pela outra (de descarga), ao contrário do *drive-in*, que exige carga e descarga sempre pela mesma (e única) face. Outra diferença: o custo de instalação do *drive-through* é maior, porque, não podendo escorar-se na parede, exige armação reforçada, totalmente "amarrada" ao teto. Para melhorar o aproveitamento do sistema, podem ser usadas empilhadeiras especiais, mais estáveis por manterem a carga na linha do seu centro de gravidade; as convencionais trabalham com contrapesos que equilibram o movimento provocado pela excentricidade da carga, o que permite aos garfos atingirem alturas maiores e evita utilização de grandes espaços para fazer as curvas. Mas mesmo com empilhadeiras convencionais, o sistema dá bom resultado e economiza bastante espaço.

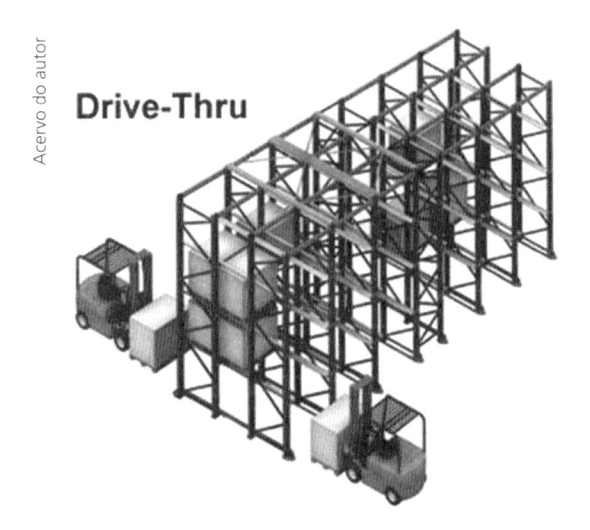

Figura 3.44 *Estrutura* drive-thru.

Quem quiser pode sofisticar um pouco o *drive-through* e encomendar ao fabricante um sistema dinâmico ou de *pallet* deslizante. As longarinas, no sentido de profundidade, virão um pouco inclinadas e equipadas com rodízios ou roletes; a empilhadeira já não mais precisará penetrar nos túneis. Uma vez depositado o *pallet* na borda do túnel, ele descerá por gravidade até a outra face (ou até encontrar outro *pallet*, já parado). Para evitar danos à carga, são usados retardadores – se a inclinação fosse muito pequena, a carga correria o risco de não deslizar sozinha – que tiram velocidade do *pallet*, através de dispositivos mecânicos ou hidráulicos.

Não há regras fixas para estabelecer a inclinação e profundidade do sistema. Qualquer sistema de estocagem compreende quase sempre pelo menos três etapas. A primeira é a estocagem estática de grandes volumes de mercadoria, que permanecem por muito tempo no mesmo local. Depois vem uma fase intermediária. O *pallet* é retirado do estoque e vai para a área de confecção de pedidos, onde permanece por pouco tempo.

Finalmente com base numa requisição, o expedidor prepara os pedidos, às vezes fracionados em embalagens unitárias; o que sobra será deixado em uma bancada ou pequena estante.

Na fase intermediária, em que o *pallet* ou as caixas aguardam a preparação do pedido, uma modalidade de estocagem dinâmica, o *flow-rack* ou *guide-stock*, pode ser muito útil. Trata-se de um sistema semelhante ao de estocagem dinâmica, porém de menores dimensões e adaptado ao tamanho do recipiente que será transportado.

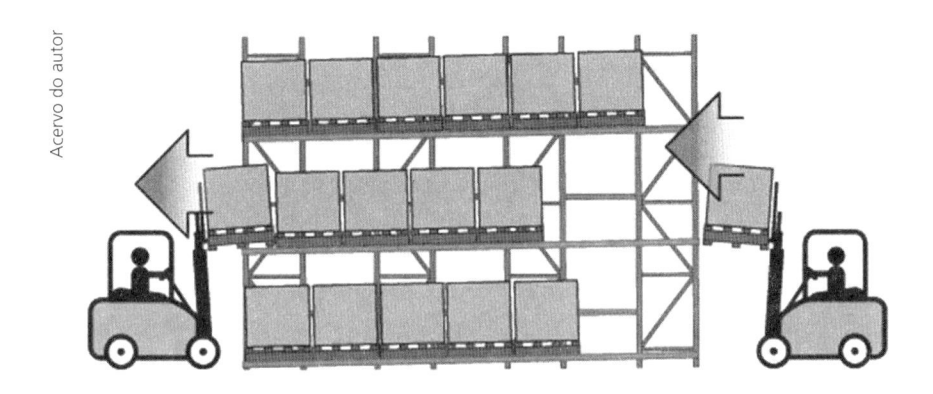

Figura 3.45 *Estrutura* drive-thru.

Imagine todos os corredores substituídos por um único espaço livre entre as estantes. Isso pode ser obtido com a utilização de estantes movediças. Para atingir uma carga, basta deslocar todas as estantes que estão entre o vão aberto no momento e a face da estante desejada. A economia de espaço com esse sistema é enorme. Uma instalação de 15 armações e 14 corredores, por exemplo, pode ser substituída por outra com 28 armações equivalentes e um único corredor. E o método tanto se aplica a mercadorias leves quanto a cargas pesadas. Mecanicamente, a estante movediça assemelha-se a um pequeno vagão ferroviário rebaixado. Um verdadeiro chassi sobre rodas, correndo em trilhos embutidos no piso, de modo que permita a passagem da empilhadeira ou de outro equipamento que apanha as mercadorias.

Quando as prateleiras são leves, sua movimentação pode ser até manual. O normal, todavia, é a utilização de um cabo ligado a um motor de acionamento. O operador limita-se a acionar, num painel, o botão correspondente à estante desejada, colocando em funcionamento um mecanismo de engate que, por sua vez, se prende ao cabo de tração.

No caso de cargas muito pesadas, cada estante será dotada de um carrinho, também acionado automaticamente a distância. Como medida de segurança, adaptam-se dispositivos com sensores fotoelétricos, que impedem o fechamento do sistema quando houver algum obstáculo ou pessoa entre as estantes. Para pequenos almoxarifados, pode ser usada uma variação desse sistema. As estantes, em vez de colocadas perpendicularmente aos trilhos, são dispostas paralelamente aos mesmos, correndo longitudinalmente.

Para acomodar cargas compridas – como barras ou tubos – individualmente ou em feixes, existe o *cantilever*, um sistema que usa barras metálicas em balanço, perpendicularmente ao corredor e sem longarinas frontais. Com a colocação de plataformas de madeira entre os braços, pode acomodar também carga paletizada.

Conhecer os sistemas gerais de estocagem não é tudo. Cada carga tem suas particularidades e exige adaptações. Por isso é preciso desenvolver uma solução para cada caso. Vejamos quais são as soluções para 11 tipos diferentes de produtos:

1. **Barras, tubos e feixes** – O melhor sistema é o *cantilever*, de armações em balanço. Pode ser usado também um escaninho em forma de pombal, com túneis de 4 m a 8 m de profundidade. O sistema é especialmente indicado quando o problema é estocar grande número de itens em pequenas quantidades. Nesse caso, o manuseio é obrigatoriamente manual. A armação pode ter a face num plano único ou em forma de zigue-zague, com túneis a 45° em relação à parede do fundo, que possibilitam o armazenamento de tubos mais compridos.

Figura 3.46 Cantilever.

2. **Bobinas** – Além do *pallet*, pode ser usado o *skid* (uma armação de ferro com pernas e estrutura superior), apoiado sobre um tabuleiro de madeira. O tabuleiro pode ser substituído por um pequeno contenedor (geralmente de 1 m^3) para portar peças avulsas; bobinas metálicas podem ser empilhadas deitadas, umas sobre as outras.

Figura 3.47 Skid *para armazenagem.*

3. **Chapas** – Podem ser estocadas por blocagem, com auxílio de *pallets.* Em oficinas de manutenção, onde são usadas em pequena quantidade, aconselha-se a estocagem em casulo, num sistema semelhante ao usado para o vidro (veja mais adiante). Tratando-se de chapas finas, que não podem sofrer arranhões, cada chapa deve ser armazenada individualmente na horizontal. Para placas de aço de 1/2 pol. até 1 pol., usa-se um sistema semelhante a um paliteiro, com as chapas dispostas na vertical.

Figura 3.48 *Armazenagem de chapas.*

4. **Fardos** – Podem ser empilhados diretamente uns sobre os outros, com pequenos calços entre eles para permitir a entrada dos garfos da empilhadeira. O exemplo clássico é o de fardos de algodão.
5. **Parafusos, porcas e arruelas** – No lugar de prateleiras, a armação deve conter bandejas ou gavetas, com bordos salientes nas quatro faces e separadores internos móveis.

6. **Pneus** – Apesar de suportarem carga, o empilhamento simples é arriscado, devido à possibilidade de deformações. O método mais seguro consiste em colocá-los sobre *pallets*, que, por sua vez, serão mantidos sobre estruturas simples, tubulares ou perfiladas, que sustentam o peso dos *pallets* superiores. Algumas estruturas dispensam o *pallet*.
  Os pneus podem ainda ser empilhados um a um, em pé. Para pneumáticos de grande porte, como os de máquinas rodoviárias, a estocagem é obrigatoriamente vertical, com rotação periódica, para evitar a ovalização.
7. **Sacos** – A paletização só deve ser usada para casos que requerem movimentação. Na estocagem de longo prazo, os sacos podem ser empilhados uns sobre os outros. A altura das pilhas é limitada apenas pela resistência da carga ao esmagamento. Quando essa resistência é pequena – o caulim é um exemplo –, os sacos devem ser estocados em estruturas porta-*pallets*. As travessas da estrutura deverão limitar o empilhamento direto, no máximo, a três *pallets*.
8. **Tambores** – Podem ser adicionados em pé, sobre *pallets*, no sistema de blocagem, ou então deitados sobre *pallets* em forma de calha ou sobre prateleiras. Se os tambores vão alimentar pequenos vasilhames na venda a granel, por exemplo, devem ser acomodados diretamente sobre a longarina do porta-*pallet*, através de calços especiais (fixos na longarina), para impedir o rolamento.
9. **Tapetes e carpetes** – São estocados em gaiolas ou pombais, túneis individuais de grande profundidade. A carga e a descarga são feitas por meio de um aríete adaptado à empilhadeira. Se o tapete for enrolado em um eixo, o empilhamento pode ser feito por talhas especiais, que têm dois ganchos para sustentar as pontas do eixo.
10. **Vasilhames plásticos** – Quando pequenos ou médios, são empilhados sobre si mesmos, com pilhas de até três ou quatro unidades. A partir daí, é aconselhável a paletização.
11. **Vidros** – O sistema ideal é o que usa prateleiras com separadores verticais, formando escaninhos com pequena base e grande altura. As chapas de vidro entram e saem em posição vertical.

3.5 Localização de materiais

O objetivo de um sistema de localização de materiais é estabelecer os meios necessários à perfeita identificação da localização dos materiais estocados sob a responsabilidade do Armazém. Deverá ser utilizada uma simbologia (codificação) representativa de cada local de estocagem, abrangendo até o menor espaço de uma unidade de estocagem.

Cada conjunto de códigos deve indicar, precisamente, o posicionamento de cada material estocado, facilitando as operações de movimentação, inventário etc.

O chefe do Armazém deverá ser o responsável pela manutenção do sistema de localização, e para isso deverá possuir um esquema de identificação que defina detalhadamente a posição e a situação dos espaços das respectivas áreas de estocagem, como ilustra a Figura 3.49.

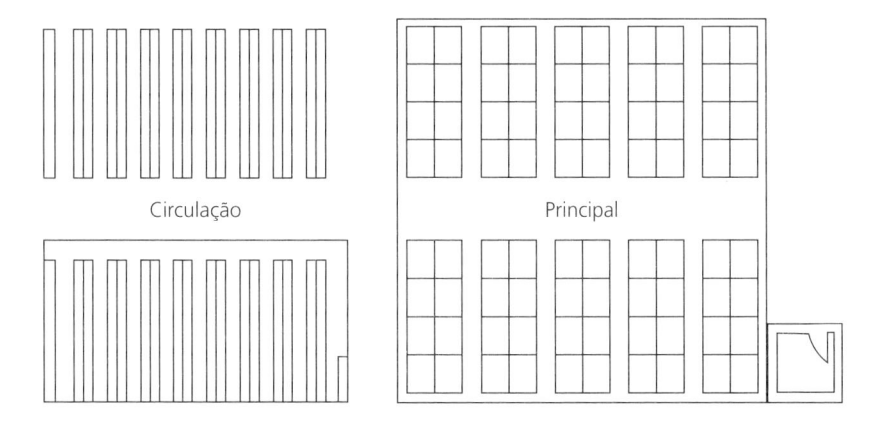

Figura 3.49 Layout *de armazém*.

As estantes podem ser identificadas por letras, conforme Figura 3.50, cuja sequência deverá ser da esquerda para a direita em relação à entrada principal. No caso de existência de piso superior e inferior, as estantes devem ser identificadas com um código do seu respectivo piso. Quando duas estantes forem associadas pela parte de trás, defrontando corredores de acesso diferentes, cada uma delas deve ser identificada como unidade isolada. O símbolo da estante deverá ser colocado no primeiro montante da unidade, com projeção para o corredor principal.

As prateleiras devem ser identificadas por letras, cuja sequência deve ser iniciada em A no sentido de baixo para cima da estante e o escaninho por números no sentido do corredor principal para a parede lateral. Normalmente são usados dois critérios de localização de material:

   a. sistema de estocagem fixo;
   b. sistema de estocagem livre.

SISTEMA DE ESTOCAGEM FIXO

Como o próprio nome diz, neste sistema é determinado um número de áreas de estocagem para um tipo de material, definindo-se, assim, que somente material deste tipo poderá ser estocado nos locais marcados. Com esse sistema corre-se um risco muito grande de desperdício de áreas de armazenagem. Em virtude do fluxo intenso de entrada e saída de materiais, pode ocorrer falta de determinado material, assim como excesso de outro. No caso de o material em excesso não ter local para ser guardado, ele ficará no corredor. Ao mesmo tempo pode ocorrer que em outro corredor e em outra estante existam locais vazios, porque está faltando o material, o fornecimento está atrasado ou houve uma rejeição por parte do controle de qualidade.

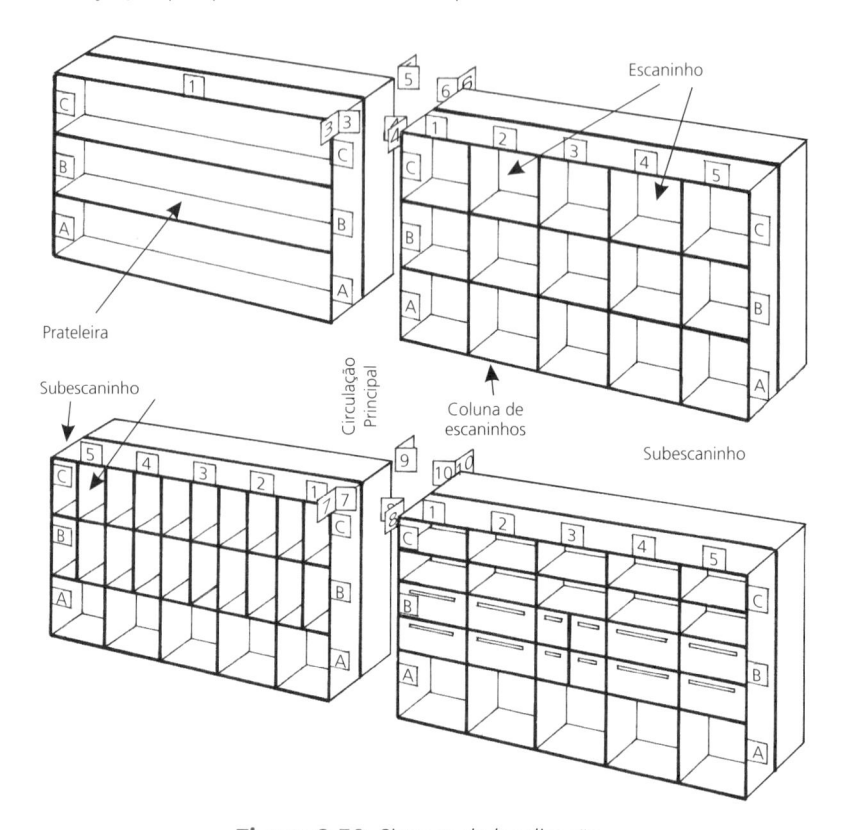

Figura 3.50 *Sistema de localização.*

SISTEMA DE ESTOCAGEM LIVRE

Neste sistema não existem locais fixos de armazenagem, a não ser para materiais de estocagens especiais. Os materiais vão ocupar os espaços vazios disponíveis dentro do depósito. O único inconveniente deste sistema é o perfeito método de controle que deve existir sobre o endereçamento, sob o risco de possuir material em estoque perdido que somente será descoberto ao acaso ou na execução do inventário.

Este controle deverá ser feito por duas fichas, uma ficha mestra de controle do saldo total por item e outra de controle do saldo por local de estoque.

3.6 Classificação e codificação de materiais

O objetivo da classificação de materiais é catalogar, simplificar, especificar, normalizar, padronizar e codificar todos os materiais componentes do estoque da empresa. A necessidade de um sistema de classificação é primordial para qualquer Departamento de Materiais, pois sua ausência impede o controle eficiente dos estoques, a criação de procedimentos de armazenagem adequados e a correta operacionalização do almoxarifado.

Simplificar material é, por exemplo, reduzir a diversidade de um item empregado para o mesmo fim. Assim, no caso de haver duas peças para uma finalidade qualquer, aconselha-se a simplificação, ou seja, a opção pelo uso de uma delas. Ao simplificarmos um material, favorecemos sua normalização, reduzimos as despesas e suas flutuações. Por exemplo, cadernos com capa, número de folhas e formato idênticos contribuem para que haja a normalização. Ao requisitar uma quantidade desse material, o usuário irá fornecer todos os dados (tipo de capa, número de folhas e formato), o que facilitará sobremaneira não somente sua aquisição, como também o desempenho daqueles que se servem do material, pois em caso contrário pode confundir o usuário do material, se este um dia apresentar uma forma e outro dia outra forma de maneira totalmente diferente.

Aliada a uma simplificação, é necessária uma especificação do material, que é uma descrição minuciosa e possibilita melhor entendimento entre consumidor e fornecedor quanto ao tipo de material a ser requisitado.

A normalização se ocupa da maneira pela qual devem ser utilizados os materiais em suas diversas finalidades, bem como da padronização e identificação do material, de modo que tanto o usuário como o almoxarifado possam requisitar e atender os itens utilizando a mesma terminologia. A normalização é aplicada também no caso de peso, medida e formato.

Classificar um material é agrupá-lo segundo sua forma, dimensão, peso, tipo, uso etc. A classificação não deve gerar confusão, ou seja, um produto não poderá ser classificado de modo que seja confundido com outro, mesmo havendo semelhanças. A classificação, ainda, deve ser feita de maneira que cada gênero de material ocupe seu respectivo local. Por exemplo: produtos químicos poderão estragar produtos alimentícios se estiverem próximos entre si. Classificar material, em outras palavras, significa ordená-lo segundo critérios adotados, agrupando-o de acordo com a semelhança, sem causar confusão ou dispersão no espaço e alteração na qualidade.

Em função de uma boa classificação do material, pode-se partir para a codificação do mesmo, ou seja, representar todas as informações necessárias, suficientes e desejadas por meio de números e/ou letras. Os sistemas de codificação mais comumente usados são: o alfabético, o alfanumérico e o numérico (também chamado decimal).

No sistema alfabético, o material é codificado por letras, sendo utilizado um conjunto de letras suficientes para preencher toda a identificação do material. Pelo seu limite em termos de quantidade de itens e uma difícil memorização, esse sistema está caindo em desuso.

O sistema alfanumérico é uma combinação de letras e números que permite um número de itens em estoque superior ao sistema alfabético. Normalmente é dividido em grupos e classes, assim:

```
AC — 3721
       │  └──────► código indicador
       └─────────► classe
└────────────────► grupo
```

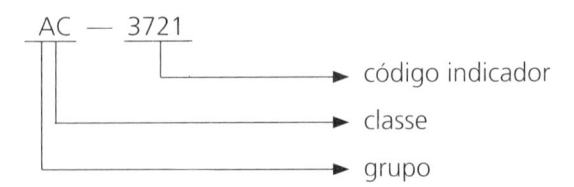

O sistema decimal é o mais utilizado pelas empresas, pela sua simplicidade e possibilidade de itens em estoque e informações incomensuráveis. Suponhamos que uma empresa utilize a seguinte classificação para especificar os diversos tipos de materiais em estoque:

- 01 – matéria-prima
- 02 – óleos, combustíveis e lubrificantes
- 03 – produtos em processo
- 04 – produtos acabados
- 05 – material de escritório
- 06 – material de limpeza

Podemos verificar que todos os materiais estão classificados sob títulos gerais, de acordo com suas características. É uma classificação bem geral. Cada um dos títulos da classificação geral é submetido a uma nova divisão, que especifica os materiais. Para exemplificar, tomemos o título 05 – materiais de escritório, e suponhamos que tenha a seguinte divisão:

- 05 – Material de Escritório
    - 01 – lápis
    - 02 – canetas esferográficas
    - 03 – blocos pautados
    - 04 – papel-carta

Devido ao fato de um escritório ter diversos tipos de materiais, essa classificação torna-se necessária e chama-se classificação individualizadora. Essa codificação ainda não é suficiente, por faltar uma definição dos diversos tipos de materiais. Por essa razão, cada título da classificação individualizadora recebe uma nova codificação. Por exemplo, temos o título 02 – canetas esferográficas, da classificação individualizadora, e suponhamos que seja classificada da maneira seguinte:

- 02 – canetas esferográficas
    - 01 – marca alfa, escrita fina, cor azul
    - 02 – marca gama, escrita fina, cor preta

Essa nova classificação é chamada de codificação definidora, e quando necessitamos referir-nos a qualquer material, basta que informemos os números das três classificações que obedecem à seguinte ordem:

- nº da classificação geral
- nº da classificação individualizadora
- nº da classificação definidora

Por exemplo, quando quisermos referir-nos a "canetas esferográficas marca alfa, cor vermelha, escrita fina", basta que tomemos os números: 05 da classificação geral; 02 da classificação individualizadora; e 03 da classificação definidora, e escrevemos:
05 – 02 – 03

O sistema numérico pode ter uma amplitude muito grande com enormes variações, sendo uma delas o sistema americano *Federal Supply Classification*, que tem a seguinte estrutura:

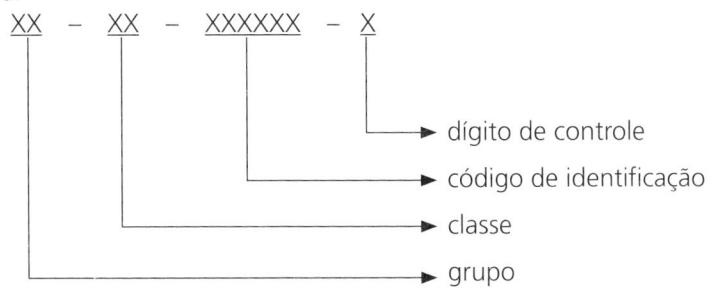

XX – XX – XXXXXX – X

- dígito de controle
- código de identificação
- classe
- grupo

Assim mesmo, ele pode ser subdividido em subgrupos e subclasses de acordo com a necessidade da empresa e do volume de informações que se deseja obter de um sistema de codificação. Para comparação com o exemplo anterior, a classificação geral seria o grupo; o subgrupo, a classificação individualizadora; a classe, a classificação definidora; e os quatro dígitos faltantes do código de identificação serviriam para qualquer informação que se faça necessária acrescentar.

3.7 Inventário físico

Uma empresa organizada tem uma estrutura de Logística com políticas e procedimentos claramente definidos. Assim sendo, uma das suas funções é a precisão nos registros de estoques; então, toda a movimentação do estoque deve ser registrada pelos documentos adequados. Considerando que o depósito tem como uma das funções principais o controle efetivo de todo o estoque, sua operação deve vir ao encontro dos objetivos de custo e de serviços pretendidos pela alta administração da empresa.

Periodicamente, a empresa deve efetuar contagens físicas de seus itens de estoque e produtos em processo para verificar:

a. Discrepâncias em valor, entre o estoque físico e o registro de estoque contábil.
b. Discrepâncias em quantidade, entre o estoque físico e o registro de estoque contábil.
c. Apuração do valor total do estoque (contábil) para efeito de balanços ou balancetes. Neste caso, o inventário é realizado próximo ao encerramento do ano fiscal.

Os inventários nas empresas podem ser:

INVENTÁRIOS GERAIS

Efetuados ao final do exercício, abrangem todos os itens de estoque de uma só vez. São operações de duração relativamente prolongada, que, por incluir quantidade elevada de itens, impossibilitam as reconciliações, análise das causas de divergências e ajustes na profundidade.

INVENTÁRIOS ROTATIVOS

Visando a distribuir as contagens ao longo do ano, concentrando cada contagem em menor quantidade de itens, reduz a duração unitária da operação e dá melhores condições de análise das causas de ajustes, visando ao melhor controle. Abrange através de contagens programadas todos os itens de várias categorias de estoque e matéria-prima, embalagens, suprimentos, produtos em processo e produtos acabados.

Grupo 1 – neste caso, serão enquadrados os itens mais significativos, os quais serão inventariados três vezes ao ano, por representarem maior valor em estoque e serem estratégicos e imprescindíveis à produção.

Grupo 2 – constituído de itens de importância intermediária quanto ao valor de estoque, estratégia e manejo. Estes serão inventariados duas vezes ao ano.

Grupo 3 – formado pelos demais itens. Caracteristicamente, será composto de muitos itens que representam pequeno valor de estoque. Os materiais deste grupo serão inventariados uma vez por ano.

PREPARAÇÃO E PLANEJAMENTO PARA O INVENTÁRIO

Um bom planejamento e preparação para inventário é imprescindível para a obtenção de bons resultados. Deverão ser providenciados:

a. Folhas de convocação e serviços, definindo os convocados, datas, horários e locais de trabalho.
b. Fornecimento de meios de registro de qualidade e quantidade adequada para uma correta contagem.
c. Revisão da arrumação física.
d. Método da tomada do inventário e treinamento.
e. Atualização e análise dos registros.
f. *Cut-off* para documentação e movimentação de materiais que serão inventariados.

Convocação

Organização das equipes de 1ª contagem (reconhecedores). Organização das equipes de 2ª contagem (revisores). Com antecedência de três semanas, distribuir a lista de convocação para cada funcionário, com esclarecimentos e motivação para o bom andamento dos trabalhos.

Cartão de inventário

Salvo poucas exceções, o meio de registro será cartão com partes destacáveis para até três contagens, conforme Figura 3.51. Se necessário, os cartões poderão ser impressos em cores distintas para identificar diferentes tipos de estoque. Para as empresas que executam o controle de estoque por processamento de dados, os cartões poderão ser pré-impressos pelo computador. Os cartões serão preenchidos antes da fixação nos lotes a serem inventariados, nos espaços reservados aos três estágios. Informações básicas: localização, descrição do material, código, unidade e data do inventário.

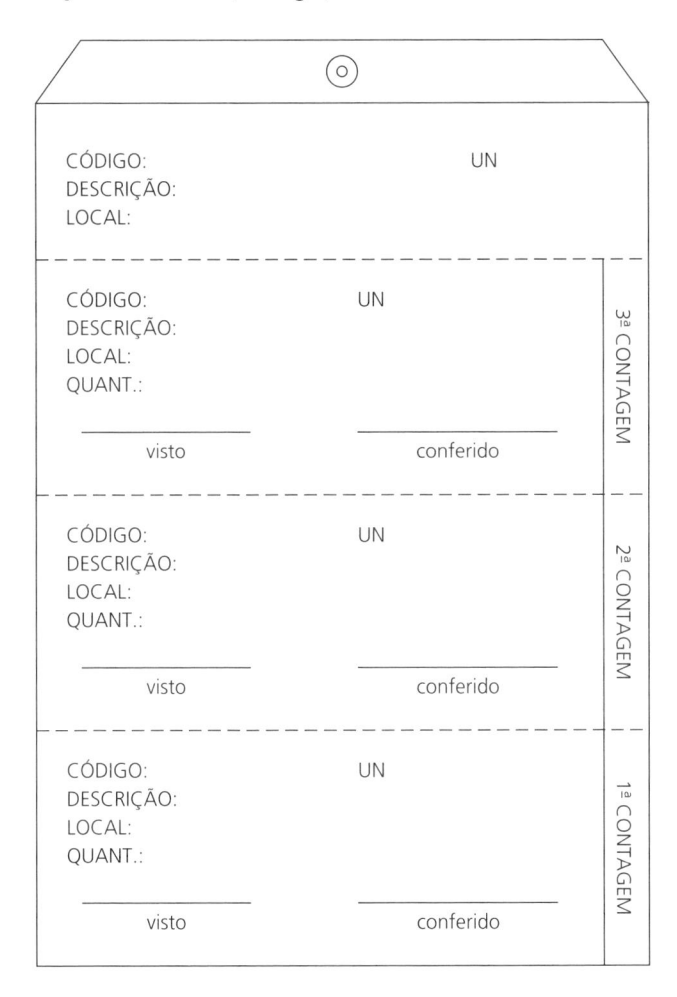

Figura 3.51 *Modelo de ficha de inventário.*

Arrumação física

As áreas e os itens a serem inventariados deverão ser arrumados da melhor forma possível, agrupando os produtos iguais, identificando todos os materiais com seus respectivos cartões, deixando os corredores livres e desimpedidos para facilitar a movimentação e isolando os produtos que não devam ser inventariados, se for o caso. Deverá também ser providenciado com antecedência todo o equipamento necessário para a tomada do inventário, como balanças aferidas, escadas, balança contadora, equipamentos de movimentação etc.

CUT-off

É um dos procedimentos mais importantes do inventário; se a sua organização não for bem feita, corre-se o risco de o inventário não corresponder à realidade. Poderá consistir em um mapa com todos os detalhes dos últimos documentos emitidos antes da contagem (notas fiscais, notas de entrada, requisição de materiais, devolução de materiais). Não se recomenda que haja movimentação de materiais na data da contagem e o departamento de compras deve instruir os fornecedores para que não entreguem materiais nesta data. O Departamento de Produção deverá requisitar com antecedência os suprimentos necessários à produção no dia do inventário e também a transferência, em tempo hábil, de produtos acabados para o almoxarifado. A expedição deverá também ser instruída para que os produtos faturados e não entregues sejam isolados dos demais itens que serão inventariados.

Existem situações em que deverão ser feitos inventários sem parar a linha de produção, sem parar a expedição e o recebimento de materiais de fornecedores; neste caso, o controle de *cut-off* necessita ser mais rígido ainda, para não se correr o risco de existência de itens contados duas vezes ou não contados.

Atualização e registros de estoque

Todas as entradas e saídas, e, consequentemente, os saldos dos itens, deverão estar obrigatoriamente atualizados até a data do inventário. O responsável pelo registro do controle de estoque terá a incumbência de assegurar que todos os tipos de documentos utilizados para registrar o movimento foram considerados. Os emitentes dos documentos que implicam movimentação do estoque deverão carimbar com "Antes do Inventário" os documentos emitidos 1 dia antes da data de contagem e da mesma forma serão identificados com "Depois do Inventário" os documentos que registrem o movimento de itens emitidos no dia seguinte ao inventário; o saldo atualizado será sublinhado indicando a quantidade disponível na data de inventário. Este saldo será utilizado como estoque para fins de reconciliação com o inventário físico e eventual reajuste.

Contagem do estoque

Todo item do estoque sujeito ao inventário será contado necessariamente duas vezes. A primeira contagem é realizada pela 1ª equipe, a qual pode efetuá-la imediatamente após ter fixado no lote o cartão de inventário. Feitas as anotações de contagem na primeira parte do cartão, o executor da contagem o entregará ao responsável pela primeira contagem, o qual os entregará, por sua vez, ao responsável pela segunda contagem. A segunda equipe analogamente registrará o resultado de sua contagem na segunda parte do cartão, entregando-o depois ao coordenador de inventário. Se a primeira contagem conferir com a segunda contagem, o inventário para este item está correto; no caso de não conferir, faz-se necessário uma terceira contagem por outra equipe, diferente das que contaram anteriormente. A tala identificadora do lote permanecerá afixada ao material como prova de que ele foi contado. Esta poderá ser retirada somente após o término do inventário.

Reconciliações e ajustes

Os setores envolvidos nos controles de estoque deverão providenciar justificativas para as variações ocorridas entre o estoque contábil e o inventariado. O Departamento de Controle de Estoque providenciará a valorização do inventário em um mapa chamado "Controle das Diferenças de Inventário", como se vê na Figura 3.52; será, assim, efetuada a somatória dos valores contábil, físico, diferenças "a mais", diferenças "a menos" e diferença global. Dentro da política da empresa, os percentuais de diferenças podem ser aceitos ou não. Como regra geral para os itens classe A, não devem ser aceitos ajustes de inventários, procurando sempre justificar o motivo da diferença.

Após aprovado o ajuste do inventário, o Controle de Estoques emitirá relação autorizando os ajustes devidos.

CONTROLE DAS DIFERENÇAS DE INVENTÁRIO								DATA __/__/__
CÓDIGO	DESCRIÇÃO	UNIDADE	VALOR UNIT.	ESTOQUE KARDEX	ESTOQUE INVENTÁRIO	DIFERENÇA (+) (−)	VALOR DA DIFERENÇA	OBSERVAÇÃO
Coord. Invent.:		Conferido por:		Auditoria Externa		Contabilidade		Aprovado por:

Figura 3.52 *Controle das diferenças de inventário.*

Bibliografia – Referências – Recomendações

ANDRADE, E. L. *Introdução à pesquisa operacional.* Rio de Janeiro: Livros Técnicos e Científicos Editora, 1990.

APPLE, James. *Material handling systems design.* New York: The Ronald Press, 1972.

_____. *Plant layout and materials handling.* New York: The Ronald Press, 1978.

BOWERSOX, D. J.; CLOSS, D. J. *Logística empresarial*: o processo de integração de cadeia de suprimento. São Paulo: Atlas, 2001.

CARRILO JR., Edson; BANZATO, Eduardo; BANZATO, José Mauricio; MOURA, Reinaldo A.; RAGO, Sidney Francisco Trama. *Atualidades em armazengem*. IMAM.

CORREA, J. *Gerência econômica de estoques e compras*. Rio de Janeiro: FGV, 1971.

DIAS, M. A. P. *Transporte e distribuição física*. São Paulo: Atlas.

_____. *Gerência de materiais*. São Paulo: Atlas.

GUERRA, Claudio. Sei – Sistemas de Armazenagem. Disponível em: http://www.geocities.ws/seiguerra/index.htm. Acesso em: 17 maio 2019.

KAUFMANN. *Métodos y modelos de la investigación de operaciones*. México: Editora Companhia Continental, 1964.

KRIPPENDORF, Herbert. *Manual de armazenagem moderna*. Lisboa: Editorial Pórtico.

LACERDA, L.; RIBEIRO, A. F. M. *Formas de remuneração de prestadores de serviço logístico*: das tabelas de preço ao compartilhamento de ganhos. Rio de Janeiro: Coppead, 2003.

LIMA, M. P. Os custos da armazenagem na logística moderna. *Revista Tecnologística*, jan. 2000.

MAGEE, J. F. *Planejamento da produção e controle de estoques*. São Paulo: Pioneira, 1967.

MANUAL DE MOVIMENTAÇÃO DE MATERIAIS. Curso de movimentação de materiais da Convenção de Vendas Hyster.

MOURA, Reinaldo A. *Sistemas e técnicas de movimentação e armazenagem de materiais*. São Paulo: IMAM, 1969.

_____. *Manual de logística*: sistemas e técnicas de movimentação. IMAM. v. 1.

_____; BANZATO, José Mauricio. *Manual de logística*: embalagem, unitização e conteinerização. IMAM. v. 3.

_____. *Manual de logística*: armazenagem e distribuição física. IMAM. v. 2.

NOTAS de aula do curso de especialização em Administração de Materiais da FMU, no módulo de Movimentação e Armazenagem de Materiais do Prof. Ayrton Antônio Vicente.

NOVAES, A. G. *Logística e gerenciamento da cadeia de distribuição*. Rio de Janeiro: Campus, 2001.

REVISTA M & A. editada pelo IMAM.

REVISTA ENGENHARIA, diversos.

REVISTA ENGENHEIRO MODERNO, diversos.

REVISTA TRANSPORTE MODERNO, diversos.

UELZE, Reginald. *Transportes e frotas*. São Paulo: Pioneira, 1978.

Movimentação de Materiais

4

4.1 Introdução

Para que a matéria-prima possa transformar-se ou ser beneficiada, pelo menos um dos três elementos básicos de produção – homem, máquina ou material – deve movimentar-se; se não ocorrer essa movimentação, não se pode pensar em termos de processo produtivo.

Na maioria dos processos industriais, o material é o elemento que se movimenta. Em casos especiais, como na construção de aviões, navios e equipamentos pesados, homem e máquina convergem para o material, eles é que se movimentam.

A movimentação e o transporte de material são classificados de acordo com a atividade funcional a que se destinam.

a. **Granel** – Abrange os métodos e equipamentos de transportes usados desde a extração, até o armazenamento de toda a espécie de materiais a granel, incluindo gases, líquidos e sólidos.
b. **Cargas unitárias** – Basicamente trata-se de cargas contidas em um recipiente de paredes rígidas ou individuais ligadas entre si, formando um todo único do ponto de vista de manipulação.
c. **Embalagem** – É o conjunto de técnicas usadas no projeto, seleção e utilização de recipientes para o transporte de produtos em processo e produtos acabados.
d. **Armazenamento** – Compreende o recebimento, empilhamento ou colocação em prateleiras ou em suportes especiais, assim como expedição de cargas de qualquer forma, em qualquer fase do processamento de um produto ou na distribuição do mesmo.
e. **Vias de transporte** – Abrange a análise do carregamento, definição do modal do transporte, carga e descarga e transferência de qualquer tipo de materiais nos terminais das vias de transporte, ou seja, portos, aeroportos, ferrovias e rodovias.
f. **Análise de dados** – Nessa área estão contidos todos os aspectos analíticos da movimentação de materiais, tais como: levantamento de rotas de transportes, disposição física do equipamento, organização, treinamento, segurança, manutenção, padronização, análise de custos e outras técnicas para o desenvolvimento de um sistema eficiente de movimentação de materiais.

Os custos de movimentação de materiais influem sobremaneira no produto, afetando diretamente o custo final.

O acréscimo no custo do produto que proporciona maior valor agregado pode ser aceitável, mas no caso da movimentação, esta não contribui em nada, podendo somente barateá-la com uma seleção adequada do método mais compatível à natureza e ao regime da produção.

Se consideramos a movimentação como problema separado dos demais, podemos concluir, por exemplo, que a simples redução nos trajetos percorridos pelo material em suas diversas etapas, do estoque à expedição, constituiria a solução ideal. Quando se pensa em termos macro, porém, esta solução simplista pode acarretar ociosidade de homens e equipamentos em determinadas estações de trabalho, anulando por completo o objetivo, com reflexos negativos na linha de produção, ou seja, aumento de custos e redução de lucros.

Um sistema de movimentação de materiais em uma indústria deve atender a uma série de finalidades básicas, sendo:

a. Redução de custos

Através da redução dos custos de inventário, utilização mais vantajosa do espaço disponível e aumento da produtividade. Aplicando um sistema adequado e eficiente de movimentação de materiais, pode-se chegar ao seguinte:

1. Redução de custo de mão de obra.
2. Redução de custo de materiais.
3. Redução de custo de despesas gerais.

a.1 Redução de custos de mão de obra – A utilização dos equipamentos de manuseio vai implicar a substituição da mão de obra braçal pelos meios mecânicos, liberando-a para outros serviços mais nobres dentro da empresa, serviços esses que vão exigir menos esforço físico do homem.

a.2 Redução dos custos de materiais – Com um melhor acondicionamento e um transporte mais racional, o custo de perdas durante a armazenagem e transporte é reduzido.

a.3 Redução de custos em despesas gerais – Racionalizando-se os processos de transporte e estoque, também caem os custos de despesas gerais, pois fica muito mais fácil manter os locais limpos, evitando riscos de acidentes de pessoal e sinistro.

b. Aumento de capacidade produtiva

Em termos de eficiência, estes são os efeitos da avaliação dos sistemas de movimentação de materiais:

1. Aumento de produção.
2. Aumento da capacidade de armazenagem.
3. Melhor distribuição de armazenagem

b.1 Aumento de produção – Como já dito anteriormente, o aumento da produção só é possível com a intensificação no fornecimento da matéria-prima, que por sua vez só é conseguido com a introdução de métodos de armazenagem e transporte que permitam maior rapidez na chegada dos materiais até a linha de produção.

b.2 Aumentos da capacidade de armazenagem – Os equipamentos para empilhar permitem explorar ao máximo a altura dos edifícios, aumentando assim a capacidade de estocagem. Permitem também um melhor acondicionamento, contribuindo para o aumento do espaço.

b.3 Melhor distribuição de armazenagem – Com a utilização de dispositivos para formação de cargas unitárias é possível montar um sistema de armazenagem muito mais bem organizado, com a aplicação de *pallets,* corredores, estantes, endereçamentos etc.

c. Melhores condições de trabalho

A melhoria introduzida no processo de produção pelos sistemas de movimentação de cargas reflete-se também em melhores condições para as pessoas envolvidas neste trabalho.

1. Maior segurança.
2. Redução da fadiga.
3. Maior conforto para o pessoal.

c.1 Maior segurança – Com o uso de dispositivos destinados às cargas unitizadas e a aplicação de equipamentos de manuseio, o risco de acidentes durante as operações é reduzido, desde que o sistema seja utilizado corretamente.

c.2 – c.3 Redução da fadiga/maior conforto para o pessoal – Quando o manuseio de cargas é feito por máquinas, libera-se o homem para serviços mais nobres, o que diminui a fadiga. Ao mesmo tempo, os que continuam trabalhando em serviços de transporte e estocagens de cargas trabalham com muito mais conforto, pois o equipamento faz o serviço pelo homem.

d. Melhor distribuição

A distribuição, como uma atividade que se inicia na preparação do produto e termina no usuário final, é bem melhorada com a racionalização dos sistemas de manuseio.

1. Melhoria na circulação.
2. Localização estratégica de armazém.
3. Melhoria nos serviços ao usuário.
4. Maior disponibilidade.

d.1 Melhoria na circulação – Com a criação de corredores bem definidos, com endereçamento fácil e equipamentos eficientes, a circulação das mercadorias dentro da fábrica é sensivelmente melhorada. Quando se integra a unidade produtora com unidades regionais de armazenagem para distribuição aos pontos de venda, com eficiência na carga, descarga e estocagem de mercadorias, traz como consequência a melhor circulação entre estes pontos.

d.2 Localização estratégica do armazém – Como dito no item anterior, a aplicação de sistemas de manuseio torna viável a criação de pontos de armazenagem em vários locais distantes da fábrica e que estejam colocados estrategicamente próximos aos pontos consumidores. Tudo isso só é possível graças à utilização de equipamentos de movimentação e armazenagem, pois o uso de cargas unitárias minimiza os custos do processo.

d.3 Melhoria dos serviços ao usuário – Estando as mercadorias muito mais próximas dos centros consumidores, a chegada até o usuário torna-se mais rápida, com menos riscos de deterioração ou quebra e menor custo; ou seja, o consumidor pode adquirir as mercadorias em melhor estado e por melhores preços.

d.4 Maior disponibilidade – Da mesma forma, haverá sempre maior disponibilidade de produtos em cada região.

Um dos objetivos do estudo de um sistema de movimentação é fornecer conhecimentos que permitam a seleção do equipamento que seja funcional, operacional e economicamente mais indicado para a aplicação em cada caso. A experiência de muitas empresas demonstra que as economias que se podem obter de um sistema racional de movimentação dependem em grande parte do grau de conhecimento das pessoas encarregadas dos equipamentos existentes, suas aplicações e limitações.

Realmente existem muitos casos de manipulação de materiais onde uma ponte rolante, um transportador de esteira ou uma empilhadeira efetuariam o transporte sem dificuldade. Contudo, um desses equipamentos pode ser aquele que realiza esse transporte a custos mais baixos.

Pode-se dizer que há necessidade de revisão parcial ou total do sistema de movimentação de materiais quando:

- Homens manipulam cargas acima de 30 kg e mulheres manipulam cargas acima de 10 kg.
- Materiais são desviados do caminho mais direto e natural de sua transformação no processo fabril, para fins de inspeção, conferência e outras razões.
- Pessoal da produção abandona seus postos para efetuar operações de transporte.
- Interseções ou cruzamentos frequentes de trajetórias de materiais em movimento.
- Os trabalhadores da produção param para ressuprimento de matéria-prima.
- Os materiais vão e voltam na mesma direção por mais de uma vez no seu processo de transformação.
- Cargas acima de 50 kg são levantadas acima de 1 metro sem ajuda mecânica.

AS LEIS DE MOVIMENTAÇÃO

Para que um sistema de movimentação de materiais seja eficiente, existem certas "leis" que, dentro das possibilidades, devem ser levadas em consideração. São elas:

1. **Obediência ao fluxo das operações** – Disponha a trajetória dos materiais de forma que a mesma seja a sequência de operações. Ou seja, utilize sempre, dentro do possível, o arranjo tipo linear.
2. **Mínima distância** – Reduza as distâncias e transporte pela eliminação de zigue-zagues no fluxo dos materiais.
3. **Mínima manipulação** – Reduza a frequência de transporte manual. O transporte mecânico custa menos que as operações manuais de carga e descarga, levantamento e armazenamento. Evite manipular os materiais tanto quanto possível ao longo do ciclo de processamento.

4. **Segurança e satisfação** – Leve sempre em conta a segurança dos operadores e do pessoal circulante, quando selecionar os equipamentos de transporte de materiais.
5. **Padronização** – Use equipamento padronizado na medida do possível. O custo inicial é mais baixo, a manutenção é mais fácil e mais barata e a utilização desse equipamento é mais variada por ser mais flexível que equipamentos especializados.
6. **Flexibilidade** – O valor de determinado equipamento para o usuário é proporcional à sua flexibilidade, isto é, capacidade de satisfazer ao transporte de vários tipos de cargas, em condições variadas de trabalho.
7. **Máxima utilização do equipamento** – Mantenha o equipamento ocupado tanto quanto possível. Evite acúmulo de materiais nos terminais do ciclo de transporte. Se não puder manter o equipamento de baixo investimento, mantenha o quociente tão baixo quanto possível (1/4 é considerado o ideal).
8. **Máxima utilização da gravidade** – Use a gravidade sempre que possível. Pequenos trechos motorizados de transportadores podem elevar carga a uma altura conveniente para suprir trechos longos de transportes por gravidade.
9. **Máxima utilização do espaço disponível** – Use o espaço vertical sempre que possível. Empilhe cargas ou utilize suportes especiais para isso.
10. **Método alternativo** – Faça uma previsão de um método alternativo de movimentação em caso de falha do meio principal de transporte. Essa alternativa pode ser bem menos eficiente que o processo principal, mas pode ser de grande valor em casos de emergência. Exemplos: colocação de pontos esparsos para instalação de uma talha manual; prever espaço para movimentação de uma empilhadeira numa área coberta por uma ponte rolante.
11. **Menor custo total** – Selecione equipamentos com base em custos totais e não somente em custo inicial, custo operacional, ou de manutenção. O equipamento escolhido deve ser aquele que apresenta o menor custo total para uma vida útil razoável e a uma taxa de retorno do investimento adequada.

4.2 Equipamentos de movimentação

4.2.1 Introdução

A classificação adotada para os equipamentos de movimentação e transporte situa-os em grupos bastante amplos, de acordo com uma generalização geométrica e funcional. Nesta classificação são incluídos também os dispositivos de carga, descarga e manuseio que, não sendo máquinas, constituem o meio de apoio à maioria dos sistemas modernos:

a. **Transportadores** – Correias, correntes, fitas metálicas, roletes, rodízios, roscas e vibratórios.
b. **Guindastes, talhas e elevadores** – Guindastes fixos e móveis, pontes rolantes, talhas, guinchos, monovias, elevadores etc.

c. Veículos industriais – Carrinhos de todos os tipos, tratores, *trailers* e veículos especiais para transporte a granel.
d. Equipamento de posicionamento, pesagem e controle – Plataformas fixas e móveis, rampas, equipamentos de transferência etc.
e. *Containers* e estruturas de suporte – Vasos, tanques, suportes e plataformas, estrados, *pallets,* suportes para bobinas e equipamento auxiliar de embalagem.

O problema de movimentação de materiais deve ser analisado junto com o *layout*; para tal, uma série de dados é necessária: produto (dimensões, características mecânicas, quantidade a ser transportada), edificação (espaço entre as colunas, resistência do piso, dimensão de passagens, corredores, portas etc.), método (sequência das operações, método de armazenagem, equipamento de movimentação etc.), custo da movimentação, área necessária para o funcionamento do equipamento, fonte de energia necessária, deslocamento, direção do movimento, operador.

Ainda se deve atentar para a possibilidade de alteração frequente no *layout* básico (devido à mudança no método, produto ou regime de operação). Nestes casos, o fator flexibilidade do equipamento passa a ser de importância fundamental, pois o equipamento deverá operar em condições de regime irregular de transporte de materiais de formatos diversos e, em muitos casos, estar apto a receber a adaptação de dispositivos especiais; em outra situação, o transporte e movimentação seriam atendidos por equipamentos especializados para uma só modalidade de operação.

A área de movimentação afeta diretamente o *layout*. Carrinhos rebocados por tratores, empilhadeiras, etc. influenciam o dimensionamento de corredores e passagens, afetando também o tráfego geral no depósito. Não só a área plana, como o espaço vertical interessam para a análise, já que o deslocamento de veículos exige também a desobstrução vertical.

O grau de supervisão influi na seleção dos equipamentos. Os transportadores, por exemplo, uma vez instalados, não exigem muitos cuidados, o que não ocorre com os tratores, empilhadeiras e outros veículos que, além de operador, exigem mais manutenção.

A inversão em equipamento automático ou semiautomático só se justifica diante de um regime elevado de movimentação, com um fluxo uniforme de produtos em trajetória constante.

A velocidade do equipamento tem a sua importância, pois deve se adaptar ao volume de expedição e recebimento. A possibilidade de variação de velocidade em equipamentos automáticos ou semiautomáticos torna-se altamente desejável, para compensar a inexperiência dos operários, o índice de perdas e mesmo a ausência ocasional de pessoal.

A fonte de energia varia com a natureza do equipamento. De um lado encontram-se os equipamentos móveis, como os tratores, as empilhadeiras e os carrinhos motorizados, com potência própria; de outro, os transportadores que se utilizam da força de gravidade, necessitando apenas de declives apropriados. Já os equipamentos de trajetória fixa podem utilizar diversas fontes de energia.

Quanto à trajetória, esta influi no depósito, pois exige, conforme o caso, uma apropriação de espaço dentro do qual não se admitem outras operações que ocupam o espaço para operação do equipamento. Um transportador é exemplo de trajetória fixa, enquanto uma ponte rolante funciona em trajetória limitada; empilhadeiras, composições rebocadas por tratores e carrinhos motorizados têm absoluta liberdade de trajetória.

Quanto à carga, o método de avaliação varia também de acordo com o equipamento; os transportadores são selecionados na base do peso por unidade de comprimento ou densidade do material a granel, dimensão das partículas e ângulo de repouso, enquanto nas empilhadeiras, por exemplo, o que interessa é o peso máximo que pode ser transportado em relação à distância do centro de gravidade da carga aos centros das rodas dianteiras.

Partindo-se do volume de material expedido e recebido desejado, sabe-se o volume total que deve ser transportado por unidade de tempo. Este, de acordo com o tempo completo de ciclos e com a capacidade de movimentação, determina a necessidade ou não de se instalar ou lotar mais de um equipamento típico em determinada área do depósito.

O tempo de ciclo é resultado da composição dos tempos de carga, de movimentação, de armazenagem e de descarga (ao qual se deve adicionar o retorno vazio, se for o caso). A determinação do tempo total e dos tempos parciais varia, assim, com o equipamento. Uma empilhadeira não tem tempo de armazenagem, mas, por outro lado, retorna vazia ao ponto inicial de carga; um transportador de roletes apresenta certo tempo de armazenagem ao fim de sua trajetória, mas não há retorno "vazio", pelas próprias características de sua utilização.

O tempo pode ser medido de maneira elementar, por meio de cronometragem ou, ainda, por sistema de análise mais complexo, como unidades de tempo, amostragem de trabalho ou programação linear, o que representa um ótimo controle.

4.2.2 Sistemas de transportadores contínuos

Toda vez que for necessário executar uma movimentação constante, entre dois pontos predeterminados, conforme Figura 4.1, devem-se usar sistemas de transportadores, os transportadores de roletes ou rodízios, os transportadores de rosca, oscilatórios e de arraste.

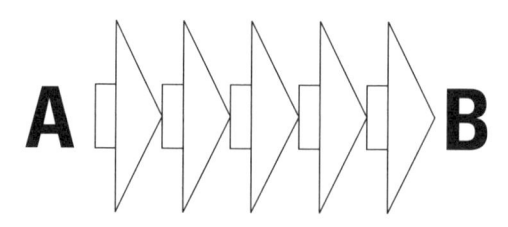

Figura 4.1 *Movimento contínuo.*

Os transportadores contínuos podem ser utilizados em mineração, indústrias, terminais de carga e descarga, terminais de recepção e expedição de mercadorias ou em armazéns de materiais a granel. Na indústria, sua maior utilização é na linha de montagem de produção em série. Sua sofisticação máxima está nos sistemas integrados à programação controlada por *softwares*, com paradas em pontos determinados de submontagem.

As correias transportadoras, conforme Figura 4.2, são constituídas de uma estrutura metálica que suporta a linha de roletes sobre os quais corre a esteira. Já existe um tipo de esteira que dispensa os roletes e é apoiada sobre cabos de aço. Trata-se de *Cable Belt*, que opera numa extensão de até 5 km.

Figura 4.2 *Esteira transportadora.*

4.2.2.1 Esteiras transportadoras

As esteiras têm aplicação em todas as indústrias que precisem transportar material a granel e volumes, de forma uniforme e contínua. São valiosos auxiliares no processo de fabricação: pesam, misturam e distribuem materiais; enchem embalagens etc. Podem ser de correia, de fita ou de tela metálica.

A – Correia

Os transportadores de correia, utilizados para transportar grandes quantidades de materiais, como minérios, atingem alguns quilômetros de comprimento. Mas sua versatilidade permite também em trechos menores – como linhas de montagem – um transporte econômico de volumes.

As correias podem ser côncavas – montadas sobre roletes – ou planas – montadas sobre roletes ou superfícies de chapa, madeira etc. Os transportadores são compostos de correias, que transportam a carga; roletes, que apoiam a correia; e tambores de acionamento e retorno.

Para dimensionamento do transportador é necessário conhecer o material a transportar, o tamanho das frações maiores, a granulometria, abrasão, umidade, peso específico, temperatura, tonelagem diária. Com esses dados, determina-se o material a ser empregado na fabricação da lona e da cobertura da correia, sua largura, ângulo de elevação, potência requerida, tensões a suportar, inclinação dos roletes.

As correias constam de lonas e cobertura. As lonas ou dobras são fabricadas geralmente de algodão e, em certos casos, de náilon, que amortece os impactos; raiom, para locais pouco úmidos; fibra de vidro, para temperaturas elevadas; asbestos etc. As mais usadas no Brasil são de 32, 35, 42 e 48 onças; sua escolha é determinada pela tonelagem a transportar e tensões a suportar. Na cobertura utilizam-se borracha, que oferece boa resiliência à abrasão e à tensão; e neoprene, flexível e muito resistente, que não transmite cheiro ou sabor.

Os roletes podem ser:

a. *de apoio* – planos, ou côncavos com inclinações de 20°, 35°, 45°;
b. *amortecedores* – usados nos pontos de impacto do material;
c. *autoalinhadores* – que impedem o desvio da correia;
d. *de retorno* – que podem dispor de anéis de borracha, no caso de o material transportado aderir à correia.

As polias – ou tambores – estão situadas nos extremos do transportador. Uma delas é a de tração, ligada ao motor, e a outra é a esticadora, dando aderência à correia. Nos grandes transportadores, o esticador é de contrapeso.

Para amortecer a queda dos materiais a granel utilizam-se os chutes, conforme Figura 4.3. Sob a mesma denominação estão classificados os transportadores helicoidais e as calhas de chapas, destinados a transportar materiais entre diferentes planos, por gravidade. Os chutes mais usados para materiais a granel são:

1. *De escada* – Constam de prateleiras, sobre as quais vai caindo o material.
2. *De caixa* – Dotados de portas com aletas, que se abrem sob a pressão do material, são empregados para produtos quebradiços, regulando o fluxo na saída de silos.
3. *Inclinados* – Têm ângulos de 40° a 45° de inclinação, usados principalmente para carvão. Evitam a aceleração excessiva do material mediante uso de travessas paralelas.
4. *Alimentadores* – Constam de uma corrente-sem-fim, pesada, ligada a uma roda dentada; o peso da corrente retém o material no chute.

Quando se necessita de alimentação, movimenta-se a corrente, manual ou mecanicamente. Para descida de volumes são utilizados os seguintes tipos de chutes:

1. *Escorregadores helicoidais* – Também conhecidos como chutes espirais, são dispositivos formados por leitos metálicos contínuos, construídos verticalmente, em espiral, ao longo de um eixo. Empregados em prédios de vários andares, com saídas e entradas em cada pavimento. Dotados de abas laterais de proteção, os

escorregadores podem ser simples, duplos ou triplos, transportando simultaneamente mercadorias para um, dois ou três lugares diferentes.

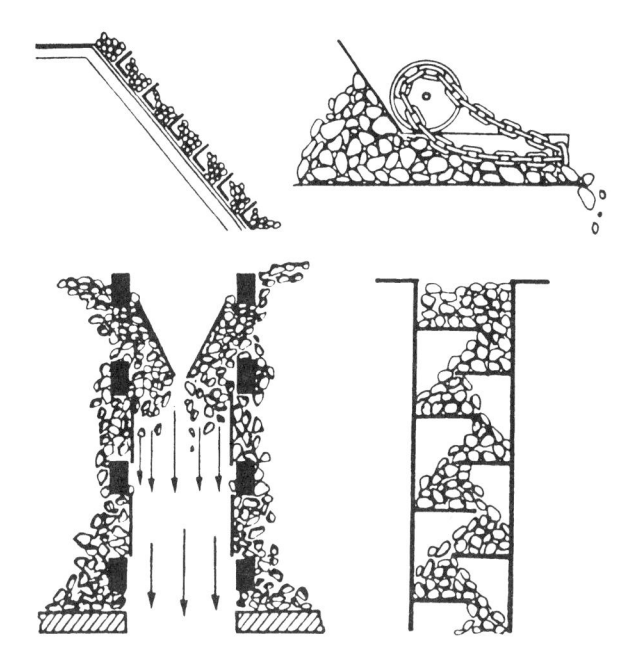

Figura 4.3 *Chutes inclinados, alimentadores de caixa e de escada, para material a granel.*

Na construção do equipamento devem ser considerados a inclinação do leito e o polimento da superfície, a fim de regular a velocidade de descida. Por outro lado, dispositivos como os defletores móveis são utilizados para mudar o sentido de direção da mercadoria.

2. *De calha* – Utilizado para pequenas alturas, muitas vezes alimentando transportadores sobre rolos livres.
3. *Alimentador vibrador* – Consiste numa calha vibratória que transmite movimento à carga. Empregado para materiais quentes ou frios.
4. *Mesa giratória* – Composta de uma mesa com disco giratório, que recebe o material diretamente de uma boca de descarga do vagão regulável. O material gira com a mesa e é retirado mediante uma lâmina fixa de aço.

Os descarregadores são equipamentos que operam em conjunção com as esteiras rolantes, aumentando-lhes o rendimento; esvaziam, em pouco tempo, os veículos de transporte. Entre os mais usados estão:

1. *Pás arrastadoras* – Usadas para descarga de vagões ferroviários, transportam granulados finos por acionamento mecânico, jogando-os em um *hopper*.

2. *Descarregadores de rosca* – Consistem em transportadores helicoidais móveis para descarga de granulados finos, em vagões ou caminhões.
3. *Vibradores de vagões* – Utilizados para vagões de descarga pelo fundo; esvaziam-nos totalmente através da forte vibração que lhes transmitem.
4. *Viradores de vagões* – Constituem-se no mais rápido e eficiente método de esvaziar vagões abertos, virando-os totalmente, ou seja, deixando-os de rodas para cima, enquanto o material é totalmente despejado.

Há uma série de equipamentos que podem ser adaptados às diversas necessidades de cada sistema de esteiras transportadoras, aumentando-lhes a eficiência.

1. *Tripper* – Serve para descarregar o material de uma correia em qualquer ponto de seu curso. Consta de duas polias que obrigam a correia a fazer uma curva para baixo, sendo o material descarregado por um dos lados do transportador.
2. *Desviador* – Consta, conforme Figura 4.4, de uma placa de aço ou de madeira, que desvia o material transportado para fora da correia, no ponto em que estiver atuando. Caso a correia seja côncava, sob o desviador deverá haver uma chapa de aço, para que o material passe por baixo do mesmo.
3. *Stacker* – É uma espécie de *tripper* gigante, pois desvia o material de qualquer ponto da correia transportadora e o conduz através de um transportador semelhante ao primeiro, geralmente perpendicular a este, para distribuir em vastas áreas de estocagem. São usados frequentemente *stackers* que atingem 40 m a partir do centro da correia em que atuam.

É vasto o campo de utilização dos transportadores de correia plana. Todavia, sua aplicação mais comum é no transporte de sacos. Via de regra, os sacos de 60-50 kg, padronizados, são transportados em correias de 20" de largura. Na carga e descarga de caminhões, empilhamento, armazenagem etc., utilizam-se trechos móveis de transportadores de correia, planos ou com inclinação regulável. Os inclinados, com baixa potência requerida (3 HP), podem elevar sacos de 60 kg a cerca de 7,10 m através de uma unidade móvel com comprimento de 12 m.

As vantagens que advêm da aplicação de transportadores de correias planas consistem na acentuada redução de mão de obra, aliada à aceleração do ritmo de trabalho e à racionalização do processo operacional.

Quando não há movimento, uma carga é estável se uma linha imaginária, perpendicular à base, que passa por seu centro de gravidade, atinge qualquer ponto da base. No caso dos transportadores de correia, entretanto, com saídas e paradas bruscas, a carga deve absorver as acelerações imprimidas, sem tombar. Assim, uma carga alta e fina resultará instável, quando colocada sobre o transportador. Da mesma forma, uma distribuição não uniforme de cargas embaladas em pacotes ou caixas poderá virá-las quando da partida ou freagem do transportador.

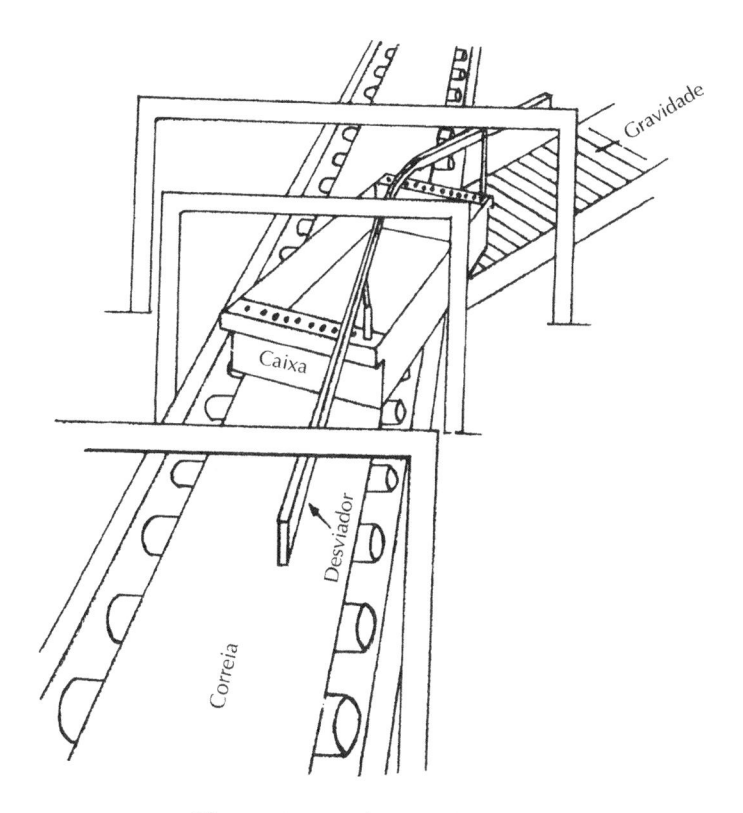

Figura 4.4 *Esteira com desviador.*

As estruturas utilizadas nos transportadores de correia plana variam com o tipo de carga. Para as leves, pode-se utilizar estrutura semelhante à do transportador de roletes livres. Para sacos de 60 kg usa-se igual tipo de estrutura, simples ou dupla, dependendo do número de apoios. Quanto ao espaçamento dos roletes, nesses transportadores, é da ordem de 8" na superfície da correia.

Os transportadores de correia plana podem trabalhar com os mesmos acessórios dos transportadores de correia côncava, ou seja, balanças, dispositivos de separação magnética etc. Por outro lado, há dispositivos específicos aplicáveis a esse tipo de equipamento, como os contadores de volumes transportados, os chutes de descarga e os seletores de material transportado, muito utilizados, especialmente em grandes depósitos de materiais diversificados.

Os transportadores seletores transportam os materiais em caixas metálicas que possuem pinos assentados na posição vertical, em furos alinhados, situados nas bordas das caixas. Dessa forma, um funcionário que recebe uma caixa com determinado tipo de material selecionará o desvio em que ela deverá entrar, pela simples colocação do pino no furo adequado.

Ao longo do transportador de correia há barras fixas de ferro chato, que desviam, cada uma, somente um tipo de caixa, de acordo com a posição em que foi colocado o pino. Para cada desviador, existe um trecho de transportador de roletes livres, lateral, que encaminhará o material para o seu respectivo depósito por gravidade. Dessa forma, constitui-se tal conjunto um sistema misto, correia-gravidade.

B – Fitas Metálicas

Entre os trabalhos que os transportadores de fitas metálicas realizam com facilidade, temos: atravessar fornos e receber peças quentes; passar através de câmaras frigoríficas ou de secagem; transportar material que exige leito de chapa perfurada, como fornos para biscoitos; transportar peças metálicas na vertical, sobre leito imantado.

Os transportadores de fita metálica compõem-se de uma estrutura treliçada sobre roletes, trabalhando na horizontal ou inclinados, com curvas somente no plano vertical. Seus elementos constitutivos são semelhantes aos dos transportadores de correia, com as devidas adaptações. A fita metálica pode trabalhar, inclusive, com cantoneiras, ferro "U", madeira ou celeron, que se constituem em apoios deslizantes. Suas aplicações complementam o campo de utilização das correias transportadoras, porém ambos possuem uma área de utilização em comum. As fitas metálicas apresentam-se, sob diversos aspectos, como produto de linha.

1. *Fita de aço-carbono* – De superfície dura e impermeável, possui uma substancial capacidade anticorrosiva; materiais com elevado teor de umidade podem ser transportados sem prejuízo para a sua superfície.
2. *Fita de aço inoxidável* – Opera com tensões de trabalho menores que as do aço-carbono. É utilizada em materiais cujas propriedades químicas podem deteriorar a fita comum.
3. *Fita perfurada* – Muito empregada em fornos, operações de secagem e aeração. Os furos da fita permitem que flua livremente a umidade porventura existente no material transportado.
4. *Fita de aço revestida com borracha* – Usada para materiais abrasivos e transportadores submetidos a elevadas tensões. Suporta temperaturas de 70° C a 250° C.

Os alimentadores proporcionam um fluxo uniforme à descarga dos materiais a granel nos transportadores e recebem os impactos. Existem diversos tipos:

1. *Boca alimentadora simples* – Consiste num recipiente de acúmulo, construído geralmente abaixo do solo, coberto por uma grade ao rés do chão, formando uma boca de carga. O material sai por essa boca e fica acumulado no *hopper*, de onde sai para o transportador.

2. *Esteira de placas metálicas* – O material é carregado sobre placas metálicas, geralmente de aço manganês, movidas por correntes, até a descarga no transportador. Usada em condições severas de trabalho, com materiais pesados e abrasivos.

3. *Alimentador de correia* – Correias planas ou côncavas, geralmente curtas, movem-se sobre roletes formados por anéis de borracha. Adequado para condições de trabalho pouco rigorosas.

4.2.2.2 Outros tipos de transportadores

Diversos tipos de transportadores são utilizados pela indústria para a movimentação de materiais. Desses, os principais são:

a. Transportadores de roscas
b. Transportadores magnéticos
c. Transportadores pneumáticos
d. Transportadores vibratórios
e. Transportadores de roletes livres
f. Transportadores aéreos de correntes

A – Transportadores de roscas

Os tipos de transportadores de roscas vistos na Figura 4.5 são indicados para a movimentação de materiais pulverizados ou granulados, não corrosivos ou abrasivos, por distâncias normalmente não superiores a 60 m. Os transportadores de rosca são usados em silos, moinhos, indústria farmacêutica e outras, nas quais seja necessário movimentar granulados, servindo também para misturar e agitar. Podem servir como base para diversas etapas de um processo de fabricação.

Formados basicamente por um helicoide alojado em um conduto tipo calha, o material colocado no conduto é movimentado pela rotação imprimida por motor elétrico ao eixo longitudinal do equipamento, podendo o transporte ser feito na horizontal, na vertical ou inclinado. Ocupa pouco espaço e pode ficar sob o nível do solo, sendo facilmente vedado à poeira.

Os tipos de transportadores de roscas mais usados são os de helicoide contínuo que variam o passo (distância entre as pás) de acordo com o tipo de trabalho requerido. Há ainda os tipos de transportadores que têm roscas interrompidas ou ainda aletas. Servem para transportar flocos ou granulados e promover a areação e mistura de materiais. Os transportadores são fabricados normalmente com roscas de 4", 6", 9", 10", 12", 14", 16", 18" e 20" de diâmetro, de acordo com a capacidade exigida.

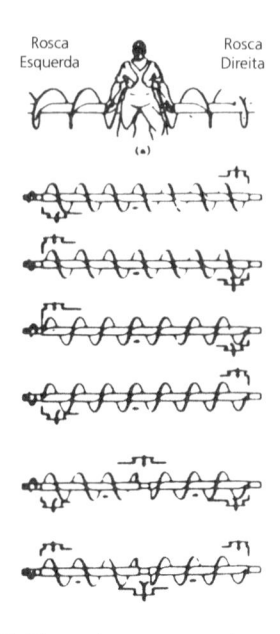

Figura 4.5 *Tipos de transportadores de roscas.*

B – Transportador magnético

São empregados, sobretudo, nas linhas de produção para movimentarem peças e recipientes de ferro, aço ou folhas de flandres. Constituem-se de duas faixas de ferro, magnetizadas por ímãs permanentes, em forma de ferraduras, colocadas na parte posterior de um transportador de fita ou correia (espessura geralmente de 3/16"), com um polo em cada faixa. O material ferroso é assim atraído e conduzido ao mesmo tempo, podendo perfazer qualquer trajetória, inclusive vertical. Pode, além disso, ser guiado, transferido, virado, frenado etc. A principal vantagem apresentada por esse equipamento é o aproveitamento do espaço vertical através de linhas de produção em ângulo de 90 graus.

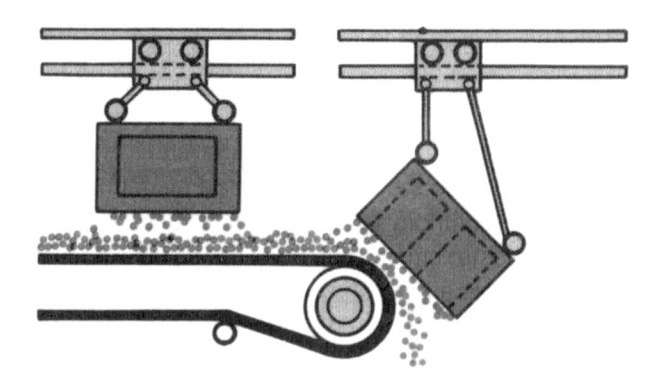

Fiugura 4.6 *Transportador magnético.*

O peso das peças a transportar é detalhe importante a considerar quando se planeja a instalação de um sistema magnético. Se forem demasiado pesadas, poderão comprimir a correia contra o trilho, impedindo ou dificultando sua movimentação. Isso pode ser compensado com um maior espaçamento entre as peças transportadas.

O transportador magnético possui várias características peculiares interessantes: funciona imerso em água, permite mudança de posição das peças transportadoras, requer pouco espaço para instalação, pouca ou nenhuma manutenção, enfrenta qualquer ângulo de inclinação no transporte industrial, trabalha silenciosamente e permite o aproveitamento das áreas situadas em planos elevados.

Para a elaboração de um projeto de instalação dos transportadores magnéticos é necessário saber quais as peças a serem transportadas, suas posições, dimensões, pesos, capacidade horária da instalação, trajetória e ângulos.

C – Transportadores pneumáticos

Os pneumáticos são usados para a movimentação de materiais a granel granulados ou em pó. Funcionam em qualquer tipo de trajeto: reto, curvo, ascendente ou descendente. Empregados principalmente em silos, moinhos e portos, são indicados praticamente para todos os tipos de materiais não abrasivos, de pequena granulometria e peso específico como: carvão em pó, cereais, farinha, etc. São algumas de suas vantagens: vedação completa, impedindo que os materiais transportados contaminem as dependências onde estão instalados; pequeno espaço ocupado por sua aparelhagem, que pode ser conduzida a qualquer lugar onde as tubulações possam chegar; versatilidade do sistema, que pode transportar diversos materiais pelas mesmas tubulações; baixo custo de manutenção.

Figura 4.7 *Transportador pneumático.*

Os transportadores pneumáticos constituem-se basicamente de um conjunto de tubulações e de um sistema motor que produz a corrente de ar que circula pelas tubulações.

O ar pode ser obtido por meio de um ou mais ventiladores centrífugos – de baixa, média ou alta pressão, bombas de ar ou de vácuo. As tubulações metálicas, há muito empregadas, apresentam a desvantagem do desgaste por abrasão; as de vidro, embora mais resistentes, são difíceis de instalar e produzem muita eletricidade estática. Ultimamente vêm sendo empregados, com sucesso, tubos de plástico (PVC); não oferecem dificuldade de instalação e descarregam mais facilmente a eletricidade estática. Além desses componentes, existem múltiplos acessórios, como válvulas descarregadoras de vários tipos, alimentadores especiais e *containers* para receber os materiais transportados.

D – Transportadores vibratórios

Para os vibratórios é bem vasto o campo de aplicação. São empregados para granulados, peças aquecidas, materiais com arestas vivas, areia, pedregulho, carvão, coque, cal, cimento, minérios, pedras, adubos, cereais, clínquer quente, produtos alimentícios e químicos, sementes oleaginosas.

Figura 4.8 *Transportador vibratório.*

Um transportador vibratório compõe-se basicamente de uma calha ou tubo posto em oscilação por um conjunto que produz vibrações lineares. Para que o material descreva sua trajetória parabólica, é necessário que a aceleração do transportador seja maior que a da gravidade. Uma frequência da ordem de 1.700 vibrações por minuto permite um fluxo de material perfeitamente uniforme, sem deslizamento sobre a calha, em trajetórias parabólicas sucessivas. Tais características reduzem ao mínimo o desgaste verificado ao longo dos anos. As velocidades de operação variam praticamente de zero a 20 m/min.

Os transportadores vibratórios são classificados de acordo com seu formato ou tipo de acionamento. Quanto ao formato, temos os transportadores de calha e tubos vibratórios. Quanto ao acionamento, podem ser por excêntrico, motor desbalanceado ou eletromagnético. Este último tipo é muito empregado quando são requeridas dosagens precisas.

E – Roletes livres

Não existe sistema de transportadores mais econômico que o de roletes livres, pois não é necessário nenhum acionamento (a aceleração da gravidade está à disposição de todos), praticamente não há manutenção e todos ou quase todos os materiais não a granel podem ser transportados por esse sistema (em caixas ou sobre pranchas de madeira, em engradados ou diretamente em contato com os roletes, dependendo do formato e tipo de carga). Por outro lado, os transportadores de correia plana são de uma versatilidade impressionante, conduzindo praticamente qualquer tipo de material em aclive ou declive, com baixa potência requerida. Sua utilização, entretanto, não elimina o aproveitamento dos transportadores de roletes livres; estes podem ser aproveitados em conexão com os primeiros em muitos casos.

Quanto à trajetória, podem ser:

1. *Planos* – utilizados especialmente em sistema do tipo linha de montagem, onde o material vai sendo empurrado sobre o transportador enquanto os operários colocados ao longo do mesmo processam as diversas operações requeridas.

É importante notar que a força necessária para mover o material sobre os roletes, no plano, por esse sistema, é usualmente de 2% a 4% do peso total.

Figura 4.9 *Transportador de rolete.*

Um sistema desse tipo tem campo de aplicação desde a indústria farmacêutica (embalagem de remédios) até a indústria pesada (linha de montagem de motores).

Nas instalações em que existem várias linhas de transportadores de roletes livres planos, usam-se como acessórios mesas de transferência, especialmente do tipo de esferas, onde o material, apoiando-se em esferas com movimento livre, pode ser conduzido de uma linha de transportadores para outra, em qualquer direção.

2. *Inclinados* – os transportadores de roletes livres inclinados, mesmo com pequeno declive, fazem com que o material se movimente por gravidade.

Com um declive de cerca de 3 cm por metro, distâncias da ordem de 18 m podem ser vencidas por esse sistema. As alturas de carga, desta forma, são fáceis de ser atingidas. As curvas podem ser colocadas em qualquer ponto, dando ao sistema maior flexibilidade.

Os transportadores de roletes livres podem ser utilizados para grandes percursos, entretanto, estes são divididos em trechos, e, no fim de cada trecho, pequenos transportadores de correia plana elevam novamente o material a uma altura tal que possibilite sua entrada em novo trecho inclinado, e assim sucessivamente. Consegue-se, dessa forma, grande economia em relação ao mesmo sistema que funciona totalmente sobre correias acionadas.

Para determinar a viabilidade de utilização do sistema de transportadores de roletes por gravidade, deve-se iniciar pelo estudo das características da carga a ser transportada. Em geral, para que a operação de transporte seja bem-sucedida nesse tipo de equipamento, a superfície de fundo do material transportado deve ser razoavelmente dura e plana.

- Caixas de papelão, madeira, metal e tambores são exemplos de cargas que se movimentarão com facilidade.
- Caixas de papelão muito moles ou deformadas por cintas metálicas, cestos e alguns fardos podem também ser transportados sobre roletes livres, podendo, entretanto, necessitar de maior declive e eventuais interferências por parte de operários.
- Sacos e pacotes não rígidos, engradados com fundo feito de ripas paralelas aos roletes etc. não são transportados a contento em tal sistema.

Além disso, a forma e as condições em que se encontra a carga devem ser levadas em conta. Por exemplo:

- Caixas de papelão cujas tampas se abrem facilmente podem ficar presas a obstáculos situados ao lado do leito do transportador.
- Recipientes com superfície externa irregular ou com pontas tenderão a amontoar-se uns sobre os outros, caso o transportador possua um trecho em que se faça necessário acumular o material em linha.

A regra geral a ser seguida ao projetar-se um transportador de roletes livres sugere que em condições normais de funcionamento haja sempre três roletes sob a carga de menor comprimento. Assim, se entre diversos materiais transportados o de menor comprimento tiver 30 cm, o espaçamento requerido entre roletes é de 10 cm.

O principal fator a ser levado em conta na determinação do declive é o peso da carga. Entretanto, algumas outras condições devem ser analisadas.

   a. Carga total máxima em determinado trecho;
   b. Superfície do fundo da carga;
   c. Fragilidade do material transportado;
   d. Grau de umidade e temperatura;
   e. Possibilidade de acúmulo de material transportado sobre o transportador;
   f. Tipo de rolete.

Considerando-se que o problema de transporte é influenciado por tantos fatores, só é possível apresentar uma relação entre pesos e declives necessários admitindo-se condições de funcionamento, bem como de construção do equipamento.

Ao contrário do que ocorre com os transportadores de correias, é possível construir transportadores de roletes livres com curvas no plano horizontal ou inclinado. Decorre daí o fato de muitas vezes serem projetados sistemas mistos em que o material passa de um trecho de transportador de correia para outro idêntico, em ângulo com o primeiro, através de roletes livres.

O raio interno da curva é uma característica muito importante, responsável direto pela retenção ou livre passagem do material transportado.

Raios internos de 10 m dão bons resultados no transporte de caixas normais. Todavia, cargas especiais requerem curvas especiais nos seguintes casos:

a. Quando a carga for muito comprida e estreita, é necessário que a largura do trecho seja bem maior que a do restante do transportador para um raio interno *standard*. Pode-se também aumentar o raio da curva e colocar proteções laterais, se for necessário manter a mesma largura.

b. Para cargas grandes e pesadas, o esforço necessário para fazer uma curva fechada é excessivo. Obviamente, uma curva de maior raio permite melhor movimentação com menor esforço.

c. Caso a curva seja muito larga, o espaçamento dos roletes na sua parte externa resultará excessivo, impossibilitando a passagem de pacotes ou caixas de pequenas dimensões. Neste caso, usa-se uma curva dividida em duas metades que possui, consequentemente, duas fileiras de roletes, mantendo-se dessa forma o espaçamento ideal, mesmo na parte externa da curva.

Em geral, a estrutura de um transportador de roletes livres é bem simples, constando de dois perfis "U" de 3" contraventados, que possuem a furação necessária para colocação dos roletes e fixação dos suportes de apoio. Para as cargas leves mais comumente transportadas, com largura até cerca de 50 mm, roletes simples dotados de rolamentos de esferas e lubrificação permanente podem ser usados. Dentro dessas características, sua capacidade de carga atinge cerca de 60 kg (carga por rolete).

Os transportadores de roletes livres, usualmente utilizados na movimentação de tambores de óleo ou semelhantes, são apoiados no piso da fábrica ou galpão sobre uma canaleta previamente preparada no concreto, de tal forma que a superfície dos roletes fique ao mesmo nível que o piso. Os acessórios comumente empregados nos sistemas de transportadores de roletes livres são:

1. *Mesa de transferência.* Mesa giratória utilizada principalmente quando se necessita mudar de 90° a direção do transporte. A mesa fica colocada na direção de onde provém o material, como parte integrante do transportador em utilização. Recebendo a carga, gira 90° e passa a ficar em linha com o outro trecho de transportador, para o qual a carga é transferida.

2. *Mesa de transferência de esferas.* Tem a mesma função da mesa de transferência e sua superfície é formada por esferas que permitem a livre movimentação da carga até ficarem em posição para entrar em novo trecho do transportador.

Figura 4.10 *Mesa de esferas.*

3. *Desvios.* Quando existe um trecho do transportador que se subdivide em dois, devendo a carga passar ora por um, ora por outro, pode ser construído um trecho de transportador de roletes livre, que giram em torno de um eixo e funcionam como um desvio de vagão ferroviário, orientando a carga na direção desejada.

Figura 4.11 *Desvio de roletes.*

F – Transportadores de corrente

Os problemas da contaminação em processos como pintura, tratamento térmico e limpeza estão sendo satisfatoriamente resolvidos nas indústrias pelo transporte aéreo de corrente. Trata-se de um sistema de troles, apoiados na aba inferior de uma viga "I", por intermédio de roletes. Uma corrente sem fim aciona o sistema.

Em relação aos outros tipos de transportadores contínuos, os aéreos de corrente apresentam uma série de vantagens devido às características de construção e funcionamento; operam nas três dimensões e movimentam materiais de vários tamanhos, pesos e formatos. Além disso, podem transportar produtos a elevadas temperaturas, uma vez que as cargas ficam relativamente longe das partes motoras do conjunto. A corrente transportadora pode ser aproveitada em toda a sua extensão, o que nem sempre acontece com os outros transportadores. O gasto inicial relativamente baixo desse equipamento, aliado à pequena despesa com manutenção, energia elétrica e peças para reposição, traduz-se em baixo custo operacional. Há, entretanto, o problema da inadequação do sistema a determinados produtos e processos.

Esse transportador é limitado na sua capacidade, pois os processos para carga e descarga nem sempre podem ser automatizados. Os meios para contornar a dificuldade – aumento da mão de obra e da velocidade – não podem ser aplicados onde a movimentação é parte integrante de outro processo, o que abrange mais de 90% dos trabalhos executados pelo equipamento.

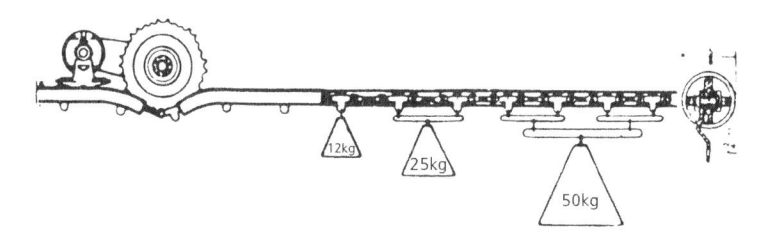

Figura 4.12 *Trole para cargas pesadas.*

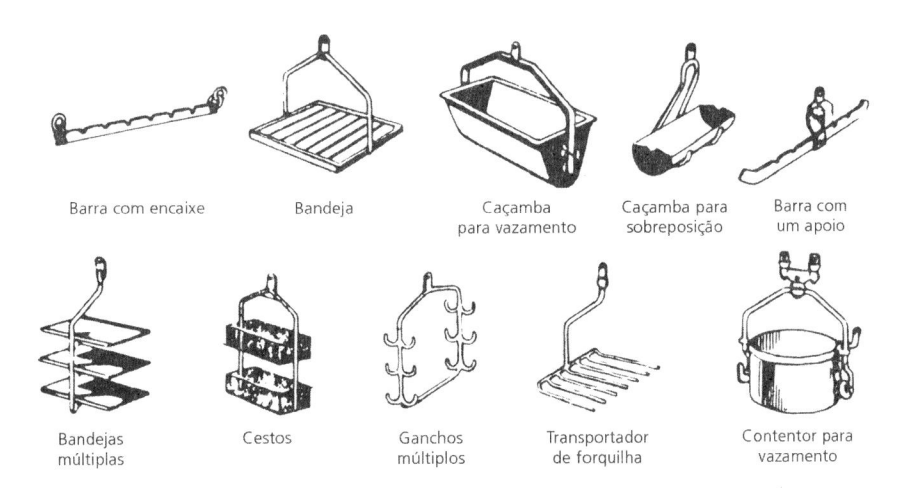

Figura 4.13 *Dispositivos para cargas.*

Uma solução para aumentar a capacidade desses transportadores tem sido multiplicar o seu comprimento e o número de estações para processamento. Essa alternativa representa maior investimento com a estrutura de sustentação e a unidade motora, partes caras do conjunto.

Outra solução para obter maior capacidade é construir transportadores mais curtos com carga e descarga automatizadas. Essa opção permite economizar espaço e mão de obra, mas não se justifica em produções pequenas e médias, onde há grande campo de utilização para os tipos mais simples.

Nesse transportador, cada trole tem um braço e um sistema de sustentação para receber a carga. Tais dispositivos variam em formato, de acordo com a carga transportada. Para pequenas peças, como parafusos, porcas e arruelas, utilizam-se como recipientes cestas que são facilmente colocadas e retiradas em qualquer ponto do trajeto. Se o problema é transportar bobinas de chapa ou arame, utilizam-se ganchos reforçados, formados por prolongamentos dos braços de apoio.

No caso de metais fundidos, solidificados antes de sofrerem outras operações, indicam-se bandejas abertas com grande superfície para apressar o processo de resfriamento e diminuir o tamanho do transportador. No caso de peças fabricadas com aço, pode-se usar eletroímã na extremidade do braço, automatizando as operações de carga e descarga.

Nas indústrias automobilísticas, operações de decapagem, pintura e secagem de peças são executadas em circuito formado por transportadores aéreos de corrente. O mesmo se dá onde processos para tratamento térmico exigem controle nos tempos de aquecimento e resfriamento, havendo transportadores desse tipo com total automatização.

Esse transportador consta de uma corrente sem fim apoiada em pontos regulares ao longo de uma viga "I" contínua. Dois ou mais roletes movimentam-se na parte inferior desse perfil, permitindo cargas de maior peso e reduzindo a potência para deslocar o conjunto.

Os dispositivos para carga ligam-se aos roletes por intermédio de troles, conforme Figura 4.6. Quando a carga tem peso maior, é necessário aumentar o número de roletes de cada trole. Em alguns casos, é aconselhável ligar o dispositivo de fixação a diversos troles.

Cargas de diferentes tipos podem ser movimentadas por ele, bastando projetar um dispositivo de fixação conveniente. A Figura 4.7 mostra uma série de acessórios que praticamente abrange todos os tipos de carga: granel líquido e sólido, produtos unitários pequenos e médios, cargas pesadas, entre outras.

Os roletes constituem parte importante do transportador, uma vez que limitam a potência e definem a manutenção requerida. Podem ser constituídos por rolamentos com esferas ou roletes inteiriços de aço e náilon. Estes últimos são indicados onde o nível de ruído deve ser baixo, porém possuem capacidade de carga limitada.

A unidade motora é o item mais caro do transportador, pelo custo inicial e manutenção exigida, impondo paralisação na linha de produção. Esses problemas estão em parte superados, devido à padronização dos tipos e capacidades disponíveis no mercado. Exigem dois tipos principais de unidades motoras: roda dentada e sistema Caterpillar.

O primeiro é um volante comum, com dentes que se encaixam na corrente. Esse conjunto é ligado ao motor elétrico por meio de um redutor de velocidade. O sistema Caterpillar consta de duas engrenagens que movimentam uma corrente com pinos. Estes se encaixam na corrente de tração dando-lhe movimento. Em muitos casos esse sistema dispensa redutor, mas apresenta como inconveniente excessivo desgaste da corrente.

O sistema de roda dentada é mais simples e indicado onde não se exigem curvas em excesso. É montado de preferência no fim de um trecho de grande comprimento, com área de contato de 90° a 180°. Em muitos casos a roda pode servir de estrutura-suporte.

O sistema Caterpillar é indicado para *layout* complexo e detalhado. Como o dispositivo de acionamento se move paralelamente à corrente, não pode ser aproveitado para manter a corrente esticada. A velocidade de operação varia de 2 a 30 m/min, assim como no sistema de roda dentada.

A escolha é feita em função de trajeto, carga e descarga, além das características do material transportado (peso, tamanho e formato). Esses elementos, mais a capacidade do transportador, permitem calcular a força máxima em cada elo, o que já define um tipo-padrão de corrente. A força necessária para arrastar o conjunto, multiplicada pela velocidade, fornece a potência requerida.

Existem muitos fatores que influenciam o custo desse transportador: comprimento, capacidade, circuito, número de troles e outros. Para fins de orçamento, é melhor considerar separadamente a parte motora, o transportador propriamente dito e a estrutura-suporte.

A parte motora compreende motor elétrico, redutor de velocidade e roda dentada. Seu valor depende principalmente da capacidade e é muito afetado pelos trechos com inclinação. O transportador propriamente dito – corrente, perfil "I" e troles – é relativamente barato e varia muito pouco com o tipo de roletes e capacidade. A estrutura-suporte é o item que praticamente define as possibilidades de uso do sistema nas produções médias. Em algumas fábricas a existência de colunas e teto adequados torna insignificantes os gastos com estrutura-suporte. Em outras, há necessidade de construir suportes independentes.

4.2.3 Sistema de manuseio para áreas restritas

Quando se tem determinada área restrita, caso de um armazém, onde vão ser movimentadas cargas intermitentemente, uma das opções são os sistemas de manuseio para áreas restritas, conforme Figura 4.14.

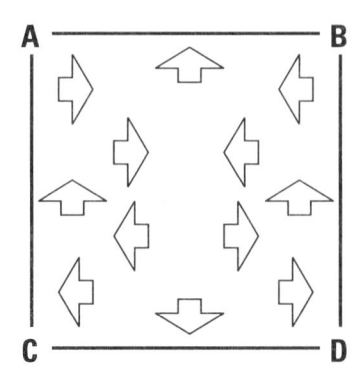

Figura 4.14 *Sistema para área restrita.*

O mais significativo equipamento de manuseio para áreas restritas é a ponte rolante. A ponte rolante está integrada à linha de produção ou armazenagem. Ela é normalmente instalada em áreas de armazenamento de ferro para construção, produtos acabados como chapas de aço e bobinas, processo siderúrgico e metalúrgico, linha de produção de construção pesada, recepção de carga de grandes proporções e peso.

Ponte rolante

As pontes rolantes, vistas na Figura 4.15, são empregadas no transporte e elevação de cargas em instalações industriais como fundições, usinas siderúrgicas, linhas de montagem, em casas de máquinas de usinas elétricas, em pátios de carga, depósitos etc. Constam de uma viga suspensa sobre um vão livre, que roda sobre dois trilhos; a viga é dotada de um carrinho que se movimenta sobre trilhos.

As pontes rolantes com talha possuem uma viga "I", em cuja aba inferior se apoia uma talha com trole. Sua capacidade varia entre 2 t e 300 t e sua classificação depende do ritmo do trabalho que executa:

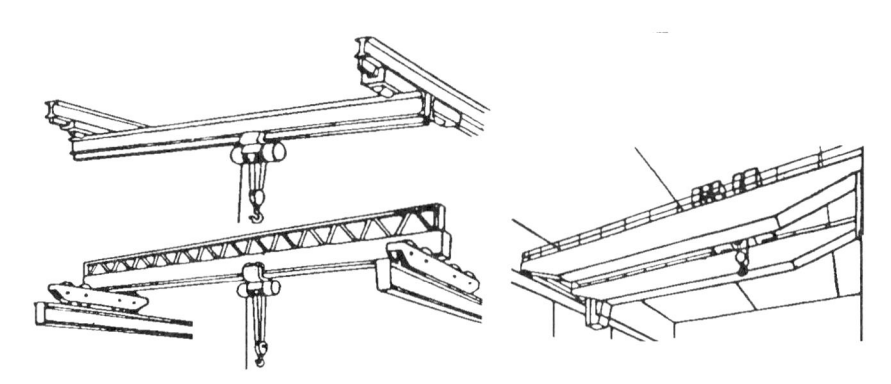

Figura 4.15 *Tipos de ponte rolante.*

a. *ocasional* – de 2 a 5 operações a plena carga por hora, a velocidades baixas, usadas em usinas de força;
b. *leve* – de 5 a 10 operações a plena carga por hora, a baixas velocidades, em oficinas mecânicas e armazéns;
c. *moderado* – de 10 a 20 operações horárias, a velocidades médias, em fundições leves e pátios de carga;
d. *constante* – de 20 a 40 vezes por hora, a plena carga, a velocidade mais elevada, principalmente linhas de montagem e fundições pesadas;
e. *pesado* – conjugam elevadas velocidades com grande capacidade, realizando mais de 40 operações por hora, com eletroímãs.

As pontes rolantes possuem comandos elétricos, que podem ser acionados da cabine ou do piso, mediante um sistema de botoeiras. Possuem sistema de proteção para garantir a segurança durante as operações, limitadores, freios eletromagnéticos e outros componentes.

A ponte rolante empilhadeira é dotada de garfos e pode efetuar operações combinadas de pontes rolantes e empilhadeira. Executa cinco movimentos: longitudinal, transversal, giratório, ascendente e descendente. A unidade de empilhamento é composta de:

a. mesa giratória;
b. coluna telescópica;
c. garfos;
d. cabine de comando.

São empregadas em fábricas ou depósitos, que permitem o aproveitamento total da área útil. Para dimensionamento de uma ponte rolante é necessário dispor dos seguintes dados:

1. Tipo de ponte – manual ou motorizada.
2. Carga – principal e auxiliar.
3. Dimensões – vão entre os centros dos trilhos em metros, altura máxima de elevação, altura piso-tesoura, distância trilho-paredes, distância topo da ponte-tesoura, distância centro do guincho-tesoura.
4. Intensidade do trabalho – número de manobras a plena carga por hora e número de horas de serviço por dia.
5. Ambiente – Aberto ou fechado, e outras condições especiais.
6. Edifício – condições do prédio.
7. Velocidades desejadas – elevação principal, elevação auxiliar, translação do carrinho, translação da ponte em m/min.
8. Energia elétrica – contínua ou alternada, número de fases, voltagem.
9. Sistema de comando – no piso ou na cabine.
10. Percurso – comprimento dos trilhos.

A Figura 4.16 mostra os sinais padronizados para operação de uma ponte rolante.

Pórticos

Os pórticos rolantes possuem uma viga elevada, autossustentável, sobre truques de rodas que se movimentam sobre trilhos, conforme Figura 4.17. Têm equipamentos de elevação similares aos das pontes rolantes. Empregados em áreas externas, sua utilização é indicada nos casos em que a instalação da estrutura para uma ponte rolante seja excessivamente onerosa. São adequados para armazenamento em locais descobertos, carga e descarga de mercadorias em áreas livres de plataformas de embarque e levantamento de comportas em usinas elétricas, entre outras aplicações.

Uma variação do pórtico é o semipórtico, usado nos pátios abertos das construções. É dotado de apenas uma perna, e a outra cabeceira da viga corre sobre uma parede ou estrutura de sustentação (Figura 4.17 à direita). Esse equipamento pode trabalhar em combinação com uma ponte rolante, de maneira que esta cobre toda a área de carga, enquanto o pórtico, funcionando embaixo dela, cobre apenas um setor restrito.

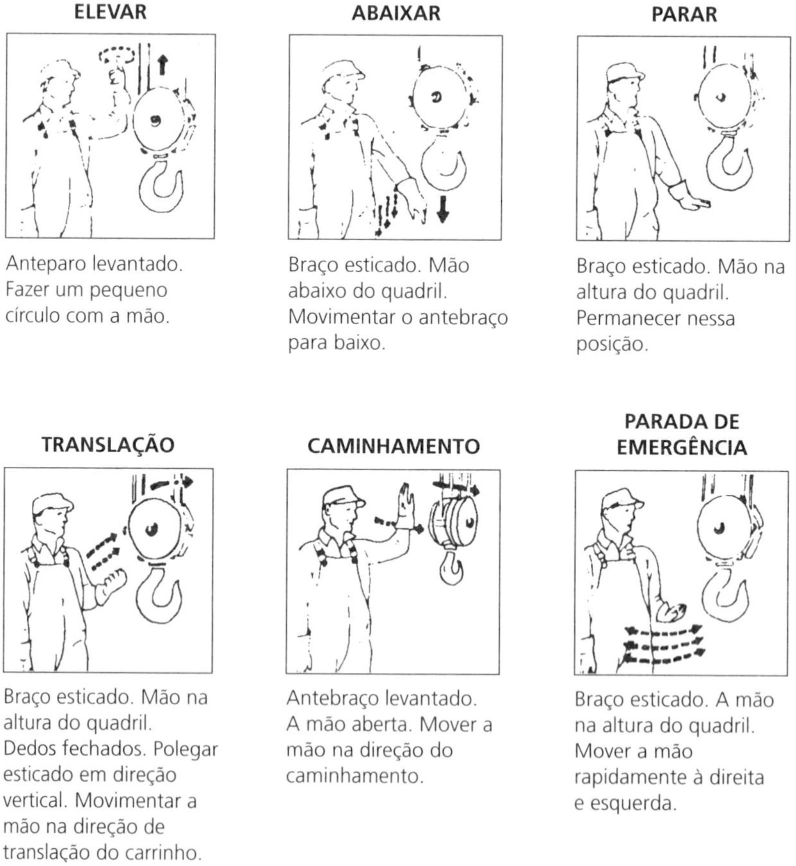

ELEVAR
Anteparo levantado. Fazer um pequeno círculo com a mão.

ABAIXAR
Braço esticado. Mão abaixo do quadril. Movimentar o antebraço para baixo.

PARAR
Braço esticado. Mão na altura do quadril. Permanecer nessa posição.

TRANSLAÇÃO
Braço esticado. Mão na altura do quadril. Dedos fechados. Polegar esticado em direção vertical. Movimentar a mão na direção de translação do carrinho.

CAMINHAMENTO
Antebraço levantado. A mão aberta. Mover a mão na direção do caminhamento.

PARADA DE EMERGÊNCIA
Braço esticado. A mão na altura do quadril. Mover a mão rapidamente à direita e esquerda.

Figura 4.16 *Ponte rolante: sinais padronizados.*

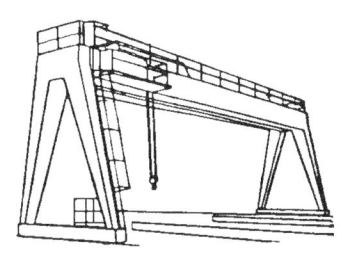

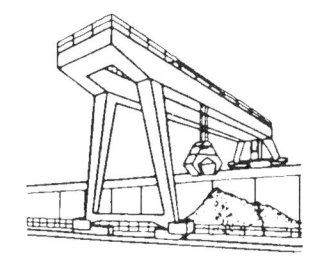

Figura 4.17 *Tipos de pórticos.*

O sistema de área restrita mais avançado e sofisticado é o *stacker crane,* que é um sistema conjugado de armazenagem e manuseio, onde o espaço é aproveitado ao máximo. O *stacker crane* da Figura 4.18 consiste numa torre apoiada sobre um trilho inferior guiada por um trilho superior e uma viga na posição vertical por onde sobe e desce uma cabina de comando operacional. A plataforma acompanha o movimento da cabina e um par de garfos recolhe o *pallet* ou recipiente. Há exemplos de torres com mais de 20 m de altura.

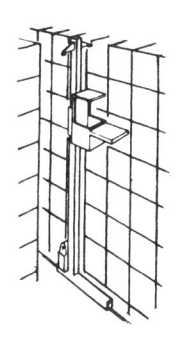

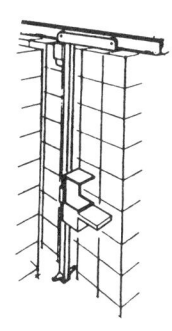

Figura 4.18 Stacker crane.

Pelo fato de se constituir de uma viga com cabina e garfos, os corredores podem ser estreitos – largura máxima de um metro, para seus deslocamentos e manuseio da carga.

4.2.4 Sistemas de manuseio entre pontos sem limites fixos

De todos os casos, os sistemas de manuseio entre pontos sem limites fixos são, sem dúvida, os mais versáteis. Isso porque suas aplicações não se restringem a dois pontos predeterminados nem a áreas restritas, podendo também operar em áreas sem delimitação.

Carrinhos

O mais simples dos equipamentos que formam os sistemas sem limites fixos é o carrinho, visto na Figura 4.19.

Figura 4.19 *Tipo de carrinho manual.*

Do velho carro-plataforma usado desde os primeiros tempos nas estradas de ferro, ou nos campos e fazendas, derivou uma série de modelos de carrinhos para atender às mais variadas necessidades industriais, conforme Figura 4.20. O princípio básico permanece: uma plataforma com rodas e um timão direcional.

Figura 4.20 *Carrinhos manuais.*

Uma opção é a paleteira ou carro-*pallet*. Seus braços metálicos em forma de garfo recolhem diretamente *pallets* ou recipientes que tenham dispositivos de base preparados para o manuseio. Um pequeno pistão hidráulico produz uma leve elevação da carga, suficiente para tirá-la do chão e permitir seu transporte. Um timão completa o conjunto (Figura 4.21).

Capítulo 4 • Movimentação de Materiais

Figura 4.21 *Paleteira hidráulica.*

Quando a distância de transporte é muito grande, recomenda-se o uso das paleteiras motorizadas, conforme Figura 4.22. Para cargas pesadas, são utilizados os comboios de carretas do tipo plataforma, que poderá ser rebocado por um pequeno trator ou mesmo um carrinho elétrico.

Figura 4.22 *Paleteiras motorizadas.*

Se as cargas forem de peso elevado, o comboio poderá operar em conjunto com uma empilhadeira para carga e descarga. Este sistema é bastante utilizado em aeroportos, ou em indústrias, principalmente de papel.

Empilhadeiras

No caso em que além do peso e da distância a carga tiver de ser empilhada, já se torna necessário usar uma empilhadeira. Trata-se de um carro de elevação por garfos, motorizado e em condições de operar a média distância, em termos de *layout* industrial.

Os garfos recolhem os *pallets* recipientes, através dos dispositivos de base próprios para manuseio, e por elevação executam a operação de empilhamento. Essas qualidades fazem da empilhadeira um dos mais versáteis sistemas de manuseio.

Os modelos de empilhadeiras podem ter tantas características quanto as exigências de cada material a ser movimentado, mas podem ser divididos em três classes fundamentais: frontais de contrapeso (Figura 4.23), frontais que equilibram a carga dentro de sua própria base e empilhadeiras laterais. A mais conhecida é a frontal de contrapeso. Esse tipo de máquina apanha as cargas de frente e se reequilibra por meio do contrapeso, localizado na parte traseira, o que lhe garante estabilidade no momento da elevação e transporte.

Figura 4.23 *Empilhadeira com contrapeso.*

O modelo com motor a explosão (gasolina, GLP, diesel ou álcool) exige áreas abertas de operação. No caso de funcionar em ambientes fechados, a ventilação deve ser muito boa.

Figura 4.24 *Empilhadeira a diesel.*

Para as situações de arejamento crítico ou mesmo quando o material a ser estocado for sensível a gases, recomendam-se empilhadeiras elétricas para o manuseio dos materiais

(Figura 4.25). Opcionalmente pode ser usado como combustível o GLP – Gás Liquefeito de Petróleo –, que exige um sistema de carburação próprio e pode ainda ser melhorado com o oxicatalisador.

Figura 4.25 *Empilhadeiras elétricas.*

Em condições normais de trabalho, uma empilhadeira tem capacidade máxima de elevação próxima dos 5 m e necessita de corredores de manobra de 3,70 m, na versão média de 2,5 t. Em locais com pisos irregulares (paralelepípedos ou sem pavimento no piso) as máquinas de contrapeso levam vantagens sobre as demais, principalmente devido aos diâmetros maiores das rodas. Para o caso de áreas com grande quantidade de detritos cortantes (cavaco de usinagem), os pneus comuns podem ser substituídos pelos de borracha maciça.

Outro tipo de empilhadeira de larga utilização é o modelo que equilibra a carga com apoios de base. Este modelo, também conhecido como "empilhadeira de almoxarifado", é dotado de braços que se projetam para a parte inferior do equipamento. Desse modo é possível aumentar a área da base de apoio, o que permite trazer recipientes para o centro de carga da empilhadeira. O motor é elétrico e acionado por baterias recarregáveis. As rodas são de pequeno diâmetro e o chassi da empilhadeira é posicionado bem próximo do solo. Se por um lado esse dado facilita o equilíbrio da máquina, por outro resulta na limitação de sua aplicação, pois o piso deve ser o mais liso possível (o que elimina praticamente o seu desempenho em áreas de superfície irregular). Sua bandagem deve ser maciça em virtude das dimensões dos pneus.

Essas limitações, entretanto, são compensadas pelo reduzido espaço exigido nos corredores (1,50 m) e pela altura de empilhamento possível (até 12 m). Para isso, essas empilhadeiras contam com dispositivos especiais de posicionamento de carga. Os modelos convencionais de empilhadeira de almoxarifado exigem cerca de 2,5 m de corredor para as manobras, conseguem transportar 2 t e elevar sua carga a uma altura entre 8 a 9 m.

É certo que numa composição de custos mais geral entram outros fatores, como o próprio valor da máquina. Os modelos elétricos custam mais do que os movidos a derivados de petróleo. Mas seja qual for o tipo de empilhadeira, é necessário conhecer muito bem o local e as condições de operação antes de se adquirir um desses equipamentos. Pontos que devem ser observados na escolha do tipo de empilhadeira mais apropriado:

a. *Tipos de carga a ser movimentada* – O tipo de carga influi não só no modelo correto de empilhadeira a ser especificada, como podem também determinar a utilização de acessórios.

b. *Peso da carga a ser movimentada* – É o mais importante fator para determinar a capacidade do equipamento a ser adquirido, ao lado das dimensões da carga.

c. *Dimensões da carga a ser movimentada* – As empilhadeiras são fabricadas para manusear até determinado limite de peso e dimensões. Assim, as empilhadeiras até 4.000 kg são especificadas para cargas com centro de gravidade distante até 50 cm do encosto de carga. Acima de 4.000 kg, o "centro de carga" deve estar no máximo a 60 cm do encosto, para que a empilhadeira possa apanhar mercadorias que pesem até sua capacidade máxima. Uma regra válida é que quanto mais afastado o "centro de carga", além do normalmente especificado, menor a capacidade de elevação em peso.

d. *Ciclo de movimentação de cargas* – Quando o trabalho a ser executado exige rapidez, como terminais aéreos, ferroviários, marítimos ou rodoviários, é conveniente utilizar um equipamento que possa imprimir mais velocidade ao ciclo, dentro das normas de segurança, e contrabalancear os custos operacionais.

e. *Tipo de terreno a ser percorrido* – Como já foi visto, há um tipo de rodagem para cada tipo de terreno. Além disso, certos tipos de aplicações exigem o trabalho de máquina em terrenos lamacentos e altamente irregulares, onde, além de rodagem própria, a empilhadeira precisa ter características próprias, como chassi mais alto e mais tração. No caso de áreas pavimentadas, um cuidado a tomar é, antes da especificação, determinar qual a pressão que suporta o piso (asfalto, concreto, madeira...). Este cuidado deve ser maior ainda quando se tratar de "empilhadeira de almoxarifado", pois, por terem rodas de diâmetro muito pequeno, a área de contato com o piso é também muito pequena, e a pressão maior.

f. *O percurso tem rampas?* – A capacidade de subir rampas pode limitar a aplicação de determinados tipos de empilhadeiras em algumas plantas. Assim, deve-se determinar qual o percentual das várias rampas a serem vencidas e comparar estes dados com os fornecidos nas folhas de especificações dos fabricantes (Figura 4.26). Normalmente, as empilhadeiras elétricas têm este valor muito inferior, quando comparado ao das máquinas que utilizam motor à explosão. Para determinar este percentual considera-se que: H – altura da rampa e C – comprimento, então:

$$\frac{H}{C} \cdot 100 = \% \text{ da rampa}$$

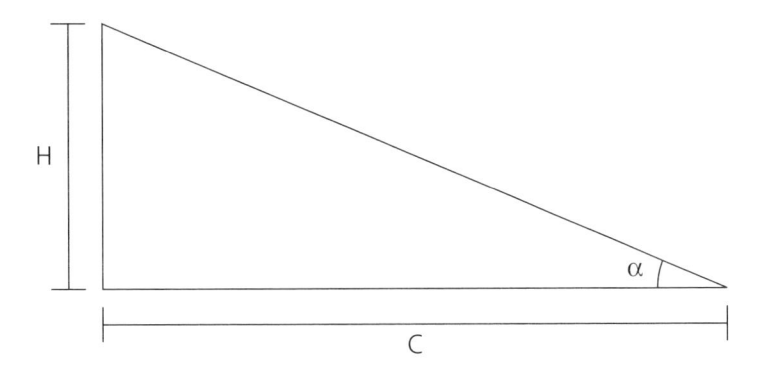

Figura 4.26 *Percentual de rampa.*

g. *O percurso tem passagens, arcos, pontes?* – A existência de obstáculos aéreos, passagens, arcos, vigas, tubulações (de dutos elétricos, de vapor, de matéria-prima etc.) pode limitar a utilização de certos dispositivos de empilhadeira, como a torre, por exemplo.

h. *Qual a largura do corredor?* – A montagem do *layout*, seja de produção, seja de armazenamento, pressupõe o conhecimento da capacidade da empilhadeira em executar curvas e manobras, principalmente a 90°. Quanto menor o espaço exigido pela empilhadeira, maior a economia proporcionada ao *layout*.

i. *Qual a altura a ser utilizada para a estocagem?* – Para cada caso de altura de estocagem há uma torre própria de aplicação. Há torres de diversos estágios para atingir alturas maiores. Há torres de elevação livre para permitir o trabalho em vagões, furgões ou *containers*. E mesmo entre as torres *standards* podem-se variar suas dimensões para adequar a máquina ao processo.

j. *Quais as características ambientais do depósito?* – Como já foi visto, em caso de estocagem de produtos que não podem sofrer contaminação, como alimentos ou produtos farmacêuticos, ou quando as condições de exaustão dos gases forem críticas, deve-se pensar muito bem no tipo de motor a aplicar. Nas situações acima descritas, deve-se aplicar no mínimo o oxicatalisador, como meio de diminuir a emissão de gases. Quando realmente não houver outra solução, recomenda-se a aplicação de motor elétrico.

Acessórios de empilhadeiras

Tanto os modelos frontais de contrapeso como os de equilíbrio na própria base podem ter uma série de acessórios acoplados, conforme as finalidades. Entre os mais usados está o *sideshift* ou carro de deslocamento lateral. Ele possui movimento para a direita ou para a esquerda para ajustar o carro-suporte dos garfos, conforme Figura 4.27, evitando o excesso de manobras do equipamento para a tomada das cargas.

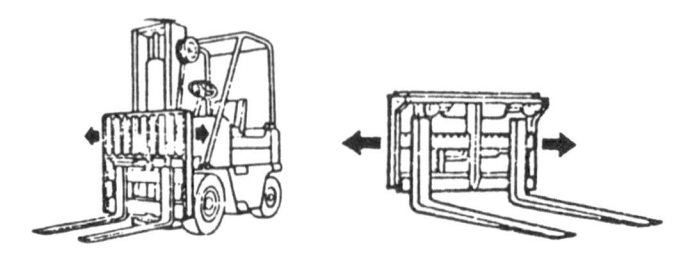

Figura 4.27 *Tipos de garfos.*

Outro acessório é o dispositivo rotativo, que permite – sozinho ou em conjunto com outros acessórios – o despejo do material recolhido pela sua caçamba (Figura 4.28). Por sua vez, o apanhador de fardos de algodão possui duas garras laterais paralelas acionadas por um dispositivo hidráulico para abertura ou fechamento.

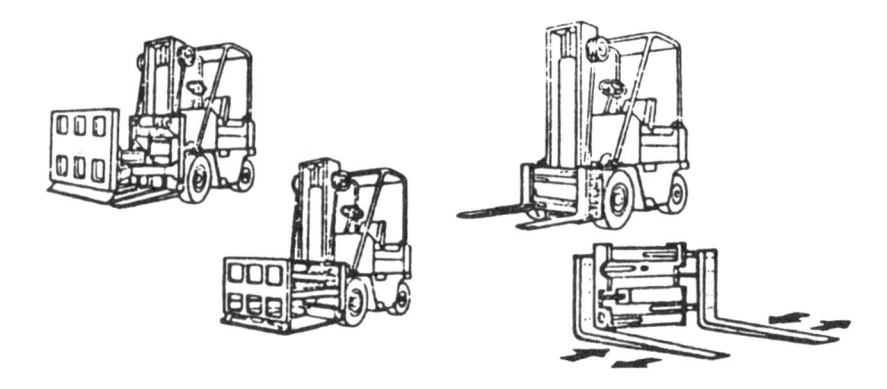

Figura 4.28 *Dispositivos rotativos.*

De forma geral, os acessórios dotados de algum movimento de comando utilizam um sistema hidráulico como meio de acionamento e controle (Figura 4.29). Uma exceção é a caçamba mecânica acoplada diretamente ao carro-suporte, dotada de uma trava mecânica que, ao soltar-se, provoca seu basculamento.

Figura 4.29 *Acessórios para empilhadeiras frontais.*

Empilhadeiras laterais

As empilhadeiras laterais diferem das demais devido ao processo de apanhar cargas. Enquanto os modelos frontais apanham a carga no mesmo sentido de deslocamento da máquina, as laterais têm seus garfos do lado e apanham suas cargas no sentido perpendicular ao seu deslocamento. Elas têm seu maior desempenho no manuseio de peças de grande comprimento como tubos, barras, perfilados, toras, tábuas etc. Assim, a carga fica no sentido longitudinal do deslocamento, dispensando corredores com larguras maiores do que o comprimento da carga.

Figura 4.30 *Empilhadeira lateral.*

Na maioria dos casos, essas empilhadeiras são movidas por motor elétrico. Há, como é o caso as quadridirecionais, que, originalmente frontais, foram dotadas de três rodas, sendo uma dianteira direcional e duas de apoio na traseira do equipamento. As traseiras têm um movimento de até 90° acionado hidraulicamente. Essa disposição permite à empilhadeira deslocar-se no sentido perpendicular ao seu eixo. Essa liberdade de movimento lhe confere uma versatilidade de alta eficiência para o manuseio simultâneo de cargas regulares e cargas de grande comprimento.

4.2.5 Operação e segurança

Quando se tem uma frota de empilhadeiras muito grande, é necessário estabelecer normas de operação e segurança, a fim de se obter o máximo aproveitamento e o mínimo risco para o operador e o equipamento. A seguir são relacionadas algumas das normas da empresa Saab-Scania:

a. *Abastecimento de gasolina* – a) o abastecimento só poderá ser feito em local especialmente reservado para esse fim; b) antes do abastecimento, o motor deve ser desligado; c) todo cuidado deve ser tomado para não entornar gasolina durante o abastecimento. Se tal fato ocorrer, deve-se jogar água antes de dar partida ao motor; d) é expressamente proibido fumar quando estiver abastecendo a empilhadeira.

b. *Carga de bateria* – a) o carregamento ou troca de bateria só pode ser feito em área especialmente destinada a esse fim; b) a empilhadeira deve ficar desligada e freada durante o carregamento ou troca de bateria; c) a troca de bateria e o seu carregamento só podem ser feitos por funcionários autorizados pelo Departamento de Manutenção; d) nunca fume próximo à bateria quando estiver sendo carregada; e) para verificar o nível de água nas baterias, nunca usar fósforo ou luz de chama aberta.

c. *Inspecionar antes de iniciar o trabalho* – o abastecimento (água, óleo, gasolina, baterias etc.), os freios de pé e de estacionamento, os pneus, a direção, a buzina, a torre de levantamento e os garfos.

d. *Diminua a marcha* – na entrada ou saída de prédios, nos cruzamentos de corredores internos ou quando se aproximar de um grupo de pessoas.

e. *Pare sempre* – quando a carga apresentar anormalidade.

f. *Em caso de incêndio* – desobstrua imediatamente os corredores de circulação e retire o veículo do local.

g. *Em caso de incêndio na empilhadeira* – tente retirá-la para fora de zona perigosa; desligue o contato; use o extintor de CO_2, gás carbônico, ou pó químico-seco que se encontrar mais próximo. Enquanto isso, solicite aos funcionários próximos do local que chamem os bombeiros.

h. *Gerais*

1. A velocidade máxima permitida é de 10 km/h.
2. Ao aproximar-se de uma pessoa ou cruzamento, buzine para atrair a atenção, com tempo e distância necessários.
3. É expressamente proibido o transporte de pessoas na empilhadeira ou o levantamento dos garfos.
4. Não buzine num toque longo e continuado, faça-o duas ou três vezes, com toques breves.
5. Nunca trafegue com os garfos levantados (limite máximo 15 cm do solo).
6. Em solo úmido e escorregadio dirija lentamente.
7. Só cargas que estejam bem empilhadas, sem riscos de acidentes, podem transitar.
8. Conserve-se à sua direita, sempre que possível, e evite os corredores principais nos horários de almoço, inícios e fins de expedientes.

9. Nunca dirija estando com as mãos ou solas dos sapatos impregnados de óleo ou graxa, nem transite com partes do corpo fora da empilhadeira.
10. Cargas pesadas devem ser levantadas lentamente, sem forçar o motor.
11. A capacidade de carga da empilhadeira não deve ser excedida, sendo proibido o uso de contrapeso para levantar cargas maiores que as permitidas ou rebocar máquinas, salvo em condições especiais, autorizadas.
12. Coloque sempre o estrado ou caixa mais leve em cima do mais pesado.
13. As cargas que devem ser tombadas para frente e para trás devem merecer cuidados especiais, principalmente quando estiverem no alto.
14. Nunca levante carga num só garfo da empilhadeira e tampouco use só as extremidades dos garfos.
15. Não obstrua acesso a equipamentos de urgência.
16. Comunique imediatamente ao seu supervisor qualquer irregularidade, bem como os acidentes com ou sem lesões, danos causados a máquinas e equipamentos, para que seja feita a folha de análise das causas, a fim de que possam ser evitados acidentes análogos, eliminando-se assim os riscos que possam causar danos físicos ou materiais.
17. Todo e qualquer reparo nas empilhadeiras somente poderá ser procedido por mecânico ou eletricista do Departamento de Manutenção.
18. As lanças das empilhadeiras elétricas, quando em trânsito sem carga, devem estar sempre recolhidas.
19. Mantenha sempre o nível de água do radiador.
20. Não deixe luvas, estopas, peças de roupa, etc. na tampa do motor ou em outro lugar da empilhadeira.
21. Verifique com frequência o amperímetro e o manômetro de óleo. Se o amperímetro indica que não está carregado ou o manômetro do óleo não estiver funcionando, leve a empilhadeira para a oficina o mais depressa possível.
22. Deixe sempre as alavancas de suspensão dos braços da empilhadeira em posição *OFF*.
23. Nunca desça da empilhadeira antes que a mesma esteja totalmente parada. Deixe o freio de estacionamento puxado.
24. Retire sempre a chave do contato quando necessitar afastar-se da empilhadeira.
25. Dando partida no motor, tenha a alavanca do câmbio no ponto neutro e, ao dirigir, não o faça com o pé descansando no pedal da embreagem.
26. O motorista deve evitar inclinar o mastro para a frente quando os garfos estiverem carregados e na posição alta.
27. Todo o cuidado deve ser tomado por ocasião do levantamento dos garfos e na movimentação, para evitar choques com braços de talhas, colunas, prateleiras etc.

28. Os garfos devem ser introduzidos por baixo da carga no maior comprimento possível, e o mastro inclinado parta trás, a fim de que a carga se firme bem antes de ser levantada. Há necessidade de se verificar, dependendo do tipo da carga, se a abertura dos garfos e o comprimento dos mesmos são adequados para o transporte.

29. Só é permitido transitar em marcha à ré quando se está transportando cargas que não permitem a visibilidade, quando não há espaço suficiente para fazer manobras e quando se está descendo rampas carregado, para evitar a queda da carga.

Guindastes

São compostos de coluna e lança com guincho, acionado por dispositivo mecânico ou elétrico. O mais importante é o guindaste de lança. É um veículo provido de motor a explosão, que fornece também a força necessária à operação do guindaste. A lança do guindaste pode ser fixa ou móvel.

Os guindastes sobre rodas, de lança giratória, apresentam a vantagem de prescindirem de manobras para levantar a carga. A aplicação de guindastes é recomendada no transporte interno quando as cargas pesam mais de 5 toneladas.

O uso de guindastes móveis apresenta vantagens consideráveis na carga de pesos unitários grandes, sobre *pallet* ou não, pois os guindastes móveis são um meio para a movimentação tanto vertical quanto horizontal e exigem espaços adequados à sua operação. A sua capacidade de elevação é determinada sempre em função do seu raio operacional, que é a distância horizontal (em metros) que vai do centro de giro da máquina, antes do carregamento, até o eixo vertical do moitão ou do dispositivo de sustentação da carga, após o carregamento.

Sempre que necessitamos de um guindaste, precisamos das seguintes informações:

- dimensões e peso do material;
- raio operacional;
- altura de elevação.

Os guindastes classificam-se, basicamente, em dois tipos: mecânico e hidráulico.

O guindaste mecânico caracteriza-se por possuir lança fixa, o que limita bastante seu raio operacional, mas existem alguns tipos que possuem lança móvel com giro de 180°. Todos os guindastes mecânicos são sobre pneus.

Os guindastes hidráulicos são os mais utilizados pela sua versatilidade. Podem ter três tipos de lança: telescópica, tubular e treliça. Eles têm um giro de 360° e podem ser:

a. sobre pneus (autopropulsor);
b. sobre chassi;
c. sobre esteiras;
d. fixos.

a. Guindastes sobre pneus

São os mais utilizados em áreas restritas (armazéns, galpões etc.). Têm a particularidade de se locomoverem muito lentamente, sendo proibida a sua circulação nas vias públicas estaduais e federais. Veja um modelo na Figura 4.31.

Figura 4.31 *Guindaste sobre pneus.*

b. Guindastes sobre chassi

São acoplados em chassi de caminhões, conforme Figura 4.32. Sua particularidade é a versatilidade de locomoção rápida e segura. É muito utilizado como equipamento de carga e descarga em firmas de transportes pesados, pois pode acompanhar a mercadoria desde sua origem até o seu destino final.

Figura 4.32 *Guindaste sobre chassi.*

c. Guindastes sobre esteiras

Têm as mesmas características que os guindastes sobre pneus, diferenciando-se apenas nos tipos de rodas (pneus e esteiras). São muito utilizados em construções, onde os terrenos são lamacentos e barrentos. Veja um modelo na Figura 4.33.

Figura 4.33 *Guindaste sobre esteiras.*

d. Guindastes fixos

Os guindastes vistos na Figura 4.34 são utilizados especificamente para carga e descarga de materiais em pontos estratégicos e de grande movimentação, como portos, plataformas de embarque e desembarque de mercadorias, estaleiros, construções etc.

Figura 4.34 *Guindaste fixo.*

Rodízios

Acoplados diretamente às máquinas, conforme Figura 4.35, para facilitar sua movimentação, ou a equipamentos de transporte interno, os rodízios são utilizados amplamente em todos os tipos de indústria. Podem ser descritos como um conjunto formado por uma pequena roda, encaixada em um garfo, a fim de possibilitar por rolamento seu deslocamento, diminuindo o atrito em 90%.

Os rodízios são fabricados com diversos materiais, dependendo das condições de trabalho. Os mais usados são alumínio, borracha, celeron, ferro e náilon. Dependendo do peso que devem suportar, dividem-se em: (a) leves, para 30 a 150 kg; (b) intermediários, de 150 a 500 kg; (c) e pesados, de 500 a 2.400 kg.

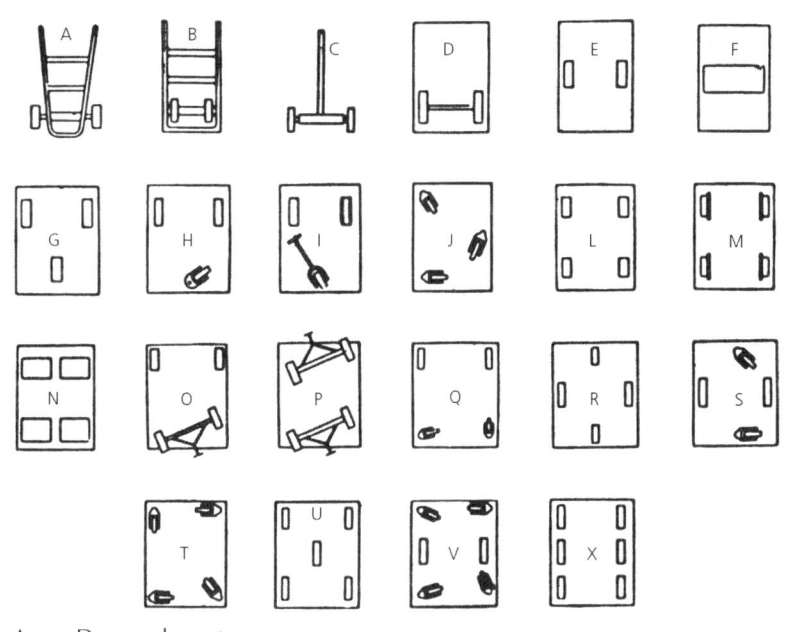

A – Duas rodas externas
B – Duas rodas internas
C – Duas rodas com um cabo
D – Duas rodas na extremidade
E – Duas rodas no centro
F – Uma roda no centro
G – Três rodas fixas
H – Rodas traseiras fixas; as da frente móveis
I – Estilo "H" com lingueta
J – Três rodas móveis
L – Quatro rodas fixas
M – Quatro rodas com flanges
N – Quatro rodízios
O – Quinta roda sobre o eixo dianteiro
P – Quinta roda sobre ambos os eixos
Q – Duas rodas fixas e duas móveis
R – Quatro rodas fixas equilibradas no centro
S – Quatro rodas móveis equilibradas no centro
T – Quatro rodas móveis
U – Cinco rodas fixas
V – Rodas móveis na extremidade e duas de equilíbrio no centro
X – Seis rodas fixas

Figura 4.35 *Classificação dos rodízios.*

Os de maior capacidade são utilizados geralmente na fabricação de carrinhos de mão, empilhadeiras manuais e elétricas, linhas de montagem, grupos de solda, portões pesados, andaimes, máquinas e equipamentos. Os menores destinam-se a equipamentos hospitalares e utensílios domésticos, como macas, cadeiras, mesas, camas etc.

Os rodízios de alumínio são empregados para pisos de tacos de madeira ou cimento liso; os de borracha para qualquer piso, menos os de cimento ou taco; celeron, para qualquer piso – sua característica principal é maior resistência ao desgaste que o ferro, sem produzir barulho; ferro, para qualquer tipo de serviço.

Tratores

Desenvolveu-se rapidamente a aplicação de tratores para fins industriais; tracionam carretas em pátios de cargas, vagões em pátios de manobras, aviões, executam serviços de terraplenagem, esticam correias transportadoras, acionam bombas irrigadoras, entre outras aplicações.

Considerando-se o sistema de tração, os tratores são de esteiras ou pneus. Os de esteiras apresentam maior área de contato com o solo, menor desgaste, custo de manutenção mais reduzido, aderindo melhor em terrenos alagadiços. Os tratores sobre pneus são mais rápidos e de manobra mais fácil, o que os torna recomendáveis para tração de carretas, vagões, aviões e na movimentação de equipamentos de terraplenagem.

Levando em conta a potência da barra de tração, os tratores nacionais são divididos em quatro categorias: (1) microtratores, com menos de 25 CV na barra; (2) leves, de 25 a 35 CV; (3) médios, de 36 a 45 CV; (4) pesados, mais de 45 CV. Para sua escolha, devem ser considerados os seguintes fatores:

(1) peso da máquina; (2) potência na barra de tração; (3) número de marchas; (4) velocidade em cada marcha; (5) força de tração em cada marcha (inversamente proporcional à velocidade); (6) força máxima disponível; (7) carga máxima a ser rebocada.

Para execução de serviços de terraplenagem, os tratores podem ser equipados com: (a) lâminas dianteiras, que podem ficar em ângulos verticais ou longitudinais em relação ao trator, com profundidade de corte regulável pelo operador; (b) *scraper*, para cortar ou raspar a superfície do terreno – consta de uma caçamba sobre um ou dois eixos; (c) escarificador, consta de uma plataforma pesada, sobre rodas metálicas maciças, com dentes na parte traseira e é utilizado para arrancar raízes de árvores e desagregar terrenos duros; (d) rolos pés-de-carneiro – compactam solos, com tambores cilíndricos dotados de saliências simetricamente dispostas; (e) pá carregadeira – utilizada para carregar em veículos a terra ou areia retirada do solo.

Para elevação de cargas até quatro metros, os tratores podem ser equipados com um guindaste leve, que utiliza o próprio motor do veículo; em alguns países está sendo difundido o uso de garfos adaptados a tratores, o que lhes permite executar o trabalho de uma empilhadeira.

Hoverpallets

São estrados que se movem sobre uma camada de ar, à maneira dos *hovercrafts*, e precisam de apenas um homem para movimentar 3 t de carga. O modelo mais utilizado é o *pallet* para 2,7 t, utilizando a fonte de ar comprimido da própria fábrica. Outros modelos incluem *pallets* acionados à bateria para 5,4 t, em que a carga é distribuída sobre prateleiras de 1,50 por 2,10 m, carros de mão autopropelidos e contentores de 20 pés para transportar cargas aos porões de navios.

Pesquisas da Clark e da General Motors mostram as vantagens do sistema: (1) Coeficiente de atrito extremamente baixo. Um homem pode mover uma carga de 500 kg exercendo força de apenas meio quilo. Para movimentar a mesma carga sobre carrinhos com rodas a força necessária é 30 vezes maior. (2) A carga é distribuída sobre uma área maior e os estrados podem ser usados em locais onde rodas afundariam ou causariam danos ao assoalho. (3) Os *hoverpallets* movimentam-se em qualquer direção, fazendo ângulos de 90° sem as dificuldades de manobras dos carros com rodas.

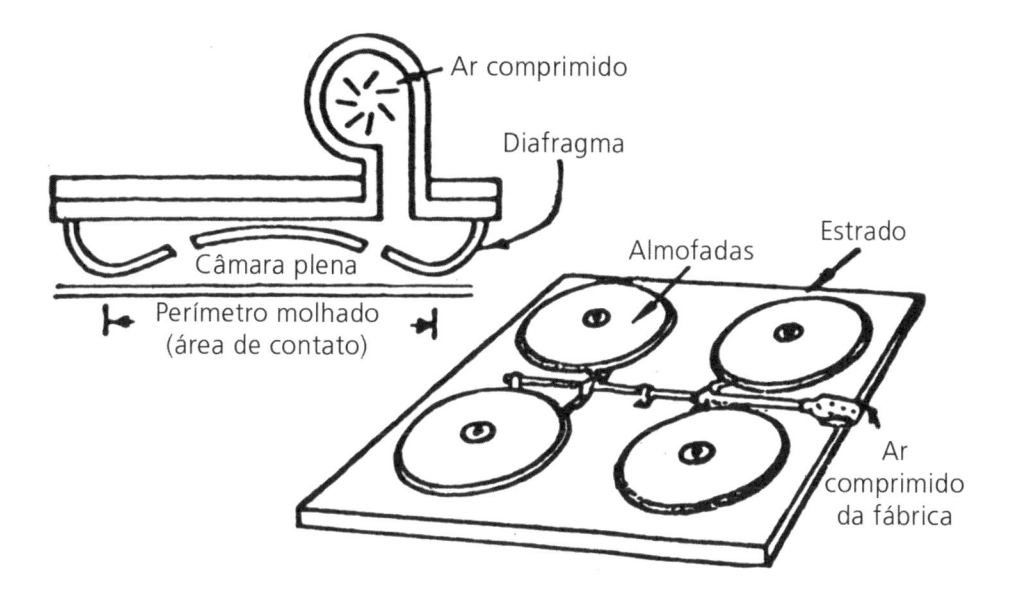

Figura 4.36 *Almofadas de ar: um esquema simples.*

Em sua forma mais simples, como a indicada na Figura 4.36, as almofadas de ar consistem em um diafragma preso pelas bordas e pelo centro à plataforma do estrado. O ar é bombeado no espaço entre o diafragma e a plataforma, formando um anel selado contra o sol. O ar escapa, em quantidades controladas, através de furos, formando um filme sob o perímetro de contato ("perímetro molhado"). Quatro dessas almofadas são montadas sob o estrado e ligadas através de um dispositivo central (ver desenho) à fonte de ar comprimido – normalmente a de que se dispõe na fábrica – com pressão de 5,6 a 8 kg/cm^2. O ar comprimido pode ser fornecido por outras fontes, como bombas elétricas portáteis ou o próprio motor do veículo, no caso de aspiradores de pó, por exemplo.

4.3 Seleção de equipamentos

Selecionar equipamentos de movimentação não é tarefa fácil. Principalmente porque cada operação não pode ser vista isoladamente, mas como parte integrante de todo o sistema de produção e estocagem, devendo-se evitar estrangulamento e/ou ociosidades. É também porque cada uma das alternativas possíveis tem sempre seus prós e contras. Em alguns casos, é o equipamento que exige alto investimento e mostra pouca flexibilidade em contraposição ao equipamento de uso mais generalizado, que se mostra pouco produtivo. Outras vezes, o confronto toma a forma de opção entre elevada automatização com muito investimento, contra equipamentos mais baratos, que exigem mão de obra adicional e mais espaço.

Carretas

Isoladas ou em comboios, transportam grandes volumes entre unidades industriais, a distâncias intermediárias – muito grandes para empilhadeiras e pequenas demais para caminhões. Existem modelos próprios para o transporte de cargas específicas. Comboios podem movimentar cargas de 20 a 40 t à velocidade de 5 a 10 km/h. As carretas podem ser deixadas em pontos diferentes, para carga ou descarga, e apanhadas pelo trator na volta. A seleção das carretas é determinada pelo fluxo de movimentação entre as unidades a serem cobertas e pela facilidade de carga e descarga do material a ser transportado.

Grandes concentrações de peso exigem carretas baixas e reforçadas. Fábricas nacionais produzem unidades com capacidade entre 1.500 e 10.000 kg, dotadas de freio mecânico ou automático.

Figura 4.37 *Carretas.*

A escolha de tração é determinada pelo peso a ser transportado. Potência necessária: 1,5 CV na barra de tração para cada tonelada de carga bruta. Podem ser utilizados jipes, tratores ou carrinhos elétricos. O jipe é o mais indicado para trabalho descontínuo, porque pode – quando ocioso – ser aproveitado em outros setores. Tratores leves e microtratores são utilizados quando se deseja elevada tração. Para cargas leves, o carrinho elétrico pode dar bons resultados. Em pisos planos transporta carga de até 1 t à velocidade de 9 km/h, e tem autonomia de 23 km. Equipado com caçamba pode transportar líquidos e granéis.

Usos	• Transporte de carga entre departamentos. • Movimentação de grupos de motores da fábrica para a linha de montagem. • Transporte de barras de ferro e outras cargas compridas. Transporte de grandes volumes de produção para a expedição.
Vantagens	• Baixo investimento. • Baixo custo operacional. • Necessidade de poucos veículos de tração. • Flexibilidade. • Não exigem pisos especiais, embora o rendimento diminua de até 50% em solos acidentados.
Desvantagens	• Exigem mão de obra adicional e equipamentos extras de carga e descarga. • Se o número de paradas é muito grande, a velocidade de operação torna-se reduzida. • Exige operador – o tipo de controle sem operador ainda não é fabricado no Brasil.

Carrinhos

Os mais antigos e mais simples equipamentos para manejo de cargas. Transportam de 50 a 100 kg e são encontrados praticamente em qualquer depósito. Baseados nos modelos mais simples, foram criados tipos aperfeiçoados, como o carrinho para plataforma elevatória (para *pallets*), que inclui modelos especiais para manejo de tambores, bobinas e plataformas (quatro rodízios). Há uma variedade enorme, classificada em pelo menos sete grupos diferentes:

- *Carrinhos tipo alavanca*. Consistem em uma longa barra que termina em um nariz de aço. Apoiam-se em duas rodas pequenas. Sua capacidade atinge 2,5 t, mas restringe-se a curtas distâncias.
- *Plataformas rodantes*. Compreendem extenso grupo cuja característica principal é apresentar superfície carregadora plana. Grande capacidade de carga e raio de alcance limitado (menos de 10 m).
- *Carrinhos de uma roda*. Consistem em uma caixa ou plataforma montada sobre duas barras e provida de roda central. São muito usados em construção e fundição. Com impulso de 20 kg o trabalhador pode deslocar 100 kg. Seu raio de ação atinge algumas centenas de metros.
- *Carrinhos de duas rodas*. São os mais usados. Podem transportar cargas de até 250 kg num raio de 50 m.
- *Carrinhos de rodas múltiplas*. Têm plataforma lisa e são equipados com três, quatro ou seis rodas, dispostas em várias posições. São fabricados para trabalhar num raio de ação de 150 m e têm muitas aplicações.

- *Carrinhos especiais.* São construídos para aplicações específicas, transporte de louça, bobinas de papel, latas, tambores, engrenagens etc.
- *Carrinhos elevadores.* Possuem dispositivos para levantar, transportar e depositar de novo no solo o estrado. Recomendados para cargas paletizadas.

Usos	• Formação de lotes para despacho. • Movimentação de cargas a curtas distâncias. • Auxiliar de operações mecanizadas. • Trabalhos de conservação e reparação. • Movimentação de matéria-prima e semiacabados em linhas de produção e montagem.
Vantagens	• Baixo custo. • Versatilidade. • Silenciosos. • Baixíssimo custo de manutenção.
Desvantagens	• Capacidade de carga e raio de ação limitados. • Baixa velocidade de operação. • Exigem mais mão de obra que equipamentos mecanizados. • Baixa produtividade.

Elevadores

Dividem-se de acordo com a Associação Brasileira de Normas Técnicas em três categorias:

Elevador de carga. Semelhantes aos elevadores de passageiros, são, todavia, mais rústicos; podem ser montados em torres metálicas, completamente fechadas.

Monta-cargas. Capacidade máxima para 300 kg e dimensões máximas de 1,10 × 1,10 × 1,10 m.

De alçapão. Utilizados na carga e descarga de garrafas, latas, caixas etc., entre o pavimento térreo e o subsolo.

Usos	• No transporte entre andares diferentes. • Carga e descarga entre pavimento térreo e o subsolo. • Vencer desníveis entre a rua e o piso do armazém.
Vantagens	• Ocupam menos espaço que outros equipamentos. • São relativamente baratos.
Desvantagens	• Exigem cuidados na operação para evitar acidentes. • Menos velozes que outros equipamentos.

Empilhadeiras frontais

Quando utilizadas continuamente, apresentam indiscutíveis vantagens em relação ao trabalho braçal. Proporcionam flexibilidade operacional, reduzem à metade os custos de movimentação, possibilitam maior aproveitamento do espaço de armazenagem e melhor arrumação das cargas. A empilhadeira constitui-se basicamente de uma unidade locomotora, dotada de controles hidráulicos e acionada por motor elétrico, à gasolina, a diesel ou GLP. Sobre uma coluna ou quadro de elevação correm garfos, que fazem a carga e descarga e suportam o peso. O equipamento move-se sobre rodas pneumáticas ou de borracha maciça. As colunas podem ter apenas um ou mais estágios – o que possibilita alturas de elevação de até 12 m – e se inclinam para a frente ou para trás, para depositar ou apanhar carga. Em vez de garfos, a empilhadeira pode dispor de aríete – para carregar pneus, por exemplo; pega cargas hidráulicas para peças de ferro; ou caçamba para minério ou metais fundidos.

A velocidade máxima do equipamento varia de 10 km/h (elétricas) até 35 km/h (a diesel).

A empilhadeira elétrica é lenta e só pode operar em pisos bastante lisos e regulares. Tem, todavia, baixo custo operacional e não polui o ambiente. É indicada para ambientes fechados e que exijam higiene, como câmaras frigoríficas, indústrias químicas e alimentícias. Os modelos a GLP ou diesel são relativamente mais caros e poluem mais o ambiente e quando utilizados a plena capacidade têm custo operacional menor que as versões à gasolina.

As condições do piso determinam a rodagem. Se o piso é irregular, não é aconselhável a utilização de empilhadeira com rodas maciças. Uma seleção adequada depende da análise dos dados.

Vantagens	• Ocupa pouco espaço. • Permite livre escolha de itinerário. • Possibilita melhor aproveitamento do espaço vertical – utilização de quatro e até cinco planos de carga. • Reduz a largura dos corredores. • Dá maior segurança ao operário e à carga. • Diminui a mão de obra.
Desvantagens	• Exige a paletização das cargas pequenas. • Retorno quase sempre vazio. • O operador deve ser especializado. • Fluxo de material intermitente. • Transporte mais lento que por equipamentos especializados. • A capacidade diminui com o aumento da altura de elevação.

Empilhadeiras laterais

Manobra cargas pesadas, compridas e desajeitadas em pequenos espaços a maiores distâncias que as convencionais. Equipamento versátil e flexível – algumas movem-se para frente, para trás e para os lados; são capazes de desempenhar as funções de um caminhão médio, de uma ponte rolante, de guindaste ou mesmo de uma empilhadeira frontal. Tendo o sistema de elevação instalado na sua parte lateral, pode deslocar-se no sentido de maior dimensão da carga que é apoiada na plataforma. A coluna e os garfos têm deslocamento lateral, permitindo cargas sem equipamentos auxiliares, além de facilitar a formação e alinhamento de pilhas. Para colocar a carga sobre o chassi, o equipamento utiliza o recuo da coluna. Na descarga, opera da mesma forma que as empilhadeiras convencionais. Fabricadas em capacidades que vão desde 1/2 até 45 t, podem ser divididas em dois grupos: as de raio de ação limitado e as de raio de ação mais longo. As do primeiro tipo – de utilização na produção e armazenagem de cargas paletizadas – são geralmente movidas a motor elétrico. Caracterizam-se por grande liberdade de movimento. Já as outras reúnem as vantagens de uma empilhadeira convencional às de um caminhão de entrega. São indicadas para operar ao ar livre.

Usos	- Na estocagem de cargas paletizadas eliminam corredores transversais e permitem corredores de acesso mais estreito (1,70 m). - No escoamento ou suprimento de linhas de montagem, onde proporcionam redução de área de até 50% em relação às convencionais. - Em terrenos acidentados ou pisos irregulares. - Em serrarias podem fazer quase toda a movimentação interna de materiais, desde a recepção até a expedição. - Na laminação, além de serem úteis na movimentação de chapas, servem também para paletizar lingotes de mais de 15 t e transportar peças quentes (acima de 700°C). - Na trefilação, movimentam rolos de arame e barras compridas, auxiliam a fabricação de telas e realizam operações de cargas e descargas. - Nas indústrias de pré-moldados, removem com suavidade e firmeza peças ainda não curadas. - Na construção civil, movimentam e descarregam blocos pré-moldados, madeira, além de armar e desarmar andaimes. - Em obras públicas, ajudam a assentar tubos compridos, mesmo se acondicionados em armações unitárias. Líquidos que não podem ser muito agitados são transportados nas plataformas da empilhadeira graças à sua boa estabilidade. - Na indústria química, transportam produtos perigosos, com baixo risco. - Na indústria automobilística, manuseiam chassi, tanto para descarga de carretas, como no suprimento de linhas de montagem.

Usos	• Em portos, manobram pesados *containeres* de até 45 t. • No transporte urbano, podem ser usadas para entregas a até 10 km de distância.
Vantagens	• Grande capacidade de carga (até 45 t). • Grande raio de ação (até 10 km). • Grande velocidade de deslocamento (até 40 km/h). • Grande altura de empilhamento (até 12 m). • Dispensam equipamentos auxiliares. • Melhor aproveitamento de espaço, uma vez que operam em corredores estreitos – apenas alguns centímetros a mais que a largura do *pallet*. • Têm mais estabilidade que as empilhadeiras convencionais.
Desvantagens	• Menor velocidade de elevação que as empilhadeiras convencionais. • Não ultrapassam pilhas ou obstáculos. • Preço inicial maior que o das empilhadeiras convencionais, embora os custos de manutenção sejam equivalentes. • Não são fabricadas no Brasil.

Empilhadeiras manuais

Equipamento intermediário entre o carrinho manual e a empilhadeira motorizada. Movimentada e guiada manualmente, a empilhadeira manual possui, todavia, mecanismo de elevação manual, hidráulico, elétrico ou eletro-hidráulico. Desloca-se sobre rodízios de náilon ou borracha e é equipada com torre telescópica – dobrável, para permitir a passagem por caminhos estreitos e portas. Capacidade de carga variável entre 300 e 1.500 kg. Podem vir equipadas com os seguintes dispositivos para elevação:

- *Garfo* – Para movimentar cargas paletizadas.
- *Plataforma* – Para receber pacotes, peças, estampos etc.
- *Tarugo* – Eixo horizontal usado no transporte de rolos de arame, pneus, bobinas de papel.
- *Lança com gancho* – Semelhante ao tarugo, tem gancho na extremidade para pendurar a carga; utilizada em frigoríficos, açougues e matadouros.
- *Tambor basculante* – Arco que suporta o recipiente por alças ou garfos. Usado no transporte e estocagem de tachos, tambores e barris. Serve também para entornar líquidos quentes, ácidos etc.

Usos	• Alimentação de máquinas. • Estocagem de cargas. • Grande altura. • Carga e descarga de caminhões. • Auxiliar de empilhadeira motorizada.

Vantagens	• Baixo preço. • Não exige operador especializado.
Desvantagens	• Raio de ação limitado. • Capacidade limitada a 1.500 kg. • Baixa velocidade de operação.

Guindaste móvel

Dois tipos: (a) lança hidráulica montada em plataforma de deslocamento manual; (b) veículo totalmente motorizado, com cabina, da qual o operador controla os movimentos da máquina. A capacidade dos modelos de série do mercado nacional chega a 33.000 kg. A possibilidade de se adaptarem dispositivos extras torna a aplicação dos guindastes móveis muito variada. Embora possam operar – especialmente os de menor capacidade – com lança a altura elevada, podem ser projetados para trabalhar em áreas restritas, passando através de portas. Geralmente utilizam um *jib* (que normalmente atinge 9 m de comprimento) extensível, capaz de operar no sentido vertical a alturas moderadas. A área de ação chega a 360°, mas o aumento do comprimento da lança reduz a capacidade de carga. A lança giratória possibilita a movimentação de cargas com o guindaste parado.

Usos	• Em pátios de manobras ferroviárias, para carregar vagões. • Movimentação de cargas e carregamento de navios em portos. • Montagem industrial. • Construção pesada. • Terminais de levantamento em áreas restritas. • Oficinas de manutenção.
Vantagens	• Opera cargas não paletizadas. • A lança atinge locais de difícil acesso. • Movimenta-se em qualquer sentido. • Uso muito versátil. • Transporta cargas em locais em que o piso é obstáculo.
Desvantagens	• Mais lento que os equipamentos especializados. • Não pode ser utilizado em lugares de altura limitada. • Não passa em corredores estreitos.

Pontes rolantes

Movimentam desde pequenas cargas de 500 kg até pesadíssimos geradores ou transformadores de 300 t. A possibilidade de utilização de acessórios diferentes – ganchos, âncoras, caçambas, garras ou pinças – amplia o campo de aplicação do equipamento, que vai desde o transporte de peças, tubos e barras, passando por cargas a granel, sucatas, até lingotes quentes, "panelas" de aço líquido e carregamento de fornos.

Basicamente, a ponte rolante é constituída por uma ou mais vigas que correm sobre trilhos, a altura suficiente para não interferir com a movimentação no piso. Geralmente é instalada um pouco abaixo do nível do telhado. Combina a capacidade de levantar carga com o movimento horizontal em dois sentidos, que só é limitado pelas colunas e pelo comprimento dos trilhos. Na seleção, os pontos básicos são a capacidade de elevação, a frequência de operação e a velocidade desejada.

Usos	• Em usinas de força. • Oficinas mecânicas. • Armazéns. • Pátios externos. • Linhas de montagem. • Siderurgia, no carregamento de fornos, laminação e em pátios de lingoteiras. • Usinas de açúcar.
Vantagens	• Durabilidade elevada. • Podem movimentar cargas ultrapesadas. • Não interferem com o trabalho ao nível do solo. • Modelos para operação ao nível do solo podem ser operados por pessoal não especializado. • Podem carregar e descarregar em qualquer ponto, possibilitando adequado posicionamento da carga.
Desvantagens	• Exigem estruturas. • Quando o edifício não é especialmente construído para receber a ponte, a adaptação encarece muito o investimento. • Preço inicial relativamente alto. • Área de movimentação definida. • Requer mão de obra adicional, ao nível do solo.

Ponte rolante empilhadeira

Soluciona problemas que não poderiam ser resolvidos por uma empilhadeira ou por uma ponte rolante convencional. Consiste em uma ponte rolante com duas vigas principais, na qual está acoplado um carrinho, capaz de girar completamente sobre si mesmo, de forma contínua. Desse carrinho sai, em direção ao solo, um mastro, no qual corre – verticalmente – um conjunto de garfos. O sistema permite movimentos nas três dimensões. Nos sentidos longitudinal e transversal, a ponte rolante e o carrinho – que têm movimento transversal e rotativo – cobrem todos os cantos do armazém. No sentido vertical, o conjunto de garfos desliza no mastro – movimento telescópico – e pode ser acrescido de movimento giratório. O equipamento é operado através de cabine instalada ao lado do conjunto de garfos e pode acompanhar todos os movimentos – verticais e horizontais – de carga.

Pode movimentar desde produtos semiacabados, passando por perfilados, fardos, madeira até tubos, perfis e trefilados, de prensas para prateleiras e dessas para outras máquinas ou expedição. Utilização recomendável nas seguintes condições:

Usos	• Para alturas de empilhamento superiores a 6 m. • Na estocagem de grandes volumes de material. • Necessidade de fluxo rápido de carga. • Em áreas de estocagem restrita. • Em pisos pouco resistentes e irregulares, que impossibilitem a utilização de empilhadeira convencional. • Quando os planos de carga e descarga são diferentes, impossibilitando a utilização de ponte rolante convencional, mesmo com auxílio de operadores para virar a mercadoria.
Vantagens	• Permite elevadas alturas de empilhamento. • Elimina corredores – que chegam a absorver até 70% da área útil. • Aumenta a velocidade de operação, permitindo fluxo mais rápido da carga.
Desvantagens	• Exige investimento maior que uma empilhadeira ou ponte rolante convencionais. • A manutenção é mais cara.

Pórtico rolante

Muito semelhante à ponte rolante, projetado geralmente para trabalhar ao ar livre (especialmente em portos), possui estrutura própria, que corre sobre trilhos assentados no piso.

Em relação à ponte oferece vantagens para comprimentos de rolamentos maiores – acima de 50 m –, onde a construção de uma estrutura metálica ou de concreto armado torna-se muito cara. Quanto maior o vão, mais indicada torna-se a ponte rolante, porque quando as pernas do pórtico estão muito separadas torna-se difícil conseguir um funcionamento rápido e macio. Mas há certos trabalhos, como o levantamento de cargas muito pesadas, em que o pórtico é definitivamente mais indicado que a ponte.

Uso	• Na movimentação ao ar livre de cargas pesadas, em pequenos vãos e grandes comprimentos de rolamento.
Vantagens	Em relação à ponte rolante: • Maior capacidade de carga. • Possibilidade de deslocamento a maiores distâncias. • Não requer estrutura.

	Em relação à ponte rolante:
Desvantagens	• Uso mais restrito e em vãos menores. • Menos seguro. • Interfere com o tráfego no piso. • Mais caro.

Talhas

Indicadas para deslocar cargas pesadas, volumosas ou desajeitadas, com frequência variável. Elétrica, manual ou pneumática, pode ser utilizada fixa – apenas para levantar cargas – ou ser adaptada a monovias e monotrilhos, para fazer grandes deslocamentos de carga. Quando os movimentos internos são compostos de pequenos deslocamentos verticais ou horizontais, a talha pode ser excelente solução para o transporte interno.

Usos	• Em deslocamentos verticais. • Em deslocamentos horizontais, quando adaptadas a monovias. • Em ambos os casos, na movimentação de cargas pesadas e desajeitadas.
Vantagens	• Baixo custo inicial. • Facilidade de instalação.
Desvantagens	• Desaconselhada para produção em série. • Exige mão de obra auxiliar.

Transportador de corrente

Consiste em uma série de troles de aço com rodas metálicas, que se deslocam na aba inferior de uma viga-guia de perfil em I. O acionamento é feito por meio de corrente sem fim. O sistema é muito utilizado no transporte de produtos fabricados em série, a baixa velocidade e em circuito fechado. Cada um desses troles possui um braço e um dispositivo de sustentação para receber a carga, variável em formato, conforme o formato da carga. Assim, para cargas pequenas – parafusos, porcas etc. – podem ser utilizadas cestas de arame, que são facilmente colocadas e retiradas dos troles. Bobinas de chapa ou arame podem ser suspensas por ganchos reforçados. Metais fundidos podem ser transportados em bandejas de resfriamento de grande superfície.

Usos	• Seções de pintura e decapagens de indústrias, principalmente automobilísticas. • Transporte de reses abatidas em frigoríficos. • Em qualquer situação que exija transporte em série, a velocidade não muito elevada.

Vantagens	• Libera a área do piso para fins produtivos. • Pode fazer curvas e vencer elevações com facilidade. • Permite boa sincronização nas operações de montagem.
Desvantagens	• Exige estruturas. • Área de operação predeterminada e difícil de ser remanejada. • Exige mão de obra auxiliar ao nível do solo.

Transportador de rodízios

Movimenta cargas unitárias médias e leves, tais como: embalagens, caixas, engradados, componentes e contenedores com material a granel. Pode ser instalado no interior da fábrica, em galpões ou ao ar livre. A carga é deslocada pela ação da gravidade, com pequeno auxílio do operador sobre rodízios de alumínio (cargas leves, capacidade até 50 kg/m), náilon (entre 50 e 100 kg/m), ou aço (até 300 kg/m). Um declive de 1% permite vencer distâncias de até 20 m. Quando o material deve percorrer grandes distâncias na vertical, pode ser usado o sistema helicoidal, ou o em zigue-zague. Existem sistemas desmontáveis, que podem ser deslocados.

Usos	• Na preparação de lotes de expedição. • No empacotamento do produto acabado. • Em linhas de montagem. • No transporte entre andares diferentes.
Vantagens	• Não requer acionamento mecânico, por funcionar em declive. • Ocupa pouco espaço. • Não requer operador especializado. • A estrutura de sustentação é simples e leve. • Pode fazer curvas.
Desvantagens	• Capacidade de cargas e de produção limitadas. • A carga exige orientação manual nas curvas.

Bibliografia – Referências – Recomendações

ANDRADE, E. L. *Introdução à pesquisa operacional*. Rio de Janeiro: Livros Técnicos e Científicos, 1990.

APPLE, James. *Material handling systems design*. New York: The Ronald Press, 1972.

_____. *Plant layout and materials handling*. New York: The Ronald Press, 1978.

BOWERSOX, D. J.; CLOSS, D. J. *Logística empresarial*: o processo de integração de cadeia de suprimento. São Paulo: Atlas, 2001.

CARRILO JR., Edson; BANZATO, Eduardo; BANZATO, José Mauricio; MOURA, Reinaldo A.; RAGO, Sidney Francisco Trama. *Atualidades em armazenagem*. IMAM.

CORREA, J. *Gerência econômica de estoques e compras*. Rio de Janeiro: FGV, 1971.

DIAS, M. A. P. *Transporte e distribuição física*. São Paulo: Atlas.

_____. *Gerência de materiais*. São Paulo: Atlas.

GUERRA, Claudio. Sei – Sistemas de Armazenagem. Disponível em: http://www.geocities.ws/seiguerra/index.htm. Acesso em: 17 maio 2019.

KAUFMANN. *Métodos y modelos da la investigación de operaciones*. México: Editora Companhia Continental, 1964.

KRIPPENDORF, Hérbert. *Manual de armazenagem moderna*. Lisboa: Editorial Pórtico.

LACERDA, L.; RIBEIRO, A. F. M. *Formas de remuneração de prestadores de serviço logístico*: das tabelas de preço ao compartilhamento de ganhos. Rio de Janeiro: Coppead, 2003.

LIMA, M. P. Os custos da armazenagem na logística moderna. *Revista Tecnologística*, jan. 2000.

MAGEE, J. F. *Planejamento da produção e controle de estoques*. São Paulo: Pioneira, 1967.

MANUAL DE MOVIMENTAÇÃO DE MATERIAIS. Curso de movimentação de materiais da Convenção de Vendas Hyster.

MOURA, Reinaldo A. *Manual de logística*: sistemas e técnicas de movimentação. IMAM. v. 1.

_____; BANZATO, José Mauricio. *Manual de logística*: embalagem, unitização e conteinerização. IMAM. v. 3.

_____. *Manual de logística*: armazenagem e distribuição física. IMAM. v. 2.

_____. *Sistemas e técnicas de movimentação e armazenagem de materiais*. São Paulo: IMAM, 1969.

NOTAS de aula do curso de especialização em Administração de Materiais da FMU, no módulo de Movimentação e Armazenagem de Materiais do Prof. Ayrton Antônio Vicente.

NOVAES, A. G. *Logística e gerenciamento da cadeia de distribuição*. Rio de Janeiro: Campus, 2001.

REVISTA M & A, editada pelo IMAM.

REVISTA ENGENHARIA, diversos.

REVISTA ENGENHEIRO MODERNO, diversos.

REVISTA TRANSPORTE MODERNO, diversos.

UELZE, Reginald. *Transportes e frotas*. São Paulo: Pioneira, 1978.

Administração de Compras

5

5.1 A função compra

5.1.1 Introdução e objetivos

A função compra é um segmento essencial do Departamento de Logística, Materiais ou Suprimentos, que tem por finalidade suprir as necessidades de materiais ou serviços, planejá-las quantitativamente e satisfazê-las no momento certo com as quantidades corretas, verificar se recebeu efetivamente o que foi comprado e providenciar armazenamento. Compras é, portanto, uma operação da área de Logística muito importante entre as que compõem o processo de suprimento.

Qualquer atividade industrial ou comercial necessita de matérias-primas, componentes, equipamentos e serviços para que possa operar. No ciclo de um processo de fabricação, antes de se dar início à primeira operação, os materiais e insumos gerais devem estar disponíveis, mantendo-se, com certo grau de certeza, a continuidade de seu abastecimento a fim de atender as necessidades ao longo do período. Logo, a quantidade dos materiais e a sua qualidade devem ser compatíveis com o processo produtivo.

Em todo sistema empresarial, para manter um volume de vendas e um perfil competitivo no mercado e gerar lucros satisfatórios, a minimização de custos deve ser perseguida e alcançada. Principalmente os que se referem aos materiais utilizados, já que representam uma parcela por demais considerável na estrutura de custo total.

Podemos concluir então que os objetivos básicos de um Departamento de Compras seriam:

a. Obter um fluxo contínuo de suprimentos a fim de atender aos programas de produção.
b. Coordenar esse fluxo de maneira que seja aplicado um mínimo de investimento que afete a operacionalidade da empresa.
c. Comprar materiais e insumos aos menores preços, obedecendo a padrões de quantidade e qualidade definidos.
d. Procurar sempre dentro de uma negociação justa e honesta as melhores condições para empresa, principalmente em condições de pagamento.

Um dos parâmetros importantes para o bom funcionamento da Seção de Compras e, consequentemente, para o alcance de todos os objetivos, é a previsão das necessidades de suprimento. Nunca é demais insistir na informação dessas quantidades, das qualidades e prazos que são necessários para a fábrica operar. São estas informações que fornecem os meios eficientes para o comprador executar o seu trabalho, devendo Compras e Produção dispor do tempo necessário para negociar, fabricar e entregar os produtos solicitados.

Com os preços de venda extremamente competitivos, os resultados da empresa deverão vir do aumento da produtividade, da melhor gestão de material e de compras mais econômicas. O alto custo das matérias-primas e de serviços foi o responsável por uma série de modificações na maneira de ver a função do setor de suprimentos dentro da empresa.

A necessidade de se comprar cada vez melhor é enfatizada por todos os empresários, juntamente com as necessidades de estocar em níveis adequados e de racionalizar o processo produtivo. Comprar bem é um dos meios que a empresa deve usar para reduzir custos. Existem certos mandamentos que definem como comprar bem e que incluem a verificação dos prazos, preços, qualidade e volume. Manter-se bem relacionado com o mercado fornecedor, antevendo eventuais problemas que possam prejudicar a empresa no cumprimento de suas metas de produção, é também muito mais importante na época de escassez e altos preços.

A seleção de fornecedores é considerada igualmente ponto-chave do processo de compras. A potencialidade do fornecedor deve ser verificada, assim como suas instalações e seus produtos, e isso é importante. O seu balanço e situação financeira deve ser cuidadosamente analisado. Com um cadastro atualizado e completo de fornecedores e com cotações de preços feitas semestralmente, muitos problemas serão evitados.

5.1.2 Organização de compras

Pelo histórico normal, o início da vida de uma empresa, a administração cabe a um único homem, o dono, que cuida das três responsabilidades: vendas, produção e finanças. Com o crescimento dos negócios, torna-se necessário adicionar uma assistência mais profissional, e delegar autoridade e responsabilidade. Continuando o crescimento, o dono passa a responder pela adoção de diretrizes de ação e torna-se o dirigente do empreendimento. Até este ponto as três funções têm sido subordinadas, mas estão tornando-se responsabilidades executivas separadas, coordenadas em hierarquia, reportando-se a um órgão administrativo geral comum e sendo coordenadas pelo mesmo.

Independentemente do porte da empresa, os princípios básicos da organização de compras constituem-se de normas fundamentais assim consideradas:

- autoridade para compra;
- registro de compras;
- registro de preços;
- registro de estoques e consumo;
- registro de fornecedores;
- arquivos e especificações;
- arquivos de catálogos.

Completando a organização, podemos incluir como atividades típicas do Departamento de Compras:

a. Pesquisa dos fornecedores
- estudo do mercado;
- estudo dos materiais;
- análise dos custos;

- investigação das fontes de fornecimento;
- inspeção das fábricas dos fornecedores;
- desenvolvimento de fontes de fornecimento;
- desenvolvimento de fontes de materiais alternativos.

b. Aquisição
- conferência de requisições;
- análise das cotações;
- decidir comprar por meios de contratos ou no mercado aberto;
- entrevistar vendedores;
- negociar contratos;
- efetuar as encomendas de compras;
- acompanhar o recebimento de materiais.

c. Administração
- manutenção de estoques mínimos;
- transferências de materiais;
- evitar excessos e obsolescência de estoque;
- padronizar o que for possível.

d. Diversos
- fazer estimativa de custo;
- dispor de materiais desnecessários, obsoletos ou excedentes;
- cuidar das relações comerciais recíprocas.

Além das atividades típicas dentro da organização de compras, existem responsabilidades que poderão e devem ser partilhadas com outros setores:

- determinação do que fabricar ou comprar;
- padronização e simplificação;
- especificações e substituições de materiais;
- testes comparativos;
- controle de estoques;
- seleção de equipamentos de produção;
- programas de produção dependentes da disponibilidade de materiais.

É lógico que esses não são completos, pois variam de empresa para empresa, devendo adaptar-se ao tipo de organização de cada uma.

Normalmente as grandes empresas envolvem várias fábricas. O volume de operações de compras, dependendo do empreendimento, pode alcançar grandes quantidades. Nesses casos é necessário saber se todas as compras da organização devem ser feitas em um ponto centralizado, ou estabelecer-se em seções de compras separadas para cada fábrica ou divisão operacional. Ambos os métodos poderão ser empregados. As razões para se estabelecer a descentralização das compras podem ser assim resumidas:

- distância geográfica;
- tempo necessário para a aquisição de materiais;
- facilidade de diálogo.

A centralização completa das compras reúne certas vantagens, conforme podemos verificar:

- oportunidade de negociar maiores quantidades de materiais;
- homogeneidade da qualidade dos materiais adquiridos;
- controle de materiais e estoques.

A organização de compras por divisão de grupos é funcional quando as seções são de tamanho moderado e quando tais atribuições são entregues a compradores individuais. Os itens de cada grupo são especificados de acordo com a origem, necessidade e valor do material. A Figura 5.1 mostra uma sugestão de organograma de uma seção de compras.

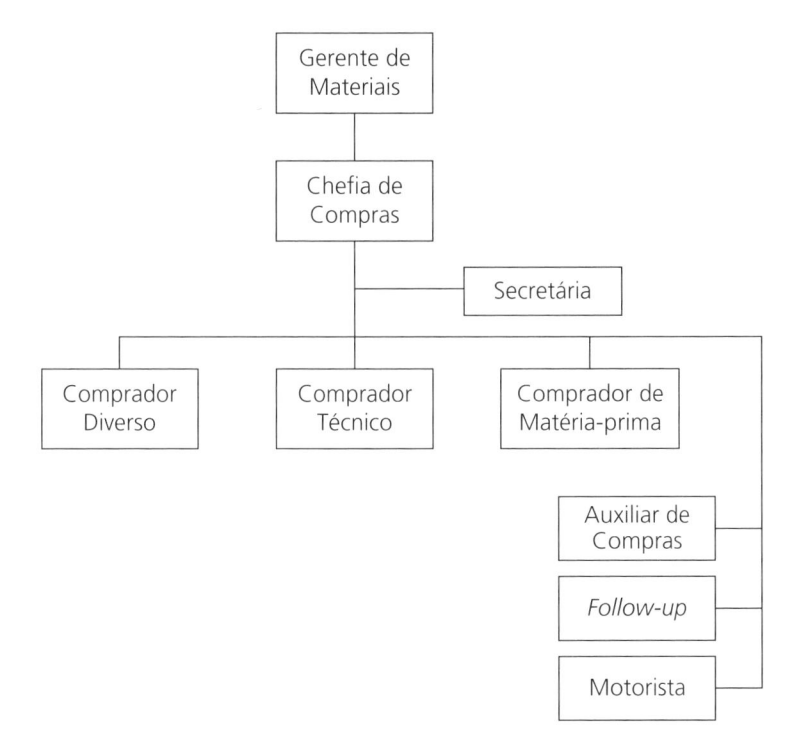

Figura 5.1 *Organograma da seção de compras.*

A pesquisa é o elemento básico para a própria operação da seção de compras. A busca e a investigação estão vinculadas diretamente às atividades básicas de compras: a determinação e o encontro da qualidade certa, a localização de uma fonte de suprimento, a seleção de um fornecedor adequado, o estudo para determinar se o produto deve ser fabricado ou comprado, o estabelecimento de padrões e análises de valores são exemplos de pesquisas.

Mais do que nunca as compras requerem procura sistemática e análise dos fatos a fim de inteirar-se dos novos desenvolvimentos e das técnicas crescentes, bem como da estrutura econômica dos fornecedores com os quais negociamos.

A função principal da pesquisa de compras é suprir com informações e orientação analítica os departamentos interessados. O campo da pesquisa de compras pode ser dividido em áreas distintas, onde se aplicam essas atividades.

- **a.** *Estudo dos materiais* – Avaliação das necessidades da empresa para períodos que variam de um a dez anos, tendência a curto prazo e longo prazo das ofertas e demandas, tendência dos preços, melhorias tecnológicas, perspectivas para possíveis substitutos, desenvolvimento de padrões e especificações.
- **b.** *Análise econômica* – Efeito dos ciclos econômicos sobre os materiais comprados em função das necessidades, tendências dos preços gerais, influência das variações econômicas sobre fornecedores e concorrentes.
- **c.** *Análise de fornecedores* – Qualificações de fornecedores ativos e em potencial, estudo das instalações dos fornecedores, avaliação do seu desempenho, análise da condição financeira.
- **d.** *Análise do custo e do preço* – Razões subjacentes às variações dos preços, estudo comparativo de peças semelhantes, análise dos custos e margens de lucro de um fornecedor, investigações relativas a métodos alternativos de fabricação e de especificações de materiais.
- **e.** *Análise das embalagens e transportes* – Efeito das localizações dos fornecedores sobre os custos, métodos alternativos de despachos, reclassificação dos artigos, introdução das melhorias nas embalagens, métodos melhorados de manipulação dos materiais.
- **f.** *Análise administrativa* – Controle dos formulários, simplificação do trabalho, emprego de *softwares* atualizados em processamento de pedidos, preparação de relatórios.

Todos os departamentos funcionais dentro de uma empresa geram informações para o sistema de compras, ou requerem informações por causa do mesmo. Vejamos os mais importantes:

- **1.** *Produção* – A relação entre ambos deverá ser considerada mais do ponto de vista do seu objetivo comum, que é contribuir efetivamente para o benefício geral da empresa. Deste ponto de vista, há uma excelente razão para que nem um nem outro predomine em suas funções.

2. *Engenharia* – A cooperação entre Compras e Engenharia concentra-se principalmente ao redor dos assuntos referentes ao projeto, planejamento e especificações preliminares às exigências de produção.
3. *Contabilidade* – Cada compra efetuada representa um dispêndio, ou um compromisso dos fundos da empresa. Essa compra põe em ação uma série de operações de contabilidade. A relação entre Compras e Contabilidade é, portanto, de vital importância e é, frequentemente, iniciada antes que a compra seja realmente realizada.
4. *Vendas* – O departamento de Vendas deve manter o de Compras informado quanto às cotas de vendas e quanto às expectativas das mesmas, que servem como um índice das prováveis quantidades de materiais necessários. Nas empresas industriais esse relacionamento já está transferindo-se para o PCP, que fica responsável por essas informações.
5. *PCP* – A relação existente entre Compras e o PCP é tão estreita e tão fundamental que ambos se encontram combinados em mais da metade das organizações industriais. Do ponto de vista funcional, o efeito almejado por esta estreita colaboração é estender a responsabilidade pelos materiais, desde o momento de aquisição até ao de entrega e utilização.
6. *Controle de Qualidade* – A primeira responsabilidade das Compras para com o Controle de Qualidade é adquirir materiais e produtos que satisfaçam as especificações. O Controle de Qualidade geralmente faz testes de aceitação de materiais comprados. Nesse caso, deve-se esclarecer a Seção de Compras e, por intermédio desta, o fornecedor sobre quais métodos de teste serão aplicados e qual será o critério adotado para sua aceitabilidade.

Nas Figuras 5.2 e 5.3 podemos ver os tipos de informações internas e externas que influenciam o funcionamento do Departamento de Compras.

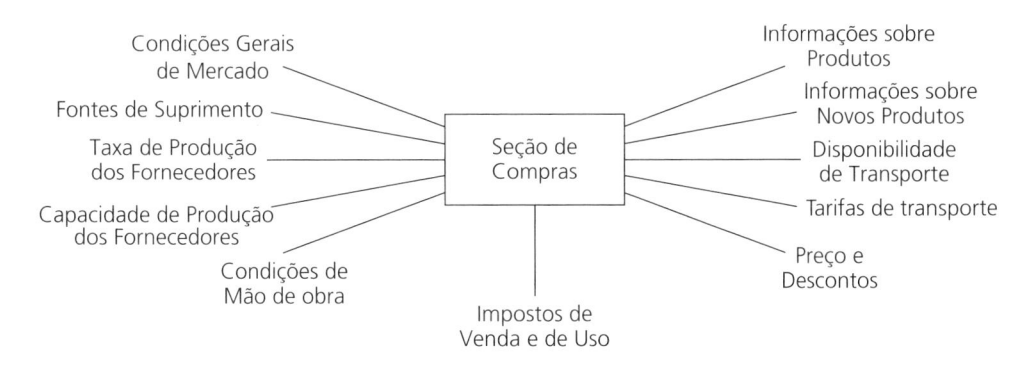

Figura 5.2 *Informações externas para a seção de compras.*

```
        Produção                                    Desenvolvimento
                                                      de Produtos
     Departamento                                    Departamento
       Jurídico                                        Financeiro
                            Seção de
                            Compras
         P.C.P.                                       Mercadologia

      Contabilidade                                    Engenharia

                          Administração
                             Geral
```

Figura 5.3 *Informações internas da seção de compras.*

Uma descrição de cargos adequada e bem generalizada para todos os envolvidos na função compra poderia ser:

Chefe de Compras

Estudar e analisar as solicitações de compra de matérias-primas, máquinas e equipamentos em geral; inteirar-se das necessidades e detalhes técnicos exigidos pelos requisitantes; coordenar pesquisa de fornecedores e coleta de preços; organizar concorrências e estudar os seus resultados, optando pelo que melhor condições oferecer; manter contato com fornecedores; solicitar testes de qualidade das matérias-primas adquiridas; assessorar as várias seções com informações e soluções técnicas; controlar prazos de entrega; elaborar previsões periodicamente de compras; examinar cadastro geral dos fornecedores; manter contatos com setores de produção; elaborar relatórios e estatísticas de controle geral.

Comprador de materiais diversos

Efetuar e acompanhar pequenas compras de materiais sob supervisão da chefia da seção; classificar e analisar requisições de compras remetidas por outros setores; pesquisar cadastro de fornecedores e efetuar coleta de preços; estudar preços e qualidades, optando pelo que obter melhores condições; efetuar as compras e controlar a entrega dos materiais; manter arquivo de catálogos e fornecedores.

Comprador técnico

Efetuar compras de materiais especiais de produção mediante a supervisão e orientação da chefia; classificar e analisar solicitações de compra; estudar e analisar necessidades técnicas; pesquisar cadastro de fornecedores; preparar concorrência; analisar informações recebidas e informar à chefia as melhores condições; manter e atualizar cadastro geral de fornecedores; assessorar as várias seções com informações técnicas; acompanhar e controlar a entrega dos materiais.

Comprador de matéria-prima

Efetuar compras de matérias-primas utilizadas em uma ou várias unidades fabris, sob supervisão da chefia da seção; classificar e analisar solicitações de compra remetidas por outros setores; pesquisar cadastro de fornecedores; consultar em publicações específicas as cotações dos produtos; organizar pequenas concorrências; analisar as informações e opinar sobre as melhores ofertas; providenciar as compras e acompanhar as entregas das mesmas.

Auxiliar de compras

Controlar o recebimento de solicitações de compras e efetuar conferência dos valores anotados; pesquisar arquivo de publicações técnicas; elaborar relações de fornecedores para cada material, emitir pedidos de compra; controlar arquivo de catálogos e documentos referentes às compras efetuadas.

Acompanhador de compras – *follow-up*

Acompanhar, documentar e fiscalizar as encomendas realizadas em observância aos respectivos prazos de entrega; informar ao comprador o resultado do acompanhamento; efetuar cancelamentos, modificações e pequenas compras conforme determinação da chefia.

5.1.3 Qualificação de compradores

Mesmo para aqueles mais novos na atividade de compras, já deve ter-se tornado evidente a importância dessa função e o quanto ela é interessante. Aos mais antigos no exercício do cargo deve ter ocorrido a diferença entre a função de comprador atual e o primitivo "Colocador de Pedido", que antes somente fazia a entrega de formulários preenchidos e assinados, para cuja decisão ou formalização em nada tinham contribuído e influído.

O comprador é um elemento experiente e a função é tida e reconhecida como uma das mais importantes em uma empresa. O padrão atual exige que o comprador tenha ótimas qualificações e esteja preparado para usá-las em todas as ocasiões. Para conduzir eficazmente suas compras, deve demonstrar conhecimentos amplos das características dos produtos, dos processos e das fases de fabricação dos itens comprados. Deve estar preparado para discutir em igual nível de conhecimento com os fornecedores.

O comprador ideal deve saber ouvir atentamente os argumentos apresentados pelo vendedor, para depois agir sensatamente. Muitas vezes as razões e opiniões apresentadas pelo vendedor poderão ser bem contra-argumentadas, levando a negociação a representar um benefício para a empresa. Assim, uma agressividade bem orientada, por firmeza de convicções leva a um bom termo uma negociação que, à primeira vista, poderia parecer de resultado inglório.

Outra característica do bom comprador é estar perfeitamente identificado com a política e os padrões de ética definidos pela empresa, como, por exemplo, a manutenção do sigilo nas negociações que envolvam mais de um fornecedor ou até mesmo quando um só está envolvido.

As concorrências, as discussões de preços e a finalização da compra devem ser orientadas pelos mais elevados níveis. O objetivo é obter dos fornecedores negócios honestos e compensadores, sem que pairem dúvidas quanto à dignidade daqueles que o conduziram.

No caso de a empresa vir a tomar decisões que possam afetar as operações ou influir expressivamente nas relações comerciais com o fornecedor, é de boa ética e do interesse de Compras da Empresa que os envolvidos sejam comunicados rapidamente. É uma atitude que vem reforçar a política da manutenção de boas relações e permite um planejamento de operações com vista às atividades futuras, sem perdas e estremecimentos de relações.

Outro padrão a ser seguido é o de não restringir a liberdade do fornecedor, que deve poder discutir em qualquer nível da Empresa, para obter esclarecimentos sobre qualquer aspecto das suas relações ou que lhe causaram dúvidas ou surpresas.

Compradores com boa qualificação profissional fornecem às empresas condições de fazer bons negócios; daí vem a maior responsabilidade, constituindo o comprador uma força vital, que faz parte da própria vida da empresa, pois o objetivo é comprar bem e eficientemente, e com isso atender aos objetivos de lucro, uma vez que o departamento de Compras é, em igualdade de condições com outras áreas, um centro de lucro. E será mais ainda um centro de lucro quando os fornecedores forem encorajados a enfrentar novas ideias e novos projetos, dispondo-se a aproveitar a oportunidade de fazerem novos negócios.

5.2 Operação do sistema de compras

5.2.1 Introdução

Um sistema adequado de Compras tem variações em função da estrutura da empresa e em função da sua política adotada. A área de Compras em empresas tradicionais vem a cada ano sofrendo reformulações na sua estrutura. Em sua sistemática são introduzidas alterações com várias características básicas para poder comprar melhor e encorajar novos e eficientes fornecedores. De tempos em tempos esse sistema vem sendo aperfeiçoado, acompanhando a evolução e o progresso do mundo dos negócios, mas os elementos básicos permanecem os mesmos. Entre essas características podemos destacar:

a. *Sistema de compras a três cotações:* tem por finalidade partir de um número mínimo de cotações para encorajar novos competidores. A pré-seleção dos concorrentes qualificados evita o dispêndio de tempo com um grande número de fornecedores, dos quais boa parte não teria condição para fazer um bom negócio.
b. *Sistema de preço objetivo:* o conhecimento prévio do preço justo, além de ajudar nas decisões do comprador, proporciona uma verificação dupla no sistema de cotações. Pode ainda ajudar os fornecedores a serem competitivos, mostrando-lhes

que suas bases comerciais não são reais e que seus preços estão fora de concorrência. E garante ao comprador uma base para as argumentações nas discussões de aumentos de preço e nas negociações de distribuição da porcentagem.

c. *Duas ou mais aprovações:* no mínimo duas pessoas estão envolvidas em cada decisão da escolha do fornecedor. Isto estabelece uma defesa dos interesses da empresa pela garantia de um melhor julgamento, protegendo o comprador ao possibilitar revisão de uma decisão individual. Não fosse só esta razão, poder-se-ia acrescentar mais uma: o sistema de duas aprovações permite que os mesmos estejam envolvidos pelo processamento da compra, uma vez que a sua decisão está sujeita a um assessoramento ou supervisão.

d. *Documentação escrita:* a presença de muito papel pode parecer desnecessária, porém fica evidente que a documentação escrita anexa ao pedido, além de possibilitar, no ato da segunda assinatura, o exame de cada fase de negociação, permite a revisão e estará sempre disponível junto ao processo de compra para esclarecer qualquer dúvida posterior.

5.2.2 Solicitação de compras

A Solicitação de Compras é um documento que dá a autorização para o comprador executar uma compra. Seja para materiais produtivos ou improdutivos, ela é solicitada para um programa de produção, para um projeto que se está desenvolvendo ou ainda para abastecimento geral da empresa. É o documento que deve informar o que se deve comprar, a quantidade, o prazo de entrega, local da entrega e, em alguns casos especiais, os prováveis fornecedores. Seguem-se modelos de Solicitação de Compras, com e sem concorrência.

Modelo de Solicitação de Compra.

	SOLICITAÇÃO DE COMPRAS				Data	
	Setor		OS		Área de Aplicação	CC

Requisitante	Descrição do Material						
	Quantidade	Unidade	Data de Utilização		Destino do Material Substituído		
	Substitui material em uso?				☐ Sim	☐ Não	Qual?
	O material em uso é mantido em estoque?				☐ Sim	☐ Não	
	O material em uso deve ser eliminado do estoque?				☐ Sim	☐ Não	
	Solicitação de Eliminação de Inservíveis já foi emitida?				☐ Sim	☐ Não	
	O material solicitado será de uso corrente?				☐ Sim	☐ Não	
	Recomenda-se a estocagem?				☐ Sim	☐ Não	
	Solicitação de Estocagem foi emitida?				☐ Sim	☐ Não	
	Outras informações			PC	Número		
					Data Entrega		

Estoques	Código		Nomenclatura
	Código de Tratamento		

	Emitente	Chefia imed.	Gerente	Estoques	Gerente Mat.	Compras	Diretor
Vistos							
Data							

Modelo de Solicitação de Compra (frente).

		Fornecedores		CONCORRÊNCIA					
				1		2		3	
	Fatores			Oferta	Cálculo	Oferta	Cálculo	Oferta	Cálculo
COMPRAS	1	Preço							
	1								
	1								
		Subtotal	1						
	2	IPI							
	2	Frete							
		Subtotal	2						
	3	IPI							
	3	ICMS							
	3	Prazo s/ Fat.							
		Subtotal	3						
	1	+ 2 =	3						
	Prazo Entrega								
	Embalagem		☐ Incluída		☐ Acrescer R$		☐ Devedor		☐ A Pagar
	Frete		☐ Incluído		☐ Acrescer R$		☐ Retiramos		☐ A Pagar
	ICMS		☐ Industrialização		☐ Consumo	Local de Entrega		Prazo Pagamento	
	Transportadora								
Cadastro Fornecedores	1								
	2								
	3								

Modelo de Solicitação de Compra (verso).

5.2.3 Coleta de preços

A cotação é o registro do preço obtido da oferta de diversos fornecedores em relação ao material cuja compra foi solicitada. Não deve ter rasuras e deverá conter preço, quantidade e data do recebimento no Departamento de Compras; deverá ainda estar sempre ao alcance de qualquer consulta e análise de Auditoria quando for solicitada. É um documento que precisa ser manuseado com atenção; os elementos aí contidos devem fornecer não somente ao comprador, mas também a qualquer outro, os informes completos do que se está pretendendo comprar, para que a cotação dada corresponda exatamente ao preço do produto requerido e não surjam dúvidas futuras por insuficiência de dados ou das características exigidas. Para melhor análise desses dados, eles podem ser transcritos em um mapa que é a cópia fiel das cotações recebidas, a fim de que se tenha uma melhor visualização, conforme modelo apresentado a seguir. Existem casos em que a empresa utiliza a própria solicitação de compras para registro da coleta de preços.

Ao se fazer uma cotação de preços de determinado equipamento ou produto, os fornecedores em potencial enviam propostas de fornecimento, que informam preço, prazo, reajustes e uma série de condições gerais que estabelecem. A empresa por intermédio do comprador fixa também diversas condições para o fornecedor. Vejamos algumas das condições mais usuais que são feitas pelos fornecedores:

1. As propostas ficam sujeitas a confirmação.
2. Os preços indicados são líquidos, para entregas na fábrica.
3. Em casos de atrasos na entrega das mercadorias sem culpa do fornecedor, as datas dos pagamentos permanecerão as mesmas, como se a entrega tivesse sido feita na data devida. Se as condições de pagamento, inclusive as relativas ao reajuste de preços, não forem observadas além da correção monetária, a ser calculada com base no índice conjuntural, publicado pela FGV, e proporcional ao atraso ocorrido, o comprador ficará sujeito ao pagamento de multa moratória de 1% ao mês sobre as importâncias devidas, sem necessidade de qualquer interpelação, judicial ou extrajudicial.

O comprador não pode suspender ou reduzir os pagamentos, baseado em reclamações não reconhecidas como procedentes pelos vendedores. Se, por ocasião do término da fabricação, não for possível o despacho do material, por motivos alheios à vontade do fornecedor, efetua-se o respectivo faturamento, correndo a armazenagem por conta exclusiva do comprador.

O pagamento inicial efetuado pelo comprador mesmo sem o envio do pedido traduz a concorrência tácita do volume do fornecimento, das características técnicas e das condições constantes da proposta. Consistindo o pedido em várias ou diferentes unidades, assiste-nos o direito de fornecer e faturar cada unidade separadamente. As duplicatas extraídas em conformidade com as condições de pagamento ajustados devem ser aceitas nos termos da legislação em vigor. Um eventual reajuste de preço deverá ser pago contra apresentação da respectiva fatura.

4. Os prazos de fabricação são geralmente indicados na proposta em dias úteis de trabalho, de acordo com a programação estimada na data da proposta; portanto, para que tenha validade por ocasião da encomenda, os prazos devem ser expressamente confirmados. O prazo de fabricação deverá ser contado a partir da data do recebimento do sinal e da primeira parcela do preço de venda ou da data de nossa confirmação, por escrito, do pedido de fornecimento, quando tal condição for expressamente aceita por nós.

O prazo, inclusive para efeito do cálculo do reajuste de preço, ficará prorrogado de tantos dias quantos forem os dias da mora no pagamento das prestações ajustadas ou nos casos de qualquer das seguintes ocorrências:

Informações, documentação e esclarecimentos pedidos ao comprador, a pessoas ou entidades indicadas pelo mesmo comprador, e não respondidos ou entregues no devido tempo.

Atrasos por motivos de força maior, tais como guerra, revolução, motim, perturbação da ordem, epidemias, inundações, incêndio, explosão, greves e, de modo geral, geral, acontecimentos fortuitos, alheios à vontade, inclusive falhas de fabricação e impossibilidade na obtenção de matérias-primas.

5. Salvo o que diferentemente for estabelecido, a entrega do material é efetuada na fábrica. O material, uma vez pronto, total ou parcialmente, deverá ser retirado logo após o aviso. Na impossibilidade da retirada do mesmo, por motivos independentes à vontade do fornecedor, reserva-se o direito de despachá-lo ao endereço do comprador, por sua conta e risco, ou de armazená-lo igualmente por sua conta e risco, mantendo-o a distância do mesmo, sendo considerado entregue. Os vencimentos, para efeito de pagamento, são contados a partir da data do aviso de disponibilidade.

6. Exceções ou modificações dessas "Condições Gerais" somente serão válidas quando forem aceitas por escrito. Na existência de condições de compra estabelecidas pelo comprador, contrárias às condições gerais, prevalecem estas últimas.

Capítulo 5 • Administração de Compras

MAPA COMPARATIVO DE PREÇO				MAPA		PEDIDO DE COMPRA	
				Nº		Nº	
				DATA			
Ficam aprovadas as compras dos materiais cujos preços estão assinalados em vermelho	Aprovado por:		Data	FORNECEDORES			
				REF. Nº 1	Nº 2	Nº 3	Nº 4	Nº 5
Elaborado por: _____ Conferido por:				NOME	NOME	NOME	NOME	NOME
Item	MATERIAL e ESPECIFICAÇÃO	Quant.	Un.	P/C	Ref. Forn.	Preço	Preço	Preço	Preço	Preço
Observações:				CONDIÇÕES DE PAGAMENTO			
				PRAZO DE ENTREGA			

Modelo de Mapa Comparativo de Cotações.

5.2.4 Pedido de compra

O Pedido de Compra é um contrato formal entre a empresa e o fornecedor, devendo representar fielmente todas as condições e características da compra aí estabelecidas, razão pela qual o fornecedor deve estar ciente de todas as cláusulas e pré-requisitos constantes do impresso, dos procedimentos que regem o recebimento das peças ou produtos, dos controles e das exigências de qualidade, para que o pedido possa legalmente ser considerado em vigor. As alterações das condições iniciais também devem ser objeto de discussões e entendimentos, para que não surjam dúvidas e venha a empresa a ser prejudicada com uma contestação pelos fornecedores envolvidos. O Pedido de Compra tem força de contrato e a sua aceitação pelo fornecedor implica o atendimento de todas as condições aí estipuladas, tais como: quantidade, qualidade, frequência de entregas, prazos, preços e local de entrega. Deve-se alertar o fornecedor para a propriedade dos desenhos e marcas exclusivas da compradora e para as implicações legais daí decorrentes. Cuidados especiais devem ser tomados na negociação que envolva a encomenda e a compra de uma ferramenta específica, evitando-se que a mesma não venha a ser fornecida a terceiros. Os pedidos de compra devem sempre ser remetidos ao fornecedor por intermédio de um protocolo para o qual se farão registros e controles, conforme o modelo seguinte:

Nº PC	Recebimento Secretaria	Retorno Canhoto	Nº PC	Recebimento Secretaria	Retorno Canhoto	Nº PC	Recebimento Secretaria	Retorno Canhoto

Modelo de protocolo para remessa de pedidos de compra a fornecedores

Apresentamos um modelo de Pedido de Compra que poderá, dentro de certas alterações específicas, ser útil a qualquer tipo de empresa. São bastante normais atrasos nos prazos de entrega dos fornecedores, porém esta situação deve, na medida do possível, ser evitada; o comprador deverá manter um acompanhamento constante desses prazos, comunicando ao fornecedor quando os atrasos passam a ser significativos. Por intermédio dos modelos das cartas seguintes, pode-se cobrar o fornecedor em três estágios.

Capítulo 5 • Administração de Compras

		PEDIDO DE COMPRA		
		Nº	FL.	
Fornecedor:			Cód. Fornecedor	
Endereço:				
Pela presente autorizamo-lhes o fornecimento abaixo descrito observadas as condições constantes no verso.				

IT	Quantidade	Unid.	Código	SC	Descrição	Preço Unitário $	IPI %

ET	ES	EM
Importa o total deste PC em $		
Embalagem	☐ incluído ☐ devolver ☐ acrescer	
Frete	☐ incluído ☐ retiramos ☐ a pagar ☐	
Transportadora		
Data de Vencimento Parcelas		frete $
Valor das Parcelas		
Data da Entrega:	NP	Cód. Fiscal Nº	Prazo de Entrega	dias
OBS.:		
IMPORTANTE O número desta Ordem deve constar da Nota Fiscal e da Fatura	_____ de _____ de 19 ___	

Modelo de Pedido de Compra.

> São Paulo, / /
>
> À
>
> REF.: *PEDIDOS DE COMPRA PENDENTES DE ATENDIMENTO – 1º AVISO*
> Prezados Senhores:
> Quando efetuamos uma concorrência para a aquisição de um pedido, um dos fatores ponderados é o PRAZO DE ENTREGA.
> É com descontentamento que vemos os Pedidos de Compra a seguir arrolados, confiados a V. Sas., pendentes de atendimento já há 7 (sete) dias:
>
> P.C. Nº   ITEM Nº   PRAZO DE ENTREGA
>
> Na eventualidade de uma destas pendências já ter sido atendida, queiram informar-nos:
> a) número e data da Nota Fiscal;
> b) transportador, data e número do conhecimento e/ou do manifesto.
> Certos de que seremos prontamente atendidos, subscrevemo-nos,
>
>   Atenciosamente,
>   CHEFE DE COMPRAS
>
> C.C.: Cadastro de Fornecedores

Modelo de Carta e Cobrança – 1º Aviso.

> São Paulo, / /
>
> À
>
> REF.: *PEDIDOS DE COMPRA PENDENTES DE ATENDIMENTO – 2º AVISO*
> Prezados Senhores:
> É esta a segunda vez que nos dirigimos a V. Sas., solicitando providências no sentido de atenderem nossos Pedidos de Compra a seguir arrolados, confiados a V. Sas. após concorrência na qual o PRAZO DE ENTREGA foi um dos fatores ponderados:
>
> P.C. Nº   ITEM Nº   PRAZO DE ENTREGA   ATRASO
>
> Devemos alertar V. Sas. para o fato de que ocorrências dessa natureza, além de nos causarem transtornos, em nada contribuem para o bom relacionamento que deve existir entre Fornecedor e Cliente.
> Na eventualidade de uma dessas pendências já ter sido liquidada, queiram informar-nos:
> a) número e data da Nota Fiscal;
> b) transportador, data e número do conhecimento e/ou do manifesto.
> Sendo o que se apresentava, subscrevemo-nos,
>
>   Atenciosamente,
>   CHEFE DE COMPRAS
>
> C.C.: Cadastro de Fornecedores

Modelo de Carta de Cobrança – 2º Aviso.

Capítulo 5 • Administração de Compras

São Paulo, / /

À

REF.: *PEDIDOS DE COMPRA PENDENTES DE ATENDIMENTO – 3º AVISO*
Prezados Senhores:
Pela terceira vez dirigimo-nos a V. Sas. para lhes solicitar a entrega dos materiais constantes dos Pedidos de Compra que a seguir arrolamos:

P.C. Nº   ITEM Nº   *PRAZO DE ENTREGA*   ATRASO

Como já lhes informamos anteriormente, esses atrasos deterioram o bom relacionamento Cliente-Fornecedor, não só pelo fato em si, mas pelos prejuízos que dele decorrem e que, muitas vezes, elevam-se a cifras que superam o próprio valor dos materiais reclamados.

Depositamos em nossos fornecedores uma irrestrita confiança, tanto no referente à qualidade do material adquirido (que confirmamos pelo Controle de Qualidade) como no tocante ao preço (que confirmamos pelas concorrências) e ao prazo de entrega.

Suas enérgicas providências para sanar as irregularidades anteriormente apontadas são necessárias para que possamos continuar depositando em V. Sas. a confiança granjeada com seus atendimentos anteriores.

Na eventualidade de uma dessas pendências já ter sido atendida, queiram informar-nos:

a) número e data da Nota Fiscal;
b) transportador, número e data do conhecimento e/ou do manifesto.

Sendo o que nos apresentava, subscrevemo-nos,

Atenciosamente,
CHEFE DE COMPRAS

C.C.: Cadastro de Fornecedores

Modelo de Carta de Cobrança – 3º Aviso.

É bastante comum que no verso do Pedido de Compra cada empresa registre as suas condições de compra, que são características especiais da estrutura de cada empresa e da sua política de compras. Essas condições poderiam ser de maneira geral as seguintes:

1. As mercadorias deverão ser entregues absolutamente dentro do prazo combinado. A não observância da presente cláusula garante-nos o direito de cancelar este Pedido de Compra, em todo ou em parte, sem qualquer prejuízo de nossa parte.
2. Todo material fornecido deverá estar rigorosamente de acordo com o nosso pedido no que se refere a especificações, desenhos etc., e sua aceitação é condicionada a aprovação de nossa Inspeção. Em caso de rejeição, será colocado à disposição,

por conta e risco do fornecedor, até sua retirada. Qualquer despesa de transporte, relativa a materiais assim rejeitados, correrá por conta do fornecedor.

3. Reservamo-nos o direito de recusar e devolver, às custas do fornecedor, qualquer parcela de material recebido em quantidade superior àquela cujo fornecimento foi autorizado pela presente.
4. A presente encomenda não poderá ser faturada por preços mais elevados do que aqueles aqui estabelecidos, salvo prévia modificação e posterior consentimento de nossa parte.
5. Não serão aceitas responsabilidades de pagamento referentes a transportes, embalagem, seguros etc., salvo se especificamente autorizados pela presente.
6. Qualquer débito resultante de pagamento por parte do fornecedor sobre transportes, embalagem, seguro etc., quando autorizado, deverá ser corretamente documentado junto à fatura correspondente ao fornecimento feito.
7. Fica expressamente entendido que o fornecedor será considerado estritamente responsável por qualquer obrigação ou ônus resultante da venda ou fabricação de qualquer dos itens deste Pedido de Compra que viole ou transgrida qualquer lei, decreto ou direitos de patentes e de *copyright* ou marcas registradas.
8. Não assumimos qualquer responsabilidade por mercadorias cujas entregas não tenham sido autorizadas por um Pedido de Compra devidamente aprovado ou que, de qualquer modo, não estejam de acordo com os termos e condições supraestabelecidas.
9. Garanta a possibilidade de novos pedidos respeitando o estabelecido nos itens acima. Pedimos em benefício recíproco avisar-nos por telefone, telegrama ou carta sobre qualquer dilatação que venha a sofrer o prazo de entrega originalmente fixado ou sobre sua impossibilidade de cumprir qualquer das cláusulas acima.

Ao receber um produto do fornecedor existem normalmente algumas divergências entre aquilo que foi solicitado e o que efetivamente o fornecedor entregou, ou divergências com qualquer negociação combinada anteriormente constante no Pedido de Compra. Para evitar comunicações extensas e periódicas, lança-se mão de uma carta-padrão onde estão englobadas todas as irregularidades que porventura venham a acontecer. Fornecemos, a propósito, um modelo que pode ser utilizado para este fim.

Capítulo 5 • Administração de Compras

A

N. Ref.:
S. Ref.:

Prezados Senhores:

Vimos pela presente informá-los das irregularidades observadas quando do recebimento do(s) material(is) constante(s) nos documentos acima epigrafados, pelo que solicitamos as devidas providências.

As irregularidades observadas são as seguintes:

| 1 | | Diferença de peso, item(ns) _____ do Doc. Fiscal |
| | | s/ Doc. Fiscal   nossa pesagem |

| 2 | | Diferença na quantidade, item(ns) _____ do Doc. Fiscal |
| | | s/ Doc. Fiscal   recebida |

| 3 | | Diferença no preço unitário, item(ns) _____ do Doc. Fiscal |
| | | s/ Doc. Fiscal   nosso PC |

| 4 | | Embalagem em desacordo com nosso Pedido de Compra |
| | | Recebida: _____ Solicitada: _____ |

| 5 | | Material recebido com avarias, item(ns) _____, solicitamos reposição em _____ dias |

| 6 | | Material já fornecido anteriormente, item(ns) _____ |
| | | À disposição |

| 7 | | Condições de pagamento: Apresentada _____ |
| | | Contratada _____ |

| 8 | | Material em garantia. Cobrança indevida |

| 9 | | Frete ☐   Embalagem ☐   por conta de V. Sas. cobrança indevida |

10		Material recebido difere do solicitado, item(ns) _____ do Doc. Fiscal
		Recebido: _____
		Solicitado: _____
		solicitamos a troca em _____ dias

11		Material(is) fornecido(s) a mais ☐ a menos ☐
		_____
		Com relação ao(s) item(ns) _____ solicitamos emitir
		Nota de Crédito no valor total de R$ _____ (_____
		_____) em nome da _____

Atenciosamente,

Modelo de carta-padrão de irregularidades.

5.2.5 Acompanhamento de compras

Um comprador eficaz deve manter um arquivo onde deve registrar a vida do produto, controlando todas as fases do processo de compra, as variações de preço, as modificações das quantidades solicitadas, a indicação de uma nova condição de pagamento e as entradas de mercadorias correspondentes ao pedido colocado. Qualquer falha nesses registros ou insuficiência de dados pode acarretar uma má *performance* das atividades de Compras. Deve ser mantido atualizado devidamente a fim de ser consultado a qualquer momento. Um modelo de ficha de acompanhamento pode ser o seguinte:

Descrição											CÓDIGO	
1						3						
2						4						
Data	Pedido	Quants.	Programa	Prazos	F	ENTRADAS					PREÇO	
						NF	Data	Quant.	Pedido	Devol.	Saldo	

Modelo de ficha de acompanhamento de compras.

5.3 A compra na qualidade correta

5.3.1 Controle de qualidade e inspeção

A qualidade de um produto define-se através da comparação de suas características com os desejos do consumidor ou com as normas e especificações de fabricação. Um produto pode ter alta qualidade para o consumidor e qualidade apenas regular para os departamentos técnicos que o fabricam. O problema central do controle de qualidade é manter determinado nível de qualidade para um produto de acordo com a política da empresa, ou seja, de acordo com os padrões de qualidade estabelecidos.

O nível de qualidade a ser alcançado e/ou mantido depende de uma série de fatores. A empresa, ao definir que o produto será fabricado de acordo com certas especificações de qualidade, deve ter realizado, previamente, uma análise de dois fatores básicos de um produto:

a. *Aspecto interno:* as condições materiais, instalações, matéria-prima, pessoal e quais os custos para atingir ou manter determinado nível de qualidade. A medida de confiabilidade de um produto aceito como de boa qualidade em relação às especificações do projeto e do processo é que é a qualidade de fabricação.

b. *Aspecto externo:* quais os desejos dos consumidores? Existem condições governamentais quanto à qualidade do produto fabricado? Ocorrem exigências para determinado tipo de mercado consumidor?

Após analisar esses dois aspectos e chegar a uma conclusão, a empresa terá determinado os seus padrões de qualidade que podem ser relativos aos mais variados aspectos.

Para conseguir manter esses padrões de qualidade é necessário controlá-lo, ou seja, é preciso a existência do Controle de Qualidade. Mas, ao fixar padrões de qualidade, surgirão problemas entre todos os elementos que dela participam, especificações, produção, manuseio de materiais, compras e estocagem. O pessoal da produção estará interessado em custos, o de compras em preços baixos, o de vendas em satisfazer o consumidor da melhor maneira possível, o de projetos em manter altos níveis de qualidade, e a direção da empresa em resultados finais e que sejam mais lucrativos.

Além disso, aparecerão considerações técnicas a serem postas em evidência, ou seja, quanto mais altos os níveis de qualidade fixados, mais rígido será o controle, mais difícil a produção por quantidades e mais difícil o universo de fornecedores de matéria-prima disponíveis.

Em vista disso, os padrões de qualidade devem ser práticos ao máximo possível. Devem apresentar tolerâncias, ou seja, limites de qualidade dentro dos quais determinado produto pode ser fabricado e aceito pelo consumidor. Essas tolerâncias podem ser:

- quantitativas: dimensões, pesos, composições químicas, processo de fabricação, especificações de materiais utilizados, tratamentos térmicos;
- qualitativas: cor, cheiro, sabor, aspecto.

A responsabilidade do Controle de Qualidade deve estar sob a orientação de um grupo de indivíduos especializados, que podem estar subordinados ao Diretor Industrial em função do tipo de empresa e de suas possibilidades. O Controle de Qualidade tem como principais funções:

- estabelecer normas e especificações que determinarão os níveis ou padrões de qualidade a serem seguidos;
- inspeção e registro de dados;
- técnicas estatísticas de controle de qualidade;
- métodos de recuperação de produtos ou peças defeituosas;
- manutenção de equipamentos e ferramentas de inspeção;
- prevenção das condições que prejudicam a qualidade.

A inspeção tem como objetivo determinar se um produto deve ser aprovado ou rejeitado, levando-se em consideração os padrões de qualidade estabelecidos. A inspeção preventiva tem como objetivo a determinação de tendências dos valores ou padrões estabelecidos. Sua importância reside no fato de que futuras especificações, métodos, custos e políticas de qualificação, no que se referem aos padrões de qualidade, serão afetadas pelos resultados advindos da análise dessas tendências. Podemos dividir as atividades de inspeção em:

a. *Inspeção de matéria-prima ou inspeção de recebimento* – É realizada quando se recebe material; existem situações em que o inspetor vai à fábrica do fornecedor para fazer a liberação. Essa inspeção nem sempre é econômica ou interessante, no sentido de evitar refugos ou problemas de produção. De qualquer modo, deve sempre existir inspeção na recepção, por mais simples que seja, identificação dos materiais recebidos, condições e quantidade.

b. *Inspeção de processo* – O que se deve inspecionar e com que profundidade depende de cada caso em particular. A inspeção pode ser da seguinte maneira:
- automática;
- pelo próprio operador;
- por um inspetor especializado.

c. *Inspeção final* – É a inspeção do produto acabado; pode ser feita por um inspetor da fábrica ou até mesmo cliente, o que não é recomendável.

Deve sempre existir uma inspeção do produto final, não só pelo simples fato de selecionar os que servem e rejeitar os defeituosos, mas também porque pode indicar outros problemas existentes e apontar os responsáveis, fornecedores de matéria-prima, partes do produto com qualidade abaixo da desejada pelo setor de vendas.

5.3.2 Segurança da qualidade

A definição da qualidade do material a ser comprado é determinada considerando-se o veredito final do departamento utilizador. Assim sendo, as definições de qualidades relativas a artigos e equipamentos de escritório, por exemplo, podem ser determinadas pelo usuário dos mesmos. Esse mesmo procedimento serve para os demais tipos de materiais sem grande importância ao produto final.

A definição da qualidade deve ser expressa de tal maneira que:

- o comprador saiba exatamente o que está sendo desejado;
- o contrato ou o pedido de compra seja emitido com uma descrição adequada do que se deseja;
- o fornecedor seja devidamente posicionado das exigências de qualidade;
- existam meios apropriados de inspeção e testes para serem utilizados, a fim de que se verifique se os materiais entregues satisfazem os padrões de qualidade desejados;
- os materiais entregues estejam de acordo com as especificações de qualidades aceitáveis para a empresa do comprador.

A definição da qualidade pode ser muito simples ou muito complexa, porém o importante é que seja criteriosamente estabelecida.

As definições dos padrões de qualidade devem ser precedidas de uma descrição sumária, em termos técnicos adequados e usuais, que serão informados ao fornecedor. Elas podem ser:

- por marca;
- por especificações;
- por desenhos;
- por influência do mercado;
- por amostra;
- por combinação de duas ou mais modalidades acima.

Existem situações para muitos materiais comuns, como ferramentas, e materiais de uso e consumo geral em que uma simples indicação do tipo e das dimensões ou até mesmo da referência do fabricante é suficiente.

Um dos principais objetivos e finalidades do Departamento de Compras é a aquisição na qualidade adequada. A qualidade correta não quer significar a melhor qualidade disponível; por mais desejável que essa possa ser, elas terão de atender a determinadas exigências, e deve estar relacionada àquela necessidade. Qualidade correta significa melhor qualidade para determinado uso.

Podemos afirmar que o objetivo real de Compras é conseguir a qualidade adequada ao mais baixo preço possível. Existem determinadas utilizações para as quais os tipos mais inferiores e baratos de materiais são suficientemente adequados; nessas situações, a qualidade mais inferior é a qualidade correta.

Existem também ocasiões em que a melhor qualidade disponível no mercado nunca é suficiente; se é esse padrão que a empresa precisa, preço algum será alto demais. Toda necessidade de compra de material com qualidade específica reduz substancialmente a área de escolha, por eliminação de tudo aquilo que não se enquadra dentro dos padrões solicitados.

5.4 Preço-custo

5.4.1 Custos

É muito importante para um comprador conhecer ou fazer uso da análise preço-custo e ter algum conhecimento básico de sistemas de custos, ou seja, conhecer como é montada a estrutura do preço de venda. Ele deve perguntar a si próprio:

a. Como o fornecedor estabelece seu preço?
b. Qual é a reação do mercado?
c. Qual a reação do mercado com produtos concorrentes?
d. Qual o grau de confiabilidade nas estimativas do fornecedor?
e. Qual deve ser a margem em que atua o fornecedor?

É bom esclarecer uma posição muito importante; por preço entende-se o valor que o fornecedor exige ao vender seu produto. Por custo entende-se o quanto ele gasta para fabricar esse mesmo produto. Podemos afirmar que custo pode significar a soma de esforços que são aplicados para se produzir alguma coisa.

Como o termo *custo* é bastante vago e é aplicado de maneira bastante diversa, passou-se a usá-lo também em expressões mais específicas: custo de reposição, custo estimado, custo variável etc. Podemos classificá-lo também de várias maneiras ou de vários tipos como salário, aluguel, depreciação; pode-se classificá-lo também por função, produção, distribuição, venda etc. Somente conhecendo-se o custo de fabricação poderíamos determinar o lucro real de um produto, incluindo-se nesse cálculo o valor dos estoques, compreendendo também os semiacabados, produtos em processo, e isto só é possível se tivermos determinado os custos dos componentes em seus diversos estágios. Em função do tipo da empresa e de seu processo de fabricação, o sistema de custos pode ser:

1. *Custo por ordem de produção* – Mais utilizado para empresa de produção sob encomenda, a empresa atende aos pedidos de clientes, quer por unidade, quer por lotes, em função de uma venda efetivada.
2. *Custo por processo de fabricação* – É usado na produção contínua; são as empresas que normalmente produzem para estoque.
3. *Custo-padrão ou* standard – É o custo predeterminado cientificamente, considerando as condições normais e aceitáveis de operação da empresa. Podem ter dois significados:
   a. como modelo ou meta a ser atingida, em determinada condição ou período;
   b. como medida fixa ou guia, usado para comparações. Neste caso é um excelente meio de controle inatingível pela política de preços, seja inflacionária, seja deflacionária.

Existem ainda outros sistemas de custo, tais como: custo por operação, custo direto, custo por absorção.

A composição de custo é característica especial de cada tipo de empresa. Em geral existem três grupos principais: custo de fabricação, custo de pesquisa e desenvolvimento e custo das vendas.

No custo de fabricação, são coletados todos os gastos necessários à produção, tais como: materiais aplicados no produto, incluindo-se também as despesas administrativas, telefone, aluguel, seguros etc. Avalia-se esse custo somando-se os gastos com:

a. matéria-prima;
b. mão de obra direta;
c. despesas de fabricação (mão de obra indireta e despesas gerais).

Normalmente o material direto é medido e identificável no final do processo. O custo da mão de obra direta refere-se somente ao tempo gasto na fabricação efetiva do produto; o tempo de funcionários gasto em outros tipos de serviços de apoio é considerado mão de obra indireta. A separação entre mão de obra direta e secundária, e mesmo indireta, é menos distinta quando a produção é por processo contínuo ou quando se caracteriza a automação. As despesas de fabricação são as despesas necessárias à produção, com exceção do material direto e do salário direto, normalmente não identificáveis com as unidades produzidas como ferramentas, óleo, graxa etc.; salários indiretos como a mão de obra secundária, ou seja, o tempo do empregado produtivo não empregado na produção; despesas com manutenção, seguro, aluguel, depreciação etc.

As despesas gerais de fabricação são as despesas administrativas necessárias à operação da fábrica, não ligadas diretamente à produção. O custeio dessas despesas denomina-se despesas do período, pois estão relacionadas mais com o tempo que com o volume de produção. As empresas pequenas incluem essas despesas, parte como despesas de fabricação e parte como despesas de vendas. Tem-se de considerar ainda o custo da produção refugada, ou seja, o custo do material, mão de obra e despesas diretas aplicadas nas peças inutilizadas ou refugadas. Dependendo do procedimento, esse custo pode ser considerado como custo de fabricação ou despesas gerais ou ser tratado como um elemento à parte.

Os mecanismos de apuração de custos podem ser os seguintes:

a. *Acumulação:* inventários, controle de mão de obra, despesas históricas e previsões.
b. *Classificação:* contabilidade geral e analítica, preferivelmente uma contabilidade de custo integrada na contabilidade geral da empresa. Os elementos de custo podem ser classificados por natureza, em relação ao tempo, ou volume de produção, ou por áreas de responsabilidade.
c. *Distribuição:* consiste em distribuir os elementos de custo aos setores, departamentos, centros de custo ou linha de produtos.
d. *Apropriação:* é a atribuição dos custos à produção para em seguida apurarem-se os custos unitários. O material direto e a mão de obra direta são relativamente fáceis de ser apurados, enquanto as despesas requerem maior cuidado, pois a sua apuração é difícil para a identificação com a unidade individual dos produtos. O método de atribuir as despesas de fabricação à produção deve ser criteriosamente selecionado, pois terá reflexos vitais na política de preços, nas decisões com respeito a diversificação de produtos, na avaliação dos estoques e consequentemente na determinação do lucro do período. A apropriação dos custos nos produtos geralmente é feita com base em um coeficiente como unidades produzidas, máquinas-horas, homens-horas, custo primário etc.

Podemos considerar então duas categorias de custo:

a. Custos fixos que não variam com a carga de produção;
b. Custos variáveis que variam com a quantidade produzida.

5.4.2 Redução de custos

Em um sistema de economia negociada, o controle de preços pode ser executado em centros de custo, visando ao estabelecimento de técnicas de gerenciamento que permitem manter um adequado controle sobre o preço de produtos comprados, já que o lucro da empresa é altamente influenciado pelos mesmos. Torna-se, portanto, essencial que as compras mais representativas em termos de volume de dinheiro sejam adequadamente controladas.

O conceito de economia negociada, comum a qualquer sistema de compras, não deve ser confundido com a responsabilidade primária de Compras, que é conduzir adequadamente as negociações para a empresa. É fundamental que se estabeleçam condições ideais de compra e os termos de comparação válidos para sua avaliação. Podemos então definir economia negociada como: melhorar os preços ou as condições de compra, empregando-se, para aferir a melhoria, parâmetros adequados.

Um sistema ideal seria o que, com um grupo de técnicos, executasse análises completas dos produtos manufaturados que são adquiridos constantemente e que representam o percentual máximo do volume de compras da empresa. Estes produtos teriam seus preços objetivos coletados minuciosamente, a fim de fornecer ao comprador os meios adequados à condução de suas negociações. O controle seria feito através da comparação entre os preços objetivos desejados, ou as suas variações, com os preços negociados.

Dada a diversidade de tipos de negociações, é difícil fixar quais são os casos em que uma vantagem possa ser realmente considerada como economia negociada. Tipos clássicos, entretanto, podem ser considerados, como, por exemplo:

   a. *Produto novo* – Sempre que negociada a compra, a diferença entre o preço objetivo estimado, ou levantado, e o preço pago será considerada como economia.
   b. *Variações econômicas* – Reajustes solicitados serão objeto de análises, sumárias ou não, dos fatores econômicos que influem no preço. A negociação final, discutida com o vendedor com base nos valores fornecidos pelo analista, dará como resultado um número que, diferente do solicitado, será computado como economia negociada. Para as mercadorias de pequeno valor, tomam-se como bases os índices de correção monetária.
   c. *Negociação pura* – Sempre que se conseguir reduzir um preço através de qualquer negociação, será computada a economia obtida.
   d. *Alteração da data de validade* – Um aumento formalmente solicitado com a data da proposta indicada deve ser objeto de discussão. A alteração pode até dividir o aumento em duas etapas. O montante de entregas feitas dentro do período obtido é economia negociada.
   e. *Aumento devido a alteração de produto* – Qualquer modificação de desenho ou especificação será objeto de uma estimativa de alteração de preço. Qualquer diferença entre a estimativa de alteração de preço e o preço efetivamente pago será computada como economia negociada.
   f. *A alteração de programação* – Produtos adquiridos em grande volume de dois ou mais fornecedores podem ser objeto de negociações favoráveis, com a alteração de porcentagem de distribuição afetando o preço mais favorável.

g. *Condições de pagamento* – Qualquer aumento do prazo de pagamento sem juros adicionais será computado também como economia negociada; para o cálculo da economia considera-se a taxa de juros vigente no período em que foi realizado.

h. *Adiantamento de entregas* – O conhecimento antecipado de um aumento expressivo nos preços permite que se estude uma antecipação no recebimento de produtos ao preço em vigor, sem o reajuste. Pode-se ainda negociar a antecipação de entregas com a ressalva de que os vencimentos dos pagamentos continuam os mesmos do sistema de entregas anterior.

Para analisar a economia realizada em compras de manutenção e equipamentos, devem-se seguir os seguintes tópicos:

a. Negociação pura que resulte em redução do preço que vem sendo pago.
b. Nova fonte fornecedora capaz de entregar o mesmo material por melhor preço.
c. Aumento da quantidade resultante de pedidos repetitivos, como redução do preço.
d. Sistema de pedidos em aberto por tempo de seis meses a um ano de duração.
e. Dilatação dos prazos de pagamento sem acréscimos de juros.
f. Variação de materiais de marcas diferentes e de tipos similares.
g. Negociação das condições de entrega, posto fábrica, no estabelecimento do fornecedor.

5.4.3 Análise, controle e reajuste de preços

Podemos considerar que determinado produto tem preço justo e correto quando o comprador estabelece uma adequada relação entre qualidade, quantidade, atendimento e utilidade.

As condições que definem o preço podem ser:

a. qualidade;
b. quantidade;
c. atendimento;
d. utilidade;
e. entrega;
f. capacidade competitiva;
g. integridade do fornecedor;
h. termos de aceitação do pedido;
i. política da empresa.

Em toda negociação de compra esses parâmetros estão inclusos, podendo estar explícitos ou implícitos. A ênfase em algum desses elementos se dará de conformidade com a compra negociada. Deve-se levar em consideração que, nem sempre, ao se conseguir o melhor preço, se realizou a melhor negociação. A Figura 5.4 mostra um formulário adequado para o acompanhamento e desenvolvimento de preços por produto.

CONTROLE MATERIAL (PREÇOS)					GRUPO DE COMPRAS:		
Material Especificação Finalidade Prazo de Entrega					MAPA ESTATÍSTICO		
P.C.	Data	Fornecedor	Quant.	Unid.	Preço	Cond. Pgto.	OBS.:

Figura 5.4 *Informações para controle de material/preço.*

Normalmente em contratos de fornecimento a longo prazo existem cláusulas de reajuste de preço de acordo com o faturamento ao longo dos períodos. Cabe lembrar que cada empresa tem a sua fórmula de reajuste, com índices que melhor atendam a seus interesses. Como exemplo, apresentamos uma fórmula de reajustamento de preços bastante genérica e aplicável em qualquer situação de fornecimento:

$$R = P_i \left[\left(X \cdot \frac{MPr}{MPi} + Y \cdot \frac{MOr}{MOi} \right) - 1 \right]$$

onde:
- R – reajustamento a ser faturado
- P_i – preço inicial a ser reajustado
- MP_i – preço da matéria-prima no mês anterior ao da proposta
- MP_r – preço da matéria-prima no mês anterior ao do faturamento
- X – coeficiente de participação da matéria-prima
- MO_i – salário médio do mês anterior ao da proposta
- MO_r – salário médio do mês anterior ao do faturamento
- Y – coeficiente de participação da mão de obra

Os coeficientes dos valores determinantes da variação dos preços de matéria-prima e mão de obra normalmente são coletados da revista *Conjuntura Econômica* ou no site do Banco Central. Podem ser considerados, também, reajustes com bases em indicadores econômicos, como: IGP, IGPM ou qualquer outro que ambas as partes concordarem e elejam um modelo.

5.5 Condições de compra

5.5.1 Prazos

Prever as necessidades de uma empresa consiste em calcular o que virá a ser necessário durante determinado período, quer seja para assegurar o funcionamento da linha de produção, quer o funcionamento de toda a empresa. No caso das empresas que trabalham por programação, estes prazos foram gerados de um programa de produção, e este, resultante de uma previsão de vendas.

Sendo o planejamento das necessidades uma consequência da política de vendas da empresa, ele deverá ser uma função de seção específica do Planejamento e Controle da Produção, que, após todas as verificações e análises, terá definido as quantidades a comprar e a que prazos esses materiais deverão estar disponíveis dentro da empresa.

Determinar as quantidades a serem compradas, assim como os prazos é uma função do PCP ou de qualquer outra área dentro da empresa responsável pela informação. Essas informações são coletadas e analisadas periodicamente, junto aos demais departamentos produtivos da seguinte maneira:

- O Departamento de Vendas fornece uma previsão de vendas que pode ser traduzida em programa de produção; logo, também em uma programação de compras.
- O Departamento de Produção apresenta suas necessidades em quantidades e prazos previstos de utilização do material.
- O Departamento de Engenharia exibe em tempo hábil todas as modificações, seja de inclusão, seja de exclusão, a serem introduzidas nos produtos.
- O Departamento Financeiro, aliado a uma previsão de demanda da produção, requer alterações de prazos, em função de um fluxo de caixa.

Mesmo não sendo de responsabilidade do Departamento de Compras a definição dos prazos necessários para que os materiais estejam na fábrica, é de sua competência o esforço máximo para consegui-lo. Nos casos em que se verifica uma impossibilidade no cumprimento dos prazos, seja por atraso da entrega, seja por não conseguir fornecedor que consiga atender, o Departamento usuário ou o PCP deverá ser informado imediatamente, para que sejam tomadas medidas corretivas.

5.5.2 Frete

Atualmente, o frete já está representando uma parcela bastante significativa no preço do produto e merece ser analisado separadamente. As condições comerciais são para preços "FOB" ou "CIF", ou seja, o transporte do fornecedor até a fábrica não está incluso, ou então no preço está inclusa a entrega. É importante atualmente avaliar a diferença existente entre as duas situações, a fim de concluir e fechar a melhor condição. Dentro da análise de frete é importante verificar a modalidade de transporte que o fornecedor está utilizando e saber se existem alternativas mais viáveis.

5.5.3 Embalagens

Outro fator preponderante no preço do produto comprado é o tipo de embalagem em que vem acondicionado; deve-se sempre lembrar e verificar se não existe um preço elevado por causa da contribuição do fator da embalagem. A embalagem com que o Departamento de Compras deve preocupar-se é com a embalagem de transporte, que trará o produto comprado do fornecedor até a fábrica, dando a ele total proteção, sem excessos ou sofisticação. Pode-se ter a embalagem de transporte dividida em duas categorias:

- **a.** As embalagens retornáveis (os cestos metálicos, caixas e engradados de madeira reforçados, contentores de metal ou de plásticos), quando planejadas adequadamente, têm longa vida de uso; geralmente levam a marca do fornecedor e, no caso de um não retorno ou de avaria, o valor da embalagem é debitado ao cliente comprador.
- **b.** As não retornáveis geralmente são construídas de madeira, papelão ondulado, plástico ondulado, sacos multifolhados de papel, tambores de fibra etc. Normalmente essas embalagens já estão inclusas no preço do produto, e qualquer modificação desejada será acrescentada no preço final de venda.

5.5.4 Condições de pagamento e descontos

Um dos objetivos de uma boa compra é conseguir as melhores condições de pagamento. Atualmente existe uma tendência de padronização, que dificulta a ação do comprador, exigindo maior habilidade na tentativa de obter maiores e melhores prazos. É bom lembrar que este fator é realmente de bastante valia para a empresa; também é bom levar em consideração o custo financeiro e que todos os benefícios das condições obtidas podem ser perdidos, caso as entregas não sejam realizadas dentro dos prazos determinados.

Toda negociação de compra e venda de algum produto ou serviço baseia-se na negociação de preços e logicamente de descontos. Sem considerarmos descontos de característica ilícita, os descontos podem ser obtidos através de negociação de quantidades, prazos de pagamento legítimos, justos ou lucrativos.

Os descontos de pagamentos a vista já estão integrados totalmente em qualquer negociação, por todos os fornecedores de produtos industriais ou não. O que se precisa levar em consideração é o diferencial em percentual do preço a vista e do preço faturado em um número determinado de dias. Podem ocorrer situações em que existem vantagens substanciais para o pagamento a vista, e do mesmo modo as vantagens podem ser para o pagamento parcelado. Quando o oferecimento de desconto está simplesmente vinculado à alteração das condições de pagamento, como regra simples de análise, deve-se verificar se o percentual oferecido de desconto é maior que as taxas de juros, em aplicações no mercado financeiro para remuneração de capital.

Os descontos para quantidades são aqueles em que são conseguidas reduções de preços em função de um aumento da quantidade comprada. Esses tipos de descontos normalmente são de difícil análise, porque está envolvido nesse caso todo o dimensionamento de estoque da empresa. Se o comprador aceitar um desconto em função de um aumento das quantidades adquiridas, pode correr o risco muito grande de, de uma hora para outra, ver os estoques da empresa demasiadamente elevados. O que ocorre na realidade é que os compradores, como vimos anteriormente, já recebem as quantidades efetivas que devem ser adquiridas do PCP ou de outro Departamento da Empresa, e quando existe uma oportunidade de descontos substanciais ou até mesmo dilatações do prazo de pagamento, em função de um aumento da quantidade, o Departamento solicitante é consultado da possibilidade de fechar negócio ou não. Como regra deve-se sempre comparar o volume total de descontos com todos os custos de estocagem da empresa para após isso verificar se o negócio é compensador.

5.6 A negociação

5.6.1 Introdução

Negociação não é uma disputa em que uma das partes ganha e a outra tem prejuízo. Embora elementos de competição estejam obviamente ligados ao processo, ela é bem mais do que isso. Quando numa negociação ambas as partes saem ganhando, podemos então afirmar que houve uma boa negociação. Saber negociar é uma das habilidades mais exigidas de um comprador.

Como um bom negociador não nasce feito, é preciso desenvolvê-lo, participando de seminários, cursos e lendo a bibliografia especializada. Como seria um perfil do negociador ideal? Na verdade, não existe um modelo único e infalível, mas um conjunto de habilidades e técnicas desejáveis, todas passíveis de desenvolvimento e igualmente importantes. Existem especialistas que consideram impossível um indivíduo possuir todas as características necessárias a um bom negociador e defendem a importância da negociação em equipe, em que as deficiências de um seriam compensadas pelas qualidades dos outros. Um fator muito importante é o assunto ou o objeto negociado, pois é de importância fundamental que o bom negociador domine as características do bem ou do contrato negociado.

Fundamental também é ter conhecimento interpessoal dos negociadores, ou seja, identificar qual estilo de cada um, suas forças e fraquezas, suas necessidades e motivações.

No processo de negociação, a habilidade técnica tem merecido mais atenção do que a interpessoal, embora elas tenham peso igual no sucesso da negociação. De nada adiantará seguir corretamente as etapas que compõem o processo de negociação se o negociador não tiver identificado o seu próprio estilo e o do outro, e não souber criar um clima de boa vontade e confiança mútua.

Basicamente, qualquer processo de negociação obedece a seis etapas que precisam ser cumpridas com igual cuidado para que o resultado final seja positivo. Dificuldades não superadas em qualquer delas podem comprometer os objetivos estabelecidos. São as seguintes:

a. *Preparação:* onde se estabelecem os objetivos que devem ser alcançados de forma ideal e os que a realidade permitirá atingir. Para isso é importante que se reflita a respeito do comportamento presumível do outro negociador e do que ele estará pensando a seu respeito. É muito importante que sempre se espere resultado positivo e que se consiga transmitir essa expectativa.

b. *Abertura:* esta etapa serve para reduzir a tensão, consolidar o objetivo, destacar um objetivo mútuo e criar um clima de aceitação. Uma conversa descontraída, com observações sobre o próprio local e perguntas sobre o companheiro de negociação, ajuda a reduzir a tensão. Depois, deve-se esclarecer muito bem que se está ali para resolver um problema, satisfazer uma necessidade, permitindo que o outro se predisponha a responder às perguntas que fará. É preciso ainda destacar os benefícios que serão obtidos no trabalho conjunto.

c. *Exploração:* aqui precisa-se verificar se a necessidade detectada durante a etapa da preparação é verdadeira e isso só pode ser obtido por meio de perguntas objetivas, mas jamais ameaçadoras. Esse processo estabelece uma reciprocidade psicológica em que as pessoas tendem a tratar os outros da mesma forma como são tratadas por eles. Se estamos interessados e preocupados com o outro, são grandes as chances de que ele também se interesse quando apresentarmos nossos produtos, serviços e ideias.

Esta fase é muito importante, pois, uma vez obtida a anuência do outro, antes de detalharmos nossos produtos, serviços ou ideias, teremos alcançado 50% da ação final. Se, ao contrário, não houver concordância nessa fase ou o que tivermos para oferecer não resolver o problema do outro, a negociação não deve prosseguir. Será melhor deixar a porta aberta para nova oportunidade.

d. *Apresentação:* nessa etapa, deve ser feito o relacionamento dos objetivos e expectativas iniciais com as necessidades da outra parte. Quanto mais fornecermos condições para que o outro faça a ligação entre proposição, sentimento e necessidade, mais proveitosa será essa etapa.

e. *Clarificação:* precisamos considerar as objeções levantadas como oportunidades para fornecer mais informações. Isso sempre demonstra interesse, pois, se ele não existir, o outro sequer fará objeções. O processo de clarificação consiste em ouvir

atentamente as objeções; aceitar não a objeção em si, mas o sentimento ou a lógica existente por detrás dela e mostrar ao outro que a entendemos.
f. *Ação final:* é a procura de um acordo ou decisão. Vale a pena lembrar que as pessoas compram um produto ou uma ideia com ajuda e não com empurrão, mas isso não quer dizer que ela tome a decisão sozinha. O negociador que faz isso geralmente fracassa.

5.6.2 Características

É claro que a negociação pode ser bem facilitada se houver confiança no relacionamento dos negociadores. Gerar confiança é muito importante no processo e existem alguns atos que devem ser evitados. O negociador não deve jamais selecionar comportamentos "dentro do figurino" porque são corretos, enfatizar relações profissionais (empresa × cliente, patrão × empregado), tratar o outro como cliente, empregado ou colega ou como pessoa que necessita de ajuda, preocupar-se em mudar, curar ou melhorar o indivíduo deficiente, concentrar-se em abstrações, generalidades ou princípios, concentrar-se em julgamentos morais e avaliação, concentrar-se nas limitações da outra pessoa, preocupar-se com punições e prêmios, empregar terminologia de medo, risco, precaução e conservação, concentrar-se em palavras, semântica e modo de falar.

As características gerais de um bom negociador são:

- Ver a negociação como um processo contínuo no qual nenhum item é imutável, mesmo após o acordo final e a assinatura do contrato.
- Ter mente aberta.
- Estar alerta para suas necessidades pessoais e do seu negócio, da mesma forma que não se descuida das necessidades de seu oponente.
- Ser flexível e capaz de rapidamente definir metas e interesses mútuos.
- Não tentar convencer o oponente de que o ponto de vista dele está errado e deve ser mudado.
- Desenvolver alternativas criativas que vão ao encontro das necessidades de seu oponente.
- Ser cooperativo porque a cooperação possibilita um clima propício para a solução de problemas, em harmonia.
- Ser competitivo porque isso pode contribuir para estimular as duas partes a serem mais eficientes na procura de benefícios mútuos desejados.
- Compreender que a manipulação de pessoa é incompatível com as metas de harmonia resultante da cooperação e competição.
- Atingir os próprios objetivos e, ao mesmo tempo, fazer contribuições significativas para alcançar as metas da organização.

Para um melhor entendimento, os negociadores podem ser agrupados em quatro estilos comportamentais básicos: catalisador, apoiador, controlador e analítico. Não existe um estilo melhor que o outro; todos são bons, e o importante é que o negociador identifique o seu estilo e tente fazer o mesmo com a pessoa com quem vai negociar. Uma das chaves do êxito do processo de negociação é saber apresentar as nossas ideias de forma que cause mais impacto ao outro negociador. As características principais de cada um desses estilos são:

1. *Catalisador* – Pessoa criativa, sempre com novas ideias, entusiasta dos grandes empreendimentos. Às vezes é considerada superficial e irreal. Para causar impacto junto a ela é preciso apelar para aspectos de novidade, singularidade, liderança e disponibilidade.
2. *Apoiador* – Pessoa que considera seres humanos muito mais importantes que qualquer trabalho e gosta de trabalhar em equipe, agradar os outros e fazer novos amigos. Às vezes é considerada incapaz de cumprir prazos, desenvolver projetos, enfim, esse tipo de pessoa é encarado mais como missionário do que como executivo e, para causar-lhe impressão, deve-se mencionar harmonia, ausência de conflitos, garantia de satisfação e realização a quatro mãos.
3. *Controlador* – Pessoa que toma decisões rápidas, é organizada, concisa, objetiva, com sentido de urgência. Muitas vezes é considerada insensível aos outros. Como argumento de negociação deve-se usar tudo que se relacionar com metas, resultados e ganhos de tempo e dinheiro.
4. *Analítico* – Pessoa que gosta de fazer perguntas, coletar dados; é perfeccionista e muito detalhista. Fornecer-lhes dados disponíveis, alternativas para análise, decisões seguras e pesquisas ajudará bastante na negociação.

A capacidade de considerar as necessidades alheias é pelo menos tão importante quanto considerar as nossas; é fundamental na negociação levar isso em consideração, pois é ela que fará com que a outra parte se predisponha a dialogar conosco. É necessário também usar os quatro elementos fundamentais da confiança: credibilidade, coerência, aceitação e sinceridade.

Os cuidados e as estratégicas básicas para o êxito de uma negociação são os seguintes:

1. Comece sempre a negociação fornecendo e solicitando informações, fatos; deixe para depois os tópicos que envolvam opiniões, julgamentos e valores.
2. Procure vestir a pele do outro negociador, isto o ajudará a compreender melhor a argumentação e as ideias dele.
3. Nunca esqueça que um bom negócio só é bom quando o é para ambas as partes; logo, também as ideias só serão aceitas se forem boas para ambas as partes.
4. Procure sempre fazer perguntas que demandam respostas além do simples sim ou não.
5. A dimensão confiança é importantíssima no processo de negociação; procure ter atitudes geradoras de confiança em relação ao outro negociador.

6. Evite fazer colocações definitivas ou radicais.
7. Nunca encurrale ou pressione o outro negociador. Sempre deixe uma saída honrosa; não obstrua todas.
8. Toda pessoa tem seu estilo de negociação e determinado tipo de necessidade e motivação; ao negociar lembre-se dessas diferenças.
9. Saiba ouvir e procure não atropelar verbalmente o outro negociador.
10. Procure sempre olhar os aspectos positivos do outro negociador; observe suas forças, evite concentrar-se em suas características negativas de comportamento, em suas fraquezas, porque ele pode perceber.

5.7 Fontes de fornecimento

5.7.1 Classificação de fornecedores

Podemos classificar como Fornecedor toda empresa interessada em suprir as necessidades de outra empresa em termos de:

- matéria-prima;
- máquinas e equipamentos;
- peças e componentes;
- serviços; e
- mão de obra.

A eficiência de um Departamento de Compras está diretamente ligada ao grau de atendimento e ao relacionamento entre o comprador e o fornecedor, que devem ser os mais adequados e convenientes. Dentro de uma classificação podemos ter:

a. *Fornecimento monopolista* – Monopolistas são os fabricantes de produtos exclusivos dentro do mercado; normalmente, o volume de compra é que determina o grau de atendimento e relacionamento. Ocorre também na maioria das vezes uma atenção bem pequena dos vendedores para seus clientes; são os chamados "apanhadores de pedido", porque não existe uma preocupação de venda; o fornecedor é consciente de seu monopólio. Nesses casos, o comprador tem de manter o interesse da aquisição.

b. *Fornecedores habituais* – São normalmente os fornecedores tradicionais que sempre são consultados numa coleta de preços; eles possuem uma linha de produto padronizada e bastante comercial. Geralmente são os fornecedores que prestam melhor atendimento, pois sabem que existe concorrência e que seu volume de vendas está ligado à qualidade de seus produtos e ao tratamento dado ao cliente.

c. *Fornecedores especiais* – São os que ocasionalmente poderão prestar serviços, mão de obra e até mesmo fabricação de produtos, que requerem equipamentos especiais ou processos específicos e que normalmente não são encontrados nos fornecedores habituais.

Esta classificação é bastante genérica e acadêmica; existe um grau de dependência nessa classificação que variará de acordo com o grau de necessidade e importância dos produtos a serem comprados, que pode ser diretamente ligado às características do fornecedor, ou seja:

a. se é um fabricante, revendedor, ou representante;
b. se o produto a ser adquirido é especial ou de linha normal;
c. se todo o processo de fabricação é realizado internamente, não dependendo de terceiros;
d. se existem lotes mínimos de fabricação ou independentes das quantidades vendidas;
e. grau de assistência técnica ao cliente comprador;
f. análise de capacidade de produção e qualidade dos produtos fornecidos anteriormente;
g. análise da procedência da matéria-prima e qualidade.

Com exceção de fornecedores do tipo monopolista, o Departamento de Compras deve sempre manter em seu cadastro um registro de no mínimo três fornecedores para cada tipo de material. Não é recomendável uma empresa depender do fornecimento de apenas uma fonte, sem qualquer alternativa. As inúmeras vantagens que esse critério pode acarretar para a área de Compras seriam:

- maior segurança no ciclo de reposição de material;
- maior liberdade de negociação e consequentemente um potencial de redução de preço de compra;
- maiores oportunidades de os fornecedores se familiarizarem com os nossos componentes e/ou peças.

Existem algumas situações em que não há vantagens em trabalhar com mais de um fornecedor; são os casos dos fornecedores monopolistas, das situações de produtos patenteados ou de processo de fabricação exclusivo; as tolerâncias de qualidade do produto que são bastante restritas e que, como consequência, diminuem a amplitude de fontes de fornecimento, quantidades de compra demasiadamente pequenas, antieconômicas e operacionalmente inviáveis; existência de necessidades de programar entregas, ocorrendo um desgaste muito grande quando se têm vários fornecedores, no sentido de acompanhamento e cobrança de entrega. Uma das alternativas bastante utilizadas são as alternâncias de fornecedores, reciclando-os a cada determinado período.

Um dos documentos primordiais do Departamento de Compras é o Cadastro de Fornecedor e a Ficha de Material, quando então existem condições de escolher o fornecedor ou prováveis fornecedores de determinado material. Através desse cadastro é que se realizará a seleção dos fornecedores que atendam às quatro condições básicas de uma boa compra: preço, prazo, qualidade e condições de pagamento.

O setor de Compras deve possuir dois tipos de cadastro, um por fornecedor e outro por tipo de material, dos quais apresentamos modelos. O cadastro de fornecedor reúne fichas de diversos fornecedores, especificando o material que fabricam, ou que representam; o cadastro de material são fichas em que se identificam os fornecedores aprovados dos quais se pode adquirir. A necessidade desses dois cadastros é devida a situações em que o comprador desconhece o fornecedor de determinado produto; nesse ele, deve consultar o cadastro de material.

CADASTRO DE FORNECEDOR
Nome da Empresa: _____
Endereço do Escritório: _____ Tel.: _____ CEP: _____
Endereço da Fábrica: _____ Tel.: _____ CEP: _____
Inscrição Estadual: _____ CNPJ: _____
Pessoa de Contato: _____
Linha de Produtos: _____
Condições de Pagamento: _____
Sócios ou Diretores e seus respectivos cargos
Nome _____ Cargo _____
Nome _____ Cargo _____
Nome _____ Cargo _____
Capital Registrado: _____
Faturamento médio mensal: _____ Nº de Empregados: _____
Área Total: _____ Área Construída: _____
Principais Clientes: _____
Principais Fornecedores: _____
Bancos com os quais opera: _____
Principais Produtos: _____
Produção mensal atual: _____
Capacidade Total: _____
Outras informações: _____

Modelo de Ficha de Cadastro de Fornecedor.

CADASTRO DE MATERIAL		
Material:_____ Código		
Consumo Médio Mensal:	Un.:	Uso p/máquina:
Último preço:	Preço *Standard*:	Preço Médio:
Fornecedor 1	Prazo de Entrega	
Fornecedor 2	Prazo de Entrega	
Fornecedor 3	Prazo de Entrega	
Fornecedor 4	Prazo de Entrega	
Materiais Substitutos		
Material 1:	Código:	
Material 2:	Código:	
Material 3:	Código:	

Modelo de Ficha de Material.

Uma excelente fonte de informação sobre a *performance* do fornecedor é também acompanhar as suas entregas, tendo como finalidade registrar as compras efetuadas, os recebimentos, as devoluções, as alterações de preço e condições de pagamento, os cancelamentos e as alterações de prazos de entrega.

5.7.2 Seleção e avaliação de fornecedores

Selecionar fornecedores é reunir um grupo, do maior tamanho possível, que preencha todos os requisitos básicos e suficientes, dentro das normas e padrões preestabelecidos como adequados. O objetivo principal é encontrar fornecedores que possuam condições de fornecer os materiais necessários dentro das quantidades, dos padrões de qualidade requeridos, no tempo determinado, com menores preços e/ou competitivos e nas melhores condições de pagamento. E que os fornecedores selecionados sejam confiáveis como uma fonte de abastecimento contínua e ininterrupta. Desses diversos parâmetros analisados e quantificados é que se deve fazer a escolha dos fornecedores adequados para se manter no cadastro de Compras.

Normalmente em empresas de grande porte a aprovação de um novo fornecedor não é responsabilidade da área de Compras e sim do setor de Engenharia de Desenvolvimento ou Engenharia de Produto; o comprador funciona como interface entre o provável fornecedor e a empresa, ou seja, coleta dados e informações cadastrais, visita as instalações, recebe amostra do produto a ser fornecido. Esses parâmetros de avaliação e aprovação seriam:

a. quanto ao preço;
b. quanto à qualidade;
c. quanto às condições de pagamento;
d. quanto às condições de embalagem e transporte.

Após a aprovação e o preenchimento de todos os quesitos, dá-se início ao fornecimento normal. Deve-se então fazer a análise inicial das entregas para avaliar se há:

a. cumprimento dos prazos de entrega estabelecidos;
b. manutenção dos padrões de qualidade estabelecidos;
c. política de preços determinada;
d. assistência técnica.

Normalmente em grandes empresas encontra-se uma avaliação de forma científica em que são condensadas todas informações necessárias, tanto técnicas quanto comerciais, para verificar a exatidão dos verdadeiros recursos das fontes de fornecimento.

Essa avaliação determina a conduta do comprador perante o fornecedor, definindo os interesses mútuos.

As principais avaliações podem ser divididas em duas etapas:

1. *Avaliação técnica* – Composição do corpo técnico em relação às necessidades da empresa; recursos técnicos disponíveis e utilizados; disponibilidade de operadores, máquinas, ferramentas e instrumentos adequados às exigências técnicas.
2. *Avaliação administrativa* – Composição do *staff* responsável pela administração da empresa; procedimentos usuais e conceituação no mercado; grau de interesse em participar do corpo de fornecedores.

Pode-se classificar um bom fornecedor quando ele é honesto e justo em seus relacionamentos com os clientes, tem estrutura e *know-how* suficiente, tem condições de satisfazer as especificações do comprador, nas quantidades desejadas e nos prazos necessários, tem sólida posição financeira, preços competitivos, constante necessidade de desenvolvimento de seus produtos, e quando conclui que seus interesses são alcançados quando atende melhor seus clientes.

Um roteiro adequado para selecionar e avaliar novos fornecedores é de primordial importância para o comprador e realmente de difícil confecção, em função de situações peculiares de cada empresa. Apresentaremos um roteiro básico ao qual cada produto deveria ser adaptado, observando suas peculiaridades. Segue também um Relatório de Avaliação Industrial com "notas" de 0 a 10, definidas a partir do questionário-base.

RELATÓRIO DE AVALIAÇÃO INDUSTRIAL

		S	N
1 –	Avaliação quanto à matéria-prima		
1.1	Existe inspeção de recebimento?	( )	( )
1.2	O material recebido aguarda inspeção?	( )	( )
1.3	O material é comprado sob especificação?	( )	( )
1.4	Os lotes recebidos são identificados?	( )	( )
1.5	Os lotes rejeitados são separados?	( )	( )
1.6	São feitos relatórios escritos?	( )	( )
1.7	São necessários exames de laboratório no recebimento?	( )	( )
1.8	São feitos os exames constantes do item 1.7?	( )	( )
1.9	A matéria-prima é recebida com certificado de garantia?	( )	( )
1.10	São recebidas peças fundidas de terceiros?	( )	( )
1.11	As peças do item 1.10 são recebidas com certificado de garantia?	( )	( )
1.12	As peças do item 1.10 são examinadas pelo laboratório?	( )	( )
1.13	São recebidas peças com tratamento térmico?	( )	( )
1.14	As peças do item 1.13 são acompanhadas de Certificado de Garantia?	( )	( )
1.15	A inspeção de recebimento é suficiente?	( )	( )
1.16	A armazenagem do material recebido é adequada?	( )	( )
1.17	A recepção de materiais é independente do almoxarifado?	( )	( )
1.18	Há controle de estoque do material que esteja no almoxarifado?	( )	( )
1.19	Existe um sistema mecanizado para o controle de estoque?	( )	( )
1.20	Existe planejamento das compras de matérias-primas?	( )	( )
1.21	A organização do almoxarifado é adequada?	( )	( )
1.22	O pessoal do almoxarifado é suficiente?	( )	( )
2 –	Quanto ao ferramental		
	Calibres, gabaritos, matrizes e ferramentas.	( )	( )
2.1	Dispõe de ferramental adequado?	( )	( )
2.2	As quantidades de ferramentas são suficientes?	( )	( )
2.3	Os calibres de fabricação são separados dos calibres de controle?	( )	( )
2.4	Dispõe de seção de aferição?	( )	( )
2.5	Possui ferramentaria própria?	( )	( )
2.6	O ferramental fabricado por terceiros é recebido com certificado de aferição?	( )	( )
2.7	O ferramental é armazenado em local adequado?	( )	( )
2.8	O ferramental é controlado periodicamente?	( )	( )
2.9	A manutenção do ferramental é boa?	( )	( )
2.10	O pessoal da ferramentaria é suficiente?	( )	( )
3 –	Quanto à capacidade técnica		
3.1	Possui licenciamento para fabricação?	( )	( )
3.2	Recebe assistência técnica de empresa externa?	( )	( )
3.3	Possui seção de assistência técnica?	( )	( )
3.4	A assistência técnica ao consumidor é adequada?	( )	( )
3.5	Possui departamento de seleção e treinamento de pessoal?	( )	( )

			S	N
	3.6	Concede estágios a profissionais de nível superior?	( )	( )
	3.7	Existe uma seção de projetos?	( )	( )
	3.8	O pessoal de planejamento e de produção é o mesmo?	( )	( )
	3.9	Existe programação da produção?	( )	( )
	3.10	Os equipamentos de produção são suficientes?	( )	( )
	3.11	A manutenção dos equipamentos é boa?	( )	( )
	3.12	Os equipamentos de produção são modernos?	( )	( )
	3.13	Os processos de produção são contínuos (seriados)?	( )	( )
	3.14	Dispõe de uma seção de pesquisa e desenvolvimento de produtos?	( )	( )
	3.15	É fornecedora de tradicionais consumidores dos produtos de sua fabricação?	( )	( )
	3.16	A tradição e a experiência são boas?	( )	( )
	3.17	A manutenção das instalações é boa?	( )	( )
	3.18	A iluminação das instalações é boa?	( )	( )
	3.19	O espaço das instalações é suficiente?	( )	( )
	3.20	Possui Comissão Interna de Prevenção contra Acidentes?	( )	( )
	3.21	As condições de higiene são satisfatórias?	( )	( )
	3.22	Tem experiência em fornecimento de equipamentos que estão sendo analisados?	( )	( )
	3.23	Os prazos de entrega são normalmente cumpridos?	( )	( )
4 –		Quanto ao controle de qualidade		
	4.1	Existe inspeção de processo?	( )	( )
	4.2	São utilizadas instruções escritas?	( )	( )
	4.3	É usado controle estatístico?	( )	( )
	4.4	As peças aguardam inspeção?	( )	( )
	4.5	Todas as operações são inspecionadas?	( )	( )
	4.6	São realizados exames dimensionais?	( )	( )
	4.7	São feitos relatórios escritos?	( )	( )
	4.8	Há identificação dos lotes em produção?	( )	( )
	4.9	Os lotes rejeitados são separados?	( )	( )
	4.10	Existem métodos de amostragem?	( )	( )
	4.11	Existe frequência determinada de inspeção?	( )	( )
	4.12	A quantidade de peças examinadas é suficiente?	( )	( )
	4.13	No caso de rejeição há interrupção do processo para correção?	( )	( )
	4.14	As peças reparadas são reinspecionadas?	( )	( )
	4.15	São necessários ensaios de laboratório?	( )	( )
	4.16	São feitos relatórios escritos desses ensaios?	( )	( )
	4.17	A inspeção de processo é suficiente?	( )	( )
	4.18	Existe inspeção final do produto?	( )	( )
	4.19	As peças aguardam inspeção antes de serem armazenadas?	( )	( )
	4.20	Existem instruções escritas?	( )	( )
	4.21	São usados dispositivos para inspeção?	( )	( )
	4.22	Existe um sistema de amostragem?	( )	( )
	4.23	É feito um exame dimensional completo?	( )	( )

			S	N
	4.24	Os lotes são identificados como aprovados e rejeitados?	( )	( )
	4.25	Os tratamentos térmicos são controlados?	( )	( )
	4.26	São feitos ensaios de laboratório?	( )	( )
	4.27	São feitos relatórios escritos na inspeção final?	( )	( )
	4.28	A inspeção final é suficiente?	( )	( )
	4.29	As áreas para inspeção são adequadas?	( )	( )
	4.30	Possui desenhos e especificações atualizadas?	( )	( )
	4.31	Há pessoal especializado para inspeção?	( )	( )
	4.32	Existe laboratório químico?	( )	( )
	4.33	Existe laboratório para ensaios físicos?	( )	( )
	4.34	Há inspeção de embalagem?	( )	( )
	4.35	São fornecidos certificados de garantia?	( )	( )
5 –		Quanto à organização industrial		
	5.1	Possui um organograma?	( )	( )
	5.2	Possui um sistema de controle de custos?	( )	( )
	5.3	Existe centro de custos?	( )	( )
	5.4	Há um *layout* de localização dos equipamentos?	( )	( )
	5.5	Há capacidade ociosa de equipamentos?	( )	( )
	5.6	Há estrangulamentos na produção?	( )	( )
	5.7	Os fluxos de produção exigem transportes internos em demasia?	( )	( )
	5.8	Há uma seção de embalagem?	( )	( )
	5.9	A embalagem é mecanizada?	( )	( )
	5.10	Há seção de expedição?	( )	( )
	5.11	Os controles de expedição são satisfatórios?	( )	( )
	5.12	Há programa de expansão?	( )	( )
	5.13	Está adquirindo novos equipamentos?	( )	( )
	5.14	Está programando novos produtos?	( )	( )
	5.15	Está programada a construção de novos prédios?	( )	( )
	5.16	Está programada a contratação de licença de fabricação?	( )	( )
	5.17	A área atual permite ampliações?	( )	( )
	5.18	Possui transporte próprio para a expedição?	( )	( )
	5.19	Os transportes internos são mecanizados?	( )	( )
	5.20	Os financiamentos de expansão são próprios?	( )	( )

5.7.3 Relacionamento com fornecedores

Um dos instrumentos mais eficazes no relacionamento do comprador e seus fornecedores é a confiança mútua. Quanto mais aberta e clara a negociação, maiores são as chances de boa compra. As informações de ambas as partes devem circular abertamente a fim de evitar que distorções eventualmente detectadas sejam corrigidas por meio de um diálogo construtivo. Da mesma forma que o comprador quer estar seguro de receber seus produtos pelo melhor preço e da melhor qualidade no prazo determinado, o fornecedor quer ter garantia de clientes fiéis e satisfeitos.

Retribuição justa pelo trabalho, otimização da produção e dos custos, pesquisa de novas alternativas, seriedade no relacionamento, competitividade, contratos corretos etc., quando tratados conjuntamente, só podem resultar em benefícios recíprocos. Existe sempre em qualquer empresa um potencial de economia, e o objetivo do Departamento de Compras deve ser reduzir os custos, garantindo a qualidade dos produtos.

Todos os fornecedores, independentemente do seu porte, devem ser considerados a fonte mais próxima de economias, pois é bem mais fácil criar condições para obter custos inferiores no abastecimento do que inventar substituições de materiais ou eliminar componentes, o que empobreceria o produto final.

As economias no Departamento de Compras são obtidas a curto e a médio prazos. A curto prazo apenas mudando para um fornecedor com preços mais interessantes, melhor qualidade ou pontualidade, conseguindo mais fornecedores para determinada peça e rompendo assim um monopólio. É claro que algumas vezes essas mudanças são impossíveis em função do tipo da peça, mas alguma economia pode sempre ser conseguida. A médio prazo pode-se ter melhor utilização do universo atual de fornecedores ou uma adaptação da sua participação no abastecimento em função dos preços. Se possuímos dois fornecedores para uma mesma peça com preços diferentes, sendo o que cobra mais responsável por 70% do total de fornecimento e o que cobra menos, por 30%, a simples inversão desse percentual trará uma economia importante. Selecionar poucos fornecedores para um mesmo item vai permitir que, produzindo em escalas maiores, eles tenham redução de custos e apresentem preços mais interessantes. Não adianta ter, por exemplo, 15 fornecedores de uma peça, pois cada um deles vai fazer uma quantidade mínima e os custos serão altos. O melhor é ter três ou quatro que garantam concorrência e produzam num volume tal que resulte na redução de preços.

Embora, em última análise, o comprador seja o elemento-chave da área de compras, a sua eficiência vai estar sempre relacionada com o nível de subsídios que ele recebe dos setores básicos de serviço, ou seja, análise de custos, análise de valor, pesquisa de mercado, avaliação do desempenho dos fornecedores, que precisam estar bem estruturados em contínua evolução. Os contatos com fornecedores devem ser feitos exclusivamente pelos compradores e esse relacionamento precisa ser o mais aberto possível.

O fornecedor, quando toma conhecimento dos resultados da sua avaliação, sente-se protegido; só os maus fornecedores não gostam de ser analisados. A identificação de problemas com um fornecedor não significa que ele será dispensado.

É essencial que nessa avaliação o fornecedor seja considerado um colaborador externo com o qual precisam ser mantidos acordos abertos e claríssimos. Por essas características, a análise do desenho do fornecedor deve ser considerada uma prática benéfica e deve mesmo estimulá-lo a adotar as medidas recomendadas para manter o nível qualitativo das negociações.

Uma medida bastante razoável é que a empresa tenha pelo menos dois fornecedores para cada peça e que nenhum deles seja responsável por mais de 60% do total de fornecimento, para evitar colapsos quando algum tem um problema qualquer de fabricação. É claro que isso é muito teórico e acadêmico, depende do produto, do fornecedor e do mercado. Quando um comprador escolhe uma fonte de fornecimento, ele o faz a partir de uma série de análises e conclusões que devem continuar existindo, e isso deve ser verificado regularmente.

Um dos pontos importantes para a avaliação do grau de relacionamento empresa e fornecedores reside nas situações em que eles oferecem colaborações e ajudas excepcionais, fazendo grande esforço para atender os pedidos de compra do cliente. São os casos de lançamentos de produto ou quando algum outro fornecedor tem um problema técnico e suspende o abastecimento. Essa avaliação deve ser feita com seriedade e levada em conta pela empresa na classificação e no seu relacionamento com o fornecedor.

A garantia de uma programação para determinado período de fornecimento é um dos elementos-chave do sucesso desse relacionamento. Se a empresa garante um volume sistemático de compra, o fornecedor poderá, a partir dessa segurança, fazer opções de investimento com maior tranquilidade, comprando equipamentos que reduzirão seus custos ou modificando seu processo. O risco empresarial do fornecedor estará diretamente ligado ao da empresa-cliente, e as vantagens recíprocas serão imensas.

5.8 Análise de valor

5.8.1 Conceito e uso

Iniciamos esse assunto com um exemplo:

Uma solicitação de fabricar internamente uma peça com características de rotina foi encaminhada ao departamento de Planejamento e Controle de Produção de determinada empresa. O chefe do PCP devolveu-a alegando tratar-se de uma quantidade superior às possibilidades atuais da seção. O comprador então encomendou o excesso a uma empresa menor. Todas as operações executadas pareciam atender perfeitamente aos interesses da companhia.

Porém, logo depois apareceu uma série de dificuldades:

a. A diferença encomendada não apresentava a mesma qualidade, resultando em dificuldades para o Departamento de Vendas.
b. A empresa não conseguia controlar o custo das operações nem a velocidade de entrega das encomendas terceirizadas, surgindo problemas com os compradores.
c. A empresa contratada percebera a possibilidade de lançar-se no mercado, tornando-se mais um concorrente na área.

Atendendo a determinações da diretoria, o Departamento de Custos analisou as operações que seriam necessárias para que a própria empresa se encarregasse de toda a demanda. Concluiu então que não só era possível fabricar a peça nas quantidades demandadas, como também altamente econômico.

As empresas, muitas vezes, adquirem de terceiros certos produtos que estão capacitadas a produzir internamente ou a adquirir condições e meios de produzi-los, com custos menores que os de aquisição; essas situações podem ocorrer não só como má interpretação de custos, como também por políticas tradicionalistas excessivamente apegadas aos seus métodos de trabalho.

A decisão de comprar ou produzir internamente constitui um dos casos clássicos de análise marginal, bastando para tal compararmos o preço de compra desses elementos com o custo dos mesmos, se fossem produzidos internamente; se o preço de compra for maior do que o custo de produção interna, a empresa deverá alterar a sua política, em favor da segunda opção.

Embora seja conclusão bastante óbvia, decisões erradas são tomadas, simplesmente por uma determinação inadequada do custo de produção interna. As fases corretas para o estudo são basicamente as seguintes:

- **a.** determinação das quantidades físicas desses elementos adquiridos externamente pela empresa, bem como dos seus respectivos custos de compra;
- **b.** determinação dos custos caso esses produtos fossem produzidos internamente;
- **c.** comparação desses custos de produção com os custos de compra.

Ocorrem casos em que a situação inversa também se verifica; empresas procuram manter a produção interna de certos produtos, quando seria mais vantajoso adquiri-los externamente. A sistemática de análise nesse caso é essencialmente idêntica à anterior; deve-se comparar o custo de produção desses produtos com o custo de compra correspondente. Se o custo de compra for superior ao da produção, a política atual é acertada, caso contrário, dever-se-á comprar o produto externamente.

Em ambos os casos, apenas interessam os custos adicionais de produção interna. O que frequentemente induz a erros de decisão neste campo é a utilização de custos contábeis unitários, incluindo o rateio de alguns custos fixos da empresa como um todo. Apenas os custos fixos adicionados pelo projeto devem ser considerados.

Outra variação do problema de comprar ou produzir aparece nas situações de contratação de serviços de terceiros ou realização dos trabalhos com pessoal próprio. A mão de obra contratada sob regime de empreitadas é geralmente utilizada pela empresa em situações de trabalho não uniformes, sobrecargas ocasionais de produção ou em trabalhos especializados que à primeira vista não justificam a manutenção permanente de uma força de trabalho. A análise marginal, no estudo dessa opção, procura determinar o que é mais vantajoso para a empresa, do ponto de vista dos custos. Obviamente contratar serviços envolve um custo variável; contratar empregados fixos de trabalho implica aumento de custo fixo.

Políticas tradicionalistas, muitas vezes, mantêm forças de trabalho realizando certas tarefas improdutivas; o inverso também é verificado quando se constata a contratação sistemática de contingentes de mão de obra ou de outros serviços sem se verificar se não seria mais econômica a manutenção de um contingente permanente, com as especializações requeridas, no corpo de funcionários da empresa.

Uma boa forma de analisar e decidir a respeito de comprar ou produzir é consultar uma lista de verificação toda vez que se deparar com essa situação.

Quando se pretende passar da compra para produção

1. Existe capacidade para a fabricação interna?
2. Pode ser iniciada em curto prazo?
3. Dispõe de matérias-primas a preços competitivos?
4. Existe previsão de elevação de preços ou retração do mercado fornecedor?
5. Existe necessidade de ferramental? Qual o seu custo? Qual a sua vida útil? Como será a entrega?
6. O atual fornecedor é a fonte mais econômica e eficaz?
7. Há envolvimento de alguma patente com relação ao produto?
8. O atual fornecedor está pesquisando ou desenvolvendo melhorias e adaptações de reduções de custo?
9. O atual fornecedor é problemático com relação à qualidade, quantidade e prazos de entrega?
10. Se a qualidade é problema: foram analisados seus sistemas de controle? Qual a extensão das falhas? As tolerâncias fornecidas estão dentro do admissível? A qualidade seria a mesma se fossem produzidas internamente?
11. Existe inflação? Quais as causas? Se o problema for aumento de custo, podemos ser afetados da mesma maneira, caso se produza internamente?

Quando se pretende passar da produção para a compra

1. Há algum problema em especial a ser considerado?
2. Se a peça for retirada da produção existirá muita ociosidade?
3. Em caso positivo, o que se deve fazer quanto a isso?
4. O nosso ferramental pode ser utilizado pelo fornecedor envolvido?
5. Os equipamentos usados para a fabricação do produto podem ser utilizados em outras operações?
6. Está sendo desenvolvido algum trabalho especial quanto ao produto? Pode ser feito em conjunto com o fornecedor?
7. As quantidades previstas interessarão a um fornecedor externo?
8. É conhecido o verdadeiro custo da fonte alternativa em comparação com a fabricação própria?
9. A peça é parte de linha de produção integrada que envolve diversos estágios de fabricação? Em caso positivo, a fabricação externa pode ser coordenada com os roteiros de produção e cargas de máquinas nas oficinas?
10. Todos os desenhos envolvidos são atuais?
11. Obtém-se vantagem fornecendo matéria-prima e componentes, caso seja tomada a decisão de comprar?
12. Pode-se informar ao fornecedor programação de seis meses?

5.8.2 Aplicações simples de Engenharia Econômica

O mercado exige que os compradores tenham conhecimento de Matemática Financeira e de Engenharia Econômica, pois ajudam a analisar com certo grau de certeza quando e com quem se deve fazer um negócio para empresa, bem como quais das alternativas viáveis redundarão na maior economia. Descreveremos algumas aplicações práticas, partindo do princípio de que sejam conhecidos princípios básicos de Matemática Financeira, como capitalização composta, fluxo de caixa, equivalência de capitais, Valor Atual, séries de pagamentos, entre outros.

1 Método do valor presente

Uma empresa recebeu três cotações de fornecedores para a aquisição de determinado equipamento, com o mesmo preço total de $ 100.000,00, havendo simplesmente diferenças na forma de pagamento, que eram as seguintes:

FORNECEDORES			A	B	C
1ª parcela –	contra entrega	=	20.000	40.000	10.000
2ª parcela –	30 dias após	=	20.000	–	10.000
3ª parcela –	60 dias após	=	20.000	30.000	20.000
4ª parcela –	90 dias após	=	20.000	–	20.000
5ª parcela –	120 dias após	=	–	–	20.000
6ª parcela –	150 dias após	=	–	–	10.000
7ª parcela –	180 dias após	=	20.000	30.000	10.000
TOTAL		=	**100.000**	**100.000**	**100.000**

Se considerarmos que os juros são de 2% ao mês (juros compostos) e que os três fornecedores têm a mesma capacidade técnica, mesmos prazos e mesma qualidade, sob o critério econômico-financeiro, qual deveria ser o fornecedor escolhido?

É óbvio que para a empresa o custo da compra deve ser o menor possível. Como os fluxos de caixa das propostas são variados, devemos calcular o valor atual (no momento da compra) de cada saída de caixa das três propostas. A soma dos valores atuais, para cada proposta, é o Valor Presente das mesmas. O menor Valor Presente indica a melhor opção para a empresa, em um cenário de taxa de juro $i = 0,02$/mês.

Vamos usar a fórmula do Valor Presente:

$$VP = \frac{P_1}{(1+i)^{t_1}} + \frac{P_2}{(1+i)^{t_2}} + \frac{P_3}{(1+i)^{t_3}} + \ldots + \frac{P_n}{(1+i)^{t_n}}$$

Onde:
VP – Valor Presente da proposta
P – valor de cada saída de caixa

i – taxa de juros do mercado
t – número de períodos que separam a saída de caixa do momento da compra
Vamos calcular o Valor Presente de cada proposta:
Valor Presente da proposta do fornecedor A

$$VP_A = 20.000 + \frac{20.000}{(1+0,02)^1} + \frac{20.000}{(1+0,02)^2} + \frac{20.000}{(1+0,02)^3} + \frac{20.000}{(1+0,02)^6}$$
$$= \$\ 95.437,10$$

Valor Presente da proposta do fornecedor B

$$VP_B = 40.000 + \frac{30.000}{(1+0,02)^2} + \frac{30.000}{(1+0,02)^6} = \$\ 95.474,20$$

Valor atual da proposta do fornecedor C

$$VP_C = 10.000 + \frac{10.000}{(1+0,02)^1} + \frac{20.000}{(1+0,02)^2} + \frac{20.000}{(1+0,02)^3} + \frac{20.000}{(1+0,02)^4} +$$
$$+ \frac{10.000}{(1+0,02)^5} + \frac{10.000}{(1+0,02)^6} = \$\ 94.287,70$$

Portanto, a escolha do comprador, de acordo com as premissas adotadas, deverá recair sobre o fornecedor C, cuja proposta apresentou o menor Valor Presente.

Outro exemplo: Do ponto de vista de um fornecedor tradicional de peças usinadas, qual será a melhor forma de venda entre as seguintes alternativas:

a. pagamento à vista por $ 34.000
b. faturar em 30, 60 ou 90 dias, valendo $ 12.000 cada duplicata, se a taxa de juros mensal do mercado é de 2% ao mês?

Ao contrário do exemplo anterior (pois agora estamos no ponto de vista do vendedor), a melhor opção será aquela que apresentar o **maior** Valor Presente.

No caso *a*, o Valor Presente é o próprio valor a vista: $ 34.000. A explicação é simples: o valor à vista já está no momento da compra, logo *t* = 0 e o denominador na fórmula fica = 1, sem alterar o valor da saída.

No caso *b*, o Valor Presente pode ser calculado como no exemplo anterior:

$$VP_b = \frac{12.000}{(1+0,02)^1} + \frac{12.000}{(1+0,02)^2} + \frac{12.000}{(1+0,02)^3} = \$\ 34.606,60$$

Portanto, é mais vantajoso financeiramente (nem sempre a melhor opção, em termos financeiros, é a melhor opção quando outros fatores práticos são considerados) para o fornecedor a venda faturando a 30/60/90 dias, pois, dessa forma, o Valor Presente da venda será $ 34.623,91, superior ao pagamento à vista de $ 34.000. Obviamente, para o comprador o melhor seria o pagamento à vista.

Uma aplicação muito comum da Engenharia Econômica é o problema da substituição de equipamento. Vamos apresentar aqui dois métodos de análise.

2 Método do Valor Presente Líquido Anualizado (VPL_a)

O Método do VPL_a é o tradicionalmente utilizado para a análise de reposição de equipamentos. No entanto, sua aplicação nem sempre é feita de maneira correta, pois nem sempre se levam em conta os valores atuais dos custos envolvidos.

Vamos entender primeiro o Valor Presente Líquido (*VPL*). O *VPL* segue a mesma lógica do *VP*, com a diferença que considera tanto as saídas quanto as entradas de caixa, gerando um saldo. Quanto maior esse saldo, melhor é a opção em análise.

Uma empresa compra um equipamento de valor *I*, cujo custo operacional nos anos seguintes é *Dj* e cujo valor residual após a vida útil é *S*. O custo de oportunidade da empresa é i. O *VPL* do equipamento, considerando vida útil de 2 anos, seria:

$$VPL_2 = -I + \frac{-D_1}{(1+i)^1} + \frac{-D_2}{(1+i)^2} + \frac{S}{(1+i)^2}$$

Os três primeiros termos são negativos porque representam saída de caixa. No *VP* não há necessidade de usar sinais, pois ou se trabalha só com saídas de caixa ou só com entradas de caixa.

Caso a vida útil do equipamento seja de 3 anos, seu VPL seria

$$VPL_3 = -I + \frac{-D_1}{(1+i)^1} + \frac{-D_2}{(1+i)^2} + \frac{-D_3}{(1+i)^3} + \frac{S}{(1+i)^3}$$

Pode-se perceber que é inadequado comparar dois projetos com vidas úteis distintas só com o *VPL*, pois este é influenciado pela duração do projeto. Projetos mais longos tendem a ter *VPL* maiores, o que não significa que sejam mais rentáveis, pois geram fluxos por mais tempo.

Uma forma de nivelar para comparação o *VPL* de projetos de vidas úteis distintas é calcular o valor da prestação de uma série de pagamentos equivalente a esse VPL, com número de parcelas igual ao da vida útil do projeto. Esse é o *VPL* anualizado (*VPL$_a$*).

Para encontrarmos o *VPL$_a$*, basta multiplicarmos o *VPL* pelo Fator de Recuperação de Capital (*FRC*), expresso da seguinte maneira:

$$FRC = \frac{i \cdot (1+i)^n}{(1+i)^n - 1}$$

Os *VPL$_a$* de projetos com vidas úteis distintas podem ser comparados, pois representam a parcela da série de pagamentos (mais ou menos como um valor médio anual). O maior *VPL$_a$* indica o melhor projeto.

Vejamos um exemplo: um torno novo custa $ 180.000 e a Tabela 5.1 mostra seus valores residuais e despesas a cada ano, levantados no mercado. A vida útil máxima do torno é 5 anos. A taxa de juros a ser utilizada é de 30% ao ano. O objetivo é determinar em que ano é melhor vender o equipamento (vale lembrar que nos casos práticos outros fatores são considerados, o objetivo aqui é apresentar a abordagem simplificada).

Com o auxílio de tabelas, fáceis de se fazer em Excel, vamos calcular o *VPL$_a$* para as 5 opções possíveis: vender a máquina ao final do 1º ano, ao final do 2º ano, ao final do 3º ano, ao final do 4º ano ou ao final do 5º ano.

Tabela 5.1 *Despesas e valores residuais a cada ano*

Ano	Despesas	Valor residual
0	–	180.000,00
1	(2.220,00)	126.000,00
2	(2.355,00)	90.000,00
3	(2.610,00)	72.000,00
4	(2.745,00)	63.000,00
5	(2.880,00)	54.000,00

A Tabela 5.2 mostra o Valor Atual das despesas de cada ano e a acumulação desses valores:

Tabela 5.2 *Valor atual das despesas e despesas acumuladas*

Ano	Despesas	Valor atual (VA) das despesas	VA das despesas acumulado
1	(2.200,00)	(1.692,31)	(1.692,31)
2	(2.355,00)	(1.393,49)	(3.085,80)
3	(2.610,00)	(1.187,98)	(4.273,78)
4	(2.745,00)	(961,10)	(5.234,88)
5	(2.880,00)	(775,67)	(6.010,55)

Falta agora o Valor Atual do valor residual em cada ano para que calculemos o *VPL*, utilizando também para isso o valor de compra da máquina. A Tabela 5.3 mostra os valores atuais de cada valor residual.

Tabela 5.3 *Valor atual dos valores residuais a cada ano*

Ano	Valor residual	VA do valor residual
1	126.000,00	96.923,08
2	90.000,00	53.254,44
3	72.000,00	32.771,96
4	63.000,00	22.058,05
5	54.000,00	14.543,77

Finalmente, a Tabela 5.4 mostra o *VPL* de cada opção e o VPL_a associado. O *VPL* é simplesmente a soma do investimento na máquina ($ 180.000,00 em todos os casos), do *VA* do valor residual e do *VA* das despesas acumulado. O VPL_a é obtido multiplicando o *VPL* pelo *FRC* correspondente.

Tabela 5.4 *VPL e VPL_a de cada opção*

Venda no ano	VPL	VPLa
1	(84.769,23)	(110.200,00)
2	(129.831,36)	(95.397,83)
3	(151.501,82)	(83.420,93)
4	(163.176,83)	(75.327,19)
5	(171.466,78)	(70.401,10)

Podemos concluir que a melhor opção é vender a máquina ao final do 5º ano, pois é a opção que apresenta maior VPL_a (lembrando que para número negativos, o maior é aquele com menor módulo). Neste caso, o VPL_a representa o custo anualizado do torno em cada opção.

3 Recuperação de equipamento

Existem situações em que o comprador irá precisar decidir se deve investir na compra de um novo equipamento ou reformar o atual. Normalmente, a decisão é tomada com base no valor máximo do custo de reforma do equipamento ($C_{reforma}$) para que o investimento seja economicamente vantajoso.

O método baseia-se em anualizar o Investimento no equipamento novo (I_{novo}), somar esse valor à despesa anual do equipamento novo (D_{novo}) e subtrair dessa soma a despesa anual do equipamento atual (D_{atual}). Com esse resultado faz-se o cálculo do Valor Presente dessa série de pagamentos, que tem uma quantidade de parcelas igual à vida útil adicional que o equipamento atual ganhará com a reforma.

Admitindo-se valores residuais nulos, a formulação do modelo é:

$$C_{\text{reforma}} = \left(I_{\text{novo}} \cdot FRC + D_{\text{novo}} - D_{\text{atual}}\right) \cdot \frac{(1+i)^t - 1}{i \cdot (1+i)^t}$$

Onde:
FRC – Fator de Recuperação de Capital
i – taxa de juros
t – vida útil adicional em função da reforma
Vejamos um exemplo:
Calcular qual o máximo valor que é possível investir na reforma de um equipamento, sabendo-se que:

Valor do investimento em equipamento novo	$ 600.000
Gastos operacionais anuais de um equipamento novo	$ 50.000
Gastos operacionais do equipamento atual	$ 70.000

A reforma prolongará em mais três anos a vida útil do equipamento antigo e o equipamento novo terá cinco anos de vida útil. O custo do capital foi estimado em 10% ao ano. O maior valor que poderá ser gasto na reforma, de modo a ser a opção mais vantajosa financeiramente é:

$$C_{\text{reforma}} = \left[600.000 \cdot \frac{(1+0,1)^5 - 1}{0,1 \cdot (1+0,1)^5} + 50.000 - 70.000\right] \cdot \frac{(1+0,1)^3 - 1}{0,1 \cdot (1+0,1)^3}$$

$$C_{\text{reforma}} = \left[600.000 \times 0,2637 + 50.000 - 70.000\right] \cdot 2,4868$$

$$C_{\text{reforma}} = 138.220 \cdot 2,4868 = \$\ 343.725,50$$

Concluindo, se o custo da reforma for maior que $ 343.725,50, é mais vantajoso comprar o equipamento novo.

Bibliografia – Referências – Recomendações

BAILY, Peter; FARMER, David. *Compras*: princípios e técnicas. São Paulo: Saraiva, 1979.
_____. *Purchasing and supply management*. 3. ed. Londres: Chapman and Hall, 1977.
BACKER, Morton; JACOBSEN, Lyle. *Contabilidade de custos*. New York: McGraw-Hill, 1974.
CARVALHO, Contreiras de. *Doutrina e aplicação do direito tributário*. Código Tributário Nacional.
COMBS, P. H. *Handbook of international purchasing*. Boston: Cahiers Books, 1971.

ENGLAND, Wilbur B. *O método de compras.* São Paulo: Brasiliense.

ENGLAND, Wilbur B.; LEENDERS, M. R. *Purchasing and materials management.* 6. ed. Homewood: Richard Irwin.

GBSON, J. F. A. Buying the right quality. *Purchasing Journal,* 1967.

HEINRITZ, Stuart F.; FARREL, Paul V. *Compras*: princípios e aplicações. São Paulo: Atlas, 1979.

MANUAL do Serviço de Materiais da Petrobras.

MERGULHÃO, Mário Lopes. *Formação e atualização de compradores.* São Paulo: FIESP, Departamento de Produtividade.

NOTAS de aula do curso de especialização em Administração de Materiais da FMU, no módulo Administração de Compras.

PURCHASING TRAINING MANUAL. The Singer Company.

RIGGS, James L. *Engineering economics.* New York: McGraw-Hill, 1977.

Transportes

6

6.1 Introdução

A atividade de transporte tem várias maneiras de ser executada. A forma de executar e movimentar cargas entre dois pontos, com várias maneiras de transporte, é o multimodalismo, ou seja, é o modal, modo, de transportar as mercadorias entre esses pontos.

Podemos classificar de forma bem abrangente o modal de transporte entre três grandes grupos:

– Transporte Aquaviário;
– Transporte Terrestre; e
– Transporte Aéreo.

Transporte aquaviário

O aquaviário é denominado para toda e qualquer movimentação de cargas que utilize meios aquáticos. É também subdividido em: marítimo; fluvial e lacustre. Como o próprio nome define claramente, são transportes que utilizam mares, rios e lagos.

O marítimo se subdivide também em dois segmentos:

– Longo curso;
– Cabotagem.

O transporte marítimo de longo curso faz a movimentação internacional de importação e exportação entre portos de vários países.

O transporte marítimo de cabotagem movimenta as cargas entre os portos da costa do mesmo país.

Existe uma grande diversidade de navios para o transporte das mais variadas cargas. A característica desses navios e suas especificações são sempre em função do tipo de carga a ser transportada e principalmente também dos portos onde o navio vai atracar e ser atendido. O transporte marítimo no Brasil é coordenado pela Agência Nacional de Transporte Aquaviário (ANTAC).

Transporte terrestre

O terrestre também tem suas divisões, que são o rodoviário e o ferroviário. O rodoviário é o mais flexível deles com maiores facilidades de movimentação. É aplicado dentro do mesmo país ou também entre outros países. Tanto o rodoviário quanto o marítimo podem movimentar qualquer produto, desde que seja escolhido o equipamento adequado. O transporte rodoviário e o ferroviário no Brasil são coordenados pela Agência Nacional de Transportes Terrestres (ANTT).

Transporte aéreo

O transporte aéreo é o que utiliza aeronaves tanto de cargas como de passageiros e/ou mistas. Há legislação e controle muito específicos que são diferentes entre os outros modais. O transporte aéreo no Brasil é coordenado pela ANAC (Agência Nacional de Aviação Civil) e com apoio da Infraero. Existem também as normas que precisam ser obedecidas e operadas, que são da IATA (International Air Transport Association). Uma das atividades e responsabilidades da IATA é legislar quanto a segurança e tarifas comerciais entre as companhias aéreas.

O sistema de transportes e distribuição de produtos de uma empresa sempre foi importante e complexo. O transporte é um considerável elemento de custo em toda a atividade industrial e comercial. Num país onde quase 60% das mercadorias são transportadas via rodoviária, a racionalização desta operação passou a ser vital para a estrutura econômico-financeira das empresas.

A decisão entre o uso da a frota própria ou a contratação de transportadora de terceiros é bem mais complexa do que parece. Cada situação tem características específicas e não existem regras gerais que garantam o acerto da escolha. O que para determinada empresa é altamente rentável pode ser um fator de aumento de custos para outra. Em função disso, o responsável pelo transporte e distribuição de produtos precisa ser um especialista, muito bem entrosado e conhecedor das demais áreas da empresa.

Quando se toma conhecimento de que uma empresa, para mandar transportar 20 t de carga num veículo cuja capacidade é de 25 t, está aumentando em 25% seu custo de frete, este custo adicional nem sempre é notado à primeira vista, mas ao final será a carga que pagará o frete falso ou a capacidade ociosa.

O sistema rodoviário responde hoje pelo transporte de 60% a 70% das cargas movimentadas no Brasil, e, sem entrar no mérito dos erros e acertos da política brasileira de transportes, essa realidade não se modificará sensivelmente nas próximas décadas, por maiores que sejam os esforços do Governo na modernização da infraestrutura para transportes marítimos e rodovias.

O rodoviário opera, em linhas gerais, apoiado na infraestrutura das 754.000 entre empresas, cooperativas e autônomos existentes em todo o Brasil, com seus terminais de carga, frotas de apoio, equipamentos para carga e descarga e estrutura de comunicação e administrativa. O transporte, propriamente dito, ou seja, o deslocamento da carga, é feito pela utilização de duas grandes frotas: os 950.000 veículos das empresas de transporte e os 823.000 veículos carreteiros autônomos, ou seja, veículos com motoristas autônomos, proprietários de seus caminhões. Com exceção e condições especiais, os carreteiros trabalham como subcontratados das empresas.[1]

Ao utilizar o sistema de transporte rodoviário, é necessário examinar algumas particularidades do material a ser transportado e sempre que possível adequá-lo com os equipamentos normalmente usados pelas empresas que operam o sistema. Tal precaução é indispensável para atingir-se o aproveitamento ótimo dos veículos em sua capacidade (peso ou metro cúbico) e, consequentemente, reduzir o custo operacional e o custo do frete. Sempre que um lote de carga permita o aproveitamento racional dos veículos, os transportadores têm a possibilidade de evitar a aplicação do sobrepreço ao frete final. Isso significa que, se o material oferecer condições para aproveitamento ótimo, o custo fica menor no cômputo final.

---

[1] Fonte: ANTT-2013.

As empresas transportadoras remuneram seus serviços mediante cobrança do frete e seus adicionais. Cada uma dentro de seu critério necessita obter remuneração compatível com seus custos operacionais, que não são diferentes das outras atividades econômicas. Assim, ao estipular o frete por tonelada ou por metro cúbico ou por viagem, a empresa tem de considerar todos os seus custos diretos e indiretos.

Outro fator importante, para a análise de transportes, são as compras realizadas pela empresa.

Vários fatores influem na decisão de operar as compras pelo sistema CIF, o fornecedor entrega o material onde foi determinado pelo comprador, ou FOB, o comprador providencia a retirada do material no local onde o fornecedor definir. A tendência normal dos setores de compras era optar pelo primeiro, isto é, receber a carga em seus depósitos, deixando aos fornecedores a incumbência de escolher os meios de transporte para o cumprimento dos prazos de entrega. Mas a elevação dos custos de transporte vem pressionando a política de vendas com o objetivo de transferir esses custos ao comprador, ou seja, os fornecedores procuram negociar FOB, retirando essa parcela de custo do produto a ser vendido. Embora as duas condições de compra continuem a ser praticadas, todos os negócios FOB trarão novo encargo para os responsáveis pela administração de materiais: **a escolha do transportador**. Nas compras FOB, caberá ao comprador estabelecer uma política de transporte que lhe permita manter custos adequados, ao mesmo tempo em que terá de responder pela eficiência da operação para que seus insumos cheguem ao armazém nos prazos necessários à manutenção dos estoques. Com isso, torna-se indispensável estabelecer critérios básicos de transporte que lhe permitam a escolha das opções mais condizentes com suas necessidades.

É fácil constatarmos então a importância de um Departamento centralizador dos serviços de transporte utilizados pela empresa. Basta verificarmos que, quanto mais bem estruturados estiverem, maiores serão as possibilidades de colocação de produto em diferentes mercados. Entretanto, a utilização de sistemas de distribuição não representa somente um custo adicional para a empresa, mas também fator relevante na formação do preço final do produto.

No Brasil, tal participação chega a níveis de 8% a 12%, dependendo, é claro, da mercadoria a ser distribuída. Estes índices, no entanto, são bem maiores para os países que possuem infraestrutura de maior sofisticação para tais serviços; por exemplo, nos EUA, o nível de participação poderá estar compreendido entre um mínimo de 12% e máximo de 30%.

Portanto, com base na premissa de que os custos de distribuição – entendendo-se como tal o transporte do produto acabado, ou seja, a sua colocação no mercado – não são simplesmente fator de geração de custos, mas elementos preponderantes na criação de mercados para novos produtos, existem três modalidades de fretes que se caracterizam da seguinte forma:

a. Fretes sobre as compras.
b. Fretes entre estabelecimentos industriais ou comerciais.
c. Fretes sobre as vendas.

Estes três fatores deverão compatibilizar-se com as seguintes variáveis:

I. Menores prazos de movimentação do produto.
II. Qualidade do serviço prestado.
III. Preço do frete.

A função primordial dos Departamentos de Transporte e Logística é justamente aperfeiçoar os três itens: custos, prazo e qualidade de atendimento. Estes elementos poderão criar maior possibilidade de mercado dentro das seguintes argumentações:

1. *Custos:* ao termos valores de custos de transporte superiores às médias de mercado, aumentarão nossas dificuldades de concorrência no mesmo.
2. *Prazos:* para determinados produtos os prazos de entrega são tão importantes que, devido à vida do produto ser extremamente curta, poderemos, ao estender seu prazo de entrega, prejudicar inclusive vendas futuras. A título de exemplo, podemos citar determinados tipos de periódicos que, se não colocados em determinadas praças em prazos específicos, têm suas vendas futuras prejudicadas, já que o consumidor não está disposto a "esperar" a regularização nas entregas. A mesma observação é válida, principalmente no transporte de cosméticos, produtos farmacêuticos e alimentícios.
3. *Qualidade:* em determinados casos, principalmente no transporte de matérias-primas mais sofisticadas, poderá vir a onerar os custos de transporte. Um fator primordial para a qualidade do transporte é a embalagem do produto transportado. Desde o carregamento, ele está sujeito a riscos de avarias devido à própria operação, e, se a embalagem não for correta para a modalidade de transporte, certamente o material será avariado. Em função do tipo de transporte, há necessidade de avaliar os riscos possíveis na:
   a. Carga e descarga do material.
   b. No percurso da estrada e qualidade da estrada.
   c. No ferroviário; número de transbordo.
   d. No marítimo (movimentos vertical, transversal e longitudinal).

6.2 Características dos transportes

6.2.1 Aspectos gerais do transporte rodoviário

Antes de iniciarmos acerca de como deverão ser as etapas para o planejamento de transportes, procuraremos caracterizar o panorama geral das principais dificuldades existentes na área.

A análise da participação de cada modalidade de transporte na movimentação de materiais no Brasil revela um quase monopólio do transporte rodoviário.

De fato, nada menos que 68% das cargas geradas no país são transportadas por rodovias, enquanto as ferrovias movimentaram apenas 16,4% e a cabotagem 9,3% (incluindo-se neste valor o transporte hidroviário); a aviação tem participação desprezível de 0,9% do total. Existem diversas justificativas de tal situação; elas são:

1. Política de investimentos que favoreceu sobremaneira a construção de rodovias.
2. Implantação da indústria automobilística.
3. A criação do Parque Nacional de Refinação de Petróleo.
4. A vasta extensão geográfica do país torna a maioria dos municípios inacessíveis por outros meios de transporte. Dos 5.564 municípios, apenas 1.180 são servidos através da ferrovia.

Assim sendo, paradoxalmente o sistema rodoviário brasileiro não possui estrutura compatível com sua importância e apresenta deficiências, difíceis de eliminar, tais como a presença dos carreteiros que, em sua maioria, não possuem condições de concorrerem sozinhos com as transportadoras, e de não possuírem estruturas de atendimento racional aos clientes. Têm, ainda, necessidade de realizarem o maior volume de carga, pois dependem exclusivamente do seu veículo, não havendo assim outra forma de remuneração, fazendo com que suas jornadas de trabalho diárias alcancem até 16 horas. Com a Lei 12.619/2012, que regula a atividade do carreteiro autônomo, está existindo um controle maior na carga horária dos motoristas.

A maioria das empresas de pequeno porte ajuda os carreteiros na obtenção de recursos para aquisição fazendo com que estes transportadores autônomos tenham grande dependência da transportadora.

Os agenciadores de fretes possuem participação ao nível de quase 55% para o volume total de carga movimentada no país. Outro enfoque é o de que poucas empresas existentes no país são realmente organizadas como transportadoras sem a presença de carreteiros.

Considerando-se que cerca de 7% do PIB é devido aos serviços de transporte de carga e que 50% do transporte em todas as modalidades estão nas mãos dos carreteiros, constata-se facilmente que 3,5% do PIB é devido aos serviços prestados pelos carreteiros. Entretanto, muito pouco tem sido feito a fim de se modificar esta situação; ao contrário, muitas vezes vem a incentivar os agenciadores.

Os grandes investimentos nas outras modalidades de transporte, principalmente os previstos para o sistema ferroviário, trarão provavelmente uma racionalização a esta competição, não só pela introdução de novas e eficientes técnicas nos setores ferroviários e marítimos, como também pela saturação das rodovias.

Uma das responsabilidades mais importantes do segmento logístico das empresas industriais e comerciais é a escolha da transportadora. Muitas já convivem com esse problema e o primeiro passo é escolher entre transporte próprio e transporte contratado. Cada empresa tem de analisar particularmente suas disponibilidades de frota própria e buscar compatibilizar os serviços efetuados atualmente com essa nova tarefa.

Em princípio, a rentabilidade do veículo de carga está condicionada a uma programação que lhe permite rodar sempre carregado. Para quem já tem um serviço regular de entregas na área dos seus principais fornecedores e clientes, a tarefa fica bastante simplificada. Mas, se isso não ocorre, é necessário promover um estudo das empresas de transporte que operam em cada área e negociar a operação mediante um contrato de serviço.

Quando não se dispõe de antecedentes, é sempre muito difícil definir normas rígidas para a contratação da transportadora. Podem-se, contudo, estabelecer algumas premissas que facilitam a decisão, tais como:

1. **Potencial da empresa**: aqui, deve-se considerar o capital; a tonelagem de frota própria; a infraestrutura disponível (terminais na área desejada, comunicação e pessoal); a quantidade e importância de clientes que operam com material semelhante; prazos de entrega oferecidos nas diversas linhas para cargas completas e cargas fracionadas. Ao fazer essa solicitação à empresa, deve indicar qual a previsão de transporte em toneladas e/ou metros cúbicos ou peças, indicando neste último caso o peso e a dimensão de das unidades e seu valor aproximado.
2. **Tarifas**: ainda que o levantamento das tarifas seja efetuado simultaneamente com o potencial da empresa, sua análise deve estar condicionada na pré-seleção. Escolher uma empresa de transporte só pela tarifa não é boa norma. Depois de conferidos os dados fornecidos na primeira etapa, especialmente seu conceito junto aos principais clientes, podem-se analisar as tarifas oferecidas e escolher as que proporcionam custos mais baixos. As tarifas de transporte rodoviário são constituídas de duas parcelas básicas: frete-peso e frete-valor (*ad valorem*), mais os acréscimos de taxas que variam muito entre transportadoras, todas negociáveis entre embarcador e transportadora. Assim, a análise deve ser feita pela soma de todas as parcelas.

Conhecido o valor médio da mercadoria a ser transportada, faz-se o cálculo do custo do frete-valor (*ad valorem*), que normalmente é um % sobre o valor da Nota Fiscal do produto a ser transportado e soma-se ao frete-peso. A partir dessas premissas está-se em condições de decidir, com razoável segurança, qual a empresa com que se vai operar. Como elemento comparativo para análise dos fretes oferecidos, podem-se utilizar as tabelas oficiais publicadas pela Associação Nacional dos Transportadores de Carga e Logística (NTC).

Depois de feita a escolha das empresas, é indispensável montar um sistema de avaliação de desempenho que abranja dois itens básicos: prazo de entrega e eficiência. Ambos podem ser acompanhados no mesmo mapa, cujo preenchimento poderá ser feito pela recepção nos itens relativos à nota fiscal, fornecedor, percurso, datas (nota fiscal e entrega), anormalidades, observações (quebra, amassamento, falta, sobra, avaria de embalagem etc.).

Os dados relativos aos prazos (previsão e cumprimento), às diferenças e percentuais podem ser preenchidos pelo funcionário encarregado de fechar o mapa no final de cada mês e encaminhá-lo ao responsável pelas decisões sobre transportes.

No custo final do produto estará, direta ou indiretamente, incluído o frete desde a sua fonte de produção até a porta do armazém do comprador, esse frete estará embutido no custo do produto que será pago diretamente ao transportador. Assim, toda operação de compra tem de levar em conta esse valor, que acaba tornando-se significativo à medida que seus custos vão sendo elevados em função, principalmente, dos preços dos derivados de petróleo e demais insumos (pneus, veículos, mão de obra etc.).

As técnicas para avaliação das quantidades a serem compradas precisam passar a considerar um novo parâmetro, que é o custo do transporte. Uma quantidade muito pequena será fatalmente onerada pelo custo do transporte, uma vez que as empresas cobram um "frete mínimo".

No transporte rodoviário de carga geral, normalmente são utilizados dois tipos de veículos: o *truck*, caminhão com dois eixos traseiros e capacidade nominal de 40 m^3 e 12 t; carreta com semirreboque com três eixos traseiros e capacidade nominal de 75 m^3 ou 25 t. Essa opção é devida à limitação de peso por eixo fixado em lei e fiscalizado pelo Departamento Nacional de Infraestrutura de Transportes (DNIT) por meio de balanças colocadas em pontos estratégicos das rodovias (Lei da Balança). Dessa forma, a programação dos lotes de compra deve, sempre que possível, respeitar essas limitações em pesos e dimensões, programando-se remessas que possam ocupar totalmente esses tipos de veículos ou seus múltiplos.

Esse procedimento tem uma substancial redução de custo de transporte, pois sempre se obtêm fretes mais adequados quando se lota o veículo, pela redução de custos operacionais de transporte. Além disso, a diminuição do tempo de viagem e consequente redução de prazos de entrega, por exemplo: Uma remessa de 30 t torna obrigatória a utilização de um veículo de 25 t com parte de carga. O saldo de 5 t terá de sofrer as seguintes operações:

- transporte do fornecedor ao terminal da transportadora;
- armazenamento no terminal;
- consolidação com outras cargas.

Assim, num mesmo lote, haverá, logicamente, prazos diferentes de entrega e custos adicionais. É ilusório pensar que o frete será o mesmo, embora possa parecer assim. Na verdade, esses custos adicionais sempre serão pagos pela carga. Para não oferecer problemas de transporte e agravamentos de custos operacionais, a carga deve ficar contida nas dimensões internas dos veículos. Sempre que isso não ocorre, custos adicionais aparecem e oneram a operação. Portanto, ao programar a compra de materiais de grandes dimensões, deve-se ter em conta esse fator de compatibilização do produto com as disponibilidades normais do transporte rodoviário, sempre com vista na contenção de custos.

As peças com excesso de largura e comprimento devem ser evitadas e cabe à área de administração manter os demais departamentos da empresa informados sobre esse tipo de problema.

A relação peso/volume-padrão para transporte rodoviário é de 300 kg/m^3. Toda carga cujo peso for inferior a essa constante sofre um acréscimo relativo de custo de transporte, que se pode verificar nas tabelas de frete e que varia de 5% a 50%.

É indispensável que a embalagem seja igualmente adequada ao transporte, que possa resistir aos embates do carregamento, viagem e descarga e possa sofrer as tensões normais de sua acomodação no caminhão transportador.

Por força das regras do Código Comercial, as transportadoras são responsáveis pela carga desde a coleta até o destino final, isto é, até deixá-la no local estabelecido. Legalmente são obrigadas a indenizações decorrentes de avarias causadas à mercadoria. Do ponto de vista operacional, tanto mais eficiente é a empresa quanto menos venha a pagar por danos causados na mercadoria. Porém, salvo em caso de sinistro, boa parcela dessa ineficiência é devida a problemas de embalagens cujas características não se adaptam ao transporte rodoviário.

6.2.2 Aspectos contábeis do transporte rodoviário

Classificação e planilha de custos

O segmento de Transporte Rodoviário de Cargas divide os custos em duas partes distintas: os custos fixos e os custos variáveis, da seguinte maneira:

Custos fixos:
A – Depreciação do equipamento
      A.1 – Depreciação do cavalo mecânico
      A.2 – Depreciação do semirreboque ou carroçaria
B – Remuneração do capital
C – Salários + encargos sociais
D – Licenciamento
E – Seguros
F – Aluguel, impostos e taxas

Custos variáveis:
A – Combustíveis
B – Manutenção (salários de oficina) ou reparos externos
C – Peças, acessórios e materiais de manutenção
D – Pneus, câmaras, protetores e recauchutagem
E – Lubrificantes
F – Despesas de viagem

Custos Fixos
A – ***Depreciação do equipamento (método linear)***
Podemos calcular a depreciação pela seguinte fórmula:

$$D = V\left(\frac{1-k}{N}\right)$$

Vida útil – 5 anos
Valor residual – 20% do valor de aquisição
N – Vida útil
K – Coeficiente entre o valor de mercado e o valor de aquisição de veículo
V – Valor de aquisição do veículo sem pneus

$$D = V\left(\frac{1-0,20}{5}\right) = D = 0,16\ V \text{ anual} = 0,00133\ V \text{ mensal}$$

B – **Remuneração do capital (RC)**

$$IM = V - \left(\frac{(V-R)\times(N-1)}{2N}\right)$$

RC = J × IM
R= Valor residual = 0,2 V
J = 12% a.a.

$$IM = V - \left(\frac{V - 0,2\ V}{10}\right)\times 4 = V - \frac{1,6\ V}{5} = 0,68\ V$$

RC = 0,12 × 0,68 V = 0, 0816 V

C – **Salários + Encargos sociais**
Salários de motoristas acrescidos dos encargos trabalhistas e sociais correspondentes.

D – **Licenciamento**
Custos de licenciamento anual (1/12).

E – **Seguros**
Média de 6,6% a. a. Isso é uma estimativa na negociação com as seguradoras; podem ser obtidos índices diferenciados.

$$\text{Seg} = \frac{0,067 \times V}{12}$$

F – **Aluguel, impostos e taxas**
Conforme despesas.

Custos Variáveis
A – **Combustíveis**
Cc = consumo (l/km) × ($/l) = Custo ($/km)
B – **Manutenção (salários de oficina)**
Atribui-se *por* km o índice de $5,95 \times 10^{-5}$ do salário de oficial de mecânica.

C – **Peças, Acessórios e Materiais de Manutenção**
Atribui-se por km o índice de 1,19 × 10⁻⁶ sobre o valor original do veículo sem pneus.

D – **Pneus, Câmaras Protetores e Recauchutagem**

$$\text{Custo por km} = \left[\frac{1,2\,(n-2)\,p}{K} + \frac{NK}{R}\right]\frac{1}{2}$$

ou

$$\text{Custo por km} = N\left(\frac{P + X \cdot p}{K + X \cdot R}\right)$$

Onde:
P = preço do pneu, câmara ou protetor novo e/ou recauchutado
K = quilometragem média de vida do pneu novo (50.000 km)
R = quilometragem do pneu recauchutado (27.000 km)
N = número de pneus
X = número de recapagens (2)
p = preço da recapagem

E – **Lubrificantes**

	Km de troca	Capacidade (l)
Motor	10.000	20 l e reposição de 1 l a cada 1.000 km
Câmbio	30.000	12 l
Diferencial	20.000	12 l

Custo óleo câmbio e diferencial

$$= \frac{PC \times 12}{30.000} = 4,0 \times 10^{-4}\,PC$$

Custo óleo do motor

$$= \frac{PM \times (20 + 9)}{10.000} = 2,9 \times 10^{-2}\,PM$$

Onde:
PC = Preço do óleo do câmbio ou diferencial
PM = Preço do óleo do motor

É importante lembrar que esses índices são variáveis em função do tipo, marca e modelo do caminhão. É sempre necessário adaptar o modelo utilizado aos parâmetros das especificações técnicas e manual do equipamento.

F – **Despesas de viagem**
Gastos reais do motorista durante a viagem de ida e volta
Planilha de custos
Como todo modelo, esta planilha segue os critérios definidos por certos parâmetros referentes aos valores pesquisados na época do levantamento. De forma alguma o resultado não será invalidado com parâmetros e valores diferentes mais atualizados para a época em que realizar os cálculos.

Unidade de transporte e percursos
- Cavalo mecânico teórico
- Semirreboque tanque teórico de três eixos
- Material – aço inoxidável
- Vida útil da unidade – 10 anos
- Percurso médio anual – 84.000 km
- Percurso médio mensal – 1.000 km

Tempo
- Tempo disponível – 280 dias por ano
- Tempo disponível – 24 dias por mês
- Horas à disposição – 24 × 8 =192 horas
- Tempo de carga e descarga por viagem – 6 horas
- Tempo de carga e descarga mensal – 6 × 10 = 60 horas
- Horas aproveitadas – 192 – 60 = 132 horas

Composição da frota
- Veículos novos – 15%
- Veículos com idade média de cinco anos – 85%
- Frota-padrão – 30 unidades
- Número médio de viagens por mês – 10
- Carga média por veículo – 25 toneladas
- Encargos sociais – 63,4%
- Adicional de periculosidade – 30%
- Velocidade média, carregado ou vazio – 53,03 km/h
- Jornada oficial de trabalho – 8 horas
- Reajustes programados – trimestralidade

1. **Remuneração do capital**
   a) Cavalo mecânico com quinta roda e com pneus – valor teórico:
      - 70% Scania = 0,70 × 225.000 = 157.500,00
      - 27% Volkswagem = 0,27 × 185.000 = 49.950,00
      - 0,3% Volvo = 0,03 × 180.000,00 = 5.400,00

      212.850.00
- Percentuais diversos mais prováveis.

b) Semirreboque tanque de aço inoxidável – valor teórico:
   - Contin   – 100.200,00
   - Massari   –   97.523,00
   - Biselli   – 100.000,00
   - Randon   – 110.000,00
   - Rodoviária – 110.000,00
   - Tanesfil   – 110.200,00
     627.923,00 : 6 = 104.653,83

c) Sistema de descarga:
   - Bomba – tomada de força – cardã – cruzetas – encanamentos e aplicação = 3.170,00

d) Equipamentos complementares:
   - 19º pneu com protetor e câmara, inclusive aro
   - 1.100 × 22 × 14 diagonal comum = 1.200,00 + 150,00 = 1.350,00
     2 × 96,00 = 192,00
     1.350,00 + 192,00 = 1.542,00

e) Tacógrafo:
   Valor do equipamento instalado = 1.200,00
   Total: 212.850,00 + 104.653,83 + 3.170,00 +
       + 1.542,00 + 1.200,00 = 323.415,83
   Composição da frota
   - 15% frota nova
   - 85% frota com idade média de cinco anos
   - Valor residual 10% – relação percentual média 63,875%:

$$V = 323.415,83 - 5\frac{(323.415,83 - 323.415,83 \times 0,10)}{10} \times 0,85 +$$
$$+ 323.415,83 \times 0,15 = 248.221,65$$

Almoxarifado:
- 2% do valor do veículo, por unidade
- 0,02 × 323.415,83 = 6.468,32
  Valor a remunerar:
  248.221,65 + 6.468,32 = 254.689,97
  254.689,97 × 0,0816/12 = 1.731,89

2. Depreciação

Valor médio da unidade de transporte	= 323.415,83
Valor de 18 pneus com câmara 18 × (1.200,00 + 150,00)	= 24.300,00
	299.115,83
Valor residual 10%	29.911,58
	269.204,25

Vida útil da unidade de transporte – 10 anos
Valor da unidade de transporte a depreciar = 269.204,25 × 0,0075 = 2.019,03

3. Salários

3.1. *Salário de motorista*:
Salário médio mensal = 1.258,50
30% periculosidade = 377,55
1.636,05
Encargos sociais: 63,4% sobre 1.636,05
1.636,05 × 1,634 = 2.673,31

3.2. *Salário do pessoal da oficina*:
Salário médio mensal = 1.159,14
30% periculosidade = 347,74
1.506,88
Encargos sociais: 63,4% sobre 1.506,88
1.506,88 × 1,634 = 2.462,25
Mecânico, pintor, auxiliar mecânico, funileiros, eletricista, moleiro, soldador, borracheiro, chefe de oficina e outros.
1/3 funcionários de manutenção por unidade:

$$\frac{2.462,25}{3} = 820,75$$

3.3. *Salário de administração*:
Salário médio mensal = 1.655,91
Encargos sociais = 1.049,85
2.705,76
1/6 funcionários administrativos por unidade:

$$\frac{2.705,76}{6} = 450,96$$

3.4. *Salário de gerente:* = 6.000,00
10% encargos sociais = 600,00
6.600,00

1/30 gerente por unidade:

$$\frac{6.600,00}{30} = 220,00$$

Total geral = 3.1 + 3.2 + 3.3 + 3.4 = 4.165,02

4. Seguros
4.1. *Seguro obrigatório de carga – RCTR/C*
Tendo em vista a impossibilidade de se definir um valor padrão, este seguro será acrescido diretamente aos fretes constantes dos conhecimentos.

4.2. *Seguro obrigatório – DPVAT*
Conforme tabela
Cavalo mecânico – classe 20
115.048,72 + 1,27 + 1.301,01 = 116.351
Semirreboque – classe 5
127.927,36 + 1,27 + 1.558,37 =129.477
Cálculo = 116.351 + 129.477 = 245.828

$$\frac{245.828}{12} = 20.486$$

4.3. *Seguro da unidade*
Prêmio do seguro com apólice de atualização sobre valor médio da unidade de transporte, constituída do cavalo mecânico e semirreboque tanque três eixos, com cinco anos = 180.000,00
Valor anual do seguro = 12.630,62
Cálculo final
20.486 + 12.630,62 = 33.116,62

$$\frac{33.116,62}{12} = 2.759,72$$

5. Licenciamento
IPVA – classe E-4
Composição da frota = 15% frota nova

2018 –	229.120 × 0,15 = 50.868
2017 –	254.340
2016 –	230.601
2015 –	206.088
2014 –	176.400

2013 –   135.990
2012 –   104.640
2011 –   87.165
2010 –   68.169
2009 –   56.700
2008 –   16.290
         1.387.251

$$10 \text{ anos} = \frac{1.387.251}{10} \times 0{,}58 = 117.916$$

Valor médio = 50.868 + 117.916 = 168.784

$$\frac{168.784}{12} = 10.065 \text{ por mês}$$

CUSTOS FIXOS/VEÍCULO/MÊS
1. Remuneração do capital   1.731,89
2. Depreciação   2.019,03
3. Salários   4.165,02
4. Seguros   2.759,72
5. Licenciamento   1.065,00
                           11.740,66

Despesas administrativas
- 5% sobre custos fixos
  0,05 × 11.740,66 = 587,03

Taxas de administração
- 10% sobre custos fixos com despesas administrativas
  11.740,66 + 587,03 = 12.327,63
  0,10 × 12.327,63 = 1.232,77

Total das despesas fixas com despesas administrativas e taxas de administração
- Custos fixos   11.740,66
- Despesas administrativas   587,03
- Taxa de administração   1.232,77
  TOTAL   13.560,46

CUSTOS VARIÁVEIS
1. **Combustível**
1.1 Preço de 1 litro de óleo diesel = 1,520
Consumo de óleo diesel – motor
$$\frac{1,520}{2} = 0,760$$

2. **Pneus**
1.100 × 22 × 14 lonas – Tabela Abrap nº 25
Preço de um pneu novo com protetor: 1.200,00
Preço de uma câmara: 150,00
           1.350,00

Unidade com 18 pneus diagonais com câmaras, sendo 6 no cavalo mecânico e 12 no semirreboque tanque:
12 × 1.350,00   = 24.300,00
2 recapagens a $ 364,50 = 729,00
18 × 729,00   = 13.122,00
24.300,00 +13.122,00 = 37.422,00
$$\frac{37.422,00}{60.000} = 0,62$$

Por falta momentânea de pesquisa confiável, não foram consideradas as perdas, em trânsito, de pneumáticos e câmaras.

3. **Peças e acessórios**
0,1% p/c/1.000 km rodado do valor da unidade de transporte sem pneus, com equipamento de sistema de descarga
Valor unitário   323.415,83
18 pneus e câmaras   24.300,00
      299.115,83
$$\frac{299.115,83 \times 0,001}{1.000} = 0,29912$$

4. **Lavagem e lubrificações**
 4.1 Uma lavagem por mês:
Cavalo mecânico com semirreboque tanque = $ 80,00
$$\frac{80,00 \times 12}{84.000 \text{ km}} = 0,0113$$

 4.2 Uma lubrificação por mês:
Cavalo mecânico com semirreboque tanque = $ 100,00
$$\frac{100,00 \times 12}{84.000 \text{ km}} = 0,0143$$

0,0113 + 0,0143 = 0,0256

5. **Óleos lubrificantes**
   5.1 Óleo para motor:
   Carter e filtro (24 + 4 = 28) 28 litros a cada 10.000 km:
   28 × $ 3,80 = 1.064,00
   1.064,00 : 10.000 = 0,1064

   5.2 Óleos para transmissão:
   Câmbio e diferencial (14 + 10 = 24): 24 litros a cada 30.000 km:
   24 × 46,00 = 1.104,00
   1.104,00 : 30.000 = 0,0368

   Cálculo final
   0,1064 + 0,0368 = 0,1432

Custos variáveis	**$/km**
1. Combustíveis	0,760
2. Pneus e câmaras	0,62
3. Peças e acessórios	0,299
4. Lavagens e lubrificações	0,0256
5. Óleos e lubrificantes	0,1432
	1,8478

Taxa de administração: 10% sobre custos variáveis:
0,10 × 1,8478 = 2,0326

Custo mensal = 13.660,46 + 2,0326 × d
Custo/km = 13.660,46/d + 2,0326
d = 7.000 km
Custo km = 1.951,49 + 2,0326 = 1.953,52

Modelo de planilha

Marca _____	Cap. carga _____	Quilometragem
Modelo _____	N° viagens/mês _____	_____
Ano _____		Data __/__/__
Natureza	**Memória de Cálculo**	**Valor Final**
Custos Fixos		
1,334 de depr. sobre o valor do equip. s/ pneus	1,334 × _____	
0,0816 de remun. de cap. sobre equip. s/ pneus	0,0816 × _____	
Salários motoristas + encargos	1,647 × _____	
1/12 de licenciamento	1/12 × _____	
0,067 V/12 p/seguros	0,0056 V × _____	
Custos Variáveis		
_____ litros de comb. p/km pelo preço devido	_____ l × P	
$5,95 \times 10^{-5}$ de salários e leis sociais	$5,95 \times 10^{-5} \times$ _____ km	
$1,19 \times 10^{-6}$ peças e acessórios	$1,19 \times 10^{-6}$ _____ km	
$1,2 \times 10^{-5}$ n° p. (pneus novos)	$1,2 \times 10^{-5}$ n° p. × _____ km	
$1,85 \times 10^{-5}$ n° p. (rec.)	$1,85 \times 10^{-5}$ n° p. × _____ km	
$2,9 \times 10^{-2}$ óleo do motor	$2,9 \times 10^{-2} \times$ PM _____	
$4,0 \times 10^{-4}$ óleo câmbio/diferencial	$4,0 \times 10^{-4} \times$ PC _____	
Custo Total		

6.2.3 Despesas administrativas – formas de rateio

Uma das maiores dificuldades para elaborar tabelas de custos de transporte está na quantificação e nos critérios de rateio para as despesas administrativas e de terminais.

Para levantar as despesas, costumam-se realizar pesquisas dos gastos com vários itens do custo. Isso, no entanto, nem sempre traz resultados satisfatórios, pois uma mesma empresa realiza diferentes tipos de transportes e a composição dos serviços prestados varia bastante de uma para outra.

Já os critérios de rateio envolvem inúmeros modelos matemáticos. Eis alguns deles:

- Rateio das despesas administrativas e de terminais de maneira proporcional às toneladas movimentadas.
- Rateio proporcional ao custo operacional do percurso.
- Rateio proporcional ao custo fixo no percurso.
- Rateio proporcional à quilometragem rodada ou às t.km transportadas.

Rateio pela tonelagem total

O primeiro critério adotado pelo sistema tarifário da Associação Nacional das Empresas de Transporte Rodoviário de Carga (NTC) parte do pressuposto de que as despesas administrativas e de terminais independem do percurso, isto é, não têm nenhuma relação com a distância do transporte.

As despesas por viagem, para cada tipo de serviço, serão constantes por toneladas e seu valor médio resultará da relação entre os custos agregados (administrativo e de terminais) e as toneladas movimentadas pela empresa no período. Sendo:

$$DAT/t = \frac{DAT/m\hat{e}s}{km/m\hat{e}s} = \text{constante} = k$$

Como o número de viagens por mês diminui com o aumento do percurso, a receita mensal por veículo será decrescente com a distância de transporte. Então, a relação entre o número de viagens (n) e o percurso (p) é:

$$H = n\left(\frac{p}{V} + h\right)$$

Onde:
H = número de horas trabalhadas pelo veículo por mês
h = tempo, em horas, de carga e descarga
V = velocidade média na estrada
Logo:
$$n = \frac{H}{(p/V) + h}$$

$$(DAT/m\hat{e}s) = K \frac{H}{(p/V) + h}$$

Como o percurso está no denominador da fração, a receita administrativa mensal decresce com o percurso; veja o Gráfico 6.1.

Capítulo 6 • Transportes

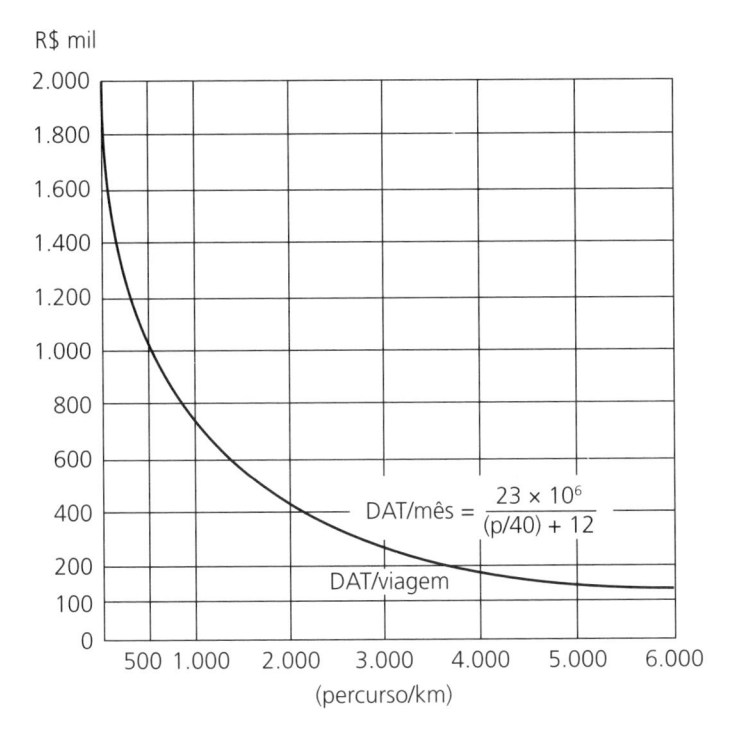

Gráfico 6.1 *Rateio pela tonelagem total.*

$$\text{DAT/mês} = \frac{23 \times 10^6}{(p/40) + 12}$$

Seja, por exemplo, um cavalo Scania, com velocidade média de 40 km/h, trabalhando 230 horas por mês, com tempo de carga e descarga de 12 horas e custo administrativo por viagem de $ 100.000. Aplicando-se a fórmula, resulta o rateio da Tabela 6.1, para os vários percursos.

Tabela 6.1 *Rateio pela tonelagem total*

P	N	K . H	(p/V) + h	DAT/mês	DAT/viagem
0000 km	∞	23.000.000	12,000	1.916.667	100.000
0050 km	17,35	23.000.000	13,250	1.735.849	100.000
0100 km	15,86	23.000.000	14,500	1.586.206	100.000
0500 km	9,39	23.000.000	24,500	938.775	100.000
1.000 km	6,22	23.000.000	37,000	621.621	100.000
3.000 km	2,64	23.000.000	87,000	264.367	100.000
6.000 km	1,42	23.000.000	162,000	141.975	100.000
∞ km		23.000.000	∞	000,000	100.000

Rateio proporcional ao custo operacional

Muito utilizado na prática, o rateio proporcional ao custo operacional atribui às despesas administrativas e de terminal um percentual do custo operacional total.

Esse critério parte do pressuposto implícito de que as despesas administravas e de terminal têm, por viagem, um componente fixo e outro variável, que aumenta proporcionalmente à distância do transporte; veja Gráfico 6.2.

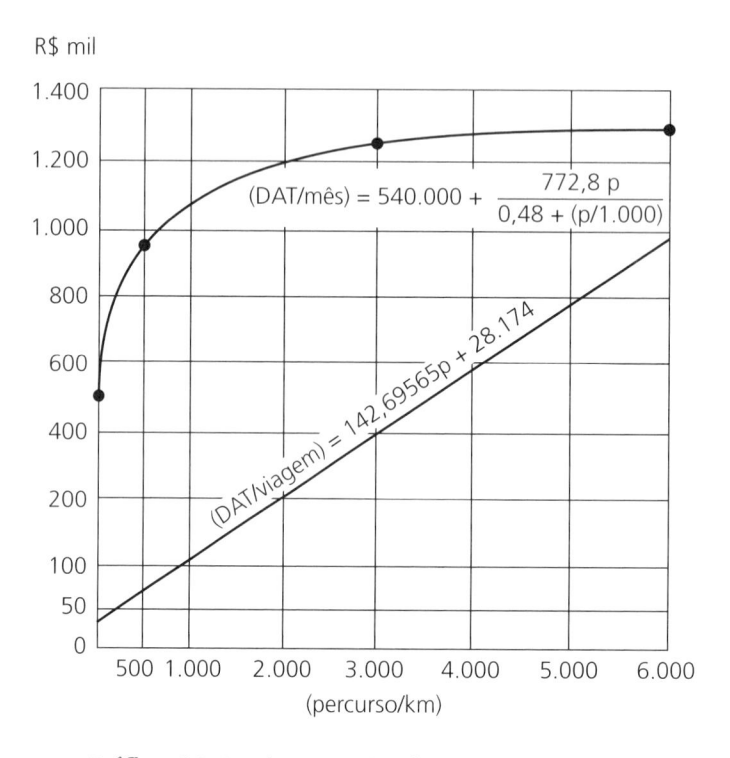

$$(DAT/mês) = 540.000 + \frac{772,8\,p}{0,48 + (p/1.000)}$$

$$(DAT/viagem) = 142,69565p + 28.174$$

Gráfico 6.2 *Rateio proporcional ao custo operacional.*

Esse critério pode ser expresso pela equação:

$$(DAT/viagem) = K\frac{CF}{n} + cv \cdot p$$

Onde:
K = constante ou percentual de proporcionalidade
CF = custo fixo mensal do veículo
cv = custo variável do veículo por quilômetro
p = percurso em quilômetros.
Como já vimos, a expressão n em função de p é:

$$n = \frac{H}{(p/V) + h}$$

Logo:

$$(\text{DAT/viagem}) = K \cdot CF \frac{(p/V) + h}{H} + K \cdot cv \cdot p$$

$$(\text{DAT/viagem}) = K\left(\frac{CF}{HV} + cv\right)p + K\frac{CF \cdot h}{H} \quad (\text{reta})$$

Para o percurso $p = 0$, resulta:
(DAT/viagem) = $K \times CF \times h/H$
A partir daí, ela cresce proporcionalmente ao percurso. A despesa mensal será:
(DAT/mês) = (DAT/viagem) $\times n$
(DAT/mês) = $K \times CF + cn \times p \times n$

$$(\text{DAT/mês}) = K \cdot CF + \frac{p \cdot H \cdot V \cdot K \cdot cv}{p + hV}$$

A expressão $p/(p + hV)$ é nula para p igual a zero e tende a um quando tende ao infinito. Os limites serão então:
Se $p = 0 \times$ (DAT/mês) = $K \times CF$
Se p tende ao infinito,
(DAT/mês) tende a $K \times CF + H \times V \times K \times cv$
Exemplo: Seja o mesmo conjunto cavalo-carreta do exemplo anterior, com os seguintes dados:
CF = 1.800.000 por mês
Cv = 280/km
Admitamos que as despesas administrativas e de terminais representam, na média, 30% dos custos operacionais.

Logo:

$$(\text{DAT/viagem}) = K\left(\frac{CF}{HV} + cv\right) \cdot p + (K \cdot CF \cdot h/H)$$

$$(\text{DAT/viagem}) = 0{,}30\left(\frac{1.800.000 + 280}{230 \times 40}\right) \cdot p + (0{,}30 \times 1.800.000 \times 12/230) =$$

$$= 142{,}69557 + 28.174$$

$$(\text{DAT/mês}) = K \cdot CF + \frac{p\,H\,V\,K\,cv}{p + hV} = 0{,}30 \times 1.800.000 + \frac{230 \times 40 \times 0{,}30 \times 280p}{40 \times 12 \times p}$$

$$(\text{DAT/mês}) = 540.000 + \frac{772{,}8p}{0{,}48 + (p/1.000)}$$

Veja os cálculos na Tabela 6.2. A despesa por viagem é uma reta com valor 28.174 na origem, com coeficiente angular 142.69557. Já a despesa mensal é uma curva assintótica com valor inicial 540.000, e o valor-limite de 1.321.800.

Tabela 6.2 *Rateio proporcional ao custo operacional*

P	142, 6957 . p	DA/viagem	$\dfrac{722,7p}{0,48 + (p/1.000)}$	DAT/mês
0	00.00	28.174	00.000	540.000
0050	7.135	35.309	72.906	612.906
0100	14.170	42.444	133.241	673.241
0500	71.348	99.522	394.285	934.286
1000	142.696	170.870	522.162	1.062.162
3000	428.087	456.621	666.207	1.206.207
6000	856.174	884.34	715.555	1.255.555
∞	∞	∞	772.800	1.312.800

Rateio proporcional ao custo fixo

Esse critério parte da premissa de que as despesas administrativas e de terminal são um custo fixo. Dentro de certos limites, portanto, permanecem constantes e devem ser rateados pelos quilômetros percorridos pelo veículo. Assim, as equações seriam:

(DAT/mês) = K · CF
(DAT/viagem) = K · CF/n

$$(DAT/viagem) = K \cdot CF \dfrac{(p/V) + h}{H}$$

(DAT/viagem) = (K · CF /HV) p + (K · CF · h/H)

Fica claro que a despesa mensal é constante e que a despesa por viagem é uma reta com origem em K · CF · h /H e coeficiente angular igual a K · CF /HV.

Capítulo 6 • Transportes

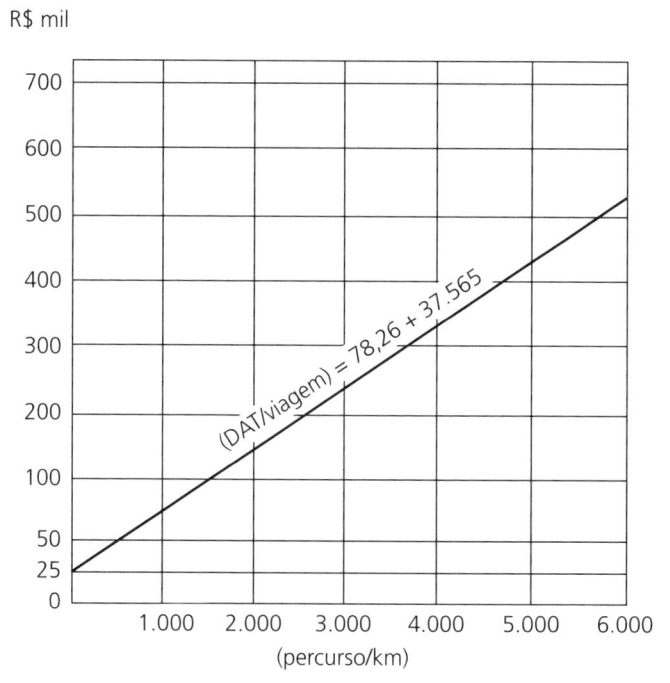

R$ mil

```
700
600
500
400                                    (DAT/viagem) = 78,26 p + 37.565
300
200
100
 50
 25
  0
     1.000  2.000  3.000  4.000  5.000  6.000
              (percurso/km)
```

Gráfico 6.3 *Rateio proporcional ao custo fixo.*

Exemplo: sejam:
CF = 1.800.000
h = 12 horas
H = 230 horas
V = 40 km/h
K = 40%

(CF/mês) = $K \cdot CF$ = 0,4 × 1.800.000 = 720.000
(CF/viagem) = (0,4 × 1.800.000/40 × 230) p + (0,4 × 1.800.000 × 12/230)
(CF/viagem) = 78,26 p + 37.565

Tabela 6.3 *Rateio proporcional ao custo fixo*

P	DAT/mês	DAT/viagem
0000	720.000	37.565
0050	720.000	41.478
0100	720.000	45.391
0500	720.000	76.695
1.000	720.000	115.825
3.000	720.000	272.345
6.000	720.000	507.125
∞	720.000	∞

Rateio proporcional ao percurso

Um método também utilizado consiste em ratear o custo administrativo total pelos t.km transportados.

A média assim obtida seria multiplicada pelos t.km transportados em cada linha.

Para simplificar, vamos desenvolver o rateio proporcional ao percurso. Em outras palavras, vamos admitir a tonelagem como constante. Matematicamente:

(DAT/viagem) = k × p

Temos então uma reta com valor nulo na origem e coeficiente angular K.

(DAT/mês) = K × p × n

$$(\text{DAT/mês}) = K \times H \frac{p}{(p/V) + h}$$

$$(\text{DAT/mês}) = \frac{V}{1 + (hV/p)} K \times H$$

$$(\text{DAT/mês}) = \frac{40 \times 100 \times 230}{1 + (12 \times 40/p)}$$

$$(\text{DAT/mês}) = \frac{920.000}{1 + (480/p)}$$

Tabela 6.4 *Rateio proporcional ao percurso*

P	1 + (480/p)	DAT/viagem	DAT/mês
0000	–	0.000	000.000
0050	10,600	5.000	86.792
0100	5,800	10.000	158.620
0500	1,960	50.000	469.388
1.000	1,480	10.000	621.612
3.000	1,160	300.000	793.103
6.000	1,080	600.000	851.852
∞	–	∞	920.000

(DAT/viagem) = 100 p

$$(\text{DAT/mês}) = \frac{920.000}{1 + (480/p)}$$

se p igual a zero,
(DAT/mês) = 0
se p tende a infinito,
(DAT/mês) = V × K × H
Temos então uma assíntota à paralela horizontal V × K × H, com valor zero na origem.

R$ mil

(DAT/viagem) = 100 p

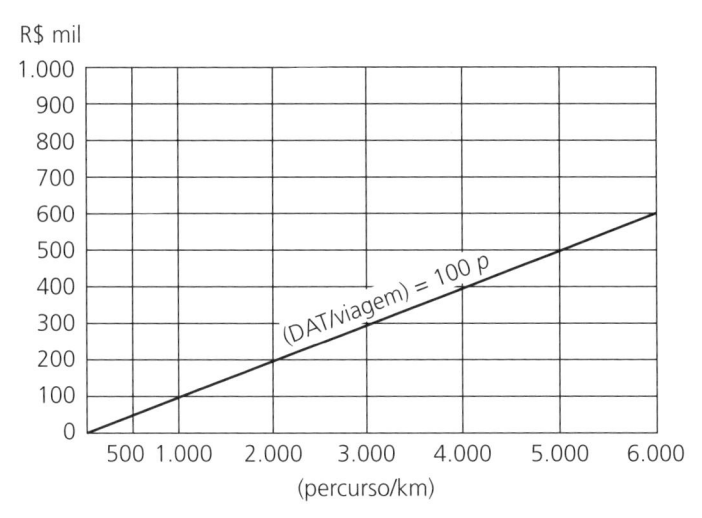

(percurso/km)

Gráfico 6.4 *Rateio proporcional ao percurso.*

Quadro 6.1 *Comparação entre os quatro critérios*

Critério	1º Critério	2º Critério	3º Critério	4º Critério
Variável	DAT/viagem independente do percurso	DAT/viagem proporcional ao custo da viagem	DAT/viagem constante e proporcional do custo fixo	DAT/constante
DAT/viagem	Constante, não varia com percurso	Cresce linearmente com o percurso	Cresce linearmente com o percurso de forma menos acentuada que no 2º critério	Cresce linearmente com o percurso, partindo do zero
DAT/mês	Decresce com o percurso	Curva assintótica, cresce com o percurso	Constante	Curva assíntota, cresce rapidamente com o percurso
Custo inicial p/ viagem (curto percurso)	Alto, onera o frete	Baixo, alivia o frete	Baixo, alivia o frete	Nulo, alivia o frete
Custo final p/ viagem (longo percurso)	Baixo, alivia o frete	Tende ao infinito, onerando o frete	Tende ao infinito, onerando o frete	Tente ao infinito, onerando o frete
Custo inicial p/mês (curto percurso)	Alto, onera o frete	Baixo, alivia o frete	Alto, onera o frete	Nulo, alivia o frete
Custo inicial p/mês (curto percurso)	Baixo, alivia o frete	Alto, mas tem limite	Baixo, alivia o frete	Alto, mas tem limite

6.2.4 Controle de custos

Para uma transportadora, os custos operacionais constituem a matéria-prima indispensável às decisões do dia a dia. A simples seleção de um equipamento, por exemplo, envolve necessariamente a análise de dados que só um razoável controle de custos pode fornecer. É certo que, na fase preliminar de qualquer estudo desse tipo – a da escolha das alternativas capazes de resolver tecnicamente o problema –, a experiência e o conhecimento técnico desempenham papel fundamental. Mas já no segundo – na hora de traduzir num fluxo de caixa (quanto e quando) as receitas e despesas envolvidas –, os levantamentos de custos tornam-se insubstituíveis.

Dados como preço do veículo, valor de revenda, custos de manutenção e consumo de combustível acabam promovidos à condição de elementos estratégicos da decisão. De fato, o terceiro passo – de desconto para valor presente dos fluxos de caixa, através dos métodos convencionais de engenharia econômica – só possibilitará conclusões corretas à medida que os dados reflitam de fato a realidade dos custos. Assim, a compra de um veículo diesel significa, em relação ao seu equivalente à gasolina, maior desembolso inicial, contra menores despesas posteriores de manutenção e consumo de combustível. Contudo, qualquer conclusão sobre a quilometragem a partir da qual as economias operacionais passam a compensar o maior investimento só será possível depois do levantamento dos consumos específicos dos dois veículos: seus custos de manutenção; a perda de valor comercial de cada um no mercado de caminhões usados; a durabilidade dos motores etc.

Mas o controle de custos não é importante apenas neste caso. Na verdade, afeta ainda um sem-número de outras decisões, como:

- determinação da hora certa de renovar a frota;
- decisões entre comprar e alugar equipamentos;
- seleção de peças de reposição de maior durabilidade;
- avaliação da eficiência da mão de obra de oficina;
- avaliação da rentabilidade da frota;
- reajuste de tarifas, pela comprovação de aumentos ocorridos;
- análise da situação real da empresa e elaboração de estratégias para combater a concorrência;
- determinação dos padrões de desempenho e produtividade necessários ao diagnóstico de causas de elevação de custos.

A importância vital do controle tem levado várias empresas a comprar *softwares* de gestão de frotas e programações de manutenção, fazem também controle de conhecimentos, folhas de viagem, analises de rotas etc.

Apresentamos nas páginas seguintes, com simplificações e adaptações, os impressos utilizados por algumas transportadoras. Esses mesmos impressos são adotados e adaptados aos *softwares* de gestão.

O ponto de partida para qualquer sistema é uma planilha geral para apuração dos custos mensais por veículo. A planilha do Quadro 6.2 divide as despesas em três categorias:

a. consumo, incluindo combustível, lavagem e lubrificação;
b. manutenção e oficina, incluindo pneus, câmaras, mão de obra de oficina, peças, motor, funilaria, consertos do baú e acidentes;
c. custos fixos, incluindo motorista, licenciamento, seguros e depreciação.

Consumo

Na primeira coluna da planilha, o veículo é identificado pelo número da frota.

Os quilômetros rodados (coluna 2) são obtidos a partir da folha de viagem (vide Quadro 6.3) que acompanha o motorista. Este mesmo documento contém os programas de revisões do veículo e trocas de óleo; um roteiro de inspeção diária do veículo a ser executado pelo motorista; e espaço para anotar os serviços de manutenção executados durante a viagem.

Os dados sobre consumo do combustível (colunas 3 a 6) e lubrificantes (colunas seguintes) são extraídos da folha de viagem confrontada com informações do formulário de abastecimento. Este formulário admite duas variações:

a. para veículos da capital;
b. para veículos do interior e longa distância (vide Quadro 6.4).

No primeiro caso, os dados podem ser preenchidos pelos donos ou gerentes de postos com os quais a empresa mantém convênio. Para que o motorista possa abastecer-se nestes postos, deve exibir uma permissão numerada, emitida pela empresa em várias vias, uma das quais fica com o fornecedor. Já o controle do consumo dos veículos em viagem pelo interior exige relação de despesas a partir das notas fiscais de abastecimento.

Quadro 6.2 *Planilha geral*

Ano ___ Mês ___ Filial ___ Tipo de veículo ___ Número de veículos ___ km rodados ___													
		Combustível				Lubrificantes						Subtotal		Custo total do consumo	
						Cárter		Transmissão		Outros					
		litros	km/litro	$	$/km	litros	$	litros	$	litros	$	$	$/km	$	$/km
	1	1	1		1	1	1	1	1	1	1				
	2	2	2		2	2	2	2	2	2	2				
Totais															
%															
média															

Quadro 6.2a

MANUTENÇÃO E OFICINA											
Pneus e câmaras	Mão de obra		Peças	Motor	Funilaria		Acidentes	Subtotal		Consumo mais manutenção	
$	$	$/km	$	$	$	$	$	$	$/km	$	$/km
3	8		4	4	4	4	4				
			5	5	5	5	5				
			6	6	6	6	6				
			7	7	7	7	7				

Quadro 6.2b

CUSTOS FIXOS							
Motorista	Licenciamento	Seguros	Depreciação	Subtotal		Total geral	
				$	$/km	$	$/km
8	9	9	9				

Quadro 6.3

FOLHA DE VIAGEM Local_____ Data _____ Carro nº _____											
MOTORISTA _____ SERVIÇO _____											
MOTORISTA _____ SERVIÇO _____											
MOTORISTA _____ SERVIÇO _____											
De	Para	Saída		Chegando		Horas de viagem	Quilometragem			Abastec. (1)		Km
		Data	Hora	Data	Hora		Saída	Chegada	Percorr.	Comb.	Lubrif.	

TOTAIS PARA USO DA MANUTENÇÃO

Km chegada	Km percorr.	Rev. 5.000	Rev. 10.000	Rev. 30.000	Câmbio dif. 15.000	Óleo motor próx. troca	Km do motor desde a revisão
Observações para a manutenção (defeitos do carro, avarias etc.).							

Quadro 6.3a

FOLHA DE VIAGEM (VERSO) PARA USO DA MANUTENÇÃO		Local _____		Data ___/___/___	
FOLHA DE INSPEÇÃO DIÁRIA						
Lavagem Escapamento Comandos e alavancas					
Lubrificação		Correia do ventilado		Macaco	
Limpeza do baú e carroceria		Radiador		Chave de rodas	
Vidros das portas		Bujão do radiador		Chaves de fendas	
Para-brisas		Nível do óleo do motor		Chaves fixas	
Retrovisores		Filtro de ar/carburador		Alicate	
Limpadores de para-brisas		Terminais da bateria		Farol de neblina	
Faróis		Água de bateria		Extintor	
Faroletes		Óleo da caixa de câmbio		Triângulo	
Luzes de direção		Óleo do diferencial		Lanternas sonâmbulo	
Luzes de placa		Óleo de freios/embreagem		Cordão de luz	
Para-choques		Limpeza da cabina		Documentos do carro	
Lataria		Estofamento		Pneus	
Pintura		Tapetes		EF		DF	
Maçanetas externas		Painel		ECE		DCE	
Rodas		Luzes internas		ECI		DCI	
Amortecedores		Maçanetas internas		ETE		DTE	
Molas de grampo		Borracha dos pedais		ETI		DTI	
Serviços executados pela manutenção Local					
Observações: Indicar o local ou oficinas onde foram executados os serviços. Indicar números das notas fiscais e valor dos serviços.					

Quadro 6.4

CONTROLE DE ABASTECIMENTOS LAVAGEM E LUBRIFICAÇÃO				Veículo _____ Filial _____		Mês _____ Ano _____								
Veículo	Quilome-tragem	Motorista	Nota fiscal	Combustível		Óleo de cárter		Óleo de câmbio		Óleo de diferencial		Lavagem	TOTAL
				litros	$	litros	$	litros	$	litros	$	$	$
TOTAL													

Manutenção

No controle do curso e desempenho dos pneus, sugerimos a utilização de fichas fornecidas pelos fabricantes. O sistema tem como ponto de partida um cartão de troca, em que o motorista e borracheiros anotam tudo o que acontece com o pneu, discriminando a quilometragem percorrida e indicando as substituições e seus motivos. Um esquema da posição dos pneus, impresso na própria ficha, facilita o preenchimento dos dados. Além disso, cada pneu tem uma ficha individual (ficha de quilometragem) capaz de controlar toda a sua vida útil, antes e depois de recapado, e de fornecer informações sobre o seu paradeiro (se está em serviço, sendo recapado, estoque ou já retirado definitivamente de circulação). Uma terceira ficha (registro do veículo) indica todos os pneus que equipam o veículo e suas posições. Há ainda uma ficha (registro de quilometragem) onde são anotadas as quilometragens percorridas diariamente pelo veículo durante o ano inteiro.

A planilha reserva duas colunas específicas para o controle da mão de obra de oficina. Numa são discriminadas as horas trabalhadas e na outra o custo mensal para cada veículo. O tempo gasto pelos mecânicos deve ser levantado através de fichas preenchidas pelos próprios operários, controlados pelo chefe de oficina. Por sua vez, o custo mensal leva em conta não apenas o valor pago pelas horas trabalhadas, mas também:

a. custos de equipamentos da oficina, como compressores, máquinas de solda, pintura etc.;
b. consumo de energia, aluguel, telefone e dos materiais auxiliares;
c. mão de obra de serviços realizados por terceiros;
d. encargos sociais;
e. remuneração e encargos do pessoal ligado à manutenção, como o chefe de oficina, almoxarifado, escritório, vigilância etc.;
f. custo das horas ociosas. O controle desses gastos deve ser feito pela ordem de serviço (vide Quadro 6.5), autorização para serviços de terceiros (Quadro 6.6), controle de custo de manutenção de veículos das filiais (vide o Quadro 6.7), e pela ficha de serviços (vide Quadro 6.8).

Quadro 6.5

ORDEM DE SERVIÇO Nº			
DATA ___/___/___	LOCAL	CARRO Nº	
Serviços a executar	Material componentes/ Substituição	Nº Fiscal	Nº Valor

DIA PREVISTO PARA ENTREGA DO VEÍCULO			INSPEÇÃO GERAL	
PERÍODO DE COMPRA Nº DATA DA AUTORIZAÇÃO ENVIO À RETÍFICA				
			RESPONSÁVEL	DATA
	IDA	VOLTA		
ENVIO À FUNILARIA EM TEMPO DE EXECUÇÃO			INSPEÇÃO FINAL	
	IDA	VOLTA		
			RESPONSÁVEL	DATA
CHEFE/OFICINA			VEÍCULO ENTREGUE EM	

Quadro 6.6

AUTORIZAÇÃO PARA SERVIÇOS DE TERCEIROS		
NOME DA OFICINA		
DATA ___/___/___	VEÍCULO	O.S. Nº
SERVIÇOS A EXECUTAR		VALOR
AUTORIZADO POR ASSINATURA	TOTAL $	
	Esta ficha deve ser devolvida acompanhando o veículo ou peça consertada ou confeccionada.	

Quadro 6.7

CONTROLE DE CUSTOS DE MANUTENÇÃO DE VEÍCULOS DAS FILIAIS						
VEÍCULO ____ FILIAL ____ MÊS ____ ANO ____						
				VALOR $		
KM	SERVIÇOS EXECUTADOS	OFICINA	N. FISCAL	M. OBRA	PEÇAS	
			TOTAL			

Quadro 6.8

FICHA DE SERVIÇO						
FUNCIONÁRIO					DATA __/__/__	
			HORAS			
HORÁRIO ENTRADA SAÍDA DE SERVIÇO			TOTAL	NORMAL	EXTRAS	PRODUTIVAS	IMPRODUTIVAS
Nº VEÍCULO						
	INÍCIO	TÉRMINO	SERVIÇO EXECUTADO			

Os custos de propriedade (licenciamento, seguros e depreciação) são controlados por fichas à parte (veja Quadro 6.9) onde se anotam todos os dados de identificação do veículo, o custo da licença, as taxas de seguros e o custo da depreciação. Em época de inflação, é conveniente reajustar trimestralmente o preço do veículo a fim de se obter o custo real da operação. Caso contrário, o custo da depreciação será subestimado e acabará não permitindo a reposição do veículo. Tratando-se do licenciamento, além da taxa rodoviária única, é preciso considerar as despesas relacionadas com a situação legal do veículo (despachante, multas etc.). O seguro quase sempre se limita ao obrigatório, uma vez que a maioria das empresas ainda não costuma segurar seus veículos contra colisão, incêndio e roubo.

Por sua vez, a apropriação do custo de peças e serviços controlados à parte (motor, funilaria, baú e gastos com recuperação de veículos acidentados) pode utilizar os mesmos formulários da mão de obra (ordem de serviço, autorização para serviços de terceiros e controle de custos de manutenção de veículos das filiais). Para que o sistema realmente funcione, nenhum reparo deve ser realizado sem a emissão de uma ordem de serviço onde se discriminem as tarefas a executar. Em outro local do mesmo impresso, indica-se o trabalho que foi realmente executado, por quem e a última vez em que o veículo entrou na oficina. Os componentes necessários para a reparação são requisitados através de uma folha de requisição, onde se anotam os preços.

Em certos casos, os custos estimados dos componentes são acrescidos de uma percentagem – geralmente 10% – para cobrir os gastos de transporte e estocagem.

Em muitas empresas, as despesas com recuperação de veículos acidentados não são computadas no custo final, para não distorcer os resultados. Sua inclusão na planilha, neste caso, serve apenas para controlar a evolução deste tipo de gasto.

Custos fixos

Além da remuneração do motorista e do ajudante, quando houver, consideram-se todos os encargos sociais. Quando a empresa mantém motorista de reserva, os salários destes devem ser distribuídos equitativamente por todos os veículos. O custo inclui também diárias da tripulação (alimentação, alojamento etc.). Em algumas empresas, o cálculo é realizado a partir da folha de pagamento, emitida pelo departamento de pessoal. Neste caso, calcula-se o custo por veículo rateando-se o custo total pela quilometragem desenvolvida pelos veículos.

Para chegar ao custo final, seria necessário considerar ainda os custos de administração – salários do pessoal de escritórios e armazéns, propaganda, contabilidade, aluguéis, água, luz, limpeza, telefone, impostos, descontos de fretes etc. – geralmente estimados como percentagem (de 20 a 30%) dos custos diretos. Em alguns casos, é indispensável calcular até mesmo os lucros cessantes devido às paralisações do veículo cuja participação nos custos aumenta com a vida do equipamento. O cálculo é feito avaliando-se os benefícios que o veículo deixa de proporcionar. Veja o Quadro 6.9.

Quadro 6.9

CUSTOS DE PROPRIEDADE				
Ano de fabricação	Data de compra	Marca	Tipo	Cor
Nº Motor	Nº Certificado	Nº Chassi		Nº Placa
Lotado em	Data	Histórico		

Vencimento da licença	Depreciação	Taxa de Seguro $	Taxa de Licença $

6.2.5 Manutenção da frota

6.2.5.1 Conceito

Consiste nos critérios e objetivos a serem utilizados para promover a execução dos serviços de manutenção. A finalidade principal dos critérios estabelecidos neste texto consiste na minimização dos períodos da parada a título de manutenção e no consequente prolongamento da vida útil dos implementos de carga.

Dada a grande diversificação de serviços realizados por qualquer oficina, uma série de atividades é desenvolvida junto a terceiros, tendo-se destaque para as seguintes atividades:

- retífica de motores;
- recapagem de pneus;
- serviços em bombas injetoras;
- balanceamento do cardã estático e dinâmico; e
- consertos em colmeias de radiadores.

Capítulo 6 • Transportes

Existem quatro opções de manutenção abrangendo todo o aspecto relativo aos cuidados que deverão ser destinados aos equipamentos.

a. manutenção de operação;
b. manutenção preventiva;
c. manutenção corretiva;
d. manutenção de reforma.

Para melhor visualização, veja Figura 6.1.

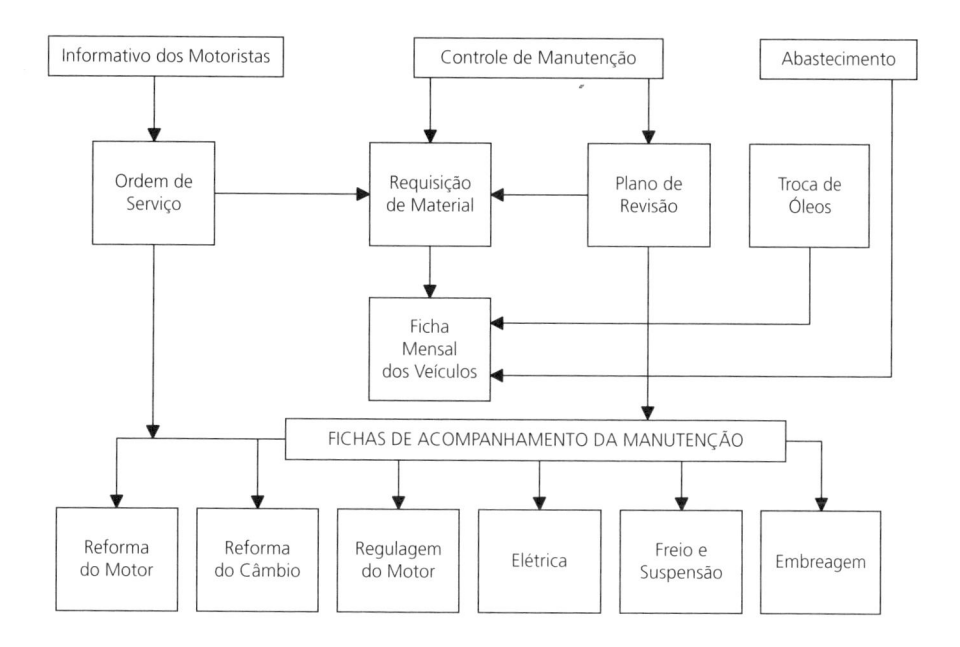

Figura 6.1 *Fluxograma do serviço de manutenção.*

6.2.5.2 Manutenção de operação

Considere a atividade desenvolvida pelo motorista, pois o condutor do veículo é elemento-chave na conservação do mesmo.

A vida útil do equipamento depende mais do motorista do que da própria manutenção de oficina, confirmando, portanto, que a manutenção não ocorre apenas na oficina, mas a toda hora, e alguns itens são fundamentais para a realização da manutenção de operação. Veja Figura 6.2.

```
                    ┌─────────────────────────┐
                    │  Posto de Abastecimento │
                    └───────────┬─────────────┘
                                ▼
                        ┌──────────────┐ ◄──────────────◄
                        │   Recepção   │
                        └──────┬───────┘
```

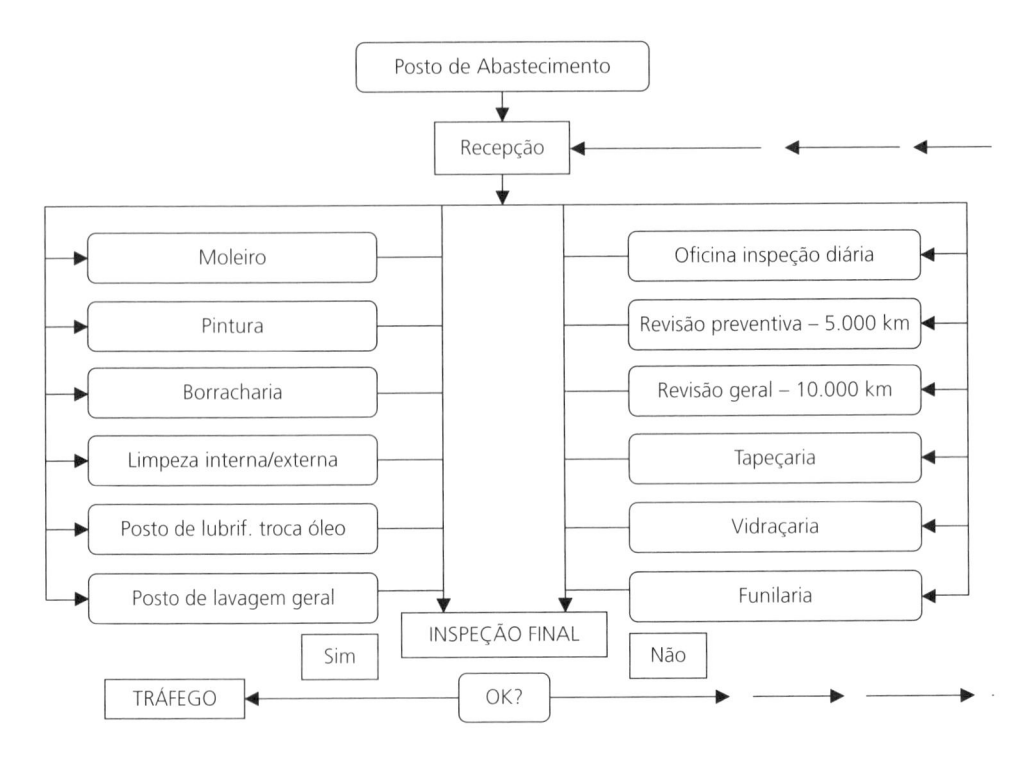

```
   ┌──► Moleiro                          Oficina inspeção diária ◄──┐
   ├──► Pintura                          Revisão preventiva – 5.000 km ◄──┤
   ├──► Borracharia                      Revisão geral – 10.000 km ◄──┤
   ├──► Limpeza interna/externa          Tapeçaria ◄──┤
   ├──► Posto de lubrif. troca óleo      Vidraçaria ◄──┤
   └──► Posto de lavagem geral           Funilaria ◄──┤
                         │   INSPEÇÃO FINAL   │
                    Sim  │                    │  Não
          TRÁFEGO ◄──────│       OK?          │──────►
```

Figura 6.2 *Fluxo de inspeção.*

Sistema de freios e embreagens

- testar o funcionamento de freios de pé, motor, estacionamento e manetim da carreta (quando for o caso);
- drenar a água do reservatório de ar (freio pneumático);
- verificar folga dos pedais e freios.

Sistema elétrico

- testar o funcionamento das luzes de freio e de placa, dos faróis, lanternas, pisca--piscas e buzinas;
- verificar fixação da bateria, respectivos "bornes" e nível d'água;
- verificar o funcionamento dos instrumentos, interruptores e luzes do painel.

Motor

- verificar vazamentos em geral;
- verificar os níveis de óleo e água e completá-los se necessário;

- verificar o estado e tensão da correia e do ventilador;
- verificar os comandos de aceleração e afogamento.

Pneus e rodas

- verificar o estado dos aros;
- verificar o estado e calibragem dos pneus;
- verificar pneu(s) sobressalente(s).

Ferramentas e documentos

- verificar ferramentas, triângulo de segurança e extintor de incêndio;
- verificar posse e atualização dos documentos pessoais.

6.2.5.3 Manutenção preventiva

Consiste nas manutenções promovidas periodicamente que podem ser englobadas em uma única norma a respeito dos manuais do fabricante do equipamento.

Basicamente, podemos abrangê-las em quatro tipos de revisões, ou seja:

a. 4.000 a 7.000 km;
b. 9.000 a 13.000 km;
c. 14.000 a 20.000 km;[2]
d. recuperações e trocas gerais.

Carroçaria	A	B	C
• Verificar tapeçaria em geral	X	X	X
• Verificar guarda-pó da alavanca de câmbio	X	X	X
• Verificar fechos das portas	X	X	X
• Verificar suporte do extintor	X	X	X
• Verificar suporte da bateria	X	X	X
• Verificar para-choques		X	X
• Verificar suporte do estepe		X	X
• Verificar pintura e letreiros		X	X
• Verificar canaletas dos vidros em geral			X
• Verificar borracha do para-brisa			X

---

[2] A partir desta quilometragem, tornar a fazer a mesma revisão a cada 7.000 km.

Elétrica	A	B	C
• verificar lanternas traseiras	X	X	X
• verificar luz de freio	X	X	X
• verificar setas	X	X	X
• verificar luz interna em geral	X	X	X
• verificar tacógrafo	X	X	X
• verificar luz de placa	X	X	X
• verificar pisca do farol		X	X
• verificar lâmpadas-piloto do painel		X	X
• verificar água da bateria		X	X
• verificar terminais da bateria		X	X

Mecânica	A	B	C
• lubrificar	X	X	X
• limpar purificador de ar	X	X	X
• revisar sistema de freios: lonas	X	X	X
• revisar sistema de freios: catraca	X	X	X
• revisar sistema de freios: cilindros	X	X	X
• revisar sistema de freios: cuícas	X	X	X
• revisar sistema de freios: valvular	X	X	X
• revisar e calibrar todos os pneus	X	X	X
• revisar e reapertar molejos	X	X	X
• verificar parafusos e suportes do cardã	X	X	X
• verificar mangueiras do radiador e braçadeiras	X	X	X
• verificar ventilador e correias	X	X	X
• verificar suportes do tanque de óleo diesel	X	X	X
• verificar vazamentos de ar	X	X	X
• verificar vazamentos de óleo diesel	X	X	X
• verificar vazamentos de óleo do motor	X	X	X
• verificar escapamento	X	X	X
• verificar barras e terminais de direção	X	X	X
• verificar vazamentos de óleo de câmbio	X	X	X
• verificar vazamentos de óleo de diferencial	X	X	X
• verificar limpadores de para-brisa	X	X	X

Mecânica	A	B	C
• verificar e completar água de bateria	X	X	X
• verificar lacre de bomba injetora	X	X	X
• limpar ou trocar elementos do filtro lubrificante	X	X	X
• trocar óleo do motor		X	X
• verificar acoplamento da bomba injetora		X	X
• verificar canos e braçadeiras da injetora		X	X
• verificar molas e discos da embreagem		X	X
• verificar bomba d'água e compressor		X	X
• verificar freio de mão		X	X
• verificar amortecedores		X	X
• verificar extintor		X	X
• trocar água do radiador			X
• trocar elementos do filtro de óleo diesel			X
• trocar elementos do copinho	X		
• regular as válvulas	X		

Uma correta rotina de manutenção preventiva pode ser vista no Quadro 6.12.

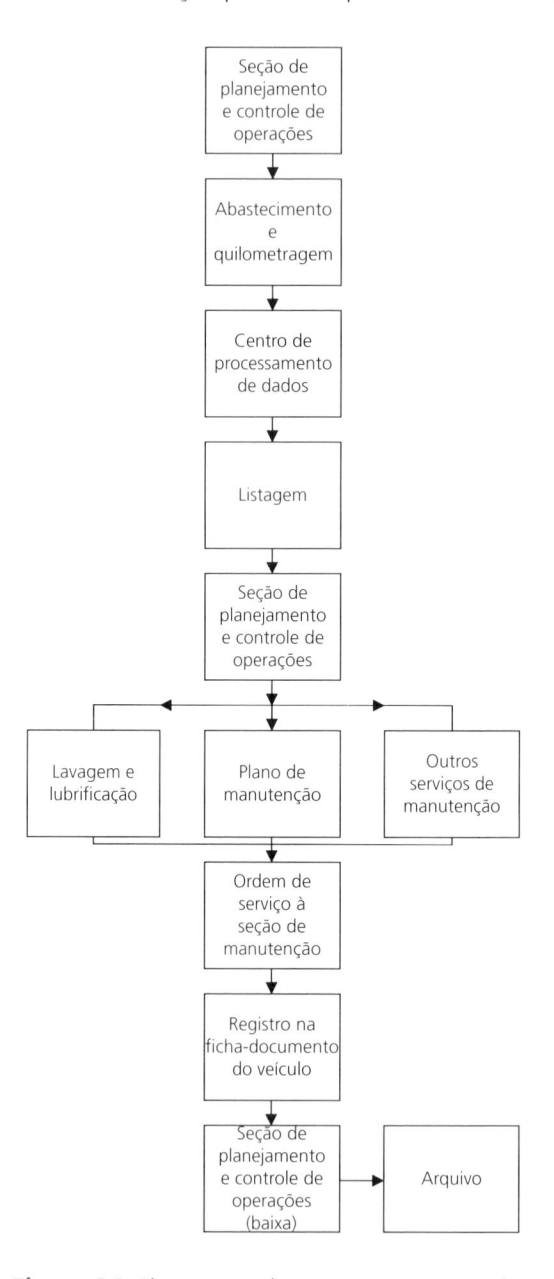

Figura 6.3 *Fluxograma da manutenção preventiva.*

6.2.5.4 Manutenção corretiva

Este nível de manutenção é o processo gerador das observações e constatações realizadas pelo motorista durante a execução da operação de transporte.

A partir desta premissa, desenvolve-se relatório de bordo onde o motorista acusa as falhas mais graves, com os seguintes campos de observações:

Motor

- Está batendo?
- Está gastando muito óleo?
- Há vazamentos de óleo no cárter?
- Luz do óleo está acendendo?
- Não há marcha lenta?
- Não há excesso de fumaça?

Refrigeração

- Radiador vazando?
- Motor esquentando?
- Correias quebradas?

Direção

- Direção puxando dos lados?
- Direção batendo?
- Direção fugindo?
- Direção muito dura?
- Direção com muita folga?
- Vaza óleo na direção?

Instrumentos

- Tacógrafo com defeito?
- Velocímetro com defeito?
- Temperatura não funciona?
- Relógio de ar não funciona?
- Contagiro não funciona?

Freios

- Freios fracos?
- Pedal baixo?
- Mantim não freia?
- Freio de mão não segura?
- Há vazamento de óleo no freio?
- Compressor carrega pouco?

Alimentação

- Motor não puxa?
- Há vazamento de óleo diesel?
- Há vazamento de óleo no tanque?
- Irregularidade no lacre da bomba injetora?

Transmissão

- Diferencial roncando?
- Câmbio roncando?
- Cardã vibrando?
- Embreagem desregulada?

Suspensão

- Suspensão batendo?
- Suspensão vazando?
- Amortecedor batendo?

Sistema elétrico

- Não tem partida?
- Gerador não carrega?
- Farol não acende?
- Sinaleiras não acendem?
- Luz do painel não acende?
- Luz do freio não acende?
- Buzina não funciona?
- Chaves de contato com defeito?

Carroçaria

- Especificar o dano causado.

Uma correta rotina de manutenção corretiva pode ser vista na Figura 6.4.

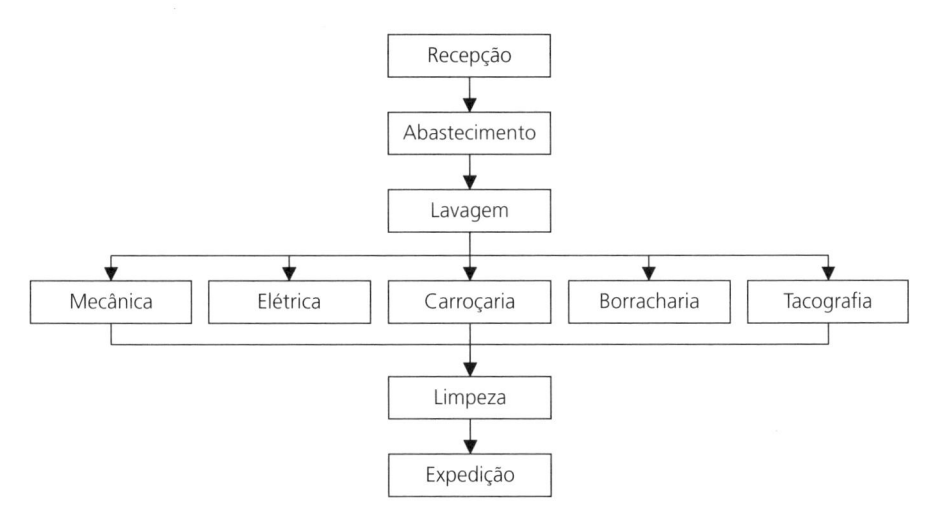

```
Recepção
   ↓
Abastecimento
   ↓
Lavagem
   ↓
┌─────────┬─────────┬──────────┬────────────┬────────────┐
Mecânica  Elétrica  Carroçaria  Borracharia  Tacografia
                       ↓
                    Limpeza
                       ↓
                    Expedição
```

Figura 6.4 *Fluxograma da manutenção corretiva.*

6.2.5.5 Manutenção de reforma

Habitualmente gerada pelas manutenções corretivas.

As atividades podem ser divididas em revisões ou trocas, conforme discriminação a seguir:

Motor	**Revisão ou troca**	**Quilometragem**
• Motor • *Kits* completos • Jogos de bronzinas • Jogo de pistões • Jogo de anéis • Cabeçotes • Bomba injetora • Bomba alimentadora • Jogos de bicos • Capa seca		

Motor	Revisão ou troca	Quilometragem
• Compressor • Radiador • Correias e mangueiras • Polias • Rolamentos e pulias		
Eixo dianteiro		
• Eixo dianteiro • Mangas de eixos • Pinos de manga de eixo • Embuchamentos • Rolamentos de cubos • Lonas de freio • Campanas de freio • Retentores de cubo		
Eixo traseiro		
• Carcaça • Pontos de eixo • Cubos • Diferencial • Rolamentos de cubos • Lonas de freio • Excêntricos de freio • Freio de mão e manetim • Trambulador de câmbio		
Direção		
• Caixa de direção • Barras de direção • Terminais de direção • Alinhamento de direção • Volante		

Suspensão		
• Molejos dianteiros		
• Molejos traseiros		
• Suportes dianteiros		
• Suportes traseiros		
• Jumelos dianteiros		
• Pinos e buchas		
• Câmaras de suspensão		
• Suportes de suspensão		
• Amortecedores dianteiros		
• Amortecedores traseiros		
Transmissão		
• Cardã		
• Rolamentos de cardã		
• Retentores de cardã		
• Luvas de cardã		
• Platô		
• Disco de fricção		
• Rolamento de embreagem		
Diversos		
• Tanque de óleo diesel		
• Encanamentos de óleo diesel		
• Vazamentos de ar		
• Escapamento		
• Outros (especificar)		

6.2.5.6 Controle de pneus

Um levantamento realizado pelo serviço de análise de frotas da Goodyear em uma empresa de transportes revelou a surpreendente cifra de 599 irregularidades nos 276 pneus dos 46 veículos examinados – média de 13,02 irregularidades por veículo. A quase totalidade (98,81%) dos veículos mostrava pressão incorreta; ausência de tampas de válvulas (65,57%); pneus com lateral raspada por guias de calçadas (39,13%); pneus lisos pedindo recapagem (15,21%); conjuntos duplos malcombinados (19,56%), conjuntos duplos mal-espaçados (3,19%); foram outras deficiências constatadas. Vejamos algumas maneiras eficazes de controlar os pneus, já que são responsáveis por alta participação no custo variável de um caminhão.

a) Pressão

Pressão de mais ou de menos sempre prejudica o pneu. Se a pressão é inferior à recomendada pelo fabricante, o pneu acaba "achatando-se" mais que o normal. A carga não se distribui regularmente sobre toda a banda de rodagem. Vai concentrar-se somente nas partes laterais (veja Figura 6.5 e Gráfico 6.5) que acabarão desgastando-se de maneira excessiva. Além disso, os flancos deformam-se mais, produzindo mais calor e aumentando a temperatura interna. Com o tempo, toda a estrutura do pneu será afetada, com risco de deslocamento da banda de rodagem e das lonas até o rompimento dos cordonéis.

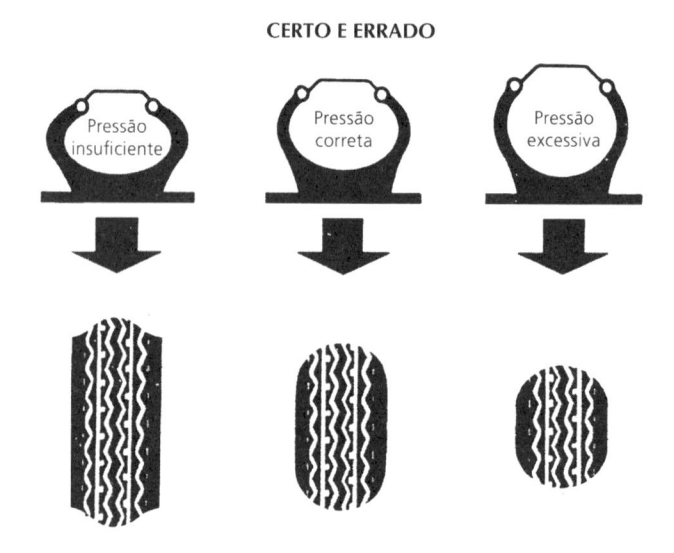

Figura 6.5 *Pressão dos pneus.*

Por outro lado, se a pressão é excessiva, apenas a parte central da banda de rodagem vai tocar o solo e acabará consumindo-se rapidamente. O veículo ficará sujeito a trancos particularmente danosos à carcaça.

Para evitar tais inconvenientes, os fabricantes aconselham os seguintes cuidados:

- só encher os pneus quando estiverem frios, obedecendo estritamente à pressão indicada nos catálogos;
- verificar frequentemente a pressão. Para tanto, é indispensável usar calibradores em bom estado e manter um calibrador-mestre perfeitamente aferido para ajustar periodicamente os demais;
- cuidar bem das válvulas. Entre os cuidados mais importantes, incluem-se a troca das agulhas defeituosas, a substituição das tampas perdidas, a montagem cuidadosa,

para não danificar a câmara de ar, a escolha do tamanho correto da haste (hastes muito curtas ou muito longas estão sujeitas a quebras) e o aperto cuidadoso da porta e da tampa da válvula;
- inspecionar frequentemente as câmaras de ar. Câmaras velhas, ressecadas e com muitas emendas não devem ser utilizadas. Tornam-se muito vulneráveis a choques e perfurações, com risco de danificação do pneu;
- inspecionar periodicamente os pneus e remover qualquer corpo estranho infiltrado entre os sulcos;
- evitar sangrias ou redução de pressão dos pneus durante as viagens. A redução de pressão de um pneu quente resultará em sério problema de baixa pressão tão logo o pneumático esfrie: a pressão cairá abaixo do nível recomendado. Constantes sangrias podem levar a temperaturas muito altas, capazes até de desagregar a carcaça;
- padronizar os tipos, tamanhos e marcas de pneus;
- estabelecer e seguir um programa de manutenção da correta pressão dos pneus.

b) Velocidade

Segundo os fabricantes, a velocidade é, de longe, a maior inimiga dos pneus. De fato, a alta velocidade é sinônimo de elevadas quantidades de calor geradas na estrutura interna do pneumático, que a parte externa não consegue eliminar com a rapidez necessária. As consequências são o aumento da pressão interna e a redução da resistência à abrasão da banda de rodagem: consequentemente, a vida útil reduz-se drasticamente com o aumento da velocidade; veja o Gráfico 6.5.

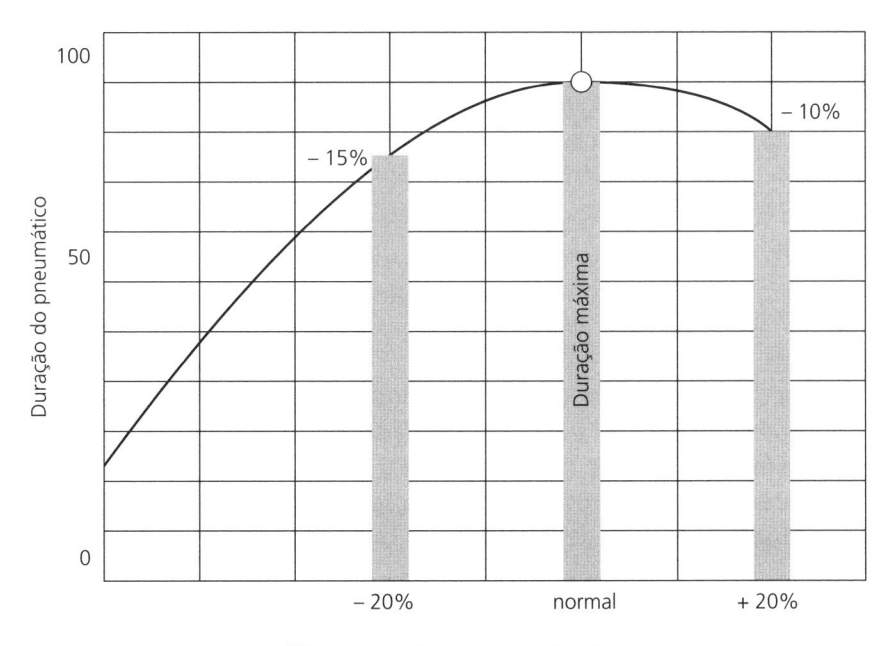

Gráfico 6.5 *Influência da velocidade.*

A maneira de dirigir influi igualmente sobre a vida útil do pneu; evitar partidas rápidas, acelerações, frenagens bruscas e derrapagens desnecessárias nas curvas são cuidados indispensáveis para aumentar a durabilidade dos pneumáticos.

Nas partidas rápidas, as derrapagens tornam-se praticamente inevitáveis, consumindo o equivalente a horas de viagem normal. Mesmo não provocando derrapagens, a partida brusca acaba concentrando esforços repentinos numa pequena parte do pneu, o que é desaconselhável. Por outro lado, acelerações e frenagens bruscas significam esforço adicional para os cordonéis e a banda de rodagem.

O deslizamento com rodas freadas, além de reduzir a eficiência das frenagens, provoca consumo irregular na banda de rodagem. Efeitos semelhantes são causados pela derrapagem nas curvas.

No tráfego urbano, um risco adicional é a compressão lateral do pneu, devido às raspadas por guias de calçadas. Como a lateral é a zona reservada à flexão, a quantidade de borracha nesta área é mínima e qualquer corte ou avaria pode inutilizar o pneu.

Uma forma eficaz de combater as altas velocidades é instalar tacógrafos nos veículos. Trata-se de um aparelho semelhante a um velocímetro comum, capaz de registrar todos os movimentos do veículo, velocidades utilizadas, paradas e comportamento do motorista.

No veículo equipado com tacógrafo, ou o computador de bordo, o motorista não pode "ajeitar" o horário, a velocidade e os tempos de parada, práticas comuns quando o controle é feito através do preenchimento de relatório de viagens por ele mesmo.

c) Rodízio

Um dos pontos-chave de qualquer programa de manutenção de pneu é o rodízio correto. Funcionando como barreira contra o uso anormal dos pneus ou as irregularidades mecânicas do veículo, o rodízio periódico (a cada 4.000 a 5.000 km) não só contribui para reduzir e uniformizar o desgaste, como também permite o diagnóstico a tempo de sobrecarga, cortes, rachaduras e outros problemas. No planejamento de um programa de rodízio, os fabricantes aconselham as transportadoras a levar em conta algumas recomendações básicas:

- nunca colocar pneus recondicionados nas rodas de tração e direcionais;
- não usar pneus novos nas rodas das carretas;
- colocar sempre pneus de diâmetros iguais nas rodas de tração (a tolerância máxima é de 2 cm);
- remover do eixo motriz os pneus cuja banda de rodagem atingir 7% de desgaste e colocá-los no reboque. Caso o reboque não precise de pneus, utilize a unidade na roda motriz;
- remover os pneus dianteiros para uma posição ociosa (roda morta) tão logo a banda de rodagem atinja 80% de desgaste.

Por sua vez, a Pirelli recomenda o seguinte esquema: fazer o rodízio de pneus de carros de passeio a cada 4.000 ou 5.000 km. Incluir sempre estepe a fim de evitar a utilização num mesmo eixo de pneus de diâmetro desigual. O mesmo processo vale para *pickups* de quatro rodas, mas a quilometragem pode ser aumentada para até 10.000 km; vide Figura 6.6.

Carros de passeio: incluir o estepe

Esquema para seis rodas

Esquema para utilitários

Esquema de rodízio para veículos de seis rodas com pneus desiguais

Veículos de dez rodas: os pneus do segundo eixo vão para o terceiro

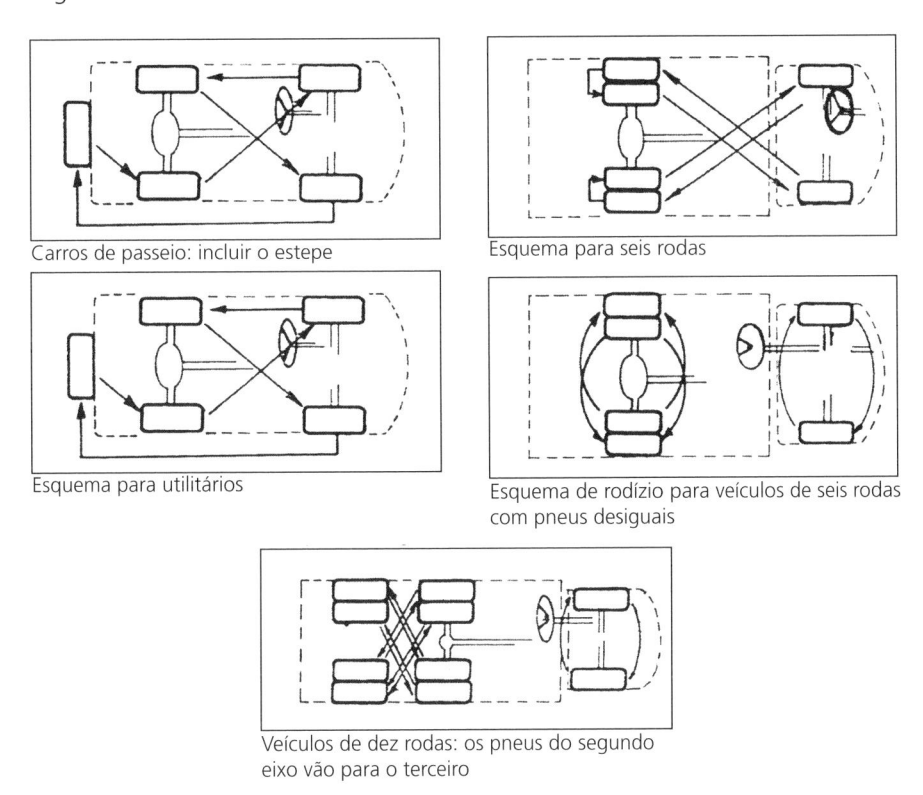

Figura 6.6 *Rodízio de pneus.*

- no caso de veículos de seis rodas uniformes, passar as duas dianteiras para a traseira externa, as traseiras externas para a traseira interna e essas últimas para a dianteira;
- se os pneus forem diferentes, permutar as duas rodas dianteiras entre si. No eixo traseiro, passa-se o externo para o interno direito e vice-versa;
- tratando-se de veículos de dez rodas (três eixos), permutar como no caso anterior, passando, porém, os pneus do segundo eixo para o terceiro e vice-versa.

d) Itinerário

Estradas de traçado ou pavimentação irregular reduzem pronunciadamente a rodagem, que fica sujeita sobretudo à abrasão resultante dos choques do pneumático contra o piso e arrastes. Mas também a carcaça acabará submetida a movimentos irregulares e descontínuos.

Quanto ao traçado, a deficiência que mais afeta os pneus são os raios muito pequenos de curvatura. Acontece que nas curvas o peso do veículo é suportado principalmente pelas rodas externas. Os resultados são sobrecargas que, somadas à força centrífuga, ocasionarão derrapagens e aumentarão as solicitações sobre os pneus. Isso explica por que uma banda de rodagem tem apenas 70% da sua vida ideal; veja Gráfico 6.6.

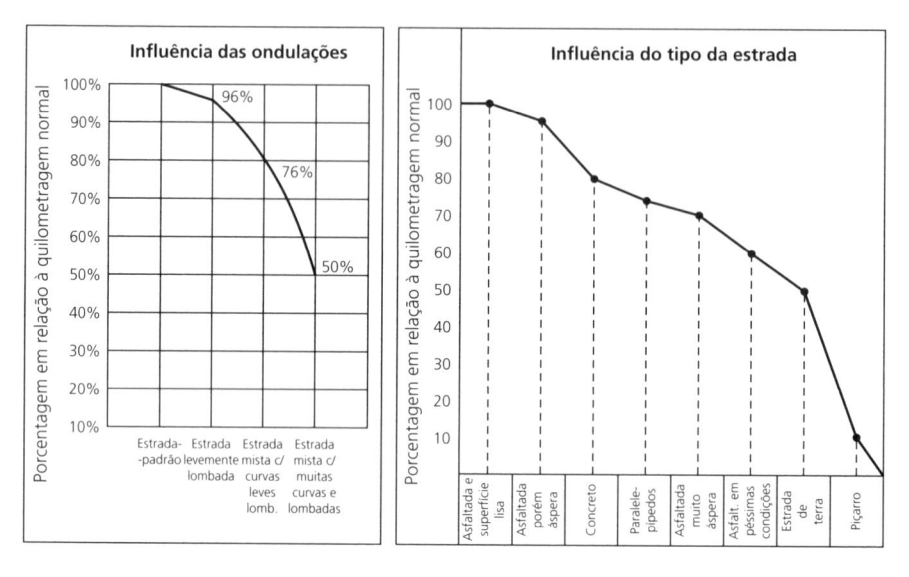

Gráfico 6.6 *Influência nos pneus do itinerário.*

Assim, a escolha criteriosa das rotas de entregas e viagens pode converter-se em um fator de economia nos custos dos pneus.

e) Pares

Nas rodagens duplas, a diferença do tamanho entre os pneus ocasiona desequilíbrio de carga. O mesmo acontece quando a dupla trabalha com pressões diferentes.

Há várias maneiras de verificar as diferenças. Uma delas consiste em medir cuidadosamente os pneus com uma trena de aço, não confiar em simples observação, quando já estiverem montados nos arcos e inflados à pressão correta. Para que haja bom "casamento", a diferença não deve ultrapassar 2 cm. Se os pneus já estiverem montados no veículo, um esquadro de madeira pode fornecer boas inclinações, no caso de estar colocado no sentido do diâmetro dos pneus.

O espaçamento correto dos duplos também é fator importante no desempenho do veículo. Duplos muito próximos quase sempre resultam da indicação de pneus muito grandes proporcionalmente aos aros, rodas e espaçadores e vice-versa. Os folhetos técnicos dos fabricantes indicam o espaçamento correto dos duplos. O cálculo baseia-se no uso de aros adequados e na obediência à pressão máxima recomendada.

f) Carga

A duração do pneu reduz-se em um terço quando trafega com 20% (veja Gráfico 6.7) de sobrecarga. A explicação é simples: a sobrecarga provoca achatamento do pneu contra a estrada. O calor produzido pela flexão excessiva não é satisfatoriamente dispersado, aumentando a temperatura e a pressão interna. As consequências podem variar desde o deslocamento das lonas até outras rupturas mais graves. No caso de choques, a pressão pode provocar a quebra dos cordonéis ou o estouro dos pneus.

Tão prejudicial quanto a sobrecarga é a distribuição errada da carga. Assim, a sobrecarga de um lado só do veículo, por exemplo, causa quebras de flexão dos pneus montados no lado mais pesado e desgaste rápido da banda de rodagem dos pneus situados no lado mais leve. Nos semirreboques, a carga deve ser distribuída de forma que a quinta roda recebe o quinhão justo. As cargas devem ser arranjadas de acordo com seu peso e não segundo conveniências de formato e tamanho.

Para evitar problemas, uma vez que a sobrecarga por eixo constitui infração à lei da balança, punida com pesadas multas, aconselha-se a pesagem do veículo depois de carregado e antes de iniciar viagem. E para prevenir enganos, essa pesagem deve ser cuidadosa:

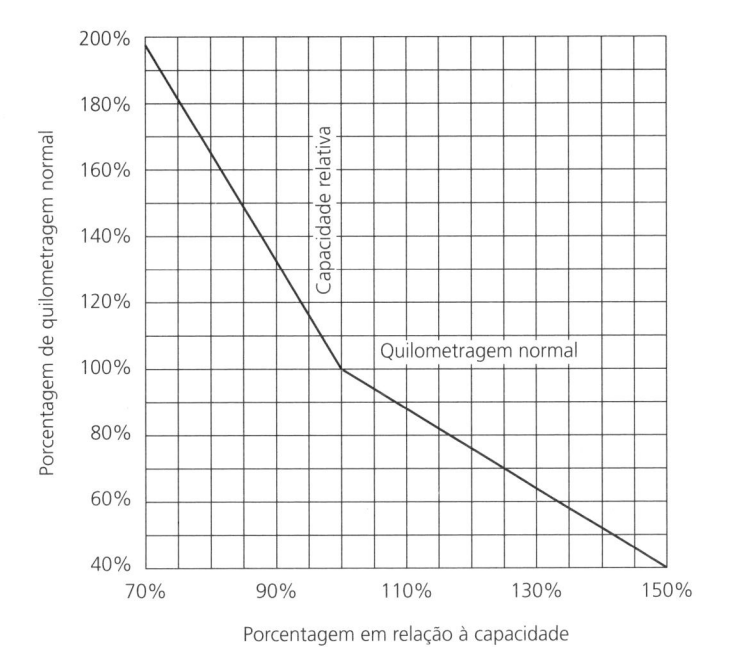

Gráfico 6.7 *Influência da sobrecarga.*

- evitar que as cargas, principalmente no caso de líquidos, possam movimentar-se de um lado para outro, subindo devagar com o veículo na plataforma da balança;
- deixar o veículo parado por alguns minutos sobre a plataforma da balança;
- soltar totalmente os freios;
- verificar se todas as rodas estão no mesmo nível – qualquer inclinação adulterará o resultado.

g) Alinhamento

Durante a montagem dos veículos, as rodas são colocadas na posição correta de alinhamento. Qualquer alteração causada por impactos e pela trepidação resulta frequentemente em desalinhamento das rodas ou outras irregularidades mecânicas igualmente graves. Nas rodas convergentes, a convergência excessiva pode provocar arrastes laterais e grande desgaste nas raias internas e área do "ombro". Já nas rodas divergentes, o desgaste maior ocorre na área externa e não na região do "ombro". Defeitos de alinhamento podem provocar tanto desequilíbrios estáticos como dinâmicos. No primeiro caso, ocorrem violentas oscilações verticais. Se o desequilíbrio é do tipo dinâmico, o resultado será o aparecimento de oscilações transversais. Além de comprometer a estabilidade do veículo e dificultar o trabalho dos motoristas, tais desequilíbrios vão exigir muito mais dos pneus. Deformações dos aros podem agravar estes defeitos. Para prevenir desequilíbrios é indispensável promover o rodízio dos pneus. O conserto de rodas desequilibradas exige máquinas apropriadas.

h) Freios, direção e suspensão

Frenagens desiguais nas quatro rodas ou cuja intensidade se distribui irregularmente ao longo da circunferência do tambor causam derrapagens no veículo e provocam desgaste irregular na banda de rodagem. Graves irregularidades no consumo de pneus podem ser causadas também por:

- suspensão mal-acertada;
- jogo nos terminais da barra de direção;
- folga nos rolamentos das rodas;
- deformações no chassi;
- molas avariadas;
- amortecedores deficientes;
- desgaste do pino-mestre ou pino rei;
- eixo deformado.

i) Temperatura

A duração da banda de rodagem reduz seu tempo de vida quando o pneu opera sob temperaturas elevadas. O aumento da temperatura dificulta a dispersão do calor gerado pelo atrito, reduzindo a resistência ao desgaste de banda de rodagem. Os efeitos combinados de altas temperaturas e elevadas velocidades podem provocar até o deslocamento da banda de rodagem ou das lonas, neste último caso, com risco de rompimento dos cordonéis. O problema agrava-se se os cordonéis afetados forem os internos. Neste caso, eles podem raspar a câmara e furá-la. Em regiões onde ocorrem acentuadas variações de temperatura entre as várias estações, a duração da banda pode reduzir-se à metade. Veja Gráfico 6.8.

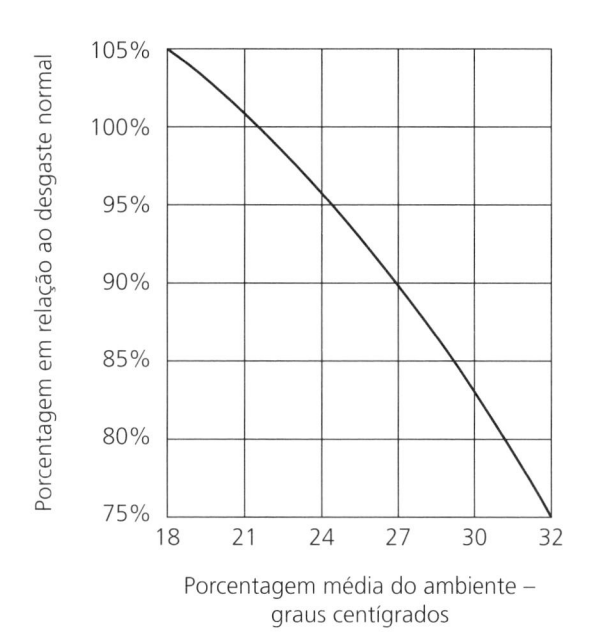

Gráfico 6.8 *Influência da temperatura na quilometragem do pneu.*

Apenas o minucioso controle dos custos possibilitará decisões acertadas sobre tipos, marcas e categorias de pneus mais adequados. Sem informações claras, o empresário frequentemente sucumbe até mesmo à tentação de descontos ilusórios. Um revendedor oferece-lhe um pneu com desconto de 10%. Mas o pneu não é adequado, acaba sofrendo uma quebra de 25% na vida útil. Assim, ele faz um mau negócio acreditando que está economizando.

Mas o controle não serve apenas para detectar maus negócios. Na verdade, conforme o número de veículos da empresa e o peso dos pneus nos custos operacionais, a implantação de um sistema de registro de pneus torna-se providência fundamental para melhorar os resultados operacionais da frota.

A análise da conveniência da implantação do sistema deve começar pelo cálculo da participação dos pneus no custo operacional.

Nesta tarefa, o empresário acabará constatando que, quanto mais pesada a sua frota, maior deve ser a preocupação com o controle dos custos, desempenho e manutenção de pneus. Conquanto representando parcela insignificante das despesas de operação de frotas leves, nas composições mais pesadas os pneus transformam-se num dos itens – senão no item – mais importantes do custo. Nestas condições, uma redução de, digamos 20% nos custos de pneus é capaz de trazer melhora significativa nos resultados operacionais, mesmo depois de descontado o custo adicional para implantar e manter em funcionamento o sistema de controle. Em empresas de porte médio, basta apenas um funcionário especializado para realizar todo o trabalho de registro e análise, desde que conte com a colaboração de motoristas e borracheiros.

O custo do sistema depende também do grau de sofisticação que se pretende atingir e dos recursos utilizados.

Conquanto os outros fabricantes ofereçam sistemas de controle igualmente eficazes, selecionamos o modelo desenvolvido pela Goodyear, atualmente o mais difundido entre os frotistas. Concebido para registrar e retratar minuciosamente toda a vida e o desempenho do pneu, o sistema permite ao frotista levantar rapidamente as seguintes informações:

- quilometragem desenvolvida pelo pneu, por tamanho, marca e tipo;
- custo por quilômetro, tanto de pneu novo como de recondicionado;
- marca do pneu que proporciona melhores serviços;
- custo comparativo de pneus por marca de veículos;
- quilometragem diária de cada veículo;
- localização exata de cada pneu, dado essencial para evitar roubos e desaparecimentos.

Possibilitando o controle tanto de caminhões como de ônibus e composições pesadas – as fichas variam conforme o número de eixos –, o sistema utiliza quatro fichas básicas:

Cartão de troca do pneu

É o ponto de partida de todo o controle – fornece o necessário ao preenchimento das outras fichas. É através dele que o motorista e borracheiros informam ao encarregado do controle tudo o que acontece com o pneu. Veja Figura 6.7.

CARTÃO DE TROCA DE PNEU		DESTINO DOS PNEUS RETIRADOS
TIPO DO VEÍCULO	Nº do Veículo	
Ônibus	Data	
Caminhão	Medida do Pneu	
	Local da Troca	
	Motorista ou Mecânico	
	ODÔMETRO	

Preencha com o número de série dos pneus dentro da respectiva posição

Continua

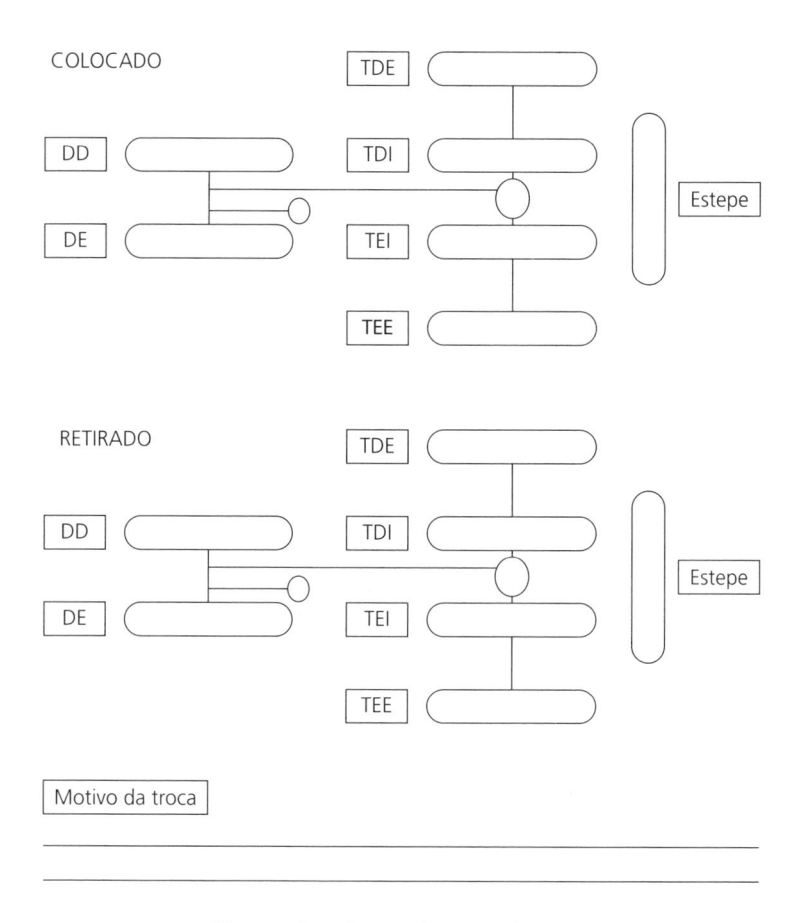

Figura 6.7 *Cartão de troca de pneu.*

O motorista deve levar sempre consigo algumas fichas e preenchê-las corretamente sempre que houver trocas de pneus. A discriminação da quilometragem (para veículos) ou número de horas (para máquinas rodoviárias) é essencial. O motivo da troca também deve ser especificado de maneira clara. Depois de preenchido, o cartão da troca deve ser enviado ao setor de controle para que as informações nele contidas sejam transcritas em outras fichas. Um esquema da posição dos pneus impresso na própria ficha facilita o preenchimento dos dados.

Desde que a ficha básica seja a mesma, são adotados esquemas específicos para:

a. ônibus e caminhões;
b. caminhões com terceiro eixo;
c. carretas e semirreboques.

Para distinguir essas três categorias de veículos, podem ser usadas cores diferentes.

O cartão de troca serve de base também para o inventário dos pneus – providência indispensável não só antes da implantação, como também para o levantamento periódico do estoque.

Ficha de quilometragem do pneu

Começa a ser preenchida na hora em que se compra o pneu – uma para cada pneumático – e acompanha-o durante toda a sua vida útil. No seu cabeçalho são anotados o número de série ou de código, tamanho, tipo, marca e custo do pneu. A parte dianteira da ficha é utilizada para controlar a vida útil do pneu até a sua retirada para a primeira recapagem. Após a recapagem, passa-se a usar o verso do impresso. As fichas devem ser arquivadas em ordem numérica e divididas em quatro grupos. Veja Figuras 6.8a e 6.8b.

Relação dos pneus que equipam o veículo

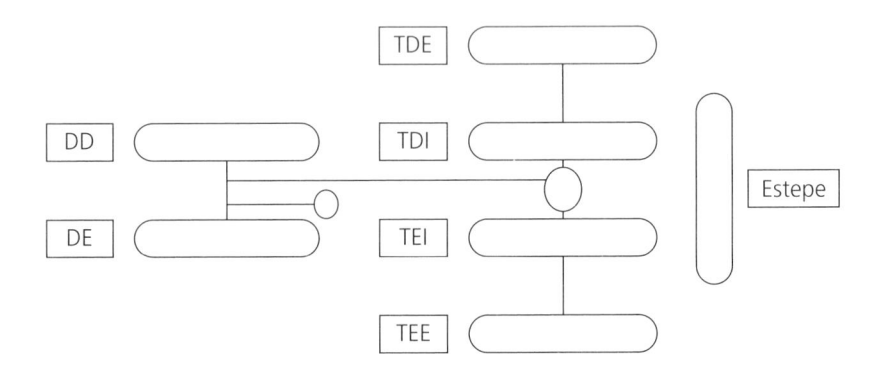

Ficha de quilometragem do pneu

Nº do pneu _____ (UMA PARA CADA PNEU) Nº da série _____

Nome do fabricante do pneu _____ Tamanho __ Tipo ___ Lonas ____

Nome do vendedor _____ Preço _____ Data do faturamento

Nº do veículo	Posição da roda	Data de início do serviço	Data de fim do serviço	Velocímetro do início do serviço	Velocímetro do fim do serviço	Quilometragem	Causa da remoção e disposição	Data do conserto	Preço do conserto

Continua

Capítulo 6 • Transportes

Continuação

Nº do veículo	Posição da roda	Data de início do serviço	Data de fim do serviço	Velocímetro do início do serviço	Velocímetro do fim do serviço	Quilome- tragem	Causa da remoção e disposição	Data do conserto	Preço do conserto

Causa da Remoção Permanente do Serviço _____
Use o verso p/observações sobre recapagem

Figura 6.8a *Ficha de quilometragem do pneu (frente).*

Recapagens Nº do pneu _____
1ª Recapagem por _____ Data _____ Preço ____ Quilometragem _____
2ª Recapagem por _____ Data _____ Preço ____ Quilometragem _____
3ª Recapagem por _____ Data _____ Preço ____ Quilometragem _____

Nº do veículo	Posição da roda	Data de início do serviço	Data de fim do serviço	Velocímetro do início do serviço	Velocímetro do fim do serviço	Quilome- tragem	Causa da remoção e desgaste	Data do conserto	Preço do conserto

Causa da Remoção Permanente do Serviço _____

Figura 6.8b *Ficha de quilometragem do pneu (verso).*

- **ativo:** abrange todos os pneus em serviço (montados nos veículos, inclusive os estepes);
- **reparados:** pneus que estão sendo recapados ou consertados;

- **estoque:** pneus prontos para entrar em serviço, sejam novos, usados ou recapados;
- **mortos:** pneus retirados definitivamente de circulação.

A transferência da ficha de um grupo para outro é feita com base no cartão de troca. Assim, se o cartão indica que o pneu furado foi removido porque já se tornara muito "gasto", a ficha deve ser transferida do grupo "ativo" para "mortos". Contudo, se a ficha indica remoção para "conserto", ela deve ser transferida para o arquivo "reparados". Depois do conserto, o encarregado lança o custo na coluna apropriada da ficha (preço do conserto) e a transfere para o arquivo de "estoque". Uma vez colocado o pneu em um novo veículo, a ficha volta para o setor "ativo", depois da indispensável anotação nas colunas "número do veículo" e "posição da roda".

Registro do veículo

Indica todos os pneus que equipam o veículo e sua posição. Mostra, além dos dados do veículo (anotados no cabeçalho), todos os pneus que o equipam e sua posição. Fornece informações imediatas sobre o número de trocas realizadas e dados comparativos de desempenho entre os vários tipos de veículos. Os dados básicos são extraídos do cartão de troca. Vide Figura 6.9.

Firma _____   Veículo Nº _____   REGISTRO DO VEÍCULO
Chapa Nº _____

	Diant.	Tras.						
Marca roda			Peso	Vazio Carreg.	Tam. Pneu	Diant.	Marca
			Eixo diant.			Tras.	Modelo
			Eixo Tração		Nº Válvula	Diant.	Capacidade
			3º			Tras.	
Aro tipo/tamanho			TOTAL				

Data de verificação da troca	EIXO DIANTEIRO		EIXO TRAÇÃO				3º EIXO ou *TRUCK*				
	DD	DE	TED	TDE	TEI	TEE	DE	DI	EE	EI	ESTEPE

Figura 6.9 *Registro do veículo.*

Cada veículo deve ter sua própria ficha de registro. No caso de cavalo-mecânico e carreta, abrir fichas separadas. Há formulários específicos para veículos de seis rodas, dez ou mais, carreta e semirreboque (em cores diferentes).

Registro diário da quilometragem do veículo

Serve para registrar a quilometragem diária do veículo durante o ano inteiro. Cada veículo deve ter uma ficha. No caso de cavalo-mecânico, abrir fichas separadas. Veja Figura 6.10.

REGISTRO DIÁRIO DE QUILOMETRAGEM DO VEÍCULO (UM PARA CADA VEÍCULO)

Veículo Nº
Chapa Nº
ANO

Dia do Mês	Jan.	Fev.	Mar.	Abr.	Maio	Jun.	Jul.	Ago.	Set.	Out.	Nov.	Dez.
1												
2												
3												
4												
5												
30												
31												
TOTAL												

Figura 6.10 *Registro diário de quilometragem.*

Um dos segredos do sucesso do sistema está na sua correta implantação. Em primeiro lugar, é preciso dispor de boa quantidade de fichas: basta, para tanto, entrar em contato com a fábrica, que fornece o material gratuitamente. O segundo passo consiste na marcação a ferro dos pneus – caso o frotista não queira usar o próprio número de série do pneu, normalmente muito pequeno e muito exposto a danos. Depois, é preciso levantar os pneus em estoque, em conserto ou em serviço, anotando os seus números. No caso dos pneus montados nos veículos, deve-se usar o cartão para anotar suas posições nas rodas. É recomendável anotar também a marca, o estado atual e a quilometragem que já rodou.

Uma vez realizado o levantamento geral, o próximo passo é transferir os dados para a ficha de quilometragem do pneu e para o registro de veículos. Na última, deve ser anotado o número dos pneus montados e dos estepes, nas suas respectivas posições. Na coluna "quilometragem" da primeira, anotar, preferencialmente em tinta de cor diferente, a quilometragem estimada.

Daí em diante, todas as substituições devem ser rigorosamente anotadas no cartão de troca para que as informações possam ser transcritas em outras fichas. Quando um pneu é definitivamente retirado de serviço, o encarregado anota todos os detalhes na coluna "causa da remoção do serviço". Antes de arquivar a ficha de quilometragem, deve-se efetuar o levantamento de quanto rodou o pneu, usando como base o registro diário de quilometragem do veículo. Para tanto, basta subtrair a cifra lançada na coluna "início de serviço" da lançada na coluna "fim de serviço".

Uma vez implantado o controle, a empresa terá depois de algum tempo dados necessários para efetuar minuciosa análise e estabelecer parâmetros sobre a vida e desempenho dos pneus nas diversas rotas e viaturas. De posse de tais resultados, poderá ratear seus custos de maneira justa entre rotas e veículos, realizar orçamentos, previsões de compras e escolher melhor seus pneus.

Como o esquema é trabalhoso, algumas empresas preferem adotá-lo apenas temporariamente. Neste caso, os resultados da pesquisa são tomados como parâmetro e o trabalho posterior se limitará ao controle global e à investigação das causas de variação de vulto e ao teste de novos pneus. Existem *softwares* de Gestão de Frotas, e dos mais diversos fabricantes, que já contemplam todos esses dados, e que não precisam mais do uso de tantas fichas. Mas, sem esquecer que o sistema deve ser alimentado por registros manuais das fichas de controle.

6.2.5.7 Análise de consumo de combustíveis

a) Conceitos

A análise de consumo de combustíveis consiste na apuração das principais causas que participam da sua variação e tem como objetivo promover, através dos resultados apurados, as medidas reguladoras para normalização do consumo de combustíveis do(s) equipamento(s) objeto(s) de análise.

É fato de conhecimento comum a importância do consumo de combustível, uma vez que somente este fator de custo é responsável por 40% do total dos custos operacionais do equipamento.

Existe grande preocupação das empresas de transporte e das empresas transportadoras em maximizar a economia de combustível.

Entretanto, a média de consumo está restrita a diversos fatores e entre eles alguns de conotação imensurável, destacando-se:

- desenho e topografia da estrada;
- resistência do vento em função da aerodinâmica do equipamento;
- maior ou menor aderência e arrasto do equipamento no solo;
- velocidade de operação.

Posto isto, somente é possível dimensionar para casos específicos a estimativa da média diretamente relacionada a esses e outros fatores.

A fim de poder avaliar a importância das variações na média, lança-se mão do seguinte exemplo:

- um equipamento a gasolina tem consumo médio ideal de 3,0 km/l, para determinada rota: em certo momento este consumo aumenta 10%;

- com base nesses valores, calcular qual o aumento do custo por km, sabendo-se que o preço médio unitário do óleo diesel em 2018 foi de R$ 4,50.

A fórmula que determina o acréscimo do custo é:
$$C = P + C_n \times i$$

onde:
C = aumento de custo em função do acréscimo de consumo
P = preço do combustível
C_n = consumo ideal (inverso da média ideal)
i = taxa relativa ao acréscimo de consumo
C = 4,50 × 0,3334 × 0,1
C = 0,15

A aplicação da fórmula apresentada tem como resultado final a variação de custos para qualquer espécie de combustível, seja diesel, gasolina ou álcool.

O modelo a seguir serve para caracterizar efetivamente o problema das variações das médias e definir se o problema está no equipamento, nos motoristas ou no tempo percorrido no tráfego.

Problemas de equipamento
- regulagem de bomba injetora
- vazamento de óleo
- entrada de ar
- lacre da bomba rompido

Problemas de motoristas
- mudanças bruscas de marcha
- mudanças em giros errados
- dupla aceleração na troca de marcha
- utilização de "banguelas"
- eventuais desvios de combustíveis

b) Montagem do modelo
Quanto ao equipamento

As seguintes fases devem ser obedecidas no desenvolvimento da montagem do modelo.

a. o modelo é aplicável para o período de quatro semanas;
b. serão analisados quatro equipamentos e quatro motoristas;
c. os equipamentos deverão ser escolhidos mediante critério de menores intermediárias e melhores médias, sendo todos com a mesma vida útil e características semelhantes de operação;
d. o critério será idêntico no tocante à forma de rendimento dos motoristas;
e. os serviços que realizarão deverão ser semelhantes.

A partir destes princípios dá-se origem ao quadro seguinte.

Semana de Análise	Equipamentos em Análise				
	Frota nº 1	Frota nº 2	Frota nº 3	Frota nº 4	Total
1	$C_{11}(M)_1$	$C_{12}(M)_1$	$C_{13}(M)_1$	$C_{14}(M)_1$	L_1
2	$C_{21}(M)_2$	$C_{22}(M)_2$	$C_{23}(M)_2$	$C_{24}(M)_2$	L_2
3	$C_{31}(M)_3$	$C_{32}(M)_3$	$C_{33}(M)_3$	$C_{34}(M)_3$	L_3
4	$C_{41}(M)_4$	$C_{42}(M)_4$	$C_{43}(M)_4$	$C_{44}(M)_4$	L_4
TOTAL	C_1	C_2	C_3	C_4	T

onde:
C_{11}, C_{12}... etc. devem ser interpretadas da seguinte forma:
Por exemplo, C consiste na média de custo obtida, durante a primeira semana: (C_1) com a frota nº 1, (C_{11}) . (C_{12}) é a média durante a primeira semana com a frota nº 2. O termo *frota* é usado para identificar o caminhão propriamente dito.
C_{21} consiste na média obtida durante a segunda semana com a frota nº 1, M_1, M_2, M_3 e M_4 consistem nos motoristas que participam da experiência durante a sua execução, os quais obtiveram o consumo citado acima.

A partir da apuração dos valores do quadro apresentado, prossegue-se a análise dando-se seguimento à montagem do quadro seguinte, a partir de dados coletados. Veja-se: a frota nº 1 na semana 1 teve um consumo de 3 km/l; o mesmo motorista com a frota nº 2, na semana 2, teve um consumo de 8 km/l; e não devemos esquecer que o percurso é o mesmo.

Semana de Análise	Equipamentos em Análise				
	Frota nº 1	Frota nº 2	Frota nº 3	Frota nº 4	Total
	3 M_1	5 M_2	6 M_3	7 M_4	21
	3 M_2	8 M_1	9 M_4	14 M_3	34
	3 M_3	7 M_4	10 M_2	12 M_1	32
	3 M_4	7 M_3	10 M_1	7 M_2	27
TOTAL	12	27	35	40	114

Variação em função do tempo

$$\frac{(34)^2 + (21)^2 + (32)^2 + (27)^2}{4} - \frac{(114)^2}{16} = 25,25$$

Variação em função dos equipamentos

$$\frac{(12)^2 + (27)^2 + (35)^2 + (40)^2}{4} - \frac{(114)^2}{16} = 125,25$$

Variação em função dos motoristas
(somatório dos consumos de)
$M_1 = 3 + 8 + 12 + 10 = 33$
$M_2 = 5 + 3 + 10 + 7 = 25$
$M_3 = 6 + 14 + 3 + 7 = 30$
$M_4 = 7 + 9 + 7 + 3 = 26$

$$\frac{(33)^2 + (25)^2 + (30)^2 + (26)^2}{4} - \frac{(114)^2}{16} = 10,25$$

Variação total

$$(3)^2 + (5)^2 + (6)^2 + (7)^2 + (3)^2 + (8)^2 + \ldots + (7)^2 - \frac{(114)^2}{16} = 165,75$$

Fonte de Variação	Grau de Liberdade	Soma dos Quadrados	Quadrado Médio
Tempo	3	25,25	8,42
Motorista	3	10,25	3,42
Equipamentos	3	112,25	37,42
Erro Experimental	6	18	3,00
TOTAL	**15**	**165,75**	–

A razão entre cada quadrado médio sobre o quadro médio de erro experimental define um valor que, sendo superior a 5,[3] caracteriza a existência de variação extremamente significante.

$$\text{Tempo} = \frac{8,42}{3,00} = 2,81 < 5 - \text{não há problema}$$

$$\text{Motoristas} = \frac{3,42}{3,00} = 1,14 < 5 - \text{não há problema}$$

$$\text{Veículos} = \frac{37,42}{3,00} = 12,47 > 5 - \text{existe problema}$$

O exemplo desenvolvido serve tão somente para mostrar quais os cálculos básicos que devem ser promovidos para se poder levar a termo as análises de variações.

---

[3] Distribuição [F (3;6) 5%] = 4,76 ≅ 5

No exemplo apresentado, as variações que possuem significância estão alocadas ao equipamento, ou seja, não existe problema quanto aos motoristas e ao tempo, e sim quanto aos veículos utilizados.

Para caracterização efetiva do modelo apresentado, apresentam-se a seguir exemplos que definem a variação em função do tempo e dos motoristas, uma vez que, no caso de equipamentos, consistem no mesmo exemplo anteriormente abordado.

Quanto ao tempo

Suponha-se o mesmo exemplo anterior, com os seguintes dados novos coletados:

Semana de Análise	Equipamentos em Análise				
	Frota nº 1	Frota nº 2	Frota nº 3	Frota nº 4	Total
1	3,2 M_1	3,3 M_2	2,9 M_3	3,4 M_4	12,8
2	4,0 M_2	3,8 M_1	3,7 M_4	4,1 M_3	15,6
3	4,6 M_3	4,3 M_4	4,7 M_2	4,4 M_1	18,0
4	4,7 M_4	4,8 M_2	4,6 M_1	4,7 M_2	18,8
TOTAL	16,5	16,2	15,9	16,6	65,2

Variação em função do tempo

$$\frac{(12,8)^2 + (15,6)^2 + (18,0)^2 + (18,8)^2}{4} - \frac{(65,2)^2}{16} = 5,47$$

Variação em função dos equipamentos

$$\frac{(16,5)^2 + (16,2)^2 + (15,9)^2 + (16,6)^2}{4} - \frac{(65,2)^2}{16} = 0,075$$

Variação em função dos motoristas
$M_1 = 3,2 + 3,8 + 4,6 + 4,4 = 16,0$
$M_2 = 4,3 + 3,4 + 4,7 + 4,7 = 16,7$
$M_2 = 4,6 + 8,2 + 2,9 + 4,1 = 16,4$
$M_3 = 4,7 + 4,3 + 3,7 + 3,4 = 16,1$

$$\frac{(16,0)^2 + (16,7)^2 + (16,4)^2 + (16,1)^2}{4} - \frac{(65,2)^2}{16} = 0,075$$

Variação total

$$(3,2)^2 + (3,3)^2 + ... + (4,7)^2 - \frac{(65,2)^2}{16} = 271,52 - 265,69 = 5,83$$

Fonte de Variação	Graus de Liberdade	Soma dos Quadrados	Quadrado Médio
Tempo	3	5,470	1,824
Motoristas	3	0,075	0,025
Veículos	3	0,075	0,025
Erro Experimental	6	0,210	0,035
TOTAL	**15**	**5,830**	-

$$\text{Tempo} = \frac{1,824}{0,035} = 52,11 > 5 - \text{há problema}$$

$$\text{Motoristas} = \frac{0,025}{0,035} = 0,7142 < 5 - \text{não há problemas}$$

$$\text{Veículos} = \frac{0,025}{0,035} = 0,7142 < 5 - \text{não há problemas}$$

Como se pode verificar, existem problemas em função do tempo em que o percurso é percorrido. Na prática, dificilmente essa situação ocorreria, uma vez que a análise está desenvolvida para períodos de quatro semanas, um universo muito pequeno.

Entretanto, se o modelo fosse aplicado para um ano, seria normal concluir que o consumo aumenta em função do tempo.

Quanto aos motoristas

Semana de Análise	Equipamentos em Análise				
	Frota nº 1	Frota nº 2	Frota nº 3	Frota nº 4	Total
	3,3 M_1	2,6 M_2	2,5 M_3	3,2 M_4	11,6
	2,5 M_2	3,4 M_1	3,4 M_4	2,6 M_3	11,9
	2,2 M_3	3,3 M_4	2,7 M_2	3,2 M_1	11,4
	3,3 M_4	2,4 M_3	3,6 M_1	2,8 M_2	12,1
TOTAL	**11,3**	**11,7**	**12,2**	**11,8**	**47,0**

Variação em função do tempo

$$\frac{(11,6)^2 + (11,9)^2 + (11,4)^2 + (12,1)^2}{4} - \frac{(47,0)^2}{16} = 0,075$$

Variação em função dos equipamentos

$$\frac{(11,3)^2 + (11,7)^2 + (12,2)^2 + (11,8)^2}{4} - \frac{(47,0)^2}{16} = 0,1025$$

Variação em função dos motoristas
$M_1 = 3,3 + 3,4 + 3,6 + 3,2 = 13,5$
$M_2 = 2,5 + 2,6 + 2,7 + 2,8 = 10,6$
$M_3 = 2,2 + 2,4 + 2,5 + 2,6 = 9,7$
$M_4 = 3,3 + 3,3 + 3,4 + 3,2 = 13,2$

$$(13,5)^2 + (2,6)^2 + ... + (2,8)^2 - \frac{(47,0)^2}{16} = 2,6725$$

Variação total

$$(3,3)^2 + (2,6)^2 + ... + (2,8)^2 - \frac{(47,0)^2}{16} = 140,98 - 138,06 = 2,92$$

Fonte de Variação	Graus de Liberdade	Soma dos Quadrados	Quadrado Médio
Tempo	3	0,0725	0,02417
Motoristas	3	0,6725	0,89083
Veículos	3	0,1025	0,03417
Erro Experimental	6	0,0725	0,01208
TOTAL	**15**	**2,9200**	-

$$\text{Tempo} = \frac{0,02417}{0,01208} = 2,00083 < 5 - \text{não há problema}$$

$$\text{Motoristas} = \frac{0,89083}{0,01208} = 73,74420 > 5 - \text{há problema}$$

$$\text{Veículos} = \frac{0,03417}{0,01208} = 2,82864 < 5 - \text{não há problema}$$

Após apurada a irregularidade no tocante às médias de consumo apresentadas pelos motoristas, devem ser verificados os tópicos abordados quanto à variação. Nesse caso, constata-se que o problema ocorre com os motoristas.

Os modelos apresentados serviram para demonstrar a sua aplicabilidade na análise das variações das médias de consumo de combustíveis.

A finalidade básica é apurar se efetivamente as variações devem ser consideradas como relevantes.

Essa posição se justifica com base no fato de que dificilmente ocorre situação em que as médias de consumo são valores únicos para conjuntos de equipamentos iguais.

A edição de Custos Operacionais da NTC analisou vários aspectos de consumo de combustível. Vejamos:

- Para determinar o consumo de combustível de um veículo, não existem fórmulas mágicas. Na verdade, qualquer tentativa de resolver o problema teoricamente – a partir das curvas de desempenho dos motores, por exemplo – esbarra em dificuldades quase intransponíveis, tantos são os fatores envolvidos.
- Pelo menos quatro variáveis influem de maneira decisiva sobre o consumo, tornando bastante amplas as faixas de resultados; a velocidade, o peso da carga, o tipo de pavimento e as características de projeto da estrada, principalmente os aclives e declives máximos de rampas e contrarrampas. Isso sem falar nas próprias condições mecânicas do veículo – sobretudo a regulagem do motor – e na altitude média de operação (a eficiência reduz-se quando o motor opera em grandes alturas).

A alternativa para a análise é a realização de exaustivos e dispendiosos testes a velocidades constantes em diferentes tipos de estradas e condições.

Qualquer que seja o método adotado, a primeira constatação é de que o consumo cresce excepcionalmente com a velocidade.

As variações com o peso de carga também não são menos acentuadas: um caminhão médio com carga normal (7 t) consome 87% a mais de combustível do que se estiver vazio.

Já a passagem de uma estrada pavimentada para outra apenas com revestimento primário pode significar, para velocidades iguais, aumentos desde 50% (para veículo vazio) até mais de 150% (para veículo sobrecarregado).

Por sua vez, a existência de aclives contribui para aumentar o consumo, enquanto os declives trazem drástica redução.

Reduzir o consumo de combustível, com o alto custo do diesel e gasolina, é fundamental em conjunto de transporte. As medidas de redução devem incluir também melhor controle de consumo, maiores cuidados mecânicos e aperfeiçoamento na maneira de dirigir.

Para evitar as tradicionais fraudes do controle tradicional – por notas fiscais ou anotações dos abastecimentos na folha de viagem ou diário de bordo –, algumas empresas estão optando por outras soluções:

- Equipar os veículos com tanques sobressalentes para permitir viagem de ida e volta (mesmo em longos percursos) sem reabastecimentos. Procedendo assim, a empresa perde alguns quilos de carga. Em compensação, estará livre de "notas frias" e poderá sempre utilizar combustível filtrado, evitando a entrada de sujeira ou água no motor.
- Estabelecer convênios com postos. Para que o motorista possa abastecer-se, deve exibir permissão numerada, emitida em várias vias – uma delas fica no posto. Os controles seriam preenchidos pelo dono ou gerente do posto e o motorista daria seu visto numa coluna à parte.

Nas entregas urbanas, o ideal é estabelecer roteiros rígidos e mapeados. O motorista recebe uma cópia do percurso a realizar e só pode mudá-lo em caso de emergência e depois de consultar a "base". Neste caso, a instalação de aparelhos transmissores e receptores pode ajudar bastante. Entre os cuidados mecânicos capazes de reduzir o consumo, estão:

- Regular periodicamente o motor. Uma simples vela funcionando irregularmente pode provocar consumo de combustível de 3% a maior do que o normal.
- Realizar a manutenção do motor e do veículo de acordo com o manual de instruções do fabricante.
- Ajustar corretamente a bomba injetora e manter seus bicos em boas condições. A adulteração da bomba injetora – muito usada por carreteiros e algumas transportadoras como forma de se conseguir potência adicional do motor – é apontada pelo fabricante do componente (Bosch) como uma das principais causas do consumo excessivo de combustível e do rápido desgaste do motor. Uma bomba injetora mal regulada pode aumentar até 30% o consumo de combustível. O excesso de combustível injetado vai apenas "lavar" as paredes do cilindro, funcionando como lubrificante inadequado. A Bosch aconselha que os bicos injetores sejam testados a cada 50.000 km e a bomba regulada a cada 80.000 km.
- Manter em ordem as válvulas termostáticas, para permitir ao motor funcionar na temperatura ideal.
- Verificar regularmente a cor da mistura ar-combustível. Fumaça cinza-clara indica combustão perfeita. Fumaça preta, branca ou azul, é sintoma de anomalias que precisam ser reparadas. Além de prejudicar a visibilidade na estrada, a fumaça (preta, branca ou azul) indica desperdício de combustível.
- Instalar no painel do veículo um conta-giros para controlar as rotações do motor.
- Regular o motor em função da altitude de operação. Sabe-se que a eficiência é menor quando o motor opera em elevadas altitudes.

Por sua vez, a obediência pelo motorista de algumas regras básicas também é capaz de reduzir bastante o consumo:

- Evitar arrancadas e freadas bruscas. Dirigir suavemente, a uma velocidade constante, também contribui para economizar combustível. Um acréscimo de potência de 8% exige consumo adicional de 30%.
- Usar freio do motor nas descidas, para reduzir a velocidade. Quando se tira o pé do acelerador, a borboleta de aceleração do carburador se fecha, impedindo a entrada de combustível no motor.
- Dirigir como se a estrada fosse escorregadia. Acelerar comedidamente, deixando o veículo rolar bastante e usando o freio o mínimo possível.
- Evitar altas velocidades, pois o consumo cresce excepcionalmente com a velocidade. Assim, para um caminhão médio com carga normal, às velocidades de

20/30/50/70 km/h correspondem índices relativos de consumo de respectivamente 1,00/1,19/1,73/2,84. Para esse aumento contribui não só a necessidade de maior potência, como principalmente o aumento da resistência do ar (diretamente proporcional ao quadro de velocidade). Um caminhão com área transversal de 5 m², que passa de 70 para 90 km/h, precisará de 4 a 5 dm³ de combustível adicionais para cada 100 km. A instalação de um tacógrafo pode contribuir bastante para reduzir o consumo. Algumas transportadoras estão conseguindo economias superiores a 10% com a utilização do aparelho.

- Evitar altas rotações do motor. Segundo estudo de Saab-Scania, as rotações mais econômicas de um motor *diesel* situam-se entre 1.400 a 1.900 rpm. Isso significa que se deve adequar as velocidades de maneira a evitar as rotações máximas durante a troca de marchas.
- Reduzir o mínimo possível as marchas e explorar a grande força de tração do motor *diesel* nas rotações intermediárias. Andar o máximo possível nas marchas mais altas. Reduções de marchas prematuras podem significar aumento do número de rotações do motor por quilômetro percorrido, isto é, mais injeção de combustível.

Além disso, pode-se economizar até 10% de combustível, mantendo-se a correta pressão dos pneus. Pneus com pressão abaixo do normal aumentam a resistência do rolamento.

6.2.5.8 Avaliação da transportadora

Expedir produtos pelo meio de transporte mais barato é uma tentação a que muitos gerentes de distribuição não resistem. Afinal, costumam raciocinar, o custo de transportes é uma parcela cada vez mais importante dos custos de comercialização. E, em muitos casos, pode até definir ou limitar o mercado da empresa, principalmente se ela produz bens volumosos de baixo valor unitário. Isso explica, por exemplo, por que brita, tijolos, saibro e areia são comercializados em bases estritamente locais, enquanto, no outro extremo, apenas alguns raros e valiosos produtos conseguem escapar a tão incômodas limitações.

Qualquer que seja, todavia, o ponto dessa ampla escala em que seu produto se enquadre, a seleção do meio mais adequado para transportá-lo está longe de se limitar a uma simples questão de minimização de fretes. Muitas empresas acham que seu sistema de distribuição física é eficiente porque cada centro de decisão – estoques, armazenamento e transportes – parece realizar um bom trabalho mantendo baixos seus próprios custos. Todavia, esta é uma área na qual a soma dos custos de distribuição não é necessariamente minimizada por um conjunto de esforços descoordenados e destinados unicamente a minimizar custo isoladamente. A verdade é que os custos de distribuição física interagem frequentemente e de maneira inversa. Por isso, qualquer redução em um deles pode conduzir a elevações imprevisíveis nos outros.

O gerente de transportes favorece o transporte ferroviário em lugar do aéreo, para reduzir os fretes. Todavia, como as ferrovias são mais lentas que o avião, o capital da empresa acaba investido por mais tempo, os recebimentos tornam-se mais demorados e alguns clientes podem ser induzidos a comprar dos concorrentes que ofereçam serviço mais rápido.

O departamento de expedição utiliza carretas inadequadas a fim de minimizar os custos de transportes. Isso leva a um nível elevado de mercadorias danificadas em trânsito e à perda da benevolência do cliente.

O gerente de estoques favorece a manutenção de estoques baixos, para reduzir o custo de capital empatado. Todavia, isso pode redundar em muitas faltas, pedidos atrasados, mais trabalho administrativo, ordens especiais de fabricação e custos de fretes mais elevados.

Infelizmente, o que se nota é a desintegração e a falta de coordenação no sistema. Na maioria das empresas, essas atividades são fragmentadas e sua administração é dividida em unidades que frequentemente têm objetivos conflitantes ou até diametralmente opostos. Apesar das dificuldades, esses custos devem ser medidos através de procedimentos especiais de auditoria, se necessário, como condição indispensável para se avaliar a eficiência da distribuição.

Qualquer que seja a maneira utilizada para se conseguir essa integração, a seleção do meio mais adequado de transporte está longe de se limitar a um simples problema de minimização de custos.

Grande parte dos métodos de análise de sistemas alternativos de distribuição concentra sua atenção nos custos, ignorando os serviços de distribuição necessários. Cada sistema de distribuição oferece sua própria combinação de serviços aos clientes da empresa. Os serviços de distribuição (períodos de encomendas, demora nas entregas, prejuízo no transporte, métodos de acondicionamento, falta de estoques etc.) certamente têm efeito sobre as decisões que os clientes tomam a respeito de suas compras. A escolha de um sistema de distribuição que leve em conta somente os custos certamente ignora os efeitos que a decisão pode ter sobre a procura. Assim, a utilidade desses modelos como instrumentos auxiliares na tomada de decisões é seriamente limitada. Em outras palavras, o ideal é analisar os custos de distribuição à luz das vendas que eles produzem. Um método que não se limita a estabelecer as opções em que a empresa minimizará seus custos, mas é capaz de determinar as situações em que a empresa conseguirá otimizar seus lucros.

Teoricamente, a empresa deve adotar o meio de transporte cujo custo, somado com os prejuízos resultantes das possíveis perdas de vendas em relação ao meio mais eficiente, resulte mínimo. Na prática, isso equivale a estabelecer o grau de atendimento que será oferecido ao cliente. Para algumas empresas, esse nível pode ser identificado com o número médio de dias para realizar uma entrega, ou mesmo com a percentagem de clientes que deveriam receber seus pedidos em x dias. Outras pensam em termos de um sistema que reduza os pedidos atrasados a um nível tolerável. Na verdade, são tantos os fatores envolvidos (disponibilidade do produto, tempo do ciclo do pedido, percentagem de faltas de estoques, frequência de entrega etc.), que somente uma variável muito complexa seria capaz de representá-los corretamente.

De qualquer maneira, a escolha de meio mais adequado está relacionada com o nível desejável de serviço, que será no mínimo igual ao padrão fixado pelos concorrentes. Se oferecer um nível de serviço inferior ao predominante no mercado, a empresa corre o perigo de perder parte de sua clientela, a menos que exista um elemento compensador em seu composto mercadológico. Se oferecer um nível mais elevado, os concorrentes poderão aumentar seu nível de serviço, como autodefesa, levando todas as companhias a suportar níveis mais altos. Qualquer vantagem seria temporária, sobretudo se for uma vantagem efetiva.

Admitir os efeitos da qualidade do serviço sobre as vendas equivale, na verdade, a elevar o transporte – tido no passado apenas como mera atividade auxiliar da produção, ou, quando muito, como a "área cinzenta entre a produção e as vendas" – à categoria de elemento fundamental do marketing moderno. A administração de muitas empresas brasileiras já definiu que a política de transporte e distribuição física constitui poderoso instrumento de estimulação da demanda. Algumas companhias conseguem ampliar sua clientela oferecendo serviços de entrega melhores que os seus concorrentes ou baixando os preços, por meio de reduções bem-sucedidas nos seus custos de distribuição física. As correntes atuais da organização mercadológica refletem dois elementos principais. Em primeiro lugar, funções empresariais que antigamente não eram consideradas mercadológicas hoje estão sendo atribuídas à mercadologia ou, no mínimo, coordenadas com ela. O desenvolvimento do produto e a distribuição física são dois bons exemplos.

Ao decidir entre uma ou outra modalidade, o Gerente de Transporte deve ter em conta que cada meio de transporte apresenta a sua própria combinação custo × serviço, assim como características bem definidas.

Para tudo isso, faz-se necessária a análise das transportadoras que serão contratadas, examinando-se seu cadastro em termos administrativos, técnicos, operacionais e financeiros.

Como exemplo, pode-se verificar a Ficha de Cadastro do Quadro 6.11; nos Quadros 6.12a a 6.12c apresenta-se um modelo dos principais itens para avaliação. Para um bom controle da qualidade técnica da frota, que se está contratando, sugere-se o uso do *check list*, controle de frota, conforme Quadro 6.13.

Quadro 6.11 *Ficha de cadastro da transportadora*

NOME:		
RAZÃO SOCIAL:		
ENDEREÇO:		**CEP:**
CIDADE:		**ESTADO:**
FILIAIS CIDADE	ESTADO	TELEFONE
1.		
2.		
3.		
4.		
5.		
INSCRIÇÃO NO RNTRC Nº		
CNPJ	**INSCRIÇÃO ESTADUAL**	
PESSOAL PARA CONTATO NOME	CARGOS	
1.		
2.		
3.		
PRODUTOS TRANSPORTADOS		
1.	4.	
2.	5.	
3.	6.	
DATA DA INSPEÇÃO:		
AVALIADO POR:		
NOTA:		

Capítulo 6 • Transportes

Quadro 6.12a *Avaliação da transportadora*

NOME:
ENDEREÇO:
I – ASPECTOS DA ADMINISTRAÇÃO   ÁREA   • administração _____   • manutenção _____   • motoristas _____   • serviços de apoio _____   TOTAL _____   FORMAS DE REMUNERAÇÃO   FIXO   KM RODADO   SEGURANÇA   motoristas próprios _____   motoristas terceiros _____   Os motoristas possuem curso de treinamento? ( ) sim ( ) não   • quantos motoristas? _____   • quais cursos? _____
II – ASPECTOS DA ÁREA TÉCNICA   DESCRIÇÃO DA FROTA

1. Carga Geral Inferior a	75	76	77	78	79	80	81	82
• caminhões até 6 t								
• caminhões-tocos								
• carreiras de 1 eixo								
• carreiras de 3 eixos								
2. Carga Líquida								
• carros-tanque								
• carbono								
• carbono revestido								
• inox								
• *fiberglass*								
3. Cavalos Mecânicos								
• semipesados								
• pesados								
TOTAL								

Continua

Continuação

4. Outros Equipamentos Rodantes			
Descrição dos imóveis	Próprio S/N	Terreno	Armazém	Área Construída
1.				
2.				
3.				

III – **ASPECTOS OPERACIONAIS**	
CARGAS GERAIS TIPOS DE CARGAS	PRINCIPAIS CLIENTES
CARGAS LÍQUIDAS TIPOS DE CARGAS	PRINCIPAIS CLIENTES

Quadro 6.12b *Avaliação da transportadora*

DISTRIBUIÇÃO DOS CLIENTES
Nº DE CLIENTES   MÉDIA TRANSP. P/MÊS   Carga Geral
Carga Líquida
ABASTECIMENTO PRÓPRIO
Tancagem   m^3 Local   Vol. Mensal   (Cota CNP)   Gasolina
Diesel
Álcool
LAVAGEM DOS TANQUES   Lavagem própria   ( ) sim   ( ) não
No caso "NÃO" – Local da lavagem
Condições de vaporização e secagem
Condições de segurança para transporte de produtos perigosos
MANUTENÇÃO   Nº de mecânicos
QUILOMETRAGEM MÉDIA PARA REVISÃO DE: cavalos: carretas:
tanques: caminhões:
Tempo de viagem com carga por dia:
Tempo decorrido entre o descarregamento até o início do novo carregamento:
Distância média entre origem e destino das cargas
Geral: Líquida:

Quadro 6.12c *Avaliação da transportadora*

TONELADAS TRANSPORTADAS POR MÊS Granel   Líquido
QUILOMETRAGEM PERCORRIDA Granel   Líquido
IV – **ASPECTOS DA ÁREA FINANCEIRA**   SÓCIOS DA EMPRESA   PARTICIPAÇÃO
1.
2.
3.
4.
PRINCIPAIS CLIENTES   VALOR – R$ PARTICIPAÇÃO SOBRE TOTAL DO FATURAMENTO %
VALOR DO RECOLHIMENTO DO ICMS:
VALOR DO RECOLHIMENTO DO ISS:
SEGURO   SEGURADORA
RCTRC:
RCC:
RCF – DF:
RCF – DP:
CUSTOS MENSAIS Salários – encargos
• combustível:
• manutenção:
• pneus:
TOTAL:

Quadro 6.13 *Controle da frota*

Data __/__/__					
EMPRESA					
TRANSPORTADORA					
ENDEREÇO		Nº	CIDADE	CEP	
MOTORISTA			CHAP. VEÍCULO Nº		
CHEGADA H	SAÍDA H	ENCAMINH.	DESC.	CARG.	
ORDEM		**DESCRIÇÃO**		Sim	Não
Motorista	Cart. Profissional Nº c.	O exame médico está vencido?			
		Há problemas com os óculos?			
	Apresentação do motorista	Há embriaguez visível ou aparente?			
		Há problemas com seus braços e pernas?			
Carro	Pneus	Estão carecas ou com cortes – Dianteiros?			
		Traseiros?			
	Lanternas	Estão quebradas ou amassadas – Dianteiras?			
		Traseiras?			
	Fios	Estão soltos ou descascados?			
	Capacidade	A carga está fora do limite?			
	Carga	Há latas soltas ou amassadas?			
	Cabine do Veículo	Há problemas para funcionar as portas?			
		Há tábuas soltas ou quebradas?			
	Feixe de molas	Há molas quebradas?			
		Há molas soltas?			
	Freios	Há problemas para funcionar? Pedal?			
		Há problemas para funcionar? Mão?			
Carga	Arrumação da carga	A arrumação está com defeito?			
		A altura da carga está acima de quatro metros?			
		A carga está pingando, vazando, escorrendo?			
Equipamentos	Equipamentos	O extintor de pó químico está vazio?			
		O limpador de para-brisa está com defeito?			
		A buzina está com defeito?			
		Há problemas com o para-lama?			
		Há problemas com cinto do cardã?			
		Há problemas com estepe, macaco, chave, triângulo?			
VIGIA (*checklist*)	(área) CONFERENTE				
VIGIA *insp. Saída*)	(portaria) SUPERVISOR				

6.2.6 Aspectos do transporte ferroviário

Na modalidade ferroviária, o Ministério dos Transportes tinha fixado a sua política básica nos seguintes pontos:

a. Expansão da tração elétrica.
b. Unificação da bitola das vias da malha ferroviária nacional.
c. Privatização de todas as ferrovias brasileiras

Com a criação da ANTT (Agência Nacional de Transportes Terrestres) e após a privatização das ferrovias, todo cenário da malha ferroviária foi alterado. Os principais trechos foram para concessionárias onde operam e movimentam suas cargas por região.

Muitas das operadoras se interligam e outras não se integram entre suas malhas. Isso deverá vir com soluções de médio e longo prazos, já que o futuro desse setor depende da ação conjunta das concessionárias, governo, órgãos reguladores, clientes e fornecedores.

Para se ter uma ideia do tamanho da malha ferroviária brasileira e bem autoexplicativo, podemos verificar os mapas de abrangência das principais ferrovias.

Malha ferroviária brasileira

A ALL possuía uma das maiores estruturas de apoio logístico da América Latina. Eram mais de 70 unidades espalhadas por Brasil, Argentina, Chile e Uruguai, localizadas em pontos com carga e descarga, que ofereciam maior cobertura às operações logísticas.

Capítulo 6 • Transportes

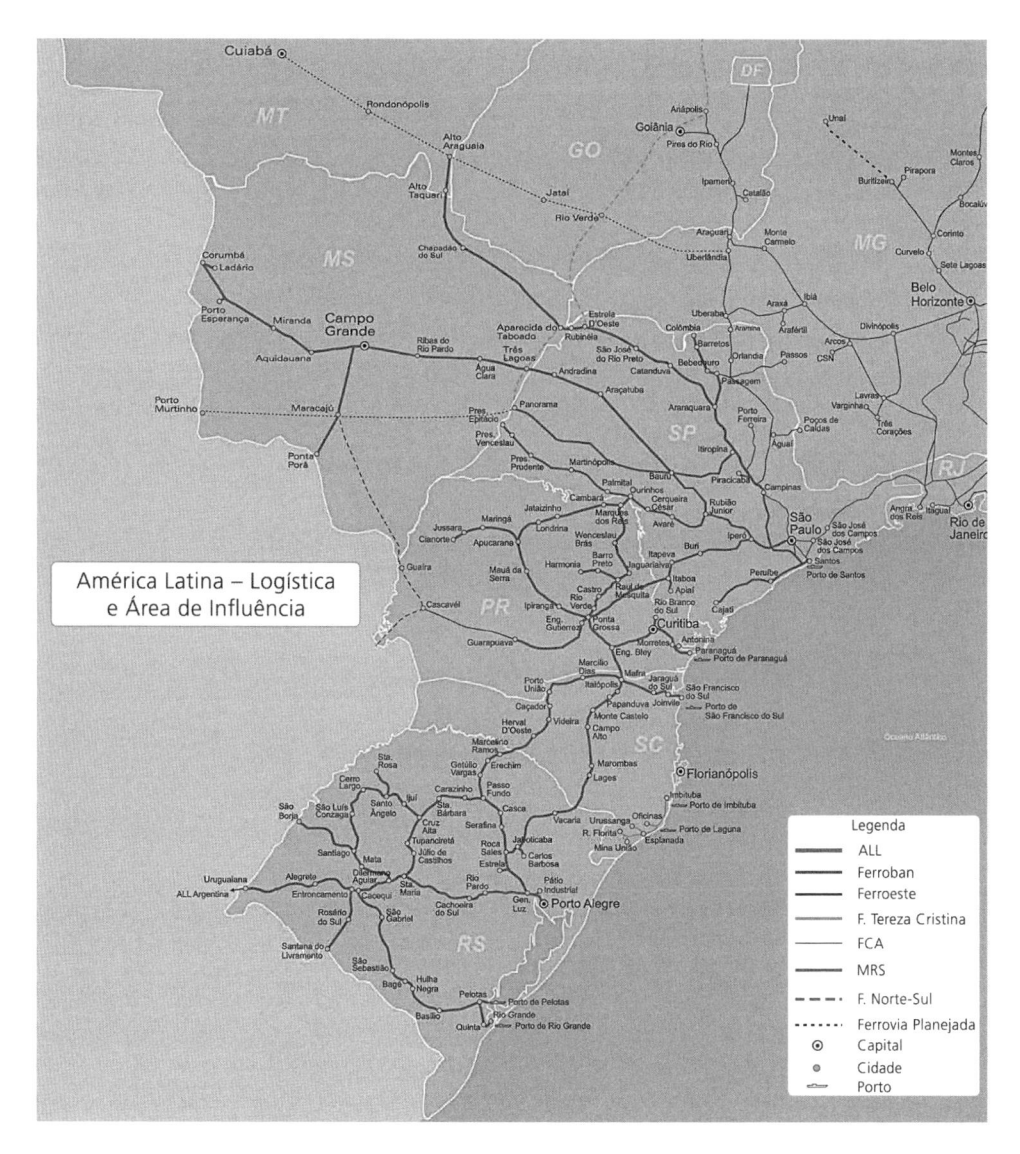

Mapa: América Latina – Logística e Área de Influência

O trecho argentino foi devolvido ao governo, e a ALL parou de operar na Argentina, assim como foi comprada pela Rumo Logisitica, que passou a operar os trechos que eram da ALL.

A MRS Logística é uma concessionária que controla, opera e monitora a Malha Sudeste da Rede Ferroviária Federal. A empresa atua no mercado de transporte ferroviário desde 1996, quando foi constituída, interligando os estados do Rio de Janeiro, Minas Gerais e São Paulo. São 1.643 km de malha – trilhos que facilitam o processo de transporte e distribuição de cargas numa região que concentra aproximadamente 65% do Produto Interno Bruto do Brasil e onde estão instalados os maiores complexos industriais do país. Pela malha da MRS também é possível alcançar os portos de Sepetiba e de Santos.

O foco das atividades da MRS está no transporte ferroviário de cargas gerais, como minérios, produtos siderúrgicos acabados, cimento, bauxita, produtos agrícolas, coque verde e contêineres; e na logística integrada, que implica planejamento e multimodalidade.

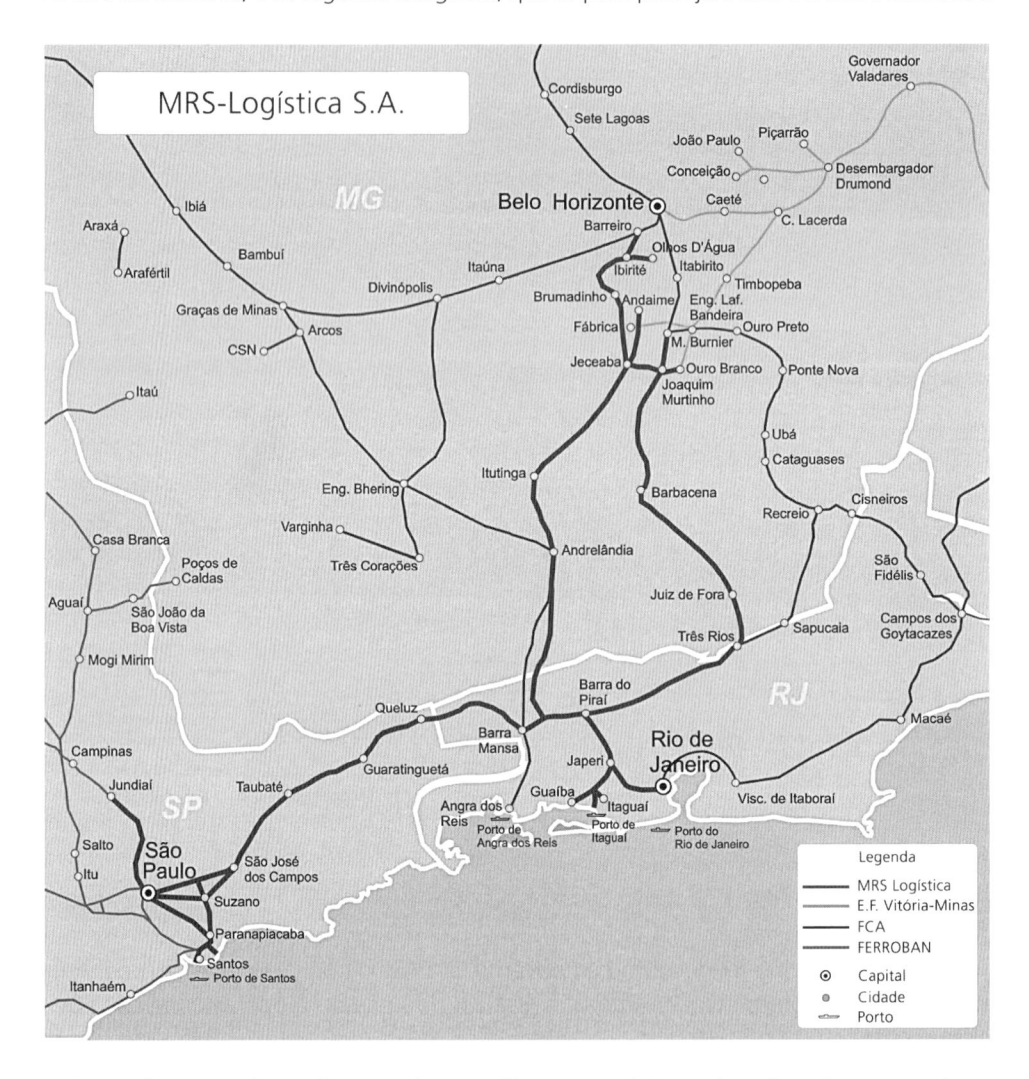

Em cada mapa das malhas, podem verificar-se também as interligações entre elas.

Ferroban era o nome fantasia da Ferrovia Bandeirantes S.A., empresa que arrematou a Malha Paulista da Rede Ferroviária Federal em 1998 em processo de privatização; após a transferência da Fepasa pelo Estado de São Paulo para a Rede Ferroviária Federal.

Originalmente da Malha Paulista (ex-FEPASA) da Rede Ferroviária Federal, no processo de privatização sofreu duas cisões: o trecho de Vale Fértil a Uberlândia ficou sob o controle da Ferrovia Centro Atlântica (FCA) e os trechos de Iperó a Apiaí e Rubião Junior a Presidente Epitácio ficaram sob o controle da Ferrovia Sul Atlântica (FSA), que posteriormente passou a ser denominada América Latina Logística (ALL).

Em 2002, foi fundida com a Ferronorte e a Novoeste, formando o Grupo Brasil Ferrovias.

Em 2004, foi separada do grupo a Novoeste, que passou a ser denominada Nova Novoeste; nesta cisão o trecho de Mairinque a Bauru passou a fazer parte da Nova Novoeste.

Em maio de 2006, os controladores da Brasil Ferrovias e da Novoeste Brasil trocaram suas ações com os controladores da ALL e estas passaram a fazer parte do Grupo América Latina Logística, que passou a ser controlada também pela Rumo Logistica.

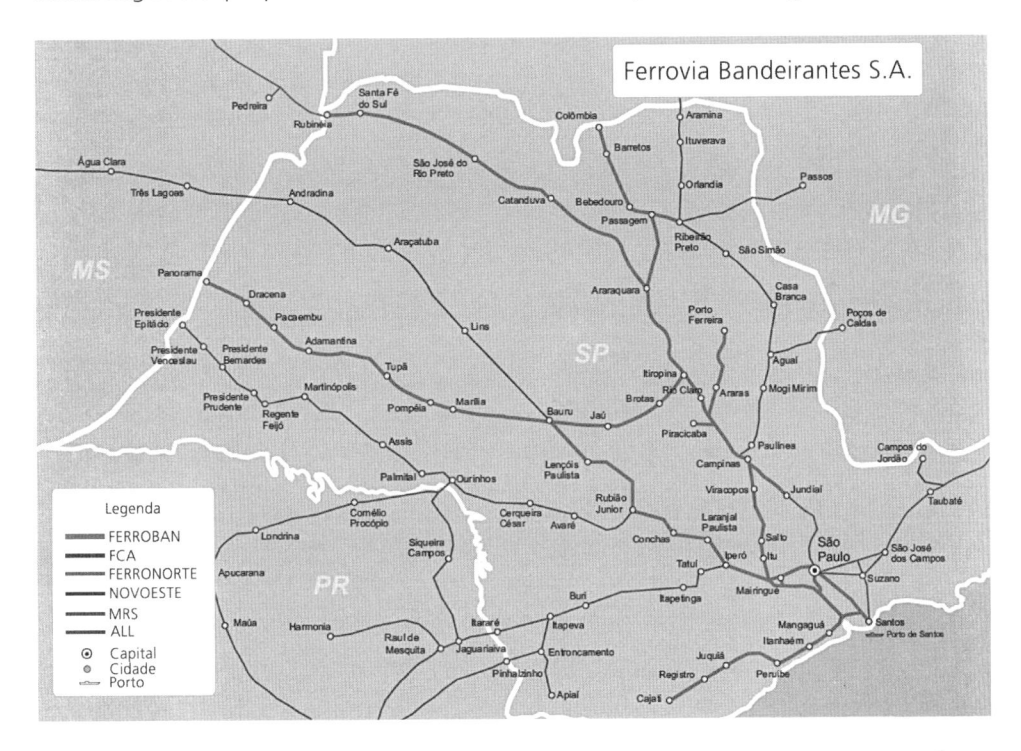

Ferrovia Bandeirantes S.A.

A Ferrovia Centro-Atlântica (FCA) tornou-se uma concessionária do transporte ferroviário de cargas em setembro de 1996, a partir do processo de desestatização da Rede Ferroviária Federal.

Responsável pela operação de uma malha com cerca de 8.000 km de linhas, a FCA hoje abrange sete estados – Minas Gerais, Espírito Santo, Rio de Janeiro, Sergipe, Goiás, Bahia, São Paulo – além do Distrito Federal.

A FCA é também o principal eixo de conexão entre as regiões Nordeste, Sudeste e Centro-Oeste. Os principais produtos transportados pela FCA são: álcool e derivados de petróleo, calcário, produtos siderúrgicos, soja, farelo de soja, cimento, bauxita, ferro-gusa, fosfato, cal e produtos petroquímicos. Em setembro de 2003, autorizada pela Agência Nacional de Transportes Terrestres (ANTT), a Vale do Rio Doce assumiu o controle acionário da FCA, com 99,9%. Em 2012, os trechos operados pela FCA foram devolvidos ao Governo Federal.

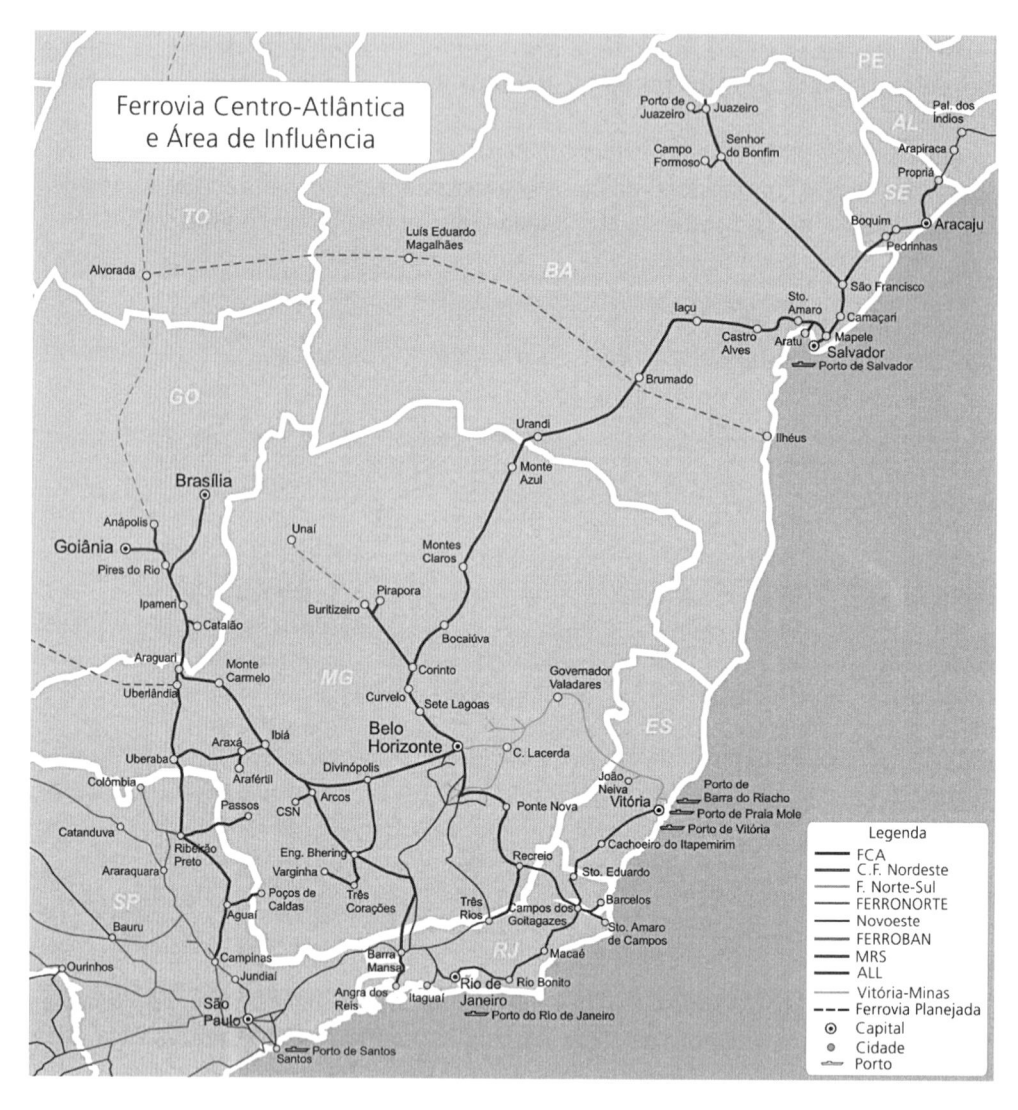

Ferrovia Centro-Atlântica e Área de Influência

A Ferronorte é uma artéria logística das regiões Norte e Centro-Oeste do país, em sua ligação com Sul e Sudeste e com portos de exportação.

Obteve concessão em 1989 por 90 anos para construir e operar um sistema ferroviário de carga de 5 mil quilômetros, ligando Cuiabá (MT), Uberlândia (MG), Uberaba (MG), Aparecida do Taboado (MS), Porto Velho (RO) e Santarém (PA).

Em sua concepção global, este projeto insere-se no esforço de desenvolvimento de grande parte da região Centro-Oeste, visando à integração de seus mercados à economia nacional e à racionalização do escoamento de sua produção.

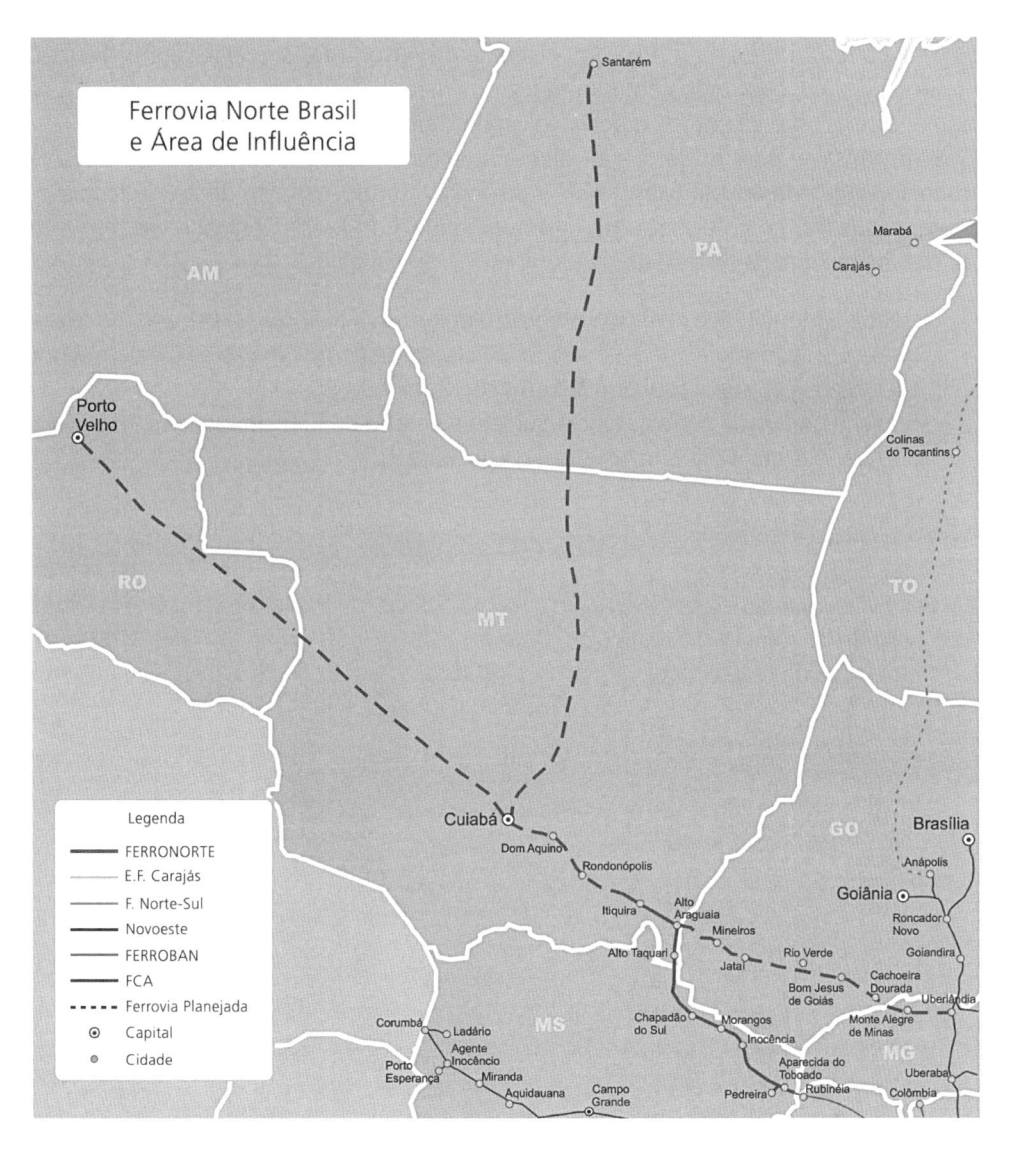

O projeto é interligar Cuiabá (MT) com as malhas ferroviárias existentes no Triângulo Mineiro e São Paulo, alcançar Porto Velho (RO), onde começa a navegação do rio Madeira, e Santarém (PA), onde se integra à navegação de longo curso pelo rio Amazonas. Em Aparecida do Taboado (MS), interligar-se com a hidrovia Tietê-Paraná, servindo de alternativa para se atingir os principais mercados do Sul do país. Abre a possibilidade de escoamento da produção do Centro-Oeste pelos portos de Santos (SP) e Sepetiba (RJ).

A Ferrovia Norte-Sul (FNS) é um projeto ferroviário que contempla a construção de uma ferrovia de aproximadamente 2.100 km atravessando as regiões Centro-Oeste e Norte do país, conectando-se ao norte com a Estrada de Ferro Carajás e ao sul com a Ferrovia Centro Atlântica, buscando com isso reduzir o custo do frete para longas distâncias na região, assim como incentivar o desenvolvimento do cerrado brasileiro.

O responsável pelo projeto é a Valec (Engenharia, Construções e Ferrovias S.A.), empresa vinculada ao Ministério dos Transportes, sendo constituída sob a forma de empresa pública, como agência de desenvolvimento do Brasil Central e detentora da concessão da Ferrovia Norte-Sul.

- a Ferrovia tem 226 km de trilhos construídos – de Açailândia ao Estreito, no Maranhão. Em Açailândia conecta-se com a Estrada de Ferro Carajás (EFC), permitindo acesso ao Porto de Itaqui em São Luís do Maranhão;
- o trecho goiano da Ferrovia Norte-Sul tem extensão de 570 km, desde o Porto Seco de Anápolis até a divisa com o Estado do Tocantins.

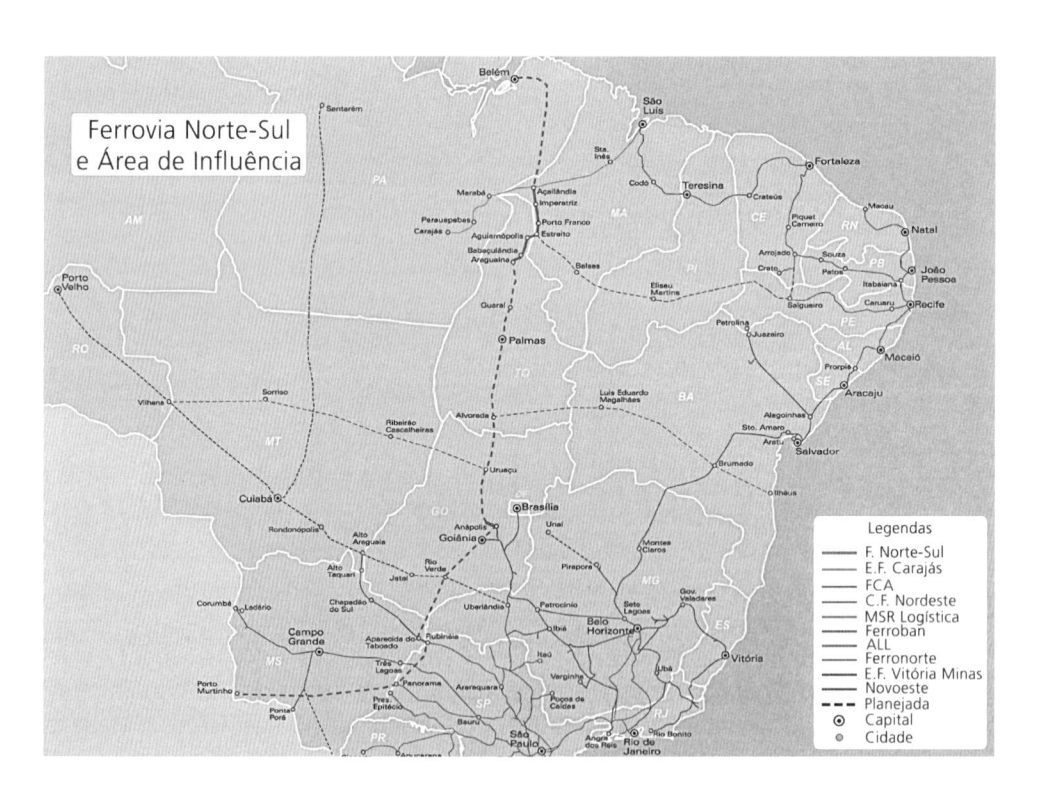

Capítulo 6 • Transportes

A Estrada de Ferro Vitória a Minas liga a cidade de Belo Horizonte (passando pela região de mineração de Itabira) à cidade de Cariacica e aos portos de Tubarão, Praia Mole e Barra do Riacho, no Espírito Santo, e é uma ferrovia de bitola métrica (1.000 mm).

Com 905 quilômetros de extensão, é uma das mais modernas e produtivas ferrovias do Brasil, sendo administrada pela CVRD (Companhia Vale do Rio Doce). Transporta 37% de toda a carga ferroviária nacional.

Além de ser utilizada para escoar o minério de ferro, também é utilizada para o transporte de aço, carvão, calcário, granito, contêineres, ferro-gusa, produtos agrícolas, madeira, celulose, combustíveis e cargas diversas, de Minas Gerais para o exterior.

A Ferrovia Tereza Cristina tem como atividade principal o transporte do carvão mineral, produzido no sul do Estado de Santa Catarina, destinado à geração de energia termelétrica.

A FTC possui uma linha férrea de 164 km de extensão, que interliga a região carbonífera de Santa Catarina ao porto de Imbituba, passando pelo município de Capivari de Baixo, onde se situa a usina termelétrica Jorge Lacerda – Tractebel Energia. Suas linhas cortam 12 municípios do Sul do estado de Santa Catarina, que são: Imbituba, Laguna, Capivari de Baixo, Tubarão, Sangão, Jaguaruna, Içara, Criciúma, Siderópolis, Morro da Fumaça, Urussanga e Forquilhinha.

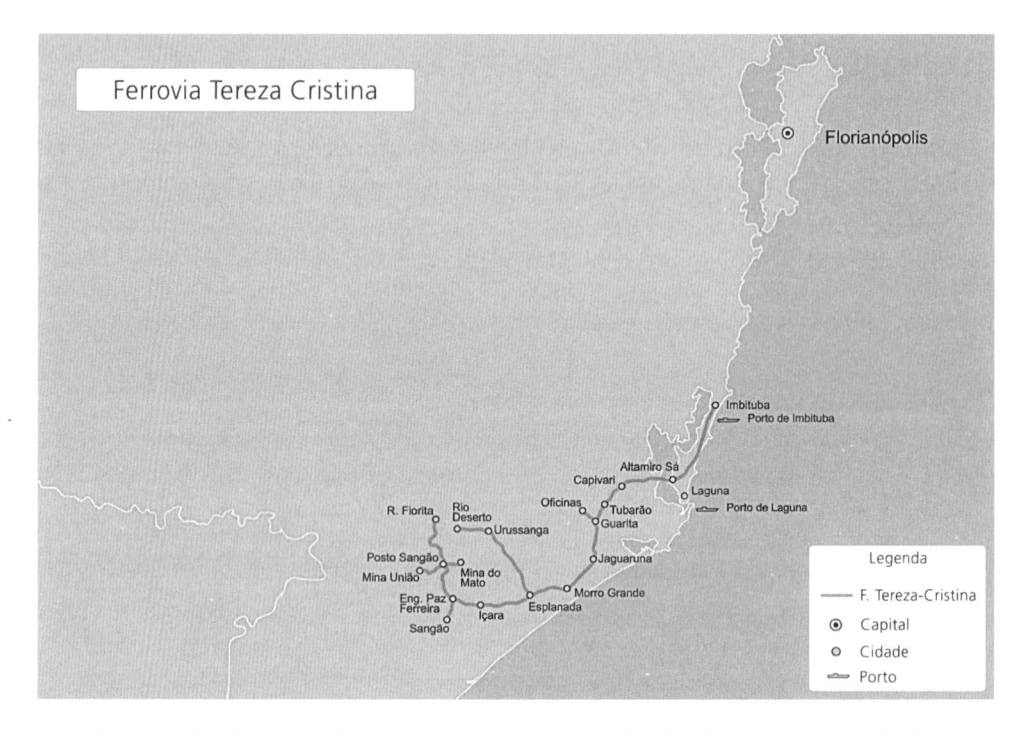

A Transnordestina Logística S.A. é uma empresa privada do Grupo CSN criada originalmente com o nome de Companhia Ferroviária do Nordeste S.A. em 1º de janeiro de 1998. Administra a malha ferroviária do Nordeste adquirida da RFFSA que era composta das seguintes superintendências regionais: SR 1(Alagoas, Pernambuco, Paraíba, Rio Grande do Norte), SR 11(Ceará) e SR 12 (Piauí e Maranhão). Possui 4.238 km que se estendem pelos estados do Maranhão, Piauí, Ceará, Rio Grande do Norte, Paraíba, Pernambuco, Alagoas até o município de Propriá, em Sergipe.

Em 2008, a razão social da CFN (Companhia Ferroviária do Nordeste S.A.) mudou para Transnordestina Logística S.A.

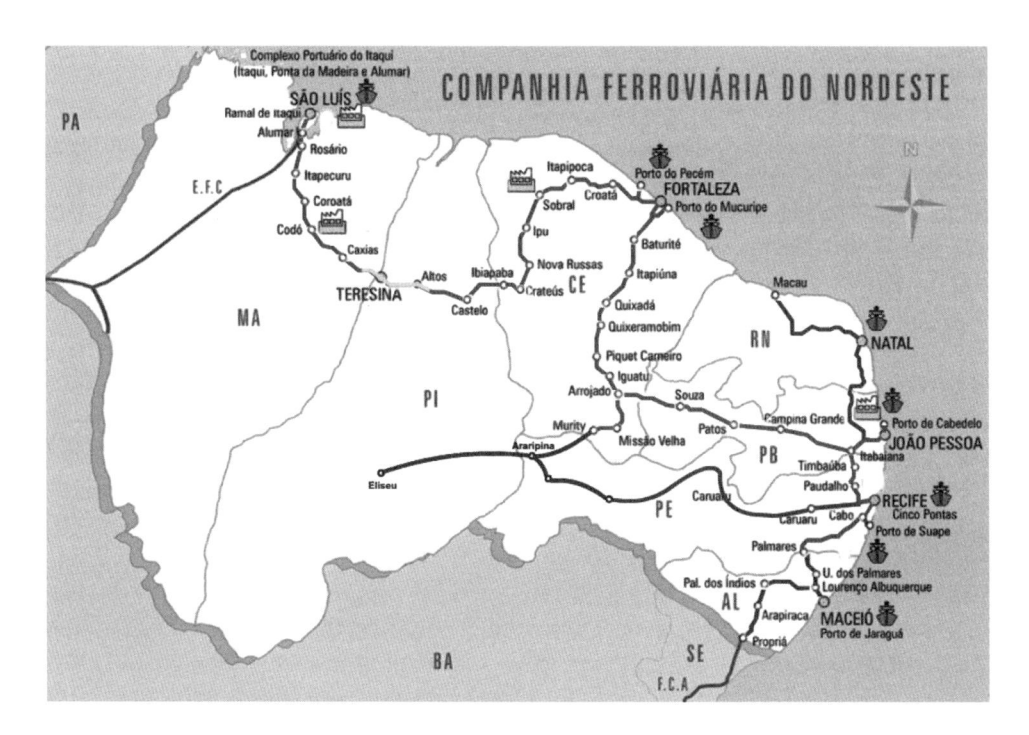

A Estrada de Ferro Carajás destaca-se entre as ferrovias brasileiras pelo volume de transporte e a moderna tecnologia, em bitola larga, como parte integrante da Companhia Vale do Rio Doce (CVRD). Interliga a província mineral de Carajás, no Pará, com o porto de Ponta da Madeira, em São Luís, Maranhão.

Em 1966, os diversos reconhecimentos geológicos na região de Carajás, no estado do Pará, levaram a Companhia Vale do Rio Doce a iniciar negociações com a U.S. Steel, para formalizar uma associação, sendo fundada em abril de 1970 a Amazônia Mineração S.A., AMZA, destinada a operar o Projeto Ferro Carajás, sendo 51% das ações pertencentes à CVRD e 49% à U.S. Steel.

Os estudos de viabilidade foram concluídos em 1974 e iniciados os projetos de engenharia, resultando em 1976 na concessão pelo Governo Federal para construção e operação da ferrovia entre a Serra de Carajás e a Ponta da Madeira, no litoral do Maranhão.

Em 1977, a CVRD adquiriu da U.S. Steel as ações restantes da AMZA, incorporando sua razão social em 1981 e assumindo com exclusividade a responsabilidade pela implantação do Projeto Ferro Carajás.

A construção da Estrada de Ferro Carajás foi iniciada com o lançamento dos trilhos nos primeiros 15 km em agosto de 1982, prosseguido as obras com alto índice de mecanização, sendo alcançada a divisa entre os estados de Maranhão e Pará em setembro de 1984, no km 668 + 300.

A Estrada de Ferro Carajás também se interliga com a Companhia Ferroviária do Nordeste, CFN, nas proximidades de São Luís, atendendo em conjunto o porto de Itaqui, e também com a Ferrovia Norte-Sul, em Açailândia, facilitando a exportação dos grãos produzidos no norte do estado de Tocantins pelo porto de Ponta da Madeira.

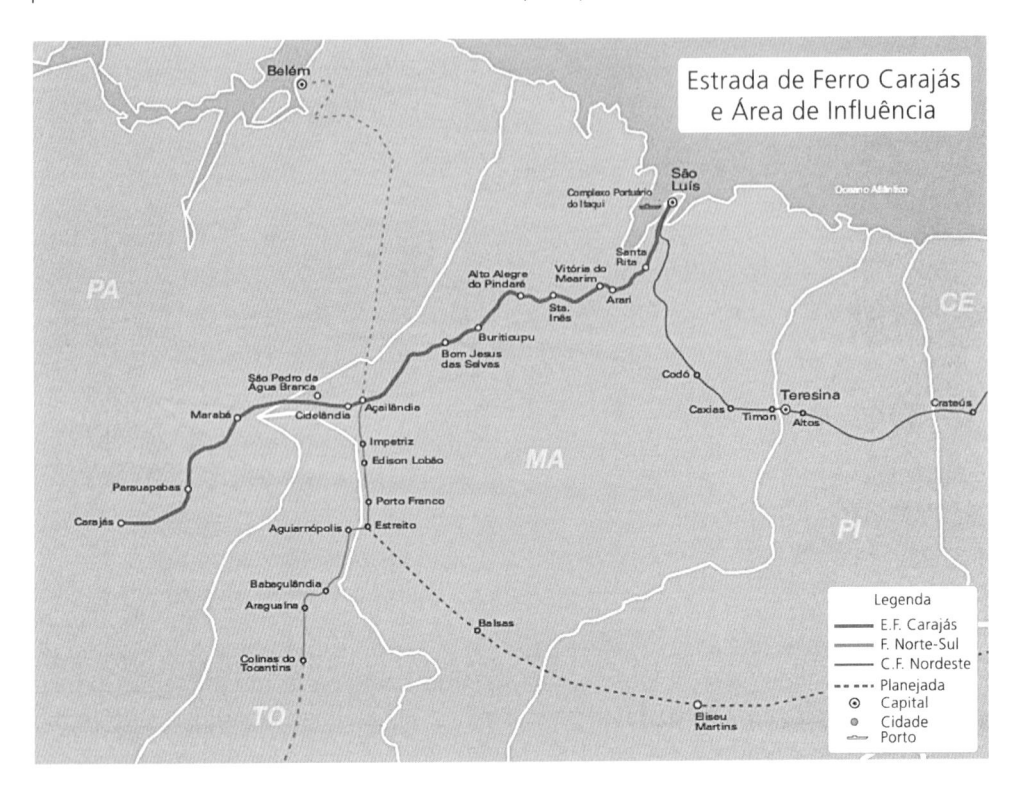

Ferrovia Novoeste S.A. é a empresa que arrematou a concessão da Malha Oeste da Rede Ferroviária Federal em 1996, oriunda da antiga Estrada de Ferro Noroeste do Brasil.

Em 2002 foi fundida à Ferrovia Bandeirantes S.A. (Ferroban) e às Ferrovias Norte Brasil S.A. (Ferronorte), formando o Grupo Brasil Ferrovias.

Em 2004 houve a cisão que criou a Nova Novoeste, controlando a Malha Oeste e um trecho de bitola métrica oriundo da Ferroban, entre Mairinque e Bauru. Foi o chamado Corredor de Bitola Métrica da Brasil Ferrovias, operando de Corumbá/MS, onde há ligação com a rede ferroviária da Bolívia, até Mairinque, fazendo integração com o ramal para o Porto de Santos/SP. O restante da malha do grupo foi denominado Corredor de Bitola Larga (Nova Brasil Ferrovias).

Por fim, em maio de 2006, juntamente com a Brasil Ferrovias, a Novoeste Brasil foi fundida à América Latina Logística, através de operação de troca de ações entre os respectivos controladores.

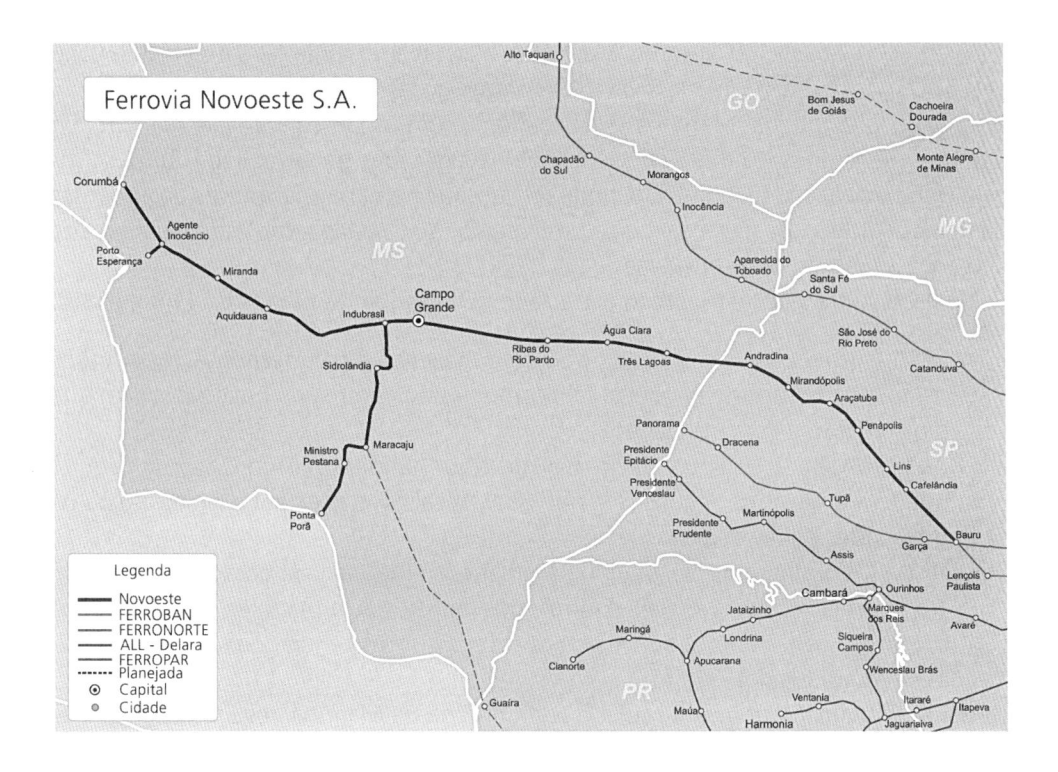

6.2.7 Aspectos do transporte aquaviário

O transporte aquaviário é todo e qualquer tipo de transporte e movimentação realizado em vias aquáticas. Ele também é dividido em: transporte marítimo, transporte fluvial e transporte lacustre. Essas movimentações são realizadas em mares, rios e lagos. O Transporte Marítimo ainda divide-se em: navegação de longo curso, que faz a ligação entre os portos entre países, que é a navegação internacional, e a navegação de cabotagem, que faz a ligação entre os portos de um mesmo país, que é a navegação nacional. Os navios utilizados para o transporte dos mais diversos tipos de cargas e passageiros têm vários tamanhos e características, de acordo com a necessidade de operação, da carga e dos portos onde atracam.

Transporte marítimo

É realizado por navios a motor, de grande porte, entre os mares, rios e oceanos. É dividido e classificado em categorias, de acordo com sua finalidade, ou seja, transportando cargas entre portos nacionais, atracando em portos de mar e interiores, localizados em rios, dentro de um mesmo país ou de longo curso, internacionalmente, isto é, atracando em portos de dois ou mais países. Para uma operação correta do transporte marítimo, existem vários órgãos controladores e fiscalizadores.

Internacionalmente, o Transporte Marítimo é basicamente controlado e regulamentado pela IMO, uma entidade ligada à ONU (Organização das Nações Unidas).

A IMO (International Maritime Organization) é um órgão cuja função consiste em promover segurança no mar, a eficiência da navegação e tomar medidas preventivas para evitar a poluição marítima que pode ser causada pelos navios, através de acidentes ou más condições dos mesmos, bem como regular a atividade entre as companhias de navegação, dentre outras atividades.

No Brasil, o Transporte Marítimo é regulado pelos seguintes órgãos governamentais:

- MT (Ministério dos Transportes): é o órgão máximo no país, responsável por todos os tipos de transporte (modais). Tem como missão controlar e fiscalizar tudo o que diga respeito a essa atividade;
- Antaq (Agência Nacional de Transporte Aquaviário: órgão do Governo Federal que tem o dever de regular, supervisionar, fiscalizar e executar a política para os transportes aquaviários no Brasil;
- DMM (Departamento de Marinha Mercante): órgão vinculado ao Ministério de Transportes, responsável pelo controle dos registros de armadores, fretes, acordos bilaterais, conferências de fretes e outros assuntos reguladores do transporte marítimo brasileiro;
- TM (Tribunal Marítimo): vinculado ao Ministério da Marinha, responde pelo julgamento dos acidentes marítimos, fluviais e lacustres (navegação aquaviária), podendo suas conclusões e laudos técnicos ser usados pela justiça civil, quando necessário. Também é responsável pelo registro de navios brasileiros que operam no transporte de cargas, tanto na cabotagem quanto na navegação de longo curso.

Armador

É uma empresa estabelecida e registrada, com a finalidade de realizar o transporte marítimo, local ou internacional, através de operação de navios, explorando determinadas rotas, e que se oferece para transportar cargas de todos os tipos de um porto para outro. O armador não precisa necessariamente ser proprietário de todos os navios que está operando, podendo utilizar navios afretados de terceiros para compor sua frota. Responsável pela carga que está transportando, responde juridicamente por todos os problemas ou efeitos sobre a mesma, a partir do momento em que a recebe para embarque, devendo fornecer ao embarcador um Conhecimento de Embarque (*Bill of Lading* – B/L), que é o contrato de transporte. Todo armador também tem uma bandeira, a qual depende do país onde estiver sediado.

Para ser um armador brasileiro, tem que ter pelo menos uma embarcação de bandeira brasileira com inscrição e registro nos órgãos competentes; ter patrimônio líquido mínimo de 8 milhões de reais para a navegação de longo curso; 6 milhões de reais para a navegação de cabotagem e 2,5 milhões de reais para as navegações de apoio portuário e de apoio marítimo; ter índice de liquidez corrente igual ou superior a um; formalizar pedido de autorização, em requerimento dirigido ao Diretor-Geral da Antaq, apresentando a documentação exigida pela Agência. Todos esses procedimentos podem ser encontrados em todos e mais detalhes na Resolução 2510 da ANTAQ.

- **Agência marítima:** é a empresa que representa o armador em determinado país, estado ou porto;
- **Terminal de cargas:** trata-se de um local especializado no armazenamento, na unitização e estufagem de contêineres, e movimentação de cargas para embarques e desembarques, localizados na maior parte fora das áreas primárias portuárias. São utilizados também por armadores para armazenagem de contêineres vazios a serem entregues aos embarcadores;
- **Transitários/*Freight Forwarder*:** é um prestador de serviços que está habilitado a fazer por seu cliente um trabalho completo porta a porta, desde a retirada da carga na origem, do vendedor, exportador, até a entrega no destino final, que é o importador, incluindo todas as operações portuárias necessárias.
- **NVOCC:** *Non-Vessel Operating Common Carrier*: essa denominação significa Transportador Comum Não Proprietário de Navio. Trata-se de um armador sem navios, com registro no DMM para poder operar, que se propõe a realizar o transporte marítimo em navios de armadores constituídos. O NVOCC costuma ter um acordo com o armador, que envolve tanto a utilização de contêineres quanto a do navio que é colocado à disposição de seus clientes.
- **Navios:** navio é uma construção apropriada para transportar mercadorias e pessoas, através de mares, rios e lagos. É propulsionado por força motor com capacidade variável e adequado às especificações necessárias. Desde a sua concepção até sua desativação, o navio terá diversos certificados que deverão acompanhá-lo para demonstrar suas especificações e capacidades, dentro das quais: contrato de construção, registro de propriedade marítima, termos de vistorias em seco e flutuante etc.
- **Tipos de navios:** em face da grande diversidade de cargas que foram sendo objeto de transporte, tanto nacional como internacional, vários tipos de navios foram criados e construídos para atender a essas necessidades, destacando-se:
  - ***General Cargo Ship*** (carga geral): são navios convencionais, com porões e *decks* (pisos), destinados à carga seca em geral (pequenos volumes ou volumes paletizados). Transporta qualquer tipo de carga, menos congelada ou que ofereça risco à embarcação.
  - ***Reefer* (frigorífico):** é um tipo de navio semelhante ao convencional, carga geral, porém com porões devidamente equipados com equipamentos para refrigeração e transporte de carga frigorífica ou perecível, tal como carnes, sucos, frutas, verduras etc. Os porões podem ter controles variados de temperaturas.
  - ***Bulk Carrier* (graneleiros):** são navios especializados no transporte de carga sólida a granel. Nesta categoria, colocamos os produtos agrícolas, como soja, milho, grãos em geral e minérios etc. Existem navios mistos, os OBO (*Ore-Bulk-*

-Oil), que são graneleiros adaptados a transportes alternativos de minério de ferro, granéis sólidos e líquidos. Assim como os convencionais, podem ou não ter guindastes a bordo.
- **Self-loading/unloading**: navios que possuem equipamentos para operações, como guindastes, podendo assim realizar suas próprias operações de carregamento e descarga, não dependendo, dessa forma, dos equipamentos do porto.
- **Full Container Ship (navio porta-contêiner):** é um tipo de navio especializado no transporte de contêineres, operando todos os tipos (*dry*, *reefer*, *tanks*, plataforma etc.), cujos porões são denominados *bays*, divididos em colunas (*rows*) formadas através de células guias e compostos por várias camadas (*tiers*) que indicam a altura dos contêineres embarcados.

  Os *bays*, *rows* e *tiers* são numerados e a localização do *container* no navio é dada pelo *slot* em que ele está localizado. Estes espaços podem ser construídos com capacidade para contêineres de 20' e 40', sendo que o *slot* de 40' permite acomodar dois contêineres de 20'. Estes navios também podem ser celulares, ou seja, sem porões, mas com guias em todo o navio para o encaixe dos contêineres. A unidade de referência em contêineres é TEU, que é o contêiner de 20'.
- **Roll-On Roll-Off (Ro-Ro):** tipo de navio com uma rampa na popa (parte traseira do navio) ou proa (frente do navio), por onde os veículos (com carga ou vazios), por ele transportados, entram e saem de bordo diretamente para o cais do porto. Este tipo de navio apresenta duas versões: **RO-RO/*Container Carrier***, que pode transportar veículos sobre todos nos seus porões e contêineres no *deck* principal (convés, plataforma, ou piso superior transitável do navio) e o **Ro-Ro/PCTC (*Pure Car/truck carrier*)** – navio especializado puramente no transporte de veículos automotores, como automóveis, caminhões, tratores, motoniveladora, entre outros, não transportando outro tipo de carga.
- **Tanker (navio-tanque):** navio especialmente construído para o transporte de carga liquida a granel, com divisões em porões, permitindo que em caso de problemas em alguns dos porões seja possível evitar maiores danos e continuar o transporte com os produtos nos demais compartimentos. Existem navios especializados em determinado tipo de carga como, por exemplo: *Product Tanker*, *Chemical Tanker*, LILCC, *Multi-Purpose Ship*, *Lash* e o *Seabee,* que transportam, respectivamente: petróleo refinado, produtos petroquímicos, óleos minerais, produtos químicos a granel; petroleiro de grande porte: contêineres, *pallets*, carga solta, veículos, cargas frigoríficas etc.; navio porta-barcaça *ou* chatas*: o Seabee* (*Sea Barge*) é provido de elevador submersível e convés aberto que transporta barcaças de até 800 toneladas e pode se converter em navio porta-contêineres

Conhecimento de embarque (*Bill of Lading* – *B/L*)

O Conhecimento de Embarque Aquaviário é um documento de extrema importância no comércio exterior e na navegação de cabotagem e é o principal documento em se tratando de transporte marítimo. Esse documento tem três finalidades básicas:

- representa um contrato de transporte entre o transportador e o embarcador;
- é o recibo de entrega da mercadoria a bordo do navio;
- é um título de crédito.

O conhecimento, B/L, é normalmente emitido e assinado pela agência marítima, representante do armador. Pode também ser assinado pelo comandante do navio transportador, sempre em nome do armador ou pelo próprio armador. Nele devem constar várias informações pertinentes ao embarque, conforme solicitado nos campos a serem preenchidos, tais como: nome e viagem do navio; tipos de mercadoria e suas características gerais (peso bruto, volume etc.); *container* e suas características ou o *pallet*, conforme o caso; portos ou pontos de embarque, destino e transbordo; embarcador e consignatário, notificado; data de embarque etc.

O *Bill of Lading, B/L* contém, em seu verso, todas as cláusulas referentes ao contrato de transporte celebrado entre o armador e o comerciante, constituindo um contrato de adesão, já que não é discutido nem alterado, sendo respeitado o que está impresso.

Consignação do conhecimento marítimo

Há três modos de se emitir o B/L quanto ao consignatário:

- **À ordem**: um B/L do exportador que, se for endossado em branco, pode se transformar em ao portador. Pode também ser endossado pelo exportador em preto, ou seja, a um novo consignatário, que passará a deter os direitos sobre a carga. Nada precisa ser aprovado além de sua posse, assim, quem a detiver, pode apresentar o Conhecimento para retirar a mercadoria.
- **À ordem de alguém**, inclusive a um banco, sendo que somente poderá ser apresentado por quem estiver mencionado nele. Este é um conhecimento que admite endosso, o que é feito no seu verso, transferindo a posse da mercadoria. O endosso em branco toma o B/L ao portador, conforme o do primeiro caso; em preto, a um novo consignatário definido.
- **Consignado a alguém**: neste caso é nominativo, e só continuará assim se for endossado e nominado a alguém, ou seja, com endosso em preto. Neste tipo de B/L, enquanto nominativo, o consignatário é o efetivo dono da mercadoria. Contudo, se for colocada a cláusula "à ordem", ele perderá a sua natureza de título nominativo e, consequentemente, o consignatário deixará de ser o dono efetivo. Este B/L não tem livre circulação como os "à ordem" e "ao portador".

Tipos de conhecimento de embarque

O *Bill of Lading* representa o transporte de uma carga desde o porto de embarque até o porto de destino, o que significa, neste caso, ser ele um B/L comum ou usual, ou seja, cobrindo apenas o trajeto marítimo, que pode não ser o percurso total da mercadoria. Dessa forma é chamado de porto x porto, ou píer × píer.

Porém, há alguns tipos de Conhecimentos de Embarque especiais, que são:

- *Through Bill of Lading*: é um documento de transporte multimodal, capaz de cobrir o transporte da mercadoria por mais de um modal de transporte e entre os dois pontos mencionados (origem/destino), implicando numa responsabilidade maior do armador, que terá a seu cargo, mediante um frete especial combinado, o transporte da mercadoria entre esses dois pontos. Esta é uma condição cômoda para o exportador que, ao entregar a mercadoria ao transportador, encerra sua participação em termos de operação e avisa ao importador sobre o acordo;
- *Charter Party Bill of Lading*: emitido ao amparo de um contrato de afretamento, refere-se a uma carga que será única, ou uma das únicas no navio, sendo este, normalmente, afretado para este fim por um ou poucos embarcadores. Este tipo de B/L não é emitido para navios de linha regular, já que neste caso não há um afretamento, mas tão somente uma reserva de espaço.

Tipos de pagamento de frete

Não há obrigatoriedade da menção, no Conhecimento de Embarque, do valor do frete a ser pago, já que este poderá ser substituído pela cláusula **Freight as Per Agrément** (frete conforme acordo), porém o local em que o frete será pago deverá ser mencionado, conforme segue:

- *Freight prepaid* (frete pré-pago): significa que o frete será pago imediatamente após o embarque, para retirada do B/L, normalmente, no local ou país de embarque;
- *Freight collect* (frete a pagar): o pagamento do frete poderá ocorrer em local diverso daquele de embarque ou destino. Pode ser pago em qualquer parte do mundo, sendo que o armador será avisado pelo seu agente sobre o recebimento do frete, para proceder à liberação da mercadoria.

Conhecimento *On Board*

O B/L deverá sempre constar On *Board* ou *Shipped On Board* para caracterizar que a mercadoria foi colocada no porão do navio, quando for exigido por qualquer parte, seja exportador ou importador. Costuma ser solicitado para evitar que o armador transporte a mercadoria no convés do navio.

Conhecimento *Clean*

É normal os embarcadores solicitarem que o B/L tenha a cláusula *Clean* (*clean on board* – limpo a bordo), para registrar que a mercadoria foi recebida a bordo em boas condições, inclusive quanto à embalagem, embora isto não seja necessário, já que a mercadoria estará *clean* se não houver no B/L qualquer menção de mercadoria defeituosa.

Notificado no conhecimento de embarque (*Notify*)

É comum que o B/L mencione, no espaço reservado para este fim, alguma pessoa física ou jurídica no destino (por exemplo, um despachante a serviço do consignatário), que deverá ser avisada pelo armador ou pelo seu agente marítimo da chegada da mercadoria, para que tome as providências necessárias quanto aos trâmites aduaneiros para a sua liberação.

Reserva de praça ou espaço

Significa reservar, de determinado armador/transportador, através do seu agente marítimo, uma parte do espaço disponível para carga em um determinado navio. Isto quer dizer que, mediante o pagamento de um frete, um embarcador adquire o direito de transportar a sua carga para o destino contratado no navio nomeado.

Esta reserva de espaço é um compromisso, assumido pelo transportador, de colocar um navio em determinado porto e data, honrar o espaço vendido ao embarcador de dispor a mercadoria para embarque no local e data estipulada para isso.

Existem outras despesas, como a capatazias ou THC (*Terminal Handling Charge*), que é uma despesa paga à administração do porto pelo operador portuário, o qual é contratado pelo armador, para utilização do porto para a movimentação da carga e seu posicionamento no costado do navio.

Os navios empregados no transporte de granéis sólidos, no longo curso, não se regem por qualquer tabelamento de fretes, dependendo exclusivamente do binômio oferta/demanda. Nesta faixa de navios, os exclusivamente graneleiros sofrem ainda a concorrência de navios para carga geral, que operam fora das condições de fretes ditadas pelos graneleiros; estes navios de carga geral apresentavam a vantagem de aproveitar viagens que eventualmente fariam em lastro.

Excetuando-se grandes companhias de navegação, cujos interesses estão ligados às indústrias extrativas de minerais e indústrias siderúrgicas, as demais operam no sistema de oferta e demanda.

Alguns armadores, no intuito de reduzir ao mínimo as travessias em lastro, estão colocando em operação navios que carregam certa faixa de granéis em um sentido e, com a utilização de determinados equipamentos especiais, os aparelhos para transportar automóveis ou madeira em viagem de retorno.

Na movimentação de carga geral, os produtos químicos continuam tendo lugar de destaque apesar das facilidades existentes para o transporte a granel. Isso se deve à grande diversificação de produtos cujas quantidades não são suficientes para justificarem o transporte a granel.

Essas formas de transporte podem ser empregadas para produtos sólidos ou líquidos; para esses casos temos de estar subordinados a um sistema rigoroso de fixação de fretes.

Características positivas:

- maior quantidade relativa;
- tarifas competitivas para grandes quantidades; .
- consumo energético tlkm baixo.

Características negativas:

- portos – acessos precários;
- portos – equipamento deficiente;
- portos – rede insuficiente;
- portos – operações não uniformes;
- portos – congestionamentos;
- portos – terminais para *containers*;
- navios – insuficiência;
- navios – esquemas de saída e chegada;
- navios – prazos de trânsito;
- estiva – morosidade e alto custo;
- avarias, faltas e extravios.

Transporte lacustre

O modal lacustre tem as mesmas características do fluvial, porém o transporte é em lagos. Essa modalidade no Brasil é muito pequena, podendo ser considerada como desprezível, não tendo importância relativa no transporte de cargas.

Lagos navegáveis

Todos os lagos podem ser navegáveis, porém, o transporte vai depender de suas características, como tamanho, profundidade, localização e viabilidade econômica. Normalmente, os lagos são utilizados para o transporte de mercadorias nas regiões circunvizinhas. Como exemplos de alguns lagos navegáveis para transporte de cargas temos:

- Lagoa Mirim, que liga o Brasil ao Uruguai.
- Lagoa dos Patos, ligando o Rio Grande a Porto Alegre.

Transporte fluvial

Realizado em rios, a utilização no Brasil ainda é muito pequena, se considerarmos o potencial de nossas bacias hidrográficas. O Brasil possui cerca de 25.000 km de rios navegáveis que estão aguardando utilização como uma solução de transporte de baixo custo. O grande volume de mercadorias transportadas por este modal é de produtos agrícolas, minérios, derivados de petróleo, álcool e assemelhados.

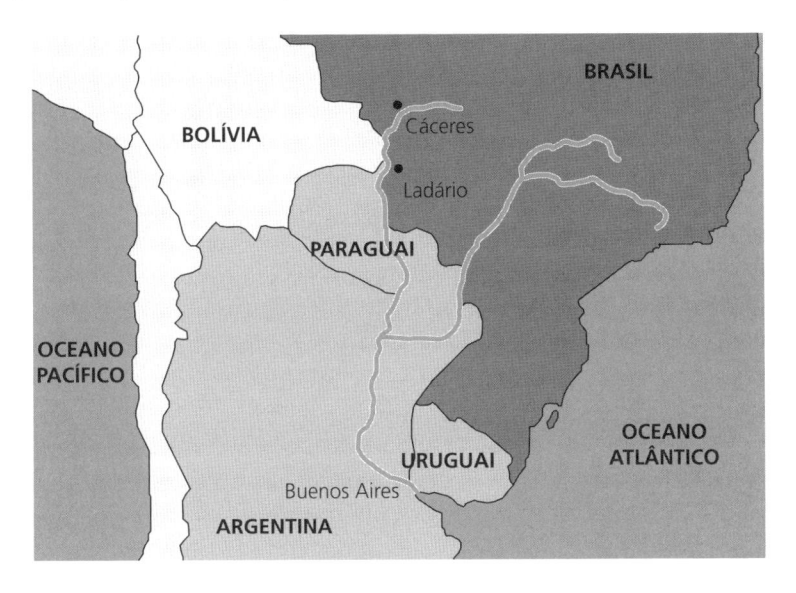

A Transpetro/Petrobras e a Cosan estão com grandes projetos para a Hidrovia do Tietê.

Bacias hidrográficas brasileiras e rios navegáveis

- Bacia Amazônica.
- Bacia Araguaia/Tocantins.
- Bacia do Nordeste.
- Bacia do São Francisco.
- Bacia do Paraná.
- Bacia do Uruguai.

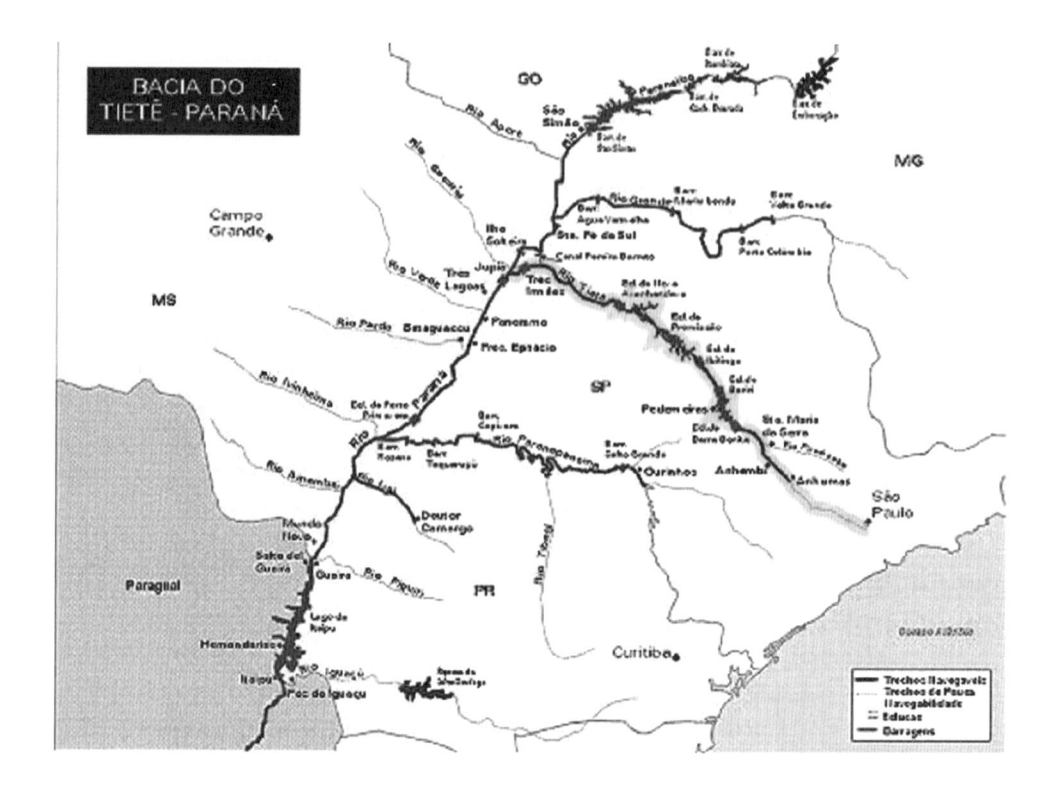

6.2.8 Aspectos do transporte dutoviário

As principais características econômicas do transporte dutoviário são:

a. Elevados investimentos iniciais.
b. Elevados custos de capital.
c. Baixos custos operacionais.

A) Elevados investimentos iniciais

1. Estudos e custos intangíveis.
2. Tubos.
3. Lançamentos da tubulação.
4. Estações de bombeamento.
5. Tancagem.
6. Outros custos, tais como acessórios de linha, controle etc.

Os tubos apresentam item importante no investimento inicial. O seu custo é sensivelmente proporcional ao seu peso, e o peso dos tubos aumenta mais rapidamente do que o diâmetro, uma vez que a espessura deverá ser maior para uma mesma taxa de trabalho. Outro item importante é o lançamento da tubulação. Seu custo depende das condições de terreno, tais como relevo, acesso, natureza do solo e clima. A estrutura de imobilização na Europa possui o seguinte aspecto:

    Estudos e custos intangíveis........... 8 a 12%
    Tubos .... 25 a 50%
    Lançamento .... 25 a 50%
    Estações de bombeamento............ 12 a 15%
    Tancagem....................................... 10 a 15%
    Outros custos .... 5 a 10%

B e C) Elevados custos de capital e baixos custos operacionais

O custo total anual de um duto pode ser decomposto de modo geral em dois itens principais:

$$\text{Custos de Capital (75\%)} \begin{cases} \text{Depreciação} \\ \text{Custos Financeiros} \\ \text{Remuneração de capital} \end{cases}$$

$$\text{Custos Operacionais (25\%)} \begin{cases} \text{Custo de energia (20\%)} \\ \text{Custos de manutenção e custos} \\ \text{administrativos (5\%)} \end{cases}$$

Com base nos elementos apresentados, procuraremos a seguir ensaiar os principais passos no planejamento de distribuição de produtos, a fim de ser possível compatibilizarmos as três variáveis básicas do transporte: custos, prazo e qualidade.

As principais e únicas tubovias do Brasil são da Petrobras, que são utilizadas para bombeamento de petróleo e combustíveis. Como exemplo e para ilustração, demonstramos algumas principais tubovias e suas interligações:

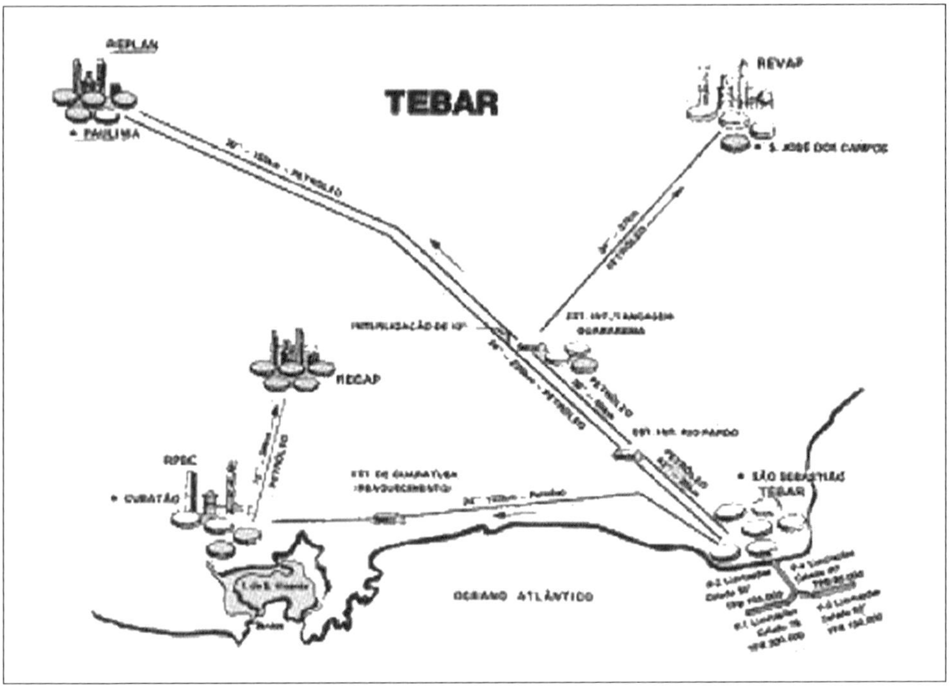
TEBAR
REPLAN
REVAP
RECAP
RPBC
OCEANO ATLÂNTICO

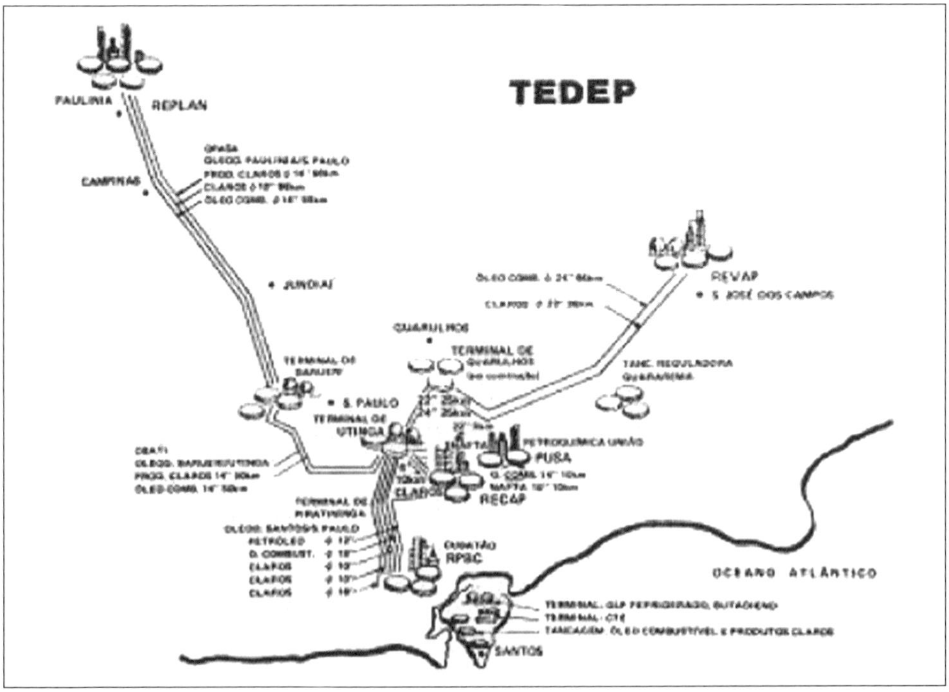
TEDEP
PAULINIA
REPLAN
CAMPINAS
JUNDIAÍ
REVAP
GUARULHOS
S. PAULO
PUSA
RECAP
RPBC
OCEANO ATLÂNTICO
SANTOS

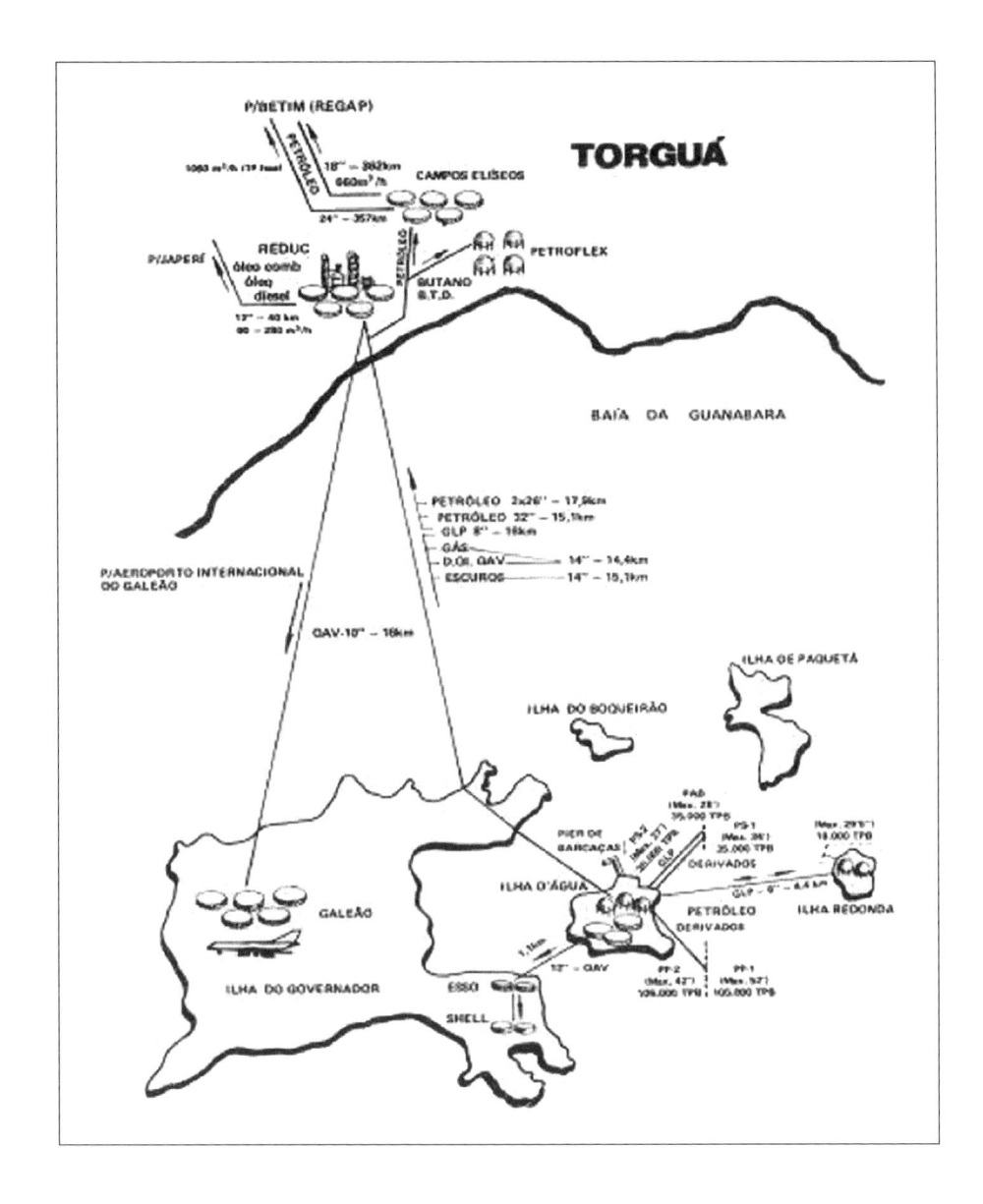

Capítulo 6 • Transportes

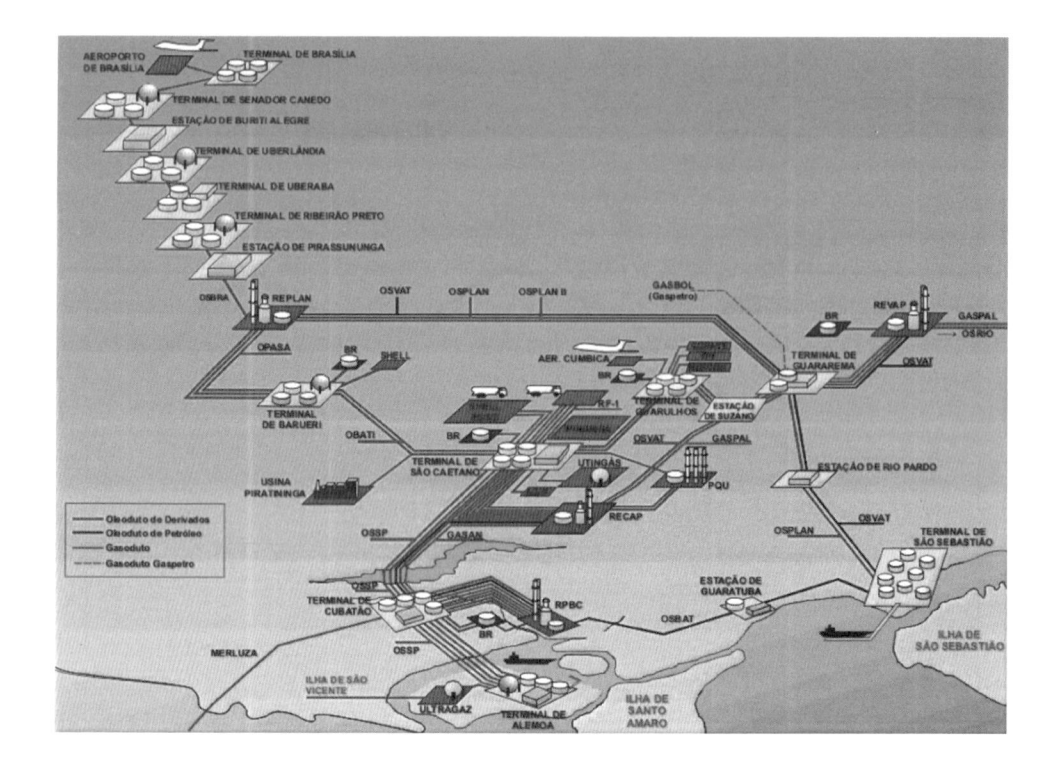

6.2.9 Aspectos do transporte aéreo

As diferenças no transporte das cargas nacionais e internacionais ocorrem devido às condições típicas regionais, entretanto, são sempre semelhantes nos conceitos básicos de segurança e operacionalidade.

As reservas podem ser feitas apenas para um espaço na aeronave, para transporte de determinada carga, ou para o espaço total, ou ainda para afretamento de aviões cargueiros destinados a tal finalidade, sendo realizadas pelos expedidores diretamente com a companhia aérea ou através de um agente de carga.

Características
Este modal diferencia-se dos demais com as seguintes características:

- maior agilidade no transporte;
- remessa de mercadorias de pouco volume/peso e muito valor;
- mercadorias com prioridade de entrega (urgência).

Iata/Anac/Infraero
A Iata (Associação de Tráfego Aéreo Internacional) é uma associação que reúne empresas de todo o mundo, contando com aproximadamente 1.000 empresas e 10.000 agentes de carga associados.

Dentre seus principais objetivos estão: assegurar que as companhias aéreas participantes prestem serviços de transporte seguro, eficiente, rápido. Desenvolver condições para colaboração mútua das empresas de aviação; encontrar soluções e resolver pendências comuns da aviação, em conjunto com órgãos e companhias; definir tarifas de fretes a serem utilizadas pelos seus membros nos tráfegos de passageiros e mercadorias; orientar a modernização dos aeroportos; viabilizar rotas aéreas etc.

Órgãos controladores

No Brasil, o transporte aéreo é regulamentado pelo Governo Federal através dos seguintes órgãos:

- Ministério da Aeronáutica: é o responsável máximo pelo transporte aéreo e aeroportos no país, ditando as normas a serem seguidas pelo setor;
- Anac (Agência Nacional de Aviação Civil): agência governamental ligada ao Ministério da Defesa que controla a aviação nacional e internacional no país, regulamentando e instrumentalizando as normas internacionais dos acordos da aviação civil internacional;
- Infraero (Empresa Brasileira de Infraestrutura Aeroportuária): empresa responsável pela administração e construção de aeroportos no Brasil, controle dos armazéns de carga nas exportações e importações nos terminais aeroportuários brasileiros, bem como dos terminais de passageiros nos respectivos aeroportos.

Companhias aéreas

São empresas de transporte aéreo autorizadas pelas autoridades de seu país de origem a operar o transporte de cargas e passageiros, dentro das normas internacionais, com aeronaves devidamente registradas e capacitadas para o tráfego.

Agentes de carga

O agente de carga é o intermediário que faz a ligação entre companhia aérea e usuários, não sendo comum, portanto, que os embarques sejam negociados pelos comerciantes diretamente com as empresas aéreas, a menos que se trate de grandes quantidades ou afretamentos. Por isso, os agentes de carga aérea são de grande utilidade nessa atividade, pois auxiliam diretamente empresas a adquirirem informações quanto a voos, empresas, rotas, disponibilidade de espaço em aeronaves, fretes etc. Estas empresas têm a possibilidade de obter vantagens para os embarcadores, através da redução de fretes pela consolidação de cargas.

Parte de sua receita é auferida através de um percentual do frete que realizam e que recebem das empresas aéreas. Outra parte provém de taxas de expedientes diversas, que são mencionadas no AWB (*Airway Bill*), cobradas do embarcador se o frete for *prepaid* ou do destinatário se for *collect*. Dependendo da negociação e do cliente, esta taxa poderá ser eliminada pelo agente.

Os agentes de carga, assim como os NVOCCs, têm os seus próprios Conhecimentos de Carga Aérea e são autorizados a emiti-los, em lugar dos AWBs das empresas aéreas, nos embarques consolidados, onde a empresa aérea emite um único AWB para toda a carga embarcada.

Conhecimento de embarque aéreo (*Airwav Bill*)

O transporte aéreo de carga é sempre documentado através de Conhecimento Aéreo (AWB – *Airway Bill*), que, a exemplo dos demais modais, é o documento mais importante do transporte.

O Conhecimento tanto pode ser um conhecimento aéreo da companhia quanto do próprio transportador e identificado como tal, com menção do número do transportador, ou ser um Conhecimento neutro. Quando é do agente de carga e, portanto, não há identificação do transportador, podendo ser utilizado para embarque em qualquer companhia aérea.

Poderá ser um Conhecimento que cubra uma carga transportada por várias empresas, ou um Conhecimento Aéreo direto, que cobre a carga do ponto de partida até o destino final.

Os conhecimentos poderão ter a seguinte forma, de acordo com quem os emite e a finalidade a que se destinam:

- AWB (*Airway Bill*): Conhecimento Aéreo que cobre uma determinada mercadoria, embarcada individualmente numa aeronave referente a uma carga cujo AWB é emitido diretamente pela empresa aérea para o exportador;
- MAWB (*Master Airway Bill*): Conhecimento de Embarque Aéreo emitido pelo agente ATA, para a companhia aérea, para cargas/expedições consolidadas, e que permanece com o agente de carga, não chegando aos embarcadores, já que eles receberão os HAWB emitidos pelos seus agentes por suas cargas individuais. Este Conhecimento é denominado "mãe" e representa a totalidade da carga entregue pelo agente para o embarque;
- HAWB (*House Airway Bill*): Conhecimento Aéreo emitido por um agente de carga, relativo a uma carga que tenha sido objeto de uma consolidação, conhecido como "filhote". A soma dos HAWBs será igual ao MAWB (quantidade de volumes, peso bruto, valor do frete etc.).

O Conhecimento de Carga Aéreo tem as seguintes finalidades:

- contrato de transporte entre o transportador e o embarcador, mencionando no seu verso todos os itens relativos ao transporte da carga;
- prova de que a carga foi recebida para o transporte pelo transportador;
- tem utilidade também de fatura de frete, na qual devem constar todos os dados da mercadoria, do vão, cálculo de frete, tipo de tarifa utilizada dentro dos códigos da lata, que vão respaldar o pagamento do frete da carga;

- certificado de seguro, no caso de o exportador solicitar à empresa aérea um seguro da mercadoria adicional àquele que ela já tem normalmente, quando mencionado no mesmo. No caso de não haver um seguro extra, coberto pelo AWB, a responsabilidade do transportador, no transporte aéreo, se limita a US 20,00 (vinte dólares) o quilo. Porém, em nenhum caso será superior ao valor real declarado da mercadoria;
- título de crédito que é utilizado juntamente com outros documentos de exportação, para a liquidação do câmbio e recebimento das dívidas pelo exportador.

No Brasil, cobre somente a mercadoria a partir do momento em que a empresa aérea a retira do armazém controlado pela Infraero. No exterior, pode também cobrir as mercadorias nos armazéns, já que os mesmos são das próprias empresas aéreas.

O expedidor é responsável pela veracidade das informações contidas no AWB e, portanto, por eventuais danos sofridos pelo transportador em face de irregularidades, no preenchimento do AWB. Os conhecimentos não negociáveis possuem essa condição impressa, no caso aéreo, na parte superior, através da cláusula *Not Negotiable*. Isso significa que ele é um documento de expedição direta das mercadorias emitido diretamente ao destinatário. Para que seja negociável, é necessário que o Conhecimento não possua esta cláusula.

Na prática, os conhecimentos marítimos originais (que são os negociáveis e liberáveis pelo agente) são negociáveis, pois não possuem a cláusula.

Vantagens do transporte aéreo

- os aeroportos, normalmente, estão localizados mais próximos dos centros de produção, industrial ou agrícola, pois encontram-se em grande número e espalhados praticamente por todas as cidades importantes do planeta ou por seus arredores;
- os fretes internos, para colocação das mercadorias nos aeroportos, são menores, e o tempo mais curto em face da localização dos mesmos;
- possibilidade de diminuição de estoque, já que se pode aplicar mais agressivamente uma política de *just in time,* com redução dos custos de capital de giro pelo embarque contínuo, praticamente diário;
- racionalização das compras pelos importadores, também aplicando o *just in time,* já que eles não terão a necessidade de manter estoques;
- possibilidade de utilização das mercadorias mais rapidamente em relação à produção, principalmente em se tratando de produtos perecíveis, de validade mais curta etc.;
- maior competitividade do exportador, visto que a entrega rápida pode ser um bom argumento de venda;
- redução dos custos de embalagem, que não precisa ser tão robusta, pois a mercadoria estará menos sujeita a manipulações;
- segurança no transporte de pequenos volumes;

- apresentação de frete inferior ao transporte marítimo, dependendo da mercadoria, quantidade e local de origem;
- o seguro de transporte aéreo é mais baixo em relação ao marítimo, cerca de 30% na média geral, sendo que há uma variação que depende da mercadoria, fazendo com que a diferença seja maior ou menor.

Tipos de aeronaves

São vários os modelos de aviões utilizados no transporte aéreo, classificados em três tipos quanto a sua configuração e utilização:

- *All Cargo* (*Full Cargo*): são aeronaves específicas, configuradas apenas para o transporte de carga, não transportando passageiros;
- *Combi*: aeronave mista, utilizada para o transporte de passageiros e de cargas;
- *Full Pax*: avião de passageiros, porém onde o *deck* inferior é destinado unicamente a cargas.

Divisão de uma aeronave quanto aos tipos de cargas

Todo tipo de carga pode ser transportado por este modal, porém não devem oferecer risco à aeronave, aos passageiros, aos operadores, a quaisquer outros envolvidos e às outras cargas transportadas. Assim, podem-se transportar animais vivos, cargas comuns secas, cargas congeladas, armamentos, enfim, qualquer carga, porém as restrições a cargas perigosas são muito intensas, sendo suas embalagens e condições de transporte devidamente regulamentadas pela Iata.

As mercadorias perigosas deverão ser autorizadas pela própria empresa aérea e terão de ser identificadas perfeitamente, de modo que a pessoa, ao manipulá-las, possa ter o devido cuidado.

As mercadorias perigosas são classificadas pela ONU nas seguintes classes de risco:

- classe 1 – explosivos;
- classe 2 – gases;
- classe 3 – líquidos inflamáveis;
- classe 4 – sólidos inflamáveis;
- classe 5 – substâncias combustíveis e materiais oxidantes;
- classe 6 – substâncias tóxicas (venenosas) e infecciosas;
- classe 7 – materiais radioativos;
- classe 8 – corrosivos;
- classe 9 – mercadorias perigosas diversas.

As demais mercadorias que sofrem restrições e cujos embarques devem ser consultados antecipadamente são:

- mercadorias magnéticas;
- animais ferozes e de grande porte;

- material orgânico sujeito a contaminação de qualquer natureza ou em pré-estado de decomposição etc.

ULD, fretes e formas de pagamento

ULD (*Unit Load Devices*) são unidades próprias para unitização de cargas, ou seja, os *containers* e *pallets* utilizados na carga aérea. Estes distinguem-se, em formatos e tamanhos, bem como em sua concepção e utilização, daqueles utilizados no transporte marítimo. A variedade é muito maior e suas medidas não são em pés e polegadas, salvo raras exceções para os *pallets* e *containers* de 10' e 20', mas em polegadas apenas, sendo classificados da seguinte maneira em relação às aeronaves: *Aircraft* ULD: são unidades que fazem parte integral da aeronave e enquadram-se perfeitamente nelas, sem a utilização de equipamentos suplementares.

Cálculos de frete

As tarifas de fretes aéreos são estabelecidas de comum acordo entre as empresas de transporte aéreas, devidamente fiscalizadas e controladas pela Iata.

O frete é cobrado pelo peso da carga, calculado por quilo, porém o volume também é considerado, se exceder limites previamente estabelecidos para um determinado peso, ou seja, 6 vezes o peso da carga.

A regra é a seguinte: cada quilograma (1.000 gramas) pode ocupar no máximo um espaço de 6.000 cm^3 (seis mil centímetros cúbicos), e caso isso seja excedido o frete será cobrado na base peso/volume. Portanto, como exemplo, uma carga com uma tonelada terá o frete cobrado na base peso, se o volume não ultrapassar 6 m^3, e na base peso/volume, se for superior a este volume.

O cálculo para obtenção da quantidade de peso/volume e que permite saber se há ou não excesso do mesmo é feito mediante a seguinte fórmula:

$$CC \times L \times A = \textbf{\textit{kg/volume a ser cobrado}} \times \textbf{\textit{tarifa}} = \text{valor do frete } 6.000$$

onde: C = comprimento, L = largura e A = altura.

Para estabelecer os fretes, as empresas aéreas atentam para a rentabilidade da linha nos dois sentidos. Os fretes são considerados do aeroporto de partida ao aeroporto de destino e não incluem despesas de carreto e de liberação para embarque e desembarque.

É permitido colocar a mercadoria numa tarifa de peso maior se o frete resultante do cálculo for menor para o embarcador. Neste caso, tanto o peso real quanto o peso calculado deverão ser mencionados no Conhecimento Aéreo.

Tarifas de frete

Tarifa de frete é o valor cobrado por um transportador, por determinada unidade de carga. Os principais tipos de tarifa são: *Tarifa Mínima*, *Tarifa Geral*, *Tarifa Normal* e *Tarifa Quantitativa*.

Formas de pagamento

Como nos demais modais, o pagamento do frete pode ser feito em algumas formas, como segue:

- Frete pré-pago (*freight prepaid*): o pagamento do frete deve ser feito no ponto de embarque. Normalmente, isto ocorre quando a venda é feita na condição CIF e CFR (ver Incoterms).
- Frete a pagar (*freight collect*): o pagamento do frete poderá ocorrer em qualquer lugar, em geral no destino.

6.3 Elementos de transporte intermodal

Ao defrontarmo-nos com o problema de logística de transporte, surge a pergunta: qual realmente é a melhor modalidade para cada distribuição com características específicas de cada produto e para cada mercado?

É possível delinear os principais critérios para a escolha da melhor alternativa baseando nas seguintes orientações:

- **a. Rodoviário**: destinado a volumes menores, ou produtos de maior sofisticação que exigem prazos relativamente rápidos de entrega. A rodovia para transporte de carga apresenta velocidades compreendidas dentro do intervalo de 30 a 60 km/h.
- **b. Ferroviário**: destinado a volumes maiores e que possuem custo unitário baixo; neste caso o fator tempo não será preponderante, já que nesta modalidade a velocidade média nas melhores condições poderá atingir 12 km/h.
- **c. Aeroviário**: destinado a pequenos volumes classificados em "cargas nobres". A utilização de tal meio deverá somente ser feita quando os prazos de entrega forem imperativos.
- **d. Hidroviário e marítimo**: deverá levar produtos de baixíssimo custo unitário, cujo tempo de realização da operação não seja fator preponderante no custo de transporte do produto.

Atualmente, é muito comum encontrarmos dentro da área de serviços de transporte a expressão *logística*. Inicialmente, a verdadeira conceituação da função de logística era mais presa a atividades militares ligadas ao suprimento e transportes de tropas que ao transporte propriamente dito. A logística, em termos de aplicação em serviços de transporte, está ligada aos cálculos de distribuição racional de produtos e à definição da faixa apropriada de uso de cada modalidade e das suas vantagens específicas em relação às demais. A escolha de uma ou outra modalidade para a realização de um transporte específico pressupõe a avaliação de dois fatores:

- a diferença entre o preço de venda do produto no centro de produção e o preço de venda deste mesmo produto nos mercados consumidores; e
- o custo de transporte entre o centro de produção e o mercado.

O primeiro destes dois fatores é sempre conhecido. Já a determinação e eficácia do segundo apresentam-se bastante complexas e difíceis.

Objetivamente, a formação dos custos de transporte é condicionada por duas ordens de fatores importantes:

    a. **Características de carga**: localização, volume, densidade, quantidade a transportar e valor unitário da mercadoria, características tecnológicas para manuseio, distância média de transporte e condições de segurança desejáveis, enfim, condições gerais do mercado de cargas.

    b. **Características dos serviços de transportes**: disponibilidade e condições atuais de infraestrutura (rodovias, ferrovias, hidrovias, portos e aeroportos), condições de operação, nível tecnológico do serviço oferecido, velocidade, custo relativo do meio de transporte, mão de obra envolvida, as perdas, tempo de viagem etc.

Todas essas características e as peculiaridades de mercado são componentes formadores dos custos globais e, por isso, insuficientes para individualmente oferecerem um juízo isento e objetivo das vantagens desta ou daquela modalidade. O que ocorre, na verdade, é que a opção do usuário se faz por custos globais financeiros da operação *door to door*, que engloba na sua formação os fatores citados.

Na formação desses custos, temos os seguintes itens que assumem real importância:

    a. **Fator tempo**: decorrentes das diferenças de velocidades de cada modalidade de transporte; dos tempos despendidos em transbordos e nos terminais ou esperas em função das interconexões de transporte.

    b. **Fator manuseio**: as operações de carga e descarga nos pontos de transbordo têm custos próprios em função da modalidade e da natureza da carga. É fato que, conforme a embalagem a ser adotada, a mesma poderá apresentar maiores ou menores valores de perdas em função da sua real adequação ao produto. A princípio podemos dizer que a adequação de embalagens deverá levar em consideração os seguintes fatores:

    1. Menores valores de perdas.
    2. Custo da embalagem.
    3. Maleabilidade para transportes multimodais.
    4. Apresentação de fretes de retorno os menores possíveis.

    a. **Fator financeiro**: variável em função do valor monetário de cada mercadoria. A observação comparativa das diversas modalidades de transporte mostra que a rodovia geralmente se beneficia da operação *door to door*, devido à sua maior velocidade, e frequentemente oferece menores custos de perdas. Tudo o que foi apresentado até então poderá ser resumido no sistema de logística apresentado na Figura 6.11 para administração de transportes:

```
┌─────────────────────────┐
│   Geração de Viagens    │
└───────────┬─────────────┘
            │
┌───────────┴─────────────┐
│    Geração de Rotas     │
└───────────┬─────────────┘
            │
┌───────────┴──────────────────────────────┐
│ Alocação de Transporte Unimodal ou Multimodal │
└───────────┬──────────────────────────────┘
            │
┌───────────┴──────────────────────┐
│ Restrições da Modalidade Considerada │
└───────────┬──────────────────────┘
            │
┌───────────┴──────────────────┐
│ Comparação de Custos Alternativos │
└──────────────────────────────┘
```

Figura 6.11 *Logística para transportes.*

d. Geração de viagens: o processo de determinação de rotas dependerá das viagens geradas através das necessidades de distribuição do produto. Na prática, constatamos dois fatores para decisão de montagem de rotas:

1. A administração deverá ser feita por transporte próprio ou, caso a empresa não possua, o trabalho deverá ser desenvolvido junto a terceiros. Assim sendo, após a delimitação das regiões de atendimento da linha, contratam-se transportadoras para realização da operação mediante remuneração dependente da quantidade de produto a ser transportado.
2. A administração deverá ser feita junto a transportadores credenciados para a operação em questão. Para esses casos, sempre que possível deveremos estabelecer compromisso de ordem mais formal, como, por exemplo: cartas-compromissos, contratos de prestação de serviços etc.

6.4 Principais funções do departamento de transporte

Os itens anteriores visaram, simplesmente, a familiarizar o leitor com as principais características da área de transportes, para então podermos entrar na definição das funções inerentes ao departamento de transportes na empresa, as quais estão divididas entre os seguintes grupos de atividades:

a. Supervisão de tráfego e operações.
b. Análise de custos.
c. Estudos econômicos.

Supervisão de tráfego e operações

Este grupo de atividades está intimamente ligado ao dia a dia da área de distribuição e possui como funções básicas as apresentadas na Figura 6.12.

Figura 6.12 *Organograma da área de transportes.*

A análise de transportes visa à definição das possibilidades de uso de determinada linha. É fundamental que já se tenha o estudo de viabilidade econômica da utilização de rota e o modal definido. Outra função é a do controle do cumprimento de prazos estabelecidos de entrega. Assim sendo, o analista de transporte deverá apresentar periodicamente relatórios dos prazos de entrega reais comparados com os prazos previstos. Deverão constar também deste relatório as rotas de maior movimentação, dando assim possibilidade de decisões mais acertadas ao administrador do departamento. Com base nesses dados, determinadas linhas que possam até apresentar teoricamente menores custos serão eliminadas devido a dificuldades de operação encontradas nas mesmas.

Por outro lado, a coordenação de transportes possui como atribuição principal o escalonamento de viagens, além de controle, conferência e pagamentos de faturas, controle e verificação de conhecimento das viagens, contato direto com as transportadoras etc.

Estudos econômicos

Visam a estabelecer a viabilidade econômica de realização do transporte.

Análise de custos

Se encarregará de apresentar relatórios sobre o resultado econômico de determinada rota ou linha; quando existirem grandes distorções as mesmas deverão ser apresentadas em detalhamento com suas devidas justificativas.

Apresentamos uma sugestão de organograma com a Distribuição vinculando os transportes, conforme vemos na Figura 6.13.

```
Departamento de Distribuição
├── Análise de Custos
├── Estudos Econômicos
└── Supervisão de Tráfego e Operação
    ├── Análise de Transportes
    └── Coordenação de Transportes
```

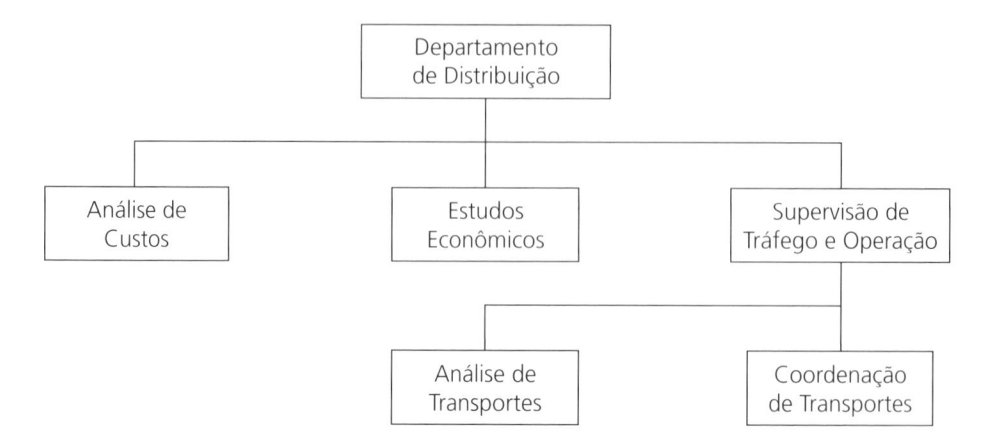

Figura 6.13 *Organograma do departamento de distribuição.*

Uma das responsabilidades importantes do Departamento de Transporte e Distribuição é a escolha da transportadora. Muitas organizações já convivem com esse problema e o primeiro passo será escolher entre transporte próprio e transporte contratado. Cada empresa terá de analisar particularmente a viabilidade de frota própria e buscar compatibilizar os serviços efetuados atualmente com essa nova tarefa.

Em princípio, a rentabilidade do veículo de carga está condicionada a um planejamento que lhe permite rodar sempre carregado. Para quem já tem um serviço regular de entregas na área dos seus principais fornecedores, a tarefa fica bastante simplificada. Mas, se isso não ocorre, será necessário promover um estudo das empresas de transporte que operam em cada área e negociar a operação mediante um contrato de serviço.

Quando não se dispõe de antecedentes, é sempre muito difícil definir normas e procedimentos para a contratação de empresas de transporte. Podem-se, contudo, estabelecer algumas premissas que facilitam a decisão a tomar, e são:

1. **Potencial da empresa**: aqui, devem-se considerar: o capital; a tonelagem de frota própria; a infraestrutura disponível (terminais na área desejada, sistemas de informação e controle, pessoal treinado e especializado); a quantidade e importância de clientes que operam com material semelhante; prazos de entrega oferecidos nas diversas linhas para cargas completas e cargas fracionadas. Ao fazer essa pesquisa, o embarcador deve indicar qual a previsão de transporte em toneladas, e/ou metros cúbicos, ou peças, indicando o peso, a dimensão de cada unidade e seu valor aproximado.
2. **Tarifas**: ainda que a coleta de tarifas seja efetuada simultaneamente com o levantamento do potencial da empresa, sua análise deve estar condicionada na pré-seleção. Escolher uma empresa de transporte só pela tarifa não é a boa norma. Depois de conferidos os dados fornecidos na primeira etapa, especialmente seu conceito junto aos clientes principais, podem-se analisar as tarifas oferecidas e escolher as que

proporcionam custos mais baixos. As tarifas de transporte rodoviário são constituídas de duas parcelas básicas: frete e frete-valor (*ad valorem*), ambas negociáveis entre usuário e transportador. Assim, a análise deve ser feita pela soma das duas.

Conhecido o valor médio da mercadoria a ser transportada, faz-se o cálculo do custo do frete-valor (*ad valorem*) por tonelada ou unidade e soma-se ao frete-peso. A partir dessas premissas, está-se em condições de decidir com razoável segurança qual a empresa com que se vai operar. Como elemento comparativo para análise dos fretes oferecidos, podem-se utilizar as tabelas oficiais publicadas pela Associação Nacional das Empresas de Transporte de Carga e Logística (NTC).

Depois de feita a escolha das empresas, é indispensável montar um sistema de avaliação de desempenho que abranja dois itens básicos: prazo de entrega e eficiência. Ambos podem ser acompanhados no mesmo mapa, cujo preenchimento poderá ser feito pela recepção nos itens relativos a nota fiscal, fornecedor, percurso, datas (nota fiscal e entrega), anormalidades, observações (quebra, amassamento, falta, sobra, avaria de embalagem etc.). Os dados relativos aos prazos (previsão e cumprimento), às diferenças e percentuais poderão ser preenchidos pelo funcionário encarregado de fechar o mapa no final de cada mês e encaminhá-lo ao responsável pelas decisões sobre transportes.

No custo final do produto estará, direta ou indiretamente, incluído o frete desde sua fonte de produção até a porta de seu almoxarifado. Ou esse frete estará embutido no custo do produto ou será pago diretamente ao transportador. Assim, toda operação de compra tem de levar em conta esse valor, que acaba tornando-se significativo à medida que seus custos vão sendo elevados em função, principalmente, dos preços dos derivados de petróleo e demais insumos (pneus, veículos, mão de obra etc.).

As técnicas para avaliação das quantidades a serem compradas, por essa razão, precisam passar a considerar um novo parâmetro, que é o custo do transporte. Uma quantidade muito pequena (lotes inferiores a 100 kg) será fatalmente onerada pelo custo do transporte, uma vez que as empresas cobram um "frete mínimo".

No transporte rodoviário de carga geral são utilizados dois tipos de veículos: o *truck*, caminhão com dois eixos traseiros e capacidade nominal de 40 m^3 e 12 t; carreta com semirreboque com três eixos traseiros e capacidade nominal de 75 m^3 ou 25 t. Essa opção é devida à limitação de peso por eixo fixada em lei e fiscalizada pelo DNIT por meio de balanças colocadas em pontos estratégicos das rodovias (Lei da Balança). Dessa forma, a programação dos lotes de compra deve, sempre que possível, respeitar essas limitações em peso e dimensões, programando-se remessas que possam ocupar totalmente esses tipos de veículos ou seus múltiplos.

Essa política propicia substancial redução de custo de transporte, pois sempre se obtém fretes mais adequados quando se lota o veículo, pela redução de custos operacionais de transporte. Além disso, há diminuição do tempo de viagem e consequente redução de prazos de entrega, por exemplo: Uma remessa de 30 t torna obrigatória a utilização de um veículo de 25 t com parte da carga. O saldo de 5 t terá de sofrer as seguintes operações: transporte do fornecedor do terminal da transportadora; armazenamento no terminal; consolidação com outras cargas. Assim, num mesmo lote, haverá, logicamente, prazos diferentes de entrega e custos adicionais. É ilusório pensar que o frete será o mesmo, embora possa parecer assim. Na verdade, esses custos adicionais sempre serão pagos pela carga. Para não oferecer problemas de transporte e agravamentos de custos operacionais, a carga deve ficar contida nas dimensões internas dos veículos. Sempre que isso não ocorre, custos adicionais aparecem e oneram a operação. Portanto, ao programar a compra de materiais de grandes dimensões, deve-se ter em conta esse fator de compatibilização do produto com as disponibilidades normais do transporte rodoviário, sempre com vista à contenção de custos.

As peças com excesso de largura e comprimento devem ser evitadas e cabe à área de administração de materiais manter os demais departamentos da empresa informados sobre esse tipo de problema. Na área de projetos, é comum que os custos de transportes envolvidos no deslocamento desde a fábrica até o seu destino final deixem de ser considerados. Peças que normalmente poderiam ser projetadas para transporte normal (a custo normal) têm de ser transportadas em veículos especiais, cujo custo/quilômetro é bem superior.

A relação peso/volume-padrão para transporte é de 300 kg/m^3. Toda carga cujo peso for inferior a essa constante sofre um acréscimo relativo de custo de transporte, que se pode verificar nas tabelas oficiais e que varia de 5% a 650%.

É indispensável que a embalagem seja igualmente adequada ao transporte, que possa resistir aos embates do carregamento, viagem e descarga e possa sofrer as tensões normais de sua acomodação no caminhão transportador.

Por força das regras do Código Comercial, as transportadoras são responsáveis pela carga desde a coleta até o destino final, isto é, até deixá-la no local estabelecido. Legalmente são obrigadas a indenizações decorrentes de avarias causadas à mercadoria. Do ponto de vista operacional, tanto mais eficiente é a empresa quanto menos venha a pagar por danos causados na mercadoria. Porém, salvo em caso de sinistro, uma boa parcela dessa ineficiência é devida a problemas de embalagens cujas características não se adaptam ao transporte rodoviário.

Bibliografia – Referências – Recomendações

ANTAQ – Agência Nacional de Transporte Aquaviário. Disponível em: www.antaq.gov.br. Acesso em: 15 maio 2019.

ANTT – Agência Nacional de Transporte Terrestre. Palestras Diversas. Disponível em: www.antt.gov.br. Acesso em: 15 maio 2019.

BNDES – Banco Nacional de Desenvolvimento Econômico e Social. *Perspectivas do setor de transporte interior de cargas.*

CARIDADE, José Carlos. ADM – Agência de Desenvolvimento da Multimodalidade – diversos.

_____. *O avanço do multimodalismo*: transporte moderno.

CNT – Confederação Nacional dos Transportes. Sugestões para uma Política de Desenvolvimento de Transportes Rodoviários no Brasil.

COSTA, Gustavo. Hamburg Sud. *Multimodalismo*. Maio, 2009.

DIAS, Marco Aurélio. *Transportes e distribuição física*. São Paulo: Atlas, 1987.

GAVANHA FILHO, Armando Oscar. *Logística*: novos modelos. Rio de Janeiro: Qualitymark.

MAMEDE, Jose Vitor. *Os caminhos da engenharia brasileira II*. Projetos Logísticos Instituto de Engenharia, 2012.

Ministério dos Transportes. Disponível em: www.transportes.gov.br. Acesso em: 17 maio 2019.

NAHAS, Kamal. *Logística integrada*: lucro e qualidade assegurada.

NOVAES, Antonio Galvão; VALENTE, Amir Mattar; PASSAGLIA, Eunice; VIEIRA, Heitor. *Gerenciamento de transportes e frotas*. Pioneira-CNT/IDAC.

NTC & Logística – Associação Nacional das Empresas de Transporte Rodoviário de Carga. *Manual do Sistema Tarifário*.

_____. *Estudos sobre entregas urbanas*.

PARREIRAS, Reinaldo; MENDONÇA, Darcy. *Marketing de transporte de cargas*. São Paulo: McGraw-Hill.

PNLT – Plano Nacional de Logística e Transportes. Ministério dos Transportes. Secretaria de Política Nacional de Transportes.

SANTOS, Alysson Silva. *O multimodalismo no Brasil*: implicações jurídico-econômicas. SEDEP – Serviços de Entrega de Despachos e Publicações.

SECAF, Walter. *Manual de procedimentos para a reposição de veículos de uma frota*. Edição do Autor.

WANKE, Peter F. *Logística e transporte de cargas no Brasil*. São Paulo: Atlas.

Distribuição Física

7

7.1 Objetivos e conceitos

Comprar bem, procurando os melhores preços e prazos de pagamento para os materiais e produtos, estocar de maneira a evitar perdas e com o mínimo custo já não são somente os maiores fatores de lucratividade da Logística. Nos últimos anos, a Distribuição tornou-se uma questão importante, e muitas empresas não hesitam em afirmar que são os seus custos que muitas vezes participam e determinam a sua rentabilidade.

A entrega do produto ao cliente final, seja ele o consumidor, o varejista ou atacadista, necessita de uma atenção bem especial. A distribuição era considerada uma fonte que gerava custos e engolia os lucros. Porém, quando o objetivo é minimizar os custos totais da empresa e ao mesmo tempo maximizar sua renda, a abordagem deverá ser feita de tal maneira que um aumento de custo em determinado setor seja no mínimo equivalente à redução de custo em outro.

Uma empresa pode optar pelo aumento de seu valor do frete de distribuição, vamos supor em 10%, mas tem que ter como objetivo reduzir os tempos de entrega. Como consequência, terá de obter um incremento das suas vendas, e que seja em uma quantidade tal que esse aumento de vendas absorva o custo do aumento de frete.

A Figura 7.1 mostra os aspectos das operações da empresa, que são os fluxos de material ou de informações – objetivo central da Logística. Vemos então que a distribuição se concentra nos fluxos a partir do depósito dos produtos acabados até a entrega ao consumidor final.

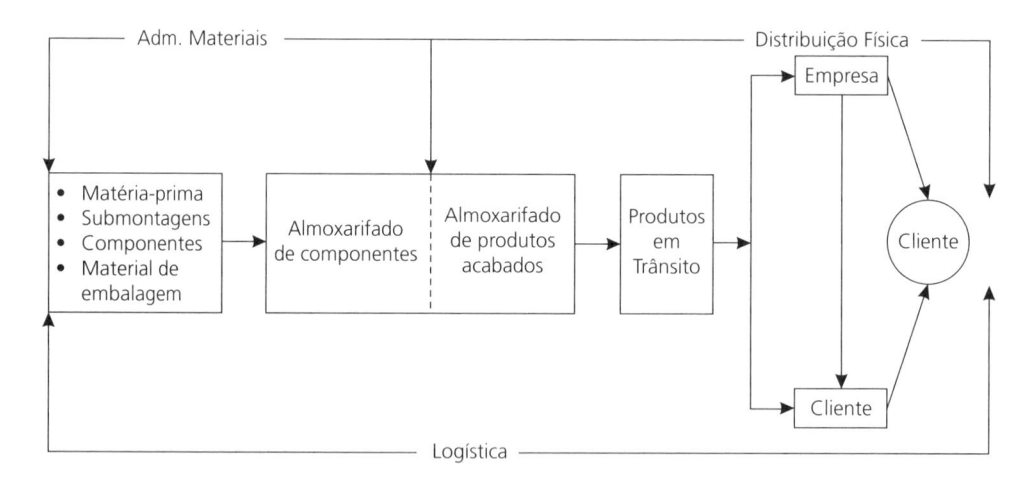

Figura 7.1 *Sistema logístico.*

Dentro do contexto empresarial, um dos conceitos aplicados à distribuição e inclusive bastante acadêmico é colocar o produto certo, em lugar certo, na quantidade correta, no tempo certo e ao menor custo.

Para que essa definição seja realidade, é necessário um planejamento da distribuição, que se refira a uma projeção para o futuro da atividade da empresa. É necessário para conseguir quantificar a extensão da demanda dos produtos dentro de um período futuro e após isso desenvolver um sistema que satisfaça de maneira adequada às demandas previstas. Quanto maior for o período de planejamento entre a decisão e a implantação, mais importante se torna o planejamento da distribuição.

O sistema de controle não deve de maneira alguma ser ignorado ou mal aplicado. Um exame periódico e/ou contínuo, tendo um *feedback* que indique claramente o quanto o sistema de distribuição está atendendo aos objetivos finais, é fundamental. Desse modo, o controle deverá fixar os critérios e a criação de modelos de determinação do custo e os objetivos da distribuição.

Na Figura 7.2, vemos a relação entre as sequências das operações, do planejamento e do controle e a atividade global da empresa. Temos aqui um enfoque de distribuição bastante amplo.

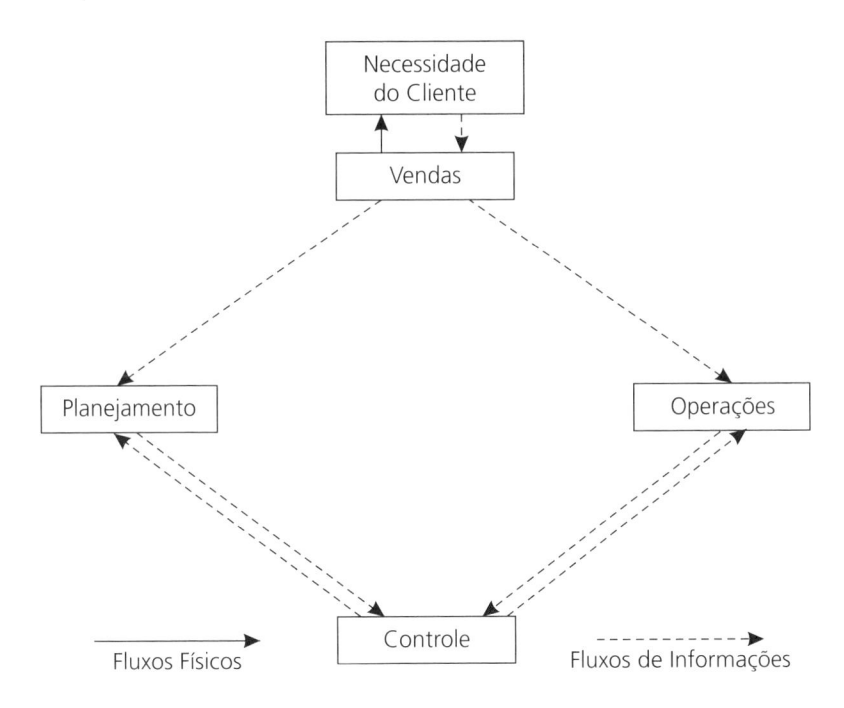

Figura 7.2 *Fluxo do sistema logístico.*

Uma abordagem administrativa requer a fixação de objetivos claros, a fim de que os componentes do sistema tenham um propósito bem definido. Esses objetivos dentro da distribuição física são uma série de metas dentro de um contexto produto/mercado. Então, uma segunda definição do conceito de distribuição seria: "A utilização de canais existentes de distribuição e facilidades operacionais, com a finalidade de maximizar a sua contribuição para a lucratividade da empresa, por intermédio de um equilíbrio entre as necessidades de atendimento ao cliente e o custo incorrido".

A organização da distribuição está muito ligada à área de marketing/comercial; algumas decisões deverão sempre ser tomadas consultando vendas, porque são diretamente afetadas por elas. Por exemplo: o gerente de distribuição pode optar pelo transporte rodoviário para determinada região, em vez do transporte aéreo. O frete rodoviário tem um custo mais baixo, em compensação é mais lento, e, por ser lento, o faturamento demora mais e corre-se o risco de o cliente comprar de algum concorrente que oferece um prazo de entrega menor.

O gerente de distribuição pode escolher uma embalagem mais barata para seus produtos, mas isto pode acarretar um aumento das taxas de avaria dos produtos transportados, uma elevação das devoluções ao depósito e talvez perda de mercado.

Uma decisão de redução de custos de estocagem, com a redução de capital investido etc., porém, pode resultar em um atendimento lento de pedidos, embarques urgentes com maior custo de frete, horas extras de produção.

Conforme a natureza do negócio, das características do produto e do mercado, a organização da distribuição toma forma diferente. Ela deve ser estabelecida com o objetivo de obter uma correta distribuição dos produtos acabados, dentro do menor custo operacional possível, obedecendo às diretrizes de um plano de ação. De acordo com várias circunstâncias, a empresa pode escolher um destes quatro métodos de distribuição:

- pelo sistema de vendas próprio;
- pelo sistema de vendas de terceiros;
- através de agentes e representantes comissionados;
- através de distribuidores especializados.

A escolha de cada um desses sistemas de distribuição depende de uma série de fatores de origem e destinação, tais como bens de produção ou de consumo conforme enumerado a seguir:

a. produção em ritmo acelerado;
b. produção dentro de um plano industrial esquematizado;
c. produto destinado ao consumo em massa, distribuído no varejo;
d. produto especializado para uso técnico;
e. produto de transformação destinado às indústrias (matéria-prima);
f. produto de uso supérfluo (luxo);
g. produto fundamental, de uso essencial e obrigatório (alimentos etc.);
h. equipamento técnico-industrial;
i. maquinarias para indústria e lavoura;
j. material para construção em geral;
k. produtos para embalagens e conservação.

Conforme a natureza do mercado, o tipo do produto e a capacidade de produção, cada um desses métodos de distribuição necessita de um sistema considerado mais apropriado e mais econômico para obtenção dos resultados desejados. Por exemplo:

a) Distribuição pela própria organização de vendas

É mais indicada quando tem produção em massa para distribuição em ritmo acelerado de bens de consumo. Também é quando se trata de bens de produção, na forma de produtos especializados e técnicos, de trabalho de venda mais difícil, tais como maquinarias para indústria, equipamento etc.

b) Distribuição por meio de organização de vendas de terceiros

É mais indicada para produtos conhecidos, de venda no varejo, ou seja, de consumo popular e acelerado, desde que a taxa seja conveniente e o trabalho se apresente satisfatório. Muitas organizações de vendas, de cobertura nacional, tomam a seu encargo a distribuição de outros produtos, que não coincidam com o seu na mesma clientela.

c) Distribuição por representantes comissionados (agentes)

São empresas que se dedicam ao trabalho de distribuição de produtos manufaturados, assumindo a venda de uma infinidade de produtos diferentes. Sua eficiência é relativa e depende da margem que a mercadoria possa oferecer. Entretanto, a representada não poderá esperar relatório de vendas, informações sobre a concorrência etc., que somente sua própria organização poderá fornecer.

São mais indicados, para essa finalidade de trabalho, os produtos de produção morosa, de luxo, equipamento técnico, maquinarias e material para construção.

d) Distribuição através de distribuidoras especializadas

São recomendados para os produtos especializados de uso técnico, produtos de transformação destinados às indústrias, equipamentos técnicos, maquinarias para indústria, material para construção e, ainda, destinados à embalagem e conservação dos produtos. Tecnicamente, um distribuidor especializado deve trabalhar com exclusividade com determinada marca de fábrica, adquirindo quantidades previamente fixadas por contrato para revenda.

A distribuição física é o elo entre a fábrica e o Departamento Comercial, tendo uma importância muito grande no sucesso ou insucesso de ambas as funções e, consequentemente, influindo diretamente na rentabilidade das operações. Uma vez escolhido o canal de distribuição e/ou canais de distribuição, será necessário obter um excelente relacionamento entre as necessidades de:

- grau de atendimento aos clientes;
- estoque de produtos acabados no(s) canal(is) de distribuição;
- custo de distribuição física deste estoque entre o(s) canal(is) de distribuição.

O crescente desenvolvimento das indústrias e as modificações nos canais de distribuição forçaram a criação de uma função que viesse a responder por uma série de atividades de produção, planejamento e coordenação. Portanto, a função da Gerência de Logística/Materiais/Suprimentos compreende a responsabilidade pelo planejamento e pelo controle do fluxo de estoques (matéria-prima, materiais em processo e produtos acabados).

Existem algumas atividades da Distribuição que poderão auxiliar a área de vendas; são elas:

- minimizar faltas de matérias-primas através de determinação de estoques mínimos;
- reduzir o estoque do cliente;
- solidificar as relações cliente-fornecedor;
- aumentar os descontos;
- provocar a expansão da distribuição;
- permitir ao marketing concentrar seus esforços em aumentar a demanda.

Em consequência, também ocorrem oportunidades para a redução de custos da distribuição:

- simplificação do sistema;
- redução de inventários;
- melhoria na embalagem de acondicionamento;
- métodos e procedimentos mais eficientes;
- utilização de inovações tecnológicas;
- revisão dos canais de distribuição.

As responsabilidades sobre as atividades da distribuição física são dispersadas pela organização. Isso cria problemas porque a fábrica usualmente quer trabalhar 365 dias por ano para reduzir custos e ter uma produção mais equilibrada. Finanças prefere a redução de custos de produção e de estoques. Marketing quer estoques elevados e melhor atendimento aos clientes.

As vias de distribuição, Figura 7.3, são combinações de agentes através das quais o produto flui do vendedor inicial ao consumidor final, e a estrutura de distribuição é um conjunto das vias de distribuição usadas para todas as companhias ao mesmo tempo e dirigidas a um consumidor final, que pode ser:

- doméstico;
- institucional;
- industrial.

Capítulo 7 • Distribuição Física

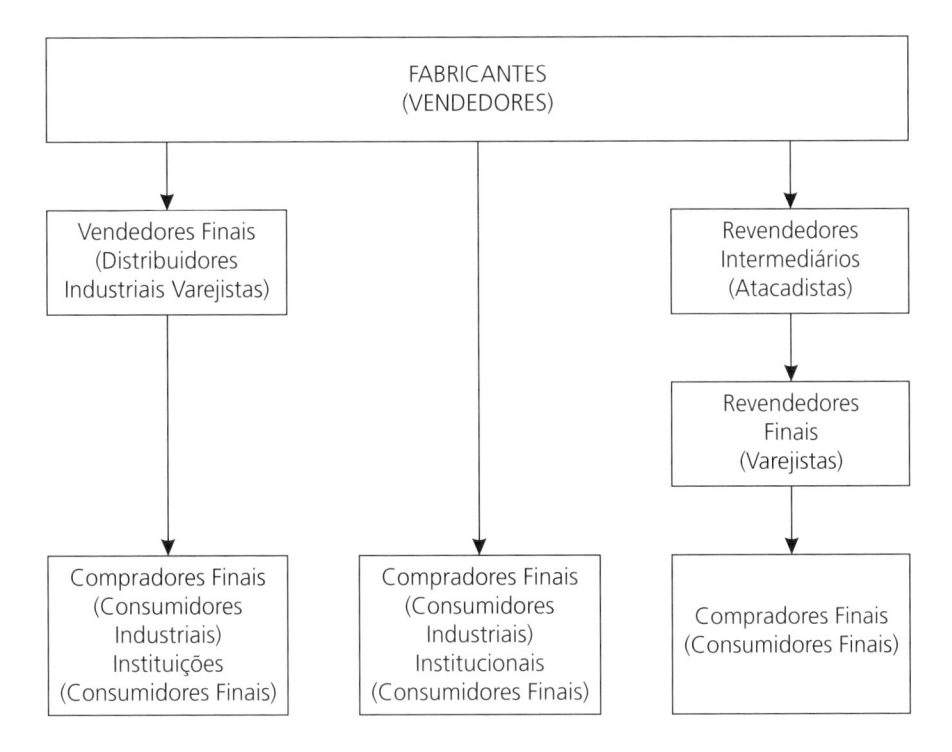

```
                    FABRICANTES
                    (VENDEDORES)
                  /              \
    Vendedores Finais        Revendedores
    (Distribuidores          Intermediários
    Industriais Varejistas)  (Atacadistas)
            |                     |
            |              Revendedores
            |                 Finais
            |               (Varejistas)
            v                     v
    Compradores Finais   Compradores Finais   Compradores Finais
    (Consumidores        (Consumidores        (Consumidores Finais)
    Industriais)         Industriais)
    Instituições         Institucionais
    (Consumidores Finais) (Consumidores Finais)
```

Figura 7.3 *Vias de distribuição.*

TIPOS DE INTERMEDIÁRIOS

1. **Comerciantes** (fluxos de transações e fluxo de unidades físicas)
   - **1.1.** Atacadistas (para finalidade de lucro ou de comércio);
   - **1.2.** Varejistas (consumo pessoal ou doméstico);
   - **1.3.** Distribuidores Industriais (atacadistas de produtos industriais).

2. **Agentes** (fluxo de transações)
   - **2.1.** Corretores (contato não contínuo);
   - **2.2.** Representantes (contato contínuo).

3. **Vendas em consignação**
   - Fluxo de transações;
   - Fluxo de unidade física;
   - Posse, não propriedade.

Para todos, o fluxo de comunicação é possível.

FASES DE DECISÃO NA ESCOLHA DAS VIAS

- distribuição direta ou indireta?
- indireta – quantos níveis de intermediários?
- que tipos de intermediários escolher?
- qual o número de intermediários ou clientes?

VIA DE DISTRIBUIÇÃO DIRETA

É aconselhável quando:

- produto de alto valor unitário; baixa frequência de compra; serviços (produtos industriais comumente);
- número pequeno de compradores; concentrados;
- quando o fabricante deseja ou precisa de intenso contato pessoal (venda pessoal);
- quando a margem cobre as despesas de vendas, mais concentrada e/ou especializada;
- quando o produto é muito sujeito à moda, estilo ou perecibilidade;
- quando não há estrutura de distribuição, uma via capaz ou disposta;
- quando se quer ter domínio da via;
- quando necessário ajustamento (grau de adaptação alto sob encomenda).

DIFICULDADES

- problema de recrutar, selecionar, treinar e incentivar vendedores próprios;
- custos de manter a organização permanente.

MÉTODOS DE VENDA

- venda pelo correio (livros e discos);
- venda domiciliar (porta a porta): Avon, Natura;
- venda em lojas próprias do fabricante: Singer;
- distribuição pelo vendedor de caminhão: doces, biscoitos, macarrão e leite.

DO FABRICANTE AO VAREJISTA

1. Características do produto
- perecíveis;
- sujeitos a estilo e moda;
- amplitude de cores, padrões e tamanhos;
- especialidades (alto valor unitário);
- componentes de linha ampla.

2. Características do mercado
- grande número de compradores concentrados;
- número pequeno de grandes compradores;
- exigência dos compradores em comprar direto.

3. Insatisfação com o atacadista

Ao decidir para distribuição indireta, que tipos de intermediários escolher? Onde o cliente espera encontrar o produto?

INTENSIDADE DE DISTRIBUIÇÃO (NÍVEIS)

- distribuição intensiva?
- distribuição seletiva – vendas mais agressivas;
- distribuição exclusiva (extremamente seletiva); especialidades; serviços de assistência técnica são necessários.

CRITÉRIOS PARA ESCOLHA ENTRE AS ALTERNATIVAS DE DISTRIBUIÇÃO

- Cobertura de mercado (volume de vendas obtido em face do potencial e do esforço promocional que o fabricante deva enviar em cada caso);
- auxílio promocional (recebidos dos intermediários);
- análise comparativa de custos (somando os custos de distribuição e promoção em cada alternativa).

E ainda,

- objetivos gerais da empresa;
- produtos e suas características;
- características quantitativas e qualitativas do mercado;
- estrutura de distribuição existente;
- concorrência;
- a flexibilidade das várias alternativas;
- tradição existente no ramo.

Buscar o melhor *nível de serviço* ao menor *custo total* possível para a via como um todo. Para evitar a divisão de responsabilidades e de interesses já se aplica o organograma da Figura 7.4.

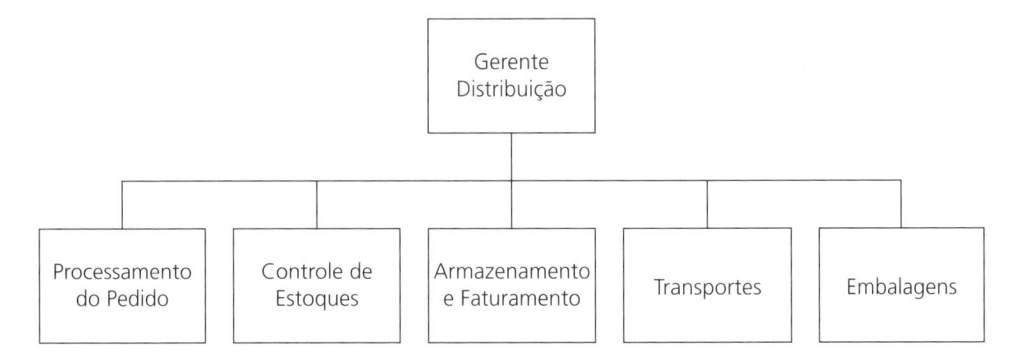

Figura 7.4 *Organograma básico de distribuição.*

7.2 Características

O atendimento de um número cada vez maior de consumidores, para volumes e velocidades crescentes, gera o desenvolvimento de técnicas de distribuição que não podem ser desconhecidas. A problemática da distribuição pode ser resumida em quatro perguntas básicas:

1. **Quanto distribuir?**
2. **Onde distribuir?**
3. **Quando distribuir?**
4. **A quem distribuir?**

No passado, a expedição/distribuição era função quase sempre absorvida por outra de maior evidência. Em geral, o próprio almoxarife cuidava da expedição dos produtos acabados. Com o crescimento da empresa, surge a necessidade de separar o despacho de mercadorias, cria-se um depósito e seu encarregado coordenará os transportes. Em toda grande empresa, há o encarregado de logística e distribuição, que dirige os movimentos da frota de entregas e os embarques das mercadorias. Uma gerência de logística de alto nível tem grande importância para maior produtividade nas operações de transportes e distribuição. As principais características de qualquer sistema podem ser definidas genericamente como sendo:

- entrada;
- processo;
- saída;
- controle;
- restrições.

Na distribuição física a entrada é a forma física que toma o material quando entra no depósito (recepção). O processo pode ser de transformação ou beneficiamento em que as entradas assumem uma forma física diferente. Dentro do depósito consideraremos que o processo seja a armazenagem, movimentação, operação de descarregamento.

A saída é o carregamento, ou seja, a troca de propriedade do produto, a transferência propriamente dita (expedição).

O controle ou *feedback* é importante para o alcance dos objetivos da distribuição, para o ajustamento do sistema.

As restrições significam os limites de operação do sistema dentro da política de nível de atendimento e todos equipamentos utilizados.

Um sistema de distribuição que incorpora o controle de *feedback* pode ser de dois tipos: o de controle fechado (Figura 7.5) e o de controle aberto (Figura 7.6).

Capítulo 7 • Distribuição Física

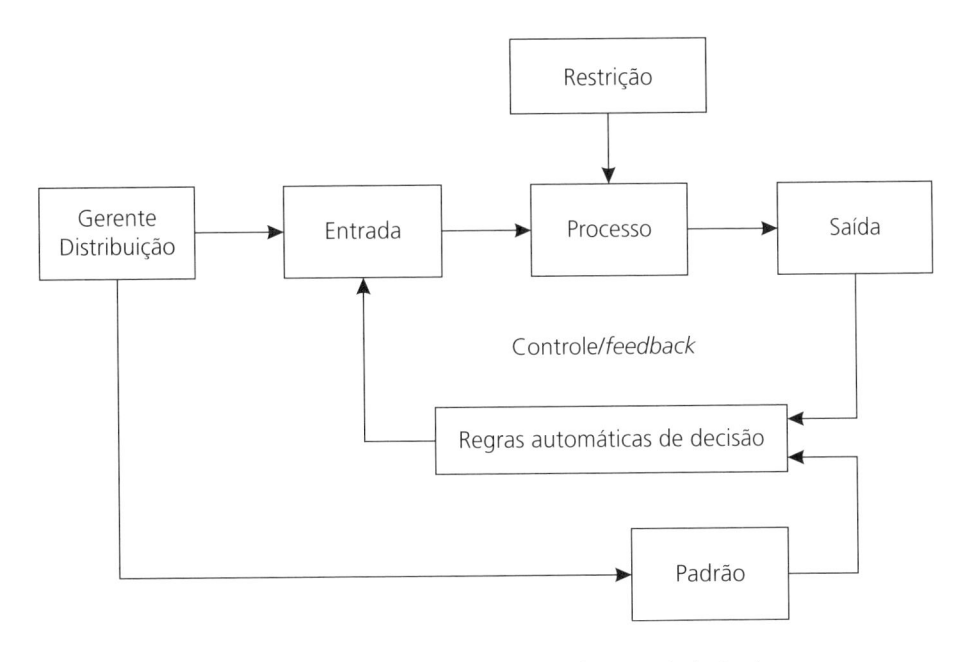

Figura 7.5 *Sistema de distribuição de controle fechado.*

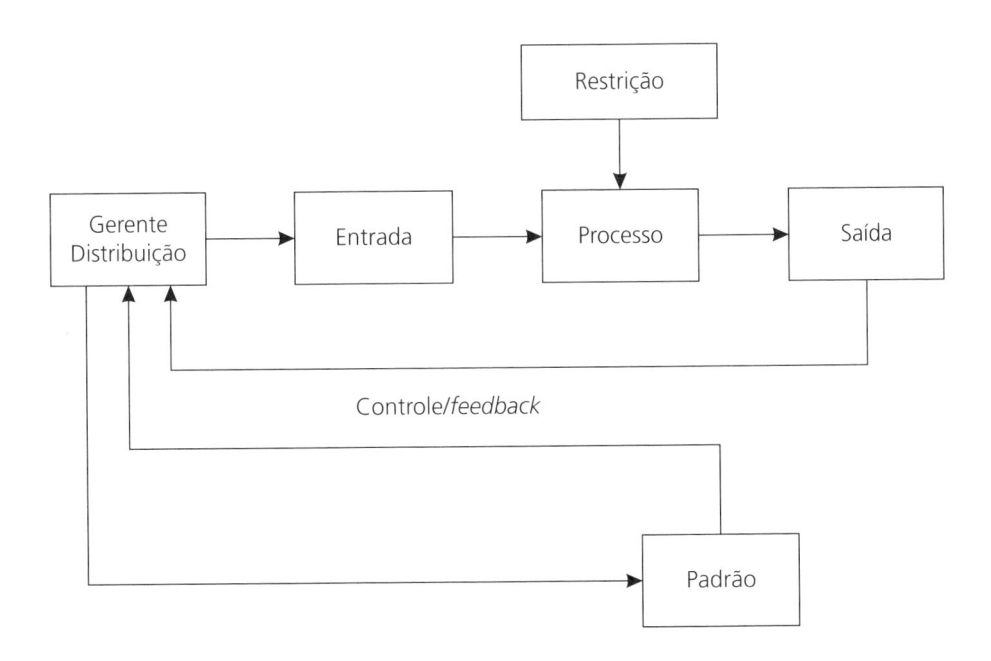

Figura 7.6 *Sistema de distribuição de controle aberto.*

O primeiro funciona num sistema autocontrolável de controle aberto, as informações são analisadas pelo gestor que toma decisões sobre o ajuste e correção do sistema. O sistema de controle fechado é mais recomendado para decisões rotineiras; não é aconselhado, então, para tomadas de decisões.

Para a organização da distribuição deve-se preocupar com as características básicas do sistema para a realização do planejamento. Necessita-se também conhecer as limitações impostas pelo produto, pelo mercado e pelas condições competitivas, tais como:

1. *Perfil do produto*
- atributos do produto que influenciam as necessidades de distribuição;
- embalagens e características físicas;
- métodos de manuseio;
- volume anual de vendas;
- rentabilidade.

2. *Perfil do mercado*
- tipos de clientes;
- quantidade e tipos de produtos comprados;
- previsões do volume de vendas;
- necessidades especiais de atendimento;
- localização e tamanho do mercado.

3. *Perfil competitivo*
- tempo de entrega dos concorrentes;
- uniformidade de serviço dos concorrentes.

A definição desses itens fornecerá um subsídio bastante claro das limitações do planejamento do sistema. As características que devem ser levadas em consideração para um sistema de distribuição são:

a. uma fábrica – um mercado;
b. uma fábrica – vários mercados;
c. várias fábricas – vários mercados.

Uma fábrica – um mercado

É o sistema mais simples. Normalmente são pequenas empresas que fabricam e atendem uma cidade ou uma parcela mínima de alguma região. Em geral estas fábricas são localizadas no centro do seu mercado, em que estão os seus fornecedores de matérias-primas e os seus clientes, exatamente para reduzir o seu custo de transporte.

Existem alguns casos específicos em que a fábrica pode estar localizada longe do seu mercado, quando ocorrem benefícios fiscais da instalação, oferta de mão de obra e fonte de matéria-prima. As empresas classificadas dessa maneira consideram em essência o custo de transferência de seus produtos e de sua matéria-prima.

Uma fábrica – vários mercados

Existem diversas estratégias para operacionalizar a distribuição com essas características. Vamos supor uma empresa que atue somente em determinada região e quer operar também em outra; ela teria então as seguintes opções:

a. despachar os produtos diretamente aos clientes desta região por intermédio de sua fábrica;
b. montar um depósito regional e abastecê-lo de acordo com a demanda da região;
c. associar-se a outra empresa desta região, fornecer as peças componentes e esta nova indústria montaria os produtos;
d. montar uma nova fábrica nesta região.

Qualquer sistema de distribuição deverá levar em consideração o tempo de atendimento e os custos da operação. Um despacho direto da fábrica aos clientes da nova região correria o risco de ter um tempo de atendimento grande e um custo elevado. É bem possível que o tempo entre a emissão do pedido pelo cliente até o recebimento do produto desejado será maior do que se fosse atendido por um depósito regional, e, em termos de custos, as quantidades pedidas seriam pequenas, não conseguindo formar cargas econômicas.

A escolha da utilização da remessa direta depende de algumas condições importantes, como:

a. natureza do produto (valor unitário, sazonalidade, grau de deterioração);
b. tempo de atendimento exigido;
c. custo do transporte (entrega);
d. peso do pedido médio dos clientes;
e. distância envolvida.

Essas análises deverão ser feitas também em função do custo total, que seria formado pelo custo das vendas perdidas, cuja representação gráfica vemos na Figura 7.7, e pelo custo do transporte. Podemos dizer que existe uma relação entre o custo do frete e o custo das vendas perdidas; quanto maior for o primeiro, menor será o segundo ou vice-versa. Deverá existir então o ponto de equilíbrio, que seria o atraso ótimo da entrega. Este atraso teria a característica de que os lucros marginais do frete resultante de uma pequena demora equivaleriam ao custo marginal das vendas perdidas.

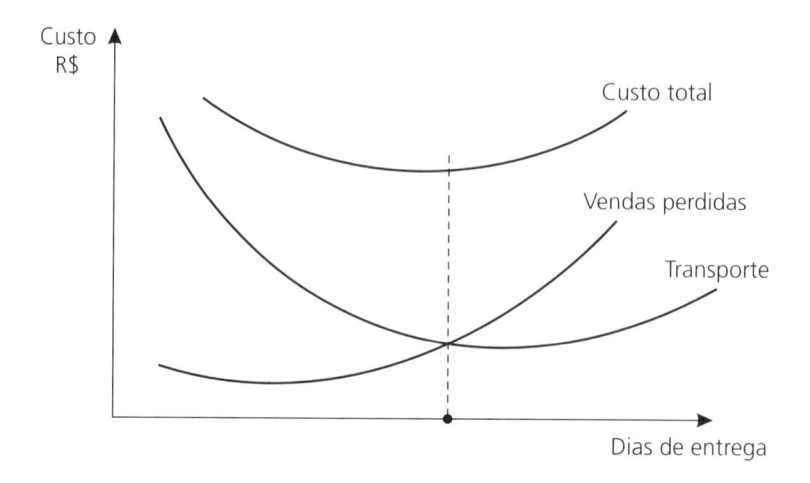

Figura 7.7 *Curva dos custos em função das vendas perdidas.*

Montar um depósito regional requer uma análise bastante cuidadosa dos custos a incorrer, do transporte da fábrica ou depósito central para o depósito regional, custo de entrega local, ou seja, do depósito regional aos clientes, custo de armazenagem dos produtos no depósito regional. Existe uma vantagem bastante atrativa, que é a possibilidade de as entregas serem executadas mais rapidamente, resultando daí um aumento de clientes. Como princípio, só se deve criar um depósito regional se as economias de frete e o crescimento dos clientes, resultante de entrega mais rápida, superarem os custos adicionais de operação do depósito.

As alternativas de remessa de componentes a uma indústria de montagem local ou de implantação de uma nova fábrica fogem ao nosso escopo de estudo em virtude de serem decisões de alta cúpula empresarial, que envolvem políticas, estratégias e segmentos de mercado, e esse não é o nosso caso.

Várias fábricas – vários mercados

As empresas enquadradas neste caso encontram dois problemas de otimização; um é o de determinar um padrão de despacho de fábrica para o depósito que torne mínimo o custo de transporte, de acordo com a localização da fábrica e do depósito. O segundo é o de determinar o número e o local de depósitos que tornarão mínimos os custos de distribuição.

Um sistema de distribuição não pode ser planejado apenas para uma conjuntura econômica atual; deverá fornecer também uma boa flexibilidade em longo prazo. Isso acarreta uma série de definições fundamentais quando se tem uma empresa de várias fábricas e vários mercados ou depósitos.

7.3 Canais de distribuição

A distribuição é, claramente, apenas mais um aspecto de prestação de serviços à área de Marketing; é o método pelo qual um produto é distribuído, e o grau de atendimento e confiabilidade apresentado é tão importante quanto o preço, a promoção e a qualidade do produto. Devido à natureza geral dos mercados, a empresa encontra não apenas um, mas vários tipos de mercado dentro do mercado ou, em outras palavras, vários tipos de clientes dentro de um só mercado. Essas variações muitas vezes constituem agrupamentos e blocos complexos. Para a satisfação de suas necessidades, em alguns casos é necessário utilizar diferentes estratégias de distribuição que atendam às diversas necessidades de serviço. Um mesmo tipo de produto pode atender às necessidades de dois segmentos do mercado, porém com distintos métodos de distribuição.

Um exemplo disso podemos sentir exatamente no grau de atendimento. Para determinados clientes, o produto colocado em 24 horas é o mais importante; para outro cliente, 72 horas é o suficiente; é óbvio que o atendimento em menor tempo deverá incorrer em maior custo. O sistema de distribuição deverá estar preparado para isso, e ter flexibilidade suficiente para atender a um universo de clientes dentro de alguns parâmetros determinados.

A grande variação das necessidades do mercado afeta diretamente os canais de distribuição vistos na Figura 7.8. O aumento de produtos, a variação de embalagem, o aumento de pontos de venda e de clientes causam grande impacto na estratégia de distribuição.

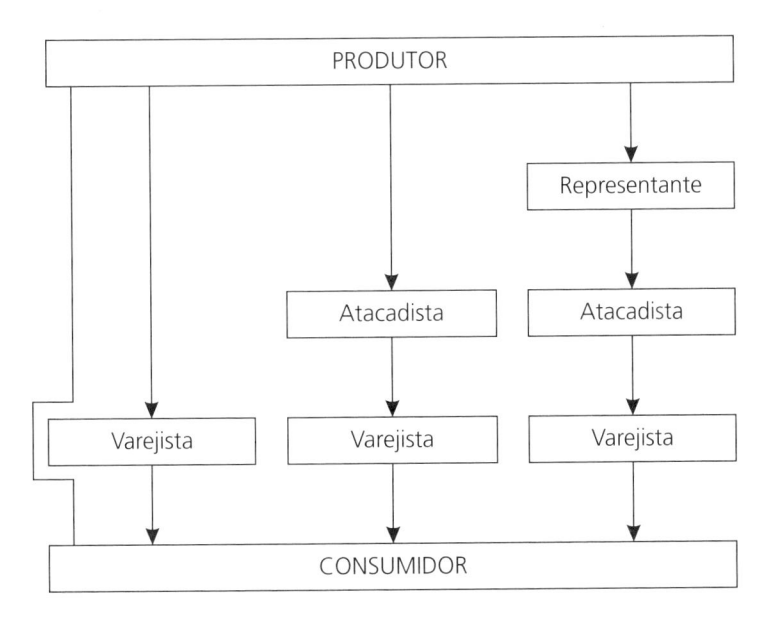

Figura 7.8 *Canais de distribuição.*

Um dos pontos importantes na organização de um sistema de distribuição e para a estratégia de Marketing é a definição do canal de distribuição. As características do mercado e do produto devem ser os principais fatores para a escolha do canal. De certa maneira, podem-se fazer comparações quanto ao efeito das características do produto e do mercado sobre o tipo de canal empregado. Os pequenos canais, com um pequeno número de fatores intermediários, têm mais condições de ser encontrados onde o produto tem valor mais elevado, ou suas dimensões ou natureza tornam difícil uma estocagem mais prolongada, ou então nos produtos fabricados sob encomenda.

O posicionamento da empresa dentro de um mercado também é importante. As pequenas empresas ou as mais novas no mercado têm uma necessidade bem acentuada dos serviços dos atacadistas, distribuidores ou representantes, a fim de assegurar uma distribuição eficiente dos seus produtos, enquanto as empresas maiores ou mais tradicionais podem usar um contato mais direto com o consumidor. A eficácia e a estrutura da empresa são importantes para determinar até que nível se pode confiar na sua própria capacidade de definir e operar um canal independente de distribuição.

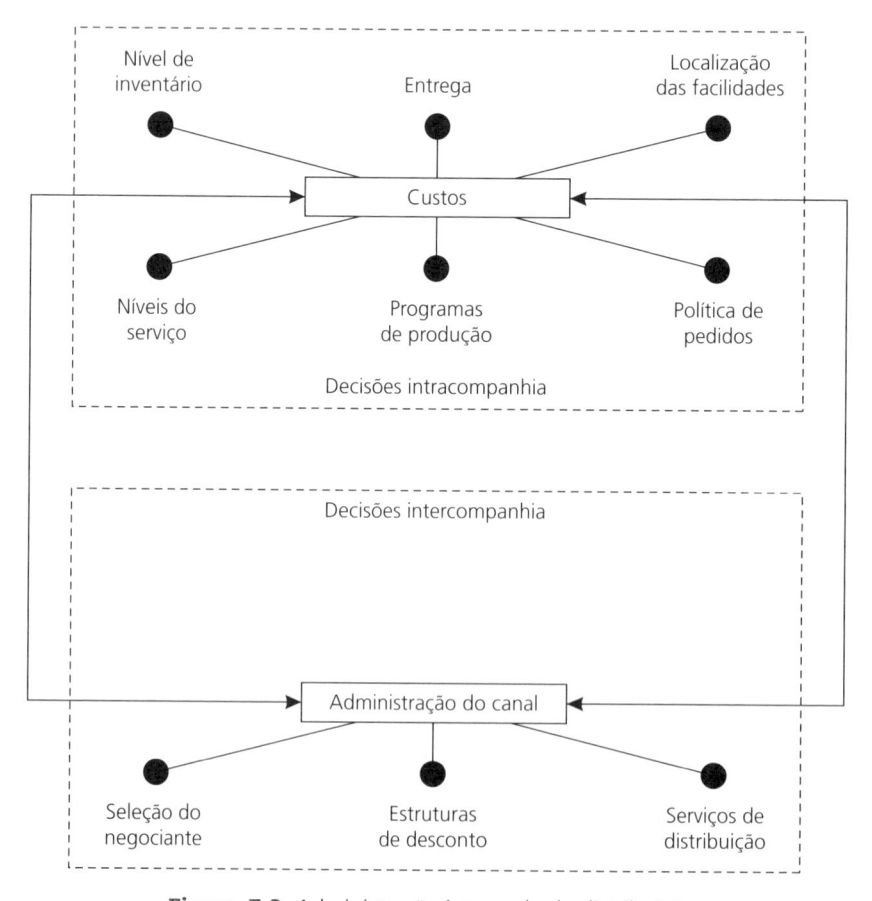

Figura 7.9 *Administração integrada da distribuição.*

Poucas empresas estão organizadas dentro dos padrões de um sistema integrado de distribuição, como se vê na Figura 7.9. Porém, existem perspectivas de uma aceitação maior, e a implantação é uma decisão da Diretoria e da administração, pois um canal de distribuição abrange tanto os setores da organização interna da empresa quanto a política de Marketing.

Para determinação do canal de distribuição que melhor se adapte aos objetivos da empresa é necessário analisar os seguintes parâmetros:

1. ***Características dos clientes*** – Este é um dos elementos principais para determinação do melhor canal, ou podemos até dizer que é o mais importante. Neste caso, deveremos analisar os seguintes requisitos:
   - número de clientes;
   - dispersão desses clientes no mercado;
   - padrões de compra dos clientes;
   - reação a diferentes métodos de venda.

2. ***Características do produto***
   - tipo do produto;
   - mercado consumidor do produto;
   - tipos de clientes dentro desse mercado;
   - volume consumido;
   - valor unitário.

3. ***Características dos intermediários***
   - atacadista;
   - representante;
   - vendedor próprio.

4. ***Características dos concorrentes***
   - tipos de canais utilizados;
   - características desses canais.

5. ***Características da empresa***
   - tamanho da empresa;
   - posição financeira;
   - composto de produto;
   - políticas da empresa.

6. ***Características do meio ambiente***
   - condições econômicas;
   - regulamentos e restrições.

Após ter sido realizada essa análise e traçados os objetivos da empresa, tem-se de determinar as alternativas de canal, baseando-se em três variáveis:

- tipos de intermediários;
- número de intermediários;
- responsabilidade dos intermediários.

Problemas referentes à seleção, avaliação e revisão dos canais de distribuição estão recebendo crescente atenção de interessados na mercadologia eficiente de produtos. A seleção de uma ou de várias vias de distribuição, juntamente com o preço, o esforço promocional e a política de produtos, constitui o "composto mercadológico" de uma empresa. A administração mercadológica poderia resumir-se na procura dos meios para melhor combinar esses instrumentos a fim de obter melhores resultados em termos de lucro, posição no mercado, estabilidade das vendas etc. Focalizaremos a atenção no problema da seleção de canais de distribuição pelo produtor.

Algumas considerações visarão, mais particularmente, à temática dos problemas próprios do fabricante de produtos manufaturados, embora muitas delas possam aplicar-se ao produto agrícola e ao fornecedor de serviços ou matérias-primas.

Questões básicas e inter-relacionadas surgem ao falar de distribuição de bens. Entre elas, destacam-se as seguintes:

- até que ponto da cadeia produtor-consumidor deverá o fabricante estender sua organização distributiva?
- que tipos de intermediários, ao nível de atacado e varejo, serão mais eficientes para o produto em questão?
- quantos intermediários deverão ser relacionados em cada nível?
- que tipo de cooperação deverá ser mantida com os intermediários?

Em igualdade de condições, quanto mais próximo o contato entre a organização do fabricante e o público consumidor, tanto maior a possibilidade de ser aplicado um esforço uniforme e intensivo de vendas. Quanto mais próximo o contato, tanto maiores as despesas de distribuição (vias curtas; custos maiores).

Fabricante-cliente

- necessidade de venda sob pressão (produtos novos);
- aguda concorrência;
- preferência dos compradores em adquirir mercadorias diretamente do fabricante;
- insatisfação com os revendedores.

POSSIBILIDADES DE CONTATO
- pelo correio;
- em domicílio;
- loja do fabricamte;
- vendedor de caminhão;
- por mala direta.

Fabricante-varejista-cliente

- número de consumidores elevado em relação ao território;
- produtos perecíveis, distribuição rápida (leite);

- preço unitário elevado (pianos, joias, tapetes etc.);
- amplo sortimento, estilos, cores, padrões (roupas feitas);
- influências da moda (roupas femininas, calçados finos).

Fabricante-atacadista-varejista-cliente

- sistema tradicional de distribuição;
- poucas vezes usado isoladamente;
- bens de conveniência a varejistas independentes;
- agentes e representantes para organização sem possibilidade de manter organização de vendas.

$$\text{Produtos Industriais} \begin{cases} \text{Venda Direta;} \\ \text{Distribuidores Industriais.} \end{cases}$$

A integração vertical no comércio ocorre com expansão do controle de uma empresa além de seu nível normal de atividades. Os tipos de integração podem ser:

- **Horizontal –** diversas atividades de natureza semelhante controladas pela mesma empresa. Ex.: General Motors Corporation, integrada horizontalmente para fins de controle e administração financeira, enquanto cada divisão – Chevrolet, Buick, Pontiac – administra suas próprias operações de produção e venda.
- **Vertical –** quando diversas atividades ao longo de uma cadeia são controladas.

Varejista, atacadista e fabricante estão integrando verticalmente suas atividades. Na integração vertical existem vantagens, economias de escalas em administração, produção e distribuição. As desvantagens derivam da discrepância entre sortimentos de mercadorias nos vários níveis da cadeia.

Os *meios* que são os hábitos de compras dos consumidores e tipos de estabelecimentos tradicionalmente aceitos para o produto são por demais importantes para a distribuição.

Ex.: Produtos alimentícios – supermercados, mercearias etc.
    Medicamentos – farmácias
    Artigos cirúrgicos – gaze, algodão, vendidos em supermercados?

As razões que devem ser levadas em consideração são que os compradores têm tendência para comprar certos produtos em determinados tipos de estabelecimentos; apoio promocional que o estabelecimento pode dar; custo de venda naquele tipo de estabelecimento.

Certos tipos de estabelecimento podem exigir direitos exclusivos de venda do produto. O cliente tende a procurar produtos harmonizados entre si, segundo uso ou características. É útil considerar, às vezes, a possibilidade de mudar os hábitos de compra do consumidor – supermercados introduzindo a venda de roupas, material escolar, brinquedos, sapatos etc.

Reiterando, vamos rever os critérios que devem nortear as decisões sobre canais de distribuições, critérios esses que se aplicam a qualquer tipo de mercadoria. Os mais importantes são: o volume potencial de vendas e os custos necessários para obter tal volume, os quais, por sua vez, afetarão o lucro a ser obtido.

Determinar a combinação ideal entre esses elementos não é fácil. Não raro, o sistema de distribuição que produzirá o máximo volume de vendas é exatamente o mais caro. E, considerando que a escolha da estrutura de distribuição deve ser baseada em resultados a curto e longo prazos, não será difícil avaliar a dificuldade do problema. Essa é a razão por que a seleção de canais de distribuição é comumente baseada em tentativas e erros, na experiência dos concorrentes ou no método mais fácil à primeira vista.

O volume de venda a ser obtido através de uma via de distribuição depende não somente dos potenciais de venda da via, mas também do cuidado com que a venda e o esforço promocional sejam planejados, executados e acompanhados. O fabricante pode optar por uma estratégia de *push*, ou seja, pressionar os distribuidores através de vendedores e promoções ao nível do intermediário, a fim de levá-lo a empurrar as mercadorias aos consumidores. Ou poderá optar por uma estratégia de *pull*, ou seja, programa de propaganda e promoção da marca junto ao consumidor a fim de atraí-lo para o ponto de venda com o intuito de adquirir seus produtos.

O empenho e a imaginação com que o fabricante executar sua política de vendas e promoção será o fator relevante no volume de vendas a ser atingido com relativa independência do canal de distribuição escolhido.

7.4 Grau de atendimento

Todo planejamento que visa a organizar um sistema de distribuição necessita determinação de alguns parâmetros e critérios. O principal deles é o grau ou nível de atendimento que se pretende oferecer ao cliente, que são os objetivos e exigências relativas ao tempo de entrega. O fator tempo está interligado com os custos, sendo decisivo na influência do grau de atendimento num sistema de distribuição. Na maioria dos casos, não se considera tanto o tempo de entrega dos produtos, mas sim a capacidade de entregá-los no tempo desejado pelo cliente.

O grau de atendimento, neste caso, é o percentual de pedidos atendidos em relação ao total de pedidos. Expressando matematicamente:

$$GA = 1 - \frac{n^{\underline{o}} \text{ de pedidos atendidos}}{n^{\underline{o}} \text{ total de pedidos}}$$

Se determinado cliente colocou pedidos mensais de um produto no fornecedor e dentro de um período de 12 meses este produto não foi entregue duas vezes, o grau de atendimento seria de:

$$GA = 1 - \frac{2}{12} = 0,83 \text{ ou } 83\%$$

O *GA* pode ser visto também da seguinte maneira:

$$GA = \frac{\text{total de produtos vendidos} - \text{n}^{\underline{o}} \text{ de produtos não entregues}}{\text{total de produtos vendidos}}$$

Supondo, então, que no período de 12 meses foram vendidas 1.200 unidades de determinado produto e o depósito não pôde atender 204 unidades, o *GA* seria calculado assim:

$$GA = \frac{1.200 - 204}{1.200} = 0,83 \text{ ou } 83\%$$

O grau de atendimento está também diretamente ligado aos níveis de estoque. Usando o gráfico dente de serra, podemos representar os três fatores principais relacionados ao grau de atendimento:

- tempo de atendimento de um pedido;
- uniformidade do tempo de atendimento;
- atendimento do cliente.

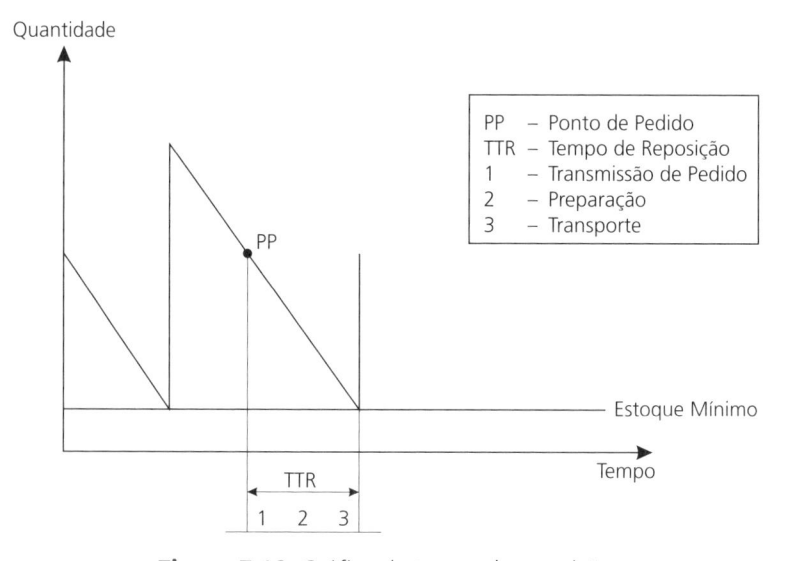

Figura 7.10 *Gráfico do tempo de reposição.*

TEMPO DE ATENDIMENTO DE UM PEDIDO

É o intervalo de tempo que leva desde a emissão de um pedido pelo cliente até que receba os produtos desejados. Este tempo pode ser desmembrado em três partes (ver Figura 7.10):

a. *emissão do pedido* – tempo que leva desde a emissão do pedido pelo cliente até chegar ao fornecedor;

b. *preparação do pedido* – tempo que leva o fornecedor para emitir o faturamento, separar os produtos e deixá-los em condições de serem transportados;

c. *transporte* – tempo que leva da saída do depósito do fornecedor até o recebimento pelo cliente dos produtos encomendados.

UNIFORMIDADE DO TEMPO DE ATENDIMENTO

Uma das medidas de uniformidade de tempo de atendimento é dada pelo coeficiente de variação (*CV*) dos próprios tempos de atendimento. O *CV* é calculado assim:

$$CV = \frac{\text{desvio-padrão}}{\text{média}}$$

Chamando de *U* a medida de uniformidade do tempo de atendimento, temos:

$$U = \frac{\text{desvio-padrão dos tempos de atendimento}}{\text{média dos tempos de atendimento}}$$

O desvio-padrão, neste caso, é uma medida de dispersão dos tempos de atendimento; para ser calculado, é necessário obter uma amostra de certo número de pedidos e verificar o tempo de atendimento de cada um deles. A fórmula básica do desvio-padrão é:

$$s = \sqrt{\frac{\sum (x - \bar{x})^2}{n - 1}}, \text{ onde}$$

x – valor de cada dado observado
$\bar{x}$ – média dos dados observados
n – quantidade de dados observados

Para fazer esse cálculo, usamos uma tabela, como será agora exemplificado.

Certa empresa faz uma amostragem do tempo de atendimento de 10 pedidos (a tabela abaixo mostra também o cálculo da média):

Pedido	Tempo atendimento (dias)
1	7
2	9
3	12
4	11
5	9
6	10
7	10
8	13

Pedido	Tempo atendimento (dias)
9	14
10	7
	Σ = 102
	$\bar{x}$ = 10,2

De acordo com a fórmula do desvio-padrão, usamos a seguinte tabela para o cálculo do mesmo para o conjunto de dados acima mostrado:

Pedido	X	$X - \bar{X}$	$(X - \bar{X})^2$
1	7	−3,2	10,2
2	9	−1,2	1,4
3	12	1,8	3,2
4	11	0,8	0,6
5	9	−1,2	1,4
6	10	−0,2	0,0
7	10	−0,2	0,0
8	13	2,8	7,8
9	14	3,8	14,4
10	7	−3,2	10,2
		$\Sigma (X - \bar{X})^2$ =	**49,6**

Voltando à fórmula do desvio-padrão, temos:

$$s = \sqrt{\frac{49,6}{10-1}} \cong \sqrt{5,51} \cong 2,35$$

O sinal $\sim$ representa cálculo aproximado. A uniformidade do tempo de atendimento, portanto, é:

$$U \cong \frac{2,35}{10,2} \cong 0,23$$

ATENDIMENTO AO CLIENTE

Um dos principais objetivos de vendas é a satisfação do cliente. A distribuição física ocupa-se sobremaneira com as necessidades do cliente, assegurando que o produto certo esteja no lugar certo, no tempo certo. Garante que serão recebidas as quantidades exatas dos produtos corretos e também que o atendimento do pedido será de modo que satisfaça tanto quanto possível às necessidades dos clientes.

O grau de atendimento tem um poder muito forte de atuação na demanda. Para fazer uma avaliação dessa influência, é necessário distinguir dois aspectos:

a. o grau de atendimento deve ser analisado para verificar o seu efeito sobre a demanda;

b. a uniformização do grau de atendimento deve ser analisada para verificar o efeito sobre o cliente em relação aos seus produtos.

Deve ser feita uma análise. Por quê? Porque é possível que um sistema de distribuição que tenha um tempo de atendimento médio elevado, mas com baixos desvios, seja melhor para o cliente do que um sistema que ofereça um tempo médio de atendimento baixo, mas com altos desvios. No primeiro caso, a empresa permite ao cliente que programe melhor seus níveis de estoque, enquanto no segundo caso o grau de incerteza para calcular os estoques é muito grande, ou seja, não existe um padrão preciso de tempo de reposição.

Isso é ilustrado pela Figura 7.11. Este tipo de levantamento é fácil de ser feito, devendo simplesmente coletar os dados que demonstram o tempo entre a entrega do pedido e o recebimento efetivo dos produtos. Neste caso, os dois fornecedores trabalharam com um tempo de atendimento médio igual, mas as diferenças estão na uniformidade do desvio-padrão. A empresa "A" não apresenta um tempo de atendimento de menos de 10 dias com tanta frequência quanto a empresa "B", mas, por outro lado, não ultrapassa em geral 30 dias, enquanto a empresa "B" o faz com frequência.

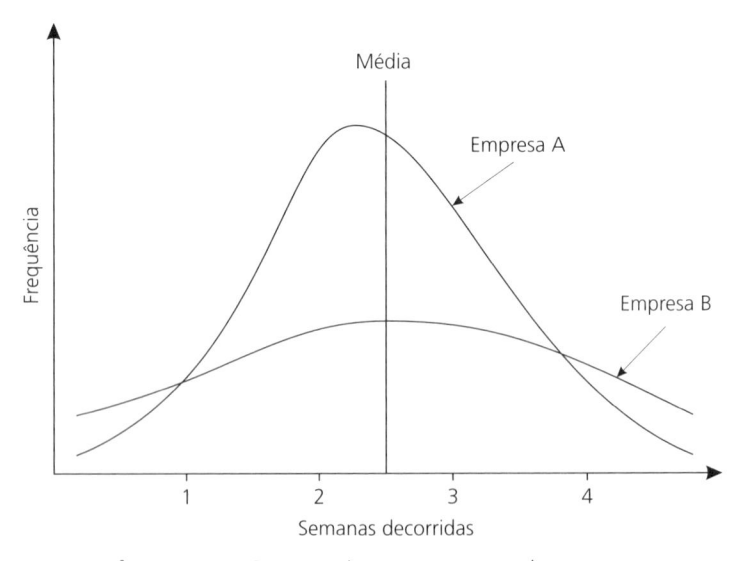

Figura 7.11 *Comparativo entre tempos de entrega.*

Os gestores da distribuição têm procurado dar ênfase a sistemas que têm o mais baixo custo possível. Surge, então, uma dificuldade, pois a minimização do custo não corresponde necessariamente à maximização do lucro. De maneira inversa, a maximização do atendimento dificilmente levará a uma situação ótima de lucro. Um pequeno aumento nos altos graus de atendimento pode representar custos tão grandes que absorvem qualquer lucro extra, conforme Figura 7.12.

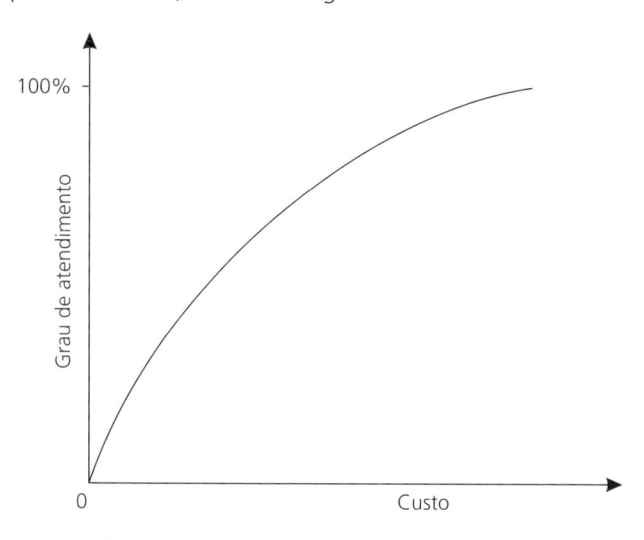

Figura 7.12 *Curva do grau de atendimento.*

7.5 Custo da distribuição

Os custos da distribuição têm merecido a atenção crescente por parte dos empresários. Estudos realizados nessa área têm mostrado que, para muitos produtos, os métodos mais dispendiosos de distribuição são os que envolvem a venda direta ao consumidor. Isso não é difícil de entender quando se observa que a venda direta implica:

a. manutenção de um grande corpo de vendedores;
b. inúmeras entregas, no tempo certo e no lugar certo;
c. risco de crédito;
d. necessidade de capital circulante apropriado;
e. supervisão da organização de vendas.

No Brasil, temos como casos de sucesso em vendas diretas, por exemplo, Avon, Natura e Yakult, que parecem ter conseguido equilíbrio no que se refere a critérios de volume, custo e lucro. As vendas através de lojas varejistas próprias implicam para o fabricante:

a. escolher, alugar, adquirir edifícios adequados;
b. equipar as lojas;
c. selecionar, treinar e remunerar balconistas e pessoal de escritório;
d. elaborar planos de vendas e sistemas de controle.

Antes de decidir pelas vendas diretas ao consumidor, a organização deve analisar cuidadosamente os benefícios do contato direto com o mercado, confrontando-os com os custos decorrentes das vendas diretas.

A venda a varejistas, sem utilização de uma rede de atacadistas ou distribuidores, é mais frequente do que a venda direta ao consumidor. Seu sucesso depende dos métodos a serem empregados às grandes organizações de varejos; as cadeias de lojas são utilizadas com vantagens de custo para o fabricante, pois as compras são centralizadas e o risco de crédito é menor, quando comparado ao das vendas diretas. Mais dispendiosa é a venda a um número grande de varejistas independentes, pois torna-se necessário grande corpo de vendedores, manutenção de estoques em pontos estratégicos para entregas rápidas, facilidade de crédito e supervisão.

Utilizar atacadistas é um método frequente de distribuição. A venda a grupos de distribuidores, que se encarregarão de suprir os varejistas, permite ao fabricante reduzir corpo de vendedores, tempo de supervisão e de administração da organização de vendas, capital investido em estoque e em contas a receber, risco de crédito. O fabricante pode, por exemplo, ter um sistema de vendedores missionários ou propagandistas, que procurarão estimular os varejistas a comprar seus produtos nos distribuidores. Pode, porém, ser forçado a assumir as funções de armazenagem, o que eleva os custos de distribuição de modo considerável.

Do ponto de vista teórico, o método ideal de distribuição é aquele que proporciona maior lucro líquido ao fabricante. Mas a seleção efetiva das vias de distribuição mais lucrativa é problema dos mais difíceis de se resolver.

Ênfase especial no volume de vendas, sem que se considere detidamente os custos envolvidos e o lucro, pode ter como razão principal a falta de informações sobre custos. Entretanto, já existe instrumental analítico que possibilita tratamento mais objetivo do problema.

Um termo comum da área de Distribuição é o *trade-off*, que significa um equilíbrio do sistema operacional de tal maneira que um aumento de determinado custo tenha como contrapartida uma redução de outro custo ou um aumento de receita, de modo a proporcionar uma renda líquida maior que a da situação anterior. Este conceito para a Distribuição Física é fundamental. Um sistema que opera com cinco depósitos tem uma estrutura mais custosa do que outro que opera somente com três depósitos, mas a redução de custos com frete, níveis de estoque e vendas perdidas pode compensar a estrutura mais cara do sistema de cinco depósitos. Caracteriza-se neste caso o *trade-off*; pois ocorreria um aumento de custos da operação dos depósitos e da armazenagem, mas em consequência obter-se-ia uma redução dos custos de transportes, do capital investido em estoques e talvez até um aumento de vendas; o saldo disso poderia ser positivo e aumentar o lucro. Normalmente, os *trade-offs* são analisados de duas maneiras:

- impacto sobre os custos totais do sistema;
- impacto sobre a rentabilidade das vendas.

Uma distribuição eficaz baseia-se na correta avaliação de *trade-offs*, obtendo com isso aumento de lucro, seja pela liberação do capital resultante das reduções de custo do sistema, pelo aumento da receita de vendas, resultante de um grau de atendimento maior, ou outros fatores. Ocorrem casos em que a análise do *trade-off* pode reduzir ambos os efeitos, ou seja, uma redução de custos e um aumento de receita.

Toda a análise de *trade-off* deve ser feita com base no custo total do sistema, já que as decisões de distribuição geralmente provocam impactos em outras áreas da organização. Os problemas relacionados à identificação desses impactos no sistema da empresa são enormes e bem variados. As características básicas para análise do custo total do sistema de distribuição são:

a. Objetivos – qual o objetivo do sistema de distribuição que pretendemos alcançar?
b. Custo incremental – qual é a mudança que se está fazendo no sistema atual e a que custo?
c. Tempo.
d. Alterações no custo efetivo.

Outro ponto importante, além da determinação do custo de um sistema de distribuição, é o lucro trazido por ele, ou seja, a contribuição do sistema à lucratividade da empresa.

Antes as empresas viam, de modo geral, a distribuição como fator de evasão do lucro; atualmente, é vista como um elemento do sistema mercadológico e fator de contribuição para as vendas. Sendo assim, é certamente uma atividade que pode contribuir para o lucro. É equivocada a estratégia de orientar a administração de um sistema de distribuição para redução de custos, e não para análise e identificação de benefícios, que podem ser inseridos no sistema, ou ainda na avaliação da contribuição da distribuição ao lucro final da empresa. Uma boa maneira para análise do sistema é a que segue:

Uma empresa está considerando investir em um novo canal de distribuição para seus produtos; a estimativa do valor a ser investido para o desenvolvimento deste novo canal é da ordem de $ 9.000.000. A contribuição anual do sistema pode ser avaliada da seguinte maneira:

$$\text{contrib. do sistema} = \frac{\substack{\text{incremento anual} \\ \text{das vendas}} - \substack{\text{incremento anual} \\ \text{dos custos}}}{\text{valor investido}}$$

Necessita-se então estimar qual o incremento anual das vendas e seus respectivos custos em função do novo canal. Supondo que a estimativa de incremento das vendas seja de $ 2.250.000, e os custos dessas vendas sejam de $ 1.200.000, podemos calcular o retorno esperado desse investimento:

$$\text{contrib. do sistema} = \frac{2.250.000 - 1.200.000}{9.000.000} = 0,12 \text{ ou } 12\% \text{ ao ano}$$

Com base nesse valor, é tomada a decisão de realizar ou não o investimento, ao se avaliar a possibilidade de investir esse capital em negócios ou aplicações com melhores retornos (sempre avaliando também os riscos de cada opção).

Uma análise de custos e receitas de um sistema de distribuição depende do tipo de sistema adotado; deve ser feita em fases, que poderiam ser:

a. análise por canais de distribuição;
b. análise por produtos e por mercados;
c. análise por objetivos de distribuição.

a) *Análise por canais de distribuição*

Uma empresa pode operar com vários tipos de canais de distribuição. Quaisquer que sejam eles, é sempre válido observar a estrutura de custo de cada um e quanto eles representam em termos de rentabilidade. O principal objetivo é avaliar a atuação econômica dos canais, que pode ser expressa como taxa direta de rendimento. Para determinado canal de distribuição, poderemos ter:

$$R_i = \frac{S_i - C_i}{C_i},$$

Onde:
R_i – taxa de rendimento associada ao canal de distribuição *i*
S_i – renda estimada das vendas, pela utilização do canal *i*
C_i – custos estimados pela utilização do canal *i*

Assim, podemos analisar e identificar os custos e a renda em função de um canal de distribuição:

1. calcular o lucro bruto por canal de distribuição, isto é, a receita de vendas menos o custo das mercadorias vendidas;
2. identificar os custos diretos do canal e deduzi-los do que foi obtido no item 1, para determinar o lucro após os custos diretos;
3. destinar a cada canal a sua parte dos custos indiretos separáveis. Deduzi-los do que foi obtido no item 2 para determinar a contribuição efetiva de cada canal.

A maior parte das decisões de canal leva em conta as margens obtidas pelos intermediários ou revendedores. Elas causem um impacto direto sobre o preço final de venda do produto, e consequentemente, sobre o volume de vendas. Um sistema de distribuição que tenha níveis mais baixos de margens intermediárias pode permitir uma redução do preço final, o que pode resultar em aumento de vendas. Sendo assim, a margem de cada canal deve ter seu custo avaliado e considerado na análise global. Um exemplo desta análise pode ser visto na Tabela 7.1. Neste caso, foram considerados quatro possíveis canais de distribuição:

1. por intermédio de um distribuidor nacional exclusivo;
2. por intermédio de atacadistas;

3. por intermédio de escritórios de vendas (filiais) diretamente ao varejista;
4. por intermédio de escritórios de vendas, diretamente ao consumidor.

Em função do rendimento, o canal "escritório de vendas/consumidor" parece ser o melhor. Entretanto, somente isso não é suficiente; devem ser analisadas outras características, como fatores de limitação e necessidades em longo prazo. Além disso, a análise deve ser feita em toda a estratégia do canal.

William King, em seu trabalho *"Quantitative analysis for marking management"*, verifica um ponto muito importante com relação aos custos e ao canal de distribuição, que é a crença de que a escolha de um canal de distribuição **determina** a receita total de vendas. Por exemplo, um varejista recebe o mesmo número de visitas de vendedores, sob duas estratégias de canal, S_1 e S_2. Deve-se verificar se o efeito destas visitas é o mesmo. No canal S_1 (de maior custo), as visitas são feitas por um representante do fabricante, mas no S_2 (menor custo) as visitas são feitas por um vendedor do atacadista. É claramente superior o potencial de S_1 sobre S_2 em termos da reação das vendas obtidas e do lucro, pois o vendedor do fabricante pode efetuar um trabalho de venda de seu próprio produto melhor que o representante do atacadista. Portanto, podemos concluir que a simples escolha de um canal de distribuição não determina a receita de vendas e o lucro, pois a maneira como se dá essa relação também influencia os resultados.

Tabela 7.1 Análise simplificada do custo de distribuição e da renda de quatro canais de distribuição

	Por intermédio de distribuidor nacional exclusivo (milhares de reais)		Por intermédio de atacadista (milhares de reais)		Por intermédio de filial diretamente ao varejista (milhares de reais)		Por intermédio de filial diretamente ao consumidor (milhares de reais)	
Vendas ao consumidor	10.500		12.000		13.500		15.000	
Menos: custo das mercadorias vendidas	1.260		1.920		1.950		2.400	
	9.240		10.080		11.550		12.600	
Margem dos varejistas	4.200		4.800		5.400		–	
Margem dos atacadistas	2.100		2.400		0		–	
Margem dos distribuidores	1.050		0		0		0	
(a) Total: margem do intermediário		7.350		7.200		5.400		0
Lucro bruto		1.890		2.880	6.150		12.600	
(b) Custos da agência filial (inclusive despesas com vendas etc.)		0		0		3.240		9.000
Lucro bruto após os custos da filial		1.890		2.880		2.910		3.600
Custos separáveis								
Despesas com vendas	0		900		0		0	
Custos da distribuição física	315		960		720		900	
Processamento de pedidos etc.	3		15		4,5		12	
(c) Custos totais separáveis		318		1.875		7.245		912
Contribuição líquida para o lucro e as despesas gerais		1.572		1.005		2.185		2.688
Rendimento sobre os custos dos canais (a + b + c)	22%		11%		25%		27%	

Fonte: B. Mallen, Selecting channels of distribution: a multi-stage process, *International Journal of Physical Distribution*, v. 1, 1970.

É muito difícil quantificar a reação de vendas de canais de distribuição, especialmente no caso de escolha de canais de distribuição para um produto novo que ainda não foi posto à venda. Um modo bem lógico de calcular é pela diferença que seria necessária para tornar igualmente boas as duas alternativas de canais.

Vamos imaginar que S_2, um atacadista, foi escolhido como alternativa de canal de menor custo, tendo por base uma análise que não incorporou considerações da reação de vendas. Se acharmos que S_1, vendas diretas aos varejistas, pode ser melhor do ponto de vista de receita de vendas gerada pelos representantes do fabricante, podemos calcular o acréscimo na receita de vendas por visita que seria necessária para tornar iguais duas alternativas de canais.

Vamos supor que F representa os custos fixos totais, C_1 representa os custos totais que foram obtidos para S_1 e C_2 representa os custos totais que foram obtidos para S_2; a suposição de que S_2 tem maiores custos implica que:

$$S_1 > S_2 \Rightarrow F + S_1 > F + S_2$$

O custo unitário (c) das vendas em S_2 é:

$$c_2 = \frac{F + C_2}{q},$$

onde q representa a quantidade vendida no sistema S_2.

Se as vendas sofressem um acréscimo Δq porque os representantes do fabricante foram usados sob S_1, o custo unitário de vendas, supondo que o número de visitas por vendas fosse igual, seria:

$$c_1 = \frac{F + C_1 + k \times \Delta q}{q + \Delta q}$$

O termo $k \times \Delta q$ representa o acréscimo no custo associado com a venda das unidades adicionais (Δq), por suposição linear, com um custo de vendas unitário de k. Para que S_1 seja uma alternativa igualmente boa de S_2, os custos unitários de ambos devem ser iguais.

$$\frac{F + C_2}{q} = \frac{F + C_1 + k \times \Delta q}{q + \Delta q}$$

resolvendo para Δq, achamos:

$$\Delta q = \frac{q \cdot (C_1 - C_2)}{F + C_2 - k \cdot q}$$

Ou seja, o nível de vendas deve crescer acima de Δq para que S_1 seja economicamente mais vantajoso que S_2. Mesmo que esta pequena informação seja muito diferente daquela que seria provida por uma estimativa numérica da reação de vendas, ela ajuda no sentido de que agora precisamos apenas de critérios relacionados com a possibilidade de conseguir um aumento de vendas Δq. Com tais critérios, pode ser fácil determinar qual das alternativas é melhor quando são considerados não somente os custos, mas também a reação das vendas. Por exemplo, o valor calculado de Δq pode ser tão elevado que os administradores acabem julgando que não é viável o canal S_1. Ou então pode ser suficientemente baixo que considerem o canal viável. Em cada caso é clara a melhor alternativa de canal, ou seja, S_2 no primeiro caso e S_1 no segundo.

b) *Análise por produtos e por mercados*

A grande maioria das empresas fabricantes de produtos de consumo ou populares caracteriza-se pela grande diversidade de produtos e venda a um grande número de clientes. Esses produtos não contribuem com valores iguais para o lucro da empresa. Esta é uma característica empresarial, que afeta a maneira pela qual os produtos são distribuídos e o grau de atendimento do sistema de distribuição. Existe uma relação entre o volume de faturamento e o número de produtos rentáveis, ou seja, muitas das vezes, 80% do lucro de uma companhia é gerado por somente 20% dos produtos comercializados. Não necessariamente a relação é 80/20, mas pode ser 70/30 ou 90/10. Trata-se da curva ABC, vista em controle de estoque, que pode ser também aplicada em mercado, para explicar a contribuição de um conjunto de produtos para o lucro de uma empresa. A relação entre o número de produtos e a sua contribuição para a lucratividade pode ser vista na Figura 7.13.

Figura 7.13 *Produto × lucratividade.*

Os custos de uma estrutura desse tipo devem ser bem analisados, tornando-se necessária uma integração numa estrutura que permita que as implicações de custo e rentabilidade da política de distribuição sejam avaliadas em termos do seu impacto total sobre o sistema.

c) *Análise por objetivo de distribuição*

Um objetivo da distribuição consiste em uma série de metas a serem atingidas, dentro do contexto produto/mercado. A finalidade inicial do responsável pela distribuição é especificar a natureza exata desses objetivos. Esta análise deve ser feita em função da natureza do mercado, dos produtos e do grau de atendimento requerido, bem como dos custos envolvidos. Para que sejam alcançados os objetivos planejados, vistos na Figura 7.14, são necessários diversos tipos de *inputs* das outras áreas.

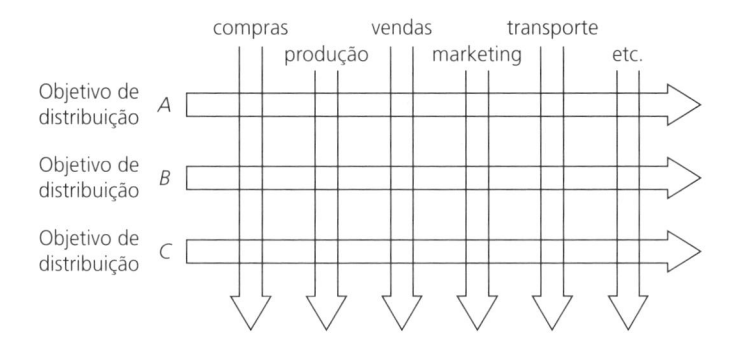

Figura 7.14 *Objetivos da distribuição.*

As diversas contribuições (*inputs*) que cada função dá ao objetivo (*outputs*) da empresa jamais foram claramente definidas e seu custo determinado. A sequência de atividades para análise dos objetivos da distribuição é a seguinte:

1. definir os objetivos da distribuição;
2. determinar os meios alternativos (sistemas) para atingir os objetivos;
3. identificar as áreas funcionais importantes;
4. determinar a contribuição necessária, em termos de custo, de cada área como *input* para cada objetivo/sistema;
5. examinar as implicações do custo total em cada alternativa, em termos de:
   a. impacto do custo total do objetivo;
   b. impacto do custo total da área funcional.

A Figura 7.15 mostra como três objetivos de distribuição podem causar um impacto diferencial nos custos de centro de atividades do orçamento da empresa. A análise inicial por objetivo é horizontal, sendo determinados os *inputs* necessários de cada área funcional por meio de soma vertical.

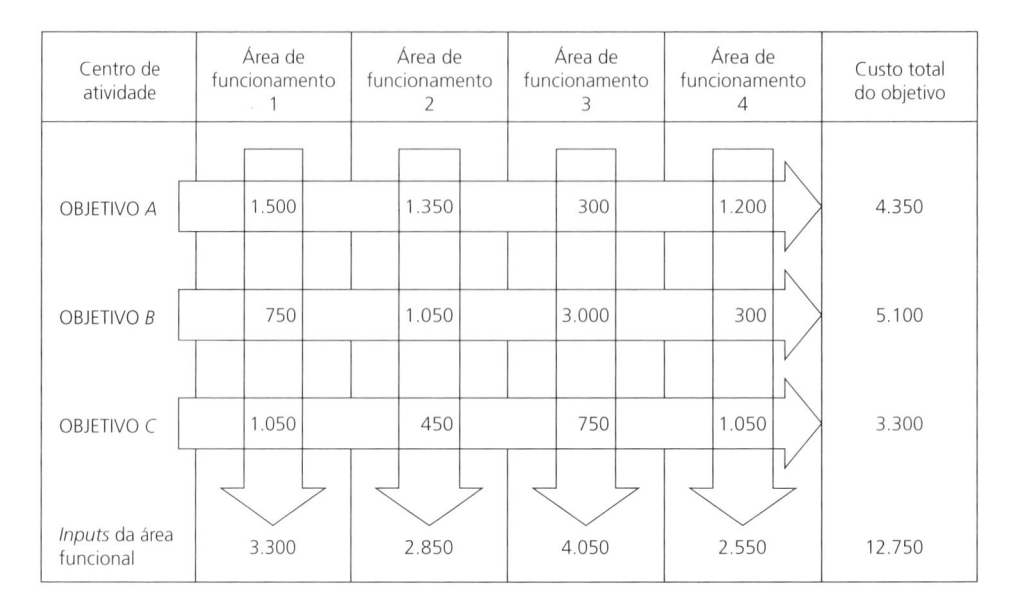

Centro de atividade	Área de funcionamento 1	Área de funcionamento 2	Área de funcionamento 3	Área de funcionamento 4	Custo total do objetivo
OBJETIVO A	1.500	1.350	300	1.200	4.350
OBJETIVO B	750	1.050	3.000	300	5.100
OBJETIVO C	1.050	450	750	1.050	3.300
Inputs da área funcional	3.300	2.850	4.050	2.550	12.750

Figura 7.15 *Objetivos da distribuição × custos.*

Os principais custos em sistemas de distribuição são:

a. **Custos do transporte** – Trata-se do valor do frete em função da modalidade de transporte escolhida para se efetuar o transporte; em função da tarifa, do peso ou volume transportado e da distância.

b. **Custo de recepção e expedição** – Trata-se dos custos relativos à carga e descarga dos produtos na saída e na chegada. São evidentemente proporcionais às quantidades em trânsito. É possível após breve exame conhecer os custos por unidade de produto com referência a depósitos já existentes.

c. **Custo de estocagem** – São os custos necessários pela própria existência do estoque; são independentes do movimento de produtos, mas em função do valor do estoque. Consideramos que estes custos são as amortizações, mão de obra, aluguel, seguro do estoque e do prédio, impostos e os custos do capital investido em estoque.

d. **Custos de estrutura** – São os custos fixos; independem ao mesmo tempo das quantidades em trânsito e das quantidades estocadas propriamente ditas. São custos incorridos mesmo que o depósito não tenha trabalho nenhum a executar. Alguns destes custos aparecem também nos custos de estocagem.

Outro custo importante é o seguro dos produtos transportados; seu percentual é bastante representativo.

7.6 Quantidade econômica de despacho

O cálculo da quantidade econômica de despacho é semelhante ao cálculo do lote econômico de compra. As hipóteses básicas são:

a. demanda constante e quantidade de remessa constante;
b. reposição instantânea;
c. todos os coeficientes de custo são constantes.

A fórmula do custo total é:

$$CT = p \times D + T \times \frac{D}{Q} + I \times \frac{Q}{2},$$

onde:
p = Preço unitário
D = Demanda no período
Q = Tamanho do lote despachado
T = Custos de expedição e transporte
I = Custo de armazenagem

Considerando um valor fixo de demanda, a variável preço não se altera, e podemos considerar que o custo total é função apenas de T, Q e I:

$$CT = C + T \times \frac{D}{Q} + I \times \frac{Q}{2}$$

Onde C é uma constante que representa o valor $p \times D$. Portanto, para minimizar o custo total, temos que minimizar a soma dos dois últimos termos da expressão acima. Pela Matemática sabemos que "o mínimo da soma de duas variáveis cujo produto é constante ocorre para valores iguais destas variáveis" (na seção 2.6.2 há o desenvolvimento detalhado dessa fórmula). Então:

$$T \cdot \frac{D}{Q} = I \cdot \frac{Q}{2} \Rightarrow T \cdot D = \frac{I \cdot Q^2}{2} \Rightarrow$$

$$\Rightarrow Q^2 = \frac{2 \cdot T \cdot D}{I} \Rightarrow Q = \sqrt{\frac{2 \cdot T \cdot D}{I}}$$

Esta fórmula é usada quando I é definido como valor unitário. No caso de I ser definido como uma taxa, por exemplo, 20% do valor em estoque, a fórmula fica:

$$Q = \sqrt{\frac{2 \cdot T \cdot D}{I \cdot p}}$$

Exemplo 1

Uma fábrica de laticínios envia seus produtos para um depósito regional. O custo de cada unidade é de $ 10. O custo de expedição de uma remessa e do transporte rodoviário até o depósito é de $ 30. O custo de estocagem é de 25% do valor do estoque. A média anual de vendas é de 3.000 unidades. Qual a quantidade econômica a ser enviada da fábrica ao armazém e o número de remessas enviadas?

P = $ 10
D = 3.000 un.
T = $ 30
I = 0,25

$$Q = \sqrt{\frac{2 \cdot T \cdot D}{I \cdot p}} = \sqrt{\frac{2 \times 30 \times 3.000}{0,25 \times 10}} = 268 \text{ unidades}$$

$$\text{N° de remessas} = \frac{D}{Q} = \frac{3.000}{268} = 12$$

Exemplo 2

Um depósito central de uma loja de departamentos remete eletrodomésticos a um depósito regional para atender ao mercado da região. A previsão de vendas anual de determinado produto para este mercado é de 36.000 unidades. Os custos de recepção, expedição e transporte somam $ 80. O custo médio de estocagem é de $ 30 por unidade. Qual a quantidade econômica a ser enviada do depósito central ao regional e o número de remessas?

$$Q = \sqrt{\frac{2 \cdot T \cdot D}{I}}$$

$$Q = \sqrt{\frac{2 \times 80 \times 36.000}{30}}$$

$$Q = \sqrt{192.000} = 439$$

$$\text{N° de remessas} = \frac{D}{Q} = \frac{36.000}{439} = 82$$

Ao observarmos os dois exemplos anteriores, verificamos que nos dois casos houve enfoque em somente um produto. Na prática, há outros fatores: a quantidade econômica determinada excede a capacidade de carga do veículo? Quantos produtos distintos serão enviados numa mesma remessa? Como ratear o custo do frete entre os diferentes produtos? Nestas situações, o ideal a ser feito é um tipo de cruzamento entre:

- valor de frete;
- número de produtos a serem enviados;
- capacidade de carga do caminhão.

Quando o problema de distribuição envolve vários produtos, cada um deles poderia ser tratado independentemente. Mas quando o seu número atinge algumas dezenas de itens (tintas, produtos farmacêuticos, perfumaria etc.), deve-se modificar o sistema.

Vamos supor 100 produtos diversos na linha de uma empresa, sendo que 10 contribuem com 70% das vendas em valor; 20 produtos com 20% e os restantes 70 com 10%. Essas categorias de produtos são as classes A, B e C. Seus tempos de reposição podem ser bem diferentes entre si. Para alguns produtos será de uma semana, para outros 10 dias, um mês, dois meses de consumo etc. Como é mais econômico enviar para o regional todos os produtos de uma só vez, deve-se tomar a média aritmética do lote econômico dos produtos classe A, que são financeiramente os mais representativos. O reabastecimento será então feito dentro de determinada periodicidade, sendo que os demais produtos das classes B e C acompanharão os da classe A.

Para maior facilidade, seria interessante que o período de reabastecimento fosse semelhante para regionais de características iguais. Uma boa política de reabastecimento é a remessa posicional, que é de fácil determinação. Com os atuais sistemas de informação e comunicação de dados, é possível que a central consiga os dados de cada depósito a qualquer momento, em tempo real, como posição de estoque e vendas realizadas que não foram entregues. A partir daí, a central calcula para cada produto o lote a despachar:

> **LOTE = Previsão de vendas + Vendas realizadas + Estoque mínimo −
> Produtos em trânsito − Produtos em estoque**

Vamos supor que a central de distribuição de uma empresa saiba que um depósito regional tem no dia 30 uma posição de estoque físico de 500 unidades, referente a um liquidificador marca X cor Y. Sabe também existir um pedido de 1.000 unidades já encomendadas. A central estima que as vendas naquela região para o mês seguinte serão de 4.000 unidades. Existe ainda uma remessa em trânsito de 2.500 unidades, enviadas ao regional, que está atrasada. O estoque mínimo do regional daquele produto é de 1.500 unidades, correspondendo a 15 dias de vendas médias. De acordo com a fórmula, a remessa a despachar seria de:

LOTE = 4.000 + 1.000 + 1.500 − 2.500 − 500 = 3.500 unidades do produto X, cor Y

Esse sistema costuma ser melhor que o da remessa automática, que consiste em enviar uma quantidade fixa. Embora teoricamente correto, tal método não leva em consideração possibilidades de vendas extras, tem pouca flexibilidade e pode resultar em faltas ou excessos em determinadas regiões. Este tipo de remessa é também superior à remessa de "pedido" realizado pelo próprio regional. A prática demonstra uma tendência de cada um pedir mais do que realmente precisa, procurando cada chefe de depósito precaver-se contra o risco de perder vendas por falta de produtos, ocorrendo então a superestocagem e o desnivelamento do estoque.

Um segmento do estoque, que vimos anteriormente e é muito importante, é o estoque em trânsito. Porque o estoque armazenado nos regionais, pertencendo ao estoque mínimo ou ao lote de remessa, está disponível para venda. O mesmo ocorre para os produtos estocados no depósito central, mas não para o estoque em trânsito, que não tem utilidade imediata para venda. A existência de um estoque em trânsito gera um custo financeiro determinado assim:

$$C_K = Q \cdot c \cdot i \cdot d \cdot n$$

Onde:
C_K – Custo de capital do estoque em trânsito
Q – Lote despachado (un.)
c – Custo unitário do produto
i – Taxa diária de juros
d – nº de dias de viagem
n – nº de viagens por ano.

Suponhamos um lote de 1.000 unidades de determinado produto, cujo custo unitário é de $ 800, com taxa de juros anual de 40%, abastecimento periódico mensal e número de dias de viagem igual a 10. Os juros sobre o estoque em trânsito seriam:

$$\text{Custo de capital do estoque em trânsito} = 1.000 \times 800 \times 0{,}4/365 \times 10 \times 12 = \$\ 105.205{,}48$$

Uma redução de um dia nessa viagem significará economia anual de $ 10.520 nos juros sobre o estoque em trânsito. Existe ainda uma economia suplementar obtida pela redução proporcional do estoque mínimo, decrescente, quando o tempo de viagem diminui. Neste exemplo, ficou claro que é possível gastar até $ 10.520 a mais por remessa, em frete, para a utilização de um meio de transporte mais eficiente, para cada dia de viagem economizado (*trade-off*). A redução dos tempos e preparação, de custos de embalagem, de extração de notas fiscais, de espera de carregamento, de recepção, de conferência e de estocagem também resultará em economia.

7.7 Minimização dos custos de transportes

O melhor meio para estudarmos a programação linear com o objetivo de minimizar custos de transportes é resolver um exemplo prático, como o seguinte:

Determinada empresa possui três fábricas, que produzem o mesmo produto, nas seguintes capacidades:

Fábrica	Capacidade
A	100 un.
B	25 un.
C	75 un.

Além das fábricas, possui também três depósitos, que necessitam receber produtos nas seguintes quantidades:

Depósito	Necessidade
1	80 un.
2	30 un.
3	90 un.

Os custos de transporte, a partir de cada fábrica para cada depósito, por unidade transportada, são os seguintes:

Fábricas	Depósitos		
	1	2	3
A	$ 5	10	2
B	$ 3	7	5
C	$ 6	8	4

Essas remessas poderiam ser feitas das mais variadas maneiras, mas devemos determinar uma forma que minimize os custos de transporte, levando em conta as limitações das fábricas e as necessidades dos depósitos.

Para isso, a primeira coisa a fazer é estabelecer um plano possível ou "primeira aproximação" (serve qualquer possibilidade que respeite as capacidades das fábricas e necessidades dos depósitos). O método mais comum da primeira aproximação é o "Canto Noroeste", onde "noroeste" corresponde à casa superior esquerda da matriz, colocando nesta casa o menor valor entre a soma da linha e da coluna. O resultado da primeira aproximação pelo método do canto Noroeste é mostrado na sequência, seguido-se a explicação.

FÁBRICAS \ DEPÓSITOS	1	2	3	PRODUÇÃO
A	80	20	–	100
B	–	10	15	25
C	–	–	75	75
NECESSIDADE	80	30	90	200 / 200

A soma da linha é 100 e a da coluna, 80. Portanto, colocamos 80 na casa noroeste, isto é, 80 produtos serão enviados da fábrica A para o depósito 1. Como a fábrica A ainda tem 20 produtos para entrega (100 – 80 = 20) e o depósito 2 necessita de 30 un., colocamos 20 na casa A2, esgotando assim a produção da fábrica A, de modo que não podemos efetuar nenhum movimento para a direita. As casas B1 e C1 ficam vazias, pois a necessidade do depósito 1 já foi totalmente satisfeita pela Fábrica A. O depósito 2 tem necessidade de 30 un. e recebeu 20 da Fábrica A, de modo que as 10 restantes vêm da Fábrica B (casa B2). A casa C2 fica vazia, pois a necessidade de 30 un. do depósito já está satisfeita. O saldo de produção de B (25 – 10 = 15) é usado para atender parcialmente a necessidade do depósito 3. Colocamos 15 un. na casa B3, necessitando o depósito 3 de mais 75 un. A fábrica C tem exatamente capacidade de 75 un., que completarão a necessidade do depósito 3, portanto colocamos 75 un. na casa C3, completando assim a primeira aproximação. Este é um plano realizável, mas não necessariamente o plano de menor custo. Neste caso, o custo total de transporte seria:

$A1 = 80 \times 5 = 400$
$A2 = 20 \times 10 = 200$
$B2 = 10 \times 7 = 70$
$B3 = 15 \times 5 = 75$
$C3 = 75 \times 4 = 300$
CT $= \$ 1.045$

Teste para confirmação da solução ótima
O teste para determinação da solução ótima está resumido nos seguintes passos:
Passo 1: Preencher a tabela com a possível solução ótima, incluindo os custos referentes a cada casa.
Passo 2: Calcular os coeficientes das linhas e colunas, partindo da primeira linha, cujo coeficiente será sempre 0. As casas preenchidas servem como referência para o cálculo dos demais coeficientes.
Passo 3: Calcular os coeficientes das casas vazias.

Capítulo 7 • Distribuição Física

A solução será ótima quando não houver coeficiente negativo nas casas vazias. Vejamos a resolução do problema detalhadamente.

A tabela a seguir auxiliará a compreensão dos passos 1 e 2:

		5	10	8	
	DEPÓSITO / FÁBRICAS	1	2	3	PRODUÇÃO
0	A	5 / 80	(−)····10····(+) / 20 / −6	2	100
−3	B	3 / 1	(+) / 7 / 10	5 / 15	25
−4	C	6 / 5	8 / 2	4 / 75	75
	NECESSIDADE	80	30	90	200 / 200

Podemos ver que as casas estão preenchidas de acordo com a primeira aproximação obtida, incluindo seus respectivos custos (canto superior direito).

Para entendermos o cálculo dos coeficientes das linhas e das colunas, os faremos um a um. Inicialmente é dado à primeira linha (A) o coeficiente zero.

Vamos então para a primeira casa preenchida da linha A (A1); utilizamos a fórmula

$$L + K = C, \text{ onde:}$$

L = coeficiente da linha
K = coeficiente da coluna
C = custo da casa usada

Definimos o coeficiente da linha A como 0 ($L_A = 0$); o coeficiente da coluna (K_1) é o que iremos calcular; o custo da casa A1 é 5. Portanto, o coeficiente da coluna 1 (K_1) é

$$L_A + K_1 = C_{A1} \Rightarrow K_1 = C_{A1} - L_A \Rightarrow K_1 = 5 - 0 = 5$$

Passamos para a próxima casa preenchida, a A2; utilizando a mesma fórmula, calculamos o coeficiente da segunda coluna (K_2):

$$L_A + K_2 = C_{A2} \Rightarrow K_2 = C_{A2} - L_A \Rightarrow K_2 = 10 - 0 = 10$$

Obrigatoriamente, temos que calcular agora o coeficiente da linha B, com base na casa B2, pois é a única casa (dentre as ocupadas que restam) com coeficiente de coluna conhecido.

Aplicando a mesma fórmula:

$$L_B + K_2 = C_{B2} \Rightarrow L_B = C_{B2} - K_2 \Rightarrow L_B = 7 - 10 = -3$$

Temos agora que calcular o coeficiente da coluna 3 com base na casa B3, pois agora conhecemos o coeficiente da linha B.

$$L_B + K_3 = C_{B3} \Rightarrow K_3 = C_{B3} - L_B \Rightarrow K_3 = 5 - (-3) = 8$$

Por fim, calculamos o coeficiente da linha C, com base na casa C3:

$$L_C + K_3 = C_{C3} \Rightarrow L_C = C_{C3} - K_3 \Rightarrow L_C = 4 - 8 = -4$$

Completado o passo 2, seguimos para o passo 3 (cálculo dos coeficientes das casas vazias). Para esse cálculo, utilizamos a seguinte fórmula:

$$CV = C - (L + K), \text{ onde:}$$

CV – coeficiente da casa vazia
C – custo da casa vazia
L – coeficiente da linha
K – coeficiente da coluna
$CV_{B1} = 3 - (-3 + 5) = 1$
$CV_{C1} = 6 - (-4 + 5) = 5$
$CV_{A3} = 2 - (0 + 8) = -6$
$CV_{C2} = 8 - (-4 + 10) = 2$

Capítulo 7 • Distribuição Física

Os coeficientes das casas vazias são mostrados a seguir (canto inferior esquerdo).

		5	10	8	
	DEPÓSITOS / FÁBRICAS	1	2	3	PRODUÇÃO
0	A	80	20	2 − 6	100
− 3	B	3 1	10	15	25
− 4	C	6 5	8 2	75	75
	NECESSIDADE	80	30	90	200 / 200

A matriz completa fica assim (as setas indicam a passagem para a segunda solução; serão explicadas mais adiante):

		5	10	8	
	DEPÓSITOS / FÁBRICAS	1	2	3	PRODUÇÃO
0	A	5 80	(−) ··· 10 20	(+) 2 − 6	100
− 3	B	3 1	7 10	5 15	25
− 4	C	6 5	8 2	4 75	75
	NECESSIDADE	80	30	90	200 / 200

Devemos ter em mente que:

1. Qualquer valor negativo em casa vazia indica que é possível obter uma melhor solução transferindo-se unidades para casa desocupada.
2. Um valor positivo em casa vazia indica que uma solução não satisfatória é obtida quando transferimos mais unidades para essa casa.
3. Um valor zero em casa vazia indica que outra solução de igual valor pode ser obtida pela transferência de unidades para essa casa.

Além disso, o número de casas ocupadas deve ser igual ao número de colunas somado ao número de linhas menos 1, ou seja, nº de casas ocupadas = $K + L - 1$. Neste exemplo, existem 3 linhas e 3 colunas. Assim, poderemos ter somente 5 casas ocupadas.

Concluímos, portanto, que a primeira aproximação não é uma solução ótima, já que há coeficiente negativo em casa vazia (A3). Devemos chegar a uma nova solução e testá-la para sabermos se é ótima ou não.

Para encontrar uma nova solução (melhor que a anterior) precisamos transferir unidades para alguma casa vazia com coeficiente negativo, de modo que uma outra casa que estava ocupada fique vazia (pois apenas 5 casas devem estar ocupadas); além disso, a movimentação deve ser feita de tal forma que sejam respeitadas as capacidades das fábricas e necessidades dos depósitos. Vale lembrar que pode haver mais de 1 modo de se chegar a uma nova solução.

As setas na matriz anterior representam o que deve ser feito para se chegar a uma nova solução: 15 unidades serão transferidas da casa *A*2 para a *A*3, e 15 unidades serão transferidas da casa *B*3 para a *B*2. Deste modo:

a. a casa que estava vazia e com coeficiente negativo passa a ficar ocupada;
b. uma casa que estava ocupada passa a ficar vazia, mantendo 5 casas ocupadas no total;
c. a capacidade das fábricas e necessidades dos depósitos continuam sendo respeitadas.

Temos então como segunda solução (as setas representam a passagem para a terceira solução):

		5	10	2	
	DEPÓSITOS FÁBRICAS	1	2	3	PRODUÇÃO
0	A	5 80	10 (−) 5	2 (+) 15	100
−3	B	3 1	7 25	5 6	25
2	C	6 −1	8 (+) −4	4 75 (−)	75
	NECESSIDADE	80	30	90	200 / 200

Os coeficientes de linhas e colunas foram calculados na seguinte ordem: L_A (= 0), K_1 (casa A1), K_2 (casa A2), K_3 (casa A3), L_B (casa B2) e L_C (casa C3). Os coeficientes das casas vazias foram calculados como explicado anteriormente. Vemos que há duas casas vazias com coeficientes negativos (C1 e C2), logo esta não é a solução ótima.

O custo total dessa solução é:
A1 = 80 × 5 =   400
A2 = 5 × 10 =   50
A3 = 15 × 2 =   30
B2 = 25 × 7 =   175
C3 = 75 × 4 =   300
CT   **= $ 955**

Embora não seja a solução ótima, vemos que é melhor que a anterior, pois apresenta uma economia de $ 90.

As setas indicam que 5 unidades serão transferidas da casa A2 para a C2 e 5 unidades da casa C3 para a A3, deixando vazia a casa B2. A nova solução é mostrada a seguir.

		5	10	2	
	DEPÓSITOS / FÁBRICAS	1	2	3	PRODUÇÃO
0	A	5 (−) 80	10	2 (+) 20	100
1	B	3 (+) −3	7 25	5 2	25
2	C	6 −1	8 (+) 5	4 (−) 70	75
	NECESSIDADE	80	30	90	200 / 200

Os coeficientes de linhas e colunas foram calculados na seguinte ordem: L_A (= 0), K_1 (casa A1), K_3 (casa A3), L_C (casa C3), K_2 (casa C2) e L_B (casa B2). Temos ainda coeficientes de casas vazias negativos, evidenciando que não chegamos à solução ótima. O custo total é:

```
A1 = 80 × 5  =   400
A3 = 20 × 2  =    40
B2 = 25 × 7  =   175
C2 = 5 × 8   =    40
C3 = 70 × 4  =   280
CT           = $ 935
```

Para chegarmos a uma quarta solução temos que fazer três transferências, pois a disposição dos dados impede que obtenhamos uma nova solução com apenas duas transferências. As setas indicam que 25 unidades serão transferidas da casa A1 para a B1, 25 unidades da casa B2 para a C2 e 25 unidades da casa C3 para a A3. Obtemos então a quarta solução:

Capítulo 7 • Distribuição Física

		5	6	2	
	DEPÓSITOS / FÁBRICAS	1	2	3	PRODUÇÃO
0	A	5 (−) 55	10	2 (+) 45	100
2	B	4 3 25	7	5	25
2	C	3 6 (+) −1	8 30	4 45	75
	NECESSIDADE	80	30	90	200 / 200

Com um custo total de:

$A1 = 55 \times 5 = 275$
$A3 = 45 \times 2 = 90$
$B1 = 25 \times 3 = 75$
$C2 = 30 \times 8 = 240$
$C3 = 45 \times 4 = \underline{180}$
CT $ = \$\ 860$

Temos duas casas vazias com coeficiente negativo, logo podemos optar por preencher qualquer das duas. As setas indicam que a opção escolhida foi transferir 45 unidades da casa A1 para a C1, e 45 unidades da casa C3 para a A3, deixando vazia a casa C3.

A quinta solução é a seguinte:

	DEPÓSITOS FÁBRICAS	5 1	7 2	2 3	PRODUÇÃO
0	A	5 10	10	2 90	100
		3			
-2	B	3 25	7	5	25
			2	5	
1	C	6 45	8 30	4	75
				1	
	NECESSIDADE	80	30	90	200 / 200

Esta é a solução ótima, pois não apresenta coeficientes negativos nas casas vazias. O custo total é:

A1 = 10 × 5 = 50
A3 = 90 × 2 = 180
B1 = 25 × 3 = 75
C1 = 45 × 6 = 270
C2 = 30 × 8 = 240
CT = $ 815

A solução ótima proporciona uma economia de $ 230 em relação ao modelo inicial.

No exemplo que acabamos de ver, a empresa tinha capacidade de produção de 200 unidades e os depósitos necessitavam da mesma quantidade. Esta condição não é muito comum; normalmente a necessidade é maior que a oferta ou a oferta é maior que a necessidade.

Se a necessidade for maior que a disponibilidade, outros parâmetros além do custo devem ser controlados, uma vez que algum depósito não receberá a totalidade de sua necessidade. Se esses parâmetros forem quantificáveis, seus valores podem ser considerados como custo e adicionados aos custos de transporte; mas se tais parâmetros não puderem ser quantificados, pode-se simplificar utilizando apenas o custo de transporte. Vamos analisar agora a seguinte situação:

Fábrica	Capacidade
A	100 unidades
B	25 unidades
C	75 unidades
	200 unidades

Depósito	Necessidade
1	105
2	30
3	90
	225 unidades

Verificamos que as capacidades das fábricas ficaram inalteradas, mas o depósito 1 necessita de 105 unidades, 25 unidades a mais que no caso anterior. Consideremos os custos de transporte inalterados.

Pelo menos algum depósito não irá receber a totalidade dos produtos de que necessita. Devemos responder a duas perguntas:

a. Qual depósito não receberá a necessidade total?
b. Qual modelo de distribuição representará o mínimo custo?

A matriz do quadro abaixo mostra a situação de partida.

DEPÓSITOS / FÁBRICAS	1	2	3	PRODUÇÃO
A				100
B				25
C				75
NECESSIDADE	105	30	90	200 / 225

O modelo de transporte de programação linear exige que a oferta e a demanda sejam iguais. Devemos, portanto, efetuar um ajustamento na matriz a fim de obter as condições necessárias. Este ajustamento é feito acrescentando-se uma linha referente a uma fábrica fictícia, que "produzirá" as 25 unidades que faltam. Se a produção excede a necessidade, o ajuste é efetuado através de uma coluna correspondente a um depósito fictício.

Usa-se o método do Canto Noroeste para obter uma solução inicial. Para a linha simulada (fábrica fictícia) usamos custo 0 (zero), já que não haverá transporte real.

O quadro a seguir mostra a primeira solução com o teste de otimização. Este modelo necessita de cinco interações para encontrar a solução ótima.

	DEPÓSITOS / FÁBRICAS	+5 / 1	+9 / 2	+5 / 3	PRODUÇÃO
	A	5 / 100	10 / +1	2 / −3	100
−2	B	3 / 5	7 / 20	5 / +2	25
−1	C	6 / +2	8 / 10------	4 / ------65 (+)	75
−5	SIMULADO	0 / 0	0 / (+) / −5	0 / 25 (−)	25
	NECESSIDADE	105	30	90	225 / 225

O quadro a seguir mostra a solução ótima; podemos observar que o depósito 2 não irá receber as 30 unidades necessárias, porque 25 unidades serão fornecidas pela fábrica fictícia (como ela não existe...).

Capítulo 7 • Distribuição Física

		5	7	2	
	DEPÓSITOS / FÁBRICAS	1	2	3	PRODUÇÃO
0	A	5 10	10	2 90	100
		3			
–2	B	3 25	7	5	25
			2	5	
1	C	6 70	8 5	4	75
				1	
–7	FICTÍCIA	0	0 25	0	25
		2		5	
	NECESSIDADE	105	30	90	225 / 225

Fica como desafio para o leitor a resolução passo a passo desse exemplo.

7.8 Modelo para cálculo de rotas

Temos um problema de determinação de rotas quando desejamos ir de um lugar para outro. Para chegarmos aonde queremos, devemos selecionar uma entre as diversas rotas que envolvem diferentes lugares intermediários ao longo do percurso. Este problema é resolvido pelo modelo que chamamos rotas mínimas em redes.

Suponha, por exemplo, que desejamos ir da cidade A para cidade H, dada a seguinte rede:

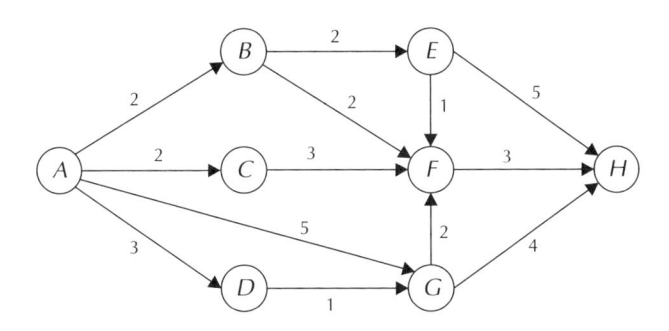

Existem várias rotas diferentes entre a cidade A e a cidade H, mas desejamos selecionar aquela que implica menor tempo, custo ou distância. Os números entre as cidades na rede podem representar qualquer um desses parâmetros; ou seja, devemos encontrar a rota entre A e H com a menor soma. Procurando a rota mais curta entre A e H, devemos encontrar a mais curta de A a cada cidade na rede, o que pode ser muito útil em casos reais.

1. Começando pela origem A, vamos desenhar todos os caminhos por onde se pode ir da cidade A até outra cidade, indicando as distâncias diretas:

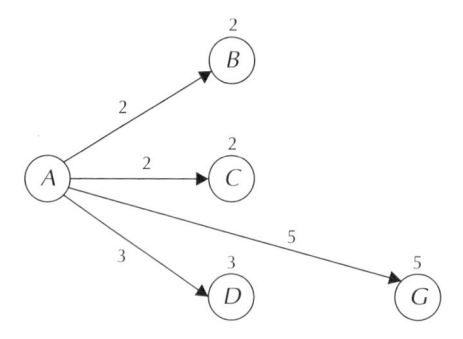

2. Verificamos se existem rotas indiretas com somatório menor que a rota direta. Por exemplo, de A a G, é possível ir por C, e a soma dessa rota indireta é 4, menor que a da rota direta. Desenhamos então a rota direta com uma linha pontilhada, indicando que é uma rota "ruim". O número junto a cada cidade representa a menor soma da cidade A à cidade em questão. Quando há mais de uma rota mínima, desenhamos ambas as rotas com linhas cheias:

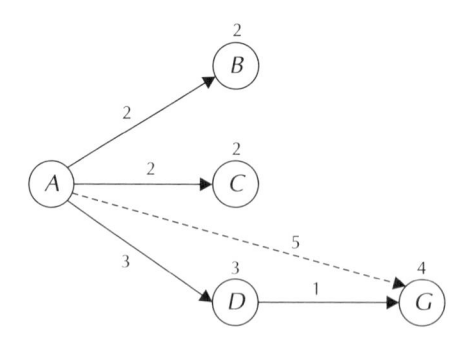

3. Adicionamos qualquer cidade a que se possa chegar partindo de qualquer das cidades consideradas na etapa 2 e repetimos esta etapa com respeito a elas incluindo as distâncias:

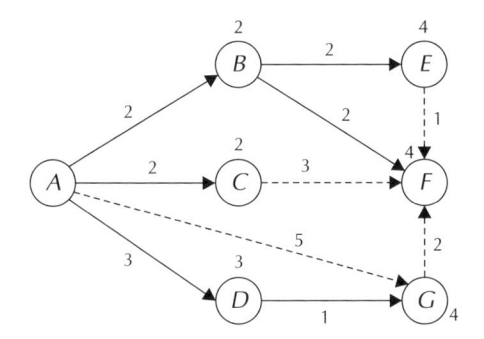

4. Continuamos até completar a rede, definindo o diagrama completo. As linhas cheias mostram as rotas que podem ser tomadas para se ir de *A* a qualquer outro ponto. Observe que existem alternativas. Por exemplo, pode-se ir de *A* a *F* através de *B* ou *C*:

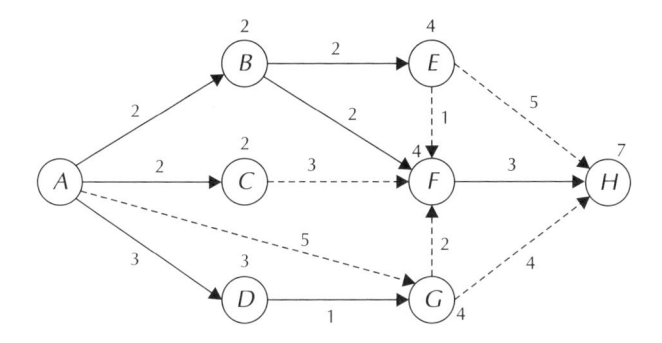

Neste mesmo modelo podemos entrar com mais duas variáveis: entre a cidade *A* e a cidade *H* poderemos determinar o caminho mais curto passando em um número maior de cidades e o caminho mais curto passando em um número menor de cidades. A escolha dependerá da finalidade da rota de *A* a *H*.

Outro método para calcular rotas mínimas em redes é utilizando a programação dinâmica ou a programação por estágios.

Vejamos um exemplo: desejamos sair da cidade *A* e ir para a cidade *F*; as alternativas viáveis de rotas e os custos de cada rota estão descritos na seguinte rede:

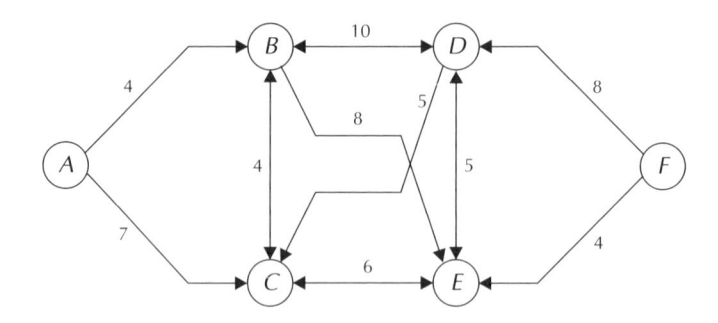

Seja Z o custo da ida de uma cidade para outra e X o custo mínimo para ir da cidade considerada à cidade F. Vejamos:

- $X_E = (Z_{EF} + X_F) = 4 + 0 = 4$
- $X_D = (Z_{DE} + X_E)$ ou $(Z_{DF} + X_F) = (5 + 4)$ ou $(8 + 0) = 9$ ou 8
- $X_C = (Z_{CD} + X_D)$ ou $(Z_{CE} + X_E) = (5 + 8)$ ou $(6 + 4) = 13$ ou 10
- $X_B = (Z_{BC} + X_C)$ ou $(Z_{BD} + X_D)$ ou $(Z_{BE} + X_E) = (4 + 10)$ ou $(10 + 8)$ ou $(8 + 4) = 14$ ou 18 ou 12
- $X_A = (A_{AB} + X_B)$ ou $(Z_{AB} + X_C) = (4 + 12)$ ou $(7 + 10) = 16$ ou 17

Para ir para F, temos as seguintes alternativas:

Via E: $E \rightarrow F$ custo é 4
Via D: $D \rightarrow F$ ou $D \rightarrow E \rightarrow F$ = o menor custo é 8
Via C: $C \rightarrow D \rightarrow F$ ou $C \rightarrow E \rightarrow F$ = o menor custo é 10
Via B: $B \rightarrow C \rightarrow D \rightarrow F$ ou $B \rightarrow D \rightarrow F$ ou $B \rightarrow E \rightarrow F$ = o menor custo é 12

Partindo de A, entre $A \rightarrow B$ e $A \rightarrow C$ o menor custo é 16. Escolhendo a rota de menor custo, teremos $A \rightarrow B \rightarrow E \rightarrow F = 16$; partindo de A, o menor custo é indo para B; saindo de B, o menor custo é indo para E, aí então indo para F.

Atualmente, existem vários modelos de *softwares* de roteadores que são utilizados em cálculo de rotas, pois as variações de necessidades são imensas. Algumas empresas preferem trabalhar com datas fixas de entrega. Outras têm grande número de clientes, mas pouco ou nenhum controle sobre o valor diário dos pedidos. Há as que operam com veículos padronizados, ou as que preferem diversificar a frota, ou cuja sofisticação chega ao requinte de dividir a carroçaria em compartimentos de variadas capacidades. Embora as circunstâncias possam variar, o problema básico permanece o mesmo. Afinal, como minimizar os custos de distribuição de um depósito ao qual os veículos retornam depois de cumprida sua missão? Qual o melhor itinerário? Qual a frota adequada, o raio de ação e o número de entregas ou coletas ideais para cada veículo?

Existem vários *softwares* disponíveis no mercado para otimizar rotas. Trata-se de um instrumento particularmente útil no estudo de localização de depósitos na coleta de dados estatísticos, no controle dos custos operacionais e no planejamento de ampliação e renovação da frota. Sua maior virtude, contudo, consiste em definir itinerários capazes de reduzir ao mínimo o tempo total de percurso da frota e o número de veículos envolvidos na operação. A ênfase no tempo e na frota tem explicação. Acontece que, geralmente, a redução do tempo total de percurso significa menos quilômetros rodados e, portanto, menor custo operacional. Por outro lado, o custo fixo (licenciamento, salários, aluguel, depreciação, impostos, seguros e juros) associado à operação de uma frota é normalmente bem menor que o custo operacional em si (combustível, lubrificantes, pneus e manutenção). Mas a adoção de um sistema traz outros benefícios:

- reduz o tempo de planejamento das entregas;
- economiza mão de obra de entrega e horas extras;
- otimiza a utilização do armazém e melhora a eficiência da mão de obra de expedição, uma vez que facilita a separação dos volumes a serem despachados;
- gera os documentos (notas fiscais e etiquetas) já na sequência das entregas;
- produz estatísticas necessárias ao controle gerencial.

Um programa-padrão consiste basicamente em duas partes, como se vê na Figura 7.16, que podem ser normalmente executadas de maneira independente uma da outra:

a. programa de análise da rede;
b. programa de produção de planos.

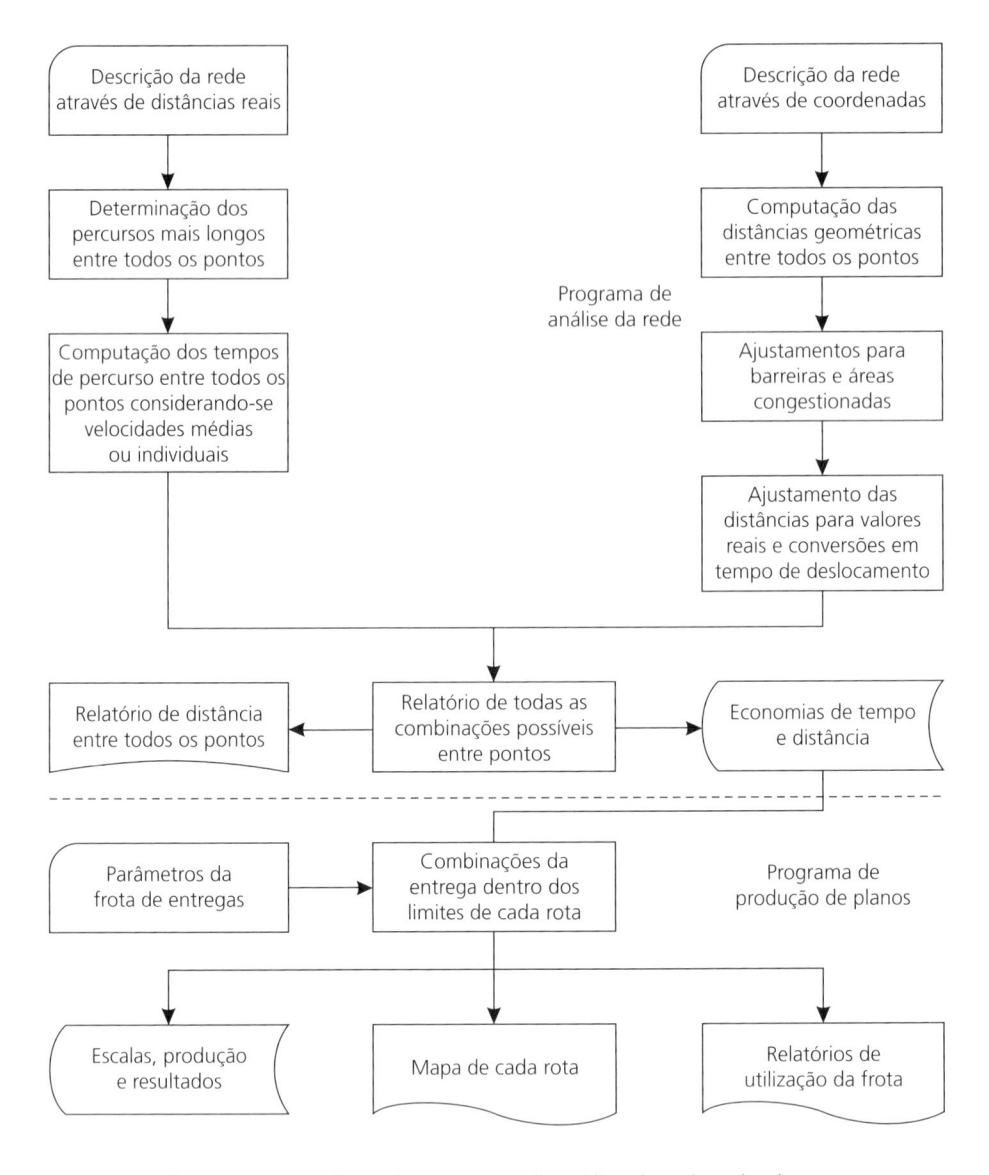

```
┌─────────────────────┐                          ┌─────────────────────┐
│  Descrição da rede  │                          │  Descrição da rede  │
│ através de distâncias│                         │através de coordenadas│
│       reais         │                          │                     │
└──────────┬──────────┘                          └──────────┬──────────┘
           ▼                                                ▼
┌─────────────────────┐                          ┌─────────────────────┐
│   Determinação dos  │                          │   Computação das    │
│  percursos mais     │                          │ distâncias geométricas│
│  longos entre       │                          │ entre todos os pontos│
│  todos os pontos    │     Programa de          │                     │
└──────────┬──────────┘     análise da rede      └──────────┬──────────┘
           ▼                                                ▼
┌─────────────────────┐                          ┌─────────────────────┐
│ Computação dos tempos│                         │   Ajustamentos para │
│ de percurso entre   │                          │   barreiras e áreas │
│ todos os pontos     │                          │    congestionadas   │
│ considerando-se     │                          └──────────┬──────────┘
│ velocidades médias  │                                     ▼
│   ou individuais    │                          ┌─────────────────────┐
└──────────┬──────────┘                          │  Ajustamento das    │
           │                                     │  distâncias para    │
           │                                     │  valores reais e    │
           │                                     │  conversões em      │
           │                                     │  tempo de deslocamento│
           │                                     └──────────┬──────────┘
           └──────────────┬─────────────────────────────────┘
                          ▼
┌─────────────────────┐  ┌─────────────────────┐  ┌─────────────────────┐
│ Relatório de distância│ │ Relatório de todas as│ │  Economias de tempo │
│ entre todos os pontos│◄│ combinações possíveis│►│     e distância     │
│                     │  │    entre pontos      │  │                     │
└─────────────────────┘  └─────────────────────┘  └──────────┬──────────┘
- - - - - - - - - - - - - - - - - - - - - - - - - - - - - - │ - - - - - -
                                                             │
┌─────────────────────┐  ┌─────────────────────┐             │
│   Parâmetros da     │  │   Combinações da    │◄────────────┘
│  frota de entregas  │─►│  entrega dentro dos │     Programa de
│                     │  │  limites de cada rota│    produção de planos
└─────────────────────┘  └──────────┬──────────┘
              ┌─────────────────────┼─────────────────────┐
              ▼                     ▼                     ▼
┌─────────────────────┐  ┌─────────────────────┐  ┌─────────────────────┐
│  Escalas, produção  │  │   Mapa de cada rota │  │     Relatórios de   │
│    e resultados     │  │                     │  │ utilização da frota │
└─────────────────────┘  └─────────────────────┘  └─────────────────────┘
```

Figura 7.16 *As fases do programa de análise da rede e de planos.*

Input básico para a realização da etapa final do programa, a análise da rede deve ser feita toda vez que houver alterações substanciais nas características de percurso – condições de tráfego, congestionamento, distâncias etc. Seu objetivo é determinar a distância e o tempo de percurso entre dois pontos de entrega. Assim, é possível classificar todas as combinações possíveis na ordem decrescente de economia – o arquivo é denominado *savings* – se o par de pontos for colocado na rota de um mesmo veículo.

Para se chegar a este resultado, o analista pode lançar mão de dois métodos:

a. das distâncias exatas;
b. das coordenadas.

Em qualquer dos casos, o ponto de partida são as zonas de entrega, definidas como áreas onde os tempos de percurso entre um cliente e outro são desprezíveis – raio de ação de um *shopping center*, uma zona postal ou um setor específico da cidade, por exemplo. Assim, novos clientes podem ser incluídos em zonas já existentes, sem necessidade de se reconstruir a rede inteira.

O método da distância exata trabalha com medidas reais sobre estradas e ruas. Inicialmente, as áreas são divididas em zonas de tamanho conveniente, cada uma contendo determinado número máximo de clientes. Opcionalmente, podem-se fornecer também tempos, velocidades e condições das estradas de ligação. Levantar esses dados não é tarefa fácil. Mas, apesar de trabalhoso e de exigir maior tempo de processamento e conhecimento prévio dos pontos de entrega, o método das distâncias exatas é o que fornece resultados mais precisos.

Utilizando-se o método das coordenadas, os resultados já não serão tão exatos; as distâncias reais são obtidas por ajustes das distâncias em linha reta. Contudo, o trabalho torna-se bem mais simples, o que pode ser vantajoso quando a rede está sujeita a frequentes modificações em regiões de traçados regulares. Tudo começa com a criação de um sistema de referência (coordenadas cartesianas), capaz de indicar não só os locais de entrega, como também descrever barreiras (rios, valores e trânsito impedido, por exemplo) ou locais onde cruzá-las (viadutos e pontes). Para facilitar a representação, áreas congestionadas são indicadas por círculos – mais exatamente pelas coordenadas do centro e do raio – e no seu interior os cálculos baseiam-se no tempo e não nas distâncias.

Depois de analisada a rede, o passo seguinte é o programa de produção de planos, que, valendo-se do arquivo de economias (*savings*) e de informações adicionais (restrições de entrega por cliente, descrição da frota e informações sobre itinerários), converte a relação dos clientes a serem visitados numa lista de itinerários otimizados. O arquivo pode também ser gravado para permitir o processamento de outros programas e a obtenção de relatórios adicionais, tais como:

1. lista para empacotamento e carga das mercadorias no armazém;
2. nota fiscal emitida na sequência do itinerário;
3. subtotais por tipo de mercadoria, para facilitar a expedição no armazém;
4. instruções especiais ao motorista ou dados (nomes, endereços, especificações) a serem escritos nos pacotes;
5. recomendações sobre a manutenção dos veículos;
6. *performance* de trabalho do setor de distribuição;
7. avaliação do custo de distribuição e seu planejamento;
8. informações para abastecer outros arquivos da empresa.

Assim, os planos de distribuição podem, eventualmente, conter indicações, tais como:

1. tempo máximo de viagem para toda a frota ou para cada veículo;
2. número máximo de entregas a clientes para cada itinerário;
3. tempo médio de carga e descarga para todas as entregas;
4. peso e volume de cada pedido;
5. viagens múltiplas durante um período (normalmente se define um limite) e os tempos de recarga;
6. tempo adicional de espera na fila do depósito;
7. tempo de itinerário entre o primeiro e o último cliente, além da indicação prévia da primeira ou última entrega de um itinerário;
8. viagens que exijam mais de um dia;
9. tempo de viagem e quilometragem média entre clientes pertencentes a uma mesma zona;
10. restrições quanto ao horário de entregas para cada cliente (estacionamento proibido, carga e descarga noturna, lei de barulho, horário de almoço);
11. tempo médio consumido nas paradas, além do intervalo normal de carga e descarga (estacionamento, espera na fila, despachos da "papelada");
12. tempo especial de parada para clientes específicos (acesso difícil, atraso previsível na entrega, pedidos que querem entrega e cobrança);
13. veículo especial para condições de tráfego particulares (acesso difícil, pontilhões baixos, passagem estreita ou lei que limita a capacidade do veículo).

Apesar de oferecer tantas opções, recomenda-se certa cautela na adoção do sistema para transportadoras. O programa exige grande volume de dados, e que para algumas empresas são difíceis de serem levantados:

1. capacidade dos veículos;
2. densidades de tráfego;
3. existência de aclives, declives e serras no percurso.

Outro fator que dificulta sua implantação em transportadoras é a grande variação da demanda – difícil de ser prevista.

7.9 Teoria das filas aplicadas à distribuição física

A teoria das filas pode ser usada como um sistema de atendimento com espera em que os veículos chegam ao sistema e esperam em linha até serem atendidos. Se o sistema estiver vazio, são atendidos imediatamente. Completado o atendimento, o veículo deixa o sistema:

Vamos definir alguns termos importantes para a compreensão da teoria das filas:

Cliente – Unidade de chegada que requer atendimento. Os clientes podem ser pessoas, máquinas, peças, caminhões, trens etc.

Fila – Número de clientes que esperam atendimento.

Canal de atendimento – Processo ou sistema que realiza o atendimento do cliente. Pode ser um canal múltiplo ou único. O símbolo *K* indicará o número de canais de atendimento.

Para analisarmos um problema de filas, devemos conhecer as taxas de chegada e de atendimento. A taxa de chegada (*h*) representa as chegadas dos veículos em relação a uma unidade de tempo, ou seja: chegadas por hora, por dia, por semana etc. A taxa de atendimento (*m*) representa o número de atendimentos realizáveis por unidade de tempo.

No caso em que não exista uma programação das chegadas, consideramos que sejam aleatórias simples, isto é, que possuam igual probabilidade em qualquer intervalo de tempo. A distribuição dessas chegadas se aproxima a uma distribuição de Poisson e de uma exponencial.

Um dos problemas mais simples da teoria de filas é o de canal único, que atende a uma população infinita com taxas de chegada e atendimento prefixadas; tem as seguintes fórmulas:

I) Para somente um canal de atendimento

As fórmulas que apresentaremos nesta seção somente serão válidas quando *h*/*m* < 1. Se a taxa média de chegada for maior que a taxa de atendimento, a fila aumentará infinitamente. Desse fato, resulta que não se pode guardar ou recuperar um tempo de atendimento não utilizado ou um atraso no tempo de atendimento se não houver alteração na taxa média de atendimento.

a. Probabilidade de um sistema estar ocupado (*p*)

$$p = \frac{h}{m}$$

p – utilização do sistema
h – taxa de chegada
m – taxa de atendimento

O resultado é a probabilidade de se chegar ao canal de atendimento e ter de esperar na fila.

b. Probabilidade de um sistema estar vazio (*p'*)

$$p' = 1 - \frac{h}{m}$$

Probabilidade que existe de se chegar ao canal de atendimento e já ser atendido por ele estar vazio.

c. Número médio de clientes em espera (N_E)

$$N_E = \frac{h^2}{m \times (m - h)}$$

Número médio de clientes em espera, não considerando aquele que está sendo atendido.

d. Número médio de clientes no sistema (N_S)

$$N_S = \frac{h}{m - h}$$

Número médio de clientes no sistema, isto é, clientes na fila mais cliente em atendimento.

e. Tempo médio de espera (T_E)

$$T_E = \frac{h}{m \times (m - h)}$$

É o tempo médio que um cliente espera na fila. Costuma ser empregado como padrão de serviço.

f. Tempo médio no sistema

$$T_S = \frac{1}{m - h}$$

É o tempo de espera + tempo de atendimento.
Exemplo 1

1. Uma loja de departamentos entrega seus produtos ao cliente por intermédio de caminhões próprios e contratados de transportadoras, sendo todos carregados no depósito da loja (funciona 8 horas por dia). As transportadoras reclamam que, na maioria dos casos, os seus caminhões têm de esperar em fila e perdem assim muito dinheiro. Pediram então ao gerente do depósito para instalar um novo *box* de atendimento ou então fazer aumentos de preços equivalentes ao tempo de espera. Foram coletados os seguintes dados:

- taxa média de chegada (todos caminhões) = 2 por hora;
- taxa média de atendimento = 3 por hora;
- 30% dos caminhões são de transportadoras.

Determine:
1. a probabilidade de que um caminhão tenha de esperar;
2. o tempo médio que o caminhão fica no sistema;
3. o tempo médio de espera dos caminhões das transportadoras por dia.

1. $p = \dfrac{h}{m} = \dfrac{2}{3} = 0,66$ ou 66%

2. $T_S = \dfrac{1}{m-h} = \dfrac{1}{3-2} = 1$ hora

3. Total de caminhões da transportadora por dia × P × T'

$= (2 \times 8 \times 0,3) \times 0,66 \times 1 = 3,2$ horas/dia

II) Para 2 ou mais canais de atendimento (população infinita)

Nesta seção, supõe-se que $h/(k \cdot m) < 1$, onde k é o número de canais de atendimento, pois caso contrário a fila aumentará continuamente.

a. Probabilidade de um sistema estar vazio (p')

$$p' = \dfrac{1}{\left[\displaystyle\sum_{i=0}^{k-1} \dfrac{(h/m)^n}{n!}\right] + \dfrac{(h/m)^k}{k!} \cdot \dfrac{k \cdot m}{k \cdot m - h}}$$

k – número de canais de atendimento
h – taxa de chegada de clientes
m – taxa de atendimento de cada canal

b. Probabilidade de um sistema estar ocupado

$$p_k = p' \cdot \dfrac{(h/m)^k}{k!} \cdot \dfrac{k \cdot m}{k \cdot m - h}$$

c. Número médio de clientes na espera

$$N_E = p' \cdot \frac{h \cdot m \cdot (h/m)^k}{(k-1)! \cdot (k \cdot m - h)^2}$$

d. Número médio de clientes no sistema (clientes na fila + clientes em atendimento)

$$N_S = p' \cdot \frac{h \cdot m \cdot (h/m)^k}{(k-1)! \cdot (k \cdot m - h)^2} + \frac{h}{m}$$

e. Tempo médio de espera na fila

$$T_E = p' \cdot \frac{m \cdot (h/m)^k}{(k-1)! \cdot (k \cdot m - h)^2}$$

f. Tempo médio no sistema (tempo de espera + tempo de atendimento)

$$T_S = p' \cdot \frac{m \cdot (h/m)^k}{(k-1)! \cdot (k \cdot m - h)^2} + \frac{1}{m}$$

Exemplo 2
Repetindo o exemplo 1 para dois canais de atendimento, teríamos a seguinte solução:

1. $p' = \dfrac{1}{\left[\displaystyle\sum_{i=0}^{k-1} \dfrac{(2/3)^n}{n!}\right] + \dfrac{(2/3)^2}{2!} \cdot \dfrac{2 \cdot 3}{2 \cdot 3 - 2}}$

$p' = \dfrac{1}{\left[1 + \dfrac{2}{3}\right] + \dfrac{0{,}66^2}{2} \cdot \dfrac{6}{4}} = 0{,}50 \ \text{ou} \ 50\%$

$p_2 = 0{,}50 \times \dfrac{(2/3)^2}{2!} \cdot \dfrac{2 \cdot 3}{2 \cdot 3 - 2} = 0{,}167 \ \text{ou} \ 16{,}7\%$

2. $T_S = 0{,}5 \cdot \dfrac{3 \cdot (2/3)^k}{(2-1)! \cdot (2 \cdot 3 - 2)^2} + \dfrac{1}{3} = 0{,}375 \ \text{hora ou} \ 22{,}5 \ \text{minutos}$

3. $(2 \times 8 \times 0{,}30) \times 0{,}167 \times 0{,}375 = 0{,}3006$ hora/dia ou 18 minutos

Exemplo 3
Uma fábrica de sorvete faz a distribuição ao varejo de uma cidade usando Kombis. Para agilizar sua expedição, definiu que uma Kombi não deve esperar mais de 10% das vezes em que encostar-se ao boxe para carregamento. A taxa de chegada de Kombis é estimada em 30 por hora. A taxa de carregamento é estimada em 5 minutos para cada Kombi. Quantos boxes devem ser instalados para poder cumprir a determinação da empresa?

$h = 30$ por hora
$m = 12$ por hora

Se $k = 2 \Rightarrow m = 24 \Rightarrow (h/k \cdot m) > 1$, então deve haver pelo menos três boxes para atendimento.
Vejamos se $k = 5$.

$$p' = \frac{1}{\left[\sum_{i=0}^{4}\frac{(30/12)^n}{n!}\right] + \frac{(30/12)^5}{5!} \cdot \frac{5 \cdot 12}{5 \cdot 12 - 30}}$$

$$p' = \frac{1}{1 + 2,5 + \frac{2,5^2}{2!} + \frac{2,5^3}{3!} + \frac{2,5^4}{4!} + \frac{2,5^5}{5!} \times \frac{60}{30}} = 0,0801$$

$$p_5 = 0,81 \times \frac{(30/12)^5}{5!} \cdot \frac{5 \cdot 12}{5 \cdot 12 - 30} = 0,13 \text{ ou } 13\%$$

Isso nos dá a probabilidade de 0,13 de que uma Kombi deva esperar.
Tentemos $k = 6$.

$$p' = \frac{1}{\left[\sum_{i=0}^{5}\frac{(30/12)^n}{n!}\right] + \frac{(30/12)^6}{6!} \cdot \frac{6 \cdot 12}{6 \cdot 12 - 30}}$$

$$p' = \frac{1}{1 + 2,5 + \frac{2,5^2}{2!} + \frac{2,5^3}{3!} + \frac{2,5^4}{4!} + \frac{2,5^5}{5!} + \frac{2,5^6}{6!} \times \frac{72}{42}} = 0,08162$$

$$p_6 = 0,08162 \times \frac{(30/12)^6}{6!} \cdot \frac{6 \cdot 12}{6 \cdot 12 - 30} = 0,047 \text{ ou } 4,7\%$$

Desta maneira, a instalação de 6 boxes daria uma probabilidade de 4,7% de espera, abaixo dos 10% requeridos. Concluímos que é a quantidade mínima de boxes que satisfará a exigência da empresa.

Bibliografia – Referências – Recomendações

AFONSO, Orlando Eiras. *Palestra de transportes de carga*. São Paulo: ABAM, 1980.

ALEXANDER, R. S.; BERG, T. L. *Dynamic management in marketing*. Chicago: Irwin, 1965.

ACKOFF, Russel; SASIENI. *Pesquisa operacional*. Rio de Janeiro: Livros Técnicos e Científicos, 1971.

BOWERSOX, D. J.; SMIKAY, E. W.; LA ONDE, B. J. *Physical distribution management*. New York: Macmillan, 1968.

COSTA, José de Jesus da Serra. *Tópicos de pesquisa operacional*. Rio de Janeiro: Editora Rio, 1975.

CRISTOPHER, Martin; ALLEN, George. *Marketing logistics and distribution planning*. Londres: George Allen, 1972.

EHRLICH, Pierre Jacques. *Pesquisa operacional*. São Paulo: Atlas, 1980.

HICKS, Philip E.; KUMTHA, Arum M. One way to tighten up plant localization decisions hicks. *Industrial Engineering*.

GEIGER, Ernesto. Localização de indústrias; o método gráfico na minimização dos custos de transportes. *Revista de Administração de Empresas*, Rio de Janeiro, 2, (26) 1962.

HOLLAENDER, Milton Perez. Centros de distribuição: funções, número e localização. *Revista Engenharia de Produção*, Fundação Carlos Alberto Vanzolini, 5, 1979.

HAMMOND, R. A. *The application of or to problems in logistics*. Londres: Pitman, 1969.

KOTLER, Philip. *Administração de marketing*. São Paulo: Atlas, 1980.

LEME, Rui. A. da Silva. *Contribuição à teoria da localização industrial*. 2. ed. São Paulo, 1980.

HALLEN, B. Selecting channels of distribution: a multi-stage process. *International Journal of Physical Distribution*, 1 (1).

MANUAL DE LOCALIZAÇÃO INDUSTRIAL: escritório técnico do Nordeste. 2. ed. Rio de Janeiro: 1968.

MAGEE, John. *Logística industrial*. São Paulo: Pioneira, 1977.

_____. Quantitative analysis of physical distribution systems. The social responsabilities of marketing. *American Marketing Association,* 1961.

MAYNARD, H. B. Industrial engineering handbook. New York: McGraw-Hill.

MACHADO, Eduardo Mendes. Apostila de transporte de carga.

NOVAES, Antônio Galvão. *Pesquisa operacional e transportes;* modelos probabilísticos. São Paulo: McGraw-Hill do Brasil, 1975.

OLIVÉRIO, José Luiz. *Produtos, processos e instalações industriais*. São Paulo: Ivan Rossi.

_____. A localização orientada pelo transporte aplicada à movimentação retangular. Trabalho apresentado ao IV Simpósio de Pesquisa Operacional. Rio de Janeiro, 1971.

SELLECTING channels of distribution: a multi-stage process. *International Journal of Physical Distribution,* 1 (1).

STEPHENSON, R. P.; WILLETT, R. P. *Selling with distribution service*. Londres: Business Horizons, 1968.

_____. Determinants of buyer response to physical distribution service. *Journal of Marketing Research,* v. 6, 1969.

Pré-impressão, impressão e acabamento

GRÁFICA SANTUÁRIO

grafica@editorasantuario.com.br
www.graficasantuario.com.br
Aparecida-SP

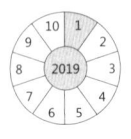